国家出版基金项目
NATIONAL PUBLICATION FOUNDATION

长江专门史丛书

# 长江文化史

## 第二卷

李学勤 徐吉军 主编

长江出版社
CHANGJIANG PRESS

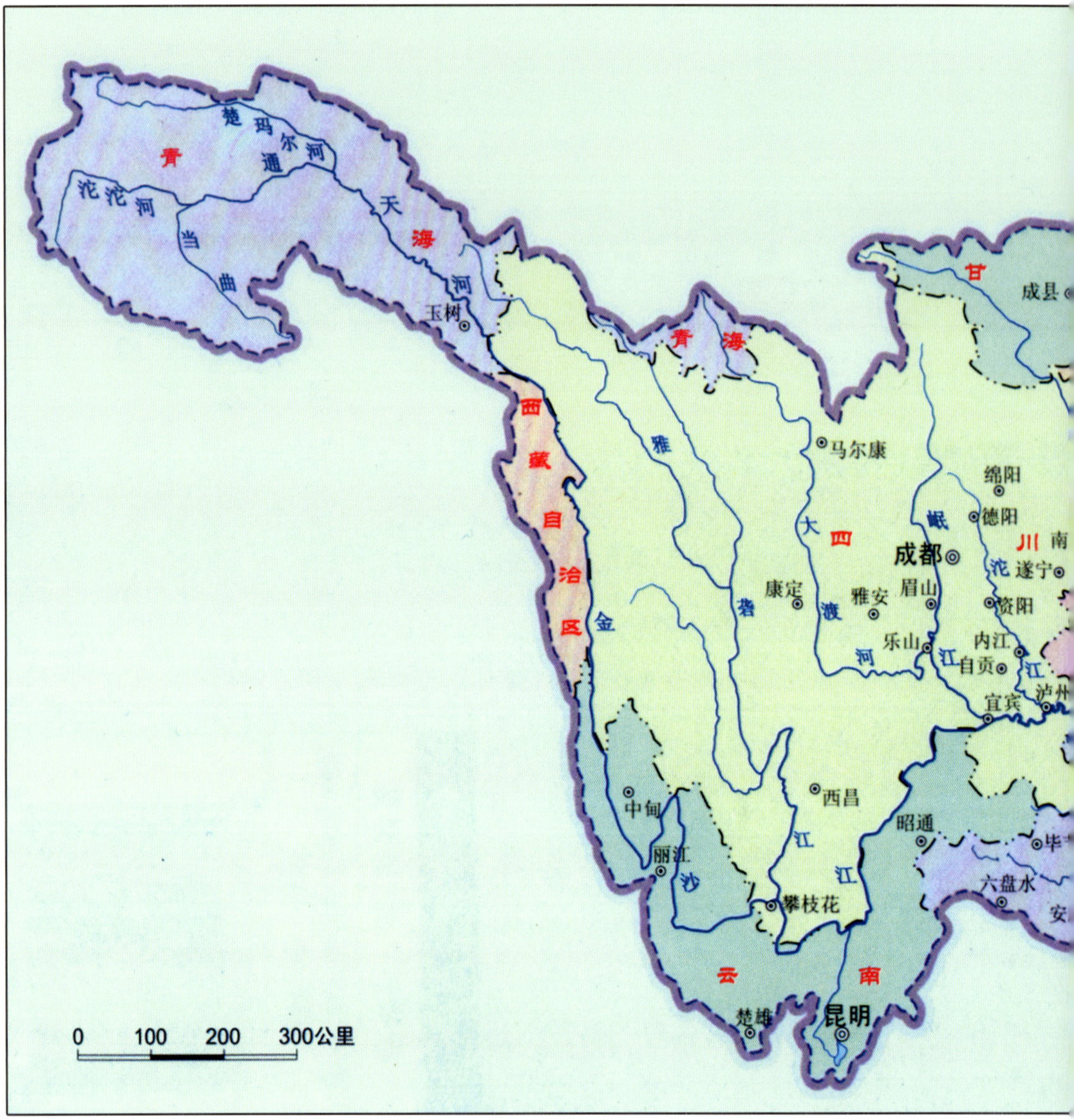
青
海
楚玛尔河
通
沱沱河
当
曲
天
河
玉树
青
海
甘
成县
西
藏
自
治
区
雅
砻
江
金
沙
江
马尔康
大
渡
河
四
川
成都
康定
雅安
眉山
乐山
岷
江
绵阳
德阳
沱
江
遂宁
资阳
内江
自贡
宜宾
泸州
西昌
中甸
丽江
攀枝花
昭通
六盘水
云
南
昆明
楚雄
0 100 200 300公里

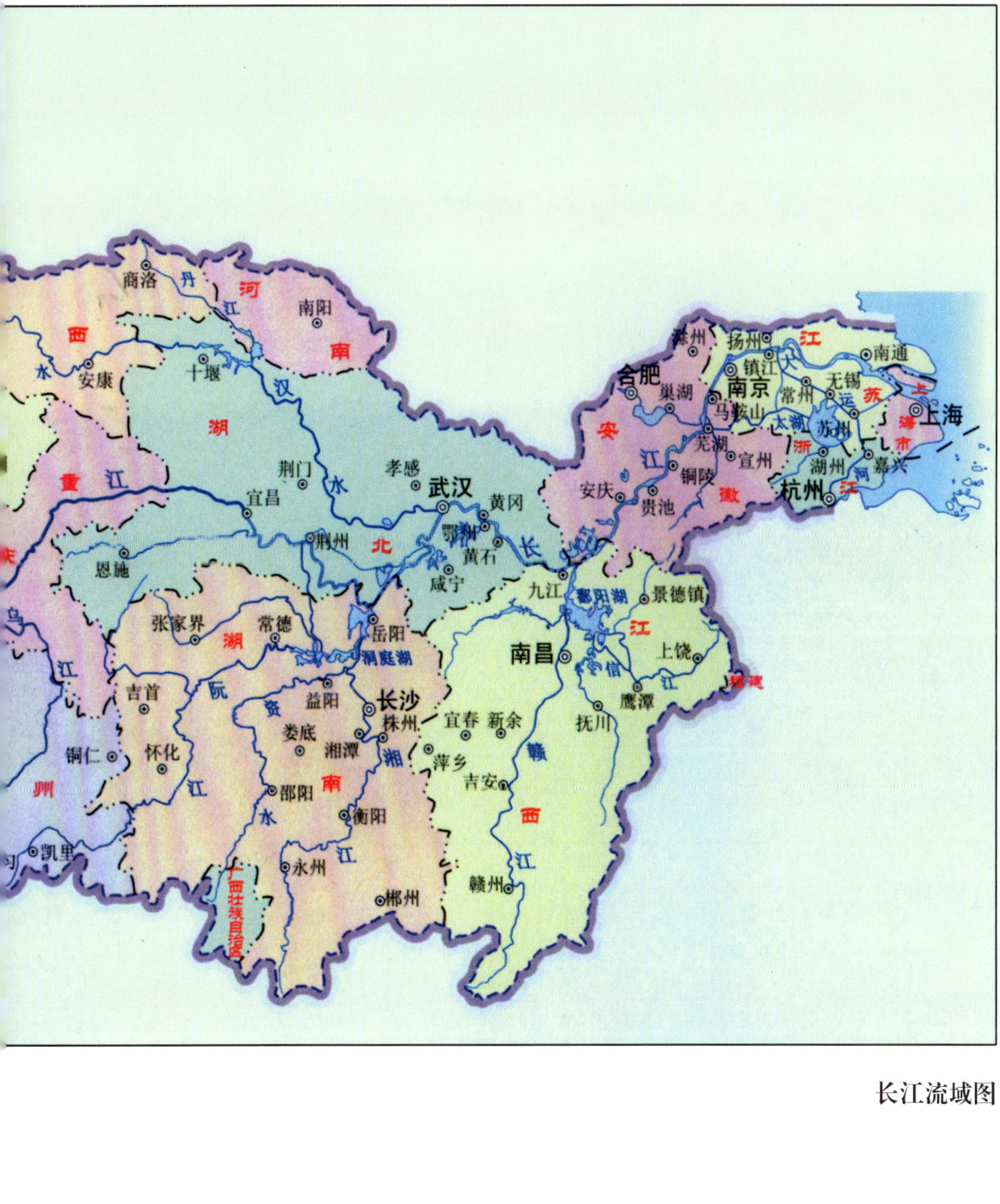
商洛
丹
江
河
南
南阳
西
水
安康
十堰
汉
湖
荆门
孝感
武汉
黄冈
宜昌
荆州
北
鄂州
黄石
咸宁
长
恩施
张家界
常德
岳阳
洞庭湖
吉首
沅
益阳
长沙
株洲
资
娄底
湘潭
湘
怀化
邵阳
衡阳
铜仁
凯里
永州
郴州
九江
鄱阳湖
景德镇
南昌
上饶
信
鹰潭
抚川
宜春
新余
萍乡
吉安
赣
赣州
合肥
巢湖
滁州
扬州
镇江
南京
马鞍山
芜湖
宣州
铜陵
安庆
贵池
安
徽
江
苏
南通
无锡
常州
苏州
太湖
运
河
上海
湖州
嘉兴
杭州
浙
江

长江流域图

# 前 言

长江是世界第三、我国第一大河，发源于青藏高原的唐古拉山主峰各拉丹冬雪山西南侧，自西而东流经青海、四川、西藏、云南、重庆、湖北、湖南、江西、安徽、江苏、上海等11个省（自治区、直辖市）注入东海。支流展延至贵州、甘肃、陕西、河南、浙江、广西、广东、福建等8个省（自治区）。流域面积约180万$km^2$，约占我国国土面积的18.8%。

长江是中华民族的母亲河，是中华民族发展的重要支撑。长江以其庞大的河湖水系，独特完整的自然生态系统，强大的涵养水源、繁育生物、释氧固碳、净化环境功能，维护了我国重要的生物基因宝库和生态安全；以其丰富的水土、森林、矿产、水能和航运资源，保障了国家的供水安全、粮食安全和能源安全；通过流域的治理与开发，养育了4.59亿人口，孕育了灿烂的长江文明，在经济社会发展中发挥了重要作用。

（一）重要的生态屏障

长江流域山水林田湖草浑然一体，是我国重要的生物基因宝库。地跨热带、亚热带和暖温带，地貌类型复杂，生态系统类型多样，川西河谷森林生态系统、南方亚热带常绿阔叶林森林生态系统、长江中下游湿地生态系统等是具有全球重大意义的生物多样性优先保护区域，其中长江中下游湿地是百余种、百万余只国际迁徙水鸟的中途停歇地和重要越冬地，也是世界湿地和生物多样性保护的热点地区；森林覆盖率达41.3%，河湖、水库、湿地面积约占全国的20%，物种资源丰富，珍稀濒危植物占全国总数的39.7%，淡水鱼类占全国总数的33%，不仅有中华鲟、江豚、扬子鳄、大熊猫和金丝猴等珍稀动物，还有银杉、水杉、珙桐等珍稀植物，是我国珍稀濒危野生动植物集中分布区域。

长江流域分布有众多的国家级生态环境敏感区，是我国重要的生态安全屏障区。目前已建立有国家级自然保护区93个，面积2399.3万$hm^2$，分别占全国的30.7%、26.3%；国家级水产种质资源保护区253个，占全国的51.0%；国家级森林公园255个，占全国的28.9%；国家级地质公园54个，占全国的29.3%；同时拥有世界文化和自然遗产地15处、国家级风景名胜区75处。

（二）重要的资源支撑

长江流域是我国水资源配置的战略水源地。长江流域水资源相对丰富，多年平均水资源量9959亿$m^3$，约占全国的36%，居全国各大江河之首，单位国土面积水资源量为59.5万$m^3/km^2$，约为全国平均值的2倍。每年长江供水量超过2000亿$m^3$，支撑流域经济社会供水安全。通过南水北调、引汉济渭、引江济淮、滇中引水等工程建设，惠泽流域外广大地区，保障供水安全。2017年长江流域净调出水量达92.14亿$m^3$。

长江流域是实施能源战略的主要基地。长江流域是我国水能资源最为富集的地区，水力资源理论蕴藏量达30.05万MW，年电量2.67万亿kW·h，约占全国的40%；技术可开发装机容量28.1万MW，年发电量1.30万亿kW·h，分别占全国的47%和48%，是我国水电开发的主要基地。流域内风能、太阳能、生物能、地热能等十分丰富，是我国新能源发展的重点地区。

长江是联系我国东中西部的“黄金水道”。长江水系航运资源丰富，3600多条通航河流的总计通航里程超过7.1万km，占全国内河通航总里程的56%；通航能力大，2017年完成客运量1.84亿人次，占全国水路客运量的65.0%，完成货运量47.14亿t，占全国水路货运量的70.6%。

长江流域是我国重要的粮食生产基地。耕地面积为4.62亿亩，粮食产量1.63亿t，占全国粮食产量的32.5%。

长江流域矿产资源丰富。储量占全国比重50%以上的约有30种，其中钒、钛、汞、铷、铯、磷、芒硝、硅石等矿产储量占全国的80%以上，铜、钨、锑、铋、锰、铊等矿产储量占全国的50%以上，铁、铝、硫、金、银等矿产储量占全国的30%以上。

（三）重要的战略地位

长江流域横跨我国西南、华中和华东三大区，2017年流域总人口4.59

亿，占全国的33%，城镇化率达到49%。流域人口密度较高，约为全国平均人口密度的1.8倍。

长江流域形成了长江三角洲城市群、长江中游城市群、成渝城市群、江淮城市群、滇中城市群和黔中城市群，聚集地级以上城市50多个。2017年长江流域地区生产总值29.3万亿元，占全国的35.4%，是我国经济重心所在、活力所在，长江三角洲地区是我国经济最发达的区域之一。流域内已建立起比较完善的水运、铁路、公路、航空等综合交通运输体系，初步形成了综合立体交通走廊。

长江是长江经济带发展、长江三角洲一体化发展等国家战略的重要依托，是连接丝绸之路经济带和21世纪海上丝绸之路的纽带，集沿海、沿江、沿边、内陆开放于一体，具有东西双向开放的独特优势，在我国经济社会发展中具有重要地位。

三峡风光

# 目　录

## 第二卷

# 第四章 南北对峙与文化交融

3—6世纪，时值我国历史上的三国两晋南北朝时期。这一时期，除了西晋有过短暂的统一之外，我国长期处于南北分裂的状态。建立于长江流域的蜀汉政权与孙吴政权，跟中原的曹魏政权三足鼎立，达半个世纪之久。西晋永嘉之乱后，我国北方出现了十六国纷争的局面，而立足于江南的东晋政权则相对稳定，统治时间长达一个多世纪。继东晋之后，南朝宋、齐、梁、陈四个政权更替并与北朝政权相对峙，时间加起来也有一个半世纪以上。这些建立在南方的政权，对保存与弘扬中华文明，对长江流域经济的开发与文化的发展，都作出了特殊的贡献，促成了秦汉以来我国经济、文化重心的第一次南移。

在长江文化史上，三国两晋南北朝是一个蓬勃发展的辉煌时期。从文化结构来看，儒学独尊的局面被打破，儒、玄、佛、道既互相竞争又互为补充、互相渗透。从文化知识的传授来看，既有官方办的儒、玄、史、文“四学并建”①的学馆，又有私相传授、累世相承的私学。私学的范围更广，除以上“四学”外，还有天文、数学、医学及书法、绘画等各种专门知识与技能。从文化区域的分布来看，长江上游与中下游形成了新的文化中心。南方文化与北方化相互并存，既相互对峙又互为交融。从中外文化的交流来看，其广度与深度也都远远超过前代。从社会风俗文化的传承与演变来看，也有长足的进步。因此，这一时期人们的思想极为活跃，文化现象生动活泼，为隋唐统一后中华文明的进一步发展孕育了许多新的因素，并奠定了广阔而坚实的基础。

## 第一节 三国时期的长江文化

东汉末年，由于军阀豪强的争夺混战，黄河流域地区遭受了严重的破坏。洛阳、长安屡遭浩劫“旧京空虚，数百里中无烟火”②。中原大地，经济萧条，白骨蔽野，道殣相望。史

① 〔南朝梁〕沈约：《宋书》卷九三《隐逸·雷次宗传》，中华书局1974年版，第2293页。下同，略。
② 《三国志》卷四六《吴书·孙坚传》注引《江表传》，中华书局1982年版，第1097页。下同，略。

称："袁绍之在河北，军人仰食桑椹；袁术在江淮，取给蒲蠃。"[①]刘备"军在广陵，饥饿困败，吏士大小自相啖食"[②]。曹操攻打徐州牧陶谦，"坑杀男女数万口于泗水，水为不流"。接着又"引军从泗南攻取虑、睢陵、夏丘诸县，皆屠之；鸡犬亦尽，墟邑无复行人"[③]。整个北方地区，战争范围之广、规模之大、次数之多、人口死亡之众、经济文化破坏之惨，都是历史上罕见的。

广大北方之民为了寻求安定的生活环境，纷纷向外迁徙。人口迁徙的方向大致为：青州之民流徙幽州或辽东，关陇之民流徙入荆州、益州、汉中，京洛之民东迁徐州，南阳之民流入益州，皖北、江北之民渡江至江南，远者至交州。在人口流徙的浪潮中，南迁是当时的主要方向，其结果是给长江流域带来了大批的劳动力与先进的生产技术，促进了长江流域的经济开发。与此同时，士人的大量南迁，又推动了长江流域文化的发展，促使文化重心向南转移。

## 一、东汉末年刘表治理下荆州的文化繁荣

长江中游的荆州地区，"沃野千里，士民殷富"[④]。从地理位置看，"荆州北据汉、沔，利尽南海，东连吴、会，西通巴、蜀"[⑤]，是中国南北与东西交通的咽喉与战略要冲。汉献帝初平元年（190 年），刘表出任荆州牧，治襄阳。他在南郡地方大族中庐人蒯越、襄阳人蔡瑁的支持下，消灭了当地的割据势力，统治荆州达二十多年。荆州当时管辖长沙、零陵、桂阳、南阳、江夏、武陵、南郡、章陵八郡，"南接五岭，北据汉川，地方数千里，带甲数十万"[⑥]。在刘表治理下，社会秩序比较安定。"建安初，关中百姓流入荆州者十余万家"[⑦]。大批土地得到开垦，户口日增。刘表在恢复生产、发展经济的基础上，实行尊重士人、发展文化的政策，从而吸引了大批知识分子，从函谷关以西及兖州、豫州来归附刘表的学士文人数以千计。

刘表本人是汉末名士，号称"八顾"之一[⑧]，著作有《周易章句》9 卷、《丧服后定》1 卷、《荆州占》2 卷、集 1 卷[⑨]。他在荆州"开立学官，博求儒士，使綦毋闿、宋忠等撰《五经章

① 《三国志》卷一《魏书·武帝纪》注引《魏书》，第 14 页。
② 《三国志》卷三二《蜀书·先主传》注引《英雄记》，第 874 页。
③ 《三国志》卷一〇《魏书·荀彧传》注引《曹瞒传》，第 310 页。
④ 《三国志》卷五四《吴书·鲁肃传》，第 1269 页。
⑤ 《三国志》卷三五《蜀书·诸葛亮传》，第 912 页。
⑥ 《后汉书》卷七四《刘表传》，中华书局 1965 年版，第 2421 页。下同，略。
⑦ 《晋书》卷二六《食货志》，中华书局 1974 年版，第 784 页。下同，略。
⑧ 《三国志》卷六《魏书·刘表传》注引张璠《汉记》，第 210 页。
⑨ 刘汝霖：《汉晋学术编年》卷六附录《刘表著述表》，中华书局 1987 年版，第 36 页。下同，略。

句》”①。荆州成为当时长江中游的文化中心，学术空气非常浓厚，知识分子相当活跃。对于汉末襄阳学术的兴盛，当代日本学者极为重视，认为“此处所产生的学问，可以说是后来六朝学术的先驱”②。

宋忠（一作宋衷），字仲子，南阳章陵人。刘表治理荆州时，他为五等从事。著作有《周易注》10 卷、《世本注》10 卷、《太玄经注》9 卷、《法言注》13 卷及《易纬注》《乐纬注》《春秋纬注》《孝经纬注》等书③。他对两汉学者扬雄的《太玄》深有研究。《太玄》融合《易》《老》，最早开以玄释经之风。宋忠为《太玄》作注，是汉末荆州儒生中最有影响的人物。汤用彤先生在《魏晋思想的发展》一文中，根据地域思想的不同把当时的《易》学分为三派，加以比较，他曾高度评价宋忠及荆州学派，认为“荆州一派见解最新，江东一带也颇受这种新经义的影响，北派最旧”④。赤壁之战后，宋忠仕于曹魏。汉魏之际著名的儒学大师王肃，是东海郯（今山东郯城县）人王朗之子。生于会稽。王肃“年十八，从宋忠读《太玄》，而更为之解”⑤。从宋忠与王肃的师承关系，可以探索魏晋玄学产生的思想脉络⑥。由此可见，汉末长江流域学者在经学与玄学上的开创精神，对魏晋时期北方的经学与玄学曾产生过重要影响。

东汉末年因避乱而居荆州的士人，不少是海内俊杰、天下名士，“建安七子”之一的王粲就是其中的一个。王粲本是山阳高平（今山东邹县）人，其曾祖父王龚、祖父王畅，“皆为汉三公”。其父王谦，“为大将军何进长史”。王粲年轻时就很有才名，在西京长安曾受到蔡邕的赏识，被东汉朝廷辟除为黄门侍郎。他以西京扰乱，不肯就职，“乃之荆州依刘表”⑦。他的名作《七哀诗》，写自己离开长安时所看到的乱离景象，以“出门无所见，白骨蔽平原”的诗句，揭露战争给人民带来的苦难，表达了他自己的悲痛心情。他的辞赋注重锻字炼句，风格清丽。《登楼赋》是他在荆州登当阳县城楼时所作，抒发了他“登兹楼以四望兮，聊暇日以销忧”的思乡情绪，感情真挚。他虽然未被刘表所重用，但在《荆州文学记官志》中还是如实记载了刘表的政绩。他称赞刘表“设教导化，叙经志业”，提倡文学，“五载之间，道化大行”，士人“负书荷器，自远而至者，三百有余人”⑧。史称王粲“善属文，举

---

① 《三国志》卷六《魏书·刘表传》注引《英雄记》，第 212 页。

② 〔日〕谷川道雄：《六朝时代的襄阳与江陵》，见《古代长江中游的经济开发》，武汉出版社 1988 年版，第 210 页。下同，略。

③ 刘汝霖：《汉晋学术编年》卷六附录《宋衷著述表》，第 80—81 页。

④ 《汤用彤学术论文集》，中华书局 1983 年版，第 298 页。下同，略。

⑤ 《三国志》卷一三《魏书·王朗传附子肃传》，第 414 页。

⑥ 许抗生等：《魏晋玄学史》，陕西师范大学出版社 1989 年版，第 21 页。下同，略。

⑦ 《三国志》卷二一《魏书·王粲传》，第 598 页。

⑧ 〔三国〕王粲：《荆州文学记官志》，严可均校辑：《全上古三代秦汉三国六朝文·全后汉文》卷九一，第 965 页；《刘镇南碑》，《全三国文》卷五六亦有类似记载，中华书局 1985 年版，第 1362 页。下同，略。

笔便成，无所改定”①，在“建安七子”中，他是成就最高的一位。据梁元帝萧绎《金楼子》卷六记载，王粲在荆州著书数十篇，皆因战乱而亡佚。

初平年间，“从三辅客荆州”的邯郸淳，本是颍川（治今河南禹县）人，他虽然不在“建安七子”之内，但“亦有文采”。他“博学有才章，又善《苍》《雅》虫、篆、许氏字指”，对文字学颇有研究。建安十三年归附曹操后，与曹植相交甚欢。魏黄初年间，“为博士给事中”“作《投壶赋》千余言”②，甚为工整，文学著作有《笑林》。

避乱荆州，后来出仕曹魏的学者，还有京兆人隗禧，“初平中，三辅乱，禧南客荆州，不以荒扰，担负经书，每以采稆余日。则诵习之。”他既明经术，又精于天文星官之学，晚年以病居家，跟他学习的人很多。《魏略》的作者鱼豢常向他问学，他说：“欲知幽微莫若《易》，人伦之记莫若《礼》，多识山川草木之名莫若《诗》，《左传》直相斫书耳，不足精意也。”③

汉末精通《左传》的学者，当时也在荆州。颍容，陈国长平人，“博学多通，善《春秋左氏》，师事太尉杨赐。郡举孝廉，州辟，公车征，皆不就。初平中，避乱荆州，聚徒千余人。刘表以为武陵太守，不肯起。著《春秋左氏条例》五万余言”④。南阳章陵人谢该，“善明《春秋左氏》，为世名儒，门徒数百千人”⑤。其通解《左传》的著作，名为《谢氏释》，于建安中成于许都。

荆州士人的著述是相当丰富的，除上面已提及的外，还有文颖的《汉书注》。文颖是南阳人，东汉末年为“荆州从事”⑥。另据《南齐书》卷三三《王僧虔传》所载《诫子书》，有荆州《八帙》，当时还流传，可能是“荆州士人的八套汇总之作”⑦。

汉末居住及活动于荆州的士人中，还有不少是政治家，而其政治倾向则有拥曹与兴汉之分。前者以颍川人荀攸、杜袭，京兆人杜畿，江夏人李通等为代表。建安初年曹操迎汉献帝都许后，这些人便陆续离开荆州，去投奔曹操。后者则以琅邪人诸葛亮、颍川人徐庶、司马徽，襄阳人庞统等最为有名，他们积极替刘备出谋划策，并得到信任与重用。

刘备于建安六年（201 年）投奔刘表，在荆州地区居住了八年之久。他虽有关羽、张飞、赵云等猛将，但深感左右人才不足。在徐庶与司马徽的推荐下，他亲自到隆中拜访诸葛亮，“三顾茅庐”，从此两人紧密合作，如鱼得水。由于刘备延揽人才的成功，当曹操趁

① 《三国志》卷二一《魏书·王粲传》，第 599 页。
② 《三国志》卷二一《魏书·王粲传附邯郸淳传》注引《魏略》，第 602 页。
③ 《三国志》卷一三《魏书·王肃传》注引《魏略》，第 422 页。
④ 〔南朝宋〕范晔：《后汉书》卷七九下《儒林下·颍容传》，中华书局 1965 年版，第 2584 页。
⑤ 《后汉书》卷七九下《儒林下·谢该传》，第 2584 页。
⑥ 〔唐〕颜师古：《汉书叙例》，中华书局点校本，卷首。
⑦ 卢云：《汉晋文化地理》，陕西人民教育出版社 1991 年版，第 100 页。下同，略。

刘表病死的机会攻打荆州时，刘备“奔江南，荆、楚群士从之如云”①。刘备依靠荆州人士的支持，联合孙权，共同抵抗曹操，取得赤壁之战的重大胜利，然后又以荆州为基地，西取益州，建立蜀汉政权，对长江上游的开发作出了重大贡献。

成都汉昭烈庙

成都汉昭烈庙中的刘备塑像

## 二、蜀汉政权与长江上游文化区域的扩大

三国时期长江上游经济文化的发展，与大批外来人口进入巴蜀地区有密切关系，这种发展是外来人士与当地人士共同开发的积极成果。

东汉末年，益州刺史郤俭为农民起义军攻杀，汉宗室刘焉出任益州牧，带了很多亲戚故旧入川。他又将其先迁入益州的南阳、三辅流民数万户“收以为兵，名曰东州兵”②，依靠这支武装力量，逐渐平定了长江上游的巴、蜀地区。刘焉死后，刘璋继位。支持刘焉、刘璋父子的士人，有扶风人法正、孟达，南郡人董和，南阳人李严等外来人士，也有广汉人董扶、巴西人黄权等当地人士。

据陈寿记载，“董扶字茂安，少从师学，兼通数经，善欧阳《尚书》，又事聘士杨厚，究极图谶……前后宰府十辟，公车三征，再举贤良方徵、博士，有道皆不就，名称尤重”。汉末因大将军何进上表推荐，“拜侍中。在朝称为儒宗，甚见器重”。他私下对刘焉说：“京师将乱，益州分野有天子气。”③当刘焉出任益州牧时，他亦求为蜀郡西部属国都尉，随刘焉返回蜀地。

法正的祖父法真，“有清节高名”“少明《五经》，兼通谶纬，学无常师，名有高才”。建安初，天下饥荒，法正与孟达一起入蜀依刘璋，“既不任用，又为其州邑俱侨客者所谤无

① 《三国志》卷三九《蜀书·刘巴传》，第 980 页。
② 《三国志》卷三一《蜀书·刘璋传》注引《英雄记》，第 868 页。
③ 《三国志》卷三一《蜀书·刘焉传》及注引《益部耆旧传》，第 865 页。

行，志意不得”①。他是引刘备入蜀，建立蜀汉政权的关键人物之一。

建安十九年(214年)，刘备取得益州，221年称帝，建立蜀汉政权。他以“诸葛亮为股肱，法正为谋主，关羽、张飞、马超为爪牙，许靖、糜竺、简雍为宾友。及董和、黄权、李严等本璋之所授用也，吴壹、费观等又璋之婚亲也，彭羕又璋之所排摈也，刘巴者宿昔之所忌恨也，皆处之显任，尽其器能。有志之士，无不竞劝”②。刘备任用文武官员，能照顾到各个方面，这一点在刘备死后，为诸葛亮所继承。因此，蜀地虽有“豫州(指刘备)入蜀，荆楚人贵”的说法，但事实上经过蜀汉政权几十年统治后，“谁复别楚、蜀乎！”③这正是刘备、诸葛亮依靠外来人士与当地人士的正确政策所产生的结果。

诸葛亮治蜀，“科教严明，赏罚必信”④，他与伊籍、法正、刘巴、李严“共造《蜀科》”⑤，励精图治，注意限制豪强，严厉制裁违法乱纪的行为，客观上有利于蜀汉经济文化的发展。

成都武侯祠

成都武侯祠里的诸葛亮塑像

对农业生产与水利建设，诸葛亮极为重视。他在成都平原上的都江堰堰官负责日常管理，还专门调拨士兵驻守，进行保护与疏浚，使成都平原“水旱从人，不知饥馑，沃野千里，世号陆海，谓之天府”⑥。他曾派吕乂为汉中太守，“兼领督农，供继军粮”⑦。晚年，他与司马懿在渭南对阵，为了减轻国家负担，还亲自指挥分兵屯田。

---

① 《三国志》卷三七《蜀书·法正传》及注引《三辅决录注》，第957页。

② 《三国志》卷三二《蜀书·先主传》，第883页。

③ 〔晋〕常璩撰、刘琳校注：《华阳国志》卷九《李寿志》，巴蜀书社1984年版，第686页。下同，略。

④ 《三国志》卷三五《蜀书·诸葛亮传》，第930页。

⑤ 《三国志》卷三七《蜀书·伊籍传》，第971页。

⑥ 王国维校：《水经注校》卷三三《江水一》引《益州记》，上海人民出版社1984年版，第1038—1039页。下同，略。

⑦ 《三国志》卷三九《蜀书·吕乂传》，第988页。

在农业发展的基础上，蜀地的手工业与商业有很大发展。蜀汉政府在产盐区设有盐府校尉、司盐校尉，负责盐井生产，“较盐铁之利，利入甚多，有裨国用”①。蜀地的丝织业很发达，蜀锦生产生机勃勃。左思《蜀都赋》云：“夹江傍山，栋宇相望，桑梓接连。家有盐泉之井，户有橘柚之园。”又云：“伎巧之家，百室离房，机杼相和。”②大批精美的蜀锦运往吴、魏两国销售，成为蜀汉政府的重要收入来源。

成都是蜀国经济、文化的中心，也是当时长江上游地区最繁华的城市。商人云集，货物山积。左思《蜀都赋》云：“市廛所会，万商之渊。列隧百重，罗肆巨千。贿货山积，纤丽星繁。都人士女，袨服靓妆。贾贸墆鬻，舛错纵横。异物崛诡，奇于八方。布有橦华，面有桄榔。邛杖传节于大夏之邑，蒟酱流味于番禺之乡。”③商业文化、服饰文化、饮食文化都达到了一定的高度。

三国蜀汉庖厨俑

三国蜀汉抚琴俑

三国蜀汉听琴俑

三国时期，蜀地的学术文化也很发达。学者中既有外来人士，也有当地人士。治经学者既有今文学者，也有古文学者。学者之间因持论不同而时有争议，但这种争论并非出于地域之见。长江上游地区不仅与长江中下游及东南地区有学术文化交往，而且与北方地区也有一定学术联系。

南阳人许慈，“师事刘熙，善郑氏学，治《易》《尚书》《三礼》《毛诗》《论语》。建安中，与许靖等俱自交州入蜀”。刘备平定蜀地后，以许慈、胡潜“并为学士，与孟光、来敏等典掌旧文”④。胡潜是魏郡人，熟悉礼仪、丧服等典章制度。孟光是河南洛阳人，“好《公羊春

① 《三国志》卷四一《蜀书·王连传》，第 1009 页。
② 〔晋〕左思：《蜀都赋》，《文选》卷四，上海古籍出版社 1986 年版，第 181、185 页。
③ 〔晋〕左思：《蜀都赋》，《文选》卷四，第 184 页。
④ 《三国志》卷四二《蜀书·许慈传》，第 1023 页。

秋》而讥呵《左氏》”①，常与来敏发生争论。来敏是义阳新野人，“善《左氏春秋》，尤精于《苍》《雅》训诂，好是正文字”②。许靖是汝南平舆人，“少与从弟劭俱知名，并有人伦臧否之称”。东汉末年，汝南的月旦评就是由许劭主持的，士人为了提高名气，往往去请他们品题。许靖为了避董卓之害，移居江南，受到吴郡都尉许贡、会稽太守王朗的保护。孙策渡江取江东，许靖又远“走交州以避其难”，受到交趾太守士燮的礼敬与优待。他以书信婉言拒绝了曹操的邀请，后应刘璋之招入蜀。荆州学者宋忠得知后，致书蜀郡太守王商，称许靖“倜傥瑰玮，有当世之具，足下当以为指南”。王商亦因此而对刘璋说：“今之益部，士美民丰。”许靖是清谈名士，刘备任命他为太傅，“虽年逾七十，爱乐人物，诱纳后进，清谈不倦”③。他与曹操的公辅大臣华歆、王朗及陈群等都有书信往来。

蜀地比较流行的是今文经学。东汉末年，广汉人杨厚曾以孟氏《易》及图谶之学教授，生徒甚多，其中最有名的是董扶、任安。董扶随刘焉离京回蜀，前面已经介绍。此人善于言谈，其“发辞抗论，益部无双，故号至止，言人莫能当，所至而谈止也。后丞相诸葛亮问秦宓以扶所长，秦宓曰：‘董扶裒秋毫之善，贬纤芥之恶。’”④任安以学行与董扶齐名。“郡请功曹，州辟治中别驾，终不久居，举孝廉茂才，太尉载辟，除博士，公车征，皆称疾不就。”去世后，“门人慕仰，为立碑铭”。诸葛亮问秦密“以安所长，宓日：‘记人之善，忘人之过。’”⑤按：褒贬时事，臧否人物，是东汉末年的一股清议之风。这股清议之风，后来成为清谈的先导，它在长江上游的蜀地也有所反映。

杨厚的弟子还有巴西阆中人周舒，“名亚董扶、任安”，而喜图谶。其子周群从小受学于父，善望气，曾任蜀汉儒林校尉。周群死后，其子周巨“颇传其术”⑥。周氏三代，可谓谶纬世家。

任安的弟子有梓潼人杜微、成都人杜琼，都精于谶纬之学。杜琼“著《韩诗章句》十余万言，不教诸子，内学无传业者”。巴西人谯周，年轻时常向杜琼请教图谶之术，有所领悟，编了“先主讳备，其训具也，后主讳禅，其训授也”⑦的谶语。后来，他是劝说刘禅降魏的主要人物之一。

蜀地治今文经学而不言图谶的，有成都人张裔，他“治《公羊春秋》，博涉《史》《汉》”，担任过诸葛亮的“参军，署府事，又领益州治中从事。亮出驻汉中，裔以射声校尉领留府

① 《三国志》卷四二《蜀书·孟光传》，第 1023 页。

② 《三国志》卷四二《蜀书·来敏传》，第 1025 页。

③ 《三国志》卷三八《蜀书·许靖传》及注引《益部耆旧传》，第 967 页。

④ 《三国志》卷三一《蜀书·刘焉传》注引《益部耆旧传》，第 866 页。

⑤ 《三国志》卷三八《蜀书·秦宓传》注引《益部耆旧传》，第 972 页。

⑥ 《三国志》卷四二《蜀书·周群传》，第 1021 页。

⑦ 《三国志》卷四二《蜀书·杜琼传》，第 1022 页。

长史，常称曰：'公赏不遗远，罚不阿近，爵不可以无功取，刑不可以贵势免。'"①此人处事机敏，深得诸葛亮信任。

蜀地治古文经学者，有梓潼人尹默、李譔，他们深感"益部多贵今文而不崇章句"，见闻不博，乃远游荆州，从司马徽、宋忠等受古文学。尹默"通诸经史，又专精于《左氏春秋》，自刘歆条例，郑众、贾逵父子、陈元、服虔注说，咸略诵述，不复按本"。他担任过蜀汉的劝学从事，后来又"以《左氏传》授后主"②。李譔于"五经、诸子无不该览，加博好技艺，算术、卜数、医药、弓弩、机械之巧，皆致思焉"。他的著作有"古文《易》《尚书》《毛诗》《三礼》《左氏传》《太玄指归》，皆依准贾、马，异于郑玄。与王氏殊隔，初不见其所述，而意归多同"③。按：李譔与王肃虽分仕蜀魏，但都是宋忠的弟子，共同的师承关系，使他们学术观点相近。可见，三国时期政治上虽然鼎立，但南北学术文化上的联系却并未割断。

蜀汉学者与东吴学者之间的交往，有时是通过出使交聘的机会来实现的。如：周瑜去世，庞统"送丧至吴，吴人多闻其名。及当西还，并会昌门，陆绩、顾邵、全琮皆往。统曰：陆子可谓驽马有逸足之力，顾子可谓驽牛能负重致远。"④这场有趣的谈话加深了双方的友谊。《世说新语·品藻第九》亦将此事载入，反映了当时品第人物的清谈风气。再如刘备去世后，诸葛亮为了恢复蜀吴关系，派邓芝使吴。吴遣张温报聘于蜀。益州学士秦宓"文藻壮美"，参加宴会，张温见面就问："君学乎？"秦宓曰："五尺童子皆学，何必小人！"张温一连发问，秦宓"答问如响，应声而出"⑤，使张温大为敬服。两人对话的方式和语言，既有战国纵横家能言善辩的气势，又表露出了六朝清谈所特具的诙谐风格。

蜀地的文学之士，除广汉人秦宓外，还有犍为人杨戏，著有《季汉辅臣赞》，对蜀汉君臣的评论有一定史料价值，已载入《三国志·蜀书》。外来人士中，河南偃师人郤正善于辞赋。他所撰《释讥》，"依则先儒，假文见意""文辞灿烂"⑥而流传至今。

蜀汉的史学也很发达，史学家谯周撰有《古史考》，其弟子陈寿，入晋后撰《三国志》，号称良史。

蜀汉政权对长江上游文化区域扩大的又一重要贡献，是对南中地区的开发。南中地区相当于今四川省大渡河以南及云南、贵州二省，是我国古代西南少数民族聚居的地区。当时居住在那里的少数民族，有的处于原始的狩猎生活阶段，有的还停留在奴隶社会，有

① 《三国志》卷四一《蜀书·张裔传》，第 1012 页。
② 《三国志》卷四二《蜀书·尹默传》，第 1026 页。
③ 《三国志》卷四二《蜀书·李譔传》，第 1027 页。
④ 《三国志》卷三七《蜀书·庞统传》，第 953 页。
⑤ 《三国志》卷三八《蜀书·秦宓传》，第 976 页。
⑥ 《三国志》卷四二《蜀书·郤正传》，第 1042 页。

的则刚进入封建社会，经济文化都比较落后。诸葛亮采用马谡“攻心为上，攻城为下，心战为上，兵战为下”①的建议，平定了当地少数民族豪强的叛乱，安定了南中。在发展当地生产的基础上，南中地区大量的物质资源得到开发，并以金银、丹漆、耕牛、战马等供给蜀汉政府军国之用。诸葛亮之所以能做到“不留兵，不运粮，而纲纪粗定，夷汉粗安”②，原因是多方面的。除了政治方针与经济政策的因素外，他还十分重视尊重少数民族的文化心态与风俗习惯。据《华阳国志》卷四《南中志》记载：“其俗征巫鬼……诸葛亮乃为夷作图谱，先画天地、日月、君长、城府；次画神龙，龙生夷，及牛、马、羊；后画部主吏乘马幡盖，进行安恤，又画夷牵牛负酒，赍宝诣之之象，以赐夷，夷甚重之。”诸葛亮绘此图谱的意义，是在表示尊重当地流行的巫教之意。图谱的第一部分，画宇宙起源及日月运行，产生君长、城府，正与其原始巫教的神意史观相应。第二部分画神龙及龙生夷等，乃是通过神话故事，说明夷汉同为神龙所生，应该像兄弟般同结盟好。第三部分画主吏乘马幡盖等，象征汉人来到后夷人牵牛担酒以迎接的友好表示③。诸葛亮所绘图谱为南人所重视，一直流传下来，已成为研究我国西南民俗的宝贵遗产。

## 三、孙吴时期长江中下游以南地区的开发

江东孙吴政权是吴郡富春（今浙江富阳）人孙坚、孙策和孙权父子兄弟所创建。据说孙坚是“孙武之后”，其实本“孤微发迹”④，家族地位并不高贵⑤。东汉末年，他利用镇压黄巾起义的机会组建武装力量，其最初的部众是追随他的“乡里少年”及招募来的“淮、泗精兵”⑥。在军阀混战中，他依附袁术，在攻打襄阳时被刘表部将黄祖部下射死，始终无固定地盘。孙策继承父业，向袁术求得孙坚旧部余兵，渡江作战，攻取江东六郡，即会稽、丹阳、豫章、庐陵、吴郡、庐江，才与袁术决裂，独树一帜，奠定了孙吴在江南立国的基础。孙策被原吴郡太守许贡的家客刺杀后，孙权继兄统事。他奉行“举贤任能，各尽其心，以保江东”⑦的方针，以吴地为中心，依靠吴地人士的支持⑧，内平山越，西灭黄祖，逐步扩大势力范围。经过赤壁之战与夷陵之战的胜利，又将统治区域扩大到荆、扬、交、广四州。222

① 《三国志》卷三九《蜀书·马谡传》注引《襄阳记》，第984页。

② 《三国志》卷三五《蜀书·诸葛亮传》注引《汉晋春秋》，第919页。

③ 李嘉瑞：《大理古代文化史稿》，中华书局1978年版，第30—32、93—95页。下同，略。

④ 《三国志》卷四六《吴书·孙坚传》，第1112页。

⑤ 《宋书》卷二七《符瑞志上》云：“孙坚之祖名钟，家在吴郡富春，独与母居……遭岁荒，以种瓜为业。”《太平御览》卷五五九引《幽明录》亦有类似记载。

⑥ 《三国志》卷四六《吴书·孙坚传》，第1094页。

⑦ 《三国志》卷四六《吴书·孙策传》，第1109页。

⑧ 张承宗：《吴地人士与东吴兴亡》，载《苏州大学学报》1991年第4期。

年，孙权在武昌（今湖北鄂州）称吴王。229 年，他以建业（今江苏南京）为都城，正式称帝。孙吴政权的建立，加快了江南的开发，使长江中下游以南的广大东南地区，逐步发展成为经济文化的发达地区，推动了我国古代经济文化重心的南移。

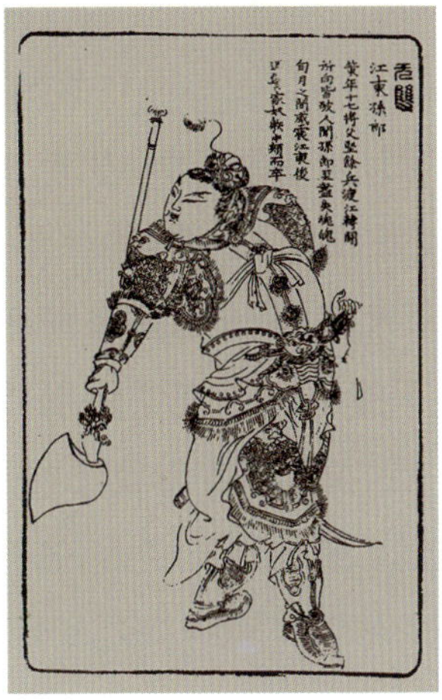

《无双谱》中的孙策像

唐代阎立本《历代帝王图》中的“吴主孙权”

**（一）北方人口的大量南迁**

东汉末年，黄河流域及江淮之间不断发生战乱。相比之下，江南土地肥沃、气候温和而战乱少，自然成为人们向往的乐土。如临淮东城人鲁肃，眼看“雄杰并起，中州扰乱”，便对其属下说：“吾闻江东沃野万里，民富兵强，可以避害”，乃率“男女三百余人”渡江，投奔孙策①。吴郡钱塘人全琮，当汉末时，“中州士人避乱而南，依琮居者以百数”②。孙策的部将程普、韩当来自北方，吕范是汝南人，“避乱寿春”，又“将私客百人归策”③。东吴文臣中，张昭、严畯、诸葛瑾、是仪、胡综等，也都来自长江以北。建安十八年（213 年），曹操与孙权相争于濡须。曹操强令沿江居民北迁，结果是“民转相惊，自庐江、九江、蕲春、广陵户十余万皆东渡江”④，北方人口的大量南迁，不仅给江南带来了大批劳动力，也带来了先进的生产技术与文化。

南渡人口中，不少人在江南建立了家业，如分布在南京中央门外幕府山，中华门外邓府山、西善桥，太平门外栖霞山甘家巷等地的三国吴墓，经发掘出土的砖、铅质买地券及刻文墓砖中，有不少关于主人祖籍的记载。其中有的来自九江，有的来自江夏竟陵，有的

① 《三国志》卷五四《吴书·鲁肃传》注引《吴书》，第 1267 页。

② 《三国志》卷六〇《吴书·全琮传》，第 1381 页。

③ 《三国志》卷五六《吴书·吕范传》，第 1309 页。

④ 《三国志》卷四七《吴书·吴主传》，第 1118 页。

来自广陵堂邑，他们都在建业附近“买地”“买宅”①，定居下来。建业本名秣陵，在汉代是一个小县。建安十六年(211 年)，孙权由京口(今江苏镇江)“徙治秣陵。明年，城石头，改秣陵为建业”②。到吴黄龙元年(229 年)，已具备建都的条件，足见其人口增长之多及经济、文化发展之快。

江西省历史博物馆于 1979 年 6 月在南昌市发掘了东吴高荣墓，墓内置放有保存完好的朱漆棺三副。前室一副，编号为甲棺。后室平列两副，编号为乙棺、丙棺。从丙棺内出土的木简、木方上墨书文字的内容得知，墓主姓高名荣字万绶，原籍为沛国(郡)相县人，即今江苏徐州地区。下葬年代经考证当在 232—238 年之间，正值东吴前期③。高荣的身份不清楚，但从其墓室结构上看，和鄂城东吴孙将军墓④、武昌莲溪寺东吴墓⑤的结构是相同的。高荣的身份约相当于孙将军，或者略低一点，说明北方南渡之人中，有的因替孙吴政权建功立业，已取得了一定的社会地位。

**(二)长江中下游的开发**

长江中下游的江南地区，是孙吴时期人口增长最快的地区，也是孙吴屯田的主要地区。如孙权为将军时，陆逊曾任海昌(今浙江海宁)屯田都尉。他在那里屯田，一方面开仓济民，劝督农桑；一方面与山越作战。他“部伍东三郡”，采用“强者为兵，羸者补户”的办法，从吴郡、会稽、丹阳“得精卒数万人”，取得了大量兵员和劳动人手后，“还屯芜湖”⑥。又“赤乌中，诸郡出部伍，新都都尉陈表、吴郡都尉顾承，各率所领人会佃毗陵(今江苏常州)，男女各数万口”⑦。建业附近的湖熟、江乘(今江苏句容北)、溧阳，长江中游的武昌、长沙沤口、陆口、蒲圻以及下游的柴桑(今江西九江)、赭圻(今安徽繁昌)、于湖(今安徽当涂)也都置有屯田。孙吴政权通过屯田，“广开农桑之业，积不訾之储”⑧，促进了江南的农业生产，又保证了粮食的供应。在广大劳动人民的辛勤开垦下，太湖周围和钱塘江流域成为东吴境内最富裕的地区。左思《吴都赋》云：“其四野，则畛畷无数，膏腴兼倍……煮海为盐，采山铸钱，国税再熟之稻，乡贡八蚕之绵”⑨。这正是当时长江下游农业发展、经

---

① 易家胜：《东汉末三国初的北人南徙》，见《江苏省哲学社会科学联合会 1980 年年会论文选》(考古学分册)，1981 年 2 月铅印本，第 61 页。

② 《三国志》卷四七《吴书·吴主传》，第 1118 页。

③ 江西省历史博物馆：《江西南昌市东吴高荣墓的发掘》，载《考古》1980 年第 3 期。

④ 鄂城县博物馆：《鄂城东吴孙将军墓》，载《考古》1978 年第 3 期。

⑤ 湖北省文物管理委员会：《武昌莲溪寺东吴墓清理简报》，载《考古》1959 年第 4 期。

⑥ 《三国志》卷五八《吴书·陆逊传》，第 1344 页。

⑦ 《三国志》卷五二《吴书·诸葛瑾传》注引《吴书》，第 1235 页。

⑧ 《三国志》卷六五《吴书·华覈传》，第 1465 页。

⑨ 〔晋〕左思：《吴都赋》，《文选》卷五，第 215 页。

济繁荣的具体表现。

**朱然家族墓出土的青瓷厕圈、青瓷马厩、青瓷猪圈**

江南的手工业在孙吴时期有很大发展。纺织业以葛布、越布最为精致,其柔软程度甚至超过罗纨。

瓷器制造进步更大,考古发掘出土的孙吴瓷器很多,反映了当时江南精湛的工艺与科学文化水平。其中比较重要的发现有:浙江绍兴出土的有"永安三年(260 年)时"碑记的通体青釉谷仓,高 47 厘米,器身上贴有人物、飞鸟、楼阁等塑造品,仓屋门口及瓶口有犬守卫,还有刻画的鱼龙,器肩部的人像各执不同的乐器,栩栩如生①。南京光华门外赵士岗出土的有"赤乌十四年(251 年)会稽上虞师袁宜作"铭文的青瓷虎子,通体淡青色釉,器物椭圆形,两端略平,腰部微敛,提梁是立体虎形,腹部有四足。上述铭文在器腹一侧,另一侧刻有"制宜"二字②。南京青凉山出土的有"甘露元年(265 年)五月造"铭文的青瓷熊灯及同时出土的青瓷羊尊,胎釉均极精美。青瓷羊尊昂首张嘴,身躯肥壮,四肢蜷曲作卧伏状,形体健美③。江苏金坛发现的天玺元年(276 年)墓葬中,也发掘出大量的随葬青瓷器,有灶、井、灯、鸡笼、猪圈、香薰、堆塑楼台、谷仓罐等器,造型精致④。湖北鄂城东吴孙将军墓中出土的青瓷门楼,楼顶内面刻有"孙将军门楼也"六字,经研究考证,该墓可能是东吴晚期担任"武昌督、平荆州事"的孙述之墓⑤。它对研究东吴晚期武昌的政治军事地位有相当价值。浙江上虞吴墓出土有青瓷鸟形杯、青瓷蛙形水注等。

① 陈万里:《中国青瓷史略》,上海人民出版社 1957 年版,第 4 页。下同,略。
② 《南京附近六朝墓葬出土文物》,载《文物参考资料》1955 年第 8 期。
③ 南京博物院编:《江苏六朝青瓷》,图版 4、6,文物出版社 1980 年版。
④ 镇江市博物馆、金坛县文化馆:《江苏金坛出土的青瓷》,载《文物》1977 年第 6 期。
⑤ 鄂城县博物馆:《鄂城东吴孙将军墓》,载《考古》1978 年第 3 期。

三国吴青釉釉下彩羽人纹瓷盘口壶

江苏金坛吴墓出土的三国吴飞鸟百戏魂瓶

三国福建窑五联罐

三国青釉人物兽堆塑谷仓罐

江南的铜镜与铜器制造很发达。孙吴境内的铜矿区，主要分布在长江中游的江夏郡及下游的丹阳郡。铜镜与铜器的制造中心，一个是江夏郡的武昌（今湖北鄂州），一个是会稽郡的山阴（今浙江绍兴）。所铸的铜镜既有东汉以来传统的方格规矩镜、夔龙镜、盘龙镜，也有吴地最流行的神兽镜、画像镜[1]。鄂城发现的神兽境，半数以上有纪年铭，年号除“建安”外，还有孙吴的“黄武”“黄龙”“嘉禾”和“赤乌”等，其中有相当一部分是会稽方面的工匠制作的。画像镜的出土地点有杭州、南京、扬州、长沙等地，亦都在吴的境内。画像镜缺乏纪年铭，但从图纹中有吴王和伍子胥的历史故事，也可看出其地方特色[2]。东吴的铜器，比较重要的发现是鄂城古井中出土的三件铜器：其中一件是带有“黄武元年（222 年）”纪年铭的双耳铜釜，高 20 厘米，口径 12.8 厘米，肩部刻有铭文“黄武元年作三千四百卅八枚”12 字，腹部刻有“武昌”及“官”三字，腹下部满饰均匀的弦纹，反映了当时的铸造工艺水平。另两件分别为铜锅及铜鋗，是锻造而成的。古井中还出土有铁刀、铁钩各 2 件[3]。按：陶弘景《古今刀剑录》中有“吴王孙权以黄武五年采武昌铜铁作千口剑万口刀”的记载，古井中发现的器物使之得到了证实。

三国吴佛像神兽镜

三国吴佛像神兽镜局部

① 徐苹芳：《三国两晋南北朝的铜镜》，载《考古》1984 年第 6 期。
② 王仲殊：《关于日本三角缘神兽镜的问题》，载《考古》1981 年第 4 期。
③ 鄂城县博物馆等：《湖北鄂城发现古井》，载《考古》1978 年第 5 期。

孙吴时期长江流域的造船业、水运交通、商业贸易都很发达。孙吴境内制造的船只，向西溯江而上，与蜀汉贸易。大船出海，远至辽东、交广及夷洲（今台湾），还到达南海诸国。建业是长江沿岸最主要的商业都会，设有大市、小市和北市，颇为繁盛。左思《吴都赋》云："水浮陆行，方舟结驷。唱棹转毂，昧旦永日。开市朝而并纳，横阛阓而流溢。混品物而同廛，并都鄙而为一。士女伫眙，商贾骈坒。纻衣絺服，杂沓傱萃。轻舆按辔以经隧，楼船举帆而过肆。果布辐辏而常然……富中之甿，货殖之选。乘时射利，财丰巨万。"①正是这种商业繁荣景象的具体描绘。赤乌八年（245 年）孙权使陈表发屯田兵 3 万，开凿了一条从句容到云阳西城（今江苏丹阳延陵镇西）的人工运河，"以通吴、会船舰，号破岗渎"②，促进了建业与吴郡、会稽的水上交通与贸易的开展。

三国时期的陶船

### （三）学术文化的发达

东汉末年，大量士人避乱江东。他们来自北方的徐、青、豫、兖各州。到江南后，以居住在长江流域的为多，也有一部分人越过荆、扬二州，远至交州。

交趾太守士燮，其先本鲁国汶阳人，西汉末年王莽之乱时就南迁交州。其父士赐，东汉桓帝时为日南太守。士燮"少游学京师，事颍川刘子奇，治《左氏春秋》"，又兼通今古文《尚书》。他本人是位学者，"体器宽厚，谦虚下士"，在他治理下，交州社会秩序安定。因此，"中国士人往依避难者以百数"③。史载汝南人许靖、南阳人许慈，避居交州，建安中一起自交州入蜀。沛郡人薛综，"少依族人，避地交州，从刘熙学。"后来出仕孙吴。此人"枢机敏捷"，接待蜀使张奉时，析解"蜀"字，说："蜀者何也？有犬为独，无犬为蜀。横目苟

① 〔晋〕左思：《吴都赋》，《文选》卷五，第 219—220 页。

② 〔唐〕许嵩：《建康实录》卷二《大祖下》，中华书局 1986 年版，第 53 页。下同，略。

③ 《三国志》卷四九《吴书·士燮传》，第 1191 页。

身，虫入其腹。”又解“吴”字，说：“无口为天，有口为吴，君临万邦，天子之都。”诙谐幽默，妙趣横生。他口才很好，文章也好，有“信辞粲烂”“辞令皆新”之誉，“所著诗赋难论数万言，名曰《私载》”①。汝南人程秉，是郑玄的弟子，“避乱交州，与刘熙考论大义，遂博通五经。士燮命为长史。”后来成为孙权的太子太傅，著有《周易摘》《尚书驳》《论语弼》，凡 3 万余言②。刘熙，字成国，北海人，诸史无传。他“博览多识，名重一时，荐辟不就，避地交州，人谓之征士。往来苍梧南海，客授生徒，中州士人避难交州者，多从游焉。生徒多至数百人，建安末卒。作《释名》八卷”③。他以同声相谐推论称名辨物之意，考见古音，因以推求古人制度之遗。著作仅《释名》流传至今，还有《谥法考》《孝经注》《孟子注》《列女传》等，均已亡佚。避居交州的知名人士，还有陈郡人袁徽、沛郡人桓邵、汝南人袁忠及袁沛等。袁徽在给荀彧的信中，曾称赞士燮“学问优博，又达于从政，处大乱之中，保全一郡”④的功绩。士燮对交州地区的文化发展确实有很大贡献。

孙吴境内文化最发达的地区是首都建业及长江下游的吴郡、会稽郡、丹阳郡与豫章郡。那里不仅聚集了一批北方流寓士人，而且本地人士中也有许多杰出人才。

长江以北来到江南的士人中，有不少是知名学者。如：彭城人张昭“少好学，善隶书，从白侯子安受《左氏春秋》，博览众书”⑤，著有《春秋左氏传解》及《论语注》。严畯也是彭城人，“少耽学，善《诗》《书》、三《礼》，又好《说文》。”由张昭推荐，“进之于孙权”⑥的琅邪阳都人诸葛瑾，“少游京师，治《毛诗》《尚书》《左氏春秋》”。他是诸葛亮之兄，奉命出使蜀汉，“俱公会相见，退无私面”⑦，因而深得孙权信任。广陵人张纮，“既好文学，又善楷篆”，他是最早建议孙权“出都秣陵”的人物，“著诗赋铭诔十余篇”⑧，其文采可与“建安七子”之一的陈琳相媲美。

江南的学者治学方法与北来的士人有所不同，如会稽余姚人虞翻，著《易注》，开以玄释经之风，他认为：“经之大者，莫过于《易》。自汉初以来，海内英才，其读《易》者，解之率少……若乃北海郑玄，南阳宋忠，虽各立注，忠小差玄而皆未得其门，难以示世。”虞翻是江东《易》学的代表人物，也是江东士族中最有成就、最有影响的经师。孔融读了他的《易注》，曾写信称赞他说：“闻延陵之理乐，睹吾子之治《易》，乃知东南之美者，非徒会稽之竹

---

① 《三国志》卷五三《吴书·薛综传》，第 1250—1254 页。
② 《三国志》卷五三《吴书·程秉传》，第 1248 页。
③ 刘汝霖：《汉晋学术编年》卷六，第 7 页。
④ 《三国志》卷四九《吴书·士燮传》，第 1191 页。
⑤ 《三国志》卷五二《吴书·张昭传》，第 1219 页。
⑥ 《三国志》卷五三《吴书·严畯传》，第 1247 页。
⑦ 《三国志》卷五二《吴书·诸葛瑾传》及注引《吴书》，第 1231 页。
⑧ 《三国志》卷五三《吴书·张纮传》及注引《吴书》，第 1245 页。

箭也。又观象云物，察应寒温，原其祸福，与神合契，可谓探赜穷通者也。”晚年，他徙居交州，“讲学不倦，门徒常数百人。又为《老子》《论语》《国语》训注，皆传于世”①。他对交州文化的发展有一定影响。会稽上虞人吴范“治历数，知风气”②，担任过孙吴的太史令。吴郡吴人陆绩“博学多识，星历算数无不该览”，孙吴时出任郁林太守，所“作《浑天图》，注《易》释《玄》，皆传于世”③。

吴地的史学也很发达。吴郡吴人张温，曾任太子太傅，他节抄《史记》《汉书》《东观汉记》，编《三史略》20卷。会稽山阴人谢承，为吴主权谢夫人弟，撰《后汉书》百余卷，记事偏重于南方，有地方特色。吴郡云阳人韦昭著有《吴书》，后来成为陈寿撰《三国志》时所依据的重要材料之一。他的史注《国语解》，会合了郑众、贾逵、虞翻、唐固等学者注解《国语》的成果，同时参考了许多古代典籍，治学严谨，是流传至今的唯一的一部《国语》注本。韦昭的文学才能也很高，其《博弈论》被选入《昭明文选》。他改编的乐府歌辞十二首，颂孙吴功德，富于尚武的进取精神，对鼓舞士气、激励人心有明显效果。《宋书·乐志四》收录了韦昭改编并重新填词的《吴鼓吹曲》十二篇：

| 序数 | 汉时曲名 | 吴改曲名及内容 |
| --- | --- | --- |
| 1 | 《朱鹭》 | 《炎精缺》，言汉室衰，孙坚奋迅猛志，念在匡救，然而王迹始乎此也。 |
| 2 | 《思悲翁》 | 《汉之季》，言孙坚悼汉之微，痛董卓之乱，兴兵奋击，功盖海内也。 |
| 3 | 《艾如张》 | 《摅武师》，言孙权卒孙坚之业而奋征也。 |
| 4 | 《上之回》 | 《乌林》，言曹操既破荆州，从流东下，欲来争锋。孙权命将周瑜逆击之于乌林而破走也。 |
| 5 | 《拥离》 | 《秋风》，言孙权悦以使民，民忘其死。 |
| 6 | 《战城南》 | 《克皖城》，言曹操志图并兼，而令朱光为庐江太守，孙权亲征朱光，破之于皖城也。 |
| 7 | 《巫山高》 | 《关背德》，言蜀将关羽背弃吴德，心怀不轨。孙权引师浮江而擒之。 |
| 8 | 《上陵》 | 《通荆门》，言孙权与蜀交好齐盟，中有关羽自失之愆，戎蛮乐乱，生变作患，蜀疑其眩，吴恶其诈，乃大治兵，终复初好也。 |
| 9 | 《将进酒》 | 《章洪德》，言孙权章其大德，而远方来附也。 |
| 10 | 《有所思》 | 《从历数》，言孙权从箓图之符，而建大号也。 |
| 11 | 《芳树》 | 《承天命》，言孙权以圣德践位，道化至盛也。 |
| 12 | 《上邪》 | 《玄化》，言孙权修文训武，则天而行，仁泽流洽，天下喜乐也。 |

① 《三国志》卷五七《吴书·虞翻传》及注引《翻别传》，第1320—1322页。
② 《三国志》卷六三《吴书·吴范传》，第1421页。
③ 《三国志》卷五七《吴书·陆绩传》，第1328—1329页。

江东陆氏与顾氏对文化发展有重要贡献。陆机的《文赋》开首便云："伫中区以玄览。"①他用骈文的形式讨论创作构思与文章利弊，在文学理论上有重要建树。他认为文贵创新，内容比文采更为重要，作者构思时可以"精骛八极，心游万仞""笼天地于形内，挫万物于笔端"②。这种强调主观精神的作用，正是受玄学的影响。陆机的文学思想，重视心灵的解放与自由，试图摆脱经学的束缚，让文学真正成为一门独立的学科。其散文《辩亡论》以文论史，以史论政，总结东吴兴亡之教训。这篇史论质量很高，可与贾谊《过秦论》相媲美。陆机与弟陆云的诗文都有一定质量，号称"二陆"。陆氏兄弟入晋后，将长江流域文化的影响扩大到了北方。顾雍之子顾邵，出任豫章太守，推行教化，禁断淫祀，表彰先贤，"小吏资质佳者，辄令就学，择其先进，擢置右职，举善以教，风化大行。"③促进了豫章地区文化的发展。豫章人徐整，著作可考者有《毛诗谱》《三五历记》《通历》《杂历》《豫章列士传》《豫章旧志》等七部④。

在自然科学方面，孙吴时期长江流域的数学家，有阚泽与赵爽。阚泽的著作未能传下来。赵爽注《周髀算经》为《隋书·经籍志》所著录。他用弦图证明勾股定理，直观性强，至今仍有价值。天文学方面，吴太史令陈卓的星图、庐江人王蕃制造的浑仪、葛衡设计的浑象，都在中国天文学史上占有一定地位。

三国吴凤凰元年（272年）谷朗碑

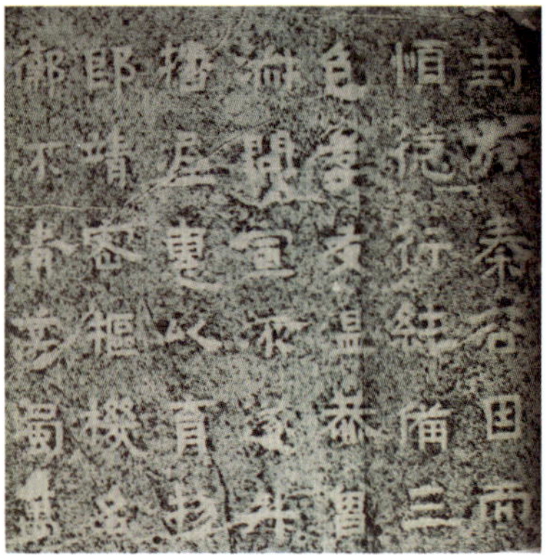

三国吴凤凰元年（272年）谷朗碑局部

三国吴天玺元年（276年）苏建书写的国山碑局部

① 〔西晋〕陆机：《文赋》，《文选》卷一七，第762页。
② 〔西晋〕陆机：《文赋》，《文选》卷一七，第763、764页。
③ 《三国志》卷五二《吴书·顾雍传附子顾邵传》，第1229页。
④ 〔清〕姚振宗：《三国艺文志》，见《二十五史补编》，中华书局1986年版。下同，略。

三国吴天玺元年文字砖

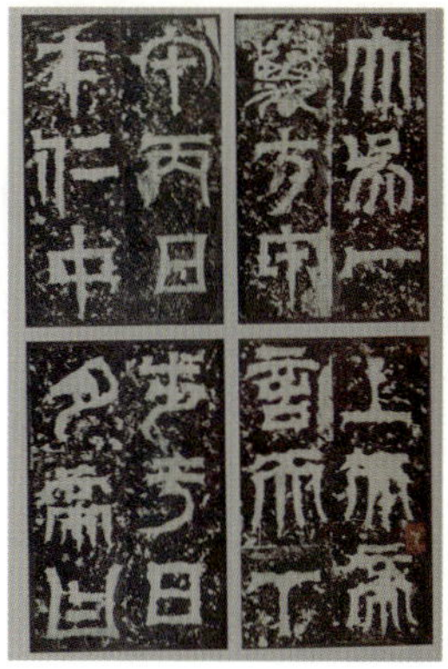

三国吴天发神谶碑局部

安徽马鞍山三国吴朱然墓地出土的季札挂剑图漆盘

## 第二节　西晋时期的长江文化

263 年，司马昭派钟会、邓艾灭蜀。两年后，司马炎代魏建晋称帝。280 年，晋灭吴，中国重新出现统一的局面。西晋太康年间，全国出现了繁荣景象，史称："太康之中，天下书同文，车同轨。牛马被野，余粮栖亩，行旅草舍，外闾不闭。民相遇者如亲，其匮乏者，取资于道路，故于时有天下无穷人之谚。"[①]晋武帝司马炎死后，由于统治阶级内部争权夺利引发了"八王之乱"，使黄河流域出现了大混乱。接着，北方少数民族大量涌入中原。永嘉五年(311 年)，洛阳被匈奴人建立的汉国(史称前赵)武装攻破，晋怀帝被俘，史称"永嘉之乱"。此后，90 万北方男女南迁，世家大族率领宗族、宾客、部曲一起渡江，"中州仕女避乱江左者十六七"[②]。长江流域又一次成为人们的避乱之所，经济文化继续向前发展，对全国影响日益扩大。

### 一、长江流域行政建置的增设与经济文化的发展

西晋平吴后，分天下为 19 州，共有郡国 173 个。其实，长江上游行政建置的增设，早在平蜀后就开始了。史载魏景元四年(263 年)十二月壬子，"分益州为梁州"[③]，统汉中、梓潼、广汉、涪陵、巴、巴西、巴东七郡。此时，益州统蜀、犍为、汶山、汉嘉、江阳、朱提、越

① 〔东晋〕干宝：《晋纪・总论》，《文选》卷四九，第 2178—2179 页。
② 《晋书》卷六五《王导传》，第 1746 页。
③ 《三国志》卷四《魏书・三少帝纪》，第 149 页。

嶲、牂柯八郡①。晋泰始七年(271 年),司马炎"以益州地广,分益州之建宁、兴古、云南,交州之永昌,合四郡为宁州"②。



行政建置的增设,虽有需要加强统治的政治方面的原因,但更重要的原因是人口的增长与经济文化的发展。蜀汉灭亡时,境内有"户二十八万,男女口九十四万"③。长江上游的人口在蜀亡之后继续增加,所以才增设梁州与宁州。长江中下游的人口增长更快。孙吴灭亡时,境内有"户五十二万三千,男女口二百三十万"④。按:西晋平吴时,全国共有"户二百四十五万九千八百四十,口一千六百一十六万三千八百六十三"⑤。此时,长江流域及其以南地区的人口在全国人口数中的比例,以户数而言,当在 80 万户以上,约占 1/3;以口数而言,当在 300 万以上,约占 1/5。

长江中下游行政建置的增设比上游要迟一些。其原因,一是孙吴之亡晚于蜀汉,二是吴亡后江南仍叛乱屡起。《晋书》卷五二《华谭传》载有司马炎与臣下的一段策问:

> 策曰:"吴蜀恃险,今既荡平。蜀人服化,无携贰之心;而吴人趑睢,屡作妖寇。岂蜀人敦朴,易可化诱;吴人轻锐,难安易动乎?今将欲绥静新附,何以为先?"对曰:"臣闻汉末分崩,英雄鼎峙,蜀栖岷陇,吴据江表。至大晋龙兴,应期受命,文皇运筹,安乐顺轨;圣上潜谋,归命向化。蜀染化日久,风教遂成;吴始初附,未改其化,非为蜀人敦悫而吴人易动也。然殊俗远境,风土不同,吴阻长江,旧俗轻悍。所安之计,当先筹其人士,使云翔阊阖,进其贤才,待以异礼,明选牧伯,致以威风;轻其赋敛,将顺成悦,可以永保无穷,长为人臣者也。"⑥

司马炎在位时,采取恩威并用的措施,以对付新入其统治范围的长江中下游地区,但江南地区世家大族的力量仍很强。经过太康年间 10 年左右的治理,州一级行政建置的增设,才开始提到议事日程上来。

晋惠帝元康元年(291 年),分扬州之豫章、鄱阳、庐陵、临川、南康、建安、晋安,荆州之武昌、桂阳、安成十郡为江州⑦。其治所起初在豫章(今江西南昌),东晋南朝时治湓城(今江西九江),管辖范围包括今江西、福建两省及湖北省之东南、湖南之东部的广大地区。江州在永嘉之乱后,由于北方人口大量南迁,发展很快。东晋时已成为"国之南藩,要害

① 〔宋〕司马光:《资治通鉴》卷七八,魏元帝景元四年胡注,中华书局 1956 年版,第 2476 页。
② 《晋书》卷一四上《地理志上》,第 440 页。
③ 《三国志》卷三三《蜀书·后主传》注引王隐《蜀记》,第 900 页。
④ 《三国志》卷四八《吴书·孙皓传》注引《晋阳秋》,第 1177 页。
⑤ 《晋书》卷一四上《地理志上》,第 415 页。
⑥ 《晋书》卷五二《华谭传》,第 1450 页。
⑦ 《宋书》卷三六《州郡志二》,第 1086 页。

之地"[①]，不仅盛产粮食，而且商业也很发达[②]。

湘州的设立比江州更晚一点。晋怀帝永嘉元年（307 年），分荆州之长沙、衡阳、湘东、邵陵、零陵、营阳、建昌、江州之桂阳八郡为湘州[③]，治所在临湘（今湖南长沙），辖境相当于今湖南湘江、资水流域，广西桂江，广东北江流域大部分及湖北陆水流域。永嘉之乱后，随着移民的大量进入，湘州经济有很大发展，到东晋南朝时，不仅粮食自给有余，还有相当数量供给外地。

孙吴时期，长江中下游行政建置为荆、扬二州，至西晋时又增设江、湘二州。晋室南渡后，以扬州为京畿，以荆、江为重镇，湘州则是荆州的后方，不仅粮食遍野，而且盛产竹、木、油、蜜、脯、菜等各种土产与副食品。长江中下游是东晋南朝赖以立足的主要基地，其基础之奠定，则肇始于孙吴及西晋时期。

西晋时期，长江流域及其以南地区经济文化继续发展，农业、手工业水平提高，工艺进步，商业繁荣。

农业耕作技术的进步，最重要的发现是广东连县出土的西晋犁田耙田模型[④]。犁田模型作长方形，长 19 厘米，宽 16.5 厘米，中间纵贯一条田埂，将耕地分为两块，一块上有一人使一牛犁田，另一块上有一人使一牛耙田。水田周围筑有拦水的田埂，四角修有排水的漏斗状设施，便于把水保持在一定深度。连县位于广东西北部，北与湖南交界。这种围田而耕的生产方式，在江南水乡有普遍的代表性。

西晋青瓷鸡笼

长江下游的宜兴，青瓷器制造发达。其制法有轮制、手制与两者合制三种。一般碗、

① 《晋书》卷八一《刘胤传》，第 2114 页。

② 张承宗：《六朝时期江州的战略地位》，载《苏州大学学报》1993 年第 1 期。

③ 《宋书》卷三七《州郡志三》，第 1117 页。

④ 徐恒彬：《简谈广东连县出土的西晋犁田耙田模型》，载《文物》1976 年第 3 期。

盆之类的器物完全用轮制，小件与不规则形状的器物用手制，罐、壶、杯、熏炉等则先用轮制后，再用手制零件及装饰品。器物的上釉也不完全相同，碗、盆、盘、碟是里外都有釉的，罐、壶、炉等是外面有釉而里面没有，器物底部和底部周围的一小部分地方都不上釉。这种特点，与浙江富阳及长江上游成都附近发现的晋代出土瓷器是相同的①，说明西晋时期长江上游蜀地与下游吴越地区的瓷器制造水平大体相似。

宜兴1号墓前后室之间的过道中，发现有一只暗红色釉的小陶壶，是晋代墓葬中的随葬品。这种壶在洛阳西晋墓中常有出土，被称为绛色釉陶小壶②，形式和宜兴出土的几乎相同。陶器与青瓷不属于同一系统，它可能是洛阳附近烧的。这种陶壶在洛阳晋墓中常见，但江南晋墓中似很罕见。宜兴1号墓的一件，或许是赐葬时由洛阳送去的，可能是盛有贵重的液体如香料之类③。宜兴今日已成为闻名遐迩的陶都，盛产陶壶。估计宜兴陶器制造中心的形成，当在晋室南渡之后。

南京附近出土的青瓷器，也有不少是西晋时的器物，如梅家山西晋墓出土的青瓷辟邪水注，板桥晋永宁二年（302年）墓出土的青瓷狮子等，都很精美。江宁县六郎、铜井出土的明器中，绝大部分是青瓷器。其中有青瓷香熏一件，纽饰飞鸟，腹镂空，下有三熊足，遍体施青釉，色泽莹润。又有青狮一件，遍体施青釉，色泽光润。此外还有青瓷镇墓兽、青瓷盏、青瓷盘口壶、青瓷四系罐等，烧造技术都达到了较高的水平④。南京市东北郊西岗西晋墓中出土的青瓷器达40件之多，器物造型精致，釉色有古灰色及青黄色两种。其中堆塑飞鸟人物罐，釉色光润，略有开裂纹，但不脱釉。青瓷羊，全长26厘米，高19.5厘米，身躯肥壮，作卧伏状，昂首，张口，竖耳，似正咩咩地叫着。釉质均匀无瑕，光彩晶莹，此羊大小、造型与南京清凉山出土的有东吴甘露元年五月纪年铭的青瓷羊几乎完全一致⑤，可见西晋初年长江下游的青瓷器水平，是在孙吴的基础上继续前进的。

① 罗宗真：《江苏宜兴晋墓发掘报告》，载《考古学报》1957年第4期；朱伯谦：《浙江富阳发现晋墓》，载《考古通讯》，1955年第5期；沈仲常：《成都扬子山的晋代砖墓》，载《文物参考资料》1955年第7期。

② 河南省文化局文物工作队第二队：《洛阳晋墓的发掘》，载《考古学报》1957年第1期。

③ 夏鼐：《跋江苏宜兴晋墓发掘报告》，载《考古学报》1957年第4期。按：1976年江苏宜兴晋墓又作第二次发掘，对周氏家族墓群及其所反映的江南门阀士族的厚葬之风有进一步的了解，详见南京博物院《江苏宜兴晋墓的第二次发掘》，载《考古》1977年第2期。

④ 《江苏江宁出土一批西晋瓷器》，载《文物》1975年第2期。

⑤ 南波：《南京西岗西晋墓》，载《文物》1976年第3期。

江苏宜兴西晋周处家族

墓地出土的青瓷香熏

江苏宜兴周墓墩

2 号墓出土西晋焦斗

西晋青釉鸡头瓷壶

西晋神兽瓷尊

西晋瓷制双鸟盖四耳盂

西晋青瓷狮形水注

西晋印纹卣

江苏江宁殷巷出土的西晋青瓷羊尊

江苏吴县狮子山发掘的西晋傅氏家族三座大墓,出土青瓷谷仓、扁壶、簋、熏炉、槅、水盂、洗、唾壶、虎子等器计46件。其中有两件谷仓,在龟碑上分别刻有"元康二年润(闰)月十九日超(造)会稽""元康出始宁,用此靈,宜子孙,作吏高,其乐无极"等字样①。可见它们的产地在今浙江绍兴与上虞。

杭州金门槛西晋墓,墓砖上有隶书"太安"两字,属晋惠帝时期的墓葬。其中出土的瓷器有罐、洗、盘、碗等物,以罐为最多。罐的形制有三种:一种是弇口双耳罐,肩的上下饰弦纹,弦纹间夹以波浪纹或直线划纹,釉色有黄绿和米黄色两种;一种是直口鼓腹双耳罐,肩部饰有对称的竖、横耳各两个,并饰有弦纹数道,皆施黄绿色釉;另一种形制较特殊,肩上穿有对称的小孔四个,釉深绿色,只施于上部,有釉泪,下半部五釉露胎。此外,黄绿色釉瓷洗的器腹、器口饰有波浪纹、斜方格纹。同时出土的还有陶器,能复原的有洗、灶、俎、碗等。洗是灰胎黑衣,上附铺首,下部有矮圈足。灶形似船,有二灶口。俎形似几,两端按腿,腿末端收成锥状。碗为泥质红陶,陶土经淘洗,脂质细润,其形似钵②,这些器物的出土,反映了浙江地区在西晋时期的陶瓷生产工艺水平。从中还可看到当时的一些生活风貌。

浙江绍兴出土的西晋越窑青瓷谷仓罐

西晋时期,江州境内生产的青瓷,常见的器形有碗、碟、钵、盂、盆、洗、罐、壶、灯、耳杯等实用器和仓、灶、猪棚、鸡笼和提桶之类的明器。造型上有些器具保留了汉代的遗风,有些器具上下比例失调,式样不及越窑生产的优美。罐、壶、

① 张志新:《江苏吴县狮子山西晋墓清理简报》,《文物资料丛刊》第3辑,1980年。

② 浙江省文物管理委员会:《杭州金门槛西晋墓》,载《考古》1961年第4期。

钵、盆、碗等实用瓷装饰简朴，通常只饰几圈朴素的弦纹①。江西瑞昌马头三国末西晋初墓葬出土的谷仓，与炊具和饮食器皿放在一起，仓门上有楼，门旁为重檐双阙和追赶鼠、雀的仆人等，仓门下的腹部划有15级阶梯②。西晋时的青瓷谷仓上常有盖，盖和仓上设层层楼台亭阙、佛像、人物和各种飞禽走兽，反映了当时的建筑风貌。

西晋青瓷对书俑

长沙市郊区曾发现37座晋代的砖室墓，墓中出土的随葬物多是半陶半瓷的釉陶器，釉色以青绿、黄绿二色最常见，并开有冰裂纹细片，釉很容易剥落。胎呈灰白或紫色，有较强的吸水性。器形以鸡首壶、四系壶、碗、杯、盘最常见。无疑这类釉陶器在当时是大量生产的。出土的大批青釉陶俑，风格古朴，造型简单，多仅具轮廓而已。作为明器的成双雕成的石猪，几乎每座墓中都有，越到晚期，雕琢得越趋简陋。以上情况说明，西晋时长江中游的陶瓷生产工艺水平，与下游相比尚有一定差距，但同时也反映了当地民风的淳朴。湖南长沙金盆岭16号西晋墓出土的青瓷对书俑及骑马乐俑，艺术价值很高。长沙西晋墓葬的随葬马俑，其中有四尊陶马俑的左侧都塑有一个三角形马镫，发掘报告推测"是供上马时踏足之用"③。

长江上游的云南地区，西晋时属宁州的管辖范围。大理市荷花寺村西晋墓的发现，可以说明当地的经济文化水平。该墓出土器物中有铁器、陶器。其中铁芯彩俑一件，内为铁芯，外涂孔雀石色粉彩涂料（可能是氧化铜矿原料），高16厘米，高髻，袖手于腹，下部呈下粗上细的甬状，造型简朴。另有铁刀出土。陶制马俑一件，出于墓门通道内，较完整，缺尾，四足伫立，长颈，昂首作嘶鸣状，造型质朴，高44.5厘米，长（自吻至臀）40厘米。还有灯、罐钵、碟、釉陶碟等出土④。东汉至两晋南北朝时期，云南各地砖室、石室墓发现很多。墓葬的形制、习俗文化特征都明显受中原文化的影响，反映了这一时期南中大姓的发展及当地经济文化的进步。

金银铜等器物的制作镂刻方面，也颇为精巧。南京市东北郊西岗发现的西晋墓中，出土有金戒指、金圈、金发钗、银发钗、银手镯、铜镜、鎏金铜带钩等。有一种神人龙虎画像镜，图案作四分法布置，为青龙、白虎、东王公、西王母，镜边饰以锯齿纹和禽、兽、鱼等

① 江西省博物馆考古队：《江西清江晋墓》，载《考古》1962年第4期；余家栋：《江西新建清理两座晋墓》，载《文物》1975年第3期。

② 江西省博物馆：《江西南昌晋墓》，载《考古》1974年第6期。

③ 湖南省博物馆：《长沙两晋南朝隋墓发掘报告》，载《考古学报》1959年第3期。

④ 大理市文管所：《大理市荷花寺村西晋墓清理简报》，载《考古》1989年第8期。

图像。又一种狩猎纹镜，图案分为内外两组，内圈为草叶纹，外圈为连弧狩猎纹，图案繁复，镂刻精细。一件鎏金铜带钩，造型别致。带钩的不同部位铸造成兽头、神兽食鱼、飞鸟等形象，构思新奇，富有异趣①。宜兴西晋周墓墩出土的金属带饰17件，皆有镂空花纹。它们与广州西郊大刀山东晋明帝太宁二年（324年）墓中出土的鎏金铜带饰的形式、花纹和出土位置完全相同，当为死者束腰的大带上的饰件②。值得注意的是，宜兴晋墓金属饰件的化学成分，其中含有大量的铝，纯度达到85%。铝在自然界中分布虽广，但提炼很不容易。这是化学史和冶金史上的新发现③。

西晋金狮子

西晋时期，长江流域的造船业很发达。王濬在蜀中制造伐吴用的大船，可容2000人。船的品种很多，豫章出产的木材坚韧耐用，是造船的好原料。周处在《风土记》中曾说："小曰舟，大曰船……合五板以为大船"④。长江航运中，无论是水军作战，还是商业贸易，都需要舟船。它们是水上交通的主要工具。

西晋时期，长江流域及其以南地区的商业继续发展。晋宗室贵族参与经商，如义阳王司马望，封地在今湖北境内，其孙司马奇，曾"遣三部使到交广商货"⑤。竟陵王司马楙，封地亦在今湖北境内，"就国"后，利用地理上的方便，"遂殖财货，奢潜逾制"⑥。吴地世族陆云，入晋后曾为吴王司马晏郎中令，曾见司马晏"以部曲将李咸、冯南、司马吴定、给使

① 南波：《南京西岗西晋墓》，《文物》1976年第3期。

② 胡肇椿：《广州市西郊大刀山晋冢发掘报告》，见广州黄花考古学会《考古学杂志》，1932年。

③ 夏鼐：《跋江苏宜兴晋墓发掘报告》，载《考古学报》1957年第4期；罗宗真：《我对西晋铝带饰问题的看法》，载《考古》1963年第3期。

④ 〔宋〕李昉等：《太平御览》卷七七〇《舟部三·叙舟下》引，中华书局1960年版，第3413页。

⑤ 《晋书》卷三七《义阳成王望传》，第1087页。

⑥ 《晋书》卷三七《竟陵王楙传》，第1089页。

徐泰等覆校诸官市买钱帛簿”①。石崇在担任荆州刺史期间，甚至“劫远使商客，致富不赀”②。贵族官僚以权经商，巧取豪夺与公开抢劫，又妨碍了商业正常发展。

## 二、蜀、吴人士入仕中朝及其文化影响

西晋时期长江文化影响的扩大，很大程度上是通过蜀、吴人士的入仕中朝来实现的。

蜀汉人士入仕西晋，以《华阳国志》的记载最为详细。该书卷一一《后贤志》，记录事迹较突出者20人。卷一二《益梁宁三州两晋以来人士目录》，共记录“三州后贤五十一人”。其材料主要来源于陈寿《益部耆旧传》及各种方志郡记。唐修《晋书》中的《儒林·文立传》《陈寿传》《孝友·李密传》《良吏·杜轸传》《王长文传》《何攀传》等均取材于《华阳国志》。

入仕西晋的巴蜀人士，治学范围以经、史为主，参政意识较强，比较注意事功。为了叙述方便，先将其主要人物的姓名、籍贯、官爵、治学范围及著述列表于下：

| 姓名 | 籍贯 | 官爵 | 治学范围及著述 |
| --- | --- | --- | --- |
| 文立 | 巴郡临江 | 卫尉、散骑常侍 | 治《毛诗》《三礼》，兼通群书 |
| 司马胜之 | 广汉绵竹 | 汉嘉太守 | 学通《毛诗》，治《三礼》 |
| 常勖 | 蜀郡江原 | 郫令、州主簿 | 治《毛诗》《尚书》，涉洽群籍，多所通览 |
| 何随 | 蜀郡郫 | 江阳太守 | 治《韩诗》《欧阳尚书》，研精文纬，通星历。著《谭言》10篇，论道德仁让 |
| 王化 | 广汉郪 | 梓潼太守 | 治《毛诗》《三礼》《春秋公羊传》③ |
| 陈寿 | 巴西安汉 | 太子中庶子 | 治《尚书》《三传》，锐精《史》《汉》，著《三国志》65篇、《益部耆旧传》10篇、《古国志》50篇，编《诸葛亮集》24篇 |
| 李宓④ | 犍为武阳 | 汉中太守 | 治《春秋左传》，博览五经，多所通涉。著《述理论》10篇，论中和仁义，儒学道化之事。文章以《陈情表》最为著名 |
| 杜轸 | 蜀郡成都 | 犍为太守 | 少师谯周，发明高经于谯氏之门 |
| 任熙 | 蜀郡成都 | 给事中 | 治《毛诗》《京易》，博通五经 |

① 《晋书》卷五四《陆云传》，第1483页。

② 《晋书》卷三三《石苞传附子石崇传》，第1006页。

③ 王化之弟王崇著《蜀书》及诗、赋之属数十篇，其书与陈寿颇不同，已佚，仅存论后主及姜维的史论二则，见《华阳国志》卷七《刘后主志》。

④ 李宓，《三国志·蜀书·杨戏传》裴注、《文选》《晋书·孝友传》均作李密。

续表

| 姓名 | 籍贯 | 官爵 | 治学范围及著述 |
|---|---|---|---|
| 王长文 | 广汉郪 | 中书郎 | 治五经，博综群籍。著《无名子》12 篇，《通经》4 篇①，《春秋三传》13 篇，《约礼记》10 篇 |
| 寿良 | 蜀郡成都 | 大长秋 | 治《春秋》三传，贯通五经 |
| 何攀 | 蜀郡郫 | 大司农、西城公 | 上《论时务》5 篇 |
| 李毅 | 广汉郪 | 少府、成都威侯 | 通《诗》《礼》训诂 |
| 常骞 | 蜀郡江原 | 湘东太守 | 治《毛诗》《三礼》，以清尚知名 |
| 常宽 | 蜀郡江原 | 武平太守 | 治《毛诗》《三礼》《春秋》《尚书》，尤耽意大《易》，博涉《史》《汉》，强识多闻，著《典言》，撰《蜀后志》及《后贤传》，续陈寿《耆旧》作《梁益篇》② |
| 黄容 | 巴西 | 蜀郡太守 | 著《家训》《梁州巴记》《姓族》《左传抄》 |
| 杜龚 | 蜀郡 | 汉嘉太守 | 著《蜀后志》《丧记礼式》 |

上表所列人物，论学术成就，以陈寿为高。《三国志》凡 65 卷，包括《魏书》30 卷、《蜀书》15 卷、《吴书》20 卷，是一部私修的纪传体国别史。该书继承了《史记》与《汉书》的优良传统，“辞多劝诫，明乎得失”③，在史学发展史上有一定地位。李宓（密）的《陈情表》，语气恳切，文笔委婉，感情真挚动人，一直流传至今，受到人们的赞赏。

入仕西晋的巴蜀人士，论政治影响，以文立为大。他曾上书言事，说：“诸葛亮、蒋琬、费祎等子孙流徙中畿，宜见叙用，一则以慰巴、蜀民之心，其次倾东吴士人之望。”④事皆施行。何攀在平吴之战中军功卓著，出任扬州刺史，“征虏将军石崇表东南有兵气，不宜用远人，征拜大司农”⑤。按：石崇是渤海南皮人。他的意见被西晋朝廷采纳，说明西晋平吴后，对吴蜀旧地人士多加防范。

吴地人士在吴亡后，一般都注意保持自己的文化特色，对西晋王朝持观望态度，不忙于入仕，而有意隐退。

陆机、陆云兄弟，在吴亡之后，“退居旧里，闭门勤学，积有十年”。陆机著《辨亡论》，“论权所以得，皓所以亡，又欲述其祖父功业”。他认为：孙权“畴咨俊茂，好谋善断”“故豪彦寻声而响臻，志士晞光而景骛，异人辐辏，猛士如林。”孙权死后，“幼主莅朝。奸回肆

① 《通经》，王隐《晋书》及唐修《晋书》均作《通玄经》，《华阳国志》与《隋书·经籍志》作《通经》。

② 《隋书·经籍志》著录《蜀志》一卷；又有《续益部耆旧传》二卷，未著撰人，章宗源、姚振宗以为常宽作。

③ 《晋书》卷八二《陈寿传》，第 2138 页。

④ 〔晋〕常璩：《华阳国志》卷一一《后贤志》，第 837 页。

⑤ 〔晋〕常璩：《华阳国志》卷一一《后贤志》，第 869 页。

虐”“爰逮末叶，群公既丧，然后黔首有瓦解之患，皇家有土崩之衅”①。说出了吴地人士在东吴灭亡后痛定思痛的肺腑之言。

由于司马氏对江南地主阶级采取笼络政策，至太康末年，陆机和陆云始入洛阳。“初入洛，不推中国人士”②。后来由于二陆的诗文比安平（今山东益都西北）人张载、张协、张亢兄弟的诗文更受洛阳权贵们的欣赏，故有“二陆入洛，三张减价”③之称。临淄人左思，被陆氏兄弟视作“伧父”，直到其《三都赋》撰成，“竞相传写，洛阳为之纸贵”，陆机才深为“叹服，以为不能加也”④。南北之间，文人相轻，从不了解到了解，需要一个过程。可惜陆机与弟陆云、陆耽都卷入了八王之乱，被成都王司马颖所杀，但陆机的诗文“弘丽妍赡，英锐漂逸”，确实可称之为“一代之绝”⑤。

顾荣、戴渊、纪瞻、贺循、张翰等人虽然一度入仕西晋，但眼看中原将乱，便都很快脱身，回到吴地。张翰“见秋风起，乃思吴中菰菜、莼羹、鲈鱼脍”⑥，决定回到江南隐居。时至今日，仍用成语“莼鲈之思”来表达思乡之情，足见其影响之深远。顾荣等人，史称“南金东箭”，后来支持东晋政权，保持“世胄高门”⑦的地位。

入仕西晋的吴地世族中，唯有以武风见长的义兴周氏，曾比较自觉地为西晋王朝效力。但周处在镇压氐人齐万年起义时，遭梁王司马肜的暗算而死。他所“著《默记》三十篇及《风土记》，并撰集《吴书》”⑧，对研究江南地方史有重要价值。

西晋末年，吴地发生过石冰与陈敏的两次战乱，都被吴地世族所镇压。顾荣、贺循、周玘等人起了重要作用。吴地文化世族在东晋时均保存了下来，“人物尚全”⑨，唯有曾“三定江南，开复王略”⑩的义兴周氏，后来被南渡的侨姓士族王敦所灭。

### 三、永嘉之乱与中国封建社会文化重心的第一次南移

西晋末年，少数民族大量迁居内地，人口日渐增多，与汉族之间的矛盾也日益加深。内地的地主官僚，用少数民族人作佃客、奴婢，十分普遍。如羯人石勒就曾被东瀛公司马

① 《晋书》卷五四《陆机传》，第 1467—1469 页。
② 《晋书》卷三六《张华传》，第 1077 页。
③ 《晋书》卷五五《张载传》，第 1525 页。
④ 《晋书》卷九二《文苑・左思传》，第 2377 页。
⑤ 《晋书》卷五四《陆机传》，第 1481 页。
⑥ 《晋书》卷九二《文苑・张翰传》，第 2384 页。
⑦ 《晋书》卷六八《顾荣传论》，第 1833 页。
⑧ 《晋书》卷五八《周处传》，第 1571 页。
⑨ 《晋书》卷六八《顾荣传》，第 1812 页。
⑩ 《晋书》卷五八《周玘传》，第 1573 页。

腾贩卖于在平人师懽为田奴①。洛阳晋墓出土的男女陶俑，面型发须与汉人多有不同，反映了西晋统治阶级劫掠少数民族人充当“胡奴”的真实情况②。八王之乱中，东海王司马越联络鲜卑段部，成都王司马颖引招匈奴五部，都企图借少数民族的兵力扩大自己的势力。这就给少数民族上层贵族带来了入主中原的可乘之机。永嘉五年（311 年），匈奴族刘汉政权首领刘聪派刘曜、王弥、石勒围攻洛阳，晋怀帝司马炽被俘。两年后，司马炽被杀于平阳（今山西临汾），晋愍帝司马邺在长安即位。建兴四年（316 年），长安被刘曜攻破，愍帝被俘，不久被杀。次年，晋元帝司马睿在渡江士族与江南士族的共同支持下，建立东晋政权。从此，长江南岸的建康，成为东晋（317—420）与南朝宋（420—479）、齐（479—502）、梁（502—557）、陈（557—589）的都城。历史上将这五个王朝与三国时的孙吴政权合称为“六朝”。六朝将政治中心定在江南，促进了江南经济文化的开发，推动了我国古代文化重心的第一次南移。

永嘉之乱时，长江以南就广泛流传着各种谚语，如“永嘉世，九州空，余吴土，盛且丰”和“永嘉中，天下灾；但江南，尚康乐”等③。这些谚语被刻在墓砖上，反映了当时人们对江南的向往。永嘉之乱后，人口大批南渡的原因，主要是北方的战乱。南渡规模之大、人口之多，远远超过东汉末年。当时，北方士族带领宗族、宾客、部曲，会合流民，聚众南下。如范阳祖逖，本“北州旧姓”“及京师大乱，逖率亲党数百家，避地淮泗”④，后再迁至京口。其兄祖纳，弟祖约，亦皆南渡。高平郗鉴，当永嘉之乱时，“举千余家，俱避难于鲁之峄山”⑤，后受司马睿诏，渡江至建邺（晋灭吴后，于 281 年改建业为建邺，313 年，为避晋愍帝司马邺讳，改建邺为建康，均为今江苏省南京市，编者注）。河东郭璞，“潜结姻昵及交游数十家，欲避地东南”⑥，因至江东。山东士族徐邈，“永嘉之乱，遂与乡人臧琨等率子弟并闾里士庶千余家，南渡江，家于京口”⑦。也有独自逃亡的，如河内郭文，在洛阳沦陷后，“步担入吴兴余杭大辟山中”，靠“区种菽麦，采竹叶木实，贸盐以自供”⑧。据谭其骧统计，当时南渡人口共约 90 万之众，约占北方人口 1/8。南渡人口以侨居今江苏者为多，约 26 万左右。侨民聚集之地，长江以南以今之江宁、镇江、武进为最多；长江以北以今之江都、

---

① 《晋书》卷一〇四《石勒载记上》，第 2708 页。

② 河南省文化局文物工作队第二队：《洛阳晋墓的发掘》，载《考古学报》1957 年第 1 期。

③ 广西梧州市博物馆：《梧州市晋墓、南朝墓发掘简报》，载《文物资料丛刊》第 8 辑，1985 年；麦英豪等：《广州西郊晋墓清理报导》，载《文物参考资料》1955 年第 3 期。

④ 《晋书》卷六二《祖逖传》，第 1694 页。

⑤ 《晋书》卷六七《郗鉴传》，第 1797 页。

⑥ 《晋书》卷七二《郭璞传》，第 1899 页。

⑦ 《晋书》卷九一《儒林·徐邈传》，第 2356 页。

⑧ 《晋书》卷九四《隐逸·郭文传》，第 2440 页。

淮阴诸县为最众①。东晋初年将相大臣，很多来自侨姓士族。琅邪王氏、颍川庾氏、谯国桓氏、陈郡谢氏、太原王氏左右东晋政局，实行门阀政治百年之久。北方人口的大量南迁，加快了中原文化与长江文化的交流，使长江流域的经济文化提高到一个新的水平。

## 第三节　东晋南朝时期长江文化的大发展

### 一、侨州郡县与长江流域的加快开发

自晋室南渡以来，长江流域人口增加很多。为了安置南渡人口，东晋政府在地方建置上实行特殊的侨州郡县制度。侨州郡县主要分布在长江流域，而以中下游为多。长江上游的侨郡侨县，多设置于梁州境内，统领侨郡五，侨县共十二②。长江中下游，实设荆、湘、江、扬四州，东晋时又侨置兖、徐、雍、豫等州。兖州，元帝时侨立于京口，明帝时以郗鉴为刺史，寄居广陵，后改称南兖州，或还治江南，或居山阳，以后常居广陵，统侨郡七，侨县可考者十。徐州，元帝渡江后，徐州只有一半属于东晋，故侨置淮阳、阳平、济阴、北济阴四郡，又侨置琅邪郡。后侨立南徐州，治京口。还在九江郡界立钟离郡，属南徐州。另在淮北立北徐州。徐州统侨郡十七，县可考者五十二。雍州，元帝渡江，侨置雍州，以魏该为刺史，镇酂城，不久取消。后因秦、雍一带流民多至樊、沔一带，故孝武帝侨立雍州于襄阳。雍州统侨郡六，侨县共十二。豫州，成帝时侨立于江淮之间，居芜湖，后移镇姑孰，治所屡移，统侨郡六，侨县共十七。此外，元帝渡江后，还侨立过青、冀、幽、并诸州于南方，以后将幽、冀二州合并于南徐州，青、并二州合并于南兖州。东晋政权设置侨州郡县，在政策上给南渡侨民以免除税役的权利，大大加速了长江流域的开发。

东晋南朝时期，发展最快的是侨寓人口最多的长江中下游地区。如吴地的晋陵郡，西晋时属毗陵郡（今江苏常州），本是“地广人稀，且少陂渠，田多恶秽”③。东晋时，张闿任晋陵内史，“乃立曲阿新丰塘，溉田八百余顷，每岁丰稔”④。到南朝时已发展成为农业基础较好的地区。刘宋文帝时，徐耕到县陈辞，曾说：“此郡虽弊，犹有富室，承陂之家，处处而是，并皆保熟，所失盖微。陈积之谷，皆有巨万。旱之所弊，实钟贫民。温富之家，各有

① 谭其骧：《晋永嘉丧乱后之民族迁徙》，载《燕京学报》第15期，1934年。

② 〔清〕洪亮吉：《东晋疆域志》，见《二十五史补编》。以下参洪亮吉说，省略不注。

③ 〔唐〕李吉甫：《元和郡县图志》卷二五《江南道一·润州·丹阳》条，中华书局1983年版，第592页。

④ 《晋书》卷七六《张闿传》，第2018页。

财宝。”①他表示愿率先以谷千斛，助官赈贷。徐耕为移居晋陵延陵的徐州侨民后裔，因勤于稼穑，已发展成为温富之家。史称：“晋陵自宋、齐以来。旧为大郡，虽经寇扰，犹为全实。”②表明此郡在宋、齐时全被开发出来了。梁朝时虽经侯景之乱骚扰，但仍为丰实富裕之郡。

江南的吴郡、吴兴郡、会稽郡，是经济基础比较好的地区。东晋时，山阴人孔愉任会稽内史，“修复故堰，溉田二百余顷，皆成良业”③。余姚人虞潭为吴国内史，“修沪渎垒，以防海沙，百姓赖之”④。会稽郡的山阴县，经东晋一代的开发，到刘宋时已是“民户三万”的“海内剧邑”⑤，人口居全国之首。孔灵符徙无赀之民于余姚、鄞、鄮三县界，“垦起湖田”“并成良业”⑥。由于“会稽有佳山水，名士多居之”，王羲之与谢安就曾一起“东游山海，并行田视地利”⑦。世家大族“熂山封水，保为家利”⑧，他们组织大批劳动力，营建田庄山墅，“田连岗而盈畴，岭枕水而通阡，阡陌纵横，塍埒交经”⑨，使江南的山山水水得到充分利用。宋元嘉年间，刘濬上书言事，谈到吴兴经济情况，说：“彼邦奥区，地沃民阜，一岁称稔，则穰被京城，时或水潦，则数郡为灾。”⑩说明当地的粮食生产已具有举足轻重的地位。

江川鄱阳湖地区的豫章郡、临川郡，襟江带湖，水路四达。东晋时孙盛为南昌令，教曰：“先婚配境内，然后督其农桑。”⑪农业有大的发展，到南朝时已是沃野垦辟。豫章所产稻米，精者洁白如玉。蚕桑事业发达，“一年蚕四五熟”⑫。临川郡原是孙吴时从豫章郡分置，到南朝后期已是粮食自给有余，且多外运，“余郡乏绝者，皆仰以取给”⑬。

洞庭湖流域的荆、湘地区，经济开发比较快，史称荆州为“南楚之富”⑭“田地肥良，可以为军民资实”⑮。沈约说：“江左以来，树根本于扬越，任推毂于荆楚……民户境域，过半

① 《宋书》卷九一《孝义·徐耕传》，第 2251 页。
② 《陈书》卷二一《孔奂传》，第 284 页。
③ 《晋书》卷七八《孔愉传》，第 2053 页。
④ 《晋书》卷七六《虞潭传》，第 2014 页。
⑤ 《宋书》卷八一《顾觊之传》，第 2079 页。
⑥ 《宋书》卷五四《孔季恭传附孔灵符传》，第 1532 页。
⑦ 《晋书》卷八〇《王羲之传》，第 2102 页。
⑧ 《宋书》卷五四《羊玄保传附羊希传》，第 1536 页。
⑨ 《宋书》卷六七《谢灵运传》，第 1760 页。
⑩ 《宋书》卷九九《二凶传》，第 2435 页。
⑪ 〔宋〕李昉等：《太平御览》卷八二二《资产部二·农耕》引，中华书局 1960 年版，第 3661 页。
⑫ 〔唐〕魏征等：《隋书》卷三一《地理志下》，中华书局 1973 年版，第 3 册，第 887 页。
⑬ 《陈书》卷三五《周迪传》，中华书局 1972 年版，第 483 页。
⑭ 《宋书》卷五四《孔季恭传论》，第 1540 页。
⑮ 《南齐书》卷一五《州郡志下》，中华书局 1972 年版，第 273 页。

于天下。”[①]梁朝时萧憺为荆州刺史，励精图治，“广辟屯田，减省力役”，发展了农业生产，使百姓得到实惠，“民甚安之”[②]。湘州“民丰土闲”[③]，在南朝后期发展也很快。齐末长沙太守刘坦，行湘州事，曾“运租米三十余万斛”[④]，支持萧衍。梁时任湘州刺史的张缵，注意招抚流亡，“在政四年，流人自归，户口增益十余万”[⑤]。陈朝华皎任湘州刺史，“善营产业，湘川地多所出，所得并入朝廷，粮运竹木，委输甚众；至于油蜜脯菜之属，莫不营办”。陈文帝“以湘州出杉木舟，使皎营造大舰金翅等二百余艘”[⑥]“湘州七郡大艑之所出，皆受万斛”[⑦]。以上大体反映了荆、湘地区的经济发展水平。

雍州治所襄阳，在汉水流域。刘宋元嘉年间，张邵在襄阳“筑长围，修立堤堰，开良田数千顷，郡人赖之富赡”[⑧]。刘骏出镇襄阳期间，派刘秀之修治六门堰，开良田数千顷，“雍部由是大丰”[⑨]。到南齐时，“襄阳左右，田土肥良，桑梓野泽，处处而有”[⑩]。

今日安徽的江淮之间，东晋南朝时属豫州管辖。在流民尚未进入、侨州郡县尚未建立前，常受洪水之害。东晋苏峻、祖约之乱时，“百姓南渡者转多”[⑪]，淝水之战时，又有许多流民南迁。南朝刘宋元嘉年间，“别置淮南都督住盱眙，开创屯田”[⑫]，又派遣毛修之修复芍陂水利，“起田数千顷”[⑬]。宋孝武帝刘骏采纳张永的《将士休假议》，“交代之限，以一年为制”[⑭]，改进了兵屯的更番制度，促进了生产。南齐在芍陂、石鳖均有屯田。梁朝时豫州刺史夏侯夔，在“苍陵立堰，溉田千余顷，岁收谷百余万石”[⑮]。长江沿岸的姑熟，“良畴美柘，畦畎相望，连宇高甍，阡陌如绣”，可惜在梁末侯景之乱遭到破坏，“凋残略尽”[⑯]。

长江上游的益州，在西晋后期至东晋前期，是賨族所建成汉政权的所在地。史载李雄“性宽厚，简刑约法……由是夷夏安之，威振西土。时海内大乱，而蜀独无事，故归之者

① 《宋书》卷六六《何尚之传论》，第 1739 页。
② 《梁书》卷二二《始兴王憺传》，中华书局 1973 年版，第 354 页。下同，略。
③ 《南齐书》卷一五《州郡志下》，第 287 页。
④ 《梁书》卷一九《刘坦传》，第 301 页。
⑤ 《梁书》卷三四《张缅传附弟缵传》，第 502 页。
⑥ 《陈书》卷二〇《华皎传》，第 271 页。
⑦ 《太平御览》卷七七〇《舟部三·艑》引《荆州土地记》，第 3415 页。
⑧ 《宋书》卷四六《张邵传》，第 1395 页。
⑨ 《宋书》卷八一《刘秀之传》，第 2074 页。
⑩ 《南齐书》卷一五《州郡志下》，第 281 页。
⑪ 《晋书》卷一五《地理志下》，第 463 页。
⑫ 《宋书》卷七二《南平穆王铄传》，第 1857 页。
⑬ 《宋书》卷四八《毛修之传》，第 1429 页。
⑭ 〔清〕严可均校辑：《全宋文》卷四九，第 2703 页。
⑮ 《梁书》卷二八《夏侯亶传附夏侯夔传》，第 421—422 页。
⑯ 《陈书》卷五《宣帝纪》，第 82 页。

相寻。雄乃兴学校，置史官，听览之暇，手不释卷。其赋男丁岁谷三斛；女丁半之，户调绢不过数丈，绵数两。事少役稀，百姓富实，闾门不闭，无相侵盗”①。成汉政权从304—347年，存在时间长达40余年，对长江上游的进一步开发有重大贡献。东晋末年，蜀地一度发生过谯纵之乱，但总的说来还是比较安定。南朝时期，益州依然是“沃野天府”“州土瑰富”②，其所属汉安县“虽迫山川，土地特美，蚕桑鱼盐家有焉”③。

长江下游的建康，是东晋南朝时的政治、经济、文化中心，史称“六朝古都”。当时，扬州刺史及丹阳尹的治所也设在这里。东晋时期，建康附近设有琅邪、淮南、广川、高阳、堂邑、魏郡、南东海、南兰陵、南东平等侨郡。其中琅邪郡所领的临沂、即丘、阳都和怀德等侨县均在建康近郊。建康都城内外安置了大批来自北方的侨民。史称：“丹阳旧京所在，人物本盛，小人率多商贩，君子资于官禄。市廛列肆，埒于二京，人杂五方，故俗颇相类。”④建康工商业发达，市场繁荣，“人竞商贩，不为田业”。秦淮河北“有大市百余，小市十余所”，都城之“西有石头津，东有方山津”⑤，设津主等官吏负责检查货物，收取商税。建康的城市建设庄严有序，规模宏大，寺院林立，许多外国使节与高僧来到这里，中外经济文化交流十分活跃，充分展示了这一时期长江流域开发的成就。

## 二、丰富的文化遗存与考古发现

东晋南朝时期的许多墓葬与陵墓分布在长江流域，对研究这一时期的长江文化有重要意义。

### （一）建康附近的东晋南朝士族墓葬

长江下游是南迁侨姓士族聚居的地方，在都城建康近郊分布着许多东晋南朝时期的族葬墓地。这些墓地，多位于土山丘陵的半麓。依山而葬是当时的一种习俗，这与长江流域雨水较多、土地卑湿有关。为了尽可能使木质葬具保存较长的时间，葬地多选择在较高的地方，为了防止墓内积水，墓室内大多设有排水阴沟。

1958年，考古工作者在南京挹江门外东北老虎山南麓发现了琅邪颜氏的族葬墓地，发掘出四座东晋墓，都是颜姓一家的⑥。其中1号墓出土了一种砖刻的墓志。四墓中，共出土砚六只，其中陶砚四，瓷砚、石砚各一，反映了晋人喜以砚殉葬的习俗。出土的墨，经

---

① 《晋书》卷一二一《李雄载记》，第3040页。

② 《南齐书》卷一五《州郡志下》，第298页。

③ 王国维校：《水经注校》卷三三《江水一》，第1050页。

④ 《隋书》卷三一《地理志下》，第887页。

⑤ 《隋书》卷二四《食货志》，第689页。

⑥ 南京文物保管委员会：《南京老虎山晋墓》，载《考古》1959年第6期。

南京大学化学系分析，其中有的成分与现代的墨相同，对我们研究古代制墨工艺的发展提供了可靠材料。《颜刘氏墓志》中“有些字有后来楷书笔意”“还带有行书的味道”①，对研究我国书法的演变有重大价值。颜含的九世孙颜之推，南朝时初仕梁，后来又由北齐入北周入隋，所著《颜氏家训》，记述南北士族风尚之不同，对沟通南北学术起了重要作用。

1958 年江苏南京老虎山出土的东晋永和元年颜谦妇刘氏墓志

1964 年 9 月，考古工作者在清理南京中华门外戚家山残墓时，又发现东晋太宁元年（323 年）豫章内史谢鲲的墓志②，从墓志字形看，“基本上还是隶书的体段，和北朝的碑刻一致”③。

琅邪王氏的墓群，考古工作者从 1965—1970 年，在南京北郊新民门外的象山（俗称人台山），清理了七座墓葬。1981—1986 年，又在南京中央门外西北的郭家山，清理了东晋王氏家族某一支系的五座墓葬。

象山的七座墓葬，除了 2 号墓时代较晚外，其余六座都是东晋时期的墓葬，其中四座出土有石刻或砖刻的墓志。

象山 7 号墓规模较大，出土器物也更为丰富。墓室内原置有两具木棺，男左女右，现均朽毁。据考古工作者推测，墓主可能是东晋初期的王廙。出土的随葬品中较罕见的文物是两件直桶形刻纹玻璃杯（一件出土时已碎），一枚镶嵌金刚石的金指环。玻璃器是从西方传入，被视为奇珍异宝，是当时极豪华的装饰品和实用器。金刚石是一种极硬的物体，古代人主要用以刻玉。在美洲和南非未发现金刚矿以前，只产于斯里兰卡、波斯、印度一带④。王氏墓葬中这些珍贵物品的发现，为当时的中外经济文化交流提供了实物证据。

① 郭沫若：《由王谢墓志的出土论到〈兰亭序〉的真伪》，载《文物》1965 年第 6 期。
② 《南京戚家山东晋谢鲲墓简报》，载《文物》1965 年第 6 期。
③ 郭沫若：《由王谢墓志的出土论到〈兰亭序〉的真伪》，载《文物》1965 年第 6 期
④ 南京市博物馆：《南京象山 5 号、6 号、7 号墓清理简报》，载《文物》1972 年第 11 期.

东晋太宁元年(323 年)《谢鲲墓志》

江苏南京东晋象山王氏墓地出土的玻璃杯

郭家山东晋墓的形制结构，与象山 7 号墓、老虎山 1 号墓相同，皆为带长方形短甬道的单室穹隆顶墓，墓壁都设有直棂假窗和“凸”字形小壁龛。墓葬的规模大小也差不多。墓 1 出土一件水晶镜片，在南京地区东晋墓中属首次发现，这件镜片是凸镜形，磨制精细，光滑规整，透明度强，可以将物件放大 3～4 倍，成像均匀，形状不变，它的发现为研究我国古代的光学镜片增添了新资料①。郭家山 5 号墓系一平面呈凸字形的穹隆顶砖室墓，发现于 1986 年 3 月，出土器物有青瓷器、玉石器等约 50 余件，墓砖上模印有与象山王氏墓葬墓砖上相似的纹饰。因此它也是东晋王氏家族的墓葬之一②。

南京大学北园东晋墓的建筑结构、随葬品与象山 7 号墓、老虎山颜谦妻刘氏墓相近，墓主可能是一个地位很高的贵族。此墓除出现了比较少见的卧龙陶座和卧虎陶座外，还有一套多达六件的大中小型俱全的陶案作为祭台。玻璃杯、金银器和青瓷器等随葬品也比较突出③。

建康附近的南朝士族墓发现不多，比较引人注目的是 1972 年在南京太平门外发现的刘宋元徽二年(474 年)明昙憘墓。该墓出土的墓志是新中国成立后南京地区六朝墓葬中出土的一方刻文最多的墓志，志文不仅叙述了墓主郡望和死亡日期，而且涉及南北朝时占有重要地位的崔、刘两大家族的问题，有重要的史料价值。志文字体为楷书，结构严谨，运笔凝重，清晰可辨，但仍带有隶书的笔意。这与当时社会的风尚和士大夫的爱好有

① 南京市博物馆：《南京北郊郭家山东晋墓葬发掘简报》，载《文物》1981 年第 12 期。
② 南京市博物馆：《江苏南京北郊郭家山 5 号墓清理简报》，载《考古》1989 年第 7 期。
③ 南京大学历史系考古组：《南京大学北园东晋墓》，载《文物》1973 年第 4 期。

着密切的关系。这一墓志的出土，为研究我国古代书法艺术的发展提供了新资料①。

1969年江苏句容出土的南齐永明五年(487年)刘岱墓志，1973年被征集入镇江市博物馆收藏。该墓志质为青石，长65厘米，高55厘米，厚7厘米。志文有361个字，楷书，字字清晰无损。如此完整清晰的南齐墓志尚是首次见到。此墓志提到的地名有20多个，对研究当时的侨州郡县有一定价值。墓志的史料可补正史之不足，对研究南朝时期皇族与世族、世族与素族之间的斗争，更是一份有用的资料。墓志的内容形式与东晋时的墓志也有所不同，除了记墓主姓名、历官、乡里，生、死、葬日期和地点，祖孙亲属姓名、官职外，还增加了铭词和传略。它对研究东晋南朝时期墓志的演变，也有一定的价值②。

**(二)建康、丹阳一带的东晋南朝王陵**

梁吴平忠侯萧景墓石刻

南京、丹阳一带分布着不少东晋、南朝的王陵，其中一些陵墓前地面上设置的大型石雕还保存了下来。据金琦《南京附近六朝陵墓石刻整修记要》统计，南京、丹阳、江宁、句容等地境内，共有六朝陵墓石刻29处。这些石刻是我国古代雕塑的珍宝。20世纪50年代经过整修的，有梁安成康王萧秀墓石刻、梁鄱阳王萧恢墓石辟邪、梁始兴忠武王萧憺墓碑、宋武帝刘裕初宁陵石刻、梁临川靖惠王萧宏墓东石辟邪、梁吴平忠侯萧景墓石刻等③。

20世纪60年代到80年代，考古工作者在南京、丹阳地区陆续清理发掘了一些东晋南朝时期的王陵，主要有：

1. 南京富贵山东晋大墓

富贵山大墓是晋恭帝的陵墓，发掘于1964年。陵墓依山而建，距地面约高9米，墓坑长35米，底宽6.85米，口宽7.5米，深4.3～7米。墓室平面长方形，长7.06米，宽5.18米，排水沟共长87.5米。随葬遗物有玉佩、琉璃珠、石珠、残玉饰、小石兽饰等。墓室前部出土有青瓷鸡首壶、水盂、钵、碗等日用器，还有陶箱箧、步障座等明器。四件高52.8厘米的大型持盾陶俑，制作精致，口唇涂朱，盾面也涂朱，放置在甬道后部和刚进墓室处。这批陶俑大而精致，在六朝陵墓中是比较罕见的④。

① 南京市文物管理委员会：《南京太平门外刘宋明昙憘墓》，载《考古》1976年第1期。
② 镇江市博物馆：《刘岱墓志简述》，载《文物》1977年第6期。
③ 载《文物》1959年第4期。
④ 《南京富贵山东晋墓发掘报告》，载《考古》1966年第4期。

2. 南京西善桥南朝墓及西善桥油坊村南朝大墓

西善桥南朝墓在宫山北麓下，发掘于1960年。墓为长方形砖室卷顶墓。墓室长6.85米，宽3.1米，高3.45米。出土遗物有瓷器、玉器、滑石器、铜器、铁器、陶器及陶俑等。此墓出土文物中最有价值的，是墓室两壁的两幅砖刻壁画，它们各长2.4米，高0.8米，距底0.5米。南壁为嵇康、阮籍、山涛、王戎，北壁为向秀、刘灵（伶）、阮咸、荣启期。各人之间以树木分隔，成各自独立的画面。这组壁画，以魏晋时代的"竹林七贤"与春秋时代的"高士"荣启期为题材，神情生动。从壁画的技法上看，衣褶线条刚劲柔和兼而有之，人物比例匀称，是相当成熟的画师的作品①。墓主是谁，尚不清楚。

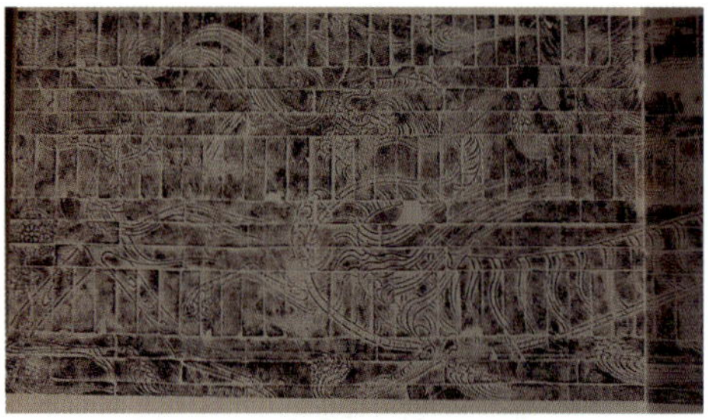

江苏南京西善桥乡宫山南朝墓出土的竹林七贤和荣启期砖画

羽人戏龙砖刻壁画局部

西善桥油坊村南朝大墓，坐落在海拔104.3米的罐子山北麓，发掘于1961—1962年，它可能是南朝后期陈宣帝陈顼的陵墓显宁陵。该墓构筑工程大，墓坑长约45米，口宽11米，底宽9米。墓室长10米，宽6.7米，高6.7米。甬道中设两重石门。墓内壁面用花纹砖排成华丽的图案，甬道两侧有拼砌的大幅狮子砖画。出土遗物有玉玦、陶器、青瓷器、鎏金铜泡等。有一件陶女俑，残高40厘米，表涂白粉，绘有红彩②。

江苏南京西善桥乡宫山南朝墓出土的骑马鼓吹砖画

江苏南京西善桥乡宫山南朝墓出土的狮子砖画

① 罗宗真:《南京西善桥油坊村南朝大墓的发掘》，载《考古》1963年第6期。

② 南京博物院、南京市文物保管委员会:《南京西善桥南朝墓及其砖刻壁画》，载《文物》1960年第8、9期。

### 3. 丹阳胡桥鹤仙坳、吴家村和建山金家村三座南朝大墓

1965 年发掘的丹阳胡桥鹤仙坳大墓，是萧道成称帝后，为其亡兄萧道生夫妇所修的合葬墓，即齐景帝修安陵。该墓出土遗物有青瓷罐、陶罐、陶盘等日用器，陶屋、陶座等明器，铁刀、铁剑等武器以及各种装饰金花和金质小动物、玉扣、玉泡、琉璃珠、红白玛瑙珠、琥珀和水晶饰件，还有白玉方形棋子 36 枚，黑紫琉璃棋子 47 枚。围棋棋子的发现，证实了文献中记载的六朝围棋娱乐活动盛行的情况，但当时的棋子不作圆形，而作方形。此墓中出土大型石俑两个，复原后各长约 90 厘米。石俑雕刻形象和衣冠装束，系侍臣服饰，是当时王陵中专用的随葬石俑。墓葬壁画均砌在墓室东、西两壁，有羽人戏虎、骑马武士、骑马乐队、狮子、飞天、竹林七贤等，有的已残缺。飞天的绘画来源于佛教艺术，画法技巧亦受佛教影响①。

1968 年 8 月发掘的丹阳胡桥吴家村墓在鹤仙坳墓西北约 4 千米，可能是齐宣帝萧顺之永安陵或齐高帝萧道成泰安陵。同年 10 月发掘的建山金家村墓在鹤仙坳墓东南约 2 千米，可能是齐东昏侯萧宝卷墓或齐和帝萧宝融恭安陵，此墓前有一对石兽，分别为麒麟和天禄。两墓墓葬形制和墓室内壁砖画都和鹤仙坳墓相似。吴家村墓壁存砖印壁画 10 幅，金家村墓存砖印壁画 12 幅。壁画的内容有太阳和月亮、狮子、武士、羽人戏龙和羽人戏虎、竹林七贤及荣启期、车马出行等。随葬器物有石俑、石马、石马槽、石祭台、石门等石器，陶俑、陶犀牛、陶屋、陶猪圈、陶耳环、陶盘、陶罐、陶座等陶器，此外还有瓷器、铜器、漆器等。其中陶犀牛一件出土于吴家村墓，灰色，头有两尖角，向后曲，背上有同样的角状毛三束，且皆向前曲。圆形尾微上翘。腹前两侧亦有角状毛一束，形同双翼，但已断缺。该陶犀牛长 38 厘米，残高 14 厘米，其形制与南京四板村南朝墓曾出土过的陶犀牛类似②。犀牛产自我国西南少数民族地区，常作为贡品进贡于封建中央政权③。

### 4. 南京栖霞山甘家巷三座南朝大墓

1974—1975 年清理发掘的这三座大墓，是南朝梁安成康王萧秀及其家族的坟墓。萧秀墓前地面上的一对石辟邪、一对石柱和两对石碑，是迄今六朝陵墓石刻中保存最完整的一组石刻。该墓墓室形制与鹤仙坳墓相近，但规模略小一些。墓内残存遗物不多，有一些石质的器物，如灰石案足、灰石步障座、石凭几、石砚等。此外还有青瓷唾壶、青瓷碗、陶盘等日用器及一件灰陶俑。另两座墓的形制和规模大致与萧秀墓相同，残存遗物

① 南京博物院：《江苏丹阳胡桥南朝大墓及其砖刻壁画》，载《文物》1974 年第 2 期。
② 李蔚然：《南京四板村南朝墓清理》，载《考古》1959 年第 3 期。
③ 南京博物院：《江苏丹阳胡桥、建山两座南朝墓葬》，载《文物》1980 年第 2 期。

中也有一些石座、石案足和青瓷器皿，还有滑石猪、卧牛和怪兽雕像等遗物①。

### 5. 南京栖霞山梁桂阳王萧融墓

1980年在南京栖霞山西2.5公里处发掘的梁桂阳王萧融墓，墓前为一片开阔地，在距墓东南约1000米处，有神道石兽一对。该墓早年曾遭严重破坏，从残迹测量，墓全长约9.8米，墓室宽3.15米，残高1.78米。墓壁用模印莲花、四出线纹等纹饰的花纹砖，以三顺一丁砌法，组合成连续的图案，严整而美观。该墓遗物早年被盗掘一空，仅在甬道中出土两方石刻墓志。一方为梁桂阳王萧融墓志，另一方为桂阳王妃王慕韶墓志，保存尚好。这两方墓志，是新中国成立以来发现的最完整的梁代墓志，具有重要的历史价值。萧融墓志为任昉所书，笔力遒劲，体势奔放，极为难得。从字体看，属于楷书体段，而在某些方面流露出隶书笔意。王慕韶墓志为王导七世孙王暕所书，书法严谨、工整而秀媚，不仅艺术价值高，而且代表了南朝书法中的一个新的流派，证明南朝时楷书已成为书法的主体，但仍有隶书的遗风②。

### 6. 南京幕府山新宁砖厂工地和紫金山东北灵山大墓

这两处大墓，新宁砖厂工地一处，可能是东晋穆帝司马聃的永平陵。灵山大墓，可能是陈文帝陈蒨的永宁陵③。灵山大道离南京市约20千米，与《建康实录》《六朝事迹编类》《元和郡县志》等书所记永宁陵在"县东北四十里"相吻合。该墓的规模形制和出土文物，均具南朝晚期特征，尤以一件青瓷莲花大尊，为南京市附近六朝文物之罕见者④。

阎立本《历代帝王图》中戴白纱帽的陈废帝及陈文帝

陈文帝永宁陵独角石麒麟

① 南京博物院、南京文物保管委员会:《南京栖霞山甘家巷六朝墓群》，载《考古》1976年第5期。

② 南京市博物馆阮国林:《南京梁桂阳王萧融夫妇合葬墓》，载《文物》1981年第12期。

③ 罗宗真:《六朝陵墓埋葬制度综述》，见《中国考古学会第一次年会论文集》(1979年);按:《六朝艺术》(文物出版社1981年版)一书所载陈文帝永宁陵在今南京甘家巷狮子冲，系据地上石刻。

④ 罗宗真:《南朝宋文帝陵和陈文帝陵考》，载《南京博物院集刊》1984年第7期;见南京博物院编:《江苏六朝青瓷》，图105、106，文物出版社1980年版。

### (三)长江流域其他地区的重要考古发现

长江流域各地发现的东晋南朝墓葬很多,它们虽然不如前面所述的建康、丹阳地区那样集中,但其中也有不少是有重大价值的发现。

长江上游四川昭化县宝轮镇,经1953年和1957年两次清理发掘的两晋南朝崖墓,计达50余座,其中大都是单室墓,只有个别是双人合葬墓。墓室结构相似,往往是建造时先凿出短短的墓道槽口,将斜坡的崖石修平,继而开凿方形墓门,再向内开凿出平面略近长方形的拱顶墓室。墓门用砖封堵,常是利用残旧的汉、晋墓砖。墓底前低后高,便于排水,且在墓前凿有排水沟。随葬品有陶、铜、铁、青瓷、银器及玻璃器、碳精器、云母片等。其中最足以代表这一时代特征的要算青瓷器。它们都是灰白色胎,青白及黄白两色釉,釉易脱落,造型简单,样式较少。在四川彰明(今江油)、广元、绵阳、德阳、成都等地,也普遍发现这类青瓷器。它们都是当地烧造的,而不是从外地输入的。还有一座空墓,无葬人痕迹及随葬品,说明当时有生前即着手选择墓地并经营墓室的风气。但死后因故未葬人,所以成为空墓①。

川北一带东晋南朝崖墓中出土的铁器很值得注意,农具和工具有长身锄、斧、凿等。兵器除刀剑外,还有四棱镞、三刺叉和长矛,是这一地区的汉墓中从未见过或很少出土的。兵器品种的增多,既反映了当时川北一带战争的频繁,也说明冶铁手工业有所发展②。

贵州清镇、平坝地区的东晋南朝墓,墓葬的形制和长江流域的同期墓葬相当接近③。这正反映出当时这一地区在东晋南朝政权的控制下,在物质文化上深受首都建康一带的影响。墓中出土的随葬品同样显示出这种影响,如东晋墓中出土的形体矮胖的鸡首壶和多系罐,和长江流域当时流行的同类器物相同。到了南朝时的墓中,又变成长江流域流行的瘦长型鸡首壶和多系罐,并且在罐肩和盖上也多饰莲瓣纹。另外,这些墓里还常出有金、银、铜、琉璃、玛瑙、琥珀等质料的装饰品,为研究贵州东晋南朝时期的政治、经济、文化等情况,提供了重要的实物资料④。

云南境内东晋南朝墓发掘较少,最重要的是1963年发现的昭通后海子霍承嗣墓。此墓四壁和顶部都保存有内容重要的壁画。其中西壁下层的夷汉部曲图,生动形象地反映了"夷汉部曲"的组成情况。画中部曲共三排:第一排13人,着汉装,并持环首铁刀。

---

① 沈仲常:《四川昭化宝轮镇南北朝时期的崖墓》,载《考古学报》1959年第2期。

② 北京大学历史系考古教研室:《三国—宋元考古讲义》上册,1974年。

③ 贵州省博物馆:《贵州清镇、平坝汉至宋墓发掘简报》,载《考古》1961年第4期。

④ 贵州省博物馆考古组:《贵州平坝马场东晋南朝墓发掘简报》,载《考古》1973年第6期。

第二排 13 人，第三排 14 人，装束均为“夷”，梳有“天菩萨”（发髻），披毡，赤足，与今凉山彝族装束相同，是今彝族的先民①。

长江中游较重要的发现是湖北武昌的四座南朝纪年墓。其中一墓出土的青瓷莲花尊，通高 32.8 厘米，盖面浮雕莲瓣，盖口密合，大小一致；颈上部饰仰莲，下刻忍冬，中间隔以凸弦纹；椭圆形的腹壁饰浮雕仰覆莲，平底，喇叭形圈足，肩部有六系。制作精细，工艺水平很高②。这一时期陶瓷器上莲花图案的流行，是受佛教艺术的影响。

1972 年在长江下游镇江市郊发现的东晋画像砖墓，砖上刻有隆安二年（398 年）纪年铭，是东晋晚期墓葬。该墓为吕字形砖室墓，分前室、后室、甬道三部分，共清理出画像砖 10 种 54 幅。其中玄武 6 幅、青龙 4 幅、白虎 6 幅、朱雀 8 幅，计 24 幅，是表现方位的题材。其他 6 种 30 幅，是表现神怪故事，包括兽首鸟身 5 幅、人首鸟身 4 幅、兽首人身（脸向右）5 幅、兽首人身（脸向左）5 幅、兽首噬蛇 6 幅、虎首戴蛇 5 幅。这些神话故事源自《山海经》，当与古代长江流域好巫尚鬼的风俗有密切关系③。

20 世纪 70 年代末在常州南郊戚家村画像砖墓中清理发现的数百块画像砖，其题材、技法基本与镇江东晋墓相似。所不同的是，除神兽画像外，还夹有花卉和人物，而这些花卉和人物的特点已具有隋唐时代的某些作风，推断墓葬的时代，可能介于南朝至唐之间④。

20 世纪 80 年代在江苏邗江酒甸以西发现的两座南朝画像砖墓，其莲花砖的花瓣不如唐代的莲花瓣那样肥厚，画像砖上的人物既不像汉代画像砖上的人物那样古朴，也不似唐代陶俑或三彩俑那样丰腴，而且服饰具有南朝的特点，这两座墓可能属于梁武帝时期。墓中大量出现的各种莲花纹砖和朱雀、小佛、怪兽、男女供养人、人首鸟身等画像砖，说明佛教广为流行。其中怪兽 33 个，兽头蛙身、鸟翅蛙腿，与常州戚家村出土的一种神兽画像砖颇相似，仅头部和站立的姿态稍异。扬州南朝墓内发现的人首鸟身、怪兽等画像与江南地区的画像砖墓有相似之处，这对于我们研究、探讨南朝时期长江南北的文化交流及当时绘画、雕塑艺术、丧葬制度、风俗习惯等，提供了有价值的实物资料⑤。

安徽马鞍山在长江南岸，1976 年秋在位于该市区之南的佳山山麓土坡上发现的东晋太元元年（376 年）墓⑥，由墓门、甬道和墓室三部分组成。铺地砖呈“人”字形，砌法与同

① 《云南省昭通后海子东晋壁画墓清理简报》，载《文物》1963 年第 12 期。
② 湖北省博物馆：《武汉地区四座南朝纪年墓》，载《考古》1965 年第 4 期。
③ 镇江市博物馆：《镇江东晋画像砖墓》，载《文物》1973 年第 4 期。
④ 《常州戚家村画像砖墓》，载《文物》1979 年第 3 期。
⑤ 扬州博物馆：《江苏邗江发现两座南朝画像砖墓》，载《考古》1984 年第 3 期。
⑥ 安徽省文物工作队：《安徽马鞍山东晋墓清理》，载《考古》1980 年第 6 期。

年 6 月在合肥发现的西晋永康元年（300 年）纪年砖墓①相似，改变了东汉时代错缝平砌的方法，反映了这一时期墓葬形制的新特点。这座东晋墓没有排水沟设施，仅利用墓室四沿的凹沟，通过略低于墓室的甬道来排泄墓内的渗水，在长江流域的东晋南朝墓中属少见。出土器物有陶器、青瓷器、铁钉、铜钉、滑石猪等。陶器凭几与南京地区东晋墓中随案所出凭几相似②。该墓出土砖刻墓志五方，内容相同，实属少见。志文为“太元元年十二月十二日晋故平昌郡安丘县始兴相散骑常侍孟府君墓”29 字。字迹清晰，都是阴文隶书，但某些笔画又摆脱了隶书的作风，反映了这一时期书法时尚的演变。

长江中下游之间的江西地区，是东晋南朝时期瓷器的重要产地。江西南昌市郊和遂川县天子地的六朝墓葬③、新淦金鸡岭的晋墓南朝墓④、清江的晋墓南朝墓⑤、吉安县的南朝齐墓⑥、赣县的南齐墓⑦、宁都发现的南朝梁墓⑧以及丰城罗湖窑的发掘⑨，都使我们对这一时期江西的瓷器有进一步的了解。

东晋南朝时期江西地区的瓷器制品有碗、盏、杯、盘、壶、罐、灯、唾壶和鸡头壶等日用器，纹饰除弦纹外，还有少数器物上饰褐色点彩。器物的造型与其他地区的产品基本相同，惟盘壶、鸡头壶和唾壶的腹部过大，口颈略小。碗、盏通行大口浅腹，罐则盛行广口四系，盛取食物方便。有些蚕茧形虎子，提梁矮小，而口部高大。狮形烛台，腹部略小。瓷胎细腻灰白，釉多数呈青黄色，少数为豆青色。尤其令人瞩目的是这里的瓷明器生产仍较盛行。灶、锥斗、带盘三足炉等在墓葬常有出土。灶作船形，上置釜、甑，旁塑一女俑，双手抱釜或扶灶，作烹饪状。火门上设火墙，火门内放长短的柴薪数根，有的在门旁塑女俑，发作双髻，双手交叉于胸前，形象逼真。

江西丰城罗湖窑的发现和发掘，是 20 世纪 80 年代江西文物考古中的一项重大成就。罗湖在丰城市东北，赣江西岸，距南昌约 30 千米。在罗湖南面的斜坡山、寺前山、狮子山，外宋村的管家、文龙包、南坪、对门山，下坊村的鹅公包，里宋村的尚山一带，发现了南朝至隋唐的大量瓷窑。窑址分布范围广，规模大，占地面积约 3 万平方米，废品堆积层

① 合肥市文物管理组：《合肥西晋纪年砖墓》，载《考古》1980 年第 6 期。

② 李蔚然：《南京六朝墓葬》，载《文物》1959 年第 4 期；南京大学历史系考古组：《南京大学北园东晋墓》，载《文物》1973 年第 4 期。

③ 江西省文物管理委员会：《江西的汉墓与六朝墓葬》，载《考古学报》1957 年第 1 期；江西省博物馆：《江西南昌晋墓》，载《考古》1974 年第 6 期。

④ 江西省博物馆：《江西新淦金鸡岭晋墓南朝墓》，载《考古》1966 年第 2 期。

⑤ 江西省博物馆考古队：《江西清江晋墓》《江西清江南朝墓》，载《考古》1962 年第 4 期。

⑥ 平江、许智范：《江西吉安县南朝齐墓》，载《文物》1980 年第 2 期。

⑦ 赣州市博物馆：《江西赣县南齐墓》，载《考古》1984 年第 4 期。

⑧ 《江西宁都发现南朝梁墓》，载《文物》1973 年第 11 期。

⑨ 《江西丰城罗湖发掘简报》，载《江西历史文物》1981 年第 1 期。

有厚达5～6米的，足见当时瓷业的发达。丰城在唐代属洪州（治今南昌）。罗湖发现的南朝窑场，当是唐代“洪州窑”的前身①。

吉安县南朝齐墓出土的茶托子，更是十分珍贵的文物。原来根据文献记载：“托始于唐，前世无有也。崔宁女饮茶，病盏热熨指，取楪子，融蜡象盏足大小而环结其中，置盏于蜡，无所倾倒，因命工髹漆为之。宁喜其为，名之为托，遂行于世。”②看来，“茶托子”似乎是唐人的发明，其实不然。吉安县南朝齐墓出土的茶托子，黄白色胎，茶绿釉，开冰裂片，器型为浅盏，中有圆圈，凸起约2厘米，盘心浮雕重叠莲瓣纹，托底为圆饼形实足。该墓有确切纪年，为南朝齐永明十一年（493年）。可见，“茶托子”作为一种茶具，至少在晋代就已出现，南朝时已较流行③。它的出现，与当时人们的社会交往有关。东晋南朝时期，饮茶已成为上层人士和民间的一种共同嗜好。茶用来招待客人是人们社交活动的一种媒介。“茶托子”也就应运而生了。

## 三、东晋南朝长江文化的主要成就及其历史地位

东晋南朝时期，长江流域是汉族政权赖以生存的中心地区。当时，黄河流域各少数民族所建立的政权，虽然在军事上有着一定优势，但文化上却相对落后，因而不得不向他们所企图征服的对象学习。北魏孝文帝元宏曾大力推行汉化，东魏丞相高欢也说：“江东复有一吴儿老翁萧衍者，专事衣冠礼乐，中原士大夫望之以为正朔所在。”④可见这一时期的长江文化是南北分裂时期中华文明的主要代表。

东晋南朝的长江文化，从历史渊源来看，是直接继承了魏晋时期的中原文化，同时又在南方自身文化发展的基础上继续前进的。从某种意义上说，它也是南北文化大会合的积极成果。这一时期，少数民族的尚武之风对黄河流域的社会文明曾起过猛烈的冲击作用。但一次又一次的冲击波，却使胡汉各族由不打不相识逐步转变为互相认同、互相学习、互相渗透、互相融合。北方各民族大融合的结果，使黄河流域的政治、经济、军事、文化重新在全国占有优势。隋朝的建立及统一全国，使中华文明的中心重新回到北方，但长江流域的经济文化仍有着举足轻重的地位。回顾这一段历史的曲折道路，总结东晋南朝时期长江文化的主要成就及其在我国文化史上的地位，是一件十分有意义的工作。为了便于看清各类文化的发展脉络，现采取分门别类的方法，论述于下：

---

① 中国硅酸盐学会主编：《中国陶瓷史》，文物出版社1987年版，第147—148页。
② 程大昌：《演繁露》卷一五《托子》，明嘉靖本。
③ 刘诗中：《从江西茶具谈古人饮茶习俗》，载《东南文化》1989年第3期。
④ 《北齐书》卷二四《杜弼传》，中华书局1972年版，第347页。下同，略。

### (一)图书的繁富与四部分类法的确立

我国古代的图书,在汉代是采用刘向《别录》及其子刘歆《七略》所创立的七类分类法,即辑略、六艺略、诸子略、诗赋略、兵书略、数术略、方技略。魏晋时期,荀勖依据郑默《中经》更制《新簿》,分为甲、乙、丙、丁四部,分别代表经、子、史、集。著录图书 1885 部、20935 卷①。这是四部分类法的开始。

永嘉之乱,图书损失严重。东晋初年,晋元帝司马睿征集各地图书,运到京师建康,朝廷藏书才日益丰富。晋穆帝时,江夏(今湖北安陆)人李充任著作佐郎,负责整理图书,编《晋元帝书目》,四部收书 305 帙、3024 卷②。他"因荀勖旧簿四部之法,而换其乙、丙之书,没略众篇之名,总以甲乙为次。自时厥后,世相祖述"③。从此,甲、乙、丙、丁四部按经、史、子、集顺序排列,后来为唐修《隋书·经籍志》所继承。我国古籍的四部分类法得以确立。

东晋时期,私家藏书很多,如玄学家张湛的祖父在永嘉之乱南渡时,就曾挑选王粲、王弼家族藏书中的稀有之本携带过江。后来从中发现了《列子》,由张湛作注,刊行于世。晋室南渡后的多书之家,还有殷允、张尚文、郗俭之、桓石秀等。东晋朝廷在收集、整理图书时,常找私人借书。晋孝武帝时,徐广任"秘书郎,典校秘书省"④,其时朝廷秘阁四部之书已达 36000 卷。《广弘明集》卷三所载《晋义熙四年秘阁四部书目录》,可能是根据徐广所校编的。

刘宋继东晋之后,除接管朝廷藏书外,又加以搜集,使藏书更为丰富。宋文帝元嘉八年(431 年),秘书监谢灵运,在秘书丞殷淳等人的协助下,编出了《宋元嘉八年秘阁四部书目录》,收书 1564 帙、14582 卷,另收佛经 55 帙、438 卷。宋后废帝元徽元年(473 年),秘书丞王俭主持撰成《宋元徽元年秘阁四部书目录》,收书 2020 帙、15074 卷⑤。王俭又别撰《七志》,将图书分为经典、诸子、文翰、军书、阴阳、术艺、图谱七类,另附道、佛,实为九类。

南齐永明年间,秘书丞王亮、秘书监谢朏等,对朝廷秘阁图书进行整理,编《齐永明元年秘阁四部书目录》,收书 2332 帙、18010 卷⑥。

① 《广弘明集》卷三,上海古籍出版社 1991 年版,第 113 页,下同,略。

② 《广弘明集》卷三,第 113 页。

③ 《广弘明集》卷三,第 112 页。

④ 《晋书》卷八二《徐广传》,第 2158 页。

⑤ 《广弘明集》卷三,第 113 页。

⑥ 《广弘明集》卷三,第 113 页。

齐、梁交替之时，因“兵火延烧秘阁，经籍遗散”①，梁武帝萧衍命秘书监任昉重加搜集整理，在文德殿内列藏众书，华林园中总集释典，终于编成《梁天监四年文德正御四部及术数书目录》，收书2968帙、23106卷，其中不包括佛教书籍。“术数之书，更为一部”，是由数学家祖暅负责，编为专目，“故梁有《五部目录》”②之称。

梁武帝普通年间，有处士阮孝绪编撰《七录》，即经典录、记传录、子兵录、文集录、技术录、佛录、道录。阮孝绪的分类法，实际上前四类相当于经、史、子、集四部，而把技术、佛、道另立。如果把阮氏《七录》与刘歆《七略》相比较，就可以看出史部记传录已从《七略》中六艺略内的附庸地位摆脱出来，成为独立的学科。阮孝绪的分类法，已很接近《隋书·经籍志》的四部分类法。从这点来看，《隋书·经籍志》正是吸收了南朝时期长江文化的积极成果。

南朝时期，长江流域经济文化发展快，私人藏书也有很大增长，出现了许多藏书家。如陆澄家有书万卷，且“多世人罕见之书”，张率与其子熟悉，就常到陆家去，“尽读其书”③。崔慰祖“聚书至万卷”④，邻里少年也常到他家看书。王僧孺、任昉、张缅、沈约、张缵、萧劲、马枢等人，藏书也都在万卷以上。任昉所藏之书，很多是国家藏书所无，在他去世后才被梁武帝收归国有。与南方相比，北方的私人藏书，无论人数与藏书卷数，都不如南方多。北方学者为了求得宋、齐、梁佳本，往往到淮南地区收集。

梁朝末年侯景之乱，梁朝朝廷藏书损失很多。梁元帝萧绎“克平侯景，收文德之书及公私经籍，归于江陵，大凡七万余卷”⑤。承圣三年（554年），西魏军攻打江陵，梁元帝在城池将陷时，“命舍人高善宝焚古今图书十四万卷”⑥，这是我国图书史上一次重大损失，也是长江文化史上的一次十分不幸的事件。

**（二）经学的玄化与儒学的重建**

魏晋时期，经学衰微，玄学兴起。玄学家们以老庄之说释经，祖尚玄虚，别树义理，开始对汉儒的经训进行玄学的改造。“竹林七贤”的首领嵇康祖籍会稽（今浙江绍兴），其先因避怨迁至上虞，后又迁至谯国铚县（今安徽宿县西南），他公然“非汤武而薄周孔”⑦。嵇康在“七贤”中是唯一的一个与长江流域有关的人，他的人格与思想对后人的影响很大。

① 《隋书》卷三二《经籍志一》，中华书局1973年版，第907页。
② 《隋书》卷三二《经籍志一》，第907页。
③ 《南史》卷三一《张率传》，中华书局1975年版，第815页。下同，略。
④ 《南史》卷七二《文学·崔慰祖传》，第1772页。
⑤ 《隋书》卷三二《经籍志一》，第907页。
⑥ 《太平御览》卷六一九《学部一三·焚书》引《三国典略》，第2781页。
⑦ 〔三国〕嵇康：《与山巨源绝交书》，《文选》卷四三，第1927页。

永嘉之乱，大批士族南迁，玄学清谈之风也带到了江南。琅邪人王导身居相位，是侨姓士族的冠冕。他过江后，“止道《声无哀乐》《养生》《言尽意》三理而已”①，其中前两种理论就是嵇康创立的。

1960年江苏南京西善桥南朝大墓砖画中的嵇康

王导善清言，镇之以静，在士族中享有威望，但他实际上是玄儒兼综的人物，建武元年（317年），他看到“军旅不息，学校未修”，就向司马睿建议立太学。他说：“夫风化之本在于正人伦，人伦之正存乎设庠序，庠序设，五教明，德礼洽通，彝伦攸叙，而有耻且格，父子兄弟夫妇长幼之序顺，而君臣之义固矣。”②显然，王导已从西晋的清谈祸国中吸取了教训，看到了儒学教化对巩固江东政权的重要作用。为了使东晋政权得以在长江以南立足生存，他劝司马睿重用江南士人。顾荣、纪瞻、贺循、陆玩、虞潭、孔愉等江左世族的代表人物，都被他网罗到朝廷之中。

晋元帝大兴二年（319年），在贺循的建议下，开始立经学博士，置《周易》王氏，《尚书》郑氏，古文《尚书》孔氏，《毛诗》郑氏，《周官》《礼记》郑氏，《春秋左氏》杜氏、服氏，《论语》《孝经》郑氏博士各一人。大兴四年（321年），荀崧上疏，请增置郑《易》《仪礼》及《春秋公羊》《谷梁》博士各一人。当时朝议以为“《谷梁》肤浅，不足置博士”③，其余意见都被晋元帝采纳，并增置了相应的经博士。东晋初年的兴学之举，虽因王敦之乱、苏峻祖约之乱的冲击而陷于困境，但毕竟还是给儒学在江南的重建创造了机遇。

晋成帝咸康元年（335年），庾亮在武昌开置学官，起立讲舍，建儒林祭酒。庾亮也是玄儒兼综的人物，他“非惟风流，兼有为政之实”④，在清谈的同时，亦提倡儒学。咸康三年（337年），国子祭酒袁瑰上书，再次请求振兴教育，议立国学，得到朝廷批准，史称“国学之兴，自瑰始也。”⑤但当时长江流域的社会风气，士人仍崇尚老庄，莫肯用心儒学经训。

晋孝武帝太元八年（383年），谢安运筹帷幄，取得淝水之战的重大胜利，江南政局比较稳定。谢安不仅能谈玄，还以玄理来解释儒经。他把清谈作为应世的手段，而以治理天下为己任⑥。次年，朝廷增置太学生百人，命车胤领国子博士。太元十年（385年），立

① 《世说新语·文学第四》，徐震堮：《世说新语校笺》，中华书局1984年版，第114页。下同，略。
② 《晋书》卷六五《王导传》，第1747页。
③ 《晋书》卷七五《荀崧传》，第1978页。
④ 〔唐〕许崇：《建康实录》卷七，显宗成皇帝，第196页。
⑤ 《晋书》卷八三《袁瑰传》，第2167页。
⑥ 张承宗：《魏晋南朝的清谈与经学的玄化》，载《苏州大学学报》1990年第1期。

国子学，但“学生多顽嚚，因风放火，焚房百余间。是后考课不厉，赏黜无章，有育才之名，无收贤之实”①。在社会上崇尚虚无、放任享乐的风气冲击下，重建儒学还有相当的困难。

东晋时期，汉儒的章句在长江流域已不为人们所重视。《易》学郑注浸微，王弼的《易注》盛行。《尚书》最流行的是豫章内史梅赜所献的《伪古文尚书》。《左传》则以晋人杜预的《集解》更受人推重。还有《论语集解》，也是魏晋玄学家何晏的作品，在南方广为流传。《晋书》卷九一《儒林传序》说：“晋自中朝，迄于江左，莫不崇饰华竞，祖尚玄虚，摈阙里之典经，习正始之余论。”经学在长江流域要生存与发展，已必须从当时盛行的玄学中去汲取养料。

南朝时期是长江流域经学玄化与儒学重建的关键时期。刘宋永初三年（422 年），刘裕下诏兴学。元嘉十五年（438 年），宋文帝刘义隆征雷次宗至京师，开馆于鸡笼山。会稽人朱膺之与颍川人庾蔚之“并以儒学监总诸生”。又使何尚之立玄学、何承天立史学、谢元立文学，“凡四学并建”②，并不独尊儒学。宋明帝泰始六年（470 年），“以国学废，初置总明观，玄、儒、文、史四科，科置学士各十人”③。玄学不仅排列在儒学之前，而且四科学士人数相等，原来“儒学监总诸生”的地位已不复存在。刘宋时期的经学著作以礼类居多。经学家中，亦以“善《三礼》”“精《三礼》”“明《三礼》”④的礼家居多。

齐武帝萧赜继位后，于建元四年（482 年）立国学，而其太子萧长懋及竟陵王萧子良却俱好释氏，笃信佛教。齐武帝永明三年（485 年），又立国学，“省总明观，于（王）俭宅开学士馆，悉以四部书充俭家，又诏俭以家为府”⑤。王俭是高门士族，被获准在家开馆讲学。这是私学被官方承认、官学与私学合流的重要标志。东晋时期，范宁曾在豫章立学，“资给众费，一出私禄”，居然受到江州刺史王凝之的弹劾。范宁被免官后，“家于丹阳，犹勤经学”⑥。南齐建元二年（480 年），豫章王萧嶷在荆州开馆立学，也带有私学的性质。但他是皇族，身份特殊，非但无人弹劾，还能用公费“置儒林参军一人，文学祭酒一人，劝学从事二人”⑦，私学与官学互为补充，既活跃了学术空气，又有利于儒学的重建。南齐的经学家中，不少人精于《易》经，如“虞通之善言《易》。张充明《易》。张绪长于《周易》。何胤师事沛国刘瓛，受《易》及《礼记》《毛传》。宗测善《易》《老》”⑧。史载刘瓛“儒学冠于当时，

---

① 《宋书》卷三二《五行志三》，第 935 页。
② 《宋书》卷九三《隐逸·雷次宗传》，第 2293 页。
③ 《南齐书》卷一六《百官志》，第 315 页。
④ 〔清〕朱铭盘：《南朝宋会要·文学》，上海古籍出版社 1984 年版，第 234 页。下同，略。
⑤ 《南齐书》卷二三《王俭传》，第 436 页。
⑥ 《晋书》卷七五《范汪传附子宁传》，第 1988 页。
⑦ 《南齐书》卷二二《豫章文献王嶷传》，第 408 页。
⑧ 〔清〕朱铭盘：《南朝齐会要·文学》，上海古籍出版社 1984 年版，第 179—180 页。

京师士子贵游莫不下席受业”①。齐永明七年(489 年),萧子良表请齐武帝萧赜,专为刘瓛立学馆,支持私学。齐明帝萧鸾,于建武四年(497 年)下诏修国学。萧鸾死后,其子东昏侯萧宝卷很快就将国学废掉。萧齐时期,儒学虽有所恢复,但重建儒学的任务并没有完成。

梁朝时,“《庄》《老》《周易》,总谓三玄”②。当时父兄师友之间,讲究《老》《庄》,以为谈助。五经之中,惟推崇《易》理。史载梁武帝萧衍,“洞达儒玄”,著有《周易讲疏》《老子讲疏》,“兼笃信正法,尤长释典”③,由于他精通三教,尤善清谈。东魏侍读李业兴使梁时,他居然问:“儒玄之中,何所通达?”李业兴说:“少为书生,止读五典……素不玄学,何敢辄酬!”④可见北方重经学而不杂玄学,南方则儒玄混流,互相渗透。梁武帝萧衍兴修国学,增广生员,立五经馆,置五经博士,对长江流域儒学的重建起了有力的推动作用。他规定:“其有能通一经,始末无倦者,策实之后,选可量加叙录。”⑤开了科举制的萌芽。但是,有梁一代,学者大多博综儒书,兼善玄理。儒学与玄学、佛学并存,大大加速了经学的玄化。南学与北学之分,终于形成。

《隋书》卷七五《儒林传序》说:“自晋室分崩,中原丧乱,五胡交争,经籍道尽……南北所治,章句好尚,互有不同。江左《周易》则王辅嗣,《尚书》则孔安国,《左传》则杜元凯。河、洛《左传》则服子慎,《尚书》《周易》则郑康成。《诗》则并主于毛公,《礼》则同遵于郑氏。大抵南人约简,得其英华,北学深芜,穷其枝叶。”“约简”而“得其英华”的南学,正是长江流域儒学玄化的积极结果。

陈朝至德元年(583 年),吴人陆德明撰《经典释文》。他善言玄理,推重南学。南学在南朝末年传入北方。唐孔颖达撰《五经正义》,亦多从南学。南北朝时期长江流域重建的儒学,终于成为唐代儒学的主流。

**(三)无神论与唯物主义思想的发展**

东晋南朝时期,长江流域哲学思想上的主要成就,是涌现出一批无神论者,他们坚持唯物主义,反对神不灭论,宣传神灭论,在思想界熠熠生辉。

东晋史学家孙盛,史称良史,同时也是一位无神论者。他反对求助鬼神,否定神秘的天道观。强调人事的重要。在《与罗君章书》中,他说:“吾谓形既粉散,知而如之,纷错混

① 《南齐书》卷三九《刘瓛传》,第 679 页。

② 《颜氏家训·勉学第八》,王利器:《颜氏家训集解》,上海古籍出版社 1986 年版,第 179 页。

③ 《梁书》卷三《武帝纪下》,第 96 页。

④ 《魏书》卷八四《儒林·李业兴传》,中华书局 1974 年版,第 1863—1864 页。下同,略。

⑤ 《梁书》卷二《武帝纪中》,第 49 页。

淆，化为异物。”①明确主张神随形灭。

东晋雕塑家戴逵，对佛教的神不灭论与因果报应论进行批驳。在《流火赋》中，他说：“火凭薪以传焰，人资气以享年，苟薪气之有歇，何年焰之恒延？”②在《释疑论》中，他根据生命规律与历史事实，指出：“人资二仪之性以生，禀五常之气以育。性有修短之期，故有彭殇之殊；气有精粗之异，亦有贤愚之别。此自然之定理，不可移者也。是以尧舜大圣，朱均是育；瞽叟下愚，诞生有舜。颜回大贤，早夭绝嗣；商臣极恶，令胤克昌。夷叔至仁，饿死穷山；盗跖肆虐，富乐自终。比干忠正，毙不旋踵；张汤酷吏，七世珥貂。凡此比类，不可称数。验之圣贤既如彼，求之常人又如此。故知贤愚善恶，修短穷达，各有分命，非积行所致也。”③从而说明神不灭论与因果报应论是没有根据的。

元代钱选《扶醉图》中陶渊明醉酒的情状

东晋诗人陶渊明，曾任江州祭酒、彭泽令等职，后归隐田园。其诗《形影神》三首并序，对佛教的神不灭论与报应论提出了不同的见解，对道教的神仙方术也持否定态度。在序中，他说：“贵贱贤愚，莫不营营以惜生，斯甚惑焉。故极陈形影之苦，言神辨自然以释之。”在《形赠影》和《影答形》二诗中，他借形和影的对话，说明人虽然“最灵智”，有寿数都是有限的，不像“天地长不没，山川无改时”。人不可能不死，“腾化术”是不存在的。“身没名亦尽”，不如“立善有遗爱”，趁有生之年为人们做些好事。在《神释》中。他进一步主张把自身当作自然的一部分，“纵浪大化中，不喜亦不惧。应尽便须尽，无复独多虑”④。说明形、影、神一尽俱尽，尽期总是有的。陶渊明“与范缜同主神灭论”，但他生活的时代在范缜之前，可谓“孤明先发”⑤。

南朝刘宋时期的天文学家何承天，同时也是一位重要的无神论思想家。他利用自然科学所能达到的水平，多次与僧人慧琳及佞佛名士宗炳、颜延之展开争论，对生死轮回、因果报应和神不灭论进行批判。他认为：“形神相资，古人譬以薪火，薪敝火微，薪尽火灭，虽有其妙，岂能独传？”⑥意思是说，火不能离开薪而独传下去，神也不能离开形而单独

① 《与罗君章书》，《弘明集》卷五，上海古籍出版社1991年版，第28页。下同，略。

② 《流火赋》，严可均校辑：《全晋文》卷一三七，第2249页。

③ 《释疑论》，《广弘明集》卷一八，第229页。

④ 《形影神》三首，吴顺泽编注：《陶渊明集》，岳麓书社1996年版，第48—50页。下同，略。

⑤ 陈寅恪：《陶渊明之思想与清谈之关系》，《金明馆丛稿初编》，上海古籍出版社1980年版，第200页。

⑥ 《答宗居士书》，《弘明集》卷三，第19页。

存在。在其代表作《达性论》中，他说："生必有死，形毙神散，犹春荣秋落，四时代换，奚有于更受形哉？"[①]在《报应问》中，他又说："西方说报应，其枝末虽明，而即本常昧。"他以动物界鹅食春草，弗犯众生，却难免刀俎，燕食虫杀生，反而受人宠爱为例证，说明"杀生者无恶报，为福者无善应"[②]。可见佛教宣扬的因果报应是无稽之谈。

杰出的唯物主义思想家范缜，生活于南朝齐、梁时期。他出身寒微．少孤家贫，刻苦勤学，曾跟当时有名学者刘瓛学习，"恒芒屩布衣，徒行于路"，毫无愧色。他"性质直，好危言高论"，不畏权贵，不信鬼神。齐竟陵王萧子良大兴佛教，在西邸盛招宾客，曾以高官厚禄进行引诱，而范缜则响亮地回答：绝不"卖论取官"。他与萧子良之间曾有过一场争论。当时，萧子良问："君不信因果，何得富贵贫贱？"范缜回答："人生如树花同发，随风而堕，自有拂帘幌坠于茵席之上，自有关篱墙落于粪溷之中。坠茵席者，殿下是也。落粪溷者，下官是也。贵贱虽复殊途，因果竟在何处？"[③]萧子良虽然身居高位，却不能使范缜屈服。范缜认为人生的高贵贫贱只是偶然的际遇，没有什么因果报应。

《神灭论》是范缜的代表作，是针对梁武帝萧衍的神不灭论而作的。这部著作用"自设宾主"的问答体，抓住了形神关系这一哲学的重大问题，对有神论进行了全面的批判。他创造性地用锋利和刀刃做比喻，彻底驳倒了佛教迷信中精神不灭、灵魂不死的观念。《神灭论》公之于世后，梁武帝萧衍曾发动 60 多人对神灭论进行围攻，范缜仍没有屈服，始终坚持自己的正确观点，表现了无神论者的坚定立场。

梁朝文学家刘峻，字孝标，同时也是一位哲学家。他撰写的《辨命论》，在自然观方面指出宇宙万物都按照必然的规律在运动。他用自然的必然论，来反对佛教的因果报应论，并否定鬼神能干预自然。他说："自然者，物见其然，不知所以然，同焉皆得，不知所以得。鼓动陶铸而不为功，应类混成而非其力。生之无亭毒之心，死之岂虔刘之志？坠之渊泉非其怒，升之霄汉非其悦。荡乎大乎，万宝以之化；确乎纯乎， 化而不易。化而不易，则谓之命。命也者，自天之命也。定于冥兆，终然不变。鬼神莫能预，圣哲不能谋。"[④]自然规律是既不以鬼神也不以人们意志为转移的。

陈朝的无神论思想家朱世卿，著有《性法自然论》。他肯定"万法万性，皆自然之理也"，指出"自然之数，无有造为之者"，认为"命者，自然者也，贤者未必得之，不肖者未必失之"。所以，世界上各种事物，"静动合散，自生自灭。动静者莫有识其主，生灭者不自

---

① 《达性论》，《弘明集》卷四，第 22 页。

② 《报应问》，《广弘明集》卷一八，第 231 页。

③ 《南史》卷五七《范云传附从兄缜传》，第 1421 页。

④ 《辨命论》，《梁书》卷五〇《文学下·刘峻传》，第 703 页。

晓其根，盖自然之理著矣”[①]。可见其思想渊源于道家的自然天道观。他不信佛教的因果报应，思想倾向与范缜有相似之处。

### （四）史学的繁荣及其特色

东晋南朝时期，长江流域的史学十分繁荣，而且颇具特色。这一时期史学摆脱了经学的附庸地位，真正发展成为一门独立的学科。史学繁荣的原因，一是经学衰微，“学士大夫有志撰述者，无可抒其蕴蓄，乃寄情乙部，一意造史”[②]。二是社会变动大，统治者重视史学的借鉴作用，史学家也企图“式规万叶，作鉴于后”[③]，从而推动了历史撰述与历史研究。三是造纸术的不断改进，价廉而轻便的纸普遍推广使用，为史书的大量编撰与流通创造了方便。

“班、荀二体，角力争先”[④]，是东晋南朝史学的重要特点。这一时期，有关后汉史与晋史的著述层出不穷，其体裁却不外乎纪传、编年二体。

东晋时期，纪传体史著虽多，但缺乏佳作。编年体史书却出现了一批力作，如袁宏的《后汉记》，“经营八年”仍未定稿，最后又参考张璠的《后汉记》，再增补汉末之事，始成定本[⑤]。袁宏几乎搜集了当时有关后汉史的所有资料，在吸取诸书成果的基础上删繁就简，因此比诸书更为精密。他采用《左传》的写法，以荀悦《汉纪》为范本，扩大了编年体的容量。干宝是吴奋武将军干统之孙，他在东晋初年由佐著作郎迁散骑常侍，著《晋纪》，专记西晋历史。“其书简略，直而能婉，咸称良史”[⑥]。长沙人邓粲，“少以高洁著名”，隐居不仕，后应召任荆州别驾。他感于其父邓骞“有忠信言而世无知者，乃著《元明纪》”[⑦]，专记晋元帝、明帝二朝史事。孙盛“善言名理”“笃学不倦，自少至老，手不释卷”，所著《晋阳秋》，“词直而理正，咸称良史”。他秉笔直书桓温枋头之败，不顾桓温以“门户事”相威胁，也不顾子孙们的哀求，坚持写信史，不删改，并“写两定本”[⑧]，寄于辽东，以存其真。襄阳人习凿齿，“少有志气，博学洽闻，以文笔著称”。他看出桓温有觊觎非望的野心，乃著“《汉晋春秋》以裁正之”。该书以蜀汉为正统，以曹魏为篡逆，晋乃续汉之统，以“明天心不可以势力强也”[⑨]。由于编年体记一家正朔，突出一朝皇统，更能体现史家维护皇权的

---

① 《性法自然论》，《广弘明集》卷二二，第264—265页。
② 金毓黻：《中国史学史》，中华书局1962年版，第4章，第70页。
③ 《宋书》卷一〇〇《自序》，第2467页。
④ 《史通》卷二《二体》，浦起龙：《史通通释》，上海古籍出版社1978年版，第29页。下同，略。
⑤ 《后汉记》序，天津古籍出版社1987年版。下同，略。
⑥ 《晋书》卷八二《干宝传》，第2150页。
⑦ 《晋书》卷八二《邓粲传》，第2151页。
⑧ 《晋书》卷八二《孙盛传》，第2148页。
⑨ 《晋书》卷八二《习凿齿传》，第2154页。

苦心，在晋室南渡之后，它所起的笃名教、正人心、弘王道的作用是很明显的。

南朝时期，纪传体史书取得了很大成就，从而确立了纪传体在古代史学中的“正史”地位。

刘宋时，范晔删众家后汉书为一家之作。他根据自己对历史的看法，创立党锢、宦者、文苑、独行、方术、逸民、列女等新的类传，从不同角度反映了后汉的政治状况、学术文化、科学技术和社会风尚，拓宽了纪传体的范围。他写的论赞，与史实紧密结合，目的在“正一代得失”。他说：“赞自是吾文之杰思，殆无一字空设，奇变不穷，同含异体，乃自不知所以称之。此书行，故应有赏音者。纪传例为举其大略耳，诸细意甚多。自古体大而思精，未有此也。”①范晔在狱中写的这番话，并非自诩之词。他立论于史，力求准确精当而又敢于独抒己见，确实表现了新的史学风气。自范晔《后汉书》出，而诸家后汉书皆废，“世言汉中兴史者，唯范、袁二家而已”②。刘知几把范书置于袁纪之前，可见南朝时期后汉史研究领域中，纪传体的成就已超过编年体。

晋史的编写，在东晋南朝时期一直很发达。刘知几《史通》称“晋史十有八家”③，是沿用唐太宗《修晋书诏》之语。根据金毓黻《中国史学史》的统计，纪传体有十二家，编年体有十一家④，也是二体“角力争先”的态势。南朝宋末齐初，臧荣绪“括东西晋为一书，纪、录、志、传百一十卷”，是第一部完整的晋书。齐建元中，司徒褚渊上奏萧道成，说：荣绪“沈深典素，追古著书，撰《晋史》十帙，赞论虽无逸才，亦足弥纶一代”⑤，臧荣绪的《晋书》后来成为唐修《晋书》的蓝本。唐初统治者为了加强思想统治，对臧书等旧晋书加以诋毁，使之湮没。这是晋史研究领域中的一场厄运，也是封建专制主义中央集权对文化事业的一种摧残。

当代人写当代史的风气，在南朝时期继续发展。吴兴武康（今浙江德清县）人沈约，历仕宋、齐、梁三朝，不仅政治地位高，而且文史兼通。在沈约《宋书》问世以前，宋文帝元嘉年间，已有“著作郎何承天草创国史”。孝武帝初年，“又使奉朝请山谦之、南台御史苏宝生踵成之”。大明六年（462 年），“又以（徐）爰领著作郎，使终其业。爰虽因前作，而专为一家之书”⑥。南齐永明年间，沈约根据何承天、徐爰等人的旧作补充修订，花了一年时间，先完成纪传 70 卷。至于八志 30 卷，则是后来续成的。《宋书》保存了不少历史资料，

① 〔南朝宋〕范晔：《狱中与诸甥侄书》，见《后汉书》，中华书局点校本第 12 册。

② 《史通》卷一二《古今正史》，浦起龙：《史通通释》，第 343 页。

③ 《史通》卷一二《古今正史》，浦起龙：《史通通释》，第 350 页。

④ 金毓黻：《中国史学史》，中华书局 1962 年版，第 4 章，第 59 页附表。按：表列 23 家晋史，除陆机《晋纪》外，均为东晋南朝史家所作。

⑤ 《南齐书》卷五四《高逸·臧荣绪传》，第 936 页。

⑥ 《宋书》卷九四《恩倖·徐爰传》，第 2308 页。

尤其是它收载了当时人们的许多奏议、书札和文章，可以从中看出当时社会的一些实际情况。刘知几说："宋氏年唯五纪，地止江淮，书满百篇，号为繁富。"①正可说明当时长江流域经济的繁荣与文化的发达。沈约《宋书》问世以后，裴子野又删撰沈书为编年体的《宋略》，"其叙事评论多善"②，得到后人的好评。沈约《宋书》还曾得到北朝史家魏收的重视。《魏书》的体例多学《宋书》，如仿《索虏传》而立《岛夷传》，便是一例。这反映南北虽然政治对峙，但文化上却在相互学习。

齐史的编撰始于齐高帝建元二年(480年)，时以檀超与江淹掌史职。后来，江淹修成十志，沈约又著《齐记》。《南齐书》的作者萧子显，是南兰陵郡南兰陵县(今江苏常州西北)人。他是萧道成的孙子，豫章王萧嶷之子，本人做到梁吏部尚书。他"自表武帝，别为此书"③，开了皇族修史之先例。这部书质量不高，因得到梁武帝的支持而得以流传。但是，他以当代人记当代事，保留了一定数量的比较原始的史料，还是有重要价值的。

梁代的历史，有许亨的《梁史》、谢吴的《梁书》、何之元的《梁典》。陈代的历史，当时人陆琼、傅縡、顾野王都曾编撰。吴兴武康人姚察，由陈入隋后，受命编撰梁、陈史，书未成而去世，由其子姚思廉最终完成于唐代。唐修《梁书》《陈书》，是在梁、陈二代历史已有成果的基础上写成的。

东晋南朝时期，长江流域的地理方志与人物传记有很大的发展。著名的地记，东晋有顾长生《三吴土地记》，顾夷《吴郡记》，张勃《吴地记》，纪义《宣城记》，孔晔《会稽记》，贺循《会稽记》，虞预《会稽典录》，范汪《荆州记》，袁山松《宜都山川记》，罗含《湘中记》，熊默《豫章旧志》，常璩《华阳国志》《南中志》，袁休明《巴蜀记》，任预《益州记》，刘欣期《益州记》。南朝刘宋有王僧虔《吴郡地理记》，董览《吴地志》，刘澄之《扬州志》《荆州记》《江州记》《鄱阳记》，山谦之《丹阳记》《南徐州记》《吴兴记》《寻阳记》，单子发《续风土记》④，刘损《京口记》，刘道真《钱唐记》，孔灵符《会稽记》，孙诜《临海记》，郑缉之《东阳记》《永嘉郡记》，谢灵运《永嘉记》，盛弘之《荆州记》，庾仲雍《荆州记》《湘州记》，郭仲产《荆州记》《南雍州记》《湘州记》，甄烈《湘州记》，张僧鉴《豫章记》《寻阳记》，雷次宗《豫章记》《豫章古今记》，荀伯子《临川记》。南齐有陆道瞻《吴地记》，虞愿《会稽记》，黄闵《武陵记》《阮陵记》《沅川记》。梁朝有萧子开《建安记》，鲍至《南雍州记》，萧绎《荆南地志》《江州记》，庾诜《江陵记》，鲍坚《武陵记》，伍安贫《武陵图志》，顾宪之《衡阳郡记》，宗懔《荆楚岁时记》，李膺《益州记》。陈朝有姚察《建康记》，顾野王《建安地记》。地方性人物传记的数量不如地

① 《史通》卷三《书志》，浦起龙：《史通通释》，第64页。
② 《南史》卷三三《裴松之传附曾孙子野传》，第866页。
③ 〔宋〕曾巩：《南齐书目录序》，见中华书局点校本第3册。
④ 西晋时周处曾撰《风土记》。

记，主要著作有东晋时华融《广陵列土传》、杨方《楚国先贤传》、张方《楚国先贤传》、习凿齿《襄阳者旧传》、高范《荆州先贤传》、刘彧《长沙旧传赞》、钟离岫《会稽后贤传》；南朝刘宋时郭缘生《武昌先贤传》；梁朝时吴均《吴郡钱塘先贤传》。地记与地方性人物传记的兴起，是长江流域经济、文化发展的结果。这些著作对于了解各地人物盛衰、山川景色、地理沿革、水利交通、物产风俗均有一定的价值，可惜它们已大多散佚，完整保存下来并流传至今的唯有常璩的《华阳国志》。

常璩是蜀郡江原（今四川崇州市）人，曾任成汉政权的散骑常侍。晋穆帝永和三年（347 年），桓温伐蜀，常璩劝李势投降东晋；桓温以常璩为参军，随至建康。由于在政治上不受重用，他便埋头著述，撰成《华阳国志》，合地理志、编年史、人物传为一书，在体例上是一大创新。书中所记地理范围，相当于今天的云、贵、川及甘、陕、鄂等省的全部或部分地区。所记史事，从公孙述、刘焉、刘璋父子，蜀汉、西晋、成汉，直至东晋永和三年为止。作者参考了巴蜀地区旧志及有关史书，再加上成汉的档案文献，并佐以亲身经历见闻而成书，故内容极其丰富。书中对西南少数民族史的记载，可以补正史之不足，具有十分重要的历史价值。

东晋南朝时期，士族门阀制度由盛而极，由极转衰。士族为了保持其门第的高贵，乃大修包括姓氏、地望、世系、先人官爵、婚姻关系等内容的族谱、家谱。谱牒之学作为史学的一个分支，极为发达。在南渡士族中，出现了一批谱学名家。史载平阳贾渊“世传谱学”。其祖贾弼之笃好簿状，“广集百氏谱记，专心治业”，于晋孝武帝太元年间修成《姓氏簿状》，“凡十八州士族谱，合百帙七百余卷”①。刘宋时，王弘、刘湛“并好其书。弘日对于客，不犯一人之讳。湛为选曹，始撰百家以助铨序，而伤于寡略”。南齐时，王俭“复加去取，得繁省之衷”。梁武帝萧衍“留意谱籍”，命王僧孺改定《百家谱》。王僧孺“通范阳张等九族以代雁门解等九族。其东南诸族别为一部，不在百家之数”②。这种改定族谱的做法，反映了南渡侨姓士族之间及其与东南土著士族之间的各种错综复杂的矛盾。王僧孺编集的《十八州谱》《百家谱集钞》《东南谱集钞》，今已失传，但在当时却是非常有用的。正如郑樵在《通志・氏族序》中所说：“自隋唐而上，官有簿状，家有谱系。官之选举，必由于簿状；家之婚姻，必由于谱系。”南北朝时，北朝也有谱学，但不如南朝发达。

史注与史评在南朝时期也取得了较高成就。刘宋裴松之“鸠集传记，增广异闻”③，所撰《三国志注》，引书多达 150 多种，注文字数与原书大体相等。他所采用的“补其阙”“备

① 《南齐书》卷五二《文学・贾渊传》，第 907 页。

② 《南史》卷五九《王僧孺传》，第 1462 页。

③ 《宋书》卷六四《裴松之传附子骃传》，第 1701 页。

异闻”“惩其妄”，并“有所论辩”①的方法，开创了史注的新途径，使史注的价值大为提高。其子裴骃，继承家学，撰《史记集解》，也是博采经史百家，广引前人旧说，它与唐人司马贞的《史记索隐》、张守节的《史记正义》，合称“三家注”。《宋略》的作者裴子野是裴松之的曾孙。裴氏一门治史，是当时的史学世家，反映了南朝时期私学的发达。

史评在南朝时期尚属于文学批评中的一个组成部分。刘勰《文心雕龙·史传》篇系统论述了史书的源流演变、著史宗旨、体裁功用、编纂方法、内容得失及史家著史应持的态度等等。它是中国古代史学理论的奠基之作，也是中国史学史的一个雏形，对后世史学理论与史学史的发展产生了重大影响。唐刘知几的《史通》，吸收了《史传》篇的精华，并进一步发展，终于使史学理论从文学评论中独立出来。从这点来看，《史传》篇的历史功绩确实是十分卓著的。

**（五）文学创作的蓬勃发展与文学理论的兴盛**

晋室南渡之初，士人们感到“风景不殊，正自有山河之异”②，他们感慨凄伤，心态很不平衡。东晋元帝时，郭璞“著《江赋》，其辞甚伟，为世所称”③。这与祖逖壮怀激烈，“中流击楫”④，王导倡言“当共戮力王室，克复神州”⑤的心境是相同的。当政局稳定下来后，南渡士族在江南封山占水，垦起湖田，建立家业。江南经济的开发，使他们的物质享受得到充分的满足。山水明媚的江南风光，促进了山水审美意识的发展。文人学士追求优雅从容的风度，追求宁静的精神天地，怡情于山水田园之中，促进了田园山水诗的发展。

东晋一代，“诗皆平典”⑥。郭璞以道家玄言入诗，其《游仙诗》云：“朱门何足荣，未若托蓬莱”，是受老庄思想的影响。其四言诗“林无静树，川无停流”，于静中见动，生气盎然，开了山水诗的新路。许询、孙绰也都仰慕老庄之道，诗文中又杂以佛家之语。许询诗今已不传。孙绰诗现存13首，以《秋日》最为著名，诗中说：“垂纶在林野，交情远市朝，淡然古怀心，濠上岂伊遥。”表达了作者的隐逸思想。

晋末义熙年间，陶渊明以崭新的风貌，振起一代诗风，他的《归园田居》《桃花源诗并记》等广为流传，被人称为“古今隐逸诗人之宗”⑦。陶诗的特点是重在意境，如《饮酒》第五：“结庐在人境，而无车马喧。问君何能尔，心远地自偏。”说明只要心地清白，不为功名

① 〔南朝宋〕裴松之：《上三国志注表》，见中华书局点校本《三国志》第5册。
② 《世说新语·言语第二》，徐震堮：《世说新语校笺》，第50页。
③ 《晋书》卷七二《郭璞传》，第1901页。
④ 《晋书》卷六二《祖逖传》，第1695页。
⑤ 《世说新语·言语第二》，徐震堮：《世说新语校笺》，50页。
⑥ 〔梁〕钟嵘著、徐达译注：《诗品全译》，序，贵州人民出版社1992年版，第7页。下同，略。
⑦ 〔梁〕钟嵘著、徐达译注：《诗品全译》卷中，第92页。

利禄所诱，即使身处闹市，亦如远离樊笼。他写饮酒而意不在酒，他追求的不是隐居的形式，而是一种超越世俗的精神境界。《归园田居》中所说的“久在樊笼里，复得返自然”，充分表露了他对自然的喜爱与追求。

刘宋时期，诗歌从内容到形式起了很大变化，正如刘勰所说：“宋初文咏，体有因革，庄老告退，而山水方滋，俪采百字之偶，争价一句之奇，情必极貌以写物，辞必穷力而追新。”①这一时期的诗人，以谢灵运、颜延之、鲍照最为著名。

谢灵运

谢灵运是山水诗的开创者，他出身高门士族，拥有很大的田庄。史载：“灵运父祖并葬始宁县，并有故宅及墅，遂移籍会稽，修营别业，傍山带江，尽幽居之美。”②在出任永嘉太守期间，因永嘉郡有名山水，他肆意游遨，遍历诸县。他一生好佛，纵情山水，以其富艳的才华，精工的语言，细致地描绘了永嘉、会稽、彭蠡湖（今江西鄱阳湖）等地优美的自然景色。谢诗名句很多，如：《登池上楼》“池塘生春草，园柳变鸣禽”；《初去郡》“野旷沙岸净，天高秋月明”；《入彭蠡湖口作》“洲岛骤回合，圻岸屡崩奔”等，比比皆是。江山之美，他看在眼中，又写在笔下，练字琢句，锻炼成章，成为优美的诗篇。颜延之虽与谢灵运齐名，但喜铺陈排比，善对偶，不及谢诗清秀自然。

鲍照的诗，境界较宽，富有社会意义。其乐府诗以将士远戍、烽火疆场为题材，不仅写出了边地的风物、战争的激烈，而且真切地表现了士卒的艰辛，笔力遒劲，气势豪放。他的五言诗写得好，七言诗更佳，以《拟行路难》18 首为杰出代表，其内容为咏叹人世的种种忧患和抒发被压抑的不平之感。他还善于吸收民歌的优点，用口语入诗，五言七言交杂组合，音节激昂顿挫，增强了艺术感染力。

齐武帝永明年间，我国声韵学得到发展，影响到文学创作，齐梁诗人沈约、谢朓、王融等人，力求“一简之内，音韵尽殊；两句之中，轻重悉异”③。这种诗风，为唐代律诗的形成开启了门径。

沈约笃信佛教，精通内典，著《四声谱》，与周颙《四声切韵》、僧斌《四声论》等，参照佛经转读与印度声明学说，总结出四声（平、上、去、入）八病（平头、上尾、蜂腰、鹤膝、大韵、小韵、旁纽、正纽），在音韵学上有重大贡献。他的诗讲究对仗与音律的和谐，如《新安江

① 《文心雕龙·明诗第六》，周振甫著：《文心雕龙今译》，中华书局 1986 年版，第 61 页。下同，略。

② 《宋书》卷六七《谢灵运传》，第 1754 页。

③ 《宋书》卷六七《谢灵运等传论》，第 1779 页。

水至清，浅深见底，贻京邑游好》：“洞彻随深浅，皎境无冬春，千仞多乔树，百丈见游鳞。”写新安江洁净的美丽风光，劝告友人不要恋于尘嚣。艺术性与思想性浑然一体。

谢朓，字玄晖，为谢灵运族子，故人称“小谢”。他“少好学，有美名，文章清丽”“善草隶，长五言诗，沈约常云‘二百年来无此诗也’”①。谢朓吸收了谢灵运山水诗的特点，又在刻画山水景物中渗透了自己的感情，诗风清新秀发。其代表作《晚登三山还望京邑》，写他赴宣州太守任时，傍晚离建康，登长江南岸三山，回首眺望京城美景，全诗结构严谨，感情真挚。李白在《金陵城西楼月下吟》诗中曾赞叹：“解道澄江静如练，令人长忆谢玄晖”，足见其影响之深。陈郡谢氏家族中，能诗善赋者很多，如谢惠连、谢晦、谢瞻、谢曜，谢弘微子谢庄，庄子朏、颢、瀹，瀹子览、举，举子嘏，都是有名的一代诗人。史称“谢氏有晋以降，雅道相传”②。梁武帝萧衍“重陈郡谢朓诗。常曰：‘不读谢诗三日，觉口臭。’”③

王融的诗讲究声律，与沈、谢齐名。《南齐书·陆厥传》说：“永明末，盛为文章，吴兴沈约、陈郡谢朓、琅邪王融，以气类相推毂。汝南周颙，善识声韵。约等文皆用宫商，以平上去入为四声，以此制韵，不可增减，呼为永明体。”王融的诗《三妇艳行》《芳树》等，对后来的新体诗影响很大。

梁、陈时期，诗文讲究“绮艳”。徐摛、徐陵和庾肩吾、庾信父子“出入禁闼，恩礼莫与隆比”。他们提倡的这种诗文风格，“世号为徐、庾体”④。徐庾体继承了《诗经》变风化雅的传统，反映了当时文人“好为新变，不拘旧体”⑤的创新精神。徐陵编纂的《玉台新咏》，将自汉迄梁凡略涉女性的诗篇均网罗其中。书中固然有许多艳体诗，但也不乏有价值的作品。如《古诗为焦仲卿妻作》：“孔雀东南飞，五里一徘徊”，刻画了富有反抗性格的妇女形象，对封建礼教进行了揭露与鞭笞。它对研究我国古代女性的爱情生活，至今仍有十分重要的价值。庾信在梁元帝时出使西魏，梁亡后被迫留在北方。他的诗风由“绮艳”转为“鲜俪”⑥。强烈的“乡关之思”⑦，使他写出了《哀江南赋》这样苍劲沉郁的作品。他对南北文风的融合，起了一定的作用。杜甫在《论诗绝句》中说“庾信文章老更成，凌云健笔意纵横”，在《春日忆李白》中说“清新庾开府，俊逸鲍参军”。他将庾信与鲍照相提并论，足见南朝时代的诗歌创作对唐诗发展的影响。

---

① 《南齐书》卷四七《谢朓传》，第 826 页。

② 《南史》卷一九《谢晦等传论》，第 546 页。

③ 《太平广记》卷一九八“谢朓”条引《谈薮》，中华书局 1961 年版，第 1483 页。下同，略。

④ 《周书》卷四一《庾信传》，中华书局 1971 年版，第 733 页。下同，略。

⑤ 《梁书》卷三〇《徐摛传》，第 446 页。

⑥ 陈祚明，《采菽堂古诗选》三三，见万绳楠《魏晋南北朝文化史》，黄山书社 1989 年版，第 180—181 页。下同，略。

⑦ 《周书》卷四一《庾信传》，第 734 页。

在诗歌创作蓬勃发展的同时，骈文与散文的写作也日臻成熟。东晋南朝时期，文人们追求辞藻的优美，讲究排偶的华丽，即使表章书启、应用之文，也喜欢用骈文，更推动了骈文的发展，鲍照的《芜城赋》、孔稚珪的《北山移文》、丘迟的《与陈伯之书》、江淹的《别赋》和《恨赋》，都是脍炙人口的作品。散文作品，以陶渊明的《五柳先生传》《桃花源记》为上品。梁代陶弘景的《答谢中书书》、吴均的《与朱元思书》（朱，一作宋），虽用骈体，但对江南山水的描写，清丽简练，其中直叙白描的散行句子很多，实际上是骈散相兼。姚察、姚思廉父子采用散文撰写史论，改变了当时史书用骈文写论赞的做法，开了唐代古文运动的先河。

在南北对峙的情况下，南朝的散文作品，对北朝的作品也产生过影响。如北魏郦道元的《水经注》，对长江三峡风光的描写，便是利用南方文学家的游记、地记。正因为有庾仲雍的《江记》、袁山松的《宜都记》等书，郦道元才把未曾亲眼见过的三峡景色，描述得如此富有诗意。

小说在东晋南朝时期也有重大发展。在佛道二教的影响下，记述神仙鬼怪的志怪小说兴起，名作有东晋王嘉的《拾遗记》①，干宝的《搜神记》、托名陶潜的《搜神后记》，刘宋王琰的《冥祥记》、刘敬叔的《异苑》、刘义庆的《幽明录》，东阳无疑的《齐谐记》，梁吴均的《续齐谐记》等。其中故事大多采自民间传说，往往是借助神怪题材，反映人们的愿望，充满神异色彩。

逸事小说记载文人嘉言、名人逸事，具有一定的史料价值。名作有东晋裴启的《语林》、郭澄之的《郭子》，宋临川王刘义庆的《世说新语》，梁沈约的《俗说》、殷芸的《小说》等。比较完整流传至今的是《世说新语》。

《世说新语》共 36 篇，分为德行、言语、政事、文学、方正、雅量、识鉴、赏誉、品藻、排调、任诞等各种篇目，记载汉末到东晋的轶事和言谈，对魏晋的玄学清谈之风及名士风度做了较真实的记载。其中许多材料，如石崇奢侈、新亭对泣、殷浩书空、谢万兵败等，被唐修《晋书》所采用。梁刘孝标为此书所作的注，引援详确，史料价值尤高。刘知几称“孝标善于攻缪，博而且精”②，其注常为历史考证家所引用。

随着文学创作的蓬勃发展，文学理论也出现了兴盛的局面。刘勰的《文心雕龙》和钟嵘的《诗品》是这方面的代表作。

刘勰是北方南渡人士之后，世居京口（今江苏镇江）。他好学而家贫，投依沙门僧祐，通晓佛教经论，同时又崇尚儒学。梁天监中，曾任东宫通事舍人，晚年出家为僧，改名慧

① 传本《拾遗记》已经梁萧绮整理。

② 《史通》卷五《补注》，浦起龙：《史通通释》，第 133 页。

地。《文心雕龙》完成于南齐末年。全书 10 卷，50 篇，分上下两编。上编论述文学的基本原理和各种文体的源流演变，下编则为创作论、批评论和统摄全书的“序志”。刘勰写此书的直接动机，是有感于当时文坛上“辞人爱奇，言贵浮诡”①“未能振叶以寻根，观澜而索源”②，他想通过此书建立正确的文学准则，以纠正时弊。其主要成就，一是他以历史的观点阐明了特定社会环境对于一个时代文学风气的重大影响，提出了“文变染乎世情，兴废系于时序，原始以要终，虽百代可知”③的著名论点，强调从文学以外的历史现实变化中来理解文学的变化。他系统讨论了历代文风的先后继承和变革的关系，指出文学的历史发展的规律是“参伍因革”④，每一个时代的文学对于前一个时代的文学都有所继承和创新。有创新，文学才能发展。二是刘勰比较全面地说明了文学内容和形式的关系，他说：“情者文之经，辞者理之纬；经正而后纬成，理定而后辞畅：此立文之本源也。”⑤强调思想内容决定形式。同时他也看到二者是不可分割的，主张文质相称，华实相符。关于文学的本源和准则，他指出“文源于道”。所谓“道”，就是“自然之道”⑥，艺术美应该是自然美的反映。《文心雕龙》对创作的各个环节进行了总结，从构思过程、写作技巧、篇章剪裁、声律安排、字句锤炼，乃至比兴、夸张等，都做了精辟的论述。所以，它是一部体大思精的文学批评巨著，说明我国古代的文学理论在南朝时期的长江流域已走向成熟。

**刘勰塑像**

《诗品》是专门品评诗的著作。作者钟嵘是南渡士族之后，在齐、梁时做过参军、记室等小官，因仕途蹭蹬而精研文学。他觉得当时评诗没有一定的标准，因而写成《诗品》三

① 《文心雕龙·序志第五十》，周振甫著：《文心雕龙今译》，第 445 页。
② 《文心雕龙·序志第五十》，周振甫著：《文心雕龙今译》，第 446 页。
③ 《文心雕龙·时序第四十五》，周振甫著：《文心雕龙今译》，第 404 页。
④ 《文心雕龙·通变第二十九》，周振甫著：《文心雕龙今译》，第 272 页。
⑤ 《文心雕龙·情采第三十一》，周振甫著：《文心雕龙今译》，第 286 页。
⑥ 《文心雕龙·原道第一》，周振甫著：《文心雕龙今译》，第 10 页。

卷。其内容可分为两部分：第一是序文，阐述他的诗歌理论。他把诗歌创作的动因归结为四时景物的刺激与社会生活对诗人的感召，强调诗歌创作要“吟咏情性”，得“自然英旨”，反对过分讲究声律，“使文多拘忌，伤其真美”。第二是正文，把汉至梁的122位诗人及作品按上、中、下列为三品，计上品11人，中品39人，下品72人。这种分类分级品评的方法，显然是受《汉书·古今人表》及魏晋以来“九品中正”的影响。他对每个作家都加上扼要的评语，在上、中品里，兼叙每家诗体的本源。钟嵘所列之品，今天看来当然未必全妥，如他把曹操置于下品，陶渊明列于中品，未免是受当时世俗偏见的支配。但是，《诗品》毕竟开了中国诗歌评论史的先河。它也是这一时期长江文化史上的瑰宝，至今仍为人们所珍视。

文学理论的兴盛，提高了人们的文学鉴赏水平。文人们对于日益增多的文学作品，产生了编选的愿望。通过编选，有所去取，同样也能反映编者的文学观点。南朝时期选家所编的总集，以梁昭明太子萧统所编《文选》影响最为深远。

萧统信佛能文，颇具文学情趣。他主张文质并重，认为文章应“丽而不浮”“典而不野”。在《文选序》中，他谈到选文标准，认为经史诸子都以立意记事为本，不属词章之作，只有符合“事出于沈思，义归乎翰藻”的作品才能入选，可见他企图用文笔之辨来划分文学与非文学的界线。他把收集的诗文按文体分成赋、诗、表、启、赞、论、碑文、墓志、行状、祭文等39类，汇编为30卷。今本《文选》60卷，是唐李善重新编卷的。唐代科举应进士试者，必须熟读《文选》，足见此书影响之深远。今江苏常熟虞山有昭明太子墓，是长江流域重要的名胜古迹之一。

**(六)艺术文化的丰富多彩**

东晋南朝时期，长江流域音乐、舞蹈、杂技、绘画、雕塑和书法艺术都有很大的发展，出现了丰富多彩、争奇斗艳的新局面。这种艺术的新创造，从一定程度上说，也是南北文化交融的积极成果。

1. 音乐

我国古代的所谓“雅乐”，其声歌部分，其实就是《诗》三百篇。汉末“乐章亡缺，不可复知”。曹操夺取荆州，“获汉雅乐郎杜夔，能识旧法，以为军谋祭酒，使创定雅乐”。由杜夔传下来的雅乐，只有《鹿鸣》《驺虞》《伐檀》《文王》四曲还是“古声辞”①，其余都没有传下来，雅乐从此衰落下去。所谓“俗乐”，就是民间的音乐。两汉时的乐府，在六朝时有较大发展。西晋灭亡后，随着北人南迁，东晋在江南创建以后，南方的声歌发展起来。源于汉代的

① 《晋书》卷二二《乐志上》，第684页。

《相和歌》，到南朝时发展形成《清商乐》。《清商乐》继承了《相和歌》的乐律，瑟调以宫为主，清调以商为主，平调以角为主，故称“清商三调”。东晋南朝盛极一时的清商曲与辞，最早是从曹魏时铜雀台艺伎表演的音乐舞蹈发展而来的。《南齐书·王僧虔传》说：“今之‘清商’，实由铜爵（雀），三祖风流，遗音盈耳，京、洛相高，江左弥贵。”《旧唐书·音乐志》也说：“清乐者，南朝旧乐也。永嘉之乱，五都沦覆，遗声旧制，散落江左。宋、梁之间，南朝文物，号为最盛；人谣国俗，亦世有新声。后魏孝文、宣武，用师淮、汉，收其所获南音，谓之《清商乐》。隋平陈，因置清商署，总谓之《清乐》。”可见《清商乐》是在“中朝旧曲”传入江南，与“南音”相结合，再经乐府采集整理加工而广泛流传开来的。南方民歌，主要是吴歌和西曲。吴歌流传于以建康为中心的长江下游地区，西曲流传于以荆、襄为中心的长江中游地区。南方民歌以歌颂爱情为主，婉转缠绵，清丽柔美，其特点是“杂用吴、楚之音”①，由于它来自民间，充满生活气息，终于成为这一时期音乐的主流。

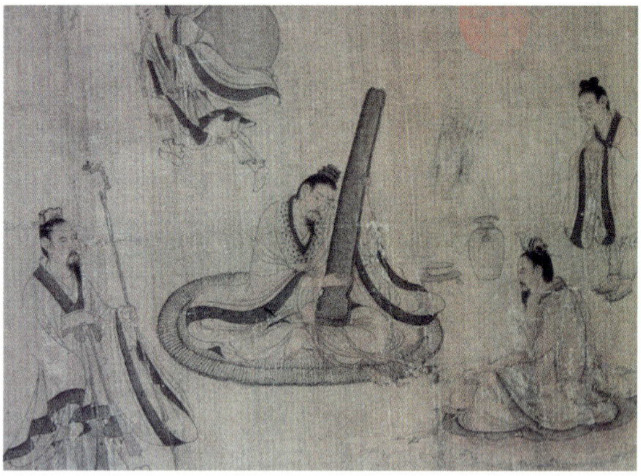

《清商乐》中乐器表演的情景

《宋书·乐志》中保存了许多有关音乐的资料。据沈约记载，《清商乐》中的“吴歌杂曲，并出江东，晋、宋以来，稍有增广”。如《子夜歌》乃晋“女子名子夜，造此声。声过哀苦”，反映了被压迫被欺凌的女子的心声。《前溪歌》“乃晋车骑将军沈充所制”。歌辞云：“忧思出门倚，逢郎前溪渡。莫作流水心，引新都舍故。”反映了女子失恋与被遗弃的苦闷。《团扇歌》是因“晋中书令王珉与嫂婢有情，爱好甚笃，嫂捶挞婢过苦”，婢素来善于唱歌，而珉好捉白团扇，所以才制作了这首歌曲，以诉说男女之间因地位不同，爱情难以实现的苦衷②。这些歌曲，都是东晋时代新创作的。南朝时代新创作的歌曲中，有不少吸收了“西曲”，即“荆楚西声”的长处，如《乌夜啼》《石城乐》《莫愁乐》《襄阳乐》等，也均与长江

① 《旧唐书》卷二八《音乐志一》，中华书局 1975 年版，第 1041 页。下同，略。
② 《宋书》卷一九《乐志一》，第 549—550 页。

流域的民间生活风情息息相关。还有些歌曲是从汉乐府旧曲改编而来，如《凤将雏歌》，便是由《陌上桑》“讹变”而来。《懊侬歌》则由西晋石崇所藏名妓绿珠首创，到东晋隆安年间，民间又将它重新改编。南朝后期的《清商乐》中，也不乏宫廷文人的作品，如《玉树后庭花》等，就是陈后主时所作。这些宫廷文人的作品，虽绮艳华丽，但已失去了民间音乐清新健康的真情实感。

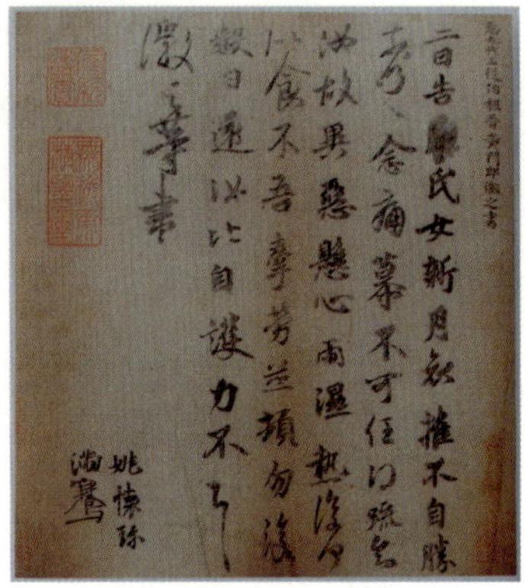

东晋王徽之《新月帖》

音乐活动，既有自娱自乐的作用，又有娱乐他人的功能。六朝时期，士人放达，多有技艺，不少人具有音乐才能，他们往往自弹自唱，借以娱乐身心。东晋雕塑家戴逵，字安道，“能鼓琴，工书画”“性不乐当世，常以琴书自娱”。太宰、武陵王司马晞“闻其善鼓琴，使人召之”。戴逵面对使者，把琴打破，说：“戴安道不为王门伶人！”司马晞虽然十分生气，却也无可奈何，“乃更引其兄述。述闻命欣然，拥琴而往”①。戴述可能是年龄较长，老于世故，为避免给其弟带来麻烦，才欣然前往。相比而言，桓伊则比较豁达。他在淝水之战中功勋卓著，“进号右军将军”。史载：“伊性谦素，虽有大功，而始终不替。善音乐，尽一时之妙，为江左第一。有蔡邕柯亭笛，常自吹之。王徽之赴召京师，泊舟青溪侧。素不与徽之相识。伊于岸上过，船中客称伊小字曰：‘此桓野王也。’徽之便令人谓伊曰：‘闻君善吹笛，试为我一奏。’伊是时已显贵，素闻徽之名，便下车，踞胡床，为作三调，弄毕，便上车去，客主不交一言。”②桓伊为王徽之吹奏的这首笛曲，就是他自己创作的《梅花三弄》。此曲以梅花的芬芳耐寒来比喻人的品质高洁，一直流传至今，是我国古典乐曲中的精品。以音乐自娱娱人，在南朝士人中依然盛行。刘宋史学家范晔“善弹琵琶，能为新声，上欲闻之，屡讽以微旨，晔伪若不晓，终不肯为上弹。上尝宴饮欢适，谓晔曰：‘我欲歌，卿可弹。’晔乃奉旨。上歌既毕，晔亦止弦”③。范晔不肯单独为皇帝弹奏琵琶，只有在君臣共同参与的情况下才进行演奏。在他看来，音乐活动中的自娱与娱人，应该是平等的。从范晔对音乐的态度可以看出他的人品。南朝宋齐之间，士族褚渊“涉猎谈议，善弹琵琶”。齐武帝萧赜为太子时，曾“赐渊金镂柄银柱琵琶”④。如此贵重的琵琶，只有皇室与高门士族才能使用，与艺术水平的高低恐怕并无直接关系。南齐的柳世隆，出身将门，“少立功名，晚专以谈义自业。善弹琴”。他弹琴的指法独特，“世称柳公双琐，为士品第

① 《晋书》卷九四《隐逸·戴逵传》，第 2457 页。

② 《晋书》卷八一《桓宣传附桓伊传》，第 2118 页。

③ 《宋书》卷六九《范晔传》，第 1820 页。

④ 《南齐书》卷二三《褚渊传》，第 429 页。

一。常自云马稍第一，清谈第二，弹琴第三。在朝不干世务，垂帘鼓琴，风韵清远，甚获世誉”①。柳世隆的儿子柳恽，继承了父亲的“双琐”指法，并向同时代的弹琴高手嵇元荣、羊盖等人学习，加以创新，兼采众长而自成风格。齐竟陵王萧子良曾听过他的演奏，称赞他的成就已超过嵇、羊等人，不仅当世称奇，还可和古人比美。梁朝时，柳恽曾与沈约共定新律。南朝梁代宫人中，有一位出色的女歌手。她就是王金珠，不仅容貌美丽，歌喉绝妙，还善于创作新歌。南朝乐府《吴声歌曲》中的《上声》《欢闻》《欢闻变》《阿子》《丁督护》《团扇郎》等六首曲子，就是她创作的。

六朝时期，音乐受民族融合的影响，呈现出多样化的特点。其表现大致有三个方面：一是演唱形式多样，演唱与伴奏技巧有很大进步。汉世的《但歌》，“无弦节，作伎，最先一人倡，三人和”，没有乐器伴奏。《相和歌》，亦为汉之旧歌，以“丝竹更相和，执节者歌”②而得名。史载：“魏、晋之世，有孙氏善弘旧曲，宋识善击节倡和，陈左善清哥，列和善吹笛，郝索善弹筝，朱生善琵琶，尤发新声。”③这六位歌手和乐师各有所长，有的善于据旧曲填新词，有的善于领唱，有的善于独唱，有的擅长于演奏某种乐器，还能互相配合演出各种节目。说明在演唱与伴奏的技巧方面，东晋南朝时有很大发展。二是乐器品种的增加，与演唱形式的多样化有关。据《宋书·乐志一》记载，六朝乐器已有“八音”之分，分别为金、石、土、革、丝、木、匏、竹，这是按制作乐器的材料不同来划分的。《隋书·音乐志》记载的《清乐》乐器，已有钟、磬、琴、瑟、击琴、琵琶、箜篌、筑、筝、节鼓、笙、笛、箫、篪、埙等15种。三是音乐内容的丰富。六朝时期，伴随着外来僧侣的大量东来，印度的佛教音乐开始传入中国。相传中国式的佛曲，始于曹植的创作。据《法苑珠林》卷三六《呗赞篇·音乐部》记载，曹植在游渔山时，忽然听到空中传来梵天的音响，清雅哀婉，动人心弦，于是模仿其音，写成“梵呗”。按照天竺风俗，僧人唱呗，歌咏法言，有管弦乐器伴奏。南齐竟陵王萧子良，曾“招致名僧，讲语佛法，造经呗新声，道俗之盛，江左未有也”④。梁武帝萧衍不仅精通音律，而且笃信佛教。他创作的梵呗新腔《善哉》《天道》《仙道》《神王》等，已融合了清商大曲中“吴歌”的特色。

隋文帝平陈后，大量《清商乐》曲传到北方，被隋文帝称为“华，夏正声”⑤。唐朝建立后，南北音乐进一步会合交融。史载祖孝孙上奏：“陈、梁旧乐，杂用吴、楚之音；周、齐旧

① 《南齐书》卷二四《柳世隆传》，第452页。
② 《宋书》卷二一《乐志三》，第603页。
③ 《宋书》卷一九《乐志一》，第559页。
④ 《南齐书》卷四〇《武十七王·竟陵王子良传》，第698页。
⑤ 《隋书》卷一五《音乐志下》，第377页。

乐，多涉胡戎之伎。于是斟酌南北，考以古音，作为大唐雅乐。”[①]可见唐代的所谓“雅乐”实际上是在兼采“吴楚之音”与“胡戎之伎”的基础上发展起来的。随着国家统一，政治上南北对峙的结束，长江流域的民间音乐，与北方少数民族的音乐，终于一起登上了大雅之堂。

2. 舞蹈

两汉时民间歌舞成风，六朝时仍然继承了这一传统。沈约《宋书》卷九二《良吏传序》描述刘宋元嘉之治，说：“凡百户之乡，有市之邑，歌谣舞蹈，触处成群。”萧子显《南齐书》卷五三《良政传序》也说齐武帝永明年间：“都邑之盛，士女富逸，歌声舞节，袨服华妆，桃花绿水之间，秋月春风之下，盖以百数。”民歌本来就是用来入曲歌唱的，在劳动间隙、酒宴欢会之中，或男女青年约会之时，都可以听到悠扬的歌声。舞蹈与音乐有着密切的联系。《宋书・乐志一》载：“前世乐饮，酒酣，必起自舞……魏、晋已来，尤重以舞相属……近世以来，此风绝矣。”从沈约的记载可以看出，我国古代有一种饮者自舞的风气。所谓“以舞相属”，即一人舞毕，传给另一人，再由另一人将舞步传递他人，连续进行。这种自我娱乐的方式，至迟保存到南朝萧梁以前。

史载东晋谢尚善跳《鸲鹆舞》，到王导家做客，王导请他即兴表演，他“便著衣而舞。导令坐者抚掌击节，尚俯仰在中，傍若无人”[②]。谢安亦曾起“舞以属桓嗣”[③]。晋孝武帝召桓伊饮宴，谢安侍坐，桓伊曾抚筝而歌《怨诗》，“声节慷慨，俯仰可观”[④]。南齐高帝萧道成，“曲宴群臣数人，各使效伎艺，褚渊弹琵琶，王僧虔弹琴，沈文季歌《子夜》，张敬儿舞，王敬则拍张”[⑤]。光着身子“拍张”，原是民间健身舞。王敬则出身寒人，因“好刀剑”“善拍张”[⑥]而得到萧道成的赏识。

自我娱乐的舞者，后来逐渐为专职的舞伎所代替。饮酒者自己不再起舞，而是坐在那里欣赏舞蹈。这种舞蹈专业化的趋势，在南朝时逐渐形成。当时蓄伎之风盛行，富贵之家，歌舞之声不绝。承担歌舞表演与创作的主要角色已是专业伎人，在这些伎人中，有不少出色的艺术家。南朝的舞蹈，上承两汉魏晋，又吸收了长江流域吴舞及西、伧、羌、胡诸蛮夷杂舞的特点，形成了与北方不同的风格。南方更多地继承了华夏旧有的舞蹈，北方则带有明显的胡汉融合的色彩。

---

① 《旧唐书》卷二八《音乐志一》，第 1041 页。
② 《晋书》卷七九《谢尚传》，第 2069 页。
③ 《宋书》卷一九《乐志一》，第 552 页。
④ 《晋书》卷八一《桓宣传附族子伊传》，第 2119 页。
⑤ 《南齐书》卷二三《王俭传》，第 435 页。
⑥ 《南史》卷四五《王敬则传》，第 1127 页。

东晋南朝时期，长江流域流行的舞蹈主要有《鞞舞》《铎舞》《巾舞》《拂舞》《白纻舞》《杯盘舞》及西、伧、羌、胡诸杂舞。

《鞞舞》，是由古代长江流域巴渝地区的少数民族板楯蛮的《巴渝》舞发展而来，后来逐渐传入内地。鞞是一种有柄的小鼓。舞者一边手摇小鼓、一边舞蹈。舞者 16 人，手执鼓鼙而舞。东晋桓玄时，格局扩大，增至 64 人。南朝时，舞具发生变化，由执扇而舞代替执鼓而舞，又称《鞞扇舞》，再简称为《扇舞》，逐渐成为南方的一种流行舞蹈。

《铎舞》，是与《鞞舞》相配合的一种舞蹈。中国古代以击鼓和鸣金来指挥军队进退，这两种舞蹈同时表演，是军旅生活在文娱活动中的再现。

《巾舞》，相传是由汉代的《公莫舞》发展而来，以巾象征项伯之衣袖，源出鸿门宴项庄舞剑，项伯以衣袖相隔的故事。“公莫”，是说您莫害沛公。南朝梁代以前，由 16 人一起表演。梁代起改为 8 人。

《拂舞》与《白纻舞》均起源于东吴。前者持拂，后者持巾，是典型的江南舞蹈。长袖飘逸是白纻舞的特点，舞服原用白纻做成，传入宫廷后改用更柔和的丝织品制造。《宋书·乐志一》云：“纻本吴地所出，宜是吴舞也。晋《俳歌》又云：‘皎皎白绪，节节为双。’吴音呼绪为纻，疑白纻即白绪。”南朝齐、梁间，《白纻舞》由独舞发展为四人舞。由四位舞女分别担任《春白纻》《夏白纻》《秋白纻》《冬白纻》。如果是五女合舞，则增《夜白纻》。《宋书·乐志四》载有《白纻舞》歌诗三篇。梁朝诗人沈约撰有《四时白纻歌》五首，这五首歌的歌词均为七言，前四句各不相同，如《春白纻》：“兰叶参差桃半红，飞芳舞縠戏春风。如娇如怨状不同，含笑流眄满堂中。”《夏白纻》：“朱光灼烁照佳人，含情送意遥相亲。嫣然一转乱心神，非子之故欲谁因。”《秋白纻》：“白露欲凝草已黄，金管玉柱响洞房。双心一影俱回翔，吐情寄君君莫忘。”《冬白纻》：“寒闺昼密罗幌垂，婉容丽色心相知。双去双还誓不移，长袖拂面为君施。”《夜白纻》：“秦筝齐瑟燕赵女，一朝得意心相许。明月如规方袭予，夜长未央歌白纻。”这些歌词都以爱情为主题，带有浓厚的民歌色彩。后四句则完全相同，都是“翡翠群飞飞不息，愿在云间长比翼。佩服瑶草驻容色，舜日尧年欢无极”①。显然是文人的加工，是民歌传入宫廷后添加的歌功颂德之词。此时的《白纻舞》已不是独舞，而是有数位表演者穿着不同的服饰，扮演不同的角色，互相配合的一种集体歌舞。歌词的不同部分是不同扮演者的独唱，相同部分则是合唱，也是乐曲的和声部分。舞女们一边吟唱，一边向客人劝酒。舞蹈者手不出袖，或微掩面部，半遮娇态，或急速飞袖，流目送笑。这种轻歌曼舞的舞蹈，代表了江南舞蹈的风格。

《杯盘舞》是在汉代盘舞的基础上发展起来，类似杂技表演。《宋书·乐志一》云：“晋

① 逯钦立辑校：《先秦汉魏晋南北朝诗》，中华书局 1983 年版，第 1626—1627 页。

初有杯盘舞……皆以七盘为舞也。《搜神记》云：'晋太康中，天下为《晋世宁舞》，矜手以接杯盘反覆之。'此则汉世唯有盘舞，而晋加之以杯，反覆之也。"舞蹈者将杯置于盘中，杯盘反覆，即使手掌向下，杯盘也不掉下来。这种舞蹈，刚柔相济，美感丰富。舞蹈者要保持高雅的舞姿，又必须注意眼神与掌握平衡。杂技节目转碟，就是由此发展而来。

六朝时期，西域歌舞不仅在北方广为传播，而且越过长江，流传到江南地区。西、伧、羌、胡诸杂舞，南朝初流行于长江中游一带。刘宋时随王刘诞在襄阳，沈攸之在荆州任刺史时，都曾将这些少数民族的乐舞列于乐官。萧齐时，苍梧王"与左右作羌胡伎为乐"①。郁林王萧昭业"尝列胡妓二部夹阁迎奏"②。东昏侯萧宝卷也曾在宫中"奏鼓吹羌胡伎，鼓角横吹"③。陈朝时，司空章昭达"每饮会，必盛设女伎杂乐，备尽羌胡之声"④来助兴。陈后主叔宝，还曾派宫女学习北方箫鼓。说明这一时期上述少数民族乐舞已传到长江下游的建康，并进入宫廷与达官贵人之家。

3. 杂技

杂技是一门综合性的表演艺术，隋朝以前称为"百戏"。南北朝时期杂技演出时已普遍配有"俳优歌舞杂奏"，所以到隋朝又被称为"散乐"。史载隋大业二年(606 年)"总追四方散乐，大集东都"⑤，盛况空前。这是南北统一后在洛阳举行的一次杂技大会演。

东晋南朝时期，长江流域流行的杂技节目很多。据东晋葛洪《抱朴子·辨问篇》记载，有逾锋投狭、跳丸弄剑、履絙登幢、擿盘缘案。按：投狭，汉代叫"冲狭"，又称"燕戏"，类似今日之钻圈。表演这一节目时，卷簟席以矛或刀插其中，艺人以身投，从中跃过，胸膛挨近矛头或刀尖而不受伤，好像燕子从水面掠过而不沾湿羽毛，动作惊险优美。《宋书·刘义恭传》称之为"透狭"。梁代的《透二峡伎》，唐代的《透飞梯》《透剑门伎》，都是由这类节目发展而来。今天杂技中的钻火圈也属于这一类。跳丸就是弄铃，它往往与弄剑同时表演。艺人将铃丸与小剑向空中掷耍，数目不一，抛接自如，而无失手。履絙，又被称为"高絙"，是从汉代传下来的一种绳伎，表演时"以两大丝绳系两柱头，相去数丈，两倡女对舞，行于绳上，相逢切肩而不倾"⑥。这种"走索上而相逢"⑦的绳伎类似今日杂技节目中的走钢丝。擿盘即掷盘，据周一良考证，"当即七盘之戏"⑧，也就是《杯盘舞》。缘案，《宋

① 《南齐书》卷一《高帝本纪上》，第 10 页。
② 《南齐书》卷四《郁林王纪》，第 73 页。
③ 《南齐书》卷七《东昏侯本纪》，第 103 页。
④ 《陈书》卷一一《章昭达传》，第 184 页。
⑤ 《隋书》卷一五《音乐志下》，第 381 页。
⑥ 《宋书》卷一九《乐志一》，第 546 页。
⑦ 〔东汉〕张衡：《西京赋》，《文选》卷二，第 75 页。
⑧ 周一良：《魏晋南北朝史札记》，中华书局 1985 年版，第 185 页。下同，略。

书·刘义恭传》称之为“升五案”，是指叠案而升，进行表演。《太平御览》卷五六九引《梁元帝纂要》及《邺中记》均称之为“安息五案”。这种技艺可能是从安息传入，当时南方与北方都有演出。梁代称之为《五案幢伎》，用五张桌子，按不同角度叠起来，人倒立在上面表演。后来为了轻便，又将桌子改为椅子，就是今天的椅技表演。

沈约《宋书·乐志一》云：“魏晋迄江左，犹有《夏育扛鼎》《巨象行乳》《神龟抃舞》《背负灵岳》《桂树白雪》《画地成川》之乐焉。”按：夏育，相传是春秋时代卫国的大力士，能力举千钧，曾以举鼎闻名于世。这种举重表演，南朝梁时称为“舞轮伎”，隋唐时叫“戏车轮”，已发展为“取车轮、石臼、大瓮器等，各于掌上而跳弄之”①。这就不仅要有力气，还要有技巧才能完成。《巨象行乳》，是由汉代的“白象行孕”演变而来。驯象原是驯动物的一种表演。这是一头怀孕的白象，垂鼻回旋曲折样进行表演。两汉以来，舞象之戏，盛行不衰。《三国志·吴书·贺齐传》云：“权出祖道，作乐舞象”，以象踏节起舞，是南方的风尚。后来因象不易得到，表演时便由两名演员合作，穿上模拟的服装，装扮成巨象，一边行走，一边产下一头小象，作哺乳状。吃奶的小象也是由演员扮演的。《神龟抃舞》《背负灵岳》《桂树白雪》《画地成川》，是一种大型幻术与杂技的连续表演。其具体情景，据张衡《西京赋》描绘，是：一辆大车装饰成鳌山，下有神龟在鼓掌舞蹈，龟背上驮着一座灵山。演员们化了装，戴着龙、豹、熊等各种动物的假面在演奏乐器，跳舞歌唱。女演员饰女神娥皇女英坐在席上引吭高歌，指挥者身披羽毛服装站着打着节拍。曲近尾声，云起雪飞，桂树上挂满了白雪。突然转石成雷，雷声霹雳，一条大鱼从川中跃起，变成一条游龙。如此变幻莫测的情景，是靠灯光、布景及各种幻术、技艺而演变出来的。除这种大型幻术外，还有小型的幻术，如《东海黄公》。这是由古代人与虎相搏的故事发展而来的竞技节目。葛洪《西京杂记》卷三“篆术制蛇御虎”条云：“余所知有鞠道龙善为幻术，向余说古时事：有东海人黄公，少时为术，能制龙御虎，佩赤金刀，以绛缯束发，立兴云雾，坐成山河。及衰老，气力羸惫，饮酒过度，不能复行其术。秦末，有白虎见于东海，黄公乃以赤刀往厌之。术既不行，遂为虎所杀。三辅人俗用以为戏，汉帝亦取以为角抵之戏焉。”②干宝《搜神记》卷二亦载此事，而词句略有不同。这个节目属于“角抵之戏”，从汉代一直保存到六朝。演出时由一名演员扮黄公，一名演员假扮白虎，最后黄公因饮酒过度而被“白虎”伤害，亦颇具戏剧性和教育意义。另一类是从西域传来的幻术。《搜神记》卷二载：“晋永嘉中，有天竺胡人，来渡江南。其人有数术，能断舌复续、吐火，所在人士聚观。将断时，先以舌吐示宾客，然后刀截，血流覆地。乃取置器中，传以示人。视之，舌头半舌犹在。既而还，取含

① 《隋书》卷一五《音乐志下》，第 381 页。

② 〔晋〕葛洪：《西京杂记》卷三，中华书局 1985 年版，第 16 页。下同，略。

续之,坐有顷,坐人见舌则如故,不知其实断否。其续断,取绢布,与人各执一头,对剪,中断之。已而取两断合视,绢布还连续,无异故体。时人多疑以为幻,阴乃试之,真断绢也。其吐火,先有药在器中,取火一片,与黍糖合之,再三吹呼,已而张口,火满口中,因就爇取以炊,则火也。又取书纸及绳缕之属投火中,众共视之,见其烧爇了尽。乃拨灰中,举而出之,故向物也。"①稽之史籍,《晋书》卷九四《隐逸·夏统传》亦载女巫"拔刀破舌,吞刀吐火"事,可见晋初中原地区已流行此等幻术。《搜神记》云晋永嘉中传入江南,是可信的。

缘竿,又称橦伎,是我国杂技中的一个古老节目。唐杜佑云:"梁有猕猴橦伎,今有缘竿伎,又有猕猴缘竿伎,未审何者为是。"②可见梁朝时橦伎尚是一种统称,唐代分别为两个名称,才将动物表演与人的表演严格区分开来。但晋傅玄《猿猴赋》云:"戴以赤帻,袜以朱巾。先装其面,又丹其唇。"③可见晋代的猴戏,已是由人穿戴道具而表演的。梁代的猕猴橦伎也有可能是艺人模仿猕猴之形而作的缘竿表演。橦伎在东晋南朝时有很大发展。淝水之战后,关中的"担橦"表演传到东南。南齐东昏侯萧宝卷喜欢演杂技,他"有臂力,能担白虎橦,自制杂色锦伎衣,缀以金花玉镜众宝,逞诸意态"④,并反复练习,创造出了"齿上担之"⑤的《啄木橦伎》。橦木担在肩上,或顶在齿上,缘竿者缘橦而上做各种表演,上下翩翻,难度是很大的。担橦之人不仅要有过人的体力及平衡的技巧,还需与橦上的演员配合默契才行。

马戏、高跷、跂行、舞龙灯、狮子舞等杂技娱乐活动在东晋南朝时期也极为流行。按:马戏,是艺人站在马上做各种动作,表演者需穿紧身衣裤。南齐东昏侯萧宝卷对马戏很有兴趣。他"日夜于后堂戏马,鼓噪为乐。合夕,便击金鼓吹角,令左右数百人叫,杂以羌胡横吹诸伎"。拜潘氏为贵妃时,他"骑马从后。著织成裤褶,金薄帽,执七宝缚矟"⑥,装扮得像一名杂技演员。高跷,六朝时称作长跷。《宋书·刘义恭传》有"长跷"的记载。《旧唐书·音乐志二》亦载:梁有《长跷伎》。跂行,是连续翻筋斗并用手来走路的一种杂技表演。《宋书·乐志一》有《跂行》,并载晋成帝咸康七年(341 年)顾臻表文,称之为"逆行连倒,头足入筥之属"。按:"跂"通"蚑",本指虫爬行貌。晋成公绥《天地赋》云:"蚑行蠕动,方聚类分,鳞殊族别,羽毛异群。"⑦可见跂行是人模仿动物而作的一种柔软的艺伎表演。人体倒立、用手走路的跂行,与反腰贴地衔玉的腰功表演,更能代表南方的特色。

① 〔晋〕干宝:《搜神记》卷二"天竺胡人"条,中华书局 1979 年版,第 23 页。
② 〔唐〕杜佑:《通典》卷一四六《乐六》,岳麓书社 1995 年版,第 1066 页。
③ 《艺文类聚》卷九五《兽部下·猿》引,上海古籍出版社 1999 年版,第 1652 页。
④ 《南齐书》卷七《东昏侯本纪》,第 104 页。
⑤ 《南史》卷五《齐废帝东昏侯纪》,第 151 页。
⑥ 《南史》卷五《齐废帝东昏侯纪》,第 152 页。
⑦ 《晋书》卷九二《文苑·成公绥传》,第 2372 页。

史载南朝梁人羊侃家伎孙荆玉善舞，腰肢非常柔软，“能反腰贴地，衔得席上玉簪”，这简直是柔术表演。羊侃家还有一位舞伎张净琬，体态轻盈，“腰围一尺六寸，时人咸推能掌中舞”①。她们已经把舞蹈与杂技艺术巧妙地结合在一起了。舞龙灯、狮子舞起源于汉代元旦灯节游戏中的鱼龙曼延，六朝时保存下来，是鱼龙与曼延两个节目的合称。《宋书·乐志一》载：“后汉正月旦，天子临德阳殿受朝贺，舍利从西方来，戏于殿前，激水化成比目鱼，跳跃嗽水，作雾翳日；毕，又化成黄龙，长八九丈，出水游戏，炫耀日光。”按：“舍利”是兽名，由西域传来，出于梵文音译。春节期间的舞龙灯、狮子舞，便是这类节目的遗存。

4. 绘画与雕塑

东晋南朝时期，长江流域崛起了一批画家。这一时期，人物画、山水画、花鸟画及绘画理论的发展，标志着我国绘画艺术的日趋成熟。与此同时，雕塑艺术也取得了一定成就。

东晋时，戴逵既善绘画，又善雕塑。他本是谯郡铚（今安徽宿县西南）人，后徙居会稽剡县，遂为剡县人。其人物画有《阿谷处女图》《孙绰高士图》《胡人献兽图》等，山水画有《吴中溪山邑居图》《南都赋图》。他的山水画极妙，真实反映了长江流域的秀美山水。相传范宣原不重画，“以为无用”，看了《南都赋图》，咨嗟不已，“甚以为有益，始重画”②。戴逵擅长雕塑佛像。他曾为会稽山阴灵宝寺作木雕无量寿佛一尊，于技艺精益求精，常潜坐帷中，密听众论褒贬，辄加详研，花了三年时间，这座木雕佛像才刻成。其子戴颙继承父业，是南朝时著名雕塑家。有一次建康瓦棺寺铸了丈六铜像，“既成，面恨瘦，工人不能治，乃迎颙看之。颙曰：‘非面瘦，乃臂胛肥耳。既错减臂胛，瘦患即除，无不叹服”③。可见戴颙对造像艺术很有研究。

王廙，出于南渡高门士族琅邪王氏，又为晋元帝姨弟。他善书画，人物鸟兽鱼龙靡不精妙，画有《异兽图》《狮子击象图》《鱼龙戏水绢图》。晋元帝之子明帝司马绍，也善画人物、佛像。

东晋画家中成就最高的，是晋陵无锡人顾恺之。史称他“尤善丹青，图写特妙。谢安深重之，以为有苍生以来未之有也。恺之每画人成，或数年不点目睛，人问其故，答曰：‘四体妍蚩，本无关于妙处，传神写照，正在阿堵中。’”说明他画人物注重点睛传神。他还重视意境的刻画与环境的烘托。画嵇康时，他常说：“手挥五弦易，目送归鸿难。”画裴楷时，“颊上加三毛，观者觉神明殊胜”。他为谢鲲画像，人画在岩石中，说：“此子宜置丘壑中。”他要给殷仲堪画像，“仲堪有目病，固辞”。他说：“明府正为眼耳，若明点瞳子，飞白

① 《梁书》卷三九《羊侃传》，第561页。

② 《世说新语·巧艺第二十一》，徐震堮：《世说新语校笺》，第386页。

③ 《宋书》卷九三《隐逸·戴颙传》，第2277页。

拂上，使如轻云之蔽月，岂不美乎!”果然效果很好。“俗传恺之有三绝：才绝、画绝、痴绝”①。他热爱绘画，确实到了如痴如醉的程度。顾恺之的人物画，最有名的是表现妇女形象的《女史箴图》和《洛神赋图》，山水画有《雪霁望五老峰图》《庐山图》，花鸟画有《鹅鹄图》《笋图》《凫雁水鸟图》《水雁图》等。

东晋顾恺之《列女图》中贵妇梳头化妆的场景

顾恺之像

顾恺之《列女图》局部

顾恺之《洛神赋图》1

① 《晋书》卷九二《文苑·顾恺之传》，第2406页。

第四章 南北对峙与文化交融

顾恺之《洛神赋图》2

顾恺之《洛神赋图》3

顾恺之《洛神赋图》4

顾恺之《洛神赋图》5

顾恺之《洛神赋图》6

南朝时期，长江流域画家辈出。吴人陆探微，曾充宋明帝侍从，善画肖像，用笔有力，线条劲健。他又能画山水草木，谢赫在《古画品录》中，将他列为第一品第一人，有“包前孕后，古今独立”①之称。其子陆绥善画佛像。刘宋画家，还有宗炳善画山水，他“好山水，爱远游，西陟荆、巫，南登衡岳”，后来因病还江陵，“凡所游履，皆图之于室”②。他画了大量山水画，并写了《画山水序》，对山水画的理论进行了探讨。顾景秀擅长画蝉雀，曾画《蝉雀扇》《鹦鹉扇》《蝉雀麻纸图》《瀏鶒图》等。他在花鸟画方面有所创造，唐张彦远《历代名画记》卷六评论说：“始变古体，创为今范，赋彩制形，皆有新意。扇画蝉雀，自景秀始也。”③谢庄善画地图，曾“制木方丈，图山川土地各有分理”④。

南齐之时，人物、山水、走兽、花鸟各种画竞相争妍。史载“毛惠远善画马，(刘)瑱善画妇人，并为当时第一”⑤。毛惠远之弟毛惠秀善绘佛像人物。宗测之孙宗炳继承祖业，亦善绘画，曾自绘阮籍像，又画永业寺佛影台。谢赫是南齐时著名的肖像画家，又是绘画理论家。所著《古画品录》，把魏晋迄于南齐的画家 27 人分成六品，加以评论，并提出气韵、骨法、应物、随类、经营、传移“六法”，作为绘画创作与评论的明确标准，对我国古代绘画的发展起了重要的指导作用。

梁朝画家以吴人张僧繇最为著名，他特别擅长画宗教人物和飞禽走兽，与顾恺之、陆探微并称六朝三大家。唐张怀瓘《画断》说：“像人之美，张得其肉，陆得其骨，顾得其神。”他的作品有《梁武帝像》《梁宫人射雉图》《吴王格虎图》《横泉斗龙图》《咏梅图》及佛教题材《维摩诘像》等。梁武帝醉心佛事，每修佛寺，常令张僧繇作壁画。相传张僧繇在建康一乘寺寺门遍画凹凸花，“其花乃天竺遗法，朱及青绿所成，远望眼晕如凹凸，就视即平，世咸异之，乃名凹凸寺”⑥。可见张僧繇作画时注意立体感，并善于吸收外来文化的长处。从此，我国绘画始有阴影法，这是他在绘画上的突出贡献。民间传说他曾为昆山华严寺画龙，每遇风雨，龙腾欲出，但添画 锁以钉固之。还传说镇江兴国寺常苦鸠鸽类秽污佛像，乃请他于壁上画一鹰一鹞，侧首怒目向檐外，由是杂鸟不敢入。这些传说虽然不等于史实，但张僧繇采用立体画法使所画形象逼真，却是可信的。梁朝画家，还有梁元帝萧绎善画人物，道教人物陶弘景善画山水。

陈朝画家，有吴人顾野王，善画古代人物，尤工草虫。

① 孟兆臣校释：《画品》，北方文艺出版社 2005 年版，第 32 页。下同，略。
② 《宋书》卷九三《隐逸・宗炳传》，第 2279 页。
③ 孟兆臣校释：《画品》，第 183 页。
④ 《宋书》卷八五《谢庄传》，第 2167 页。
⑤ 《南史》卷三九《刘劭传附刘瑱传》，第 1014 页。
⑥ 〔唐〕许嵩：《建康实录》卷一七《高祖武皇帝》，第 686 页。

南朝的画家多于北朝，佛教造像艺术则不如北朝发达。但南朝陵墓石刻气势雄伟，手法工整。陵墓地面的石雕天禄、麒麟、辟邪、神龟等富有神采，足与北朝佛教造像相颉颃。墓葬中出土的陶俑、石俑形象古朴、生动。墓室内的砖印壁画中的天文星宿、神仙灵异、故事传说、百戏乐舞、出行仪仗，内容丰富。尤其值得注意的是南京、丹阳等南朝大墓中多处发现《竹林七贤及荣启期》像，人物情态、服饰各不相同，气韵生动。相传江左画家戴逵、顾恺之、陆探微等，都画过“七贤”，今已失传。墓室壁画的发现，使我们可以了解江左画家笔下的“七贤”风貌①，亦可看出玄学在江南的影响之深。

南方的绘画与雕塑艺术对北方地区也有一定的影响。如河南邓县地区在南北朝时是双方军事上争夺的要地，邓县画像砖墓的形制结构和南朝墓基本相同。邓县画像砖中的人物、山石树木等形象，可以在东晋画家顾恺之所绘《洛神赋图》《女史箴图》等摹本中找到相同的形象，并可看出在艺术造型方面的继承关系。邓县墓中花砖上的装饰花纹主要是利用莲花、莲叶和缠枝卷叶的花草加以不同的组合和变化而成。其中以莲花为中心的莲纹大砖和南京新宁砖瓦厂 1 号墓出土的莲纹大砖中心的莲花图案，在作法和组织上完全相同，花纹砖边框上的图案也是一致的。邓县墓中出土陶俑体肥、凸腹，面带笑容，与南京六朝墓中出土的陶俑相似。邓县陶俑的制作方法是把头和身躯分别制造以后，再插合成为一个整体。这是南北朝时流行的制法，与南京北郊合班村六朝墓中出土的陶俑的制法一致②。但是，如果把邓县墓中的画像材料与当时北朝的材料比较，也能找出许多互相一致的标本。如邓县画像砖玄武图、麒麟图，与北魏元晖墓志上的玄武图、麒麟图相似。邓县画像砖人首怪鸟，与北魏元谧墓志上的人首怪鸟相似。邓县画像砖上树木图像，与敦煌第 285 窟西魏壁画树木画像相似。邓县画像砖中人物，与敦煌第 85 窟西魏壁画供养人相似。这些材料说明，北朝自魏孝文帝改革以来，在积极推行汉化和极力仿效南朝衣冠制度的同时，除了继承西晋以后在北方发展的文化艺术传统外，还更细致地学习了南朝的造型艺术、绘画技巧。因此，往往是同一种图像或技法先在南方流行，经过一定时期之后才能在北方盛行起来③。南北艺术文化的交融，是当时民族融合中的一个重要内容。

---

① 关于“竹林七贤及荣启期”砖印壁画所据摹本的作者问题，考古工作者在戴、顾、陆三人中尚有争议，参阅金维诺《我国古代杰出的雕塑家戴逵和戴颙》，载《人民日报》1961 年 5 月 24 日；林树中：《江苏丹阳南齐墓砖印壁画探讨》，载《文物》1977 年第 1 期；南京博物院：《试谈“竹林七贤及荣启期”砖印壁画问题》，载《文物》1980 年第 2 期。

② 李鉴昭：《南京北郊合班村六朝墓清理》，载《考古》1959 年第 4 期。

③ 柳涵：《邓县画像砖墓的时代和研究》，载《考古》1959 年第 5 期；河南省文化局文物工作队：《邓县彩色画像砖墓》，文物出版社 1958 年版。

南朝梁慧影造像

南朝梁释迦立像

南朝梁释迦立像

南朝梁释迦立像龛

南朝梁释迦立像龛

5. 书法艺术

我国书法艺术源远流长。东晋南朝时期，长江流域的书法尤为发达。从大量出土墓志看，东晋时的书法基本上属于隶书体段，南朝的墓志才出现楷书。新疆出土的晋人写本《三国志》残卷《吴书·虞翻传》《张温传》《孙权传》等，亦为隶书体[①]。但是从江西南昌晋墓里出土的一块木方遣册看，墨书字体虽存隶意，却又参以流转便利的行书笔意[②]。可见东晋时期是我国书法"变古制"[③]而创辟新书体的转变时期，"书圣"王羲之正是这一特定时代所造就的伟大书法家。

王羲之出身于高门士族琅邪王氏，常居会稽山阴（今浙江绍兴），"尽山水之游"，"颐养闲暇"[④]，衣食之余，优游无事，潜心钻研书法。其书法卓绝，除个人勤奋外，还与当时所处的有利于书法艺术发展的环境有关。他的叔父王导曾以行草书名于当世。另一叔父

① 郭沫若：《新疆新出土的晋人写本〈三国志〉残卷》，载《文物》1972年第8期。

② 江西省博物馆：《江西南昌晋墓》，载《考古》1974年第6期。

③ 《南齐书》卷三三《王僧虔传》，第597页。

④ 《晋书》卷八〇《王羲之传》，第2102页。

王廙，被唐人张彦远《历代名画记》卷五评论为："工书画，过江后为晋代书画第一。"[①]其父王旷，亦对书法有一定研究。王羲之的书法，有家学渊源。同时，他又从学于女书法家卫夫人。卫夫人是西晋书法家卫瓘的族孙女，师事钟繇，妙得其法，擅长草、隶、飞白。后来，他遍游名山，观摩碑刻，"详察古今，研精篆素"，增损古法，裁成今体，在楷书、草书、行书方面均达到了"尽善尽美"[②]的程度。王羲之有子 7 人，其中 5 人善书法，如王玄之善草行，凝之善草隶，献之书画双全，其狂草神纵自如。其侄王询、王珉，亦擅长书法。南朝时，王氏家族中的王昙首、王僧虔、王僧绰、王僧孺、王骞、王规、王褒等均擅长书法，累叶不衰。

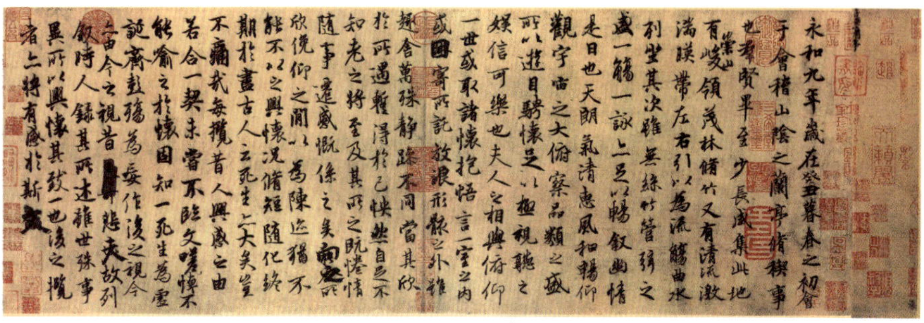

王羲之《兰亭集序》

刘宋时期，羊欣的真书、孔琳之的草书、萧思话的行书、范晔的篆书，各得其妙，而以羊欣最为著名。羊欣是王献之的外甥，少年时代便喜爱书法。史载王献之任吴兴太守时，有事去乌程县，时值夏月，羊欣正在午睡，王献之就在他穿的新绢裙上书写数幅[③]。从此，羊欣朝夕临摹，成为"二王"书法的传人。他还撰有《能书人名》一卷，专记书家姓名事迹。

南齐书法家王僧虔，是王羲之四世族孙。少年时"善隶书"。萧道成称帝，亦善书法，曾与王僧虔比赛书法。萧道成问："谁为第一？"他说："臣书第一，陛下亦第一。"他所收藏的书法作品，有孙权、孙休、孙皓、桓玄、王导、王洽、王珉、张芝、索靖、卫伯儒、张翼等人的真迹，均为当时朝廷所无。他对书法理论很有研究，善于评论诸家长短。他认为：晋室渡江之后，王羲之以前，书家以王廙"为最"。其曾祖王洽的书法，并不亚于王羲之。张芝、索靖、钟繇等人的书法，以"其笔力惊异"而见长，而真正"变古制"[④]有所创新的，是他的叔曾祖王羲之和曾祖王洽。王僧虔的评论，除了对其曾祖王洽誉之过分外，其余都是恰中

① 孟兆臣校释：《画品》，第 156 页。
② 《晋书》卷八〇《王羲之传》，第 2108 页。
③ 《宋书》卷六二《羊欣传》，第 1661 页。
④ 《南齐书》卷三三《王僧虔传》，第 597 页。

肯綮的。

梁代书法家萧子云笔力劲骏，心手相应。陶弘景的书法峻美严整，意象雄强。他们都是师法“二王”。颜之推说：“梁氏秘阁散逸以来，吾见二王真草多矣，家中尝得十卷，方知陶隐居、阮交州（阮研）、萧祭酒诸书，莫不得羲之体，故是书之渊源。”①今镇江焦山刻石《瘗鹤铭》，经宋以后人考证，大都倾向于定为陶弘景所写。它“应该是南朝的碑刻，至晚也应是梁代的遗迹”②。1982 年夏季，考古工作者在江苏句容茅山，访得梁代石井栏一座，上有阴刻大字铭文“此是晋世真人许长史旧井天监十四年冬开治十六年安阑”，竖书六行，每行四字，字大径三寸余。《井铭》书法已是十分成熟的楷书。其用笔瘦劲，峻利长挺，锋芒毕露。结体中心紧敛，而长笔四展，尽长放出，使字体既宽博雄放而又紧密无间。它鲜明地体现了王羲之的书体特征，卓具王书的风神，充分表现了南朝梁代的风格③。

陈朝僧人智永，是王羲之七世孙，出家后居于吴兴永欣寺，也是“二王”书法的传承者。他把周兴嗣编的王羲之真书《千字文》临摹了 800 本，分施江南诸寺及友人，对隋唐以后的书法影响很大。

在南北对峙的情况下，北朝仍重隶书，书法方正，笔力雄浑，西魏军攻破江陵后，南方的书法艺术才传到北方。史载“王褒入关，贵游等翕然并学褒书，文深之书，遂被遐弃”④。王褒的书法学萧子云。萧子云是王褒的姑夫，“特善草隶，褒少以姻戚，去来其家，遂相模范。俄而名亚子云，并见重于世”⑤。王羲之的真草由王褒传入北方，给北方书法带来了一股强劲的新风。后来，唐太宗仰慕王羲之书法，正是受这股新风的影响。

**（七）科学技术的进步**

东晋南朝时期，长江流域的科学技术有长足进步，在天文学、数学、医药学方面取得了引人瞩目的重大成就，在科学技术的其他领域，也有不同程度的提高。

1. 天文学与数学

东晋时期，天文学上最突出的成就是岁差的发现。晋成帝时，天文学家虞喜将自己周密观测得来的星辰的出没位置，与古代同一时节的观测记录位置做了比较，发觉有所不同。他发现太阳从今年冬至运行到明年冬至，并没有回到原来的位置上。这种冬至点缓慢西移，“每岁渐差”的天文现象，被虞喜称为“岁差”。岁差的发现为历法制订提供了

① 《颜氏家训·杂艺篇十九》，王利器：《颜氏家训集解》，第 511 页。

② 陆九皋：《焦山访〈瘗鹤铭〉刻石》，载《书法》1979 年第 6 期。

③ 陈世华：《句容茅山梁代井栏铭文考》，见《江苏省考古学会 1982 年年会论文选》，1983 年 3 月印。

④ 《周书》卷四七《艺术·赵文深传》，第 849 页。

⑤ 《周书》卷四一《王褒传》，第 729 页。

更科学的根据。虞喜测得的数据是冬至日所在每 50 年退一度，现代实测数据是约 71 年 8 个月后移一度，即每年大约后移 50.2 秒。虞喜所测得的数值，比起当时西方沿用公元前 125 年依巴谷测得的数值，每百年差一度，更为精确。

对异常天象的观测，东晋南朝时也有不少发现，并留下了生动形象的记录。如：晋孝武帝宁康二年三月庚寅（374 年 4 月 6 日）“日中有黑子二枚，大如鸭卵”[①]。既观测到黑子的数目，又描述了它们的形状。除鸭卵形外，还有桃、李、枣、飞燕等各种形状，也有记录。刘宋大明五年（461 年）三月发现“有流星数千万，或长或短，或大或小，并西行，至晓而止”[②]。这是关于流星雨的记载。这一时期的天文学家已能比较科学地解释彗星，他们认为：“彗体无光，傅日而为光，故夕见则东指，晨见则西指。在日南北，皆随日光而指。”[③]认为彗星的光来源于太阳，揭示了二者之间的客观内在联系。

南朝刘宋时期的天文学家何承天对历法进行改进，制订了《元嘉历》。他最主要的贡献，是主张采用定朔法安排每月的朔日。他于元嘉二十年（443 年）上表，说：“月有迟疾；合朔月食，不在朔望，亦非历意也。故元嘉皆以盈缩定其小余，以正朔望之日。”[④]他指出过去使用的平朔法使大小月相间，甚有规则，但与实际天象不合，如用定朔法测日食一定在朔日发生，月食一定在望日发生，符合天象实际。但是，采用定朔法，可能出现连着三个大月或两个小月的情况，不符合当时的传统习惯。在太史令钱乐之等人的反对下，元嘉二十二年（445 年）正式公布的《元嘉历》并未采用定朔法。直至唐武德二年（619 年），傅仁钧制定《戊寅元历》，才正式使用定朔法。南朝时期，长江流域天文学上所取得的这项成就，终于在全国统一后为大家所逐步接受。

梁天监九年（510 年）开始改行《大明历》。这部历法是南朝杰出科学家祖冲之于刘宋大明六年（462 年）私撰而成。当时，祖冲之发现官方颁布的《元嘉历》还不够精密，于是加以改进。首先，他经过仔细观测，确认虞喜提出的岁差问题是客观存在，决定把岁差引入历法的编制中，从而使历法改革建立在科学的基础之上。其次，他把原来一直沿用汉代每 19 年置 7 个闰月的闰法，改为每 391 年置 144 个闰月的新闰法，使历法的精密度大大提高。按祖冲之的推算，一回归年的长度是 365.2428 日，与现测值 365.2422 日相比，一年误差仅 52 秒。第三，他求得的交点月的数值是 27.21223 日，与现测值 27.21222 日，相差仅十万分之一，不到一秒钟。交点月反映地球上所看到的月球运行轨道和太阳运行轨道间的相互关系，对推算日食和月食的精度有重要意义。《大明历》是当时最先进的历

① 《晋书》卷一二《天文志中》，第 345 页。
② 《宋书》卷二六《天文志四》，第 751 页。
③ 《晋书》卷一二《天文志中》，第 323 页。
④ 《宋书》卷一二《律历志中》，第 262 页。

法，但由于保守势力的反对，在祖冲之生前未能实施。梁朝初年，在其子祖暅的一再上疏推动下，才得以正式使用，一直用了80年之久。

天文学的发展，推动了数学的进步。何承天在制定《元嘉历》的过程中，为了求得更精密的朔望月数值，创造了新的计算方法——调日法。《宋史·律历志七》记载何承天“以四十九分之二十六为强率，十七分之九为弱率，于强弱之际以求日法。承天日法七百五十二，得一十五强，一弱。自后治历者，莫不因承天法，累强弱之数”。这里所说的“强率”与“弱率”，是指朔望月日数以下零数的过剩近似值和不足近似值。精确的朔望月零数应在此二者之间。何承天反复测算了15次，得到的数值为七百五十二分之三百九十九，他认为这个数值最符合实际。他创造的这种通过过剩近似值与不足近似值来求精确值的近似计算方法，称为“调日法”，是数学上的一大创造。后人又称为“何承天算法”。

圆周率的研究取得很大成就。在祖冲之以前，东吴的陆绩曾提出“周三径一”，即$\pi=3$。王蕃进一步提出“周百四十二而径四十五”①，即$\pi=3.155$。曹魏时，刘徽用割圆值，求得$\pi=3.1416$。刘宋时，何承天求得约率为22/7。祖冲之在前人的基础上继续研究，作出了卓越贡献。史载刘宋末，“南徐州从事史祖冲之，更开密法，以圆径一亿为一丈，圆周盈数三丈一尺四寸一分五厘九毫二秒七忽；朒数三丈一尺四寸五厘九毫二秒六忽，正数在盈朒二限之间。密律，圆径一百一十三，圆周三百五十五。约率，圆径七，周二十二”②。这里所说的“盈数”即过剩近似值，“朒数”即不足近似值，“正数”即真值。祖冲之在世界上第一次将$\pi$值推算到小数点后七位数字，用不等式表示，即：$3.1415926<\pi<3.1415927$，确定了圆周率的上限与下限，指明了圆周率的范围。为了便于应用，他用355/113表示“密率”、22/7表示“约率”，提供了用分数表示圆周率的简便方法。为了纪念祖冲之的重大贡献，一些外国科学家曾建议将“密率”命名为祖率。

祖冲之的儿子祖暅是南朝齐、梁时期的著名数学家。他的最大贡献是提出了等积原理，即祖暅原理，他指出：等高处横断面积常相等的两个立体，它们的体积也必定相等。运用这个原理，他解决了过去人们长期未能解决的球体积计算问题，得到了球体积计算的精确公式，用等式表示，即$V=1/6\pi D^3$（D为球直径）。祖氏父子还曾撰写过《缀术》一书，他们的数学成果都包括在其中。可惜此书已失传。

### 2. 医药学

东晋时期的道教人物葛洪，同时也是一名杰出的医药学专家。他所著《肘后救卒方》，对当时各种疾病的病源、病状、治法和药方都有所论述。他的主要成就，是关于传染

① 《宋书》卷二三《天文志一》，第675页。

② 《隋书》卷一六《律历志上》，第388页。

病的观察和研究。如《肘后方》中，对天花、结核病、马鼻疽和沙虱病、疟疾等传染病的研究，都很有特色。其中关于青蒿能治疗疟疾的记载，就启发了中医研究院的屠呦呦，她从青蒿中发现并用乙醚为溶剂，低温提炼出了青蒿素。由她带领的科研团队集体攻关，制成药剂，投入生产，挽救了世界上众多疟疾病人的生命。由于她的卓越贡献，这位中国当代女科学家荣获了 2015 年度诺贝尔生理学或医学奖。葛洪还是古代免疫学实践的先驱，《肘后方》中记载了他防治狂犬病的方法，就是在被疯狗咬后，将该狗杀掉，以其脑涂敷于伤口之上，利用狗脑中的毒素，增强抗狂犬病的能力。对血吸虫病早期症状，他也有所记载，他使用过不少简单而有效的药物和方剂，如松节油治关节炎、铜青（碳酸铜）治皮肤病，麻黄平喘，雄黄、艾叶用于消毒等。除运用药物、针灸、按摩等传统治疗方法外，他还使用冷敷、热熨、蜡疗、水疗等各种方法治病。

东晋时期外科技术有很大提高。史载魏咏之患兔唇，听说荆州刺史殷仲堪帐下有名医能治疗，于是就去求医。医生为他诊视后，说："可割而补之，但须百日进粥，不得语笑。"[①]经医生精心修补，他恢复了正常容貌。东晋末年，彭城内史刘涓子擅长外科。义熙六年（410 年），他随刘裕北征南燕慕容超，将士中有受伤者，他即给予治疗，随手即愈。后来，他将其丰富的外科经验编成《痈疽方》一书，又经南齐人龚庆宣加以验证改编，定名为《刘涓子鬼遗方》。此书对金疮疼痛、弓弩所伤、筋骨折断、肿胀瘀血等，均有相应的治疗方法。

东晋南朝时，针灸疗法已在长江流域广泛运用。《南史》卷五九《王僧孺传》载：

> 僧孺工属文，善楷隶，多识古事。侍郎全元起欲注《素问》，访以砭石。僧孺答曰："古人当以石为针，必不用铁。《说文》有此砭字，许慎云：'以石刺病也。'《东山经》：'高氏之山多针石。'郭璞云：'可以为砭针。'《春秋》：'美疢不如恶石。'服子慎注云：'石，砭石也。'季世无复佳石，故以铁代之尔。"[②]

以铁针代替石针，是针灸技术的一大进步。铁针比石针坚韧，针体也比石针细得多，其治疗的可靠性与使用的安全性均大大提高。但是，针灸治疗中难免发生晕针等意外现象，有些孝子对医家的技术不放心，便要求在给父母针灸前，自己先试一试。史载晋司空庾冰的六世孙沙弥，"终身布衣蔬食。……嫡母刘氏寝疾，沙弥晨昏侍侧，衣不解带。或应针灸，辄以身先试。及母亡，水浆不入口累日"[③]。针灸的补泻手法，在南朝时已被一些名医所掌握。如徐文伯曾为宋孝武路太后、宋明帝宫人治病。有一次，"宋后废帝（刘昱）

① 《晋书》卷八五《魏咏之传》，第 2218 页。
② 《南史》卷五九《王僧孺传》，第 1461 页。
③ 《南史》卷七三《孝义传上·庾道愍族孙沙弥传》，第 1829 页。

出乐游苑门，逢一妇人有娠，帝亦善诊，诊之曰：'此腹是女也。'问文伯，曰：'腹有两子，一男一女，男左边，青黑，形小于女。'帝性急，便欲使剖，文伯恻然曰：'若刀斧恐其变异，请针之立落。'便写足太阴，补手阳明，胎便应针而落。两儿相续出"①。封建皇帝为了急于验证医术，居然要剖取胎儿，残害孕妇。徐文伯以其精湛的医术，运用针灸的补泻手法，促使胎儿娩出，挽救了孕妇与胎儿的生命。由于针灸的普遍运用，有关针灸的术语还进入人们所写的文章与所讲的故事之中，并被赋予了比喻意义。如南朝刘宋时，傅亮"见世路屯险，著论名曰《演慎》"，其中有一段说："故昔之君子，同名爵于香饵，故倾危不及；思忧患而豫防，则针石无用。洪流壅于涓涓，合拱挫于纤蘖……故《诗》曰：'慎尔侯度，用戒不虞。'言防萌也。"②意思是说，防险要防于萌芽之时，要有忧患意识，如果平时能防患于未然，那就像一个人平时注意保健，也就不需要用针石治疗。刘宋时还有一位袁粲，本名为"愍孙"，史载其人"清整有风操，自遇甚厚，常著《妙德先生传》以续嵇康《高士传》以自况""又尝谓周旋人曰：'昔有一国，国中一水，号曰狂泉。国人饮此水，无不狂，唯国君穿井而汲，独得无恙。国人既并狂，反谓国主之不狂为狂，于是聚谋，共执国主，疗其狂疾，火艾针药，莫不毕具。国主不任其苦，于是到泉所酌水饮之，饮毕便狂。君臣大小，其狂若一，众乃欢然。我既不狂，难以独立，比亦欲试饮此水。'"③这则寓言故事使用的显然是反语。作者巧妙地讽喻国君之"狂疾"需"火艾针药"综合治疗，真是讲得大快人心。其深刻的含义，只有在针灸疗法已普及的情况下才能为人们所心领神会。

中药炮制技术在南朝时有很大进步。刘宋时，雷敩总结前人和当时的药材加工炮制经验，编撰成《雷公炮炙论》。该书记载药物 300 味，论述了中药炮制前后真伪优劣药材的选择、修治和切制，文武火候的掌握，醪醢辅料的取舍，操作工艺的流程，中药饮片的贮存以及炮制作用、注意事项等。全书论述各种药物的炮制方法达 17 种，如炮、炙、煨、炒、煅、水飞、蒸、煮、破等被后世奉为准绳，一直沿用至今。

对药物学研究最有贡献的是梁朝时期的道教人物陶弘景。他长期隐居山林之中，对乡村缺少药的困苦深有体会。长期采药治病的实践，大大丰富了他的药物学知识。他对汉代流传下来的《神农本草经》加以整理和补充，撰成《本草经集注》，记载药物达 730 种，比原书所收 365 种多出一倍。为了保持《神农本草经》的原貌，凡原有药物用红笔书写，新增内容用黑笔书写，反映了他严谨的治学态度。在药物分类上，他首创按药物的自然属性和医疗属性进行分类。按天然属性，他将药物分玉石、草木、虫兽、果、菜、米食六类，

① 《南史》卷三二《张邵传附徐文伯传》，第 838—839 页。

② 《宋书》卷四三《傅亮传》，第 1338 页。

③ 《宋书》卷八九《袁粲传》，第 2231 页。

将未经实践验证的归入“有名未用”类。按医疗属性，他将药物分为寒、微寒、大寒、平、温、微温、大温、大热八种。他的分类方法，给医生选择用药、临床处方带来了极大方便。

保健强身、气功修炼在这一时期也普遍为人们所重视。葛洪《抱朴子·遐览篇》中记有《养生书》《按摩经》《胎息经》《行气治病经》《食六气经》等多种保健养生的著作。陶弘景也著有《养性延命录》《导引养生图》《练化杂术》等书。《隋书·经籍志三》著录有《行气图》《道引图》等多种专门著作。虽然这些著作大多已失传，但反映了当时人对养生保健与气功修炼的重视。

在医药学发展的同时，涌现出一批世代相传的名医。如东海徐氏家族，自东晋徐熙起，六代出了11位名医，徐熙之孙“徐道度疗绝”，医术高明，与杜道鞠弹棋，范悦诗、褚欣远模书、褚胤围棋并列，被宋文帝称为“天下有五绝，而皆出钱唐”①。吴兴姚氏，姚菩提“留心医药”，其子姚僧垣“医术高妙”，曾为梁武帝萧衍、梁元帝萧绎治病。西魏军攻入江陵后，姚僧垣到长安，医术“为当世所推，前后效验，不可胜记”②。他著有《集验方》。其次子姚最，亦继承家业，精通医道。高阳许道幼，“常以母疾，遂览医方，因而究极，时号名医。诫诸子曰：‘为人子者，尝膳视药，不知方术，岂谓孝乎？’由是，遂世相传授。”③其孙许智藏，由陈入隋，亦为名医。此外，东晋的殷仲堪、南朝的陶弘景，也都是出自医学世家。

### 3. 蚕桑与纺织技术

东晋南朝时期，桑树在长江流域普遍种植，养蚕技术有很大提高。人工低温催青制取生种的技术，使同一种蚕可以在一年里连续不断孵化几代。齐、梁年间，民间发明的“盐腌法”，以盐杀茧蛹，提高了缫丝质量与丝的韧度。史载豫章郡“一年蚕四、五熟，勤于纺绩，亦有夜浣纱而旦成布者，俗呼为鸡鸣布”④。

东晋时出现了以鸟的羽毛为原料的高级织物，如谢万被简文帝召见时，曾著“白纶巾，鹤氅裘”⑤，王恭亦曾“披鹤氅裘，涉雪而行”⑥。南齐文惠太子萧长懋“善制珍玩之物，织孔雀毛为裘”⑦。这类高级织物是专供贵族享用的，一般人用的织物仍以麻为主。南朝时，棉布从交、广等地传入长江流域。梁武帝“身衣布衣”，即为木棉制造。

### 4. 冶炼技术的提高

东晋南朝时，战争频繁，刀箭制造推动了金属冶锻技术的研究。史载南齐人戴僧静，

① 《南史》卷三二《张邵传附徐文伯传》，第838页。
② 《周书》卷四七《艺术·姚僧垣传》，第843页。
③ 《北史》卷九〇《艺术下·许智藏传》，第2981页。
④ 《隋书》卷三一《地理志下》，第887页。
⑤ 《晋书》卷七九《谢安传附弟万传》，第2086页。
⑥ 《晋书》卷八四《王恭传》，第2186页。
⑦ 《南齐书》卷二一《文惠太子传》，第401页。

曾向齐武帝萧赜建议:"锻箭镞用铁多,不如铸作。东冶令张候伯以铸镞钝,不合用,事不行。"[①]说明当时锻铁箭镞普遍使用,但又试图用更简便的方法来制造铁镞,未获成功。梁朝时,冶炼钢铁的技术有很大提高。如康绚修筑浮山堰时,"引东西二冶铁器,大则釜鬵,小则鋘锄,数千万斤"[②],可见其生产量之多。陶弘景在《古今刀剑录》中,第一次记载了灌钢法。所谓"杂炼生鍒作刀镰","生"指生铁,"鍒"指熟铁,"杂炼生鍒"就是将生铁熟铁混杂在一起冶炼,因生铁含碳量高而熔点低,先熔化的生铁掺入后熔的熟铁之中,碳为熟铁吸收,增加了含碳量,提高了强度,便成为适合于做刀镰的钢。灌钢法的普遍应用,是我国冶金史上的一项重大成就。

5. 造纸技术的进步

东晋南朝时,长江流域的造纸技术得到普遍推广,并有所发展,造纸原料也日益增多。三吴地区产藤角纸,用藤皮制造,质地优良,被广泛用于官方文书。范宁曾对下属说:"土纸不可以作文书,皆令用藤角纸。"[③]剡溪(今浙江嵊州)与余杭的由拳村,是当时藤纸的主要产地。王羲之为会稽令,谢安向他要纸,他"检校库中,有九万笺纸"[④],都给了谢安。造纸业的普及,使纸最终取代了竹简。东晋末年,桓玄下令,说:"古无纸,故用简,非主于敬也。今诸用简者,皆以黄纸代之。"[⑤]黄纸是以雌黄染色而成,可以防蛀。南朝时,造纸技术由官方普及到民间,史载刘宋时张永"有巧思""纸及墨皆自营造"[⑥],其质量甚至超过了朝廷用纸。盛弘之《荆州记》记载枣阳县蔡子池附近之人"多能作纸"[⑦]。纸的颜色品种各式各样,"缥红""青赤""缥绿""桃红""杂彩""皎白",应有尽有[⑧],说明南朝时长江流域的造纸技术已达到一个新的高度。

6. 机械制造与造船

机械制造需要能工巧匠,晋时已有人发明记里鼓车,"其中有木人执槌向鼓,行一里则打一槌"[⑨]。东晋元帝大兴年间,衡阳人区纯利用机械原理"作鼠市,四方丈余,开四门,门有一木人。纵四五鼠于中,欲出门,木人辄以手推之"[⑩]。这是一种高级玩具。南朝大

---

① 《南齐书》卷三〇《戴僧静传》,第 557 页。
② 《梁书》卷一八《康绚传》,第 291 页。
③ 《太平御览》卷六〇五《文部二一·纸》引,第 2724 页。
④ 《艺文类聚》卷五八《杂文部四·纸》引《语林》,第 1053 页。
⑤ 《太平御览》卷六〇五《文部二一·纸》引《桓玄伪事》,第 2724 页。
⑥ 《宋书》卷五三《张茂度传附子永传》,第 1511 页。
⑦ 《太平御览》卷六〇五《文部二一·纸》引,第 2724 页。
⑧ 《初学记》卷二一《纸第七》,中华书局 1985 年版,第 517 页。下同,略。
⑨ 《晋书》卷二五《舆服志》,第 756 页。
⑩ 〔晋〕陶潜:《搜神后记》卷二,中华书局 1988 年版,第 10 页。下同,略。

科学家祖冲之在机械制造方面有许多发明创造。史载刘裕“平关中，得姚兴指南车，有外形而无机巧，每行，使人于内转之”。升明年间，萧道成辅政，“使冲之追修古法。冲之改造铜机，圆转不穷，而司方如一……时有北人索驭驎者，亦云能造指南车”，萧道成命他与祖冲之各造一辆，在乐游苑做比较试验。结果，索驭驎所造之车因指南有偏差而被焚毁。南齐永明年间，“竟陵王（萧）子良好古，冲之造欹器献之”。欹器是古代帝王置于座右以自警的一种巧器，“虚则欹，中则正，满则覆”，以告诫人们不要自满。祖冲之还“以诸葛亮有木牛流马，乃造一器，不因风水，施机自运，不劳人力。又造千里船，于新亭江试之，日行百余里”①。南朝时期长江流域的造船规模很大，宋孝武帝“度六合，龙舟翔凤以下，三千四十五艘，舟航之盛，三代二京无比”②。梁、陈时期，能造载重 2 万斛的大船，还能造灵活机动的快舟鸫舠，“去来趣袭，捷过风电”③，以用于水上流动作战。

7. 化学与炼丹

我国古代的化学与炼丹是分不开的。东晋葛洪总结炼丹的经验，说：“丹砂烧之成水银，积变又还成丹砂。”④按：丹砂就是硫化汞。将丹砂煅烧，其中所含的硫变成二氧化硫，而游离出金属汞（水银）。再使水银和硫黄化合，便生成硫化汞，呈黑色，放在密闭的容器中加热，便升华为晶体的硫化汞，呈赤红色，即丹砂。这是化学上的重要成就。葛洪还配制过能溶解黄金的“金液方”。他就铅的化学变化、铁与铜盐的取代作用，都做过实验。《抱朴子》中涉及的药物数，多达 22 种。梁朝人陶弘景对水银能溶解金银，生成汞齐（汞合金）这一特性也做过研究。当时装饰品生产上的镀金、镀银工艺，便是根据这种原理进行的。陶弘景还曾用燃烧的办法来鉴别真假硝石。真硝石即硝酸钾，燃烧时冒紫青色烟。假硝石即芒硝（硫酸钠），燃烧时没有这种颜色的烟。这与近代科学中用火焰分析法鉴别钾盐与钠盐的方法是相同的。

## 第四节　宗教对长江文化的影响

### 一、佛教传入长江流域及影响的扩大

佛教在西汉之际传入我国，先在中原地区传播开来，然后向南方扩展。史载光武帝

① 《南齐书》卷五二《文学·祖冲之传》，第 905—906 页。
② 《初学记》卷二五《舟第十一》，第 610 页。
③ 《梁书》卷四五《王僧辩传》，第 628 页。
④ 王明：《抱朴子内篇校释》卷四《金丹》，中华书局 1985 年版，第 72 页。下同，略。

之子楚王刘英“少时好游侠，交通宾客，晚节更喜黄老，学为浮屠斋戒祭祀”①。在他的封地帮助“伊蒲塞”(居士)“桑门”(沙门，即和尚)奉佛。汉灵帝时，丹阳人笮融为徐州牧陶谦督广陵、彭城等郡漕运，他在这一带大起浮屠祠，“以铜为人，黄金涂身，衣以锦采”，大造佛像，并用免除徭役的办法招徕民户，课读佛经，听受其道，“由此远近前后至者五千余人户。每浴佛，多设酒饭，布席于路，经数十里，民人来观及就食且万人，费以巨亿计”②。这些就食的人中，不少就是江淮间屡受战乱之苦的难民。汉末的社会动荡为宗教的传播提供了土壤，佛教由中原向江淮之间传播，再进一步南下，便进入长江流域。

**(一)三国时期佛教传入长江流域**

三国时期，吴都建业是长江流域的佛教中心。东汉末年，支谦等佛教徒随避乱的人群南下，先至武昌，更入建业，把佛教带到吴地，这是佛教在江南传播的一条路线。支谦的先祖本大月氏人。其祖父法度在汉灵帝时率数百人东来，归化汉朝。支谦生于洛阳，年“十三学胡书，备通六国语”③。早年，他受业于支谶的弟子支亮。到吴地后，被吴主孙权召见，问以经中深义，他随机应变，释难析疑，颇令孙权满意，遂拜为博士，辅导东宫。太子孙登去世后，他隐居于穷隘山(今苏州西郊穹窿山)，专以译经为务，后来死于山中。其译文简洁流利，内容广泛，纯用意译。所译佛经，以《维摩诘经》及《大明度无极经》影响较大。

三国吴红陶佛像

三国时期佛教传入江南的另一条路线是由海路北上。如康僧会于赤乌十年(247 年)到吴都建业定居，从事译经传教活动。吴主孙权引见。他于大内立坛，打试舍利，具显神异。孙权“以江东初有佛法，遂于坛所立建初寺”④。该寺在今南京中华门外秦淮河南岸雨花路东侧，现名大报恩寺，是南京最古老也是规模最大的一座寺宇⑤。康僧会不仅译注佛经，还在民间传播佛教。所译佛经有《六度集经》等，文辞典雅。他善于用《诗》《易》《老》《庄》等名词典故来阐明佛理，为佛教的中国化开了先河。东吴画家曹不兴善画佛像和龙，曾从康僧会带来的画本中汲取养料。

① 《后汉书》卷四二《光武十王·楚王英传》，第 1428 页。

② 《三国志》卷四九《吴书·刘繇传》，第 1185 页。

③ 〔梁〕僧祐：《出三藏记集》卷一三《支谦传》，中华书局 1995 年版，第 516 页。下同，略。

④ 〔唐〕许崇：《建康实录》卷二《大祖下》，第 54 页。

⑤ 王引：《江南大报恩寺与琉璃宝塔》，载《文博通讯》(江苏)1984 年第 4—5 期。

除支谦和康僧会外，到江南从事佛教活动的还有天竺沙门维祇难与竺律炎。他们于吴黄武三年（224 年）到达武昌从事译经活动，将《法句经》译为汉文。黄龙二年（230 年），竺律炎又在建业为孙权译出《三摩竭经》。

三国时期，佛教信仰开始在江南形成。这一时期长江中游的墓葬中出现了反映佛教信仰的遗物，如武昌莲溪寺永安五年（262 年）墓中出土了前额带有类似“白毫相”的陶俑，以及刻有佛像的鎏金铜带饰，可称是古代长江流域最早的佛教造像。南京一带吴墓出土的陶瓷谷仓罐上，也常贴塑有佛像①。长江上游蜀地流传的佛教，可能是由云南输入的，但目前还缺乏足够的证据②。

**（二）东晋时期佛教在长江流域影响的扩大**

魏晋时期，玄学盛行。汉末由支谶传入的大乘般若学的“一切皆空”思想，与玄学家“以无为本”思想十分合拍，便在中原地区大为流行。永嘉之乱后，晋室南渡，佛教徒为了适应当时的政治形势与社会变化，十分注意在长江流域发展势力。他们纷纷南下，传教译经。名僧与名士交往，进一步取得了社会上层人士对佛教的支持。东晋时期的僧人，大多长于清谈，玄释兼通，使佛教在长江流域的影响逐步扩大。以教派而论，则以本无宗、即色宗和心无宗最为流行③。

东晋时期活跃于长江流域的僧人很多，现按渡江时间的先后，将其中的一些代表人物介绍于下：

1. 竺道潜

竺道潜，字法深，俗姓王，琅邪人，出身士族。他对《法华》《大品》诸经有深入了解。永嘉初渡江，为元、明二帝及丞相王导、太尉庾亮所尊重，后来隐居剡县（今浙江嵊州）山中，宣讲《方等》及《老》《庄》。哀帝时，应召重到建康，于宫内讲《般若》。他是本无异宗的代表，此派认为无在有先，有在无后，有生于无，无能生有。他精于玄谈，与玄学家多所往还，关系密切。他与名士刘惔辩对，刘惔问：“道人何以游朱门？”他回答：“君自见其朱门，贫道如游蓬户。”④

东晋鎏金菩萨立像

① 中国社会科学院考古研究所：《新中国的考古发现和研究》，文物出版社 1984 年版，第 527 页。

② 王友三主编：《中国宗教史》上册，齐鲁书社 1992 年版，第 372 页。下同，略。

③ 东晋时期佛教般若学派分为“六家七宗”。六家为本无、即色、识含、幻化、心无、缘会，加上本无宗的分派本无异为七宗。

④ 《世说新语·言语第二》，徐震堮：《世说新语校笺》，第 60 页。

2. 支遁

支遁，字道林，本姓吴氏。永嘉中随家人渡江，后出家为僧。他在玄学清谈方面所达到的精微程度不亚于王弼。士族王濛曾称赞他“造微之功，不减辅嗣”①。他撰有《庄子内篇注》《即色即玄论》，特别善于玄谈。他著《即色论》，阐发“色即为空，色复异空”②的理论，促进了佛学与玄学的交融。支遁主要活动于长江下游一带。他曾立支山寺于吴，后入剡，又立栖光寺于石城山（今浙江绍兴东北）。晚年他被晋哀帝召往京师建康讲《道行般若经》，弘扬佛教，为佛教在江南逐渐取代玄学的地位做了理论上的准备。

3. 帛尸梨蜜多罗

西域僧人帛尸梨蜜多罗，于晋元帝永昌元年（322 年）到达建康，在建初寺传播佛教。丞相王导与名士庾亮、周顗、谢鲲、桓彝等都与他结交。卞壸虽然反对清谈，但与帛尸梨蜜多罗也相友善。史载“蜜性高简，不学晋语。诸公与之语言，蜜虽因传译，而神领意得”③。

4. 康僧渊、康法畅、支愍度

沙门康僧渊与康法畅、支愍度等，于成帝咸和二年（327 年）到达建康。康僧渊本西域人，生于长安，能说汉语。康法畅“亦有才思，善为往复，著《人物始义论》”④。他常握麈尾，每遇名士到来，便清谈尽日。支愍度是心无宗的创建人。相传他在过江前曾和同行的一个江北僧人商量，说：“用旧义往江东，恐不办得食。”⑤便共立心无义。心无者，无心于万物，即从主观方面排除外界万物对心的干扰，以保持心神的安宁和清静。

5. 道安

道安，俗姓卫，常山扶柳（今河北冀州市）人，在邺地（今河北临漳西南）师事西域高僧佛图澄，深得赏识。佛图澄死后，他在冀、晋、豫一带传播佛教，因战乱而生活颠沛流离。晋哀帝兴宁三年（365 年），他率领徒众南投襄阳，受到襄阳名士习凿齿的欢迎。史载二人“初相见，道安曰：‘弥天释道安。’凿齿曰：‘四海习凿齿。’时人以为佳对”⑥。在襄阳居住的 15 年中，他利用生活上的相对安定，积极从事佛教经典的整理、佛理的阐发与僧规的

① 〔梁〕释慧皎：《高僧传》卷四《支遁传》，中华书局 1992 年版，第 159 页。
② 《世说新语・文学第四》注引《妙观章》，徐震堮：《世说新语校笺》，第 121 页。
③ 〔梁〕释慧皎：《高僧传》卷一《帛尸梨蜜多罗传》，第 30 页。
④ 《世说新语・言语第二》注，徐震堮：《世说新语校笺》，第 62 页。
⑤ 《世说新语・假谲第二十七》，徐震堮：《世说新语校笺》，第 459 页。
⑥ 《晋书》卷八二《习凿齿传》，第 2153 页。

制订。名士谢安、孙绰、晋孝武帝司马曜均对他表示敬佩。太元四年（379 年），苻丕攻陷襄阳，道安与习凿齿及襄阳守将朱序等一起被送往长安，受到苻坚的礼遇。在离开襄阳前，道安曾分遣徒众往各地传教，扩大佛教在南方的据点。长江流域，东至扬州，西到四川，南至长沙，都有他的弟子。道安是本无宗的开创者，他用“本无”去解释《般若经》，认为“无在元化之先，空为众形之始，故称本无”①。道安撰写的经注、经录很多，在佛教史上都开风气之先。他制订的僧尼规范，内容包括讲经说法的仪式和方法，昼夜六时的修行与食、住、忏悔集会等有关规定。他提出统一沙门姓氏，出家僧人一律姓“释”，得到人们的赞成。这一主张，在中国佛教史上有划时代的意义，至今僧人仍称“释某某”，表明他们都是释迦牟尼（佛）的弟子。

6. 慧远

慧远，是道安的弟子，俗姓贾，雁门楼烦（今山西代县）人。他“少为诸生，博综《六经》，尤善《庄》《老》”。在儒学、玄学方面，均有精深造诣。年二十一，往太行恒山，投奔道安。后来，听道安讲《般若经》，豁然而悟，认为“儒道九流，皆糠秕耳”，便与弟慧持一起“投簪落发，委命受业”。晋哀帝兴宁三年（365 年），他随道安南下抵达襄阳。及苻丕围攻襄阳，慧远奉师命与弟子数十人，南往荆州，住上明寺。他本欲往罗浮山（今广东东江北岸），途经浔阳（今江西九江），见庐山清静，就定居下来。江州刺史桓伊为他修建了东林寺。慧远在庐山从事佛教活动 30 多年，使东林寺成为长江流域的佛教名寺。他不仅聚徒讲学，阐发佛理，与各地佛教徒互通声气，而且广泛结交名士、权贵以至皇帝，书信往来不绝，扩大了佛教在上层社会中的影响。彭城刘遗民、豫章雷次宗、雁门周续之、南阳宗炳等名士都来投奔。卢循、殷仲堪、桓玄、王谧、刘裕等各种政治人物都与他有所交往。士族高门“陈郡谢灵运负才傲俗，少所推崇，及一相见，肃然心服”②。当慧远去世时，谢灵运还替他撰写碑文，说：“昔释安公振玄风于关右，法师嗣沫流于江左。闻风而说，四海同归。”③慧远在佛教思想上影响最深的，是他依据印度佛教业报轮回的理论，结合中国传统的迷信观念建立起来的因果报应论。这种理论为人世间贫贱富贵的阶级区别和对立的合理性提供了神学依据，给门阀士族制度和封建道德戴上了神圣的光环，因而得到当时整个封建统治阶级的大力支持，从而巩固了佛教在长江流域的地位。

7. 法显

法显，俗姓龚，平阳武阳（今山西临汾西南）人。出家后，他“常慨经律舛阙，誓志寻

① 《名僧传抄·昙济传》引昙游《六家七宗论》，见任继愈主编《宗教辞典》“本无宗”条，上海辞书出版社 1985 年版。下同，略。

② 〔梁〕释慧皎：《高僧传》卷六《慧远传》，第 211—221 页。

③ 谢灵运：《庐山慧远法师诔》，严可均校辑：《全宋文》卷三三，第 2619 页。

求”。晋安帝隆安三年(399 年),他与同伴从后秦京城长安出发,长途跋涉,历经艰难险阻,到达印度。他游历了印度各地后,又到达过释迦牟尼的诞生地迦毗罗卫城(今尼泊尔境内)。数年中,除巡礼佛教圣迹外,他努力学习梵语梵文,抄写梵本经、律、论。然后,只身一人到师子国(今斯里兰卡)逗留一年,又得到一批“汉土所无”的经、律梵本。当他由海路回到国内时,已是安帝义熙八年(412 年)。在建康道场寺,他与佛驮跋陀罗一起翻译佛教经典,“译出《摩诃僧祇律》《方等》《泥洹经》《杂阿毗县心》,垂有百万余言”①,使道场寺成为长江流域重要的佛教中心。后来他又到长江中游的荆州传教,卒于辛寺,享年 86 岁。在法显译出的佛经中,最重要的是六卷《泥洹经》(即小本《涅槃》)。法显首次把佛教的“佛性”论思想介绍到中国,所谓“佛性”论,就是说“一切众生”都有“佛性”,都能“成佛”。但根据六卷《泥洹经》的观点,这“一切众生”,是不包括那种“断善根”的人——“一阐提”人在内的,尽管六卷《泥洹经》不够圆满,但它启发与推动了当时佛教各派的争鸣,对南北朝时期佛教的发展产生了深刻影响。此外,法显撰述的《佛国记》,记述了古代中亚、印度、海南诸国的地理、历史、风土人情、佛教状况,具有重要的文献价值,是一部经过实地考察,记载翔实的史地名著,至今仍是举世公认的不朽之作。

**(三)南朝时期长江流域佛教的繁盛**

南朝时期,长江流域的佛教极为繁盛。从寺院及出家僧尼的数量看,有很大增加。如东晋时有寺院 1768 所,僧尼 24000 人。南朝刘宋时有寺院 1913 所,僧尼 36000 人。萧齐时有寺院 2015 所,僧尼 32500 人。萧梁时达到鼎盛,有寺院 2846 所,僧尼 82700 余人,仅京师建康就有佛寺 700 余所。陈朝有寺院 1232 所,僧尼 32000 人。这些寺院与僧尼,大多分布在长江流域。

南朝齐梁
无量寿佛坐像

南朝齐
维卫尊佛坐像

南朝宋
金铜佛坐像

四川成都市西门外万佛寺
遗址出土的石刻经变故事图

① 〔梁〕释慧皎:《高僧传》卷三《释法显传》,第 87—90 页。按:《祐录》卷一五《法显传》说法显“未及译者,垂有百万言”,此说不确,故从《高僧传》。见郭朋:《中国佛教简史》,福建人民出版社 1990 年版,第 60 页。下同,略。

从译经的品种与数量看，也有很大发展。唐代僧人道宣曾说："宋、齐、梁等朝，地分圮裂，华夷参政，翻传并出，至于广部，绝后超前。"①他对南朝的译经给予很高的评价。根据《大唐内典录》的记载，南朝译经人数为 68 人，译经总数达 387 部，1936 卷；据《开元释教录》记载，南朝译经人数为 40 人，译经总数为 563 部，1084 卷。这个时期翻译的佛经，大小二乘，空有，性相、经、律、论典，应有尽有。著名译者有来自天竺的僧人求那跋陀罗，华籍译人智严、宝云、智猛、慧严、慧观及谢灵运等。

南朝时期长江流域佛教繁盛的原因，首先得益于统治阶级的大力支持和扶植。南朝诸帝大都崇信佛教，达官贵人、文人学士亦多信佛。如宋文帝刘义隆认为佛教有裨于政治，曾说："若使率土之滨，皆纯此化，则吾坐致太平，夫复何事？"②宋孝武帝刘骏曾让僧人慧琳参与朝政，时人称之为"黑衣宰相"③。齐武帝次子竟陵王萧子良最为崇佛，其"招致名僧，讲语佛法，造经呗新声，道俗之盛，江左未有也"④。梁武帝萧衍舍道从佛，他广建佛寺，盛造佛像，多次"舍身"同泰寺⑤，严格戒律，禁断酒肉，重视译经，举办法会，亲自登台讲经说法，并著书立说，发挥佛理，围剿神灭论，堪称是南朝皇帝中佞佛的典型。陈朝皇帝也多佞佛，武帝陈霸先、后主陈叔宝，步梁武帝后尘，也都曾"舍身"佛寺。

其次是社会矛盾尖锐，破产农民大量投身寺院。南北朝时，寺院享有免除赋役的特权，长江流域佛教寺院的经济实力相当雄厚。寺院占有大量土地，蓄养"白徒"从事生产。尼姑可蓄"养女"作无偿劳动，积累财富。他们还利用皇帝、官僚、世俗地主"布施"的财物，立"无尽藏"（又名"长生库"），放高利贷，聚敛剥削，加快了寺院财产的增值。和尚的富有与骄横同样标志着南朝时期长江流域佛教的隆盛。梁朝时，郭祖深针对梁武帝的佞佛，曾上书说："都下佛寺，五百余所，穷极宏丽。僧尼十余万，资产丰沃。所在郡县，不可胜言……请精加捡括，若无道行，四十已下，皆使还俗附农……不然，恐方来处处成寺，家家剃落，尺土一人，非复国有。"⑥佛教势力膨胀，其为害社会的弊端日益暴露，已严重影响长江流域经济文化的发展，所以才引起有识之士的严厉批评。

第三是佛教为了适应中国的国情，而在自身传统方面所做的自我改造。南北朝时期，由于国家的分裂，佛教也随之分为具有不同特点的两种传统。北方的佛教比较注重

① 《大唐内典录》卷一《历代众经传译所从录》第一之初，见郭朋：《汉魏两晋南北朝佛教》，齐鲁书社 1986 年版，第 602 页。下同，略。

② 何尚之：《答宋文帝赞扬佛教事》，见《弘明集》卷一一，第 70 页。

③ 《南史》卷七八《夷貊上·天竺迦毗黎国传附慧琳传》，第 1964 页。

④ 《南齐书》卷四〇《武十七王·竟陵文宣王子良传》，第 698 页。

⑤ 《梁书·武帝纪》记载梁武帝三次"舍身"，分别在大通元年（527 年）、中大通元年（529 年）及太清元年（547 年）。《南史》记载则为四次，除以上三次外，还有一次在中大同元年（546 年）。

⑥ 《南史》卷七〇《循吏·郭祖深传》，第 1722 页。

实际的修行;南方的佛教,因玄风的影响,比较注意于讲经、说法与研究义理。南朝时期长江流域的佛教,虽然从玄学的依附状态逐步走上了独立发展的道路,但仍受清谈之风的深深影响。佛教"义学"往往兼通儒学、《老》《庄》。如道渊的弟子慧琳"善诸经及《庄》《老》,俳偕好语笑,长于制作,故集有十卷,而为情傲诞,颇自矜伐"[①]。昙谛"晚入吴地虎丘寺,讲《礼》《易》《春秋》各七遍,《法华》《大品》《维摩》各十五遍,又善属文翰,集有六卷,亦行于世"[②]。法瑶"贯极众经,像通异部",他在吴兴武康小山寺居住,"首尾十九年……每岁开讲,三吴学者负笈盈衢,乃著《涅槃》《法华》《大品》《胜鬘》等义疏"[③]。南朝佛教中,出现了会通儒、道、佛三教的趋势。梁武帝萧衍在佛教思想方面,倡导三教同源说,把老子、周公、孔子等都说成是"如来弟子",并认为他们"止是世间之善,不能革凡成圣"[④]。他认为三教同源,但应以佛教为中心,同时包容儒、道,这完全是出于当时的政治需要。佛教在梁武帝手里虽被提到国教的高度,但这种佛教实际上已是吸收了儒、道二教,儒学化、玄学化了。

南朝时期活跃于长江流域的高僧很多,现选择其学术成就较大者,简介于下:

1. 竺道生及其佛性论与顿悟说

竺道生是南朝最有名的佛性论者,"本姓魏,巨鹿人,寓居彭城。家世仕族,父为广戚令"。他幼年从竺法汰出家,改姓竺,"初入庐山"向慧远问学。后来到长安从鸠摩罗什受业,参加《大品般若经》和《小品般若经》的翻译,成为鸠摩罗什的高足之一。返回江南后,他宣传涅槃佛性论与顿悟成佛说,深得宋文帝刘义隆及名士王弘、范泰、颜延之等人的敬重。后来,他认为东晋末年法显译出的《大般泥洹经》六卷经义不够圆满,"乃说一阐提人皆得成佛"[⑤]。"一阐提",本为梵语,佛教将不信因果、不信业报、断绝善根的人,叫"一阐提",即所谓极恶的人。既然"一阐提"这种人都可以成佛,那就说明一切众生皆有佛性,都能成佛。竺道生认为万物千差万别,而本体只有一个,本体又是无所不在的,这个本体就是佛性。所以佛性也为人人所具有,他说:"一切众生,莫不是佛,亦皆泥洹。"[⑥]一阐提人是人,当然也有佛性。恶人即使作恶多端,如果一旦改恶从善,便可"顿悟成佛"。顿悟者,豁然大悟也。佛性是内在的,先天的,它存在于每个人的本性之中。人们只要见性,

① 〔梁〕释慧皎:《高僧传》卷七《释道渊传附慧琳传》,第 268 页。
② 〔梁〕释慧皎:《高僧传》卷七《释昙谛传》,第 279 页。
③ 〔梁〕释慧皎:《高僧传》卷七《释法瑶传》,第 298—299 页。
④ 《舍事道法诏》,《广弘明集》卷四,第 116 页。
⑤ 〔梁〕释慧皎:《高僧传》卷七《竺道生传》,第 255—256 页。
⑥ 《妙法莲华经疏》,见石峻《中国佛数思想资料选编》,中华书局 1981 年版,第 1 卷,第 204 页。下同,略。

就能成佛。佛性是完整圆满的“理”，不可分割，因此不得分阶段地逐渐得到它，只能是“顿悟”而获。要么得到，要么得不到，不能分期分批得到，也不能零零碎碎地逐步得到。这样成佛，不需累世修行，不用积功积德，可谓是廉价出售升入天堂的门票。竺道生的佛性论与顿悟说，以虚幻的平等掩盖现实的不平等，既利于欺骗笼络广大亟欲摆脱现世痛苦的劳苦大众，又利于那些作威作福享受荣华富贵的统治者，即使罪大恶极，也可轻易赎罪。因此，竺道生虽然被摈出建康，逐出教门，但他的学说却很快传播开了。他到吴地虎丘山讲经，“旬日之中，学徒数百”，其说法之生动活泼，引人入胜，连顽石也为之点头。这就是今日苏州虎丘名胜“点头石”的由来。元嘉七年（430 年），竺道生再次“投迹庐山”。不久，北凉僧人昙无谶所译的 40 卷本《大般涅槃经》传到南方，证明竺道生的学说是有佛经根据的。竺道生以其“孤明先发”，成为佛教学者崇拜的对象。“义学”僧人慧严、慧观与谢灵运等人，又参照法显译的六卷《泥洹》，把大本《涅槃》40 卷本改成 36 卷，称作“南本”。竺道生晚年在庐山讲经时，“神色开朗，德音俊发，论议数番，穷理尽妙，观听之众，莫不悟悦”①。他最终圆寂于法座之上，葬于庐山之阜。竺道生的佛教学说是唐代禅宗的渊源，由此伴随着禅宗的盛行而影响我国的思想界、学术界达数百年之久。

2. 僧祐及其著作《出三藏记集》与《弘明集》

僧祐，“本姓俞氏，其先彭城下邳人，父世居于建业。祐年数岁，入建初寺”，后来又至钟山定林寺。他自幼出家，“初受业于沙门法颖”。法颖在萧齐时做过僧官，“为律学所宗”。僧祐亦精研律部，以明律而著称于世。萧齐年间，竟陵王萧子良“每请讲律，听众常七八百人”。永明中，齐武帝萧赜让他“入吴，试简五众”②，进行考核甄别，并宣讲律部，可见其声望之高。入梁后，僧祐受到梁武帝萧衍的礼遇。他有黑白门徒（僧俗弟子）11000 余人，本人又精于工艺技巧，江南不少地方修塑佛像，如光宅寺与摄山大佛像、剡县石佛等，都请他去规划设计。

僧祐的著作，除充满神话的佛传《释迦谱》外，在佛教史上有重大影响的是《出三藏记集》（简称《祐录》）和《弘明集》。

《出三藏记集》凡 15 卷，是中国佛教史上现存最早的综合性《经录》，其内容结构大致分为四个部分：第一撰《缘记》，略记出经之历史。第二铨《名录》，记译籍名目、人世及异译、失译、疑伪等，其著录汉末至南朝梁初译出的经、律、论 2000 余部，4000 余卷，还有疑、伪经目约 40 多部，50 多卷。其编法类似于史籍中的《艺文志》。第三录《经序》，以见译籍

① 〔梁〕释慧皎：《高僧传》卷七《竺道生传》，第 256 页。

② 〔梁〕释慧皎：《高僧传》卷一一《僧祐传》，第 440 页。出家五众，指比丘（和尚）、比丘尼（尼姑）、尸叉摩那尼（学戒女）、沙弥（小和尚）、沙弥尼（小尼姑）。

之时代及其缘起，共收载自《四十二章经序》至《法集杂记铭目录序》120 篇，其作者包括康僧会、道安、支愍度、支遁、慧观、僧肇、慧皎等名家。第四述《列传》，以见译者之风格，共为汉末至东晋的译人名家安世高、支谶、支谦、竺法护、鸠摩罗什、昙无谶、佛驮跋陀罗、道安、慧远、法显等 32 人立《传》，有 32 篇。这些僧传，“其史料虽为慧皎《高僧传》所采集，然此尚为今所存最古之僧传，可以考后来僧传之因革及异同也。”①

《弘明集》凡 14 卷，是一部佛教历史文献的汇编，共收东汉至南朝梁以前有关佛教的论文、书札等 100 多篇。《四库提要·子部释家类》说：“其学主于戒律，其说主于因果，其大旨则主于抑周孔、排黄老、而独伸释氏之法……然六代遗编，流传最古，梁以前名流著作，今无专集行世者，颇赖以存。”这一评价是十分中肯的。

僧祐认为：“道以人弘，教以文明”，他编纂此书的目的，在“弘道明教，故谓之《弘明集》”②。在《弘明论后序》中，他又说：“余所集《弘明》，为法御侮，通人雅论，胜士妙说，摧邪破惑之衡，弘道护道之堑，亦已备矣。”③他这种力求完备、兼收并蓄的态度与方法，使人们可以清楚地了解佛教传入中国后，儒、道与佛之间争论的基本观点与不同意见，从而增加了此书的史料价值。尤其是无神论者范缜、何承天的著作，在《弘明集》中也得以保存并流传下来，充分反映了僧祐学术上的宽广胸怀与非凡气度。唐代僧人丹徒人道宣，在僧祐的影响下，又编纂了《广弘明集》，虽然搜罗更为宏富，但其“于叙释氏者具载其全文，叙道家者潜删其灵迹”“不免门户之见矣”④。

3. 慧皎及其著作《高僧传》

梁释慧皎，“未详氏族，会稽上虞人。学通内外，博训经律，住嘉祥寺。春夏弘法，秋冬著述。撰《涅槃义疏》十卷及《梵网经疏》行世”⑤。其学术上的最重要贡献是编撰《高僧传》14 卷。

我国高僧传记的出现，肇自晋代。如竺法济撰《高逸沙门传》、郗超撰《东山僧传》、南齐释法安撰《志节僧传》、释法进撰《江东名德传》等，但大都已亡佚。梁僧祐所撰《出三藏记集》卷一三至一五的僧传 32 篇虽保存下来，但未独立成书。僧祐的弟子宝唱撰《名僧传》30 卷，著录 425 位僧人，可惜此书在宋以后业已失传，流传到日本的，只剩一卷摘抄本。

慧皎对在他以前的各种《僧传》及类似著作都有所不满，认为这些书“叙载各异”，或

① 陈垣：《中国佛教史籍概论》，中华书局 1962 年版，第 3 页。下同，略。

② 《弘明集》卷首，僧祐序，第 1 页。

③ 《弘明集》卷一四《弘明论后序》，第 96 页。

④ 《四库全书总目提要》卷一四五《子部·释家类》，中华书局 1965 年版，第 1236 页。下同，略。

⑤ 〔唐〕道宣撰：《续高僧传》卷六《释慧皎传》，《高僧传合集》，上海古籍出版社 1991 年版，第 151 页。下同，略。

褒扬过当，或删削过分，“抗迹之奇，多所遗削”，所以他广集资料，“搜捡杂录数十余家，及晋、宋、齐、梁春秋书史，秦、赵、燕、凉荒朝伪历，地理杂篇，孤文片记，并博谘故老，广访先达，校其有无，取其同异”①，然后才正式编撰。这种著述态度，是极为严谨的。

《高僧传》记载从东汉明帝永平十年（67 年）到梁天监十八年（519 年）之间的高僧 257 人，又附见者 274 人，分为译经、义解、神异、习禅、明律、忘身、诵经、兴福、经师、唱导 10 科。本书所写人物栩栩如生，各具特色，反映了汉末至梁初佛教的风貌和思想演变及对社会的影响，显现了高蹈离俗、遗弃名利的僧人的高大形象。

对于《高僧传》的学术价值及影响，陈垣先生曾有评论，他说：“此书之作，实为一部汉、魏、六朝之高隐传，不徒详于僧家事迹而已”“后之作者，都不能越其轨范”。同时，他又指出：此书“惜为时地所限，详于江左诸僧，所谓‘伪魏僧’仅得四人，此固有待于统一后之续作也”②。陈老所说“详于江左”，虽是说此书之不足，但也正反映了此书的特点，是注重于记载长江流域。它对于今天开展长江文化史研究，其价值当然是不言而喻的了。

## 二、道教在长江流域的传播及其影响

道教是我国土生土长的宗教，其起源可追溯到远古的多神崇拜和民间巫术。春秋战国时期的老庄哲学与道家学说，战国到秦汉时期方士们的神仙术，以及儒生与方士合流所产生的谶纬迷信等，都是道教形成的思想渊源。从地域文化的关系看，它与长江流域的荆楚文化、巴蜀文化以及北方的燕齐文化均有一定联系。

东汉末年，在阶级矛盾尖锐的形势下，道教这一民间宗教，作为反抗统治者的工具，才有了较为严密的组织、系统的教义和规范化的传教仪式。当时影响最大的是张角兄弟创立的太平道及张陵、张鲁建立的五斗米道（天师道）。太平道组织黄巾起义，被统治阶级镇压后，在中原地区遭到彻底破坏，部分太平道徒转移到江南活动，但没有多大的发展。五斗米道在张鲁投降曹操后，其势力向三个方向发展：一是汉中地区的道民被迫北迁后继续在中原地区传道；二是巴蜀地区的天师道暂时隐蔽并保存下来；三是向长江中下游传播，并发展到东南滨海地区。

### （一）三国时期道教在江南的传播

三国时期，江南战乱较少，中原及巴蜀民众为避乱而迁居吴地，其中有些是道教信

① 〔梁〕释慧皎撰、汤用彤校注：《高僧传》卷一四《序录》，第 524 页。

② 陈垣：《中国佛教史籍概论》，第 24 页。按：唐道宣的《续高僧传》，写于国家统一时期，地域上南北兼收，但体例上仍分“十科”，只是略有小异而已。宋赞宁的《宋高僧传》，则承袭《续高僧传》，分科全同。于此足见慧皎之书影响之深。

徒。孙策创建东吴时期，江南民间比较流行的是太平道。史称："时有道士琅邪于吉，先寓居东方，往来吴会，立精舍，烧香读道书，制作符水以治病，吴会人多事之。"据说孙策部下的将士、宾客中有三分之二成了于吉的信徒，甚至望见于吉就迎拜，足见其影响之大。对此，孙策十分恐慌，他认为于吉"妖妄，能幻惑众心，远使诸将不复相顾君臣之礼"①，所以不顾其母亲及众多幕僚的劝阻，动手杀了于吉。这位被杀的于吉，很可能是黄巾军余部的太平道的一个小头目。

孙权统事后，对道教的态度有所改变。他主要采用笼络手段，以维护其统治范围内的安宁。在他统治期间，道教在江南有所发展。据葛洪记载："吴大帝时，蜀中有李阿者，穴居不食，传世见之，号为八百岁公……后有一人，姓李名宽，到吴而蜀语，能祝水治病颇愈，于是远近翕然，谓宽为李阿。"东吴境内，"曾有大疫，死者过半"。李宽"所奉道室，名之为庐。宽亦得温病，托言入庐斋戒，遂死于庐中。而事宽者犹复谓之化形尸解之仙，非为真死也"。李宽以符水为人治病，设置"道庐"，与张陵、张鲁在巴蜀、汉中的传道活动相似。李宽死后，"宽弟子转相教授，布满江表，动有千许"②。可见孙权称帝后，长江流域的道教当以天师道为主。

孙权本人对道教有一定兴趣，他希求长生，迷信仙道，当听到长老传言秦始皇遣方士徐福入海寻神山求仙药的故事后，曾于黄龙二年（230 年）派将军卫温、诸葛直率领"甲士万人浮海求夷洲及亶洲"③。当其大将吕蒙病危时，孙权亲往临视，"命道士于星辰下为之请命"④。孙权与活跃在江东的一些著名道教人物均有交往，如庐江人左慈，汉末避居江东，受到孙权的礼重。左慈曾于天柱山中精思，得《九丹金液经》。丹阳句容人葛玄，乃葛洪从祖，曾从左慈那里接受《太清丹经》《九鼎丹经》及《金液丹经》⑤。葛玄后来在阁皂山修道，曾受到吴大帝孙权召见，号为"仙公"。葛玄将其炼丹秘术授弟子郑隐。郑隐曾隐居于庐江马迹山。晚年"负笈持仙药之朴，携入室弟子，东投霍山"。郑隐有"弟子五十余人"，只有葛洪"见受金丹之经"⑥，"悉得其法"⑦。由此可见两晋时期的江南道教实渊源于三国东吴时期。相传东吴境内的术士介象能读符文，有辟谷、隐形之术；姚光有入火不热、刀枪不入的本领，都曾被孙权召入宫中，厚礼相待。孙权还曾在天台山建桐柏观，在富春建崇

① 《三国志》卷四六《吴书·孙策传》注引《江表传》，第 1109 页。
② 王明：《抱朴子内篇校释》卷九《道意》，第 173—174 页。
③ 《三国志》卷四七《吴书·吴主传》，第 1136 页。
④ 《三国志》卷五四《吴书·吕蒙传》，第 1280 页。
⑤ 王明：《抱朴子内篇校释》卷四《金丹》，第 71 页。
⑥ 王明：《抱朴子内篇校释》卷一九《遐览》，第 333 页。
⑦ 《晋书》卷七二《葛洪传》，第 1911 页。

福观，在建业修兴国观，在茅山建景阳观，前后共建观 39 处，度道士 800 名①。孙权太子孙登也好仙道，赤乌四年(241 年)，他在临终前上书，“愿陛下弃忘臣身……修黄老之术，笃养神光”②。吴景帝孙休对道术也感兴趣，曾召道士石春，考验其行气辟谷之术③。

东吴境内的会稽郡丹阳郡是道教传播的重要地区。如京兆杜陵人杜契，“建安之初，来渡江东依孙策。入会稽，尝从之。后为孙权作立信校尉。黄武二年(223 年)，渐学道。遇介琰先生，授之以玄白术。隐居大茅山之东面也”。介琰是白羊公的弟子，住“建安方山”④，也是当时有名的方士。再如“临海罗阳县有神，自称王表。周旋民间，语言饮食，与人无异，然不见其形”。当是一位道教首领。孙权曾遣中书郎李崇，以辅国将军罗阳王印绶迎表请福，又“于苍龙门外为立第舍”⑤。

为了使政权神秘化，孙权生前还曾封土地神蒋子文“为中都侯”，加印绶，立庙堂，改“钟山为蒋山”⑥。赤乌二年(239 年)，孙权开始建城隍祠。土地神与城隍神的奉祠，后来成为道教鬼神崇拜的组成部分。

**(二)两晋时期长江流域的道教**

1. 民间道教的活跃

西晋时期，长江上游巴蜀地区的民间道教比较活跃。西晋初年，道士陈瑞曾在犍为郡传道，“自称天师，徒众以千百数”。他对道教的旧规做了改革，以清静作为教义的中心“初以鬼道惑民，其道始用酒一斗，鱼一头，不奉他神，贵鲜洁。其死丧产乳者不百日不得至道治。其为师者曰祭酒，父母妻子之丧不得抚殡入吊及问乳病者”。后来随着势力发展，“转奢靡，作朱衣、素带、朱帻，进贤冠”，宗教仪式日趋隆重，一时道徒发展很多。咸宁三年(277 年)益州刺史王濬为了防止变乱，“焚其传舍”，并以“不孝”的罪名诛杀了陈瑞⑦。

晋惠帝元康年间，关陇地区爆发了氐人齐万年领导的起义。略阳、天水等六郡流民在賨人首领李特率领下，南下益、梁二州就食。賨人原居巴郡渝水(今嘉陵江)之旁，又称

① 〔唐末五代〕杜光庭：《历代崇道记》，见王友三主编：《中国宗教史》上册，第 274 页。

② 《三国志》卷五九《吴书·吴主五子·孙登传》，第 1367 页。

③ 王明：《抱朴子内篇校释》卷一五《杂应》，第 269 页。

④ 〔晋〕干宝：《搜神记》卷一，中华书局 1985 年版，第 11 页；〔梁〕陶弘景：《真诰》卷一三，胡道静、陈莲笙、陈耀庭选辑：《道藏要籍选刊》，上海古籍出版社 1989 年版，第 4 册，第 646 页。下同，略。

⑤ 《三国志》卷四七《吴书·吴主传》，第 1148 页。

⑥ 〔晋〕干宝：《搜神记》卷五，第 57 页。按：《通鉴》晋成帝咸和三年胡注云：“《典地志》：‘汉末，秣陵尉蒋子文讨贼，战死于此，吴大帝为立庙。子文祖讳钟，因改曰蒋山。’余谓孙权祖亦讳钟，当因是改也。”

⑦ 〔晋〕常璩：《华阳国志》卷八《大同志》，第 609 页。

板楯蛮，以勇猛善射著称。汉末，“张鲁居汉中，以鬼道教百姓，賨人敬信”①。曹操破汉中，张鲁降曹后，賨人北迁至关中、陇右各郡。李特的祖父李虎，便是当时北迁的賨人首领之一。元康八年(298 年)，当流民入蜀后，受到益州地区统治阶级的排挤，西晋政府亦下令流人北返。永康二年(301 年)，李特父子发动起义，一度受挫，后来得到涪陵人、居住在蜀郡青城山的道教首领范长生的支持，终于取得成功，建立了成汉政权。范长生被李雄拜为丞相，加尊号为“四时八节天地太师”。这个政权以清静无为、与民休息为国策，施政措施与张鲁据汉中时的做法相似。史称李雄“简刑约法……事少役稀，百姓富实，闾门不闭，无相侵盗”。当时“海内大乱，而蜀独无事”②，这是民间道教支持所产生的一项政治成果。成汉政权从存在的时间和版图来看，都超过了张鲁政权。直到东晋永和三年(347 年)，这个民间道教支持的政权才为桓温所灭。桓温回师离蜀后，范长生之子范贲又利用天师道号召蜀民反晋，直至永和五年(349 年)才被东晋益州刺史周抚镇压下去。

两晋时期，民间道教李家道在长江流域很活跃。李家道是天师道的一支，最初是在东吴时期，由蜀人李宽传入江东的。西晋惠帝太安二年(303 年)，江夏义阳蛮张昌“易姓名为李辰”，并“造妖言云：‘当有圣人出’”③。他利用宗教在长江中游发动起义，其部将石冰还曾东破江、扬二州，波及长江下游。东晋初年，道士李脱及其弟子李弘到江东传教。史载李脱“妖术惑众，自言八百岁，故号李八百。自中州至建邺，以鬼道疗病，又署人官位，时人多信事之。弟子李弘养徒灊山，云应谶当王”④。李脱、李弘后来都被王敦所杀。东晋时期，民间利用李家道在长江流域组织发动起义的事例很多，史载永和十二年(356 年)，桓温“遣江夏相刘岵、义阳太守胡骥讨妖贼李弘”⑤。太和五年(370 年)，蜀地李金银、李弘“并聚众为寇，伪称李势子，当以圣道王，年号凤皇”，又有李高“诈称李雄子，破涪陵”⑥。直到南朝时期，假托“李弘”的名义组织起义的事件还不断发生。

东晋时期，利用道教发动起义规模最大的是孙恩、卢循起义。这场起义从隆安三年(399 年)爆发，到义熙七年(411 年)失败，前后达 12 年之久。起义活动范围遍及长江中下游和珠江、湘江、赣江流域的广大地区。孙恩家族，世奉五斗米道，史载其叔父孙泰，曾“师事钱塘杜子恭，而子恭有秘术……子恭死，泰传其术”⑦。《南史》卷五七《沈约传》亦载：杜子恭“通灵有道术，东土豪家及都下贵望并事之为弟子，执在三之敬。(沈)警累世

① 〔晋〕常璩：《华阳国志》卷九《李特雄期寿势志》，第 661 页。
② 《晋书》卷一二一《李雄载记》，第 3040 页。
③ 《晋书》卷一〇〇《张昌传》，第 2613 页。
④ 《晋书》卷五八《周处传附玘弟札传》，第 1575 页。
⑤ 《晋书》卷九八《桓温传》，第 2572 页。
⑥ 《晋书》卷五八《周访传附抚子楚传》，第 1583 页。按：李金银，《晋书》卷八《废帝纪》作“李金根”。
⑦ 《晋书》卷一〇〇《孙恩传》，第 2632 页。

事道，亦敬事子恭。子恭死，门徒孙泰，泰弟子恩传其书，警复事之”。吴兴沈氏是江南豪强，史称“江东之豪，莫强周、沈”①。沈警是沈约的高祖，“家世富殖，财产累千金”②。可见道教在东南滨海地区，早已影响渗透到社会上层。

2. 道教在上层社会的传播

东晋时期，统治阶级中道教信徒大大增加。究其原因，一是永嘉南渡后南北对峙，战乱不断，使一些封建统治者也感到无限哀伤。恐惧绝望的心理与前途的渺茫之感，使他们从宗教中寻找寄托，这就给道教的发展提供了机会。二是道教为了取得上层社会的信赖和支持，也尽力满足他们的要求。养生、服食、炼丹、房中等神仙方术盛行，对于生活优裕，企求长生不死或长生不老、延年益寿的贵族地主来说，也正可以迎合他们的精神与肉体生活的需要。根据陈寅恪考证，东晋时代的许多高门士族，如琅邪王氏、高平郗氏、吴郡杜氏、会稽孔氏、义兴周氏、陈郡殷氏、丹阳葛氏及东海鲍氏、丹阳许氏、丹阳陶氏、吴兴沈氏，都是奉天师道的世家。皇帝中的简文帝司马昱、孝武帝司马曜，以及会稽王司马道子及世子司马元显等“东晋当日皇室之中心人物皆为天师道浸淫传染”③。

王羲之是王导的从子、郗愔的姐夫。琅邪王氏与高平郗氏都是奉天师道的世家。史载王羲之“雅好服食养性”，“与道士许迈共修服食，采药石不远千里”④。按：许迈是丹阳句容人，“本属事帛家之道，血食生民”⑤。帛和为三国时术士，相传其师为东吴孙权时人董奉，以行气服术法授帛和。西晋时北方有道士伪托帛和之名传教，此派后来传入南方。葛洪之师郑隐及其岳父鲍靓都曾奉信此道，以金丹经及《三皇内文》《五岳真形图》等道书相传承。葛洪曾说：“家有《三皇文》，辟邪恶鬼、温疫气、横殃飞祸。若有困病垂死，其信道心至者，以此书与持之，必不死也……家有《五岳真形图》，能辟兵凶道，人欲害之者，皆还反受其殃。”⑥史载王羲之次子王凝之任会稽内史，世奉五斗米道，当孙恩攻打会稽时，“僚佐请为之备。凝之不从，方入靖室请祷，出语将佐曰：‘吾已请大道，许鬼兵相助，贼自破矣。’既不设备，遂为孙恩所害”⑦。王凝之不设防而被杀，正是迷信此道的结果。

道教对书法艺术有很大影响，陈寅恪认为：“艺术之发展多受宗教之影响，而宗教之传播亦多倚艺术为资用……道家学经及画符必以能书者任之。故学道者必访寻真迹，以

① 《晋书》卷五八《周处传附玘弟札传》，第 1575 页。
② 《宋书》卷一〇〇《自序》，第 2445 页。
③ 陈寅恪：《天师道与滨海地域之关系》，《金明馆丛稿初编》，上海古籍出版社 1980 年版，第 10 页。
④ 《晋书》卷八〇《王羲之传》，第 2101 页。
⑤ 〔梁〕陶弘景：《真诰》卷四，胡道静、陈莲笙、陈耀庭选辑：《道藏要籍选刊》第 4 册，第 590 页。
⑥ 王明：《抱朴子内篇校释》卷一九《遐览》，第 336—337 页。
⑦ 《晋书》卷八〇《王羲之传附子凝之传》，第 2103 页。

供摹写。适与学书者之访寻碑帖无异……是书法之艺术实供道教之利用。而写经又为一种功德。”①相传王羲之曾为山阴道士写《道德经》《黄庭经》以换取白鹅。其子王献之亦写有五斗米道符箓及神咒。王羲之内弟郗愔“性尚道法,密自遵行。善隶书,与右军相埒。手自起写道经,将盈百卷”②。

江南茅山附近的丹阳、晋陵、吴郡一带,是侨姓士族与吴地世族聚居的地区,也是服饵养生、志山乐水、注重仙术的神仙道教流行的地区。如道士许迈“与王羲之父子为世外之交。羲之亦辞荣养生,每造远,弥日忘归,诗书往复,多论服饵”③。许迈“初采药于桐庐县之桓山”,又曾在余杭县悬霤山立精舍:“往来茅岭之洞室,放绝世务,以寻仙馆”。永和二年(346 年),“移入临安西山,登岩茹芝,眇尔自得,有终焉之志”④。他与东晋帝室关系也很密切,在江南地区很有影响。

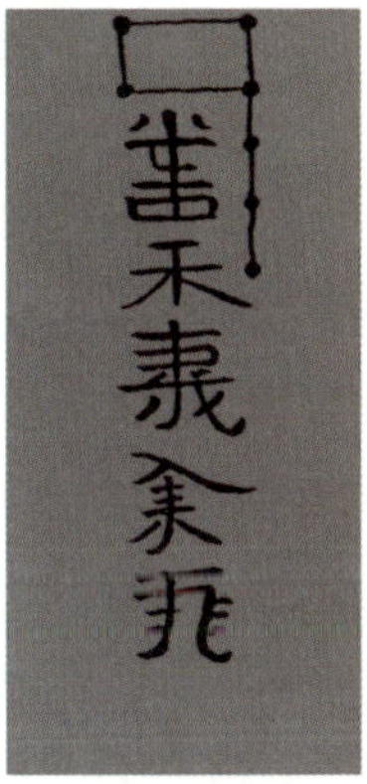

**湖南资兴 474 号墓出土的买地券券尾的道符**

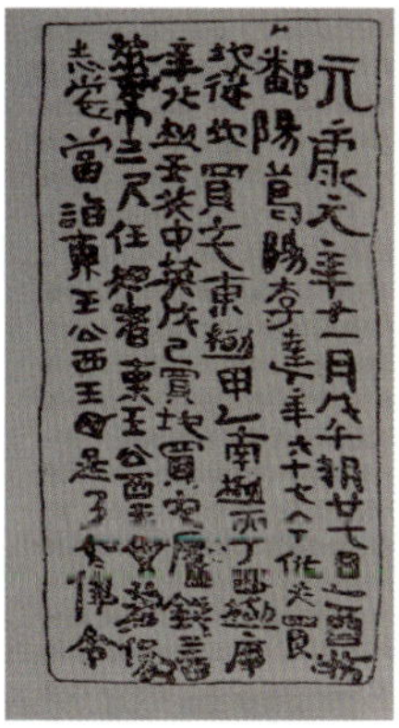

**江苏句容李达买地券**

长江中游比较有影响的道教上层人物,是女道士魏华存。她本是西晋司徒魏舒之女。西晋末年,因避乱自洛阳南迁,隐居于衡山,被道教教徒奉为南岳魏夫人。

3. 葛洪的道教理论

葛洪,字稚川,自号抱朴子,丹阳句容人,出身于官僚与道教世家。其祖父葛系,为吴之大鸿胪。父葛悌为吴会稽太守,入晋后为邵陵太守。葛洪早年曾与江南士族吴郡顾秘、义兴周玘等一起镇压过张昌、石冰领导的农民起义。东晋初封关内侯,曾当过王导的

① 陈寅恪:《天师道与滨海地域之关系》,《金明馆丛稿初编》,上海古籍出版社 1980 年版,第 4—37 页。

② 《太平御览》卷六六六《道部八·道士》引《太平经》,第 2974 页。

③ 《太平御览》卷六六九《道部一一·服饵上》引《道学传》,第 2986 页。

④ 《晋书》卷八〇《王羲之传附许迈传》,第 2107 页。

咨议参军，后去广州罗浮山炼丹，“在山积年，优游闭养，著述不辍”[①]。

葛洪道教理论的代表作《抱朴子》，“大凡内外一百一十六篇”[②]。今本为内篇 20，外篇 52，合计 72 篇，其余 44 篇已经亡佚[③]。从内容上看，“其内篇言神仙方药，鬼怪变化，养生延年，禳邪却祸之事，属道家。其外篇言人间得失，世事臧否，属儒家”[④]。这是一部以神仙养生为内，以儒术应世为外，把道教的神仙理论与儒家的忠孝仁信调和起来的著作。

北京故宫博物院藏

元代王蒙《葛稚川移居图》

在宇宙观方面，葛洪认为“玄”是万有的本体。所谓“玄者，自然之始祖，而万殊之大宗也”[⑤]。作为宇宙万物之本的“玄”，乃是一个无所不在、无所不有、无所不为、无所不能、深远高旷、微妙无比、变幻莫测的存在。“玄”既先天地万物而存在，同时也超乎于一切具体事物之上，“玄”不仅决定了宇宙的生成，而且规约着现实世界所有事物的运动。“道”与“玄”一样，都是宇宙万物的本体。他认为有仙骨的人能得到“玄一”或“真一”，所以，“人能知一，万事毕”“子欲长生，守一当明”[⑥]。葛洪把“一”和“道”“玄”等同起来，认为“一”是宇宙的本源，“守一”便是修行成仙的途径。

葛洪认为长生是可能的，神仙不死也是可以相信的。他说：“天地之间，无外之大，其中殊奇，岂遽有限……故不见鬼神，不见仙人，不可谓世间无仙人也。”[⑦]在他看来，人只能认识有限的东西，而长生不老的神仙乃是人所不能认识的无限存在。所以，人不能凭有限的认识，来否认神仙的存在。这实质上是把人们知觉的有限性与世间事物的无限性对立起来，从而为神仙的存在制造依据。

在如何成仙的途径上，葛洪主张内修外养，内保精气，外服丹药。内保精气的方法，一曰“行气”，二曰“房中之术”。他说：“养生之尽理者，既将服神药，又行气不懈，朝夕导引，以宣动荣卫，使无辍阂，加之以房中之术，节量饮食，不犯风湿，不患所不能，如此可以不病”[⑧]。但成仙的关键，还在于炼制与服食金丹。所以，他固辞官职，去山中专心致志炼

① 《晋书》卷七二《葛洪传》，第 1912 页。

② 《晋书》卷七二《葛洪传》，第 1912 页。

③ 王明：《抱朴子内篇校释》序言，第 18 页。

④ 杨明照：《抱朴子外篇校笺》卷五〇《自叙》，中华书局 1991 年版，第 698 页。下同，略。

⑤ 王明：《抱朴子内篇校释》卷一《畅玄》，第 1 页。

⑥ 王明：《抱朴子内篇校释》卷一八《地真》，第 323 页。

⑦ 王明：《抱朴子内篇校释》卷二《论仙》，第 14、21 页。

⑧ 王明：《抱朴子内篇校释》卷一五《杂应》，第 271 页。

丹。他说："金丹之为物，烧之愈久，变化愈妙。黄金入火，百炼不消，埋之，毕天不朽。服此二物，炼人身体，故能令人不老不死。"①至于导引屈伸，服草木之药，虽可延年，但仍不免于死；符水禁祝之法，能见鬼怪，治邪有效，但无益于年命。在葛洪看来，符水派不懂金丹大法，只能欺世诳人，应予禁绝。廉价的符水道教与高贵的金丹道教的对立，实际上是阶级矛盾在道教内部的反映。葛洪创立的道教理论，就其实质，是为官方统治阶级服务的。

在社会政治观方面，葛洪主张佐时治国，因此力图沟通儒、道二教。他认为："道者，儒之本也；儒者，道之末也。"又说："夫所谓道，岂唯养生之事而已乎？《易》曰：立天之道，曰阴与阳；立地之道，曰柔与刚；立人之道，曰仁与义……夫道者，内以治身，外以为国。"②他企图建立一种内神仙而外儒教的宗教理论，来适应统治阶级的需要。在处世态度与方法上，他主张"内宝养生之道，外则和光于世……以《六经》训俗士，以方术授知音；欲少留，则且止以佐时；欲升腾，则凌霄而轻举"③。这样既可佐时治国，享尽人间富贵；又可升腾成仙，进入天堂，充分反映了门阀士族的愿望。

**（三）南朝时期长江流域道教的发展**

南朝时期，长江流域的道教有进一步的发展，对上层社会的影响也进一步加深。道、儒、佛既斗争，又合流，开始成为封建社会中的三大精神支柱。

1. 道馆的兴起与道书的增多

在封建统治者的支持下，长江流域道馆兴起，这是南朝道教发展的一个重要标志。

南朝刘宋元嘉末年，太子刘劭及其弟刘濬，敬事天师道吴兴女巫严道育，受其所惑，乃弑宋文帝自立，史称"太初之难"。宋文帝刘义隆本人也信道教，他曾让左仆射徐湛将道士陆修静召入宫中，讲道说法。"太初之难"后，陆修静离开建康，后隐居于庐山修道。宋孝武帝刘骏、前废帝刘子业，也都信道教。宋明帝刘彧即位后，"思弘道教，广求名德"，于京城北郊为陆修静筑崇虚馆，"盛兴造构，广延胜侣"，引起"朝野注意，道俗归心。道教之兴，于斯为盛也"④。陆修静出身于吴地世族，相传是东吴丞相陆凯后裔，在长江流域很有影响。与此大约同时，宋明帝还在会稽"禹穴之侧立怀仙馆"，让道士孔灵产居住，并赐以"林下之服"。到南朝齐、梁、陈三代，道馆的兴建便愈来愈多，如南齐高帝萧道成为褚伯玉立太平馆，又于茅山造崇阳馆，敕蒋负刍于馆行道。梁武帝萧衍为陶弘景立朱阳馆，

① 王明：《抱朴子内篇校释》卷四《金丹》，第 71 页。
② 王明：《抱朴子内篇校释》卷一〇《明本》，第 184—185 页。
③ 王明：《抱朴子内篇校释》卷八《释滞》，第 148 页。
④ 陈国符：《道藏源流考》上册，辑录《陆修静传》，中华书局 1985 年版，第 40—41 页。下同，略。

又为陶“建太清玄坛”，还为天师十二世孙张裕在虞山建起招真馆，为许玉斧玄孙许灵真在茅山立嗣真馆。陈武帝陈霸先曾于“义仙馆发讲”，还曾立宗虚大馆，引徐师子为馆主①。估计南朝长江流域道馆有100多所②，遍及名山大都，其中最多的是茅山一带。

南朝长江流域道教发展的另一标志是道书的增多。宋明帝泰始七年（471年），陆修静在走遍江南巴蜀，到处搜访的基础上，编写了我国最早的一部道藏书目《三洞经书目录》。他对宋明帝说：“道家经书并药方符图等，总一千二百二十八卷。”又说：“一千九十卷已行于世，一百三十八卷犹在天宫。”③他把道经按“三洞”进行分类整理，分为“洞真”“洞玄”“洞神”三大部分；自己又编撰斋戒、仪范等书100余卷，道教仪式因而初备。在他之后，又相继出现了“四辅”（太玄、太平、太清、正一）及“七部”（太玄辅洞真、太平辅洞玄、太清辅洞神，正一通贯，总成七部）的划分。“七部”之名，始见于梁孟法师的《玉纬七部经书目》。梁武帝普通四年（523年），阮孝绪在《七录》之“仙道录”内列经戒部290种，318帙，828卷；服饵部48种，52帙，167卷；房中部13种，13帙，38卷；符图部70种，76帙，103卷；共4部，425种，459帙，1138卷④。经戒部的数量远远超过服饵、房中、符图三部，显示了这一时期道经的渐趋成熟，也是道教教义发展与教规教仪充实的表现。

2. 道与佛的斗争

道教在长江流域的发展过程中，与佛教并存又发生冲突与斗争，这是传统文化与外来文化碰撞的必然反映。由于佛教主张弃妻子、捐财货，终身不娶，有违中国传统的孝道，不符合中国的风俗习惯，所以受到一般世俗人士的反对，儒者也往往以“夷夏之辨”来反对佛教。南朝时期，随着道教与佛教的发展，道与佛的斗争出现了新的格局。

南朝宋齐年间，由儒入道的道教思想家，吴郡盐官（今浙江海宁）人顾欢，在剡县天台山开馆聚徒讲道，受业者常近百人。顾欢著《夷夏论》，认为：“道则佛也，佛则道也，其圣则符，其迹则反。”表面上等同道佛二教，而实际上则“意党道教”。他说：“佛是破恶之方，道是兴善之术。兴善则自然为高，破恶则勇猛为贵。佛迹光大，宜以化物。道迹密微，利用为已。”他认为佛教和道教可以同时并存，但是又说：“道经之作，著自西周。佛经之来，始于东汉。”即道经在中国的出现早于佛经。佛教是“西戒之法”“下弃妻孥，上绝宗祀”，

① 陈国符：《道藏源流考》下册，附录七《道学传辑佚》，第454—504页。

② 据陈马枢《道学传》和元刘大彬《茅山志》两书统计，见任继愈主编：《中国道教史》，上海人民出版社1990年版，第167页。下同，略。

③ 〔唐〕道世：《法苑珠林》卷五五《破邪篇·妄传邪教第三》，上海古籍出版社1991年版，第页。下同，略。

④ 见《广弘明集》卷三，分类与合计数字略有出入。

道教与佛教有“优劣之分”。只有道教才是中国人自己的宗教。如果“舍华效夷，义将安取？”①这种“夷夏之辨”的发挥，显然是吸收了儒家的思想。

宋司徒袁粲化名道人“通公”，首先起来对顾欢进行反驳，说：“孔、老、释迦，其人或同，观方设教，其道必异。孔、老教俗为本，释氏出世为宗，发轸既殊，其归亦异。”又说：“仙化以变形为上，泥洹以陶神为先。变形者白首还缁，而未能无死；陶神者使尘惑日损，湛然常存。”②他认为道教的成仙不死是不可能的，佛教的“泥洹之道”（即“涅槃”，无生死的境界）却是常存的，所以佛教优于道教。其次是明僧绍，作《正二教论》，说：“佛明其宗，老全其生。守生者蔽，明宗者通。今道家称长生不死，名补天曹，大乖老、庄立言本理。”③他对佛、道二教做了比较，而略为崇佛。

道教徒们则支持顾欢。吴兴道士孟景翼，当齐竟陵王萧子良让他“礼佛”时，他坚决不肯。萧子良送他《十地经》，他作《正一论》，宣传《老子》的“圣人抱一以为天下式”。他说：“一之为妙，空玄绝于有境，神化赡于无穷。为万物而无为，处一数而无数。莫之能名，强号为一。在佛曰‘实相’，在道曰‘玄牝’。道之大象，即佛之法身。以不守之守守法身，以不执之执执大象。”他认为“老、释未始于尝分，迷者分之而未合”④。孟景翼坚持信道而不礼佛，但他却看出了道教与佛教的基本精神是一致的。

萧齐年间，司徒从事中郎张融曾与太子仆周颙讨论儒、佛、道的关系。张融认为“道之为佛，逗极无二”。就其本源来说，彼此都是一致的。他打了个比方，说：“昔有鸿飞天首，积远难亮，越人以为凫，楚人以为乙。人自楚、越，鸿常一耳。”⑤在他看来，礼佛与奉道可以同时并行，临终时，他遗令“左手执《孝经》《老子》，右手执小品《法华经》”⑥，以表明其三教并重的立场。张融死后，有道士假冒张融之名，作《三破论》，说佛教“入国而破国”“入家而破家”“入身而破身”。《三破论》的主要理论依据是儒家的“忠”“孝”，认为“身体发肤，受之父母，不敢毁伤，孝之始也”。如果听任佛教流行，“男不娶妻，女不嫁夫，一国伏法，自然灭尽”⑦。道教运用儒家的伦理道德，发挥“夷夏之辨”，从维护封建统治的长远利益出发来反对佛教，反映了儒、道、佛斗争中，儒、道利益的一致。

### 3. 陶弘景对道教发展的贡献

陶弘景，字通明，丹阳秣陵人。自幼好读葛洪《神仙传》，从此崇信道教。年轻时曾仕

① 《南史》卷七五《隐逸上·顾欢传》，第 1876—1877 页。

② 《南史》卷七五《隐逸上·顾欢传》引，第 1878 页。

③ 《南史》卷七五《隐逸上·顾欢传附孟景翼传》引，第 1879 页。

④ 《南史》卷七五《隐逸上·顾欢传附孟景翼传》引，第 1879 页。

⑤ 《南史》卷七五《隐逸上·顾欢传附孟景翼传》引，第 1879 页。

⑥ 《南齐书》卷四一《张融传》，第 729 页。

⑦ 《弘明集》卷八，刘勰《灭惑论》引，第 51—52 页。

齐为诸王侍读。永明十年(492年)，辞官入茅山修道。他曾从陆修静的门人孙游岳学道，"受符图经法"。后来遍历名山大川，"寻访仙药"。他虽然归隐，但未忘政治。当萧衍起兵，军至新林时，他派弟子假道奉表拥戴，并援引图谶"水丑木"为"梁"，以"梁"为应运之符，令弟子人朝献之。从此名声显赫，朝野名流敬仰备至。史称："国家每有吉凶征讨大事，无不前往咨询。月中常有数信，时人谓为山中宰相。"①

宋佚名绘陶弘景画像，台北"故宫博物院"藏

陶弘景对道教发展的贡献，首先是弘扬了上清经法，实际创建了茅山宗。

上清派又称茅山宗，是由南方的天师道衍化而来。茅山本名句曲山，在今江苏句容县境内。史称："汉有咸阳三茅君得道来掌此山，故谓之茅山。"②东晋道士杨羲假托魏夫人(女道士魏华存)之名，撰写了《上清大洞真经》，该书问世于晋哀帝兴宁元年(363年)，标志着上清派的诞生。上清派主张存养神气，引降天神来庇护身体门户，从而达到飞升成仙的境界。与早期道教重服食、金丹、符水等方术相比，上清派更偏重于存思与内观。这种注重内在精神修养的方式，既来源于中国传统道家庄子的思想，又是吸收外来佛经文化的结果。

陶弘景是道教上清派的重要传人③，他就孙游岳咨禀道家符图经法后，相传又得到了杨(羲)、二许(翙、谧)手书真迹，再东行浙越，遍访江南诸郡名山及宿旧道士，并得遗迹10余卷，然后归隐茅山，整理弘扬上清经法，编成《真诰》一书。全书七篇，前五篇标题分别为《运题象》《甄命授》《协昌期》《稽神枢》《阐幽微》，主要记录东晋魏夫人等众仙下降，会见杨羲、二许等三君，口授真言，内容包括仙真授受真诀等神仙故事及药物、导引、按摩等修炼方法，还有类似佛家语及地狱托生之说，显露出其援佛入道的思想痕迹。陶弘景把"道"看成是万物的本体，是宇宙的根源，则是对葛洪"玄""道""一"理论的继承与发展。第六篇《握真辅》，纂集三君在世时的笔记便条、往来书疏。第七篇《翼真检》，概述全书篇目要旨，编纂体例，对东晋以来上清经问世之源与流传经过，以及杨羲、二许的家世生平

① 《南史》卷七六《隐逸下·陶弘景传》，第1899页。

② 《南史》卷七六《隐逸下·陶弘景传》，第1897页。按："三茅君"即茅氏三兄弟：茅盈、茅固、茅衷，为汉元帝时隐士。

③ 东晋南朝上清派传承关系为：魏夫人—杨羲—许翙、(许谧)—许黄民—马朗(马罕)—殳季真……陆修静—孙游岳—陶弘景。参阅任继愈主编：《中国道教史》，第136页。

有较详细的记载。本书是一部有名的道教经典，也是有关上清派早期教义、方术和历史的集大成之作。

陶弘景在茅山弘扬上清经法，同时率弟子建造道馆。先是建造华阳上、中、下三馆，其后又相继建成朱阳馆、郁岗玄洲斋室、嗣真馆、清远馆、燕洞宫、林屋馆、崇元馆、太清玄坛等，均由陶弘景弟子住持，馆内徒众有多至千人者。陶弘景及其弟子不仅在茅山大兴道馆，而且还修塘垦田，作为道馆的经济来源。经过数十年的经营，茅山终于成为道教上清派的中心，所以上清派后来亦称"茅山宗"。茅山宗在长江流域影响很大，南北朝末年又传至北方。陶弘景作为茅山宗的实际创建人，在道教史上有重要地位。

第二是建立了一套道教修炼的理论。陶弘景编的《养性延命录》，引述魏晋以来诸家道书所言养生炼形等长生方术，讲了饮食宜忌，性情保养、服气吐纳、导引按摩、御女损益、含咒思神、祈福禳灾及医药卫生等各种知识。其中企求长生不死、飞升上清的思想固然是荒谬的，但注意卫生、保养身体、延命养性的内容在科学上有一定价值。

第三是确立了道教的神仙谱系。陶弘景所著《真灵位业图》，以图谱形式，网罗列举了上清派所奉近700名神灵仙真的名号。他把儒家的封建等级观念引入道教，按从上天至地下的次序，将诸神排列为七个阶层，即七个等级。每一阶设一中位，依次为元始天尊、大道君、太极金阙帝君、太清太上老君、九宫尚书、中茅君及丰都北阴大帝。每一中位又各立左位、右位，分列多名神仙以配之。在序中，他说仙真的等级很森严："虽同号真人，真品乃有数；俱目仙人，仙亦有等级千亿。"在陶弘景的神仙谱系中，除了有传说中的道教神仙外，还有不少历史人物，如周武王、孔子、秦始皇也被掺杂进去，体现了他融合儒、道，以宗教为政治服务的思想。

陶弘景对南朝道教的变革与发展作出了重要贡献，同时他也敬重佛法，佛道兼修。史载梁天监年间，陶弘景外出时，"曾梦佛授其菩提记云，名为胜力菩萨。乃诣鄮县（今浙江镇海县西）阿育王塔自誓，受五大戒"。他在临终前遗令："冠巾法服……通以大袈裟覆衾蒙首足。明器有车马。道人（指僧人）道士并在门中，道人左，道士右。"①其葬礼也体现了佛道双修之义。陶弘景对儒家经学也很有研究，他对儒、道、佛采取兼容并包的态度，与梁武帝萧衍倡导的三教同源说的精神是一致的。

由于陶弘景的宗教行动适应了统治阶级的需要，道教在江南的传播愈益广泛。《隋书·经籍志》说："武帝弱年好事，先受道法，及即位犹自上章，朝士受道者众。三吴及边海之际，信之逾甚。陈武世居吴兴，故亦奉焉。"南朝道教还影响到北方。甚至北魏僧人

① 《南史》卷七六《隐逸下·陶弘景传》，第1899页。

昙鸾也慕名到江南，向陶弘景学习道术①。昙鸾是佛教净土宗的创始人。佛道二教的关系，从斗争走向交融，二者都取得合法地位，成为统治阶级所提倡的宗教，为隋唐以后佛道二教的进一步发展奠定了基础。

## 第五节　南北交往与经济文化交流

三国两晋南北朝时期，南北之间政治、军事上长期处于对峙状态，但人员的往来与经济文化上的交流却并未中断。经济文化交流的方式，既有官方使臣的交聘，也有民间的往来，同时也有出自军事目的的各种有意识接触。

### 一、三国时期的南北交往

魏、蜀、吴三国的关系中，蜀汉以兴复汉室自居，与曹魏处于根本对立的状态，因此双方的交往较少。东吴的外交方针比较灵活，但与北方的往来要多一些。

孙策创业期间，为了取得中原王朝的认可，曾于建安四年(199 年)，派张纮奉奏章到许都。张纮被留在许都，任侍御史，与孔融等人关系亲密。孙策死后，曹操听从张纮的建议，表孙权为讨虏将军，领会稽太守；让张纮出任会稽东部都尉，回到江东。张纮的诗赋文章为曹魏境内的文人所喜爱。史载张纮“见柟榴枕，爱其文，为作赋。陈琳在北见之，以示人曰：‘此吾乡里张子纲所作也。’后纮见陈琳作《武库赋》《应机论》，与琳书深叹美之。琳答曰：‘自仆在河北，与天下隔，此间率少于文章，易为雄伯，故使仆受此过差之谭，非其实也。今景兴在此，足下与子布在彼，所谓小巫见大巫，神气尽矣’”②。陈琳，广陵人，与张纮同乡。他是建安七子之一，文学造诣很高，但对东吴文人张纮、张昭亦很佩服。

曹丕称帝后，孙权并不忙于称帝。他称吴王，曾派都尉赵咨使魏称藩，体现了其外交政策上的灵活性。史载：“都尉赵咨使魏。魏帝问曰：‘吴王何等主也?’咨对曰：‘聪明仁智雄略之主也。’帝问其状，咨曰：‘纳鲁肃于凡品，是其聪也。拔吕蒙于行阵，是其明也。获于禁而不害，是其仁也。取荆州而兵不血刃，是其智也。据三州虎视于天下，是其雄也。屈身于陛下，是其略也。’帝欲封权子登，权以登年幼，上书辞封，重遣西曹掾沈珩陈谢，并献方物。”表面上孙权称藩于魏，实际上不让曹丕染指、干涉孙吴内政，保持了其政权的独立性。赵咨语言敏捷，对答如流，“频载使北，魏人敬异”。吴郡人沈珩，“少综经艺，尤善《春秋》内、外传”“有智谋，能专对”，也曾出使曹魏，与曹丕“谈语终日”，而“随机

① 〔唐〕道宣：《续高僧传》卷六《释昙鸾传》，《高僧传合集》，第 150 页。

② 《三国志》卷五三《吴书·张纮传》，第 1246 页。

响应，无所屈服”①。魏黄初元年（220年），曹丕遣使至吴，“求雀头香、大贝、明珠、象牙、犀角、玳瑁、孔雀、翡翠、斗鸭、长鸣鸡”。东吴群臣主张不给，孙权说：“彼所求者，于我瓦石耳，孤何惜焉！”一一满足了曹丕的要求，“具以与之”②。

据《三国志·魏书·文帝纪》记载，黄初六年（225年）秋八月，曹丕“以舟师自谯循涡入淮，从陆道幸徐。九月，筑东巡台。冬十月，行幸广陵故城（今江苏扬州），临江观兵，戎卒十余万，旌旗数百里。是岁大寒，水道冰，舟不得入江，乃引还”。又据《三国志·吴书·吴主传》注引《吴录》记载：“是冬魏文帝至广陵，临江观兵，兵有十余万，旌旗弥数百里，有渡江之志。权严设固守。时大寒冰，舟不得入江。帝见波涛汹涌，叹曰：‘嗟乎。固天所以隔南北也。’”上述两种记载都说明：曹丕自知其率领的北方劲旅长于陆战，不娴水战，又遇到孙权的严防固守，故知难而退。孙权与曹丕之间的对抗，可谓是棋逢对手，难分高下。吴嘉禾四年（235年）秋七月，“魏使以马二百匹求易珠玑、翡翠”，孙权说：“此朕不用之物，乃与交易”③。魏吴之间的交聘与通商，促进了南北之间经济文化的交流。

孙权还派人从海上到辽东，与公孙渊通好互市，换取马匹。史载曹魏政府以公文下辽东，进行指责，说：孙权“恃江湖之险阻……比年已来，复远遣船，越渡大海，多持货物，诳诱边民。边民无知，与之交关。长吏以下，莫肯禁止。至使周贺浮舟百艘，沈滞津岸，贸迁有无。既不疑拒，赍以名马，又使宿舒随贺通好”④。东吴周贺带领的船队多至百艘，从长江口出海，到辽东贸易，足见孙吴时期长江流域与辽东地区往来密切。

曹魏政权为了从军事上牵制孙吴，与孙吴境内的少数民族山越亦有频繁接触。史载建安十九年（214年），“曹公遣朱光为庐江太守，屯皖，大开稻田，又令间人招诱鄱阳贼帅，以作内应”⑤。建安二十一年（216年），“鄱阳民尤突受曹公印绶”⑥。建安二十二年（217年），“丹杨贼帅费栈受曹公印绶，扇动山越，为作内应”⑦。为了切断曹魏与山越的联系，吴黄武七年（228年），鄱阳太守周鲂伪叛，诱魏将曹休，所写牋七条，把自己欲叛吴降魏的理由讲得有条有理，使人不得不信，致使曹休上当，“帅步骑十万，辎重满道，径来入皖。鲂亦合众，随陆逊横截休，休幅裂瓦解，斩获万计”⑧。周鲂这篇伪降文写得十分精彩。曹休败北，使曹魏从此放弃了利用山越来对付孙吴的策略。

---

① 《三国志》卷四七《吴书·吴主传》及注引《吴书》，第1123—1124页。
② 《三国志》卷四七《吴书·吴主传》注引《江表传》，第1124页。
③ 〔唐〕许嵩：《建康实录》卷二《太祖下》，第42页。
④ 《三国志》卷八《魏书·公孙渊传》注引《魏略》，第255页。
⑤ 《三国志》卷五四《吴书·吕蒙传》，第1276页。
⑥ 《三国志》卷六〇《吴书·贺齐传》，第1380页。
⑦ 《三国志》卷五八《吴书·陆逊传》，第1344页。
⑧ 《三国志》卷六〇《吴书·周鲂传》，第1391页。

曹魏后期，王基出任荆州刺史，他对南方的东吴政权采用了新的策略。史称其“明制度，整军农，兼修学校，南方称之”①。西晋初年，羊祜与陆抗在边境对抗，注意“增修德信”，使“吴人翕然悦服”，“二境交和”，南北交往更加密切。史载羊祜“所著文章及为《老子传》并行于世。襄阳百姓于岘山祜平生游憩之所建碑立庙，岁时飨祭……祜卒二岁而吴平，群臣上寿，帝（司马炎）执爵流涕曰：‘此羊太傅之功也’”②。羊祜生前努力推动南北之间的往来与了解，促进了国家的统一，其功绩是卓著的。

## 二、十六国与东晋南朝的交往

十六国（304—439）除成汉建立于长江上游外，其余都建立在北方地区。这些北方少数民族及汉族建立的割据政权，与建立在长江流域的东晋及南朝汉族政权之间，既有军事对抗的关系，又有着政治交聘、经济交流与文化交融的关系。

匈奴族刘渊、刘曜建立的汉、前赵政权与羯族石勒建立的后赵政权，跟东晋是敌国，其关系以军事对抗为主，但边境上人民之间的往来并未中断。如史载祖逖北伐，在边境劝课农桑，练兵积谷。后赵王石勒“患之，乃下幽州为逖修祖、父墓，置守冢二家，因与逖书，求通使及互市。逖不报书，而听其互市，收利十倍。……边境之间，稍得休息”③。祖逖曾“遣参军王愉使于勒，赠以方物，修结和好。勒厚宾其使，遣左常侍董树报聘，以马百匹、金五十斤答之。自是兖豫乂安，人得休息矣”④。祖逖的正确方针，促进了南北之间的进一步交往。

鲜卑慕容部与东晋的关系比较密切。西晋永嘉初年（307 年），慕容廆自称鲜卑大单于，因“政事修明，爱重人物”，辽东及中原“士民多归之”⑤。东晋政权一建立，司马睿就对慕容廆加官晋爵。慕容廆派长史王济浮海劝进。司马睿称帝后，又派陶辽出使慕容部，重申前命。大兴三年（320 年），慕容廆的使者裴嶷到达建康，受到东晋朝廷的重视。晋成帝咸和六年（331 年），慕容廆又派使者送信给东晋太尉陶侃，劝陶侃“兴兵北伐，共清中原”⑥。慕容廆去世后，其子慕容皝派王济到建康报丧，东晋朝廷派徐孟、闾丘幸等赴辽东册封慕容皝。慕容皝又派长史刘斌、兼郎中令阳景送徐孟等人还建康。慕容皝自称燕王，建立前燕，又派长史刘翔、参军鞠运到建康。刘翔受到晋成帝的接见，在建康住了一

① 《三国志》卷二七《魏书·王基传》，第 752 页。
② 《晋书》卷三四《羊祜传》，第 1016—1023 页。
③ 〔宋〕司马光：《资治通鉴》卷九一，晋元帝大兴三年，第 2883 页。
④ 《晋书》卷一〇五《石勒载记下》，第 2738 页。
⑤ 《资治通鉴》卷八八，晋愍帝建兴元年，第 2797 页。
⑥ 《资治通鉴》卷九四，晋成帝咸和六年，第 2980 页。

年多。他看不惯“江南士大夫以骄奢酣纵相尚”，曾利用“朝贵集会”①的机会，向何充等人提出直率批评。咸康七年（341 年），晋成帝又派兼大鸿胪郭郗持节诣棘城（今辽宁义县西北）册命燕王，与刘翔等人一起去北方。从此以后，东晋和前燕之间，使臣往来不绝，促进了双方的了解与文化的交流。直到晋永和八年（352 年）慕容儁自称皇帝，建元元玺，对东晋使臣说：“汝还白汝天子，我承人乏，为中国所推，已为帝矣。”②双方才成为敌国。

氐族建立的前秦政权，在苻坚与王猛的治理下，曾一度统一过北方，力量强大。但苻秦与东晋的军事对峙，自晋太元元年（376 年）至太元八年（383 年），亦仅八年。苻坚仰慕汉族文化，礼遇南方士人，是很突出的。如东晋梓潼太守周虓被俘后，“每入见坚，辄箕踞而坐，呼之为氐贼”。苻坚虽然心里“不悦”，但“待之弥厚”，终不加害，并称赞他是“忠臣”③。又如苻丕攻陷襄阳后，名士习凿齿被俘。苻坚“素闻其名，与道安俱舆而致焉。既见，与语，大悦之，赐遗甚厚。又以其蹇疾，与诸镇书：‘昔晋氏平吴，利在二陆；今破汉南，获士裁一人有半耳。’”④因习凿齿患有“脚疾”，苻坚仍让他回襄阳居住。淝水之战后，苻秦政权瓦解。苻坚败死后，其子苻宏投奔东晋，被安置在江州，历位辅国将军、梁州刺史。苻坚从兄子苻朗归依东晋后，与谢安、会稽王司马道子、沙门释法汰等均有交往。他善于臧否人物，又善品尝饮食，后遭王国宝陷害，临刑赋诗，说：“四大起何因？聚散无穷已。既过一生中，又入一死理。冥心乘和畅，未觉有终始。如何箕山夫，奄焉处东市！旷此百年期，远同嵇叔子。命也归自天，委化任冥纪。”他以嵇康来比喻自己，“著《苻子》数十篇行于世，亦《老》《庄》之流也”⑤。由此可见，苻秦政权瓦解后，进入长江流域的氐人在文化上已经汉化了。

羌族首领姚弋仲，临终时告诫诸子归晋。其子姚襄率众归晋后，被安置在谯城（今安徽亳县）。史载姚襄“单骑渡淮，见谢尚于寿春。尚闻其名，命去仗卫，幅巾待之，欢若平生。襄博学，善谈论，江东人士皆重之”⑥。后来由于殷浩处理关系不当，才造成姚襄北返。姚襄之弟姚苌，是后秦政权的创建人。由此可见，在后秦建立之前，羌族与长江流域的东晋政权之间也有过一段友好往来，他们在文化上是息息相通的。

张轨建立的前凉政权，四世忠晋，大批汉族士人荟萃于河西地区，学术研究空气很浓。张骏曾派傅颖假道于蜀以通建康，受到成国主李雄的阻拦。后来又派治中从事张淳

① 《资治通鉴》卷九六，晋成帝咸康七年，第 3044 页。
② 《晋书》卷一一〇《慕容儁载记》，第 2834 页。
③ 《晋书》卷五八《周虓传》，第 1584 页。
④ 《晋书》卷八二《习凿齿传》，第 2154 页。
⑤ 《晋书》卷一一四《苻坚载记下附苻朗载记》，第 2937 页。
⑥ 《资治通鉴》卷九九，晋穆帝永和八年，第 3124 页。

称藩于成以假道，终于取得成功，到达建康。东晋朝廷派耿访去凉州，因道路受阻。在梁州滞留了七年之久。耿访又把朝廷诏书托付给贾陵，让他装扮成商人，先到达长安。咸和八年（333年），贾陵到达凉州。张骏派部曲督王丰等报谢，并送贾陵一起回朝。咸和九年（334年），东晋朝廷又派耿访与王丰一起带上印绶赴凉州，任命张骏为大将军，都督陕西雍秦凉州诸军事。从此，“每岁使命不绝”[①]，友好往来日增，促进了河西文化与长江文化的交流。

李暠建立的西凉政权，得到汉族士人的支持。北凉主沮渠蒙逊出自卢水胡，他尊刘昞为国师，大量重用汉族士人，提倡文化。这两个政权，继承了前凉的传统，与长江流域的东晋及刘宋政权信使往来，文化上的联系特别紧密。

南朝刘宋元嘉三年（426年），北凉主且渠蒙逊子且渠兴国遣使至宋，“请《周易》及子、集诸书”，宋文帝刘义隆满足了其要求，送书总数达“四百七十五卷。蒙逊又就司徒王弘求《搜神记》，弘写与之”。宋元嘉十四年（437年），北凉主且渠茂虔（牧犍）又遣使至宋，“献方物，并《周生子》十三卷，《时务论》十二卷，《三国总略》二十卷，《俗问》十一卷，《十三州志》十卷，《文检》六卷，《四科传》四卷，《敦煌实录》十卷，《凉书》十卷，《汉皇德传》二十五卷，《亡典》七卷，《魏驳》九卷，《谢艾集》八卷，《古今字》二卷，《乘丘先生》三卷，《周髀》一卷，《皇帝王历三合记》一卷，《赵歐传》并《甲寅元历》一卷，《孔子赞》一卷，合一百五十四卷”。同时，北凉又向刘宋“求晋、赵《起居注》诸杂书数十件”[②]，宋文帝也都满足了其要求，命人抄好送去。

河西文化与长江文化的交流，促进了中华文化的繁荣。如赵歐所著《甲寅元历》，最早提出改革闰法，对祖冲之改革历法、编制《大明历》很有影响。而长江文化的北传，对转变北方少数民族“右武为俗”的风气，也有很大影响。我国考古工作者在新疆鄯善县及吐鲁番发现了晋人写本《三国志》残卷[③]，在吐鲁番发现了隋唐以前人抄写的《晋阳秋》残卷[④]。这些重要的出土文物，为研究这一时期江南与西北的文化交流，提供了可贵的实物佐证。

北燕建立于今辽宁省。北燕主冯跋、冯弘都曾派遣使者到江南。史载东晋青州刺史申永曾遣使浮海到北燕，冯跋曾派其中书郎李扶报聘[⑤]。1965年考古工作者在辽宁北票县西官营子发现并清理了北燕贵族冯素弗及其妻属的墓葬。冯素弗是冯跋之长弟。墓葬中出土的“使用器物（包括明器）大量和中原及南方等地同时期墓葬出土的相同”。其

① 《晋书》卷八六《张轨传附张骏传》，第2239页。
② 《宋书》卷九八《氐胡・大且渠蒙逊传》，第2415—2416页。
③ 郭沫若：《新疆出土的晋人写本〈三国志〉残卷》，载《文物》1972年第8期。
④ 王素：《吐鲁番所出〈晋阳秋〉残卷史实考证及拟补》，《中华文史论丛》1984年第2期。
⑤ 《晋书》卷一一五《冯跋载记》，第3133页。

中出土提梁盖锅 3 件，提梁两端作螭首形，“带有鲜明的汉族文化色彩，这是一个很有意味的现象”。1959 年南京老虎山晋墓出土的铜提梁器“两端作龙首形，有孔”，与北燕冯素弗墓中出土的几件提梁铜器的提梁形制亦同。冯素弗墓中出土的玻璃碗，器物形制“和景县北魏封氏墓所出玻璃碗一样，和各地晋墓所出的铜碗、瓷碗以及本墓所出的玉盏外形类似，尤其碗口外沿显出一道弦纹痕迹和南京谢鲲墓所出瓷碗相似，推测有可能就是我国南方烧造的”。冯素弗墓中出土的这些重要文物与考古发现，有力地证明了北燕文化“是汉族文化和少数民族文化结合的产物之一”①，它与长江文化也有着密切的联系。

南朝时期，称北燕为黄龙国。梁释慧皎《高僧传》卷三有“宋黄龙释昙无竭”，卷七记释僧诠曾于“黄龙国造丈六金像”，又有“齐琅邪山释法度”“齐交阯仙山释昙弘”“齐京师灵根寺释慧豫”，也都是黄龙（即龙城，今辽宁朝阳）人。可见南朝年间，原北燕境内的佛教僧人已南下到长江及珠江流域从事宗教活动②。

## 三、南北朝时期的南北交往

南北朝时期，南北对峙长达一个半世纪之久。南北之间除军事冲突外，政治交聘与经济文化交流亦不断进行，并出现了许多新特点。

首先是政治交聘频繁，往来人次很多。

据初步统计，刘宋时期，从永初二年（421 年）至昇明二年（479 年），出使北魏达 39 人次，其中出使三次的 1 人，出使两次的 5 人。南齐时期，从建元三年（481 年）到隆昌元年（494 年），出使北魏达 25 人次，其中出使三次的 1 人，出使两次的 3 人。萧梁时期，从天监八年（509 年）到太平元年（556 年），出使北朝达 46 人次，其中出使两次的 4 人。陈朝时期，从天嘉五年（564 年）到祯明二年（588 年），出使北方政权的达 36 人次。与此同时，北方政权出使南朝的人次也很多。仅魏孝文帝在位时期（471—499），北魏出使南朝的就达 31 人次，其中出使六次的 1 人，出使三次的 1 人，出使两次的 4 人③。南北使臣往返通好，对南北经济文化的交流起了积极的推动作用。

第二是通商互市，经济贸易十分活跃。

元嘉二十七年（450 年）宋魏战争期间，刘骏镇彭城（今江苏徐州），张畅为安北长史、沛郡太守。江夏王刘义恭统诸军，出镇彭、泗。在两军对峙的情况下，魏太武帝拓跋焘向

① 黎瑶渤：《辽宁北票县西官营子冯素弗墓》，《文物》1973 年第 3 期；《南京老虎山晋墓》，《考古》1959 年第 6 期；《河北景县封氏墓群调查记》，《考古通讯》1957 年第 3 期；《南京戚家山谢鲲墓简报》，《文物》1965 年第 6 期。

② 汤用彤：《汉魏两晋南北朝佛教史》下册，中华书局 1983 年版，第 351 页。下同，略。

③ 周春元：《南北朝交聘考》附表，《贵州师大学报》编辑部，1989 年铅印本。

南方“致意求甘蔗及酒”。刘骏“遣送酒二器，甘蔗百梃”，又向北方“求骆驼”。拓跋焘要求与刘骏相见，“送骆驼、骡、马及貂裘、杂饮食”。张畅在城上与北魏尚书李孝伯对话，然后开门接受北国礼物。拓跋焘又求“酒及柑橘”，刘骏又送“螺杯杂物”等南方的土特产珍品。拓跋焘又让李孝伯向南方“借博具”，张畅与李孝伯继续交谈，“俄顷送博具出，因以与之”。拓跋焘又“遣送毡及九种盐并胡豉”。刘义恭又“送炬烛十梃”，刘骏亦送“锦一匹”。拓跋焘又向南方“借箜篌、琵琶、筝、笛等器及棋子”，刘义恭回答说：“受伍戎行，不赍乐具。在此燕会，政使镇府命妓，有弦百条，是江南之美，今以相致。”刘骏说：“任居方岳，初不经此虑，且乐人常器，又观前来诸王赠别，有此琵琶，今以相与。棋子亦付。”南北双方不仅馈赠方物特产，南方还赠送乐器、棋子等文娱用品给北方。史称：“孝伯足词辩，亦北土之美。畅随宜应答，甚为敏捷，音韵详雅，魏人美之。”①元嘉二十八年（451 年），北魏军队从彭城撤退北归后，“复求互市”②，宋文帝没有同意。孝建元年（454 年），宋孝武帝刘骏即位后，北魏“求互市，江夏王义恭、竟陵王诞、建平王宏、何尚之、何偃以为宜许；柳元景、王玄谟、颜竣、谢庄、檀和之、褚湛之以为不宜许”。刘骏同意前者的意见，“遂通之”③。从此，南北贸易往来不绝。

淮河流域与长江中游的汉水流域是南北通商互市的主要地区。北魏“于南垂立互市，以致南货，羽毛齿革之属无远不至”。又在边境屯田，“收内郡兵资与民和籴，积为边备”④。史载郁洲（今江苏连云港东云台山）“接边陲，民俗多与魏人交市”⑤。“又弘农（今河南灵宝北）出漆蜡竹木之饶，路与南通，贩贸往来。家产丰富，而百姓乐之”⑥。北魏正始年间（504—508），袁翻为豫州中正，上书议边事，说：“荆、扬之牧，宜尽一时才望；梁、郢之君，尤须当今秀异。自比缘边州郡……或受人财货请属，皆无防寇御贼之心，唯有通商聚敛之意。……贩贸往还，相望道路”⑦。可见南北贸易给边境百姓带来了实际利益，同时也缓和了南北之间的对立情绪。北魏普泰元年（531，梁中大通三年），北魏节闵帝元恭“诏有司不得复称伪梁，罢细作之条，无禁邻国往还”⑧。北方与南方的边境贸易与日常往来进一步发展。

---

① 《宋书》卷四六《张邵传附张畅传》，第 1397—1399 页；卷五九《张畅传》，第 1600—1605 页。按：一人两传，乃《宋书》之误。

② 《宋书》卷七五《颜竣传》，第 1959 页。

③ 《宋书》卷九五《索虏传》，第 2354 页。

④ 《魏书》卷一一〇《食货志》，第 2858 页。

⑤ 《梁书》卷一六《张稷传》，第 272 页。

⑥ 《魏书》卷二四《崔玄伯传附崔宽传》，第 625 页。

⑦ 《魏书》卷六九《袁翻传》，第 1519 页。

⑧ 《魏书》卷一一《前废帝广陵王纪》，第 276 页。

北齐时，苏琼迁左丞，行徐州事，因饥荒请放开淮禁。史载："旧制以淮禁不听商贩辄度。淮南岁俭，(苏琼)启听淮北取籴。后淮北人饥，复请通籴淮南，遂得商估往还，彼此兼济，水陆之利，通于河北"①。南北之间粮食的互相调剂，对抵御自然灾害、安定人民生活是有利的。陈朝时，侯安都为南徐州刺史，"裒敛无厌"。他利用"接邻齐境"的便利条件，"贸迁禁货，鬻卖居民"②，不仅贩卖违禁商品，而且贩卖人口，这已经超出了正常贸易的范围。

淮河岸边的寿春(今安徽寿县)，是南北互市交易的集散地。《水经注》卷三二《肥水》条载，肥水经过寿春县，"北入于淮""肥水又西，分为二水……肥水左渎，又西石桥门北，亦曰草市门外"。草市的出现，是南北经济贸易深入到农村的反映。这种民间的商业往来，有利于增进南北之间的了解。

除了民间的边境贸易之外，官员利用出使的机会采购物品亦是常事。史载东魏武定年间，李绘为"聘梁使主"，随他出使的"前后行人，皆通启求市，绘独守清尚，梁人重其廉洁"③。南北朝时附使求市，早已成为惯例，像李绘这种出使不办私货的官员实属少见，故称高洁。北齐年间，封孝琰使陈，魏收"牒令其门客与行，遇昆仑舶至，得奇货猓然褥表、美玉盈尺等数十件"④。按：昆仑舶来自南洋诸岛或中印半岛南部，舶来品当属珍奇，价值极高。魏收因此获罪，当判流放之刑，后以钱赎，未受论处。

浙江出土的东晋瓯窑青瓷点彩牛形灯盏

第三是南北学术文化交流不断开展，范围广阔。

南北朝前期，江左文物之盛，为北方所不及，正如刘知几所说："自咸、洛不守，龟鼎南迁，江左为礼乐之乡，金陵实图书之府，故其俗犹能语存规检，言喜风流，颠沛造次，不忘

① 《北齐书》卷四六《循吏·苏琼传》，第645页。
② 《陈书》卷八《侯安都传》，第148页。
③ 《北齐书》卷二九《李浑传附李绘传》，第395页。
④ 《北齐书》卷三七《魏收传》，第492页。

经籍。……其于中国则不然。何者？于斯时也，先王桑梓，翦为蛮貊，被发左衽，充牣神州。其中辩若驹支，学如郯子，有时而遇，不可多得。”①这种情况，在魏孝文帝改革后有很大变化。史称：“逮高祖（孝文帝）驭天，锐情文学，盖以颉颃汉彻，掩踔曹丕，气韵高艳，才藻独构。衣冠仰止，咸慕新风。肃宗（孝明帝）历位，文雅大盛，学者如牛毛，成者如麟角。”②例如：魏收与温子昇、邢子才齐誉，“世号三才”，其文才已足与南方学者相比美。史载魏收与副使王昕使梁，“昕风流文辩，收辞藻富逸，梁主及其群臣咸加敬异。……收在馆，遂买吴婢入馆……人称其才而鄙其行。在途作《聘游赋》，辞甚美盛”③。邢子才未能使梁，南人曾问宾司：“邢子才故应是北间第一才士，何为不作聘使？”④当时，北朝的邢子才、魏收，跟南朝文人任昉、沈约齐名。温子昇的“文笔，传于江外”。萧衍称之曰：“曹植、陆机复生于北土。恨我辞人，数穷百六。”魏济阴王元晖业尝云：“江左文人，宋有颜延之、谢灵运，梁有沈约、任昉，我子昇足以陵颜轹谢，含任吐沈。”⑤南北双方文化水平的差距逐渐缩小，为南北学术交流创造了良好的条件。

温子昇的老师崔灵恩，是北方有名的经师。他“遍通《五经》，尤精《三礼》《三传》。先在北仕为太常博士，天监十三年（514 年）归国”。梁武帝萧衍“以其儒术，擢拜员外散骑侍郎，累迁步兵校尉，兼国子博士。灵恩聚徒讲授，听者常数百人。性拙朴无风采，及解经析理，甚有精致，京师旧儒咸称重之”。助教孔佥，是会稽山阴人，“尤好其学。灵恩先习《左传》服解，不为江东所行，乃改说杜义，每文句常申服以难杜，遂著《左氏条义》以明之”。当时还有一名助教虞僧诞，是会稽余姚人。他“又精杜学，因作《申杜难服》，以答灵恩，世并行焉”⑥。这种经学上各抒己见的平等讨论，增进了南北学者之间的了解。从北方来到南方的儒学之士，还有卢广、孙详、蒋显，“并聚徒讲说，而音辞鄙拙；惟广言论清雅，不类北人。仆射徐勉，兼通经术，深相赏好”⑦。可见语音的不同并未成为南北学者交流的障碍。

南北语音与声调的不同，在南北交聘的公众场合，则往往成为双方调侃的笑料。如：北魏永安二年（529 年），陈庆之奉梁武帝萧衍之命，送魏北海王元颢入洛，与朝士宴饮。陈庆之酒醉对南人萧彪、张嵩说：“魏朝甚盛，犹曰五胡，正朔相承，当在江左。”中原士族

① 《史通》卷六《言语》，浦起龙：《史通通释》，第 151 页。

② 《魏书》卷八五《文苑传序》，第 1869 页。

③ 《北齐书》卷三七《魏收传》，第 484—485 页。

④ 《北史》卷四三《邢峦传附邢邵传》，第 1591 页。按：邢邵，字子才，为一时文人之冠，但以不持威仪，外貌难合要求，故不令出境。

⑤ 《魏书》卷八五《文苑·温子昇传》，第 1876 页。

⑥ 《梁书》卷四八《儒林·崔灵恩传》，第 676 页。

⑦ 《梁书》卷四八《儒林·卢广传》，第 678 页。

杨元慎讥之曰："江左假息，僻居一隅……虽复秦余汉罪，杂以华音，复闽楚难言，不可改变。"数日后，庆之遇病，元慎自云能解，即口含水噀庆之曰："吴人之鬼，住居建康，小作冠帽，短制衣裳，自呼阿侬，语则阿傍。菰稗为饭，茗饮作浆，呷啜莼羹，唼嗍蟹黄，手把豆蔻，口嚼槟榔。乍至中土，思忆本乡，急手速去，还尔丹阳。"①杨元慎这番话，不仅说出了南方语音不同于北方，而且服饰、饮食习惯也大不同于中土。又如梁大同三年（537年），东魏侍读李业兴使梁。李才学很高，"博涉百家、图纬、风角、天文、占候，无不讨练"，是出使的合适人选。但其"家世农夫，虽学殖，而旧音不改。梁武帝问其宗门多少，答曰：'萨四十家。'使还，孙腾谓曰：'何意为吴儿所笑！'"②究其原因，就在他说了方音"萨"。

对南北语音的不同，颜之推曾有一段精辟的论述，他说："九州之人，言语不同，生民已来，固常然矣。……南方水土和柔，其音清举而切诣，失在浮浅，其辞多鄙俗。北方山川深厚，其音沉浊而𫓧钝，得其质直，其辞多古语。然冠冕君子，南方为优；闾里小人，北方为愈。易服而与之谈，南方士庶，数言可辩；隔垣而听其语，北方朝野，终日难分。而南染吴、越，北杂夷虏，皆有深弊，不可具论。"③唐代诗人张籍《永嘉行》云："北人避胡多在南，南人至今能晋语。"自永嘉之乱后，中朝衣冠之士南渡，其音本出于洛下，到江南后与吴语结合，才形成金陵之音。北朝语言亦源于洛下，自魏孝文帝改革禁断北语以来，鲜卑人学说汉语，以洛阳话为标准，但毕竟难免仍有胡语夹杂其中。南北语音之差异，在南北朝时已大致形成。

在南北交聘、遣使通好的过程中，双方都十分重视使节的人选，对才能学识、风貌容止、口辩辞令都要进行严格挑选。如南朝派往北方的使臣裴昭明，"少传儒史之业""有将命之才"④，是著名史家裴松之的孙子；萧琛"少而朗悟，有纵横才辩"⑤；范云"少机警，有识具，善属文，便尺牍，下笔辄成"⑥；庾荜"博涉群书，有口辩"⑦；沈众"好学，颇有文词"⑧；虞寄"好学，善属文"⑨；王固"少清正，颇涉文史"⑩；萧密"幼而聪敏，博学有文

① 《洛阳伽蓝记》卷二《景宁寺》，周祖谟：《洛阳伽蓝记校释》，中华书局1963年版，第105—108页。

② 《北史》卷八一《儒林上·李业兴传》，第2722—2724页。

③ 《颜氏家训·音辞第十八》，王利器：《颜氏家训集解》，上海古籍出版社1980年版，第473—474页。

④ 《南齐书》卷五三《良政·裴昭明传》，第918—919页。

⑤ 《梁书》卷二六《萧琛传》，第396页。

⑥ 《梁书》卷一三《范云传》，第229页。

⑦ 《梁书》卷五三《良吏·庾荜传》，第766页。

⑧ 《陈书》卷一八《沈众传》，第243页。

⑨ 《陈书》卷一九《虞荔传附弟寄传》，第258页。

⑩ 《陈书》卷二一《王固传》，第282页。

词”[1]；袁宪“幼聪敏，好学，有雅量”[2]；徐陵“博涉史籍，纵横有口辩”[3]；江德藻“好学，善属文。美风仪，身长七尺四寸。……天嘉四年（563 年），兼散骑常侍，与中书郎刘师知使齐，著《北征道理记》三卷”[4]；姚察是史学名家，他于陈太建初“报聘于周。江左耆旧先在关右者，咸相倾慕。沛国刘臻窃于公馆访《汉书》疑事十余条，并为剖析，皆有经据。臻谓所亲曰‘足下定无虚士’。著《西聘道里记》，所叙事甚详”[5]。北朝派往南朝的使节，也多才华出众之士，如：邢峦“少而好学，负帙寻师，家贫厉节，遂博览书传。有文才干略。美须髯，姿貌甚伟”[6]；邢产“好学，善属文。少时作《孤蓬赋》，为时所称”[7]；邢祐，“少有学尚，知名于时”[8]；宋弁“才学俊赡，少有美名”“声姿清亮，进止可观”“而本韵和雅，举止闲邃”[9]；卢昶“学涉经史，早有时誉”[10]；郑伯猷“博学有文才，早知名”[11]；李骞“博涉经史，文藻富盛”[12]；李同轨“体貌魁岸，腰带十围，学综诸经，多所治诵，兼读释氏，又好医术”[13]；李谐“风流闲润，博学有文辩，当时才俊，咸相钦赏”，出使南朝，“江南称其才辩”[14]；李彪“识性严聪，学博坟籍，刚辩之才，颇堪时用”，他“六度衔命”，出使江南，“南人奇其謇谔”。南北之间这种高层次的交往，同时也是一种文化交流。双方或赋诗唱和，如齐武帝萧赜送李彪，“亲至琅邪城，登山临水，命群臣赋诗以送别”[15]；陈使傅縡聘齐，以薛道衡“兼主客郎接对之。縡赋诗五十韵，道衡和之，南北称美”[16]。或棋枰对弈，如北魏棋手范宁儿“善围棋，曾与李彪使齐，令江南上品王抗与宁儿，制胜而还”[17]。或谈论学术，如李业兴使梁，萧衍与他谈论《诗》《书》《礼》《易》[18]。或寄求佛经，如“魏、梁通和，要贵皆遣人随聘使交易，

---

① 《陈书》卷二一《萧允传附萧密传》，第 290 页。
② 《陈书》卷二四《袁宪传》，第 311 页。
③ 《陈书》卷二六《徐陵传》，第 325 页。
④ 《陈书》卷三四《文学·江德藻传》，第 456—457 页。
⑤ 《陈书》卷二七《姚察传》，第 348 页。
⑥ 《魏书》卷六五《邢峦传》，第 1437 页。
⑦ 《魏书》卷六五《邢峦传附邢产传》，第 1449 页。
⑧ 《魏书》卷六五《邢峦传附邢祐传》，第 1449 页。
⑨ 《魏书》卷六三《宋弁传》，第 1414 页。
⑩ 《魏书》卷四七《卢玄传附卢昶传》，第 1055 页。
⑪ 《魏书》卷五六《郑羲传附郑伯猷传》，第 1244 页。
⑫ 《魏书》卷三六《李顺传附李骞传》，第 836 页。
⑬ 《魏书》卷八四《儒林·李同轨传》，第 1860 页。
⑭ 《魏书》卷六五《李平传附李谐传》，第 1456、1461 页。
⑮ 《魏书》卷六二《李彪传》，第 1389—1390 页。
⑯ 《隋书》卷五七《薛道衡传》，第 1406 页。
⑰ 《北史》卷九〇《艺术下·蒋少游传附范宁儿传》，第 2985 页。
⑱ 《魏书》卷八四《儒林·李业兴传》，第 2723—2724 页。

(崔)暹寄求佛经。梁武帝闻之,为缮写,以幡花宝盖赞呗送至馆焉”①。唐代史家李延寿说:“既南北通好,务以俊乂相矜,衔命接客,必尽一时之选,无才地者不得与焉。梁使每入,邺下为之倾动,贵胜子弟盛饰聚观,礼赠优渥,馆门成市。……魏使至梁,亦如梁使至魏。”②南北遣使通好之深得人心,是不言而喻的。

南北文化交流的又一途径,是人才的流动。如:文学家刘峻,字孝标,平原(今山东淄博)人,历经宋、齐、梁三朝。他幼年“为人所掠至中山”,陷身北魏为奴,“中山富人刘实愍峻,以束帛赎之,教以书学。魏人闻其江南有戚属,更徙之桑干”。为生活所迫,十一岁出家为僧。他年轻时勤奋刻苦,“自课读书,常燎麻炬,从夕达旦,……终夜不寐”③。北魏延兴二年(472年),西域沙门吉迦夜“为昭玄统沙门昙曜译大方广十地等经五部,刘孝标笔受”④。南齐永明中,刘孝标“从桑干得还,自谓所见不博,更求异书,闻京师有者,必往祈借”,被人称为“书淫”。晚年,其学业大成,“居东阳,吴、会人士多从其学”⑤。刘孝标经历曲折,“逃还江南后,有两大著述:其一为《世说新语注》,引书一百六十余种,至今士林传诵。其一为《类苑》,一百二十卷,隋唐三志皆著录。南宋末陈氏撰《书录解题》时,始说不存。以今日观之,孝标之注《世说》及撰《类苑》,均受其在云冈石窟时所译《杂宝藏经》之影响。印度经喜引典故;南北朝人为文,亦喜引典故。《杂宝藏经》载印度故事,《世说》及《类苑》载中国故事。当时谈佛教故事者,多取材于《杂宝藏经》,谈中国故事者,多取材于《世说新语注》及《类苑》,实一时风尚”⑥。这是北朝文化与印度文化对南朝长江文化发生影响的实例。

南朝文化对北朝文化同样也有很大影响,如南天竺僧达摩禅师来华,起初到达刘宋境内的南越,后来又“北渡至魏,随其所止,诲以禅教”,并“以此法开化魏土,识真之士,从奉归悟”⑦。荀济,其先颍川人,世居江左,初与梁武帝萧衍为布衣交。萧衍称帝后,荀济见他信重释门,崇尚佛法,便上书言其营费太甚,必为灾患。萧衍大怒,将加显戮。荀济遂密逃于魏,后因支持孝静帝元善见,被高澄“燔杀”,临危不惧,“邺下士大夫多传济音韵”⑧。梁朝末年,王褒与庾信“才名最高”。庾信因出使西魏,被留在长安。西魏军攻陷

① 《北齐书》卷三〇《崔暹传》,第405页。

② 《北史》卷四三《李崇传附李谐传》,第1604页。

③ 《梁书》卷五〇《文学·刘峻传》,第701页。按:刘实,《南史》卷四九《刘怀珍传》作“刘宝”。

④ 陈垣:《云冈石窟寺之译经与刘孝标》,《陈垣学术论文集》第一集,中华书局1980年版,第444页。按:此文原刊于《燕京学报》第六期(校舍落成纪念专号),1929年12月。

⑤ 《梁书》卷五〇《文学·刘峻传》,第701、707页。

⑥ 陈垣:《云冈石窟寺之译经与刘孝标》,《陈垣学术论文集》第一集,第446页。

⑦ 〔唐〕道宣:《续高僧传》卷一六《齐邺下南天竺僧菩提达摩传》,《高僧传合集》,第231页。

⑧ 《北史》卷八三《文苑·荀济传》,第2786页。

江陵，王褒"与王克、刘瑴、宗懔、殷不害等数十人俱至长安"。宇文泰十分高兴，说："昔平吴之利，二陆而已，今定楚之功，群贤毕至。"①宇文觉称帝后，拜宗懔为车骑大将军、仪同三司。此后，宗懔又与王褒在麟趾殿刊定群书。宗懔晚年著《荆楚岁时记》，系统记载了长江中游一带的各种风俗，以寄托对故乡的思念。庾信作《哀江南赋》，抒发其"乡关之思"。史载陈朝"与周通好，南北流寓之士，各许还其旧国。陈氏乃请王褒及信等十数人。武帝（宇文邕）唯放王克、殷不害等，信及褒并惜而不遣"②。庾信及王褒对北朝文学及书法产生了很深的影响。此外，颜之推由梁入北齐入周入隋，沈重由梁入周入隋，陆德明由陈入隋入唐，姚察由梁入陈入隋，其子姚思廉由陈入隋入唐，对于北朝及隋唐的文学、经学、史学都产生过重大影响。

第四是南北士族之间的通婚，生活习俗差异减小。

士族通婚必须衡量门第，但并无南北之分，正如恩格斯所说："对于骑士或男爵，以及对于王公本人，结婚是一种政治的行为，是一种借新的联姻来扩大自己势力的机会，起决定作用的是家世的利益，而绝不是个人的意愿。"③南北朝时，掌握朝政和控制社会势力的世家大族，为了本身利益，往往南北兼仕，互相通婚。

1972 年南京太平门外发现的刘宋元徽二年（474 年）明昙憘墓志，是世族联姻的一份重要资料。它不仅详细列举了明氏的世族渊源，而且详细记载了他家七代以来，和当时平原、清河、渤海诸世家大族相互通婚、亲上加亲的情况。平原郡鬲县明氏，其先人为百里奚子孟明后裔，故以明为姓。刘宋时期的明僧绍、明僧暠、明僧胤、明昙徽均为其族人。明昙憘父明歆之的岳父刘奉伯，是宋青州治中员外常侍刘昶之子。相传刘氏乃汉胶东康王刘寄之后。刘奉伯有乘民、延和、休宾等六子，乘民即明昙憘岳父。乘民之子怀慰为萧道成所器重，而怀慰之妻明氏，亦为明昙憘之族人。明昙憘祖父明俨的岳父崔逞，是清河大族崔氏的重要人物，乃魏中尉崔琰五世孙。他的儿子崔諲为北魏冀州刺史，諲之女嫁明俨子明烋之，諲之子景真任平昌太守，又是明昙登的岳父。崔逞之孙崔勔之是明昙欣的岳父。而明善盖的岳父崔模，先仕刘宋，于元嘉七年（430 年）又降北魏为官。明、崔、刘三大家族在南北朝官僚系统中都占有重要地位。他们往往为了本士族的利益，自己从南朝投往北朝，而亲属又留在南朝，互通信息；或者其本人留在北朝，又派他的姻亲去南朝做官④。士族的南北通婚，客观上加强了南北之间的联系与交流。

1978 年南京中央门外燕子矶附近发现的梁普通二年（521 年）辅国将军墓志，长 100

---

① 《北史》卷八三《文苑·王褒传》，第 2792 页。

② 《北史》卷八三《文苑·庾信传》，第 2794 页。

③ 《马克思恩格斯选集》，人民出版社 1972 年版，第 4 卷，第 74 页。下同，略。

④ 南京市文物管理委员会：《南京太平门外刘宋昙憘墓》，载《考古》1976 年第 1 期。

厘米，宽 80 厘米，厚 8 厘米，一面刻文。文凡 65 行，满行 57 字。由于长期水蚀风化，部分文字已漫漶不清。从残存文字中可知墓主是琅邪临沂人，其“曾祖模，魏尚书左丞，司徒左长史、冀州……太守”“祖赜，冀州刺史“滻律定侯”“父斌，本州别驾”。这说明墓主的上辈世代都曾在北魏政权中据有一定的职位。值得注意的是志文中记载了该家族与清河豪族之间的姻亲关系。祖赜“夫人清河崔氏”，父斌“夫人清河张氏”，墓主的“大女季镜嫡清河崔缓”等。可见墓主自己在南朝做辅国将军，其女嫁北朝官僚。这个家族与清河大族崔氏、张氏通婚联姻，也是南北兼仕，数代重亲，在南北均有显赫地位。墓主既死之时，“天子爰以祖载之日诏兰台谒者□□□致祭，又遗宣传左右姚昙□□护□事远至墓所，百僚会丧，朝野必集……”葬仪隆重，可见死者家族地位之重要①。

南北士族虽然互相通婚，但南北的家庭生活习俗却并不完全相同。颜之推由南到北，出仕北朝，而其父颜协曾在南朝做官。他对南北习俗均为熟谙。他说：“江左不讳庶孽，丧室之后，多以妾媵终家事……河北鄙于侧出，不预人流。”②北朝的崔道固，因为是庶出，为“嫡母兄攸之、目连等轻侮”，其父崔辑“乃资给道固，令其南仕”。到彭城后，投奔刘义隆之子刘骏，“以为从事”“后为义隆诸子参军事……诸客皆叹美道固母子，贱其诸兄”③。可见南方的正室侧室之分及嫡庶之别，不如北方严格，在家庭伦理观念上亦存在差异。妇女在家庭中的地位，南方与北方也不相同。颜之推说：“江东妇女，略无交游……邺下风俗，专以妇持门户。”④家庭结构方面，北方多聚族而居。南方在刘宋时期，聚族而居的大家庭已日渐瓦解，“士大夫以下，父母在而兄弟异计，十家而七矣。庶人父子殊产，亦八家而五矣”⑤。南朝长江流域经济发展很快，与家庭结构的演变互为因果，互相推动，是社会的一种进步。北方人士则认为南人无情义，同炊异馔。北齐卢思道出使陈朝，陈主令朝贵设酒食，与思道宴会联句作诗，有一人先唱，云：“榆生欲饱汉，草长正肥驴。”意思是北人食榆而吴地无驴。思道提笔续之，曰：“共甑分炊米，同铛各煮鱼。”⑥这种宴会上的互相讥刺，是南北生活习俗不同所致，并不是情绪上的对立。

## 第七节　社会风俗文化的传承与演变

六朝时期长江流域社会风俗文化的传承与演变，既受到北方魏晋风俗文化与各少数

① 南京市文物保管委员会：《南京郊区两座南朝墓清理简报》，载《文物》1980 年第 2 期。
② 《颜氏家训·后娶第四》，王利器：《颜氏家训集解》，第 47 页。
③ 《魏书》卷二四《崔玄伯传附崔道固传》，第 629 页。
④ 《颜氏家训·治家第五》，王利器：《颜氏家训集解》，第 60 页。
⑤ 《宋书》卷八二《周朗传》，第 2097 页。
⑥ 《太平广记》卷二二七《卢思道》引《谭薮》。按：共甑分炊米，“米原作水，据明抄本改”。

民族风俗文化的影响，又有南方地区固有的各种民俗文化的继承与发扬，呈现出丰富多彩的特点。

## 一、社会物质生活的基本面

吃、穿、住、行是人类社会物质生活的四个基本面。六朝时期长江流域的饮食、服饰、居住、出行风俗，与中原地区大体相似，但又带有时代变迁及地域差异的一些不同特点。这些特点显示了当时南方地区人们物质生活的特色。

### (一)饮食风俗

#### 1. 主食

以饮食而言，我国疆域辽阔，南北因气候不同，物产殊异，饮食习惯亦有很大差别。司马迁在《史记·货殖列传》中，曾以“饭稻羹鱼”“果隋蠃蛤”来描绘“楚越之地”的饮食情况。班固在《汉书·地理志》中也有类似的记述。唐人张守节在《史记正义》中说：“楚、越水乡，足螺鱼鳖，民多采捕积聚，鲑叠包裹，煮而食之。”从以上记载可知，两汉时南方水乡人民以稻米、鱼及其他水产品为主要的食品来源。这种情况在六朝时基本上延续下来。

除稻、麦外，当时还有菽，也可作主食。菽是大豆的古称，在中原地区种植颇广。六朝时期，江淮流域也有种植。江淮之间往往是稻、菽、麦间种，以提高土地的利用率。在灾荒年月，粮食不足的情况下，大豆也可充饥。如南齐徐孝嗣上表曰：“今水田虽晚，方事菽麦，菽麦二种，益是北土所宜，彼人便之，不减粳稻。……若缘边足食，则江南自丰。”①

据《隋书·地理志下》记载：“江南之俗，火耕水耨，食鱼与稻。”六朝时，南方粮食作物仍以水稻为主，而兼种菽麦。大量北方人口为逃避战乱南迁移居，同时把先进的农业生产技术和管理经验带到了江南，从而在一定程度上改变了南方地区火耕水耨的落后面貌。长江流域水网密布，土地肥沃，自然条件优越。劳动力的增加，推动了经济的发展。江南稻作经济的成熟，使水稻的品种和质量有所提高。左思《吴都赋》就有“国税再熟之稻”的说法。郭义恭《广志》载：“南方地气暑热，一岁田三熟，冬种春熟，春种夏熟，秋种冬熟。”又载：“南方有蝉鸣稻，七月熟。……青芋稻，六月熟。累子稻、白漠稻，七月熟。”②又《晋书·隐逸传》载，河内人郭文在洛阳沦陷后，“步担入吴兴余杭大辟山中……区种菽麦”。南方稻、麦与菽的轮作种植，为主食的丰富提供了条件。

南方人食稻者居多，稻米的吃法最普通的是煮米饭。一般是将米淘洗，使之清洁，加水炊煮，再文火焖熟。煮饭烧焦的锅巴，以其味香为人喜爱，还可当作干粮充饥。如《南

① 《南齐书》卷四四《徐孝嗣传》，第773—774页。

② 〔晋〕郭义恭《广志》卷上，《玉函山房辑佚书》子编杂家类，嫏環馆补校本。

史·孝义传上》载:“宋初吴郡人陈遗,少为郡吏,母好食鎗(锅)底饭。遗在役,恒带一囊,每煮食辄录其焦以贻母。后孙恩乱,聚得数升,恒带自随。及败逃窜,多有饿死,遗以此得活。”以米煮粥是另一种吃法,这时民间有做白粥祀蚕神的习俗。民间在冬至日作赤豆粥,据称是祈禳传说中的共工氏。以米为原料的点心也不少,端午节吃的粽子就是其中一种。与粽子相类似的有裹蒸。《南齐书·明帝纪》载:“太官进御食,有裹蒸,帝曰:‘我食此不尽,可四片破之,余充晚食’。”《资治通鉴》齐明帝建武三年亦载此事,胡注云:“今之裹蒸,以糖和糯米,入香药、松子、胡桃仁等物,以竹箨裹而蒸之,大才二指许,不劳四破也。”用竹箨裹粽的办法来吃食糯米,是食法上的一大改进。

麦的基本吃法是做饼,南北相似。刘熙《释名·释饮食》云:“饼,并也。溲面使合并也。胡饼,作之大漫沍也,亦言以胡麻著上也。蒸饼、汤饼、蝎饼、髓饼、金饼、索饼之属,皆随形而名之也。”可见胡饼的名称,既来自和面馓的制作程序,亦来自以胡麻著于饼上的特点。蒸饼,又作笼饼,用笼蒸炊而食,相当于今天的馒头。汤饼与今天的面片汤相似,做时要用一只手托着和好的面,另一只手往锅里撕片。蝎饼、髓饼、金饼、索饼,是根据饼的配料及形状而命名。其中髓饼是用髓脂、蜜和面制作而成。这些不同形状的饼,可以用火烤或油煎而成。南方还有用米粉做的饼,称之为“饵”。《释名·释饮食》云:“饵,而也,相粘而也。”饵在方言中又谓之“糕”,或谓之“餈”,亦谓之“粢”。

六朝时,南方的主食品种比北方更丰富。长江流域优越的自然条件和丰富的植物资源,为日渐增长的南方人口提供了天然的食粮,也为人们的餐饮提供了更多的食材来源。菰本是一种水生植物。雕胡,是菰蒋(茭白)的果实,清香可食。长江中下游湖泊众多,水网密布,十分适宜于菰蒋的生长。左思《吴都赋》云:“菰穗雕胡,菰子作饼。”雕胡除制饼外,还可以做饭、煮粥。《齐民要术》卷九《飧、饭》称菰米饭“炊如稻米”。《南史·孝义传上》记朱绪母病,“忽思菰羹”。若用菰混合香米做饭或煮粥,色、香、味俱佳,能提振食欲。

2. 副食

以副食而言,张华在《博物志》中说:“东南之人食水产,西北之人食陆畜。食水产者,龟蛤螺蚌以为珍味,不觉其腥臊也。食陆畜者,狸兔鼠雀以为珍味,不觉其膻也。”①张华的这段记载,道出了当时南北不同的饮食风格。

江南地区乃鱼米之乡,以鱼及各种水产品作佳肴。干宝《搜神记》卷一载:左慈“少有神通”,一次在曹操举办的宴会上,山珍海味毕备,只可惜少了吴地的松江鲈鱼为脍。左慈立刻让人取来铜盆,贮满清水,用一根钓竿伸到水中,一会儿就钓上来一条鲈鱼。这虽然是魔术表演,却反映了人们对鲈鱼的喜爱。《晋书·文苑传》载:吴人张翰入洛,“因见

① 〔晋〕张华撰、范宁校证:《博物志校证》卷一,中华书局1980年版,第12页。下同,略。

秋风起，乃思吴中菰菜、莼羹、鲈鱼脍。”他以思吴中美味为由离开洛阳，返回吴地，是一种智慧。陶渊明《桃花源记》载：“晋太康中，武陵人捕鱼为业。”盛弘之《荆州记》载：荆州有美鲋。长江流域鱼的品种多，除捕鱼为生外，还有人工养鱼。如习凿齿《襄阳记》载：“岘山南八百步，西下道百步，有习家鱼池。”又载：“岘山下汉水中，出鳊鱼，肥美。尝禁人采捕，以槎头断水，谓之‘槎头鳊’。”①

鱼是南方人民的主要菜肴之一。南方人喜食鲜鱼，为了贮备久藏，也将鲜鱼制成鱼干。六朝时南方鱼类的加工制作，达到了较高的水平。鱼干称鲊，分为两种：一是熟鲊，指腌鱼、糟鱼等；二是鲜鲊，即干鱼片等。鱼鲊可口，食用方便。《梁书·良吏·何远传》载：“江左多水族，甚贱，远每食不过干鱼数片而已。”生活风尚节俭。《南史·孔休源传》载：“常膳，止有赤仓米饭，蒸鲍鱼”，使他人“深以为愧”，亦是一种美德。沈约之孙沈众“自奉养甚薄……又携干鱼蔬饭独啖之，朝士共诮其所为”②。乐颐曾以“枯鱼菜菹”待客，客人“不能食”，乐母重做鲜鱼羹招待客人③，可见干鱼与鲜鱼的滋味是相差很远的。

当时，以鱼为主要原料的食品还有脍。淡水鱼、海鱼等众多鱼类都被人们用来做脍，即将鱼肉切细醮上调料如葱、芥末等生吃。在长期食用的过程中，人们发现最适于做脍的是鲤鱼，而最受人喜爱、最为鲜美的则是鲈鱼脍、鲻鱼脍。前者如张翰的“莼鲈之思”，后者如葛洪《神仙传》所载孙权与仙人介象“共论脍鱼何者最上，象曰：‘鲻鱼最上。’”鲈鱼是淡水鱼，鲻鱼则是海水鱼。

蟹为节肢动物，通称螃蟹。六朝时蟹的吃法主要是制作蟹酱。刘熙《释名·释饮食》云：“蟹，胥取蟹藏之，使骨肉解，胥胥然也。”汉许慎《说文解字》云：“胥，蟹醢也。”④可见“胥”就是蟹酱。《释名·释饮食》又云：“蟹齑，去其匡，齑熟，捣之，令如齑也。”可见蟹的另一种吃法，是做成蟹齑。当时人们先将蟹煮熟，然后去其框，将蟹肉及蟹黄捣成齑状，加入醢酱等调味品，便于食用。六朝时南方人喜甜食，还制成糖蟹食用。《南史·何尚之传附何胤传》载何胤“侈于味，食必方丈。后稍欲去其甚者，犹食白鱼、䱇脯、糖蟹”。彭蜞，又作蟛蜞，为蟹的一种，形体相似而小，不可食。《晋书·蔡谟传》载：“谟初渡江，见彭蜞，大喜曰：‘蟹有八足，加以二螯。’令烹之。既食，吐下委顿，方知非蟹。”后来他把此事告诉谢尚，谢尚讥笑他“读《尔雅》不熟，几为《劝学》死”。可见蔡谟在北方吃过蟹，但对生长于江南的蟛蜞却还缺乏认识。

---

① 〔晋〕习凿齿原著，舒焚、张林川校注：《襄阳耆旧记校注》，湖北人民出版社 1999 年版，第 325 页。下同，略。

② 《陈书》卷一八《沈众传》，第 244 页。

③ 《南齐书》卷五五《孝义·乐颐传》，第 964 页。

④ 〔汉〕许慎：《说文》四下《肉部》，《说文解字》，中华书局 1963 年影印本，第 89 页。

南方沿海居民还在沿海礁石上捕取海蜇，采集海带，制作佳肴。他们称海蜇为鲊鱼，所谓“东海有物，状如凝血，从广数尺，方圆，名曰鲊鱼。无头目处所，内无腹藏，其所处众虾附之，随其东西。越人煮食之”①。南方人又称海带为石发，“石发生海中者长尺余，大小如韭叶。以肉杂蒸食，极美”②。常食的海鲜还有蛤蜊，俗称海蚌，为有介壳的软体动物。《南史·王弘传附王融传》记沈昭略云：“不知许事，且食蛤蜊。”王融即讥他“君长东隅，居然应嗜此族。”

中国古代以马、牛、羊、鸡、犬、豕为“六畜”。加上鱼，构成我国传统肉食的主要来源。六朝时依然如此，但普通民众贫穷，难得吃肉，常得肉食者主要是统治阶级。养牛的主要目的是用于农业生产，所以宰牛食肉受到一定限制。牛肉是当时仅次于猪肉、羊肉的肉食品种。屠狗业自秦汉以来长盛不衰，六朝时屠狗之风从黄淮地区扩展至长江流域。这一时期，养鸡技术有所提高，鸡肉逐渐为普通百姓的肉食来源。鸭是饲养在水里的家禽，在南方江河湖沼中普遍养殖。

浙江省博物馆藏东晋越窑羊形器

浙江萧山出土的东晋越窑猪小屋

东晋滑石猪

东晋青釉点褐彩瓷鸡首壶

① 〔晋〕张华撰、范宁校证：《博物志校证》卷三，第38页。

② 〔晋〕张华撰、范宁校证：《博物志校证》佚文，第140页。

中国有句成语，叫“脍炙人口”。脍是细切肉，《释名·释饮食》云：“脍，会也。细切肉，令散。分其赤白异切之，已乃会合和之也。”又云：“脍，细切。细切猪、羊、马肉，使如脍也。”切得更细的就是脡，《说文解字》云：“脡，生肉酱也，从肉，延声。”①《释名·释饮食》云：“生脡，以一分脍，二分细切，合和挻搅之也。”可见脡就是今天通常所说的肉酱。

炙是把加上调料的肉在火上烧烤。《释名·释饮食》云：“炙，炙也。炙于火上也。脯炙，以饧蜜豉汁淹而炙之，如脯然也。釜炙，于釜汁中和熟之也。……衔炙，细密肉和以姜椒盐豉，已乃以肉衔裹其表而炙之也。”可见六朝时期，炙法已经普及，做炙的原料与调味品也更为多样。除去牛、羊、猪等常用肉外，南方沿海地区还有鯯鱼炙，吴沈莹《临海水土异物志》载：“鯯鱼至肥，炙食甘美。谚曰：‘宁去累世宅，不去鯯鱼额。’”

六朝时期，少数民族的饮食习俗、食品制作方法也进入汉民族的生活之中，其中以“羌煮貊炙”最为典型。羌煮是指从西北诸羌传入的涮羊肉，貊炙则是从东胡族传入的烤全羊。貊炙是一种新的做炙法，《释名·释饮食》云：“貊炙，全体炙之，各自以刀割，出于胡貊之为也。”羌煮貊炙鲜嫩味美，深受时人喜爱。

由于肉类食品不易久贮，人们又将肉加工成腊肉与肉脯。《释名·释饮食》云：“腊，干昔也。脯，搏也。干燥相搏著也。又曰脩。脩，缩也。干燥而缩也。”又云：“膊，迫也。薄椓肉迫著物，使燥也。”当时制作干肉的方法很多，或切薄肉暴之屋上，或以火炙，或以炭熯，都可以达到干燥而防腐的目的。葛洪《神仙传》载：左慈在刘表处犒军，“有酒一器，脯一束，而十余人共舁之不起。慈乃自取之，以一刀削脯投地，请百人运酒及脯，以赐兵士。人各酒三杯，脯一片，食之如常酒脯味。凡万人皆周足，而器中酒如故，脯亦不减”。这虽是一则神话，反映的却是当时荆州地区军食充沛的实际情况。

羹是勾芡的汤菜，汤则不勾芡；羹臛是带汤而又勾芡的荤菜。这一时期制羹技术日趋精细。《释名·释饮食》云：“羹，汪也。汁，汪郎也。臛，蒿也，香气蒿蒿也。”又云：“汤，热汤，汤也。”可见当时对羹臛的要求普遍是：一为有肉有汁，二为香气扑鼻，三为热气腾腾。沈莹《临海水土异物志》载：临海“民皆好啖猴头羹，虽五肉臛不能及之。其俗言：‘宁负千石之粟，不愿负猴头之羹。’”在江东的风味羹中，最为有名的是莼羹，即莼菜羹。据《世说新语·言语》记载，西晋灭吴后，名士陆机入洛，王武子向他夸示中原美食，认为江东无物可及羊酪味美，陆机答道：“有千里莼羹，未下盐豉耳。”故自西晋以降，莼羹便作为江东名菜而流传千古。

这一时期，人们食用的蔬菜品种主要有：葵，又称冬葵、冬寒菜，其味甘甜，口感滑爽，是人们的家常菜。蔓菁，一名芜菁，即今之大头菜。蔓菁的根蒸食，还可替代主食。菘，

① 〔汉〕许慎：《说文》四下《肉部》，《说文解字》，中华书局1963年影印本，第89页。

柄厚而色青者为青菜，柄薄而色白者为白菜，淡黄的叫黄芽菜，是南方常食的蔬菜。韭菜是我国驯化最早、栽培最久的蔬菜之一，深受社会各阶层欢迎，为当时人们常吃的蔬菜之一。韭菜的吃法有三种：一是韭菹，即将韭菜以盐米酿之，如菹而食；二是瀹韭，也就是用韭菜煮汤；三是生韭，也就是生吃。《释名·释饮食》云："生瀹，葱、薤曰兑，言其柔滑，兑兑然也。"可见葱与薤的吃法亦与韭菜相似。葱为多年生草本植物，叶圆筒状，中空，开白色小花。茎叶有辣味，当时是常吃的蔬菜，今日主要作调味品。薤，也是多年生草本植物，叶细长，开紫色小花。鳞茎和嫩叶可以吃。也称"藠头"，民间俗称"小蒜"。茄子，原产印度，汉代进入我国，六朝时在全国普遍引种开来。建康附近，有一地名茄子浦，"盖其地宜茄子，人多于此树艺，因以名浦"①。这一地名虽然最早出现于东晋，但从一个作物的开始栽培到推广，要有一个相当的过程，估计在孙吴时就开始栽培。此外，菰（即茭白）、莼菜等水生蔬菜，还有禽蛋、菌类、竹笋等也被人们广泛食用。张衡《南都赋》曰："春卵夏笋，秋韭冬菁"，可见人们在蔬菜的季节食用上，已有了一定的选择性。

作为佐餐的菜，在这一时期已有多种制作方法。民间贫者居多，平时吃蔬菜，为了贮藏，多做成菜菹。菹的简单制法，就是用盐水泡腌蔬菜，压上石块，还可以和入粥清、胡麻汁，味道甜脆酸美，又可久藏不坏。相传昔吴王在山中种蔬腌菜，为军人冬食之备，这一处山因此得名"菹中山"②，说明腌菜在南方民间有悠久的历史。此外又有肉菹，它是用肉类腌制的。菹又分成两种，大片称菹，细切为齑。经过加工后的菹，味道很好。《释名·释饮食》云："菹，阻也。生酿之，遂使阻于寒温之间，不得烂也。"又云："齑，济也，与诸味相济成也。"可见腌制的过程中，醯酱是必不可少的调味品。

六朝时期，瓜果一类的经济作物种植有了发展，品种也有增加，特别是南方地区，原先的热带水果种植逐步北移到了亚热带地区，北人南迁也带来了北方的瓜果。左思《吴都赋》云："其果则丹橘余甘，荔枝之林。槟榔无柯，椰叶无阴。龙眼橄榄，棎榴御霜，结根比景之阴，列挺衡山之阳。"这里所提到的都是热带水果。《宋书·符瑞志上》载："孙坚之祖名钟，家在吴郡富春，独与母居。性至孝。遭岁荒，以种瓜为业。"刘义庆《幽明录》、刘敬叔《异苑》中也有类似记载。今江苏省盐城中学校园内有一口古井，被称作"瓜井"，相传是孙坚出任盐渎丞时所开凿。这些文献与传说都说明瓜果生产在当时已成为一种产业，人们不仅消费瓜果，还有人以瓜果谋生。

酪是用牛、羊、马的乳汁经发酵而制成的半凝固食品。长江流域饮酪的习俗是由北方人口南迁带来的。《释名·释饮食》云："酪，泽也。乳汁所作，使人肥泽也。"可见当时

① 《资治通鉴》卷九四，晋成帝咸和三年注引《类篇》，第2957页。

② 〔晋〕张元之：《吴兴山墟名》，〔清〕缪荃孙校集本。

人已认识到酪是用乳汁加工而成，食酪能使人肥胖而肤色光泽。东晋初年，南人还不习惯于饮酪，如《世说新语·排调》载："陆太尉(玩)诣王丞相(导)，王公食以酪。陆还，遂病。明日，与王笺云：'昨食酪小过，通夜委顿。民虽吴人，几为伧鬼'。"王导过江后，竭力拉拢吴地世族，吴地高门陆玩来做客，王导以珍贵的酪加以招待，岂料从未食酪的陆玩却因饮用过量而致病。这则故事说明渡江而来的侨姓士族视酪为高贵食品，而吴地士族对这种食品一时还无法适应。随着时间的推移，南北饮食文化的交流，这种状况有所改变。

3．调味品

调味品是食品加工与烹饪中所需的调料。酱、醋、豉、糖等是我国古代百姓日常生活中最重要的调味品。

以酱醋为调料，是我国古代劳动人民的创造。"醯醢"二字，古代常连用，若分而言之，则"醯"为醋，"醢"为酱。醋是酸味调味品，汉时称酢。六朝时，醋、酢二字混用，而民间多称之为醋。醋又被称为"苦酒"，这当与其起源于酿酒有关。《释名·释饮食》云："苦酒，淳毒甚者。酢，苦也。"《太平御览》卷六六六引《魏名臣奏》曰："今官贩苦酒，与百姓争锥刀之末。"苦酒，即醯也。故《吴录·地理志》曰："吴王筑城以贮醯，今俗呼苦酒城。"《释名·释饮食》中记载了当时榆酱的制作法，还记载了"醢"的工艺流程，说："醢，晦也，晦冥也。封涂使密，冥乃成也。"醢之汁也就是今天所说的酱油。当时，"宋鲁人皆谓汁为涶"，可见"涶"是宋、鲁地区的方言。豉是一种咸味的调味品，豆豉开始出现于汉代，主要用于菜肴的加工烹饪。《古艳歌》云："白盐海东来，美豉出鲁门。"①鲁门所产豆豉被称为"美豉"。《释名·释饮食》云："豉，嗜也。五味调和，须之而成，乃可甘嗜也，故齐人谓豉声如嗜也。"从这些解释中，都可见六朝北人南迁对饮食口味的影响十分深远。

糖的食用与制造，我国有悠久的历史。三国以前人们主要是食用蜜糖和麦芽糖。麦芽糖又名饴糖，或谓之饧，东汉扬雄《方言》云："凡饴谓之饧，自关而东陈楚宋卫通语也。"这里的"关"是指的函谷关，关东的陈楚宋卫是泛指函谷关以东的黄河与长江流域。六朝时，我国南方地区已能从甘蔗中榨取糖汁来制糖。以甘蔗为原料制成的糖，称为蔗糖。由于甘蔗原产于南方，蔗糖先从交州传入长江流域。《三国志·吴书·孙亮传》注引《江表传》载："亮使黄门以银碗并盖就中藏吏取交州所献甘蔗饧。"当时的交州包括今广东南部和越南北部。以银碗并盖盛取蔗糖，说明蔗糖在当时还是名贵的贡品。六朝人普遍食用的仍是蜜糖和麦芽糖。史载宋明帝刘彧喜欢甜食，"以蜜渍鱁鮧，一食数升，啖腊肉常至三百脔，奢费过度"②。鱁鮧，又作"逐夷"，本为鱼肠酱。《齐民要术》卷八《作酱法》载有

① 《北堂书钞》卷一四六《酒食部五·豉三四》引，中国书店1989年版，第618页。下同，略。

② 《南史》卷三《宋明帝纪》，第84页。

制作方法。南方人喜甜食，改以糖、蜜渍制。《南齐书·虞愿传》载："(宋明)帝素能食，尤好逐夷，以银钵盛蜜渍之，一食数钵。谓扬州刺史王景文曰：'此是奇味，卿颇足不?'景文曰：'臣夙好此物，素贫，致之甚难。'帝甚悦。食逐夷积多，胸腹痞胀，气将绝，左右启饮数升酢酒，乃消。疾大困，一食汁滓犹至三升。水患积久，药不复效。大渐日，正坐，呼道人，合掌便绝。"宋明帝过度地饮用甜食，消化不良，一命呜呼，反而不如"贫素之人"，虽"致之甚难"，而不受其害。

4. 饮食的贫富差异

六朝时期，统治阶级与普通民众在饮食上有很大差异。《三国志·吴书·张昭传》载：孙权称吴王后在"武昌临钓台，饮酒大醉"，张昭用"纣为糟丘酒池长夜之饮"的典故，向他提出警告。同书《华覈传》载："今事多而役繁，民贫而俗奢……至于富贾商贩之家，重以金银，奢恣尤甚。"以至于"农人废南亩之务……则蔬食而长饥。"在社会上层奢侈风气的影响下，江南民风趋向奢靡，《抱朴子外篇·吴失》称"粱肉余于犬马，积珍陷于帑藏"，就是豪门大族生活的真实写照。当时也有一些廉洁的官吏饮食注重节俭。《太平御览》卷八五〇《饮食部八·饭》引《孟宗别传》载：孟宗"为光禄勋，大会，醉吐麦饭，察者以闻，诏问食麦饭意，宗答'臣家足有米，麦饭直愚臣所安，是以食之。'"麦饭是粗食，是下层民众的日常食粮。与麦饭相类似的还有蔬饭，《三国志·吴书·是仪传》载：是仪"服不精细，食不重膳，拯赡贫困，家无储蓄。(孙)权闻之，幸仪舍，求视蔬饭，亲尝之，对之叹息"。

东晋偏安江左，而大多数统治者仍以饮食奢侈为乐。《世说新语·汰侈》载："王右军少时，在周侯末座，割牛心啖之。"刘孝标注："俗以牛心为贵，故羲之先食之。"鹿肉更是一种珍贵的食品，陆纳出任吴兴太守前，先至姑孰向桓温辞行，后来又把带来的礼品"酒一斗，鹿肉一盘"送上，桓温"更敕中厨设精馔，酣饮极欢而罢"。①

南朝统治者饮食上的奢侈习性依然如故。《宋书·刘湛传》载刘义真守丧期间吃酒肉，"会湛入，因命臑酒炙车螯。湛正色曰：'公当今不宜有此设。'义真曰：'旦甚寒，一碗酒亦何伤。长史事同一家，望不为异。'酒既至，湛因起曰：'既不能以礼自处，又不能以礼处人。'"②寒人阮佃夫执掌机要，权势显赫，"尝作数十人馔，以待宾客，故造次便办，类皆如此，虽晋世王(恺)、石(崇)不能过也"③。

六朝时普通民众的饮食，是以粮食和蔬菜为主的素食，平常很难吃得上肉。主食除稻米外，还以麦饭、粟饭、豆饭等粗粮充饥。菜则以盐菜为主。如《三国志·吴书·步骘

① 《晋书》卷七七《陆晔传附陆纳传》，第 2027 页。
② 《宋书》卷六九《刘湛传》，第 1816 页。
③ 《宋书》卷九四《恩倖·阮佃夫传》，第 2314 页。

传》载：步骘避难江东，以种瓜自给，与卫旌一起献瓜于土豪焦征羌，征羌"以小盘饭与骘、旌，惟菜茹而已"。这是步骘尚未发迹时，与卫旌一起为平民时的饮食状况。《宋书·宗悫传》载："乡人庾业，家甚富豪，方丈之膳以待宾客，而悫至设以菜菹粟饭，谓客曰：'宗军人，惯啖粗食。'"《宋书·朱修之传》载：其姊穷困，修之来作客，"姊欲激之，为设菜羹粗饭，修之曰：'此乃贫家好食。'致饱而去。"南朝吴兴武康人沈崇傃在母葬后"久食麦屑，不啖盐酢"，因而"虚肿不能起"①。

5. 饮食方式的变化

席地而坐，各人席前各置几案，案上摆放食品，分别据案而食，食物互不混杂，是汉族的传统饮食方式。这种分食制的饮食方式，在六朝至隋唐有不同程度的保留。如《陈书·徐孝克传》载："每侍宴，无所食啖，至席散，当其前膳羞损减"，陈宣帝百思不得其解，寻访后方知是徐孝克将食品带回家以奉老母。若共围一席，徐孝克就无法将食品藏起带回去，说明南朝时宴会仍行分食制。

东晋顾恺之《列女图》中饮食场面

魏晋南北朝时期，各少数民族在进入中原的同时，也带来了他们的坐卧用具和饮食习俗，从而极大地冲击了汉族席地而坐的饮食方式。同时因建筑技术的进步，室内空间比较宽大宏敞，这也为家具由矮到高的演进提供了条件。在这一演进过程中，由西域传入中原的胡床扮演了极为重要的角色。胡床是一种坐具，类似于今天的折叠椅。六朝时期，胡床已逐步普及，《晋书·五行志上》载：北方"相尚用胡床、貊盘，及为羌煮貊炙，贵人富室，必蓄其器，吉享嘉会，皆以为先"。坐着胡床，享用羌煮貊炙，已成民间风尚，这就极大地冲击了传统的席地而跪坐的饮食方式。胡床的坐法与汉族传统的跪坐完全不同，是臀部坐在胡床上，两腿垂下，双脚踏地。《梁书·侯景传》载，侯景"常设胡床及筌蹄，著靴垂脚坐"。由于坐

① 《南史》卷七四《孝义下·沈崇傃传》，第1838页。

胡床两脚垂地，就改变了传统跪坐的姿势，而且这种坐姿又比跪坐舒服，因此中国传统席地跪坐的饮食方式受到冲击。到唐代时，高桌大椅开始出现并使用，围桌而坐气氛热烈的合食制终于取代席地而坐不相混杂的分食制，成为饮食的主要方式。

6. 饮茶与饮酒

六朝时期，长江流域的饮茶与饮酒之风初步形成。不仅民间种茶、酿酒，而且士人亦以茶酒自娱。《三国志·吴书·韦曜传》载：孙皓嗜酒荒诞，“每飨宴，无不竟日，坐席无能否率以七升为限”。韦曜酒量小，“素饮酒不过二升”，起初孙皓对他特别优待，“常为裁减，或密赐茶荈以当酒”，可见当时已将茶作为饮料。

茶原产于山中，六朝时南方已普遍种植茶树。常璩《华阳国志·巴志》载：其地产茶，用来“纳贡”，又载园有“香茗”，涪陵郡“惟出茶、丹、漆、蜜、蜡”①。该书《蜀志》载：“什邡县，山出好茶。”②《南中志》载：平夷县“山出茶、蜜”③。晋陶潜《搜神后记》卷七“毛人”条载：“晋孝武世，宣城人秦精，常入武当山中采茗，忽遇一人，身长丈余，遍体皆毛，从山北来。精见之，大怖，自谓必死。毛人径牵其臂，将至山曲，入大丛茗处，放之便去。精因采茗。须臾复来，乃探怀中二十枚橘与精，甘美异常。精甚怪，负茗而归。”④东晋裴渊《南海记》(又名《广州记》)载：“酉平县出皋卢，茗之别名，叶大而涩，南人以为饮。”⑤刘宋山谦之撰《吴兴记》说：“乌程县西四十里有温山，出御荈。”⑥

饮酒之风盛行在当时是一种普遍的社会现象。不仅帝王嗜酒，而且达官贵人与民间人士也饮酒成风。政治家、军事家不仅与酒有缘，甚至还有意借酒通好，用于外交活动。如《三国志·吴书·陆抗传》注引《晋阳秋》载：孙吴后期，陆抗镇守西陵(今湖北宜昌)，与羊祜对垒，“抗尝遗祜酒，祜饮之不疑。抗有疾，祜馈之药，抗亦推心服之”。陆抗以弱抗强，保境安民，不卑不亢，充分显示了其政治家的胸怀与风度。酿酒需要用很多粮食，因此也必然有酒禁，以保证国家的赋税收入。孙权为了与魏、蜀争衡，曾实行过严格的榷酤政策，禁止民间私酿私售，如《三国志·吴书·顾雍传》载：吕壹等人就因“造作榷酤障管之利”，而被治罪。

① 〔晋〕常璩：《华阳国志校注》，第25、83页。
② 〔晋〕常璩：《华阳国志校注》，第261页。
③ 〔晋〕常璩：《华阳国志校注》，第387页。
④ 〔晋〕陶潜：《搜神后记》，第50页。
⑤ 《北堂书钞》一四四《酒食部三·茶篇八》引，第605页。
⑥ 〔宋〕山谦之：《吴兴记》，〔清〕缪荃孙辑本。

东晋青釉飞鸟碗托

南朝托盏

浙江省博物馆藏东晋德清窑鸡首壶

南京西岗西晋墓出土青瓷羊尊

南朝莲花尊

南朝刻划莲瓣纹瓷鸡首壶

六朝时随着酿酒业的发展，出现了许多名酒，而且酒的品种也有所增加。当时，南方民间饮用的多是自己酿制的米酒。如晋嵇含《南方草木状》卷上“草麴”条载：“南海多美酒，不用麴糵，但杵米粉，杂以众草叶、冶葛汁滫溲之，大如卵，置蓬蒿中荫蔽之，经月而成，用此合糯为酒。”①这里的“合糯为酒”，就是酿造米酒。

长江流域山清水秀，民间利用优质水源，酿造出不少好酒。其中最有名的米酒，有巴乡酒、酃酒与曲阿酒。巴乡酒产于巴东，据盛弘之《荆州记》卷一记载：巴东郡鱼复县“南乡峡峡西八十里有巴乡村，善酿酒，故俗称巴乡酒也。村旁有溪，溪中多灵寿木焉”。酃酒产于衡阳酃湖，郭仲产《湘州记》云：“衡阳县东南有酃湖，土人取此水以酿酒，其味醇美，所谓酃酒。”②郦道元《水经注》亦载绿水“又北过酃湖，湖中有洲，洲上民居，彼人资以给，酿酒甚醇美，谓之酃酒，岁常贡之”。③ 南方酿酒多用米谷，以水质取胜。孙吴时，酃酒作为贡品送到建业；西晋时转送到洛阳，才为北方人所知；南朝时，酃酒名重一时。

葡萄酒原产于西域，民间多以葡萄酿酒。张华《博物志》卷五载：“西域有葡萄酒，积

① 〔晋〕嵇含《南方草木状》，《湖北先正遗书》影印涵芬楼藏明弘治刻《百川学海》本。

② 《太平御览》卷八四五《饮食部三·酒下》引，第 3777 页。

③ 王国维校：《水经注校》卷三九《耒水》，第 1223 页。

年不败，彼俗云：‘可十年饮之，醉弥月乃解’。”①《晋书·吕光载记》也称西域胡人“家有蒲桃酒，或至千斛，经十年不败”。蒲桃，即葡萄，又称“葡陶”，蒲桃酒简称“蒲酒”，六朝时葡萄酒已传入江南地区。《梁书·鲍泉传》载：“（萧）方诸与（鲍）泉，不恤军政，唯蒲酒自乐。”陈朝诗人张正见《对酒》诗云：“当歌对玉酒，匡坐酌金罍。竹叶三清泛，葡萄百味开。风移兰气入，月逐桂香来。独有刘将阮，忘情寄羽杯。”②说明六朝时葡萄酒已成为南方贵族与官僚文人常饮的美酒。除葡萄酒外，还有春节时饮的屠苏酒，重阳节饮的菊花酒等，都反映这一时期酒的品种有所增加。

**（二）服饰风俗**

六朝时期是我国古代服饰史上的大转变时期。中原地区，由于大量少数民族的入居，胡服在一般群众中产生了强烈影响。胡服的特点是褊窄紧身、圆领开衩，便于骑马打仗、从事放牧与日常劳动生活，所以逐渐为人民群众所吸收，成为常服。与此同时，汉族帝王与士大夫的峨冠博带、宽衣大袖的衣裳冠冕不仅在礼服中保存下来，而且为少数民族上层人物所羡慕学习，并在民族大融合中继续流传下来。北方这种胡汉服饰夹杂融合的情况，对南方的服饰也有一定影响。东晋葛洪在《抱朴子外篇·讥惑》中说：“丧乱以来，事物屡变：冠履衣服，袖袂裁制，日月改易，无复一定。乍长乍短，一广一狭，忽高忽卑，或粗或细。所饰无常，以同为快。其好事者，朝夕放效，所谓京辇贵大眉，远方皆半额也。”说的正是这种服饰形制随民族冲突、交融与时代风尚而变化的实际情况。

东晋陶男侍俑

东晋陶男俑

东晋陶女俑

东晋陶女俑

① 〔晋〕张华撰、宁校证：《博物志校证》卷五，第 64 页。

② 逯钦立辑校：《先秦汉魏晋南北朝诗》，中华书局 1995 年版，第 2480 页。

东晋陶女俑局部

南朝青瓷骑狮俑

南朝女俑

南朝陶男俑

南朝陶女俑

南朝陶女俑

1975年江苏常州南郊茶山戚家村南朝墓砖画中穿大袖衫子的托博山炉侍女

1975年江苏常州南郊茶山戚家村南朝墓砖画中的穿大袖衫子的捧奁侍女

1975年江苏常州南郊茶山戚家村南朝墓砖画中的穿大袖衫子的如意侍女

画像砖上穿大袖衫子的南朝妇女

南朝妇女画像砖(头部梳丫髻)

六朝时期人们制作服装的原料,主要是麻与丝。麻织品谓之布,丝织品通常称帛。孙吴的纺织业,起初主要是生产麻布、葛布。《三国志·吴书·陆凯传》载:孙权时,“后宫列女,及诸织络,数不满百”。到孙皓统治时,后宫“织络及诸徒坐,乃有数千”,生产的纺织品已经主要是丝织品。同书《华覈传》载:华覈上疏,批评服饰上的奢靡之习,说:“百工作无用之器,妇人为绮靡之饰,不勤麻枲,并绣文黼黻,转相仿效,耻独无有。兵民之家,犹复逐俗,内无儋石之储,而出有绫绮之服。”但从中亦可见孙吴的纺织绣染业有所发展。西晋左思在《吴都赋》云“乡贡八蚕之绵”,也说明江南地区的蚕桑丝绸生产规模很大,从而为服饰的进步提供了物质基础。

六朝时期,平民穿不起绫罗,所穿之衣一般用麻织造,称为白衣,又称布衣。如《三国志·吴书·吕蒙传》载:吕蒙白衣渡江,袭取荆州,“尽伏其精兵舳舻中,使白衣摇橹,作商贾人服,昼夜兼行,至(关)羽所置江边屯候,尽收缚之,是故羽不闻知”。白衣乃商贾之常服,是普通百姓穿的衣服,所以关羽才会中计。

中国上古服装,上衣下裳;现在上衣下裤,而衣裳连称,裳名转废。古时服装宽博,只有军装较窄小。《晋书·五行志上》记载服饰的变化,说:孙吴“孙休后,衣服之制上长下短,又积领五六而裳居一二”。在整个六朝时期,随着南北民俗的交流,北方少数民族中上身着褶、下身着裤的“裤褶服”,不仅在中原地区流行,而且也普及到了南方民间。从此,中国男子服装开始了由上衣下裳向上衣下裤转变的历程。至于“裤褶”二字连用,则始见于孙吴初期,《三国志·吴书·吕范传》注引《江表传》载:吕范与孙策弈棋对话,吕范表示“愿暂领都督”。语毕,“策笑,无以答。范出,更释褠,著裤褶,执鞭,诣阁下启事,自称领都督,策乃授传,委以众事。由是军中肃睦,威禁大行”。可见此时南方已开始流行裤褶服。

东晋以降,江左士庶皆服裤褶。史载郭璞“中兴初行经越城,间遇一人,呼其姓名,因以裤褶遗之”①。余杭令顾飏以郭文“山行或须皮衣，赠以韦裤褶一具，文不纳，辞归山中”②。裴启《语林》亦载：“夏少明在东国，不知名，闻裴逸民知人，乃裹粮寄载，入洛从之。未至家少许，见一人著黄皮裤褶，乘马将猎。”③

巾褠是当时男子的常服，巾谓巾帻，褠谓单衣。《三国志・吴书・吕岱传》载：“吴郡徐原，慷慨有才志，岱知其可成，赐巾褠，与共言论，后遂荐拔，官至侍御史”。太平元年（256 年）吕岱去世，“遗令殡以素棺，疏巾布褠，葬送之制，务从约俭”。《隋书》卷一一《礼仪志六》：“巾，国子生服，白纱为之”，质地较好。

常服是指日常穿着的服装，士庶、将士、官吏以至皇帝私居时穿的衣服，都可称为常服。没有里子的长衣，即为单衣，又称禅衣，一般在夏季日常穿。衫指短袖单衣，《释名・释衣服》：“衫，芟也，芟末无袖端也。有里曰複，无里曰禅。”人们在夏天为了凉快，喜穿半袖衫。裹衫，实际上就是一种披在肩上的无袖外衣，俗称“披风”。通常以白色布帛为之，上缀纽带，著时披搭于肩背，结带于颈，可御挡风寒。单衫，即“禅衫”，以无衬里而名。如干宝《搜神记》卷一〇“火浣衫”条载：“吴选曹令史刘卓，病笃，梦见一人，以白越单衫与之，言曰：‘汝著衫污，火烧便洁也。’卓觉，果有衫在侧。污辄火浣之。”火浣衫，是用石棉为原料制成的衫。

襦是短袄，即上身穿的短衣。裤，上古作“绔”，又写作“袴”。《说文解字》：“绔，胫衣也。”④《释名・释衣服》：“绔，跨也，两股各跨别也。”说明裤是套在腿上起御寒作用的，有冬天御寒穿的棉裤，又称複裤。还有单裤、夹裤等，用于不同季节。一般说，“袴”没有裆，有裆的叫作“裈”。刘熙《释名・释衣服》：“裈，贯也，贯两脚，上系要（腰）中也。”《史记・司马相如列传》载：“相如身自著犊鼻裈，与保庸杂作。”《集解》引吴人韦昭曰：“今三尺布作，形如犊鼻矣。”

男子虽着襦、裤，外面仍以裙笼之。若不加裙而只穿襦、裤，只能在私居的时候，在公众场合则是极不礼貌的行为。《宋书・羊欣传》载：王献之为吴兴太守时，羊欣年十二，“献之尝夏月入县，欣著新绢裙昼寝，献之书裙数幅而去。欣本工书，因此弥善。”羊欣的书法，因王献之在其裙上写字而越发进步，而一个十二岁的少年，谨守礼法，睡午觉时尚不解笼裙，因此大为时人称道。《南齐书・郁林王本纪》载：萧昭业“居尝裸袒，著红縠裤杂采袙服”。萧昭业只穿近身衣裤，外不笼裙，说明其不知礼俗，故深受时论所讥。《释名・释衣服》：“凡服，上曰衣。衣，依也，人所依，以庇寒暑也。下曰裳。裳，障也，所以自

① 《晋书》卷七二《郭璞传》，第 1909—1910 页。

② 《晋书》卷九四《隐逸・郭文传》，第 2440 页。

③ 鲁迅：《古小说钩沉・裴子语林》，《鲁迅全集》第 8 卷，人民文学出版社 1973 年版，第 137 页。

④ 〔汉〕许慎：《说文》一三上《糸部》，《说文解字》，中华书局 1963 年影印本，第 275 页。

障蔽也。”“障”是保护的意思，“蔽”有遮羞的意思。裳，类似裙子。古文“裳”字，也写作“常”。《说文解字》：“常，下帬也。”①“帬”是裙的古体字，又写作“裠”。当时不论男女，都可穿裙，还可与帔配合起来穿。帔是古代披在肩背上的服饰，《释名·释衣服》：“帔，披也。披之肩背，不及下也。”当时的妇女服装也有帔。

男子的礼服是袍，袍是有表有里的长衣的统称。文武百官的五时朝服，有绛色袍及黄、青、皂、白诸色袍，但实际上通常穿绛色袍，白色朝服（秋服）通常不用。袍内衬者都是皂缘中衣。文官穿的朝袍上，左肩有紫荷，又称紫夹囊，是文书章奏之类的贮备之囊。上朝时，手执笏（手板），插笔于首，需记事或书写文书时，则右手握簪笔，左手执笏，进行书写。

袍之最讲究者，是绣有纹饰的锦袍。皇帝赐给臣下锦袍，是一种特殊的待遇。锦袍的种类很多，以衣料的质地颜色分，有罗縠锦袍、绛绫袍、绯绫袍、碧纱袍、丹纱袍等；以所刺绣纹饰分，有寓意长寿的鹤纹袍、寓意威武的金兽袍，前者赐予文臣，后者赏给武将，而贵臣则多着黄文绫袍，以示高贵。

袍在当时不仅作朝服，也仍然被一般平民穿着。尤其是冬天，袍里内絮丝绵，可以御寒。贫苦百姓没有丝绵，就絮以乱麻、旧绵，称为缊袍。

男子在袍服外面的腰部，要总束一根大带，把衣服裹好。平民百姓的腰带是用熟牛皮制成的“韦带”，所以“布衣韦带”就成为平民的代称。贵族、官吏的腰带，用绢织成的“绅”制成称作“绅带”；用皮革做的“革带”称作“鞶”。孙吴时期，已用金、银、铜装饰腰带，以区分身份高低。

上衣下裳是女子服装的基本形式，如袴褶、襦裙、袄裤等都是民间从事劳作的妇女的常服。与此并行的是衣裳连体制，即古代所说的“深衣”。形制如袍服，还有连腰衣、连衣裙等，能更好地表现女性的窈窕体态，多为不从事劳动的贵族女子或歌舞乐伎所穿。

衫子，是妇女的短上衣，又名半衣。马缟《中华古今注》卷中云：“始皇元年，诏宫人及近侍宫人，皆服衫子，亦曰半衣，盖取便于侍奉。”窄衫，是短小而紧窄的衣衫，能更好地显示妇女的身段。白縠衫、白纱衫、白绢衫，都是妇女的贴身内衣，故为纳妃所用。妇女以亲手所织裈衫相赠，也是表达爱情的一种方式。妇女的日常穿着是上身着襦、衫，下身穿裙子。《古诗为焦仲卿妻作》云：“妾有绣腰襦，葳蕤自生光”，诗中所说“腰襦”，亦作“要襦”，是一种齐腰的短袄，其形制与普通短袄相类似，唯下齐腰部，初男女均用，汉魏后多为妇女所穿。《释名·释衣服》：“要襦，形如襦，其要上翘，下齐要也。”

裲裆，男女均可穿，更是妇女的日常衣着。若作内衣穿，又谓坎肩，俗称背心；也可着

① 〔汉〕许慎：《说文》七下《巾部》，《说文解字》，中华书局1963年影印本，第159页。

之于外，且有绣裲裆、绵裲裆、夹裲裆之分。《玉台新咏·吴歌》："留衫绣两裆，迮置罗裳里。微步动轻尘，罗衣随风起。"妇女为心上人绣裲裆，还可以表达与倾诉自己的感情。

袙服，也作"袙腹""袙複""帊複""帕複"，是妇女的贴身内衣。《释名·释衣服》云："帕腹，横帕其腹也。"这是把裲裆束之于内体，类似早世着在胸间的袙複，与后世所称妇女的抹胸相似。

袜腹，即"抱腹"，俗称肚兜，又名"袜肚"，亦曰"齐裆"。《释名·释衣服》："抱腹，上下有带，抱裹其腹上，无裆者也。膺，心衣，抱腹而施钩肩，钩肩之间施一裆，以奄心也。"马缟《中华古今注》卷中："袜肚，盖文王所制也。……宫女以彩为之，名曰腰彩。至汉武帝以四带，名曰袜肚。至灵帝赐宫人蹙金丝合胜袜肚，亦曰齐裆。"这种妇女的贴身小衣，以蹙金彩帛为之，上缀带，著时二带系结于颈，二带围系于腰，上达于胸，下掩于腹。

当时妇女服装不用纽扣，只是在衣服的衣襟之间用一根根小带子系结起来，这种小带子称作"衿"。衿带的装饰作用，主要在显示身段之美，对于女子尤为重要。由于女子通常穿裙，束身衿带，是举止庄重的表现。还有襻带，也是系衣裙的带。

妇女的礼服，主要用于祭祀、婚嫁，穿礼服者多为皇室、贵戚、官僚、士族家庭的女子。大衣，也就是袍服，是妇女的礼服，因衣身宽博、两袖肥大而得名。皇后祭祀时服袿襹大衣。袿襹用绣为衣，裳加五色，镲金银校饰。《释名·释衣服》云："妇人上服曰袿，其下垂者，上广下窄，如刀圭也。"上衣下裳相连属的连腰衣，称之为"襹"，《释名·释衣服》："襹，属也，衣裳上下相连属也。荆州谓禅衣曰襹，亦曰襜褕，言其襜襜宏裕也。"

中国古代社会以农桑立国，按照古礼，每逢春季，天子行籍田礼，后妃行亲蚕礼。蚕衣就是后妃、命妇行亲蚕礼时所穿的礼服。三翟是古代皇后、命妇的三种祭服，即袆衣、揄狄、阙狄。袆衣，绘翚雉，玄色；揄狄，绘鹞雉，青色；阙狄，绘雉形而不画彩色，赤色。狄，通"翟"，故合称"三翟"。《释名·释衣服》："王后之上服曰袆衣，画翚雉之文于衣也。"

中国古代贵族男女成年之后，有冠、笄之礼，即采用一定的形式，将发式固定起来，以示成年；而庶民百姓则以巾包头，便于劳作。《释名·释首饰》："冠，贯也。所以贯韬发也。""笄，系也。所以系冠，使不坠地也。""巾，谨也。二十成人，士冠，庶人巾，当自谨修四教也。"可见冠与巾的使用，是有严格的等级区别的。

冠由冠圈和冠梁组成，其主要作用是固定发髻。戴冠时，先以缅包髻，再以笄贯穿冠圈和发髻，将冠圈两旁的丝绳在下颌处打结，以此定冠。六朝时期，冠的名称和种类基本沿袭秦汉。

巾，亦称"头巾"，是裹头用的布帕，主要功能为保暖和防护。本为庶民服饰，产生于劳动生产之中，兼作擦汗之布，一物两用。其色以青、黑为主，故秦代称庶民为"黔首"，汉代称庶民为"苍头"，都是据头巾颜色而言。整个六朝时期，士大夫在私居时比较随便，一般是不戴冠帽，而施以巾、帢。所以，巾作为头饰，无论是士大夫还是平民百姓都可以戴，只是质地和式样不同而已。

帻，又称“帻巾”，为男子包髻之巾。《释名·释首饰》：“帻，迹也，下齐眉迹然也。”初为民间所服，平民无冠，仅用此饰。贵者有冠，则将冠加于帻之上。《后汉书·舆服志下》：“古者有冠无帻，其戴也，加首有頍，所以安物。故《诗》曰‘有頍者弁’，此之谓也。”注引《独断》曰：“帻，古者卑贱执事不冠者之所服也。”当时，帻的式样有二：一为尖顶，谓之“介帻”；一为平顶，谓之“平上帻”。介帻供文吏使用，平上帻供武官使用。除了有不同形制的区分外，帻还有不同颜色、不同织物制成的区别，所以又有各种不同的名称。如：绛帻、赤帻，均为武帻，用于武士，以表威仪。《三国志·吴书·孙坚传》载：孙坚“常著赤罽帻”，有一次与董卓军队交战，孙坚为了突围而出，“乃脱帻令亲近将祖茂著之。卓骑争逐茂，故坚从间道得免。茂困迫，下马，以帻冠冢闲烧柱，因伏草中。卓骑望见，围绕数重，定近觉是柱，乃去。”赤罽，为红色毛织品。用罽制成的帻，质地厚实耐用，保暖性能好，适合军旅中使用，其作用相当于韦弁。

铠甲与盔，合称甲胄，是军服中最主要的配备。头盔为武士护首所戴。盔帽一般以铜、铁、皮、藤等材料制成，戴在头上，以御兵刃。因其造型如鍪（一种锅子），故又称兜鍪。大抵北方多以铜、铁制作盔胄，南方多用皮、藤制作兜鍪。南宋词人辛弃疾在《南乡子·登京口北固亭有怀》中说孙权与曹操、刘备对抗，“年少万兜鍪，坐断东南战未休”，是用兜鍪代指兵士。万兜鍪，犹言千军万马。

上至天子，下至庶人，都有戴帽子的，即所谓纱帽。帝王戴白纱帽，官员戴乌纱帽。《晋书·舆服志》：“帽名犹冠也，义取于蒙覆其首，其本纚也。古者冠无帻，冠下有纚，以缯为之。后世施帻于冠，因或裁纚为帽。自乘舆宴居，下至庶人无爵者皆服之……而江左时野人已著帽，人士亦往往而然，但其顶圆耳，后乃高其屋云。”《隋书》卷一二《礼仪志七》也记载：“帽，古野人之服也。……宋、齐之间，天子宴私，著白高帽，士庶以乌，其制不定。或有卷荷，或有下裙，或有钞高屋，或有乌纱长耳。”宋明帝初，司徒建安王刘休仁，也曾“制乌纱帽，反抽帽裙，民间谓之‘司徒状’，京邑翕然相尚”①，也算是一种时尚。

《世说新语·任诞》载山简倒著白接䍠事，说：“山季伦为荆州，时出酣畅。人为之歌曰：‘山公时一醉，径造高阳池。日莫倒载归，茗艼无所知。复能乘骏马，倒著白接䍠。举手问葛强，何如并州儿？’高阳池在襄阳。强是其爱将，并州人也。”余嘉锡《世说新语笺疏》、徐震堮《世说新语校笺》均认为白接䍠就是白帽，其主要根据是：《尔雅·释鸟》郭璞注曰：“白鹭头翅背上皆有长翰毛，今江东人取以为睫攡。”《广韵》云：“接䍠，白帽，即睫攡

① 《宋书》卷三〇《五行志一》，第891页。

也。”今本《辞源》有“白接䍦”条，解释为“白头巾”，更为确切。其实接䍦也就是羃䍦，北方少数民族为避风沙，有以羃䍦为冠与遮面的习俗。并州在六朝时为胡汉民族杂居之地，山简仿照并州的习俗，“倒著白接䍦”，即以羃䍦为冠，用白头巾裹头，所以才会“举手问葛强，何如并州儿？”六朝时江南妇女亦有用巾遮头的习俗，头巾上或绣青凤，或绣丹凤，以为装饰，如吴均《和萧洗马子显古意》诗之五：“妾家横塘北，发艳小长干。花钗玉腕转，珠绳金络丸。羃历悬青（一作丹）凤，逶迤摇白团。谁堪久见此，含恨不相看。”①羃历之本意为覆盖分布，此诗中女子头戴青凤巾，手摇白团扇的风姿隐约可见。

妇女的首饰花钿，是用金、银、珠玉制成的花朵形饰件。步摇，是一种有垂珠的金玉首饰。《释名·释首饰》：“步摇，上有垂珠，步则摇也。”女子在发髻上插以步摇，一步一摇，极尽行步时动态之美。

珥、珰，是妇女的耳饰。《说文解字》云：“珥，瑱也。”又云：“瑱，以玉充耳也。”②珥是插于发上，由发上垂至耳际的链状饰物，其两头下垂，系黄緜，緜下又悬玉为瑱，以塞耳。《释名·释首饰》：“瑱，镇也。悬当耳旁，不欲使人妄听，自镇重也。或曰充耳塞耳也。塞耳，亦所以止听也。里语曰：不瘖不聋，不成姑公。”珰则是耳环，以金为之，穿耳而施，即通常所说的金耳环。《释名·释首饰》又云：“穿耳施珠曰珰，此本出于蛮夷所为也。蛮夷妇女轻浮好走，故以此珰锤之也。今中国人效之也。”可见珰本是南方少数民族妇女的装饰，随着各民族文化交流的频繁，这种装饰习惯也逐渐为汉族妇女所接受，如《古诗为焦仲卿妻作》云：“腰若流纨素，耳著明月珰。”

簪和钗均是既起固定发式作用又起美化作用的饰件，是当时使用最为普遍的女性饰物。簪是插定发髻或冠的长针。钗是两股笄。《释名·释首饰》：“钗，叉也。像叉之形，因名之也。爵钗，钗头施爵也。”爵与雀同。当时贵族妇女多以金、银、玉、翡翠、玳瑁、琥珀、珠宝等制作，寒家女子则多用铜、骨之类。

华胜是妇女的花形首饰，剪彩为之，又称“花胜”。《释名·释首饰》：“华胜，华象草木华也，胜言人形容正等。一人著之，则胜。蔽发前为饰也。”妇女们依照草木花的各种形状剪彩制成华胜，以个人的独特风格为胜，所以又称“人胜”。通常为新妇首饰，以显示其心灵手巧。

镜子是妇女化妆时必不可少的工具，孙吴时普遍使用铜镜。当时，江南的铜镜与铜器制造很发达，制造中心为会稽郡的山阴（今浙江绍兴）与江夏郡的武昌（今湖北鄂州）。所制作的铜镜，既有东汉以来传统的方格规矩镜、夔龙镜、盘龙镜，也有吴地流行的神兽

---

① 〔南朝梁〕吴均：《和萧洗马子显古意》之五，〔陈〕徐陵编、〔清〕吴兆宜注：《玉台新咏笺注》卷六，中华书局1985年版，第228—229页。下同，略。

② 〔汉〕许慎：《说文》一上《玉部》，《说文解字》，中华书局1963年影印本，第11页。

镜、画像镜[①]。画像镜图纹中有吴王和伍子胥的历史故事，也可看出其地方特色[②]。

三国吴永安五年神兽纹铜镜

古人席地而坐，两人相见必脱履入席，以示敬重和礼貌。履是比较正规的鞋子，上古时称“屦”。《释名·释衣服》云：“履，礼也。饰足，所以为礼也。亦曰屦。屦，拘也，所以拘足也。複其下曰舄。舄，腊也。行礼久立，地或泥湿，故複其下，使干腊也。”“屣”是用葛、麻、皮、丝等质料制成的鞋子。屩是用草编制的鞋，为穷人、罪犯所著，或用作丧服的配套鞋具。军队中普通士兵著屩，领兵之人为了显示与士卒同甘苦也著屩。屐在南方十分普遍。《释名·释衣服》：“屐，榰也。为泥足榰，以践泥也。”六朝时期，屐已成为人们生活中不可或缺的东西。孙吴大将朱然在死后，还要将屐随葬，可见其重视和喜爱的程度。这双屐现已在安徽马鞍山其本人墓中出土[③]。

袜有两种含义：一指袜胸，为女人胁衣，已于前述。二为脚上穿的袜。袜之古文为“韤”。《说文》：“韤，足衣也。”[④]又写作“韈”，说明最初的韤是用皮做的。用皮做的韤是可以穿在脚上，直接在地上行走的。世传孙吴贺邵，“为人美容止”“在官府常著韤”[⑤]，时人稀见其足。人们以着韤作为贺邵美风仪的标志，说明三国孙吴时著韤还不普遍。后来写作“襪”，又简化为“袜”，说明韤的质料已有所变化，改用布制成。东晋南朝人穿袜，一般用带子系于脚踝之上，穿在鞋具之内，以袜裹足，袜才逐渐普及开来。

**（三）居住及生活用具**

城市是人类文明进步的标志，城市建筑代表着人们居住的水平。六朝都城和城市建设取得了一定成就。南方民居建筑在继承传统的基础上，呈现出秀丽、柔和、机巧的特色。一般平民之家则以茅屋居多，反映了战乱时代因陋就简的特点。

六朝都城建业（今江苏南京），汉时为秣陵县，是一个人口不多的小县。《三国志·吴书·吴主传》载：建安十六年（211年），孙权由京口“徙治秣陵。明年，城石头，改秣陵为建业”。吴黄龙元年（229年），孙权自武昌（今湖北鄂州）迁都建业，正式称帝。从此，这座“钟

① 徐苹芳：《三国两晋南北朝的铜镜》，载《考古》1984年第6期。

② 王仲殊：《关于日本三角缘神兽镜的问题》，载《考古》1981年第4期。

③ 安徽省文物考古研究所、马鞍山市文化局：《安徽马鞍山东吴朱然墓发掘简报》，载《文物》1986年第3期。

④ 〔汉〕许慎：《说文》五下《韦部》，《说文解字》，中华书局1963年影印本，第113页。

⑤ 《太平御览》卷六九七《服章部·袜》引《会稽典录》，第3112页。

山龙蟠，石头虎踞”的城市，人口增加很快，并逐步发展成为长江流域的政治、经济、文化中心。

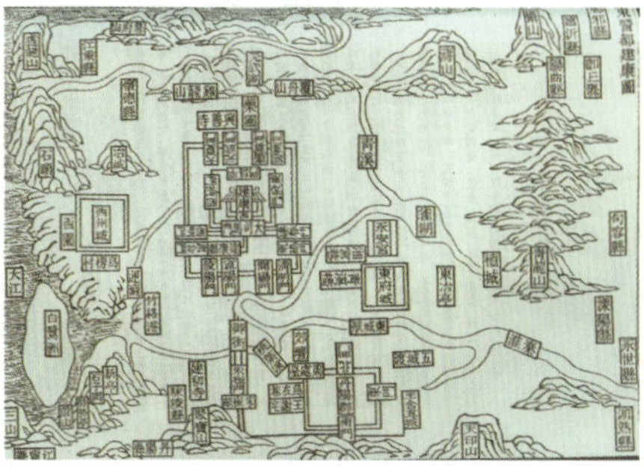

东晋建康图

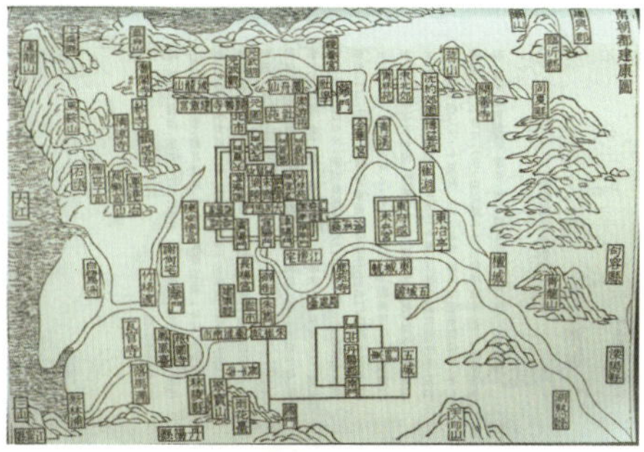

南朝建康图

六朝建康城遗址

六朝时期，建业城的建筑已初具规模。建业城城墙为土筑，城门用竹篱编成。宫城处在城中偏北的位置。吴赤乌十年(247 年)，孙权下诏移武昌宫的旧有材瓦到建业，营建太初宫，周围三百丈，共开八门：南面五门，正中称公车门，东侧为升贤门、左掖门，西侧为明扬门、右掖门。东、西、北三门，分别称为苍龙门、白虎门、玄武门。太初宫的正殿为神龙殿。“苑城”在太初宫的东北面，是皇家御苑，又是皇宫卫队驻地及粮仓所在，故又称“仓城”。建业的外廓南达秦淮河畔，浮桥“大航”(又称“大桁”)横跨秦淮河，吴时名南津桥。黄龙二年(230 年)，在秦淮河畔乌衣巷附近又建丹阳郡城，作为建业的屏障。建业城工商业发达，设有东西二市。南京的第一座佛寺建筑建初寺，亦建造于孙权统治时期，故址在今南京中华门外秦淮河南岸雨花路东侧，现名大报恩寺，是南京最古老也是规模最大的一座寺庙。《三国志・吴书・孙皓传》注引《江表传》载：宝鼎二年(267 年)，又在太初宫之东建昭阳宫，方五百丈。孙皓令“二千石以下皆自入山督摄伐木。又破坏诸营，大开苑囿，起土山楼观，穷极伎巧，功役之费以亿万计”。

六朝的皇家园林，主要有芳林苑，其故址在今南京玄武湖南畔。孙权称帝后迁都建业，曾徙武昌宫材瓦缮治太初宫。据《建康实录》卷四《后主》记载：孙皓“起新宫于太初之东，制度尤广，二千石以下皆自入山督摄伐木。又攘诸营地，大开园囿，起土山作楼观，加饰珠玉，制以奇石，左弯崎，右临硎。又开城北渠，引后湖水激流入宫内，巡绕堂殿，穷极伎巧，功费百倍。”案《舆地志》：“太祖凿城北沟，北接玄武湖，后主所引湖内水。”左思《吴都赋》曰：“东西胶葛，南北峥嵘。房栊对榥，连阁相经。阍闼谲诡，异出奇名。左称弯崎，右称临硎。雕栾镂楶，青锁丹楹。图以云气，画以仙灵。”又曰：“高门有闶，洞门方轨。朱阙双立，驰道如砥。树以清槐，亘以绿水。玄荫耽耽，清流亹亹。”可见这座皇家园林不仅规模宏大、讲究奢侈，而且穷极巧思、贴近自然。

武昌城是孙权称吴王时的旧都，黄龙元年（229 年），孙权称帝，迁都建业，由上大将军陆逊镇守武昌。孙吴时期武昌城内的建筑见于文献的有武昌宫。武昌宫在孙权晚年时下诏拆毁，材瓦运往建业，但仍留端门等建筑物。孙亮即位后，诸葛恪辅政，又修武昌宫，谓之西宫。据考古工作者勘察，武昌城呈长方形，东西长 1000 多米，南北宽 500 余米，周长约 3000 米。其中南垣尚保留部分夯土城墙，底部宽 18～28 米，顶部高低不一。在此土墙上还发现了长 17 米、宽 7 米的突出于南垣的土台，应是马面的遗迹。城墙外有城濠，南垣中部偏西外侧留有一段俗称“濠塘”的城濠水面，长 270 米，宽 65～90 米。在此之东，仍有水沟，濠塘以西，是一片低洼菜地，俗称“濠田”，相传为水城所在。经钻探表明，宽度约有 50～70 米的城濠遗迹，其深度超过 5 米①。

六朝时期，随着士族地主阶级庄园经济的发展，带有鲜明个性的私家园林应运而生。私家园林的崛起，打破了秦汉大一统以来皇家园林一枝独秀的局面。与此同时，随着佛教与道教的流传，寺观园林也开始出现。

这一时期的私家园林可分成两种类型：一是建在郊外与庄园相结合的别墅园，大多选择在依山傍水之地，因自然地形而略加整理，具有天然山水园与人工山水园相结合、生活居处与生产活动相结合的双重特点。二是与住宅相结合的城市私园，这类园林的建筑手法大多是营造假山假水，缀以绿化，以亭台楼阁杂处其间。堆山开水，杂以花木，是六朝时人们所公认的构园要素。因为山与水是园林的主体。凡为园者，必须模拟山水，否则不成其为园。当时人工筑园，必须先在平地上堆起土山，并开挖水池与人工河渠。山堆得愈高，费工愈大；池挖得愈大，费工愈巨；花木愈珍贵，花钱愈多。亭台楼阁与女乐之设，更是豪华型私园的特点，多为当朝权贵或门阀士族所建。雅致型的私家园林多为文人园林。性爱山水的文人，选择回归自然之路，反映了其远离政治中心的隐逸心理。吴

① 蒋赞初、李晓晖、贺中香：《六朝武昌城初探》，载《中国考古学会第五次年会论文集》，文物出版社 1988 年版。

地的辟疆园，是东晋时江南最有名的私家园林。《世说新语·简傲》载："王子敬（献之）自会稽经吴，闻顾辟疆有名园。先不识主人，径往其家，值顾方集宾友酣燕。而王游历既毕，指麾好恶，旁若无人。"南朝著名雕塑家戴颙，"出居吴下。吴下士人共为筑室，聚石引水，植林开涧，少时繁密，有若自然"①。不尚奢华、自然淡泊的文人园林，是时代志趣的反映，丰富了人们的精神生活。这类园林的主旨在怡性畅情、崇尚自然、追求山林泉石之美，与其建造者的气质相符。如庾信的《小园赋》着意于"一枝之上，巢父得安巢之所；一壶之中，壶公有容身之地""不求朝夕之利""且适闲居之乐"，以"一寸二寸之鱼，三竿两竿之竹"②而自我满足，写出了小园主人的心境。

六朝时期盛行"舍宅为寺"的风气，贵族官僚们多将自己的宅园奉献给寺院。原来的住房变成为供奉佛像的殿堂，宅园则变成寺院的附园。如东晋司徒王珣及其弟司空王珉，在虎丘山前建造东西二宅以为别业。咸和二年（327 年），兄弟二人舍宅为寺，名"虎丘山寺"，分别称东寺、西寺。南朝高僧竺道生曾在虎丘山讲经，说一阐提人皆可成佛，听者甚众，深受感动，连顽石也为之点头。这就是今日虎丘山上名胜古迹"千人坐"与"点头石"的由来。南朝萧梁时建康最著名的佛寺园林同泰寺，"兼开左右营，置四周池堑、浮图九层、大殿六所、小殿及堂十余所。宫各像日月之形，禅窟禅房山林之内，东西般若台各三层，筑山构陇，亘在西北，柏殿在其中。东南有璇玑殿，殿外积石种树为山，有盖天仪，激水随滴而转"③。寺院本身就是一座精心设计的园林。

湖北鄂城东吴孙将军墓中出土的一具明器瓷院落，反映了当时官员宅第的情形。该院落整体呈长方形，外绕围墙，墙头有双坡檐顶。前墙正中开一大门，上设门楼一座。五脊庑殿式顶，作瓦纹。檐头有瓦当，四壁有窗。后墙正中开一后门，围墙四角各设一碉楼。屋顶与门楼同，顶下仅左右有墙，一侧墙上有窗。大门内为前堂，左右各有一厢房。再里面是正房，正房两侧仍有厢房，正房后门两侧也有厢房。各房门都开在前壁，正房朝前，厢房冲院内，屋顶与门楼相同，脊端上翘④。

六朝时期普通百姓居住的房舍大多采用木构架结构，墙壁为干打垒的土墙，屋顶或呈悬山式或为平顶，房屋多围成院落，内设畜栏和厕所。民间最为简陋的住房纯为草、竹等自然材料建造。最差的当数"蜗牛庐"，它是用草"作圜舍，形如蜗牛蔽，故谓之蜗牛庐"。《三国志·魏书·管宁传》注引《魏略》云："焦先及杨沛，并作瓜牛庐止其中。"裴松之"以为瓜当作蜗；蜗牛，螺虫之有角者也，俗或呼为黄犊。先等作圜舍，形如蜗牛蔽，故

① 《宋书》卷九三《隐逸·戴颙传》，第 2277 页。
② 〔南朝梁〕庾信：《小园赋》，严可均校辑：《全后周文》卷八，第 3921 页。
③ 〔唐〕许嵩撰、张忱石点校：《建康实录》卷一七引《舆地志》，第 681 页。
④ 鄂城县博物馆：《鄂城东吴孙将军墓》，载《考古》1978 年第 3 期。

谓之蜗牛庐”。用草围成一圈，也就成了贫穷百姓的栖息之地。这段史料虽然属于曹魏境内，但以此推测，孙吴境内的贫民居住水平亦大抵如此。

六朝时的陶院落

莲花瓦当

六朝瓦当

兽面雕砖

跟居住有关的用具及器物，在六朝时期有不少进步。床帐之设，是人类居住文明的重要标志。床是供人坐卧的用具。《释名·释床帐》云：“人所坐卧曰床。床，装也，所以自装载也。长狭而卑曰榻，言其榻然近地也。小者曰独坐，主人无二，独所坐也。”帐与帷常连用，合称帷帐。《释名·释床帐》云：“帷，围也，所以自障围也。”又云：“帐，张也，张施于床上也。小帐曰斗帐，形如覆斗也。”军中的帷幕与宫室的帷幕，通称帷幄。普通百姓用的床帐，又名床帷。《古诗为焦仲卿妻作》云：“红罗複斗帐，四角垂香囊。”说的是夫妇合用的小帐，四角所垂香囊，更增添了温馨的气氛。

簟席为床上铺的卧席。古人席地而坐，用芦苇、竹篾等物编为铺垫用具，称之为席。席的长短不一，长的可坐数人，短的仅坐一人。筵是铺在地上垫席的，比席长一些。《释名·释床帐》云：“席，释也，可卷可释也。”又云：“筵，衍也。舒而平之，衍衍然也。”筵席的本意为坐具。床席为床上的垫席，即卧席，又称衽席，起初亦用竹类及草类植物的茎编织而成。后来，随着生产发展、文明进步，床上垫褥，并以布覆盖于上，是为床单。但夏日取凉，仍用簟席。《释名·释床帐》云："簟，覃也，布之覃覃然平正也。""簟"字用"竹"字头，正显示出簟席用竹制成、比较平正的特点。

几是矮或小的桌子，几面狭长，下面两端装足。古人席地而坐，或坐在矮床上，在几案上吃饭、看书、写字、休息或搁置物件。《释名·释床帐》云："几，庪也，所以庪物也。""庪"字的意思是藏，可见几是用来放东西的。人累了伏在上面休息用的几，则称为"凭几"，如安徽马鞍山东吴朱然墓曾出土漆凭几①。

顾恺之《女史箴图》中的床帐

朱然墓出土的漆凭几

案有两种：食案与书案。食案形体不大，足很矮，有长方形的，也有圆形的，可以放在地上，是由古代用以进送食物的托盘演变而来，实际上就是有足的托盘。书案是狭长的桌子，两端有宽足向内曲成弧形，不是很高。《三国志·吴书·周瑜传》注引《江表传》载：赤壁之战前，孙权"拔刀斫前案曰：'诸将吏敢复有言当迎操者，与此案同！'"孙权所斫之案，即是书案。

屏风作为室内的陈设，是具有挡风与遮蔽双重功能的一种用具。孙吴时期，屏风已普遍使用，通常为彩色漆器，上绘彩画，起装饰的作用。晋王嘉《拾遗记》卷八载："孙亮作琉璃屏风，甚薄而莹澈，每于月下清夜舒之。常与爱姬四人，皆振古绝色：一名朝姝，二名丽居，三名洛珍，四名洁华。使四人坐屏风内，而外望之，如无隔，惟香气不通于外。"这种琉璃屏风，制作的原材料来自域外，当时是稀有之物，足见帝王生活之奢侈。

考古工作者发现，六朝时期的墓葬中出土器物很多。除陶制的明器外，一般都陪葬有青瓷器，其中有不少精品。如浙江绍兴出土的有"永安三年时"碑记的通体青釉谷仓，高 47 厘米，器身上贴有人物、飞鸟、楼阁等塑造品，仓屋门口及瓶口有犬守卫，还有刻画

① 安徽省文物考古研究所、马鞍山市文化局：《安徽马鞍山东吴朱然墓发掘简报》，载《文物》1986 年第 3 期。

的鱼龙，器肩部的人像各执不同的乐器，栩栩如生①。这一明器与前述孙将军墓出土的青瓷门楼略异，但同样反映了当时地主阶级的居住状况。还有的出土青瓷器，是死者生前日常使用的器皿，如南京光华门外赵士岗出土的有“赤乌十四年会稽上虞师袁宜作”铭文的青瓷虎子，通体淡青色釉，器物椭圆形，两端略平，腰部微敛，提梁是立体虎形，腹部有四足②。南京清凉山出土的有“甘露元年五月造”铭文的青瓷熊灯及同时出土的青瓷羊尊，胎釉均极精美。青瓷羊尊昂首张嘴，身躯肥壮，四肢蜷曲作卧伏状，形体健美③。江苏金坛发现的天玺元年墓葬中，也发掘出大量的随葬青瓷器，有灶、井、灯、鸡笼、猪圈、香薰、堆塑楼台、谷仓罐等器，造型精致④。这些出土文物，都是研究六朝时期居处状况的重要佐证。

东晋褐斑香熏

东晋青瓷香熏

西晋四叶八凤佛兽纹铜镜和六朝鎏金神兽纹铜镜

浙江省博物馆藏东晋瓯窑虎子

浙江绍兴黄瓜山出土南朝狮形烛台

① 陈万里:《中国青瓷史略》，上海人民出版社1957年版，第4页。
② 《南京附近六朝墓葬出土文物》，载《文物参考资料》1955年第8期。
③ 南京博物院编:《江苏六朝青瓷》，图版4、6，文物出版社1980年版。
④ 镇江市博物馆、金坛县文化馆:《江苏金坛出土的青瓷》，载《文物》1977年第6期。

浙江省博物馆藏东晋越窑蛙盂

三国吴青瓷熊灯

**（四）出行及交通工具**

魏晋南北朝时期，因战乱频繁南北分裂，出行受到一定影响。但在统治相对稳定的南方地区，出行及交通工具却有长足进步。尤其是水上交通路线的开辟与陆路交通的结合，不仅促进了以建业为中心的联结南方各地的交通网络的形成，还推动了海上对外交通的进一步发展。

从六朝都城建业出发，有一条通向西南方向的大道。据《建康实录》卷四《吴下·后主》引《宫城记》载："吴时自宫门南出，夹苑路至朱雀门七八里，府寺相属。横塘，今在淮水南，近陶家渚，俗谓回军毋洑。古来缘江筑长堤，谓之横塘。淮在北，接栅塘，在今秦淮迳口。吴时夹淮立栅，自石头南上十里至查浦，查浦南上十里至新亭，新亭南上二十里至孙林，孙林南上二十里至板桥，板桥上三十里至烈洲。洲有小河，可止商旅以避烈风，故名烈洲。又洲上有小山，形如栗，亦谓之栗洲。吴时烈洲长封洲一百二十步。"这条道路向西南方向前进，与这段长江水路的走向大体一致。商旅如遇烈风，舟船难以航行，可由陆路通行。再往西至牛渚（今安徽马鞍山采石矶），转往南，可至姑孰（今安徽当涂）、宛陵（今安徽宣城）等地，仍与溯江而上的水路大体保持一致。

从建业向南经曲阿（今江苏丹阳），通向吴郡（治今江苏苏州）、会稽（治今浙江绍兴），并进而延伸到永嘉（治今浙江温州）、晋安（治今福建福州）等地；再辅之以四通八达的水路旅行交通，则可到达东南各地。当时，东南水运以建业为中心。建业与长江为邻，天然的长江水道可以利用。但当时长江的入海口离京口不远，受海潮影响，风急浪高，航运不便。建业城南有秦淮河，如能开凿一条运河沟通东南地区，则可更为方便。《建康实录》卷二《吴中·太祖下》载：吴赤乌三年（240 年）"十二月，使左台侍御史郗俭监凿城西南，自秦淮北抵仓城，名运渎"。赤乌四年"冬十一月，诏凿东渠，名青溪，通城北堑潮沟"。许嵩自注："潮沟亦帝所开，以引江潮。"潮沟北与后湖（即玄武湖）相通，东与青溪相接，沿城墙向西向南，与运渎相接后流入秦淮河。青溪亦通后湖，向南注入秦淮河。这样，孙权便将城内水系沟通起来，从而在城的四周形成了完整的水路通道。接着，孙吴政权致力于开辟建业与周围地区的联系。赤乌八年八月，“使校尉陈勋作屯田，发屯兵三万凿句容中道，至云阳西城，以通吴、会船舰，号破岗渎，上下一十四埭，通会市，作邸阁。仍于方山南截淮立埭，号曰方山埭”。破岗渎的开凿，在江南水运史上是一件大事，它使吴郡、会稽的船只可避开长江的大风大浪，经破岗渎进入秦淮河。但破岗渎的坡度过于陡峭，故中间建有十四个埭，分段提高水位，在船过埭时，用人力或牛力拖行，升入下一渠段，再继续行船。

六朝时期的陆路出行工具，主要是车。刘熙《释名·释车》云：“车，古者曰车，声如居，言行所以居人也。今日车声近舍。车，舍也，行者所处若居舍也。”由于当时车的速度不快，远行时人们往往就居住在车上。今日象棋中有一枚棋子“车”，其读音仍为“居”，可能就是从古代一直沿用下来的。

西晋陶牛车

顾恺之《洛神赋图》中车马出行的场景

江苏南京象山出土东晋陶牛车及陶俑群

按照当时的礼制，不同的身份应该乘不同的车，车的装饰材料、规格大小、牵引动力也各有差异。据《释名·释车》记载：

天子所乘曰路，路亦车也，谓之路者，言行于道路也。金路、玉路，以金、玉饰车也。象路、革路、木路，各随所以为饰名之也。

钩车，以行为陈钩般，曲直有正，夏所制也。

胡奴车，东胡以罪没入官为奴者引之，殷所制也。

元戎车，在军前启突敌陈，周所制也。

辇车，人所辇也。

柏车，柏，伯也，大也。丁夫服任之大车也。

羊车，羊，祥也；祥，善也。善饰之车，今犊车是也。

墨车，漆之正黑，无文饰，大夫所乘也。

重较，其较重，卿所乘也。

役车，给役之车也。栈车，栈，靖也。麻，靖物之车也。皆庶人所乘也。

軘车，戎者所乘也。

容车，妇人所载小车也。其盖施帷，所以隐蔽其形容也。

衣车，前户所以载衣服之车也。

猎车，所乘以畋猎也。

小车，驾马轻小之车也。驾马宜轻，使之局小也。

高车，其盖高，立乘载之车也。

安车，盖卑，坐乘，今吏所乘小车也。

骡车，羊车，各以所驾名之也。

槛车，上施阑槛，以格猛兽，亦囚禁罪人之车也。

轺车，轺，遥也；遥，远也。四向远望之车也。

辎车，载辎重，卧息其中之车也。辎，厕也。所载衣物，杂厕其中也。

軿车，軿，屏也。四面屏蔽，妇人所乘牛车也。辎軿之形同，有邸曰辎，无邸曰軿。①

从刘熙的上述记载，大体可以了解六朝时期的车制状况。据《三国志·吴书·张昭传》记载：孙权以射虎为乐，“每田猎，常乘马射虎，虎常突前攀持马鞍”。为了安全，他接受张昭的意见，“乃作射虎车，为方目，间不置盖，一人为御，自于中射之。时有逸群之兽，辄复犯车，而权每手击以为乐”。孙权制作的射虎车，是一种有特色的猎车，设计上采用了槛车的形制而间不置盖，使用时既能保障安全，又能享受射击的乐趣。

江南地区河道纵横，舟楫是民间的主要交通工具。六朝时期，江南地区的造船业有

① 〔清〕王先谦：《释名疏证补》，上海古籍出版社1984年版，第357—365页。下同，略。

很大的发展。既有载重量大、安全可靠的大船与楼船，又有机动性强、灵活轻便的快船小艇。种类繁多，造船业十分发达。这一时期，建造有各种类型的大型船舰，如《水经注》卷三五《江水三》引庾仲雍《江水记》载：孙权曾制造用以游览的大船，“名之曰长安，亦曰大舶，载坐直之士三千人，与群臣泛舟江津。”

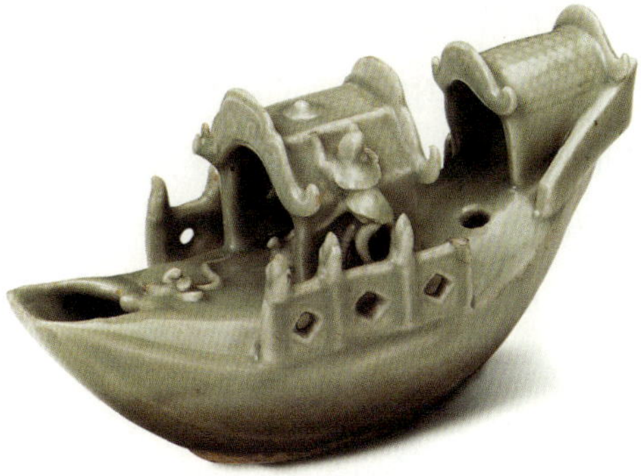

六朝瓷船模型

六朝时期，船速有很大提高。船舰不仅用于游玩，更主要的是用于作战和运输。与陆路运输相比，水运不仅效率高，而且成本低。刘熙《释名·释船》曾列举当时作战船舰的类型：

> 军行在前曰先登，登之向敌阵也。
>
> 外狭而长曰艨冲，以冲突敌船也。
>
> 轻疾者曰赤马舟，其体正赤，疾如马也。
>
> 上下重床曰槛，四方施板，以御矢石，其内如牢槛也。
>
> 五百斛以上还有小屋，曰斥候，以视敌进退也。
>
> 三百斛曰舠。舠，貂也；貂，短也。江南所名，短而广，安不倾危者也。
>
> 二百斛以下曰艇。艇，挺也。其形径挺，一人二人所乘行者也。①

为了增加船只的稳定性，人们常将两只船连接在一起，称为舫、航或方舟。所谓“二船为一舫”的航行方式，当时已普遍使用。在需要提高航速时，就将船解开，称之为单舸，轻舟直发。如《太平御览》卷七七〇《舸》引《江表传》曰：“（刘）备乃乘单舸往见（周）瑜。”又曰：“孙权名舸为马，言飞驰如马之走陆地也。”《三国演义》中记载庞统向曹操所献连环计，则是将大船连舫，便于不习水性的士卒操练，结果却遭遇孙、刘联军的火攻，几乎全军覆没。《晋书·王濬传》载：西晋伐吴，益州刺史王濬“乃作大船连舫，方百二十步，受二千余人。以木为城，起楼橹，开四出门，其上皆得驰马来往。又画鹢首怪兽于船首，以惧江神。舟楫之盛，自古未有”。王濬如此大规模地制造舟舰，终于以水军的优势取得了伐吴的胜利。

随着出行及交通工具的进步，旅游活动在六朝时期的长江流域也有所开展。“旅”与“游”这两个字的本意都与军旅生活有关。东汉许慎的《说文解字》说：“旅，军之五百人为旅。”又说：“游，旌旗之流也。”②南朝诗人沈约开始将“旅游”二字连用，在《悲哉行》一诗中

① 〔清〕王先谦：《释名疏证补》，第383—384页。

② 〔汉〕许慎：《说文》七上《㫃部》，《说文解字》，中华书局1963年影印本，第141、140页。

说："旅游媚年春，年春媚游人。徐光旦垂彩，和露晓凝津。时嘤起稚叶，蕙气动初苹。一朝阻旧国，万里隔良辰。"①沈约这首诗中所说的"旅游"，与今天我们通常所说意思已大致相近。人们在旅行生活中需要筹集旅费，准备行装，又期望旅途平安，行神祭祀与饯别送行的风俗也就应运而生。旅途中需要休息，旅宿与旅食极为重要。这些旅游风俗在六朝时期已大致形成。

南朝贵妇出游画像砖

## 二、婚丧礼俗与家庭及社会生活

六朝时期长江流域的婚丧礼俗，基本上沿袭两汉魏晋以来中原地区的风俗，但在传承与演变的过程中，也带有分裂割据时代南方地区的一些特点。

### （一）婚姻礼俗与家庭及社会生活

1. 孙吴时期门第婚尚未形成

孙吴时期，门第婚的观念和制度尚未完全形成，如孙破虏吴夫人，"吴主权母也。本吴人，徙钱唐，早失父母，与弟景居。孙坚闻其才貌，欲娶之。吴氏亲戚嫌坚轻狡，将拒焉，坚甚以惭恨。夫人谓亲戚曰：'何爱一女以取祸乎？如有不遇，命也。'于是遂许为婚。"②可见她在自己的婚姻问题上很有主见，这是一宗她自己决定的婚姻。

孙吴皇室在挑选良家女子为妃或选罪犯家中女子入宫侍奉时，亦不重门第。如孙权潘夫人，会稽句章人，出身低微，"父为吏，坐法死。夫人与姊俱输织室，权见而异之，召充后宫。得幸有娠，梦有以龙头授己者，己以蔽膝受之，遂生亮。赤乌十三年（250年），亮立

① 逯钦立辑校：《先秦汉魏晋南北朝诗》，第1621—1622页。
② 《三国志》卷五〇《吴书·妃嫔·孙破虏吴夫人传》，第1195页。

为太子，请出嫁夫人之姊，权听许之。明年，立夫人为皇后”①。可见潘夫人出自犯法小吏之家，本为没入宫中的织婢，当时是因姿色召充后宫，生子亮而母以子贵，立为皇后。其姊亦得以摆脱宫中织婢身份，出嫁良人。

孙权之子孙和，夫人何姬，丹杨句容人。“父遂，本骑士。孙权尝游幸诸营，而姬观于道中，权望见异之，命宦者召入，以赐子和。生男，权喜，名之曰彭祖，即皓也”②。说明何姬出身营户，地位也不高。

女子改嫁与寡妇再嫁，在孙吴时期是很平常的事。孙权曾娶寡妇徐夫人为妻，徐夫人为吴郡富春人。“祖父真，与权父坚相亲，坚以妹妻真，生琨。……琨生夫人，初适同郡陆尚。尚卒，权为讨虏将军在吴，聘以为妃，使母养子登。”③孙权与步夫人所生二女，“长曰鲁班，字大虎，前配周瑜子循，后配全琮；少曰鲁育，字小虎，前配朱据，后配刘纂。”《吴历》曰：“纂先尚权中女，早卒，故又以小虎为继室。”④二位公主，都是寡妇再嫁；而刘纂续弦，所娶公主也是寡妇。

孙权死后，少子孙亮、第六子孙休及废太子孙和之子孙皓相继即位，他们的婚配关系开始注重门第，还出现了亲上加亲的现象。如孙亮全夫人，为全尚女。全尚女之从祖母全公主，为孙亮之姊，即孙权步夫人之长女鲁班，她在丈夫周循死后改嫁全琮。全尚妻为孙峻姊，全尚女又嫁孙权少子孙亮。当时婚姻不计行辈，全琮为孙权女婿，与孙亮平辈。其从孙女嫁孙亮，相差两辈。孙休朱夫人，“朱据女，休姊公主所生也。赤乌末，权为休纳以为妃。休为琅邪王，随居丹杨”。朱氏为吴郡四姓之一，以尚武著称。孙休之姊，即孙权步夫人之少女鲁育，嫁于朱据，是为朱主。孙休与鲁育平辈，又娶其女为夫人，是婚姻不计行辈。故裴松之以为“休妻其甥，事同汉惠”⑤。

孙皓滕夫人，“故太常胤之族女也。胤夷灭，夫人父牧，以疏远徙边郡。孙休即位，大赦，得还，以牧为五官中郎。皓既封乌程侯，聘牧女为妃。皓即位，立为皇后”⑥。滕胤之妻，本为公主，所以这门亲事也是亲上加亲。至于孙皓“又使黄门备行州郡，科取将吏家女。其二千石大臣子女，皆当岁岁言名，年十五六一简阅，简阅不中，乃得出嫁。后宫千数，而采择无已”⑦。这已经是运用政治权力强选民女了。

由于政治联姻是扩大政治权益的重要手段，孙吴统治集团割据江东，其内部政治联

① 《三国志》卷五〇《吴书·妃嫔·吴主权潘夫人传，第1199页。
② 《三国志》卷五〇《吴书·妃嫔·孙和何姬传》，第1201页。
③ 《三国志》卷五〇《吴书·妃嫔·吴主权徐夫人传》，第1197页。
④ 《三国志》卷五〇《吴书·妃嫔·吴主权步夫人传》，第1198页。
⑤ 《三国志》卷五〇《吴书·妃嫔·孙休朱夫人传》，第1200—1201页。
⑥ 《三国志》卷五〇《吴书·妃嫔·孙皓滕夫人传》，第1202页。
⑦ 《三国志》卷五〇《吴书·妃嫔·孙皓滕夫人传》注引《江表传》，第1203页。

姻的色彩很浓。如《三国志·吴书·周瑜传》载："时得桥公二女，皆国色也。(孙)策自纳大桥，瑜纳小桥。"孙策与周瑜为连襟关系。周瑜有"两男一女。女配太子登。男循尚公主，拜骑都尉，有瑜风，早卒。循弟胤，初拜兴业都尉，妻以宗女，授兵千人，屯公安"。

孙权为了笼络部下，以其兄孙策之女配陆逊，以孙策另一女配顾雍之子顾邵，又将从兄孙辅之女嫁给骆统，从而与江东地区的世族代表人物结成了牢固的婚姻联盟关系。又《朱治传》载：丹阳故鄣人朱治早年随孙坚征伐，扶助孙策取江东，又尊奉孙权为吴主，孙权以孙策之女妻其次子朱纪，"亦以校尉领兵"。《朱据传》载：吴郡吴人朱据才兼文武，"黄龙元年，权迁都建业，征据尚公主，拜左将军，封云阳侯"。后来，朱据之子朱熊、朱损被全公主陷害致死。永安年间，孙休"追录前功，以熊子宣袭爵云阳侯，尚公主"。《陆逊传》载：陆逊之子陆抗，娶张昭长子张承的女儿为妻。陆抗之子陆景，"以尚公主拜骑都尉，封毗陵侯"；"景妻，孙皓适妹，与景俱张承外孙也"裴注引《文士传》曰："陆景母张承女，诸葛恪外生"。《全琮传》载：吴郡钱唐人全琮，黄龙元年(229 年)"迁卫将军、左护军、徐州牧，尚公主"。《滕胤传》载：滕胤，"弱冠尚公主。年三十，起家为丹杨太守"。以上这些婚姻，也都带有明显的政治联姻目的。

赤壁之战后，刘备为荆州牧，力量壮大。《三国志·蜀书·先主传》载："(孙)权稍畏之，进妹固好"，目的在巩固孙刘联盟。孙夫人颇有尚武之风，刘备感到身边有一种威胁，同书《法正传》载："(诸葛)亮答曰：'主公之在公安也，北畏曹公之强，东惮孙权之逼，近则惧孙夫人生变于肘腋之下。当斯之时，进退狼跋……'初，孙权以妹妻先主，妹才捷刚猛，有诸兄之风，侍婢百余人，皆亲执刀侍立，先主每入，衷心常凛凛。"《二主妃子传》又载："先主定益州，而孙夫人还吴。"裴注引《汉晋春秋》云："先主入益州，吴遣迎孙夫人。夫人欲将太子归吴，诸葛亮使赵云勒兵断江留太子，乃得止。"双方为争夺荆州，杀得不可开交，政治联盟破裂，婚姻关系亦到此结束。

二妻并嫡的现象，在东汉末年开始出现。孙吴境内，也有二妻现象，如《三国志·吴书·虞翻传》注引《会稽典录》载：徐平"两妇归宗，敬奉情过乎厚"。与二妻并嫡现象相反的，就是嫡庶之争。这种家庭内部的纷争，往往酿成重大后果。如孙权政治上善于用人，对吴国的建立与发展很有贡献，但其在位时间长，后妃众多，而又不善于处理家事，导致了太子孙和与其同母弟鲁王孙霸之间的嫡庶之争。这场嫡庶之争，不仅搅乱了朝政，而且连累了江东世族中的陆逊、顾谭、顾承、张休、朱据等人，使之利益俱损，从而动摇了孙吴政权的根基。最终，孙权以废太子孙和为庶人，赐死鲁王孙霸来了结这场纠纷，付出了沉重代价。

烝报婚，据《史记·匈奴列传》记载为："父死，妻其后母；兄弟死，皆娶其妻妻之。"这种婚姻与汉族的传统道德相悖，但在经济文化相对落后的少数民族中依然存在。孙吴境内南方地区的少数民族中，亦有报嫂的婚俗。《三国志·吴书·薛综传》中言及交趾风俗，说："自臣昔客始至之时，珠崖除州县嫁娶，皆须八月引户，人民集会之时，男女自相可适，乃为夫妻，父母不能止。"这是讲男女自择配偶。又说："交趾糜泠、九真都庞二县皆兄死弟妻其嫂，世以此为俗，长吏恣听，不能禁制。日南郡男女倮体，不以为羞。"可见报寡嫂的婚俗在南方同样流行。

孙吴时期，女子从一而终的意识还没有形成。人们并不避讳婚外性关系，男女私通现象较为常见，在社会的上下各阶层中都存在，特别是以贵族妇女与宫闱之淫乱为甚。如《三国志·吴书·孙峻传》载：孙峻为孙坚弟孙静的曾孙。他在孙权死后任丞相、大将军，但"素无重名，骄矜险害，多所刑杀，百姓嚣然。又奸乱宫人，与公主鲁班私通"。鲁班为孙权步夫人所生，乃孙峻之姑，此为姑侄之间通奸的乱伦行为。

孙吴时期，妇女在家庭中担负着相夫教子的重要角色，其中一些突出人物还积极参与政治，担当起助治军国、为夫报仇、教子成才的重任。如孙坚吴夫人在丈夫死后，从为人之妻到为人之母，在家庭中的地位日益上升，并开始参与政治大事的决策。据《三国志·吴书·妃嫔传》注引《会稽典录》记载，孙策初取江东时，"功曹魏腾，以迕意见谴，将杀之，士大夫忧恐，计无所出。夫人乃倚大井而谓策曰：'汝新造江南，其事未集，方当优贤礼士，舍过录功。魏功曹在公尽规，汝今日杀之，则明日人皆叛汝。吾不忍见祸之及，当先投此井中耳。'策大惊，遽释腾。夫人智略权谲，类皆如此。"正是她这种"舍过录功"的宽容态度与随机应变的"智略权谲"，在一定程度上为孙策争取到了江南人心。在如何对待道士于吉的问题上，她也比孙策更有远见。孙策不听其母劝诫，轻易杀了于吉。后来遭到许贡家客暗算，中箭伤而亡。孙策死后，孙权少年统业，其母吴夫人"助治军国，甚有补益"。《三国志·吴书·周瑜传》注引《江表传》载：建安七年(202年)，曹操新破袁绍，兵威日盛，"下书责权质任子。权召群臣会议，张昭、秦松等犹豫不能决，权意不欲遣质，乃独将(周)瑜诣母前定议，瑜曰：'昔楚国初封于荆山之侧，不满百里之地，继嗣贤能，广土开境，立基于郢，遂据荆杨，至于南海，传业延祚，九百余年。今将军承父兄余资，兼六郡之众，兵精粮多，将士用命，铸山为铜，煮海为盐，境内富饶，人不思乱，泛舟举帆，朝发夕到，士风劲勇，所向无敌，有何逼迫，而欲送质？质一入，不得不与曹氏相首尾，与相首尾，则命召不得不往，便见制于人也。极不过一侯印，仆从十余人，车数乘，马数匹，岂与南面称孤同哉？不如勿遣，徐观其变。若曹氏能率义以正天下，将军事之未晚。若图为暴乱，兵犹火也，不戢将自焚。将军韬勇抗威，以待天命，何送质之有。'权母曰：'公瑾议是也。公瑾与伯符同年，小一月耳，我视之如子也，汝其兄事之。'遂不送质。"这次"母前定议"，决定不向曹操送质，为孙吴政权取得了外交上的主动权，意义十分重大。其后，吴夫人临终，又"引见张昭等，属以后事"，使张昭继续成为辅助孙权处理内政的重要助手。

宗室孙翊，乃孙权之弟，被边鸿杀害，而指使者则为妫览、戴员。《三国志·吴书·宗室传》注引《吴历》载：孙翊妻徐氏为了给夫报仇，“潜使所亲信语翊亲近旧将孙高、傅婴等，说：‘览已虏略婢妾，今又欲见逼，所以外许之者，欲安其意以免祸耳。欲立微计，愿二君哀救。’……乃密呼翊时侍养者二十余人，以徐意语之，共盟誓，合谋。到晦日，设祭，徐氏哭泣尽哀毕，乃除服，薰香沐浴，更于他室，安施帏帐，言笑欢悦，示无戚容。大小悽怆，怪其如此。览密觇视，无复疑意。徐呼高、婴与诸婢罗住户内，使人报览，说已除凶即吉，惟府君敕命。览盛意入，徐出户拜。览适得一拜，徐便大呼：‘二君可起！’高、婴俱出，共得杀览，余人即就外杀员。夫人乃还缞绖，奉览、员首以祭翊墓。举军震骇，以为神异。”徐氏之所以能实现这一为夫报仇的神异之举，很大程度上得力于其夫亲近旧将，以及她本人亲信诸婢的密切配合。

民间妇女孟宗之母，是一位教子有方的母亲。《三国志·吴书·孙皓传》注引《吴录》载：孟宗“少从南阳李肃学。其母为作厚褥大被，或问其故，母曰：‘小儿无德致客，学者多贫，故为广被，庶可得与气类接也。’其读书夙夜不懈，肃奇之，曰：‘卿宰相器也。’初为骠骑将军朱据军吏，将母在营。既不得志，又夜雨屋漏，因起涕泣，以谢其母。母曰：‘但当勉之，何足泣也！’据亦稍知之，除为监池司马。自能结网，手以捕鱼，作鲊寄母，母因以还之，曰：‘汝为鱼官，而以鲊寄我，非避嫌也。’”可见孟母很重视儿子的品德教育，一是从小培养其广庇天下寒士的胸怀；二是长大后教其安贫乐道，在不得志的情况下要多自勉励，不要空自悲泣；三是在儿子为官后，继续教子要坚持操守，清正廉洁，在自己管辖的职权范围内要注意避嫌。

2. 东晋南朝时期的门第婚

东晋南朝时期，门第婚在长江流域形成，并经历了一个由盛转衰的过程。在门阀政治的社会背景下，婚姻讲究门当户对，是保证士族利益长久不衰的必要条件。东晋简文帝司马昱之母郑太后讳阿春，“河南荥阳人也，世为冠族”，建武元年（317 年），“纳为琅邪王夫人，甚有宠。后虽贵幸，而恒有忧色。（晋元）帝问其故，对曰：‘妾有妹，中者已适长沙王褒，余二妹未有所适，恐姊为人妾，无复求者。’帝因从容谓刘隗曰：‘郑氏二妹，卿可为求佳对，使不失旧。’隗举其从子佣娶第三者，以少者适汉中李氏，皆得旧门”①。南朝宋武帝刘裕“初为桓修参军，修待帝厚。后帝以事计图修，犹怀昔顾，使王华访素门，嫁其二女。华为琨娶大女，以小女适颍川庾敬度，亦是旧族”②。

东晋一代，王、庾、桓、谢等高门均与帝室联姻，通过婚姻关系结成利益同盟，以确保

① 《晋书》卷三二《后妃下·简文宣郑太后传》，第 979 页。

② 《南史》卷二三《王华传附从弟琨传》，第 627 页。

其在政权中的优先地位。如晋明帝、废帝娶于庾氏；简文帝、孝武帝、哀帝娶于太原王氏。琅邪王氏子弟王献之尚新安公主，女为安帝皇后。桓温娶南康长公主，为晋明帝婿。谢安之孙谢混娶晋陵公主，为孝武帝婿。通过这种特殊的婚姻关系，王、庾、桓、谢等家族递掌东晋政权，成为当时最盛的门户。东晋末年，桓玄“都督荆州四郡，以兄伟为辅国将军、南蛮校尉。(殷)仲堪虑玄跋扈，遂与(杨)佺期结婚为援”①，以期遏制桓氏。

士族内部通婚，亦有等第之差。江左以王谢等著姓门第最高，其通婚关系仅局限在数家士族以及帝室。史载王谢世代为婚，王珣娶谢万女，王珉娶谢安女，王凝之娶谢奕女谢道韫。又如王郗联姻，史载：“郗鉴使门生求女婿于(王)导，导令就东厢遍观子弟。门生归，谓鉴曰：‘王氏诸少并佳，然闻信至，咸自矜持。惟一人在东床坦腹食，独若不闻。’鉴曰：‘正此佳婿邪！’访之，乃羲之也，遂以女妻之”②。王、谢等均以门户自高，不与门户稍次之士族为婚。如王坦之“为桓温长史。温欲为子求婚于坦之。及还家省父，而(王)述爱坦之，虽长大，犹抱置膝上。坦之因言温意。述大怒，遽排下，曰：‘汝竟痴邪！讵可畏温面而以女妻兵也。’坦之乃辞以他故。温曰：‘此尊君不肯耳。’遂止”③。又如刘宋时“吏部尚书褚彦回欲与(王氏)结婚，(王)秀之不肯，以此频为两府外兵参军”④。

南朝寒人掌机要。士族虽失去政治上的实权，但犹能凭借其门第优势，享有崇高的社会地位。寒门官僚多以能与之联姻为荣，希冀以此改变其寒门或低等士族的社会身份。反之，高门旧族为保持其家族门第，仍大都持不与寒门通婚的态度。如：刘宋时“司空檀道济为子求娶(江)湛妹，不许。(彭城王刘)义康有命，又不从。时人重其立志”⑤。梁朝“仆射徐勉权重，唯(江)蒨及王规与抗礼，不为之屈。勉因蒨门客翟景为子繇求婚于蒨女，不答。景再言之，乃杖景四十，由此与勉忤。勉又为子求蒨弟葺及王泰女，二人并拒之”⑥。侯景投奔梁朝后，“请娶于王、谢，(梁武)帝曰：‘王、谢门高非偶，可于朱、张以下访之。’景恚曰：‘会将吴儿女以配奴。’”⑦可见其时侨姓高门士族之社会地位仍高于吴地土著士族。

如若有人贪慕钱财，而与庶族通婚，就要受到社会舆论和政治仕途上的双重打击。萧齐时，东海士族王源嫁女于富阳寒人满璋之之子，受了五万聘财，并以聘金多余的部分纳妾。南齐御史中丞沈约当即上章弹劾，说：“璋之姓族，士庶莫辨”“王满联姻，实骇物

① 《晋书》卷九九《桓玄传》，第 2588 页。
② 《晋书》卷八〇《王羲之传》，第 2093 页。
③ 《晋书》卷七五《王湛传附孙述传》，第 1963 页。
④ 《南史》卷二四《王裕之传附孙秀之传》，第 651 页。
⑤ 《南史》卷三六《江夷传附子湛传》，第 940 页。
⑥ 《南史》卷三六《江夷传附玄孙蒨传》，第 944 页。
⑦ 《南史》卷八〇《贼臣・侯景传》，第 1996 页。

听”“高门降衡，虽自己作，蔑祖辱亲，于事为甚”①。结果，王源被免去官职，禁锢终身，并为士流所不齿。

南朝谱学盛行，士族各按等第，据谱为婚，史称：“自隋唐而上，官有簿状，家有谱系。官之选举，必由于簿状；家之婚姻，必由于谱系。”②

地域因素有时也成为士族之间是否缔结婚姻的一大关键。东晋初建时，大批北方来的侨寓士族占据政权要津，而南方土著士族遭到歧视，双方存有很大的隔阂，也就互不通婚。如琅邪王氏之冠冕王导为拉拢吴地士族，向吴地士族陆玩求婚，陆玩却回答道：“培塿无松柏，薰莸不同器。玩虽不才，义不能为乱伦之始。”③王导乃止。后来，随着时间的推移，南北士族的畛域之见逐步消失，相互间的通婚也多了起来。东晋南朝时，由于战乱及社会动荡，士族与庶族之间的贫富差别并不是绝对的。有些家族经济上虽然富裕，但因属庶族，社会地位仍不高；有些家族经济上虽已不富裕，但因属士族，社会地位仍为人们所羡慕。在这种情况下，庶族仍愿与士族通婚，从而抬高其门第。如《世说新语·贤媛》载：“周浚作安东时，行猎，值暴雨，过汝南李氏。李氏富足，而男子不在。有女名络秀，闻外有贵人，与一婢于内宰猪羊，作数十人饮食，事事精办，不闻有人声。密觇之，独见一女子，状貌非常。浚因求为妾，父兄不许，络秀曰：‘门户殄瘁，何异一女！若连姻贵族，将来或大益。’父兄从之。遂生伯仁兄弟。络秀语伯仁等：‘我所以屈节为汝家作妾，门户计耳。汝若不与吾家作亲亲者，吾亦不惜余年！’伯仁等悉从命。由此李氏在世得方幅齿遇。”由此可见，门户观念在婚姻中有很大影响。李氏虽然富足，但不是士族，络秀为了门户的利益，不惜牺牲自己的青春，甘愿为安东将军周浚做妾，以提高李氏的地位。正因为有这门婚事，李氏才得到礼待，得以挤入士族行列。

门第婚姻，是门阀士族维系其统治地位的必然选择，但其危害是较大的。首先，它巩固和强化了既得利益集团，使之成为一个相对稳定和封闭的食利集团，这又导致了士族阶层优游岁月、不思进取等诸多恶习的养成，使之蜕变成最为腐朽的一个社会阶层。其次，这种婚姻关系局限在很小的范围内，几乎没有什么选择余地，只得世代近亲通婚，这又使得士族阶层的生理素质不断退化，妨碍了人种的进步。其三，这种观念的盛行，对中国社会产生了长久的影响，婚姻当事人的个人意志被抛置在一边，一切均从家族利益出发，极端漠视个人权益，极大地违背了人性。

南朝后期，高门士族与寒门庶族的婚姻界限已被打破，正如唐代诗人刘禹锡《乌衣巷》一诗所描绘的那样，作为“旧时王谢堂前燕”的大家闺秀，已经“飞入寻常百姓家”，嫁

① 〔南朝宋〕沈约：《奏弹王源》，《文选》卷四〇，第1815—1816页。
② 〔宋〕郑樵：《通志》卷二五《氏族略·序》，中华书局1987年版，第439页。下同，略。
③ 《晋书》卷七七《陆晔传附弟玩传》，第2024页。

给了普通人家。从“士庶天隔”到“士庶不分”的婚姻关系，折射出的社会变化，反映的是从六朝到隋唐的巨大历史变迁。

3. 妇女在家庭与社会生活中的地位变化

六朝时期，在多元文化的碰撞下，妇女在家庭与社会生活中的地位也发生了许多变化。由于当时宗族结构十分稳定，同时也强化了人们的家庭观念。家庭中父系家长的独尊地位、嫡庶尊卑的界限、男女之间的不平等依然存在。家庭结构的层次是多重的，既有数代同居共财的大家庭，也有一夫一妻及其子女组成的小家庭。虽然家庭形态多样，但还是以父母子女组成的核心家庭为主。南北之间的家庭结构也有差异，南方小家庭较多，父子异炊、兄弟异居的情况较为普遍。伴随着家庭结构的小型化，父子兄弟分财析居的情况大量出现，这对传统的大家庭观念造成了深刻的冲击。南朝统治的江南地区，个体小家庭是最基本的家庭形式。南方经济的发展，使聚族而居的大家庭逐渐瓦解为一个个自给自足的小家庭。在这种情况下，宗法纽带松弛，人们对宗族的依赖性减弱，兄弟间分割财产成为普遍现象。

在当时的社会中，宗族成员要出仕，事先都要取得宗族乡里的褒誉，借助宗族的力量，才能涉足政坛。若自恃才能，忽略乡党，就会受到排抑。个人的出仕是为了家族的长远利益，而个人的仕途成败也影响着家族的兴衰。对于女子来说，无论聚族而居的大家族，还是一门数灶的小家庭，担负日常家务劳动、做饭烧菜、纺织缝纫、照顾老人小孩，都是妇女的事情。她们为家族和家庭付出了许许多多，但是她们只能主“中馈”之事，孝敬舅姑，哺育儿女，对于家族和家庭的重大事务没有决定权。家庭妇女在人身关系上依附于男子，在财产上也不能享有同男子同等的权利。六朝时期，宗族结构下的家长制家庭，是家庭组织的主要形式。妇女在家庭中的地位，随着年龄、婚姻及生儿育女而变化。这种变化，既有与其他朝代相同的共性，也有这一时代的一些特点。

女子未出嫁前为在室女，在家庭中的地位是比较低的。这一时期宗族势力与宗族观念虽然较强，但“同居共财”的大家庭因战乱的冲击而开始解体。在南方地区，以夫妻及其子女为核心的小家庭开始出现，但经济及财产的继承权还都是属于儿子。父母只需为女儿准备嫁妆，而在财婚盛行的情况下，还可向夫家索取。所以，在室女除了吃饭穿衣、从事劳动之外，对家庭经济及财产是没有支配权和继承权的。但如果家长犯罪或受到迫害，子女同样要受到株连，在室女是不能豁免的。

六朝时期的在室女，在人身自由权、择偶权与受教育权方面是有所进步的。尤其是上层社会士族家庭的女性，可以参与社交，在公开场合抛头露面，参与节日的游乐活动，以及在寺观园林内从事宗教活动。在择偶方面，受少数民族开放风气的影响，有一定自主权。少数民族的婚姻中，先私通，后结婚，更是普遍。女性在接受教育方面，下层社会主要是学习女红、厨艺等家庭劳动，及采桑养蚕等生产技能；只有上层社会的女性才有条件学习文化，而以识字、撰写诗文、绘画、音乐等为主要内容。家庭内的文化活动，女子可以参加，并可跟男子交流，发表意见。私家的讲学活动，女儿也可以旁听。

女性出嫁，为人之妻。出嫁女的家庭地位主要取决于丈夫的地位，以及丈夫对妻子的恩爱程度。出嫁之后的女子，由父宗加入夫宗，便与本家脱离了从属关系，经济上无权再参与本家财产的分割。但如果本家父兄犯罪或受到政治迫害，却仍要受到株连。这在权利与义务上是不对等的。魏晋之际，对妇女从坐之律令有所改定，规定："在室之女，可从父母之刑，既醮之妇，使从夫家之戮。"①这类律令的改定，避免了已婚妇女受双重惩罚，对维护已嫁之女的人身权利与家庭地位是一种进步。

六朝时期，封建伦理道德中的"三纲五常""三从四德"，依然是女性日常家庭生活中的行为规范。普通民间妇女，在耕作之余大多从事养蚕、纺织与炊事饮食等家务劳动。侍奉舅姑，照顾老人，是妇女的重要家务劳动。这一时期，社会对妇女的控制也还不十分严格。首先，从法律关系上看，女子虽依附其丈夫，但具有一定的人格独立性。当时法律规定：丈夫无故或误杀其妻者，处死刑，伤者处罚。其次，妇女财产相对独立，并主持家政。其三，妇女有离婚改嫁权。夫妻离婚后，在财产分割上也有约定俗成的办法。女子随身带来的嫁妆仍归女子所有，而其他财产则不得擅动。其四，妇女可以参与社交和文化娱乐活动。其五，夫妻关系相对平等，可以大胆地表白自己的爱情观。其六，在亲戚之间的社交活动中，妇女起着重要作用。其七，对儿女的婚姻选择，为人之母也往往起主要作用。六朝时期妇女在家庭中地位比较高的情况一直保持到唐代。宋、明理学兴起后，妇女在家庭中的地位才大大降低。

六朝时期，妇女在社会生活中的地位变化，主要表现在以下方面：

其一，妇女各阶层的参政活动有所增加。但在不同社会阶层中、不同时代阶段里都有所差异。东晋南朝后妃一般很少干政。士族妇女有机会参政，但不能公开步入政坛，一般只是在遇到重大问题及政治风波时在家庭内发表政见，立足点多在保护其家族利益。庶族妇女参政机会不多，但在特殊年代可起特殊作用。如晋宋交替之时，刘裕在京口起兵，讨伐桓玄，就得到孟昶妻周氏、何无忌母刘氏的支持和参与。庶族妇女的参与政治，也在一定程度上反映了门阀士族的衰落及庶族寒门的兴起。

其二，六朝时期，战乱频繁，世兵制长期存在。妇女随夫服役，成为女兵。妇女的从军活动有所增加，因而在军事上的地位与作用显得更为重要。当时的兵户又称军户，或称营户。兵户中的妇女主要从事后勤工作。当军情吃紧之时，也要拿起武器，投入战斗或防守。

① 《三国志》卷一二《魏书·何夔传》注引干宝《晋纪》，第382页。

如孙吴创业时，徐琨随孙策征讨，“击张英于当利口，而船少，欲驻军更求。琨母时在军中，谓琨曰：‘恐州家多发水军来逆人，则不利矣，如何可驻邪？宜伐芦苇以为泭，佐船渡军。’琨具启策，策即行之，众悉俱济，遂破英……事业克定”①。可见徐琨之母不仅随营于军中服役，而且深通兵家谋略，其因地制宜伐芦苇佐船渡军的建议被孙策采纳，从而取得了胜利。南朝社会风气渐趋文弱，但政府为了防止北朝入侵，常征发男女民兵戍守沿边城郭，也将犯罪之人连同家属一起发配为兵。妇女被迫服役，全家男女老少皆充兵役。

其三，妇女的经济活动，主要是在家从事养蚕、纺织等手工劳动，她们在经济生活中往往缺乏自主权，无非是对以男性为主的家庭经济的一种补充。在宫廷经营的手工艺作坊中，使用女性官奴婢生产纺织品，妇女的纺织刺绣工艺有很大提高。妇女的纺织生产及织锦刺绣等“女红”，不仅是家庭劳动，而且是有关国计民生的大事，因而受到执政者的特别重视。社会经济中男耕女织的分工，在这一时期得到了强化；妇女蚕桑事业的成绩如何，已经成为考核地方官员的重要内容之一。妇女除从事蚕桑纺织劳动外，还从事植物的采集活动，如采菊、采莲、采菱等劳动，同样受到人们的关注。妇女在茶的生产与销售中也作出了重要贡献。她们不仅采茶，还参与卖茶。卖茶已成为女性的一种职业与谋生途径。六朝时期，民间劳动妇女同样要向国家纳税服役。广大劳动妇女就是丝与帛的主要生产者与交纳者，既然受田，当然就得承担赋役。只有老小病残及寡妇才能适当免课。劳动妇女在沉重的赋役负担下，若遇到荒年就难以维持生计。

其四，六朝时期女子所受教育的主要内容，依然是围绕着长大成人，能够侍奉长辈、顺从丈夫、治家教子的贤妻良母这一培养目标展开的。但是，在士族家庭内，妇女与丈夫之间的地位较为平等，受礼教的束缚较少。家庭是妇女接受德才教育的主要场所。士族之家尤其重视对未婚女子的妇德教育。家长的耳提面命、言传身教对女子有着重要的影响。女教读本是对妇女进行道德教育的专门读物，里面集中搜集了有关妇道的事迹与要求。六朝士族门第文化的兴起，对女子的知识教育也产生了直接影响。优越的门第文化乃是门阀士族的重要特征，处于这种环境里的贵族妇女，也常常耳濡目染，深受熏陶。如东晋时的陈郡谢氏，有才女谢道韫在文学史上享有“咏絮之才”的美称。六朝时期思想文化多元化，妇女地位相对提高，普通平民妇女也能获得一些吸取知识的渠道。除了士族家学外，私人办学讲学之风盛行。对于生活在社会下层的广大民众，包括民间女子获得一定教育，学到一些文化知识也是有意义的。侍婢、姬妾、妓女等社会地位卑贱的女子，由于大多服侍于上流社会，与达官贵人、名流学士接触较多，这对于她们文化素质的提高，客观上也起到了一定的促进作用。六朝时期，随着佛教的流传，出家人口的增加，寺

① 《三国志》卷五〇《吴书·妃嫔·吴主权徐夫人传》，第 1197 页。

院的经济实力也相当可观。这一时期的比丘尼，有不少颇具文化修养。她们在正式受戒、皈依佛门前往往已有了一定的知识素养，能够阅读佛经，甚至撰述注疏。与世俗妇女相比，佛门妇女在某种意义上反而获得了较大的活动自由。因讲经学法她们可以云游四方，甚至与风雅文士交游聚谈。这种特殊的生活环境，为她们读书受教育、提高文化素质水平奠定了基础。与妇女所受到的德、智等教育相关，六朝妇女的才华与业绩也有十分突出的表现。和经史之学相比，妇女的文学才华更为突出。文学的吟咏情性，更符合女性的性别气质与表达需求。其时贵族之家对女子教育的重视与门第家学中文学地位的提高，则直接导致了不少贵族文学才女的出现。妇女的文学才华首先突出表现为大批文学才女的产生，其人数之众在整个中国古代文学史上也可称少见。六朝时期，女子文集灿若群星。和前人相比，这一时期的妇女文集，无论是数量还是集内卷数都有所增加。而妇女创作的单篇文学作品数量就更惊人了，其题材则涉及诗、赋、诔、颂、铭以及书笺等多种文体，表现出可与男性作家相媲美的创作能力。六朝时妇女文学作品的主题，从内容上看大致有凄楚的弃妇呻吟、幽怨的思妇情怀、沉重的身世之叹及深刻的感物咏怀；而情感的真挚动人、形式的机巧新颖及赋事喻物的形象生动，更是女性文学作品的特色。东晋南朝时期突出的文学才女，有谢道韫、鲍令晖、韩兰英、刘令娴、沈满愿等①，她们都生活在长江流域。

### （二）丧葬礼俗与家庭及社会生活

#### 1. 丧葬礼仪

六朝时期，丧葬礼仪基本上沿袭汉制。这一时期的丧葬礼仪，依然分成葬前之礼、葬礼、服丧之礼三个阶段，在每个阶段中的具体程序如沐浴、饭含、停尸、小敛大敛、下棺等亦与汉代基本相同。妇女的丧葬礼仪与男子大体相似，但在男尊女卑的社会风气下，妇女丧葬亦依附于丈夫，丈夫的社会地位决定了妻子的丧葬规格。若为正妻，可祔葬配食。

刘熙《释名·释丧制》云："人始气绝曰死。死，澌也，就消澌也。"人死之后，先要举行招魂仪式，即所谓"招魂复魄"。具体做法是，由死者亲族持死者的上衣，登其屋顶，左执领，右执腰，向北呼死者的名字，而后将衣抛下，覆于死者身上。"招魂复魄"是丧礼制度中一项基本内容。

"沐浴"即洗尸。"沐"是洗头，"浴"是洗身。给死者沐浴，在"招魂复魄"之后进行。女性死者用女侍沐浴。饭含仪式在沐浴仪式之后进行。《释名·释丧制》云："含，以珠贝含其口中也。"又云："握，以物著尸手中，使握之也。"可见"握"是对"含"的补充形式。

① 张承宗：《魏晋南北朝妇女在家庭与社会生活中的地位变化》，载《浙江学刊》2009年第5期。

敛，有小敛、大敛之分。为死者易衣曰小敛，入棺曰大敛。《释名·释丧制》云："衣尸棺曰敛，敛者敛也。敛藏不复见也。"又云："棺，关也，关闭也。"大敛用棺有木棺、石棺两类，而以木棺为常，石棺为罕。

家里凡遭遇丧事，须发丧受吊。子女在外地者，闻丧后皆须奔丧。亲戚同宗闻丧后，也要奔丧。江南风俗，凡遭大丧，相近相知的人在三天之内要去吊丧。如果过了三天而不去吊丧，便被认为是不怜悯丧者的失礼行为，以后即使在路上相遇也互不理睬了。如果因相隔较远或有其他原因，则应用书信表示吊唁。吊丧行哭礼是最常见的。一般是主人哭，客人以哭还礼。哭也有不同的哭法，边哭边讲称之为号，表示特别伤痛。江南吊丧时常常一边哭一边倾诉衷肠，以示对死者的怀念。

办丧事时，要穿丧服。汉族中有各种礼仪规定，要根据与死者血缘关系的亲疏远近，穿着不同的丧服。《仪礼·丧服》载：丧服有斩衰、齐衰、大功、小功、缌麻五种，服制越重，与死者的关系就越亲近，丧服就越粗糙，以此来表示程度不等的哀痛之情。斩衰是五服中最重的一等，用最粗的生麻布制成，衣旁和下边不缝边，斩断处外露。齐衰亦用粗麻，但缝边整齐。大功，用熟麻布制成，经过加工，故称功服。小功，用更细的熟麻布制成。缌麻，是五服中最轻的丧服，用精细的熟麻布制成。《释名·释丧制》中也有类似的记载。

丧礼及丧葬有一定的规格，一般都得遵守。但如果是皇帝的爱妃死亡，办丧事往往就超越规格很多，如《三国志·吴书·妃嫔传》注引《江表传》载：孙皓宠爱的左夫人死后，"皓哀愍思念，葬于苑中，大作冢，使工匠刻柏作木人，内冢中以为兵卫，以金银珍玩之物送葬，不可称计。已葬之后，皓治丧于内，半年不出。国人见葬太奢丽，皆谓皓已死，所葬者是也。"南齐孝武帝殷淑仪死，"帝常思见之，遂为通替棺，欲见辄引替睹尸，如此积日，形色不异。追赠贵妃，谥曰宣。及葬，给辒辌车、虎贲、班剑。銮辂九旒、黄屋左纛、前后部羽葆、鼓吹，上自于南掖门临，过丧车，悲不自胜，左右莫不掩泣。上痛爱不已，精神罔罔，颇废政事。每寝，先于灵床酌奠酒饮之，既而恸哭不能自反"①。《南史·齐东昏侯本纪》载："潘妃生女，百日而亡。制斩衰绖杖，衣悉粗布。群小来吊，盘旋地坐，举手受执蔬膳，积旬不听音伎。"这也是超越常规的。

### 2. 夫妇合葬及妇女单身葬

夫妇合葬，在孙吴时期依然是丧葬的基本形式。如《三国志·吴书·妃嫔传》载：孙坚吴夫人，"建安七年(202年)，临薨，引见张昭等，属以后事，合葬高陵"；吴主权潘夫人"权寻薨，合葬蒋陵"；孙休朱夫人"甘露元年(265年)七月，见逼薨，合葬定陵"。

考古所见孙吴时期的夫妇合葬墓，以江西南昌市东吴高荣墓为典型。这是一座已经

① 《南史》卷一一《后妃上·殷淑仪传》，第323页。

得到证实的东吴前期的一夫二妻合葬墓。该墓有甬道和前、后两室，总长 6.18 米。方向朝正南。前室左右各有一对称的耳室。墓内置放有保存完好的朱漆棺三副。后室平列两副，编号为乙棺、丙棺；前室置放一副，由于前室短，木棺还有一半搁置在甬道内，编号为甲棺。甲棺比乙棺、丙棺略大。三副棺具造型相同，均为长方盒形，用整段楠木斲凿而成。考古工作者认为：该墓为三棺合葬，但从其墓室结构看，应是夫妇合葬墓。甲棺挤塞在前室与甬道之中，显然与后室两棺不是同时葬入的。甲、乙两棺内紧靠头部处均置放有漆奁盒。甲棺内还有金手触、金发钗等物；乙棺内头部附近还放有小银壶一件，壶内置有铜钱和金帽花饰等。所以，甲、乙两棺内的死者应属女性。丙棺内头部处放有一长方形漆盒，盒内装放木简、木方、漆耳杯和文房四宝等物。据此推断，丙棺内死者应属男性，即墓主无疑。乙、丙两棺的头部均朝墓门方向，而甲棺是足部朝墓门，即三副棺的死者头部均靠在一处，应属一夫二妻合葬墓①。

东晋废帝孝庾皇后，太元十一年（386 年），“海西公薨于吴，又以后合葬于吴陵”。简文顺王皇后，咸安二年（372 年）“孝武帝即位，追尊曰顺皇后，合葬高平陵”②。南朝刘宋前废帝刘子业是一位极其荒唐和淫乱的皇帝，是被宋明帝刘彧废黜的。即使如此，仍让刘子业与何皇后合葬。陈朝永定二年（558 年），高祖章皇后之母“安吉君卒，与后父合葬吴兴”。太建二年（570 年）三月，章皇后崩，“时年六十五。遗令丧事所须，并从俭约，诸有馈奠，不得用牲牢。其年四月……祔葬万安陵”③。

南朝时，朝廷对民间要求合葬的愿望，采取不加干涉的态度。如刘宋孝武帝大明六年（462 年）十月，“诏上林苑内民庶丘墓欲还合葬者，勿禁”④。又如南齐刘瓛妻王氏虽因其婆婆不满意而被逐出家门，但死后仍得与其夫合葬。

六朝民间人士对合葬与否也有不同的态度。有人不赞成合葬。其中一种是隐逸之士，如南朝沈麟士自为终制，遗令：“气绝剔被，取三幅布以覆尸。及敛，仍移布于尸下，以为敛服。……合葬非古也。冢不须聚土成坟，使上与地平。”⑤还有一种是因世乱，多次娶妻。在一夫多妻的情况下，妻子越多，合葬的难度越大。若行合葬，势必引起各种家庭纠纷。

民歌与民间传说中也有关于这一时期夫妇合葬习俗的记载，如《玉台新咏》卷一载无名人《古诗为焦仲卿妻作》，记载汉末建安中庐江府小吏焦仲卿与刘兰芝被封建礼教逼死后，仍以夫妇之礼合葬在一起，诗云：

① 江西省历史博物馆：《江西南昌市东吴高荣墓的发掘》，载《考古》1980 年第 3 期。
② 《晋书》卷三二《后妃传下》，第 979—980 页。
③ 《陈书》卷七《高祖章皇后传》，第 126 页。
④ 《宋书》卷六《孝武帝纪》，第 130 页。
⑤ 《南史》卷七六《隐逸下·沈麟士传》，第 1892 页。

两家求合葬，合葬华山榜。东西植松柏，左右种梧桐。

枝枝相覆盖，叶叶相交通。中有双飞鸟，自名为鸳鸯。

仰头相向鸣，夜夜达五更。行人驻足听，寡妇起彷徨。

多谢后世人，戒之慎勿忘！①

庐江，当时治所在舒（今安徽庐江西南），在孙策初创的江东六郡范围之内。这些诗句中，无疑有诗人的渲染之词，但也反映了焦、刘两家的反省，人民群众的愿望，藉以歌颂他们坚贞的爱情，表达人们的普遍惋惜和同情。

民间传说中较为典型的，是晋人干宝《搜神记》对韩凭夫妇合葬的记载。宋康王强夺舍人韩凭妻何氏，韩凭自杀，妻随即亦自尽而死。“遗书于带曰：‘王利其生，妾利其死。愿以尸骨，赐凭合葬。’王怒，弗听。使里人埋之，冢相望也。王曰：‘尔夫妇相爱不已，若能使冢合，则吾弗阻也。’宿昔之间，便有大梓木生于二冢之端，旬日而大盈抱，屈体相就，根交于下，枝错于上。又有鸳鸯，雌雄各一，恒栖树上，晨夕不去，交颈悲鸣，音声感人。宋人哀之，遂号其木曰‘相思树’。相思之名，起于此也。南人谓此禽即韩凭夫妇之精魂。今睢阳有韩凭城，其歌谣至今犹存。”②

《太平广记》卷三八九“陆东美”条引梁任昉《述异记》曰：“吴黄龙年中，吴都海盐有陆东美，妻朱氏，亦有容止。夫妻相重，寸步不相离，时人号为‘比肩人’。夫妇云‘皆比翼，恐不能佳也’。后，妻卒，东美不食求死，家人哀之，乃合葬。未一岁，冢上生梓树，同根二身，相抱而合成一树。每有双鸿，常宿于上。孙权闻之嗟叹，封其里曰‘比肩’，墓又曰‘双梓’。后，子弘与妻张氏，虽无异，亦相爱慕。吴人又呼为‘小比肩’。”

有些高门士族女子，因缺乏合适对象，甚至老女不嫁，死守父母身边，如南京象山王氏墓群中发现的晋升平二年（359 年）王丹虎墓志③，就是一个典型的例证。

## 三、竞技娱乐与各种丰富多彩的民俗活动

### （一）武术与田猎

#### 1. 武术

六朝时武术发展的一个重要成果，是出现了一些较为稳定的器械练习套路。《三国志·吴书·甘宁传》注引《吴书》载：凌统怨恨甘宁曾杀其父凌操，总想寻机报仇。甘宁常怀戒备，不与凌统相见。二人“尝于吕蒙舍会，酒酣，统乃以刀舞。宁起曰：‘宁能双戟

① 〔陈〕徐陵编、〔清〕吴兆宜注：《玉台新咏笺注》卷一，第 53—54 页。

② 〔晋〕干宝：《搜神记》卷一一“韩凭妻”条，第 142 页。

③ 《南京象山东晋王丹虎墓和二、四号墓发掘简报》，载《文物》1965 年第 10 期。

舞。'蒙曰：'宁虽能，未若蒙之巧也。'因操刀持盾，以身分之。"这里所说的刀舞、双戟舞，不是舞蹈，而是"巧"妙不同、能致敌于死命的武术招式。关于此点，在考古发掘中也已得到证实。在安徽马鞍山东吴大将朱然墓中发现了一件漆盘，其内底绘制了一幅《童子对棍图》①。在一块平地上，两个可爱的小童下摆弓箭步，上身向前倾，双手高举棍棒，一击一挡，正按一定的套路在对练棍术。这说明按照一定的套路进行练习，是当时提高武艺的一条基本途径。

安徽马鞍山三国吴朱然
墓地出土的童子对棍图漆盘

安徽马鞍山三国吴朱然
墓地出土的童子对棍图漆盘局部

六朝时军队建设备受重视。武术的形成，是人们在军旅生活中长期实践训练的结果。东晋葛洪《抱朴子外篇・自叙》称："少尝学射……昔在军旅，曾手射追骑，应弦而倒……又曾受刀楯及单刀双戟，皆有口诀要术；以待取人，乃有秘法，其巧入神。"刘宋时，周朗曾建议把百姓编制起来，"男子十三至十七，皆令学经；十八至二十，尽使修武。……授以兵经战略，军部舟骑之容，挽强击刺之法"②。梁朝时出现了武术训练的教材《马射谱》《马槊谱》《骑马都格》等，是武术理论上的重大进步。梁简文帝萧纲在《马槊谱序》中曾说："马槊为用，虽非远法，近代相传，稍已成艺。"③马槊之艺在江南已颇为流行，并在春秋两季举行比赛和表演。

作为娱乐的戏射活动，主要有两种形式：一种是朋射，一种是单射。朋射是一种团体赛，参加者分作两朋，即两部分。每个参加者轮流去射，按所中箭数记筹，最后加在一起，筹数多的获胜。单射是以个人为单位，比赛射艺高下。东晋时，安西将军庾翼镇武昌，谢

① 安徽省文物考古研究所、马鞍山市文化局：《安徽马鞍山东吴朱然墓发掘简报》，载《文物》1986年第3期。

② 《宋书》卷八二《周朗传》，第2093页。

③ 〔南朝梁〕萧纲：《马槊谱序》，严可均校辑：《全梁文》卷一二，第3017页。

尚“数诣翼谘谋军事。尝与翼共射，翼曰：‘卿若破的，当以鼓吹相赏。’尚应声中之，翼即以其副鼓吹给之”①。又有“江州刺史庾悦，隆安中为司徒长史，曾至京口。(刘)毅时甚屯窭，先就府借东堂与亲故出射。而悦后与僚佐径来诣堂，毅告之曰：‘毅辈屯否之人，合一射甚难。君于诸堂并可，望以今日见让。’悦不许。射者皆散，唯毅留射如故”②。当时这场戏射活动是在堂内进行，由于庾悦不肯相让，参加朋射的人散去，只有刘毅留在那里单射。

在广泛群众性的基础上，六朝南方地区往往将骑射与传统节日相结合，在九月九日重阳节举行竞武戏射活动。这类活动参加者众多，气氛热烈，娱乐性很强。梁刘苞《九日侍宴乐游苑正阳堂诗》云：“六郡良家子，幽并游侠儿，立乘争饮羽，侧骑竞纷驰。”③乐游苑是建康著名的皇家园林，诗中所写“六郡”“幽并”等地名，均为借指，并非实地。

2. 田猎

自古以来，田猎就是上层社会所喜爱的一项军体娱乐活动。孙吴时期战争频繁，人们普遍习武，田猎之风依然很盛。孙策、孙权兄弟都喜欢射猎。《三国志·吴书·孙策传》注引《江表传》载：“策性好猎，将步骑数出。策驱驰逐鹿，所乘马精骏，从骑绝不能及。”正是这种“轻佻果躁”的性格，使其“陨身致败”，在射猎之时被许贡的奴客刺杀。孙权则以射虎为乐，每田猎，常乘马射虎，虎常突前攀持马鞍。为了安全，他接受张昭的意见，制作了一种专用的射虎车。唐代诗人孙逖，有一首《长洲苑》的诗，记载吴王孙权在吴地校猎的盛况：“吴王初鼎峙，羽猎骋雄才。辇道阊门出，军容茂苑来。山从列嶂转，江自绕林回。剑骑缘汀入，旌门隔屿开。合离纷若电，驰逐溢成雷。胜地虞人守，归舟汉女陪。可怜夷漫处，犹在洞庭隈。山静吟猿父，城空应雉媒。戎行委乔木，马迹尽黄埃。揽涕问遗老，繁华安在哉?”《三国志·吴书·孙奋传》载：孙权去世后，“太傅诸葛恪不欲诸王处江滨兵马之地，徙(孙)奋于豫章”。孙奋大怒，但为了避祸，“遂移南昌，游猎弥甚”，依然保持尚武之风。

南朝刘宋王僧达，少年时代“性好鹰犬，与闾里少年相驰逐”。出任宣城太守后，仍“性好游猎，而山郡无事，僧达肆意驰骋，或三五日不归，受辞讼多在猎所，民或相逢不识，问府君所在，僧达曰：‘近在后。’”④

田猎以人与兽相搏，虽有一定危险性，但乐趣更大。梁将曹景宗深知田猎的乐趣，他

① 《晋书》卷七九《谢尚传》，第2070页。

② 《晋书》卷八五《刘毅传》，第2211页。

③ 〔南朝梁〕刘苞：《九日侍宴乐游苑正阳堂诗》，逯钦立辑校：《先秦汉魏晋南北朝诗》，第1671页。

④ 《宋书》卷七五《王僧达传》，第1951—1952页。

说："我昔在乡里，骑快马如龙，与年少辈数十骑，拓弓弦作霹雳声，箭如饿鸱叫。平泽中逐獐，数肋射之，渴饮其血，饥食其肉，甜如甘露浆。觉耳后风生，鼻头出火，此乐使人忘死，不知老之将至。"①田猎有如此乐趣，难怪田猎者乐此而不疲。

**（二）围棋与樗蒱**

1. 围棋

围棋又称弈棋，历史悠久。先秦典籍《论语》《孟子》及《左传》《世本》中已有关于"围棋"或"弈"的记载。经过两汉时期的代代相传，至六朝时期爱好者日益增多，围棋活动得到普及，并出现了一些著名的棋手。

孙策是一位围棋爱好者。《三国志》卷五六《吴书·吕范传》注引《江表传》载：孙策曾与吕范对弈，当时"策从容独与范棋，范曰：'今将军事业日大，士众日盛。……范愿暂领都督，佐将军部分之。'"孙策与吕范的对弈，流传下古棋谱《吴图》。这本古谱在唐代尚存。南宋御书院棋待诏李逸民编撰的《忘忧清乐集》第二部分的全局棋谱中，收有《孙策诏吕范弈棋局面》，图中所示棋盘为十九道，与今日通行的围棋棋盘相同，历来被人们深信不疑。但自从山东邹县西晋刘宝墓出土围棋棋盘后，人们知道西晋棋盘才十七道，而唐代围棋棋盘为十九道。可见围棋棋盘从十七道向十九道演变，当在西晋至南北朝时期。所谓《孙吕遗谱》，乃是后人作伪的产物②。

出身于江南大族的东吴丞相顾雍，也曾与其属下弈棋。裴启《语林》云："豫章太守顾劭（《三国志》本传为顾邵），是丞相雍之子，在郡卒。时雍方盛集僚属围棋，外信至而无儿书；虽神意不变，而心了有故。宾客既散，方叹曰：'已无延州之遗累，宁有丧明之责邪？'于是豁情散哀，颜色自若。"孙吴大将陆逊足智多谋，《三国志·吴书·陆逊传》载：嘉禾五年（236年）孙权"北征，使逊与诸葛瑾攻襄阳。逊遣亲人韩扁赍表奉报，还，遇敌于沔中，钞逻得扁。瑾闻之甚惧，书与逊云：'大驾已旋，贼得韩扁，具知吾阔狭。且水干，宜当急去。'逊未答，方催人种葑豆，与诸将弈棋射戏如常。瑾曰：'伯言多智谋，其当有以。'"陆逊面临大敌，从容不迫，"弈棋射戏如常"，并安全撤军，充分显示了其大将风度。

相传东吴的"棋圣"有严子卿、马绥明等。《三国志·吴书·赵达传》注引《吴录》载："严武字子卿，卫尉畯再从子也，围棋莫与为辈。"据《三国志·吴书·孙和传》记载，由于孙吴宫廷内围棋盛行，孙权的太子孙和"言及博弈，以为妨事费日而无益于用，劳精损思而终无所成"。他说："夫人情犹不能无嬉娱，嬉娱之好，亦在于饮宴琴书射御之间，何必

---

① 《梁书》卷九《曹景宗传》，第181页。

② 王天惠等：《邹县刘宝墓出土围棋小考》，程晓流：《从刘宝墓出土围棋看〈孙吕遗谱〉的真伪》，载《围棋天地》1989年第8、9期。

博弈，然后为欢。”于是中庶子韦昭奉命撰写了一篇《博弈论》，说：“今世之人多不务经术，好玩博弈，废事弃业，忘寝废食，穷日尽明，继以脂烛。当其临局交争，雌雄未决，专精锐意，心劳体倦，人事旷而不修，宾旅阙而不接，虽有太牢之馔，《韶》《夏》之乐，不暇存也。”由于当时人们多以此赌博，故韦昭批评这种游戏“技非六艺，用非经国；立身者不阶其术，征选者不由其道。求之于战阵，则非孙、吴之伦也；考之于道艺，则非孔氏之门也；以变诈为务，则非忠信之事也；以劫杀为名，则非仁者之意也；而空妨日废业，终无补益。”从中可见当时围棋流行广泛。

东晋南朝时期，是围棋兴盛的时期。东晋棋风的盛行，可以王、谢高门为代表。《晋书·王导传》载：王导尝与其子王悦“弈棋争道”。王导次子王恬亦“喜弈棋，为中兴第一”。王导从弟王廙也是围棋爱好者。王导做丞相时，曾召陈留少年江彪下围棋。江彪下棋沉着，棋艺“不恶”，王导“徐举首曰：‘此年少，非唯围棋见胜。’”[①]谢安与王羲之相友善，又与王坦之及僧人支道林一起弈棋。王坦之“以围棋是坐隐”，支道林“以围棋为手谈”[②]。围棋活动格调高雅，奥妙无穷，为清谈玄学之士所喜爱，并成为他们交往的一种重要方式。晋孝武帝太元八年(383 年)，谢安在指挥淝水之战时，依然下围棋“如故”。他的镇静，对稳定军心起了重要作用。谢玄破敌后，捷报送来，谢安正与客围棋，看过捷报，“便摄放床上，了无喜色，棋如故。客问之，徐答曰：‘小儿辈遂已破贼。’既罢，还内。过户限，心甚喜，不觉屐齿之折”[③]。谢安的从曾孙谢弘微、从玄孙谢瀹，也都爱好围棋。谢弘微“性宽博，无喜愠。末年尝与友人棋，友人西南棋有死势，复一客曰：‘西南风急，或有覆舟者。’友悟乃救之。弘微大怒，投局于地”[④]。可见观棋不语是一条不成文的惯例，客人违反了规矩，才使谢弘微大为愤怒。谢瀹性格从容镇静，他在南齐时为吏部尚书，当齐明帝萧鸾废郁林王萧昭业，“领兵入殿，左右惊走报瀹”，谢瀹依然“与客围棋”“不问外事”[⑤]。

东晋时的小姓与低级士族，处境不如高门士族悠闲，对待围棋的态度也不尽相同。如：祖逖的兄长祖纳，“好弈棋”。王隐曾对他说：“禹惜寸阴，不闻数棋。”他回答说：“我亦忘忧耳。”王隐说：“何必围棋然后忘忧也！”祖纳喟然叹曰：“非不悦子之道，力不足耳。”[⑥]陶侃一生勤于职守，在任荆州刺史期间，“见佐吏博弈戏具，投之于江。曰：‘围棋者，尧舜以教愚子；博者，殷纣所造。诸君并国器，何以为此。’”[⑦]《抱朴子》的作者葛洪，“少好学，

① 《世说新语·方正》，徐震堮：《世说新语校笺》，第 184 页。

② 《世说新语·巧艺》，徐震堮：《世说新语校笺》，第 387 页。

③ 《晋书》卷七九《谢安传》，第 2075 页。

④ 《南史》卷二〇《谢弘微传》，第 552—553 页。

⑤ 《南史》卷二〇《谢弘微传附谢瀹传》，第 561 页。

⑥ 《晋书》卷六二《祖逖传附祖纳传》，第 1698 页。

⑦ 《太平御览》卷七五三《工艺部一〇·围棋》引《晋中兴书》，第 3341 页。

家贫，躬自伐薪以贸纸笔，夜辄写书诵习，遂以儒学知名。性寡欲，无所爱玩，不知棋局几道、樗蒱齿名”①。他不下棋、不赌博，是为了潜心学术，终于成为著名学者。

继东晋之后的南朝，是围棋发展极盛的时期，围棋活动更为普遍，出现了不少棋迷。南朝皇帝中，有不少爱好围棋。宋文帝刘义隆不仅在宫廷内下棋，而且还派著名棋手褚思庄到外郡对局，制成棋谱带回覆局，画成图给他看②。黄门侍郎羊玄保“善弈棋，棋品第三”，宋文帝与他赌棋，羊胜，竟当了宣城太守，后来又当了吴郡太守。宋文帝自称：“每有好官缺，我未尝不先忆羊玄保。”③宋元嘉三年（426 年）被迫自尽的徐羡之，也是一位围棋高手，他“沈密寡言，不以忧喜见色，颇工弈棋，观戏常若未解，当世倍以此推之”④。天文学家何承天“博见古今，为一时所重”。他“素好弈棋，颇用废事。又善弹筝。文帝赐以局子及银装筝”⑤，受到特殊的待遇。

宋明帝刘彧好围棋，但棋艺“甚拙，去格七八道，物议共欺为第三品。与第一品王抗围棋，依品赌戏，抗每饶借之，曰：‘皇帝飞棋，臣抗不能断。’帝终不觉，以为信然，好之愈笃”。虞愿曾劝谏，说：“尧以此教丹朱，非人主所宜好也。”⑥但宋明帝并不听劝告，他还设置了“围棋州邑，以建安王（刘）休仁为围棋州都大中正，（王）谌与太子右率沈勃、尚书水部郎庾珪之、彭城丞王抗四人为小中正，朝请褚思庄、傅楚之清定访问”⑦。这种“围棋州邑”，并不是一级地方行政机构，而是围棋的专业机构，其任务是执掌棋手的推荐选举与棋谱的搜集整理。沈宪与宋明帝下棋，被明帝称为“广州刺史材也”，补乌程令，“甚著政绩”⑧。尚书右丞荣彦远“以善棋见亲，妇妒伤其面”，宋明帝“遂赐药杀其妻”⑨。宋明帝因棋而提拔人做官，又因棋而滥杀臣下之妻，当是其棋艺不高、喜怒无常的一种心理变态。

南齐的建立者萧道成，“博学，善属文，工草隶书，弈棋第二品。……尝与直阁将军周覆、给事中褚思庄共棋，累局不倦，覆乃抑上手，不许易行”⑩。考古工作者在丹阳胡桥鹤仙坳南朝大墓中，发现萧道成之兄萧道生夫妇合葬墓的随葬品中，有白玉方形棋子 36

---

① 《晋书》卷七二《葛洪传》，第 1811 页。
② 《南齐书》卷四六《萧惠基传》，第 811 页。
③ 《宋书》卷五四《羊玄保传》，第 1535—1536 页。
④ 《宋书》卷四三《徐羡之传》，第 1331 页。
⑤ 《南史》卷三三《何承天传》，第 870 页。
⑥ 《南齐书》卷五三《良政·虞愿传》，第 916 页。
⑦ 《南史》卷四九《王谌传》，第 1212 页。
⑧ 《南史》卷三六《沈演之传附沈宪传》，第 938 页。
⑨ 《南齐书》卷三四《刘休传》，第 612 页。
⑩ 《南史》卷四《齐本纪上·高帝纪》，第 113 页。

枚，黑紫琉璃棋子47枚。围棋棋子的发现，证实了文献中记载的六朝围棋娱乐活动盛行的情况。但当时的棋子不是圆形，而是方形，这是考古工作中的新发现①。

梁武帝萧衍“六艺备闲，棋登逸品”②。他下起棋来非常入迷，往往通宵达旦，以致陪同者皆困倦欲睡，唯有大将陈庆之“不寝，闻呼即至，甚见亲赏”。③ 梁武帝所信任的寒人朱异，“博解多艺，围棋上品，而贪财冒贿，欺罔视听，以伺候人主意，不肯进贤黜恶”④。散骑常侍到溉，“特被武帝赏接，每与对棋，从夕达旦。或复失寝，加以低睡，帝诗嘲之曰：‘状若丧家狗，又似悬风槌。’当时以为笑乐。溉第居近淮水，斋前山池有奇礓石，长一丈六尺，帝戏与赌之，并《礼记》一部，溉并输焉。未进，帝谓朱异曰：‘卿谓到溉所输可以送未？’敛板对曰：‘臣既事君，安敢失礼。’帝大笑，其见亲爱如此”。史称：“溉弈棋入第六品，常与朱异、韦黯于御座校棋比势，复局不差一道。”⑤

南朝隐逸之士庾诜“棋算机巧，并一时之绝”⑥。道教首领陶弘景“善琴棋，工草隶”⑦，也是一位围棋的爱好者。还有一位东阳女子娄逞，女扮男装，“粗知围棋，解文义，遍游公卿，仕至扬州议曹从事”。后来事发，“始作妇人服而去，叹曰：‘如此之伎，还为老妪，岂不惜哉。’”⑧可见女子为了争得与男子下棋的权利，不得不乔装改扮，当时围棋活动还受到性别的限制与歧视。

2. 樗蒱

樗蒱，又作樗蒲，是流行于汉魏六朝的博戏，它由枰、杯、木、矢、马五种器具组成。枰即棋盘，上有关、坑、堑等标志，为行棋之障碍。杯为投掷五木的容具。木，又称五木，用木制成，为掷采之具。马、矢为棋子，马在棋盘上过关跨堑，矢用来围杀或阻止马前进。五种器具中，五木为关键之物，它所掷出的采，决定着马与矢的行动。这种玩法，规则复杂，双方各执马、矢两种棋子，投掷五木，根据所得采数，或策马过关，或挥卒围截。东晋周顗死时，王敦正与“一参军樗蒱，马于博头被杀”，参军借此发挥说：“周家奕世令望，而位不至公，及伯仁将登而坠，有似下官此马。”⑨可见王敦与其参军樗蒱，正是采用这种玩法。

---

① 南京博物院：《江苏丹阳胡桥大墓及砖刻壁画》，载《文物》1974年第2期。
② 《梁书》卷三《武帝纪下》，第96页。
③ 《梁书》卷三二《陈庆之传》，第459页。
④ 《南史》卷六二《朱异传》，第1516页。
⑤ 《南史》卷二五《到彦之传附到溉传》，第679页。
⑥ 《南史》卷七六《隐逸下・庾诜传》，第1904页。
⑦ 《梁书》卷五一《处士・陶弘景传》，第742页。
⑧ 《南史》卷四五《崔慧景传》，第1143页。
⑨ 《晋书》卷六九《周顗传》，第1852页。

六朝时还有一种以五木采数定输赢的简便玩法，流行于社会下层群众之中。东晋末年，刘毅“家无儋石之储，樗蒱一掷百万”①。他与刘裕等起兵发迹后，曾“于东府聚樗蒱大掷，一判应至数百万，余人并黑犊以还，唯刘裕及毅在后。毅次掷得雉，大喜，褰衣绕床，叫谓同坐曰：‘非不能卢，不事此耳。’裕恶之，因挼五木久之，曰：‘老兄试为卿答。’既而四子俱黑，其一子转跃未定，裕厉声喝之，即成卢焉。毅意殊不快，然素黑，其面如铁色焉”②。这场樗蒱，最终以刘裕掷得五木俱黑的卢采而结束。这种玩法简便易行，故而大行其道，成为当时樗蒱的主要玩法。

樗蒱活跃于六朝时期，盛行于社会各阶层。参加者有帝王，如刘裕，奋起寒微，“名微位薄，轻狡无行……尝与刁逵樗蒱，不时输直，逵缚之马枊”③。有将领，如桓温伐蜀，刘惔认为桓温必胜无疑。因为“以蒱博验之，其不必得。则不为也”④。梁魏邵阳之战，韦叡及时救援，击溃北魏军，为昌义之解了围。史载“昌义之甚德叡，请曹景宗与叡会，因设钱二十万官赌之，景宗掷得雉，叡徐掷得卢，遽取一子反之，曰‘异事’，遂作塞”⑤。有士人与商人樗蒱，如《世说新语·任诞》载：温峤“位未高时，屡与扬州、淮中估客樗蒱，与辄不竞。尝一过大输物，戏屈，无因得反。与庾亮善，于舫中大唤亮曰：‘卿可赎我！’庾即送直，然后得还。经此数四”⑥。有术士，如刘敬叔《异苑》载：“元嘉中，颍川宋寂昼忽见一足鬼，长三尺，遂为寂驱使。欲与邻人樗蒱而无五木，鬼乃取刀斫庭中杨枝，于户间作之，即烧灼，黑白虽分明，但朴耳。”⑦有儿童观看与学习樗蒱，如《太平御览》卷七五四引《晋书》曰：“王献之年数岁，尝观门生樗蒱，曰：‘南风不竞。’门生曰：‘此郎亦管中窥豹，时见一斑。’”又引《江蕤别传》曰：“蕤年十一，始学樗蒱。祖母为说往事，有以博弈破业废身者，于是即弃五木，终身不为戏。”这是大人教育小孩不要迷恋赌博，而取得成效。

赌风的盛行，使民间赌场颇多。樗蒱赌金巨大，对民风破坏尤甚。六朝的有识之士对樗蒱的危害有充分认识，一般都持反对态度。东晋名将陶侃、学者葛洪均为典型。《太平御览》卷七五四《工艺部·樗蒱》中还有两则故事，对热衷于赌博的人也颇具讽刺与劝诫的意义：一则为《抱朴子》曰：“林卢山中有一亭，其中有鬼。每有宿者，常有十许人衣

① 《晋书》卷八五《何无忌传》，第2214页。
② 《晋书》卷八五《刘毅传》，第2210—2211页。
③ 《资治通鉴》卷一一三，晋安帝元兴三年，第3566页。
④ 《晋书》卷七五《刘惔传》，第1991页。
⑤ 《梁书》卷一二《韦叡传》，第225页。
⑥ 《世说新语·任诞》，徐震堮：《世说新语校笺》，第398—399页。
⑦ 〔南朝宋〕刘敬叔：《异苑》卷六，《汉魏六朝笔记小说大观》，上海古籍出版社1999年版，第653页。

袍，或白或黑，或男或女。有王伯夷过宿而坐诵经，夜有十余人与伯夷对坐，自持樗蒲。伯夷密以镜照之，乃群犬也。”另一则为《异苑》曰：“昔有人乘马出行于岫里，见二老公相对樗蒲，遂下马，策拄地而观之。自谓俄顷，望视其马鞭濯然已烂，顾瞻其马鞍亦枯朽。既还，无复亲识，一恸而绝。”前一则故事把赌徒讽刺为群犬，要人们自尊自爱；后一则故事劝告人们珍惜光阴，莫在樗蒲中蹉跎岁月。

**(三)斗鸡与斗鸭**

1. 斗鸡

六朝斗鸡之戏也很普遍。在魏晋人托名而作的《列子·黄帝》篇中，已有关于周宣王养斗鸡的记载。斗鸡的激烈精彩场面，使观者得到极大的刺激与享受，因而有人不惜花上数千钱去买一只斗鸡。南齐郁林王萧昭业“好斗鸡，密买鸡至数千价”[①]，反映了宫廷娱乐中的奢靡之风。六朝文人也写了大量斗鸡题材的诗歌。梁简文帝萧纲《斗鸡篇》云：“欢乐良无已，东郊春可游。百花非一色，新田多异流。龙尾横津汉，车厢起戍楼。玉冠初警敌，芥羽忽猜俦。十日骄既满，九胜势恒遒。脱使田饶见，堪能说鲁侯。”[②]陈徐陵《斗鸡诗》云：“季子聊为戏，陈王欲骋才。花冠已冲力，芥爪复惊媒。斗凤羞衣锦，双鸾耻镜台。陈仓若有信，为觅宝鸡来。”[③]相传秦文公曾在陈仓县得陈宝鸣鸡，到唐乾元元年(758年)就将陈仓改名宝鸡(今陕西宝鸡市)。徐陵联想起古老的传说，欲从北方寻觅宝鸡，这在南北分裂的情况下是很难实现的一种愿望。但也反映了诗人在斗鸡中获得充分的娱乐享受，所以才能抒发其内心感受，写出如此精彩的诗篇。

2. 斗鸭

六朝时，南方出产一种善斗的鸭子，盛行斗鸭之戏。孙权之子建昌侯孙虑喜欢斗鸭，曾“于堂前作斗鸭栏”[④]。魏文帝曹丕也曾遣使东吴，索求“斗鸭、长鸣鸡”[⑤]，可见南方的斗鸭已闻名于北方，孙权满足了他的要求。其实挑选斗鸭，并不在外表，关键在是否能斗。正如蔡氏《化清经》曰：“水战之鸭，何必白缨。盈俎之鸡，何必长鸣。”[⑥]蔡洪《斗凫赋》还生动描绘这种游戏，说：“嘉乾黄之散授，何气化之有灵。产羽虫之丽凫，惟斗鸭之最精。……性浮捷以轻躁，声清响而好鸣。感秋商之肃烈，从

① 《南史》卷五《齐本纪下·齐废帝郁林王纪》，第137页。
② 〔南朝梁〕萧纲：《斗鸡篇》，逯钦立辑校：《先秦汉魏晋南北朝诗》，第1908页。
③ 〔南朝陈〕徐陵：《斗鸡诗》，逯钦立辑校：《先秦汉魏晋南北朝诗》，第2533页。
④ 《三国志》卷五八《吴书·陆逊传》，第1349页。
⑤ 《三国志》卷四七《吴书·吴主传》注引《江表传》，第1124页。
⑥ 《太平御览》卷九一九《羽族部·鸭》引，第4078页。

金气以出征。招爽敌于戏门，交武势于川庭。尔乃振劲羽，竦六翮。抗严趾，望雄敌。忽雷起而电发，赴洪波以奋击。”①南朝刘宋太子舍人王僧达，“坐属疾而于杨列桥观斗鸭，为有司所纠，原不问”②。可见南朝士族观看斗鸭是一种很普遍的风气，所以即使被举报也未受到任何处分。

**（四）妇女的娱乐游戏**

1. 斗草

六朝时期，南方妇女参与的游戏娱乐活动，如斗草之戏，就颇受当时广大劳动妇女的喜爱。宗懔《荆楚岁时记》载：“五月五日，四民并蹋百草。又有斗百草之戏。”斗百草之戏，大致是民间女子在劳作之余，进行比赛，看谁采的花草种类多，识别的花草品种多。这种比赛，既提高了劳动兴趣，又增长了见识。亦因为斗草既可增长植物药物知识，也能使身体在郊外得到锻炼，颇喜欢此戏，而且将它当作她们之间的一种比赛。梁王筠在《五日望采拾诗》中说：“裁缝逗早夏，点画守初晨。绢纨既妍媚，脂粉亦香新。长丝表良节，命缕应嘉辰。结芦同楚客，采艾异诗人。折花竞鲜彩，拭露染芳津。含娇起斜盼，敛笑动微嚬。献珰依洛浦，怀佩似江滨。须待恩光接，中夜奉衣巾。”③诗中描绘妇女竞相采集早晨沾着露水的鲜花，其情景令人感到美丽而愉悦。

2. 络丝戏

南朝的“络丝戏”，亦是乡间女子聚会常玩的游戏。刘敬叔《异苑》卷八载：“鄱阳陈忠女名丰。邻人葛勃有美姿，丰与村中数女共聚络丝戏，相谓曰：‘若得婿如葛勃，无所恨也。’”④这样的游戏令人心情无比放松。女孩子们在游戏的时候，将自己的心思毫无拘束地倾吐了出来。关于络丝戏的具体玩法，文献记载阙如，因而难得其详。但从民俗学的角度考察，现在妇女儿童中有一种玩线游戏，吴语中俗称“挑绷绷”。游戏时，一人两手绷线，另一人在线上做出各种花样。“挑绷绷”的游戏，很可能就是从南朝的“络丝戏”演变而来。

3. 秋千之戏

六朝时期的秋千之戏，与今天基本相似。梁宗懔《荆楚岁时记》载：“打球、秋千、施钩之戏”。按：刘向《别录》曰：“蹴鞠，黄帝所造，本兵势也。”或云起于战国。按：“鞠与球同。

---

① 〔晋〕蔡洪：《斗凫赋》，严可均校辑《全晋文》卷八一，第 1928 页。

② 《南史》卷二一《王弘传附王僧达传》，第 573 页。

③ 〔南朝梁〕王筠：《五日望采拾诗》，逯钦立辑校：《先秦汉魏晋南北朝诗》，第 2016—2017 页。

④ 〔南朝宋〕刘敬叔：《异苑》卷八，《汉魏六朝笔记小说大观》，上海古籍出版社 1999 年版，第 671 页。

古人蹋蹴以为戏也。”《古今艺术图》云：“秋千，北方山戎之戏，以习轻趫者。”施钩之戏，“以緶作蔑缆相罥，绵亘数里，鸣鼓牵之。……以钩为戏，意起于此。”《涅槃经》曰：“斗轮骨轮索。其秋千之戏乎？秋千亦施钩之类也。”①可见蹴鞠之戏非常古老，是一项运动量很大的活动。六朝时期，南方士族日益尚文废武，蹴鞠之戏也有废弛之势。但荆楚地区民风剽悍，故此戏得以保留。至于荡秋千的游戏，则特别受到妇女的欢迎。秋千要荡得高，自然要求荡者身体轻盈，而这恰好符合妇女的生理特征。

4. 与节日风俗有关的妇女游戏

妇女的娱乐活动还有一个特点，就是与民间节气、节日的风俗密切关联，在不同的节气、节日，有相应的多种多样、丰富多彩的民俗活动。尚秉和《历代社会风俗事物考》曰：“男子至岁时伏腊则游戏娱乐，女子亦然。社日停针线，端午斗草、藏钩，既详于时节游戏各门中。乃汉时妇女每月复有二日，为嬉戏。”②“《古诗为焦仲卿妻作》云：“初七及下九，嬉戏莫相忘。”下九者，据《采兰杂志》：“九为阳数。古人以二十九日为上九，初九日为中九，十九日为下九。每月下九，置酒为妇人之欢，名曰阳会。盖女子阴也，待阳以成。故女子于是夜为藏钩诸戏，以待月明，有忘寐达曙者。”③由于妇女终年炊爨纺绩，织布组紃，日夜工作，其实较男子更为辛苦。所以汉时妇女每月中可以有两天具酒食，息劳动，游戏欢娱，以酬其苦。六朝时期，这种风俗依然如此。

前面所讲的斗百草之戏即在五月，草深林长之时，而荡秋千则多选在风和日丽的春天。三月三上巳日则是当时最隆重热闹的节日。《晋书·隐逸·夏统传》载：“会三月上巳，洛中王公已下并至浮桥，士女骈填，车服烛路。”白天，人们来到溪水边，行流杯曲水之饮，水滨修禊。晚上，妇女们则可以乘着夜色结伴出门，观看灯会，放松身心。

乞巧节在农历七月七日，是中国传统的“情人节”。所谓乞巧，即是向天上的织女星乞求智巧。这一节日充分反映了中国古代传统社会中男耕女织的典型生产生活方式。这个节日的形成与牛郎织女的美丽传说是分不开的。织女是灵巧和智慧的象征，她的一双巧手，织成了天上的云锦天衣，这双巧手对于凡界的妇女是十分具有吸引力的。因为女红是古代女子的必修功课，女红技术的好坏关系到女子的终身幸福，故而向织女乞巧，并选择在织女喜会牛郎的舒心开怀的七月七日晚上，乃是一件十分自然的事情。六朝时期的乞巧习俗，一是穿针乞巧，二是守夜祈福。穿针乞巧之俗当时十分普遍，《荆楚岁时

① 〔梁〕宗懔原著、谭麟译注：《荆楚岁时记译注》，湖北人民出版社 1999 年版，第 64 页。

② 尚秉和：《历代社会风俗事物考》，《民国丛书》第一编，第 480 页。

③ 〔南朝陈〕徐陵编、〔清〕吴兆宜注：《玉台新咏笺注》卷一，《古诗为焦仲卿妻作》注引，第 46 页。

记》载："是夕，人家妇女结彩缕，穿七孔针。或以金银瑜石为针，陈瓜果于庭中以乞巧。"①如若喜子（蜘蛛）结网于瓜果上，就表示乞到了巧，就会万事如意。此俗当时通行南北，流行于社会上下各阶层。

藏钩，又称藏彄、行彄。《荆楚岁时记》曰："岁前，又为藏彄之戏。"这是古代的一种游戏，深为广大妇女喜爱。大体相当于现在的击鼓背，手传物，鼓声止，物亦停人手，猜者得猜出所传物在谁人手中。《太平御览》卷三三引周处《风土记》曰："醇以告蜡，竭恭敬于明祀。乃有藏彄。腊日之后，叟妪各随其侪为藏彄，分二曹以校胜负"，也就是说此戏常在一年将终的岁尾举行。

藏钩之戏也是为慰劳妇女劳作之苦而发明的游戏。其具体玩法，就是参加者分成两组，有人藏，有人猜。而藏者为迷惑对方，要作出种种假动作假表情。而藏钩之戏多在晚上举行，更增加了迷惑性。这样的游戏既锻炼了手的灵巧与敏捷，又锻炼了人的判断力，因此深受当时人的欢迎。

## 第八节　魏晋南北朝时期长江文化对海外的影响

三国两晋南北朝时期，是中外海上交通与经济文化交流开拓与发展的重要时期。由于长江流域及南方社会经济文化的发展，商业和造船业发达，在西北中外陆路交通受阻而不够畅通的情况下，东南沿海与海外的交通便具有更加重要的地位，从而大大发展起来。"海上丝绸之路"沟通了中国南部与南海诸国以及印度、波斯湾直至欧洲的中西通道。与此同时，中国与东海诸国，东南亚各国，以及西亚、大秦（罗马帝国）等国的经济文化联系和友好往来，都有很大的发展。长江文化通过中外经济文化交流的途径，对海外的影响也与日俱增。

### 一、与南海诸国关系的发展

孙吴时期朱应、康泰出使扶南，这是中外交通史上的一件大事。从其作用来说，可以与西汉时期张骞通西域相媲美。他们的出使活动对海上丝绸之路的发展作出了重大贡献。

东汉末年，士燮为交州太守，"每遣使诣（孙）权，致杂香细葛，辄以千数，明珠、大贝、流离、翡翠、玳瑁、犀、象之珍，奇物异果，蕉、椰、龙眼之属，无岁不至。（其弟士）壹时贡马

① 〔南朝梁〕宗懔原著、谭麟译注：《荆楚岁时记译注》，湖北人民出版社 1999 年版，第 97 页。

凡数百匹。权辄为书，厚加宠赐，以答慰之”①。

吴黄武五年(226年)，士燮去世后，交州发生叛乱。东吴将领广陵海陵(今江苏泰州)人吕岱平定交州，“复进讨九真……又遣从事南宣国化，暨徼外扶南、林邑、堂明诸王，各遣使奉贡。权嘉其功，进拜镇南将军”②。吕岱从黄武五年至黄龙三年(226—231)任交州刺史，宣化从事朱应、中郎康泰奉命出使扶南等国。朱应大约出身于朱、张、顾、陆之族，而康泰当是流寓交广的康居人。中郎的地位次于从事。史称“其所经及传闻则有百数十国，因立记传”③，详细记述了他们在海外的见闻，促进了中外的友好往来。

扶南国在今柬埔寨境内，史称其地理位置“在日南郡之南，海西大湾中，去日南可七千里，在林邑(今越南中南部)西南三千余里。城去海五百里。有大江(今湄公河)广十里，西北流，东入于海。其国轮广三千余里，土地洿下而平博，气候风俗大较与林邑同。出金、银、铜、锡、沉香木、象牙、孔翠、五色鹦鹉”④。

我国史书记载了扶南国的开国传说，说：“扶南国俗本裸体，文身被发，不制衣裳。以女人为王，号曰柳叶。年少壮健，有似男子。”⑤其南“有摸趺国人，字混慎(一作填)……夜梦人赐神弓一张”，搭乘大船入海，到了扶南，柳叶想要掠他的财物，混慎张弓射其大船，穿度一面，矢及侍者，柳叶惧伏⑥，混慎娶以为妻，在扶南称王，“恶其裸露形体，乃叠布贯其首，遂治其国，子孙相传”⑦按：摸趺国，又作“横趺国”。康泰《扶南土俗》说：“横趺国在优钹之东南”，又说：“优钹国，在天竺之东南可五千里。”⑧可知摸趺国大概在今孟加拉国境内或缅甸的西北部靠孟加拉湾一带。扶南当是古代印度东海岸一带的移民与扶南土著共同创建的国家。

康泰还记载扶南国的“鳄鱼，大者长二三丈，有四足，似守宫，常吞食人。扶南王范寻敕捕取置沟堑中，寻有所忿者，缚以食鳄。若罪当死，鳄便食之；如其不食，便解放以为无罪”⑨。这种以鳄鱼断讼的风俗，在南朝宋刘敬叔《异苑》中亦有记载，只不过“鳄鱼”之外

① 《三国志》卷四九《吴书·士燮传》，第1193页。

② 《三国志》卷六〇《吴书·吕岱传》，第1385页。

③ 《梁书》卷五四《诸夷·海南诸国传·序》，第783页。按：朱应著《扶南异物志》(又作《扶南以南记》)，康泰著《扶南传》(亦作《吴时外国传》《扶南土俗》)，吴丹阳太守万震著《南州异物志》，原书久已散失，但其主要史料已为正史所吸收，并散见于丛书及类书中。

④ 《梁书》卷五四《诸夷·扶南国传》，第787页。

⑤ 《梁书》卷五四《诸夷·扶南国传》，第788页。

⑥ 《太平御览》卷三四七《兵部七八·弓》引《吴时外国传》，第1599页。

⑦ 《南齐书》卷五八《东南夷传》，第1014页。

⑧ 《太平御览》卷七八七《四夷部八·横趺国、优钹国》引《扶南土俗》，第3485页。

⑨ 《太平御览》卷九三八《鳞介部一〇·鳄鱼》引《吴时外国传》，第4186页。

又增加了“虎”①，与中国古代的“獬豸决讼”十分相似②。

吴赤乌六年（243 年），“扶南王范旃遣使献乐人及方物”③。两晋南朝时期，扶南国王先后 20 多次派遣使节来洛阳与建康访问。扶南赠送东晋、南朝的方物有象牙佛像、珊瑚佛像、犀牛、驯象、火齐珠、玳瑁盘、琉璃器、郁金、苏合香、婆罗树叶、古贝等，东晋南朝政府也回赠以珍贵的丝织品。扶南高僧伽婆罗、曼陀罗等曾到梁朝来传译经论。梁大同五年（539 年），沙门释云宝曾奉诏随使去扶南迎“佛发”④。这种友好往来，加强了彼此的经济文化交流。

扶南国国势很强，控制了马来半岛，它的属国都昆、句稚、典逊（又作典孙、顿逊），都是半岛上的国家。康泰《吴时外国传》说：“流黄香出都昆国，在扶南南三千余里。”又说：“都昆在扶南，山有霍香。”万震《南州异物志》说：“霍香生曲（典）孙国，属扶风（南），香形如都梁，可以着衣服中。”⑤又说：“句雅去典游（逊）八百里。”⑥《梁书·扶南国传》云：“顿逊国在海崎上，地方千里，城去海十里。有五王，并羁属扶南。顿逊之东界通交州，其西界接天竺、安息徼外诸国，往还交币……其市，东西交会，日有万余人。珍物宝货，无所不有。”可见这些地方既是香料的产地，又是重要的商业贸易基地。我国自西汉张骞通西域以来，香料主要由陆路从西域及印度输入。自东吴朱应、康泰出使以后，中国南部和南洋的交往日益频繁，海南诸国及印度所产的香料便由海道输入，其数量也逐渐增多。

林邑国，“本汉日南郡象林县（今越南维川县南茶轿）……其地纵广可六百里，城去海百二十里，去日南界四百余里，北接九德郡。”著名物产有玳瑁、贝齿、吉贝、沉香木。“吉贝者，树名也。其华成时如鹅毳，抽其绪纺之作布，洁白与纻布不殊，亦染成五色，织为斑布也。”⑦可见该国人民很早就掌握了棉花与棉布的生产技术。其国风俗，“居处为阁，名曰干阑，门户皆北向；书树叶为纸，男女皆以横幅吉贝绕腰以下，谓之干漫，亦曰都缦；穿耳贯小环；贵者著革屣，贱者跣行”。佛教在该国极为流行，“其王著法服，加璎珞，如佛像之饰。出则乘象，吹螺击鼓，罩吉贝伞，以吉贝为幡旗。国不设刑法，有罪者使象踏杀之。其大姓号婆罗门。嫁娶必用八月，女先求男，由贱男而贵女也。同姓还相婚姻，使婆罗门

① 〔南朝宋〕刘敬叔《异苑》卷三：“扶南王范寻常畜虎五六头及鳄鱼十头。若有讼，未知曲直，便投与鱼、虎。鱼、虎不食，则为有理。”《汉魏六朝笔记小说大观》，上海古籍出版社 1999 年版，第 611 页。

② 王展岳：《神判法与“獬豸”决讼——漫谈法的起源》，《文史知识》编辑部编：《古代礼制风俗漫谈》（二集），中华书局 1986 年版，第 13—18 页。下同，略。按：神判法在印度的《摩奴法典》中也能找到渊源。

③ 《三国志》卷四七《吴书·吴主传》，第 1145 页。

④ 《梁书》卷五四《诸夷·扶南国传》，第 790 页。

⑤ 《太平御览》卷九八二《香部二·流黄、霍香》引《吴时外国传》《南州异物志》，第 4347—4348 页。

⑥ 《太平御览》卷七九〇《四夷部一一·句稚国》引《南州异物志》，第 3501 页。

⑦ 《梁书》卷五四《诸夷·林邑国传》，第 784 页。

引婿见妇，握手相付，呪曰‘吉利吉利’，以为成礼。死者焚之中野，谓之火葬。其寡妇孤居，散发至老。国王事尼乾道，铸金银人像，大十围”①。其金银冶铸技术及造像艺术水平已达到了一定高度。

孙吴时期，林邑即与我国“通使”②。两晋南朝时期，林邑国先后20多次派遣使节到洛阳与建康访问，并赠送金银器、香料、棉布等方物。东晋南朝也回赠了很多珍贵礼品，促进了双方经济文化交流。特别是甘蔗制糖技术与木棉布传入珠江和长江流域后，对我国人民的生活产生了深远的影响。同时，中国的儒学及各种节日风俗也传入林邑。林邑国士人很多习汉文，对中国的了解也日益加深。

金邻国在扶南之西，以靠近金邻大湾得名。《异物志》说：“金邻一名金陈，去扶南可二千余里，地出银，人民多，好猎大象。出则乘骑，死则取其牙齿。”③《扶南传》说：“金陈国入四月便雨，六月乃止，少有晴日；六月不雨常晴，岁岁如此。”④金邻大湾即暹罗湾。金邻国地望当在今泰国西南部及下缅甸一带。

林阳国在金邻以西。康泰《扶南士俗》说：“扶南之西南有林阳国，去扶南七千里，土地奉佛，有数千沙门持戒，六斋日鱼肉不得入国。一日再市，朝市诸杂米、甘果石密(蜜)；暮中(市)但货香花。”⑤《南州异物志》说：“林阳在扶南西七千余里，地皆平博，民十万余家，男女行仁善，皆侍佛。”⑥可见林阳国是一个佛教国家。人口10万余家，以五口之家计，约50万人，其地理位置当在今缅甸境内。

奴后国在林阳国以西。《外国传》说：“从林阳西去二千里，奴后国，可二万余户，与永昌接界。”⑦按：永昌郡治不韦，在今云南保山东北，辖境相当今云南大理白族自治州及哀牢山以西地区，是东汉至东晋时对外通商要地。奴后国既与永昌接界，其地望当在今缅甸境内。

狼牙修国，在今马来半岛北部。史称其“在南海中，其界东西三十日行，南北二十日行，去广州二万四千里。土气物产，与扶南略同，偏多馢沉婆律香等。其俗男女皆袒而披发，以古贝为干漫。其王及贵臣乃加云霞布覆胛，以金绳为络带，金环贯耳。女子则被

① 《梁书》卷五四《诸夷·林邑国传》，第786页。

② 〔唐〕杜佑《通典》卷一八八《边防四·林邑》云：“吴时通使。”按：《晋书》卷九七《林邑国传》云：“自孙权以来，不朝中国。”与《三国志》卷六〇《吴书·吕岱传》所载不合。

③ 《太平御览》卷七九〇《四夷部一一·金邻国》引《异物志》，第3502页。

④ 《太平御览》卷一一《天部一一·霁》引《扶南日南传》，第57页。

⑤ 《太平御览》卷七八七《四夷部八·林阳国》引《扶南土俗》，第3485页。

⑥ 《太平御览)卷七八七《四夷部八·林阳国》引《南州异物志》，第3485页。

⑦ 《太平御览》卷七九〇《四夷部一一·奴后国》引《外国传》，第3502页。

布，以璎珞绕身。其国累砖为城，重门楼阁。王出乘象，有幡旄旗鼓，罩白盖，兵卫甚设”①。可见该国气候炎热，盛产香料、棉花及大象。梁天监十四年(515 年)，狼牙修国王曾派遣使者阿撒多来建康奉表访问。普通四年(523 年)、中大通三年(531 年)，又派使节到建康访问，并献方物，加强了双方的经济文化交流。

歌营国，在今马来半岛南端。《南州异物志》说：“歌营在句稚南，可一月行到。其南大湾中，有洲名蒲类，上有居人，皆黑如漆，齿正白，眼赤，男女皆裸形。”②北魏杨衒之《洛阳伽蓝记》卷四永明寺条说：“南中有歌营国，去京师甚远，风土隔绝，世不与中国交通，虽二汉及魏，亦未曾至也。今始有沙门菩提拔陁至焉。自云：‘北行一月，至句稚国；行十一日，至典孙国；从典孙国北行三十日，至扶南国。方五千里，南夷之国，最为强大。民户殷多，出明珠金玉及水精珍异，饶槟榔。从扶南国北行一月，至林邑国。出林邑，入萧衍国。’拔陁至扬州岁余，随扬州比丘法融来至京师。京师沙门问其南方风俗，拔陁云：‘古有奴调国，乘四轮马为车。斯调国出火浣布，以树皮为之，其树入火不燃。凡南方诸国，皆因城郭而居，多饶珍丽，民俗淳善，质直好义，亦与西域、大秦、安息、身毒诸国交通往来。或三方四方，浮浪乘风，百日便至。率奉佛教，好生恶杀。’”可见歌营国在孙吴时期即与我国有所交往。梁朝时沙门菩提拔陁，经长途跋涉来到中国，先在长江流域活动了一年多，然后再到达黄河流域。

奴调国，又名姑奴国，《南州异物志》说：“姑奴去歌营可八千里，民人万余户，皆乘四辕车，驾二马或四马，四会所集也。舶船常有百余艘，市会万余人，昼作夜市，船皆鸣鼓吹角，人民衣被中国。”③说明这个国家离歌营很远，也是海上贸易的要地，早在孙吴时已与中国交往。其地理位置“似乎不易确定”，但很可能就是宋赵汝适著《诸蕃志》中所说“三佛齐国的前身”④，当今在印尼苏门答腊岛上。

斯调国，康泰《吴时外国传》、万震《南州异物志》及东汉扬孚所著《异物志》中亦有记载。《吴时外国传》说：“斯调王作白珠交结帐，金床上天竺佛精舍，天竺王见珠圆好，意欲留焉。臣下谏乃止。”⑤《扶南传》说：“斯调国有青石染毡、绛染毡也。”⑥可见斯调国盛产

---

① 《梁书》卷五四《诸夷·狼牙修国传》，第 795 页。按：笺香质量略次于沉香。沉木砍断后，积以岁年，朽烂而心节独在，置水中则沉，故名曰沉香。次不沉不浮者，曰笺香。古贝，乃吉贝之讹。木棉本名“吉贝”，佛经中称为“拘遮罗劫贝”“劫波育”“迦波罗”等，传入中土后，“拘、劫、迦音转为吉”。见俞正燮《癸巳类稿》卷七《吉贝木棉字义》及卷一四《木棉考》。

② 《太平御览》卷七九〇《四夷部一一·歌营国》引《南州异物志》(又作《南方异物志》)，第 3501 页。

③ 《太平御览》卷七九〇《四夷部一一·姑奴国》引《南州异物志》，第 3501 页。

④ 陈连庆：《孙吴时期朱应、康泰的扶南之行》，载《东北师大学报》1986 年第 4 期。

⑤ 《太平御览》卷六九九《服用部一·帐》引《吴时外国传》，第 3120 页。

⑥ 《太平御览》卷七〇八《服用部一〇·毡》引《(扶)南传》，第 3156 页。按：原文作“调斯国”，乃倒文，径改。

珍珠和各色染毡。《南州异物志》说："斯调，海中洲名也，在歌营东南可三千里，上有王国，城市街巷，土地沃美。"又说："斯调国，又有中洲焉，春夏生火，秋冬死。有木生于火中，秋冬枯死，以皮为布。"①《异物志》说："斯调国有火州，在南海中。其上有野火，春夏自生，秋冬自死。有木生于其中而不消也，枝皮更活，秋冬火死则皆枯瘁。其俗常冬采其皮以为布，色小青黑；若尘垢污之，便投火中，则更鲜明也。"②可见斯调国在歌营国东南海岛上，岛上产火浣布。既然歌营国在今马来半岛南端，则斯调国当在今印尼爪哇岛上。火浣布，即石棉布，在东汉时已传入我国。史载："汉桓帝时，大将军梁冀以火浣布为单衣，常大会宾客，冀阳争酒，失杯而污之。伪怒，解衣曰："烧之。'布得火，炜晔赫然，如烧凡布，垢尽火灭，粲然洁白，若用灰水焉。"③

婆皇国，又称蒲黄国，在今马来半岛上的彭亨。南朝刘宋期间，曾七次派使节来建康访问，并赠礼物。其中元嘉二十六年(449年)，"蒲黄国献牛黄等物，又献郁金香等物"④。

丹丹国，在今马来半岛南部的吉兰丹。梁、陈时期曾六次派使节来建康访问，并献火齐珠、吉贝、杂香药、金银、琉璃、杂宝等物。该国敬重佛法，中大通二年(530年)，其王曾遣使"奉送牙像及塔各二躯"⑤，作为给梁武帝的礼物。

盘盘国，在"南海大洲中．北与林邑隔小海，自交州船行四十日，至其国。"⑥其地当在今马来西亚的加里曼丹北部。史载该国"百姓多缘水而居，国无城，皆竖木为栅。王坐金龙床，每坐，诸大人皆两手交抱肩而跪。及其国多有婆罗门，自天竺来，就王乞财物，王甚重之"⑦。佛教在该国极为流行，"僧尼读佛经，皆食肉而饮酒"⑧。盘盘国在南朝刘宋及梁、陈时期，曾十次派遣使节来建康访问，并赠沉香、檀香、詹糖、菩提树叶等方物，还赠送过菩提国真舍利、牙像及塔。

诃罗单国，"治阇婆洲(今爪哇岛)，元嘉七年(430年)，遣使献金刚指环、赤鹦鹉鸟、天竺国白叠古贝、叶波国古贝等物"。元嘉十年(433年)，诃罗单国王毗沙跋摩奉表，称宋文帝刘义隆为"常胜天子陛下"。元嘉十三年(436年)上表，则称宋文帝为"大吉天子足下"。元嘉二十六年(449年)，宋文帝下诏，说："诃罗单、婆皇、婆达三国，频越遐海，款化纳贡，

① 《太平御览》卷七八七《四夷部八·斯调国》引《南州异物志》，第3485页。
② 《三国志》卷四《魏书·齐王芳纪》注引《异物志》，第118页。
③ 《三国志》卷四《魏书·齐王芳纪》注引《傅子》，第118页。
④ 《太平御览》卷七八七《四夷部八·蒲黄国》引《宋元嘉起居注》，第3487页。
⑤ 《梁书》卷五四《诸夷·丹丹国传》，第794页。
⑥ 《太平御览》卷七八七《四夷部八·盘盘国》引《梁书》，第3487页。
⑦ 《太平御览》卷七八七《四夷部八·盘盘国》引《梁书》，第3487页。
⑧ 《太平御览》卷七八七《四夷部八·盘盘国》引《梁书》，第3488页。

远诚宜甄，可并加除授。”元嘉二十九年（452 年），诃罗单国“又遣长史媻和沙弥献方物”。① 诃罗单国四次遣使到建康，加强了双方的经济文化交流。按：诃罗单国在三国东吴时，称为“诸薄国”，“诸薄”就是“阇婆”的异译，《吴时外国传》说：“诸薄国女子织作白叠花布。”②棉布逐渐传入我国，丰富了我国人民的生活。康泰《扶南土俗》说：“诸薄之西北，有耽兰之洲，出铁。”③万震《南州异物志》说：“鸡舌（香）出在苏门，云是草花，可含香口。”④这个“苏门”与“耽兰”相合，便是“苏门耽兰”，今译苏门答腊。《扶南土俗》还说：“诸薄之东有马五洲，出鸡舌香，树木多叶少实。”⑤马五洲，即今之巴厘岛。这些记载都有力地证明了三国孙吴时期，我国已与印尼诸岛发生了联系与交往。

婆利国，在今印尼巴厘岛。早在刘宋元徽元年（473 年），就“遣使献方物”⑥。《梁书·诸夷传》说它“自古未通中国”，是不对的。梁天监十六年（517 年），该国又遣使奉表，并“献金席”。普通三年（522 年），“其王频伽复遣使珠贝智贡白鹦鹉、青虫、兜鍪、琉璃器、古贝、螺杯、杂香、药等数十种”⑦。往来日益密切。

干陁利国，又称耶婆提国，在今印尼苏门答腊岛上的巨港。东晋高僧法显，从师子国搭船回国，泛海 90 天，到达耶婆提国，曾在该国居住五个月之久。史载“其俗与林邑、扶南略同。出班布、古贝、槟榔。槟榔特精好，为诸国之极。”刘宋孝武帝时，其王“释婆罗那怜陁遣长史竺留陁献金银宝器”⑧。梁、陈时期，该国又多次遣使到建康访问，并赠送金银宝器、玉盘、金芙蓉、杂香药等珍贵礼物，南朝皇帝也回赠了不少礼物，从而加强了彼此间的经济文化交流。

## 二、与天竺、师子国的文化交流

天竺指今日的印度和尼泊尔。师子国即今日的斯里兰卡。天竺又有中天竺、东天竺、西天竺、南天竺、北天竺之分。

孙吴时期，朱应、康泰出使扶南，当时扶南王范旃派往天竺的使节刚回国，同时天竺国也有使臣到扶南。朱应、康泰见到他们，“具问天竺土俗”，从而了解到天竺乃“佛道所兴国也。人民敦厖，土地饶沃。其王号茂论。所都城郭，水泉分流，绕于渠壍，下注大江

① 《宋书》卷九七《夷蛮·诃罗单国传》，第 2381—2382 页。
② 《太平御览》卷八二〇《布帛部七·白叠》引《吴时外国传》，第 3652 页。
③ 《太平御览》卷七八七《四夷部八·耽兰洲》引《扶南土俗》，第 3485 页。
④ 《太平御览》卷九八一《香部一·鸡舌》引《南州异物志》，第 4346 页。
⑤ 《太平御览》卷七八七《四夷部八·马五洲》引《扶南土俗》，第 3485 页。
⑥ 《宋书》卷九《后废帝纪》，第 179 页。
⑦ 《梁书》卷五四《诸夷·婆利国传》，第 796—797 页。
⑧ 《梁书》卷五四《诸夷·干陁利国传》，第 794 页。

（今恒河）。其宫殿皆雕文镂刻，街曲市里，屋舍楼观，钟鼓音乐，服饰香华，水陆通流，百贾交会，奇玩珍玮，恣心所欲。左右嘉维、舍卫、叶波等十六大国，去天竺或二三千里，共尊奉之，以为在天地之中也”①。朱应、康泰听到的是中天竺摩揭陀王国的情况。

东晋时期，法显西行取经到达天竺时，正是中天竺的笈多王朝的全盛时期。法显到达其都城华氏城，在那里居住了三年之久。法显在他著的《佛国记》中，盛赞该国“寒暑调和，无霜雪”“民人富盛”“人民殷乐，无户籍、官法。唯耕王地者，乃输地利。欲去便去，欲往便往。”又说该国“王治不用刑网，有罪者但罚其钱，随事轻重。虽复谋为恶道，不过截右手而已。王之侍卫左右，皆有供禄”。又有一名贱民，“名为恶人，与人别居，若入城市，击木以自异。”“诸国王、长者、居士，为众僧起精舍，供养田宅，园圃、民户、牛犊，铁券书录，后王相传，无敢废者”。法显对中天竺社会风俗的记载，对我国人民了解古代印度的情况有重要价值。

南朝时期，中天竺笈多王朝，与我国有着许多友好往来。史载“天竺迦毗黎国，元嘉五年（428年），国王月爱遣使奉表”，到达建康。表文称：“伏闻彼国，据江傍海，山川周固，众妙悉备，庄严清静，犹如化城，宫殿庄严，街巷平坦，人民充满，欢娱安乐。”又说：“臣之所住，名迦毗河，东际于海，其城四边，悉紫绀石，首罗天护，令国安隐。国王相承，未尝断绝，国中人民，率皆修善，诸国来集，共遵道法，诸寺舍子，皆七宝形象，众妙供具，如先王法。”这次赠送的礼物有“金刚指环、摩勒金环诸宝物，赤白鹦鹉各一头”②。宋明帝泰始二年（466年），笈多王朝又派遣使节来建康访问，并馈赠礼物。梁武帝天监二年（503年），“其王屈多（即笈多王）遣长史竺罗达奉表”到达建康，并“奉献琉璃唾壶、杂香、古贝等物”③。梁太清二年（548年）天竺沙门真谛（拘那罗陀）至建康译经，共译经论记传64部278卷。他曾辗转游历今苏、浙、赣、闽等地，陈太建元年（569年）卒于广州④。陈宣帝太建三年（571年），又有天竺使节到达建康。太建六年（574年），陈沙门智周等十一人往西方求经⑤。

笈多王朝被南朝称为中天竺，被北朝称为南天竺，它与北魏也有频繁的友好往来。北天竺的尼婆罗国，即今尼泊尔，东晋法显取经曾到过此。东天竺的“盘越国，一名汉越王，在天竺东南数千里（今孟加拉国境内），与益部相近，其人小与中国人等，蜀人贾似至

① 《梁书》卷五四《诸夷·中天竺国传》，第798页。

② 《宋书》卷九七《夷蛮·天竺迦毗黎国传》，第2385页。

③ 《梁书》卷五四《诸夷·中天竺国传》，第799页。

④ 〔唐〕道宣：《续高僧传》卷一《陈南海郡天竺沙门拘那罗陀传》，《高僧传合集》，第109—110页。

⑤ 《佛祖统纪》卷三七，见刘汝霖：《东晋南北朝学术编年》，中华书局1987年版，第474页。下同，略。

焉”①。说明长江上游蜀地商人，在三国时期就到过东天竺经商。

印度佛教文化对长江文化有所影响。三国时期，吴国境内僧人支谦曾依《无量寿经》和《中本起经》制成《赞菩萨连句梵呗》三卷。梵呗乃佛教音乐。《高僧传》卷一三论曰："天竺方俗，凡是歌咏法言，皆称为呗。至于此土，咏经则称为崿读，歌赞则号为梵音。昔诸天赞呗，皆以韵入管弦。五众既与俗违，故宜以声曲为妙……居士支谦亦传梵呗三契，皆湮没不存。世有共议一章。恶或谦之余则也。唯康僧会所造《泥洹梵呗》，于今尚传。"东晋南朝时期，佛教音乐得以弘扬。萧子良"招致名僧，讲论佛法，造经呗新声"②。萧衍精通音律，曾亲自创作《善哉》《大乐》《大欢》《天道》《仙道》《神王》《龙王》《灭过恶》《除爱水》《断苦轮》等10篇"名为正乐，皆述佛法"的梵呗新声③。印度佛教的绘画、雕塑及文学的影响也并不亚于音乐。南朝宋刘义庆《宣验记》中鹦鹉灭火的故事，来源于佛经《旧杂譬喻经》。梁吴均《续齐谐记》中阳羡书生的故事，也出自《旧杂譬喻经》。而最早把这部佛经翻译、介绍到长江流域来的，便是东吴境内的僧人康僧会。

师子国，"天竺旁国也。其地和适，无冬夏之异。五谷随人所种，不须时节。其国旧无人民，止有鬼神及龙居之。诸国商估来共市易，鬼神不见其形，但出珍宝，显其所堪价，商人依价取之。诸国人闻其土乐，因此竞至，或有停住者，遂成大国"④。中国史书中所载这段师子国的开国传说，虽得自传闻，但锡兰岛地处印度洋海上交通要冲，其居民不少来自移民，却是确乎可信的，由于该国人民能驯养狮子，所以中国史书将它称为师子国。

师子国与我国的交往，始于东晋时期。法显西行取经，曾到师子国。有一天，"忽于玉像前，见商人以晋地一白团绢扇供养，不觉凄然下泪"⑤。可见中国的白绢扇已作为珍贵商品，经商人之手运销到师子国。法显在师子国停留两年后，乘商人大舶东返，遇风暴，漂流200日，于义熙八年（412年）抵青州长广郡。次年抵达建康译经。法显自陆路去印度，经师子国，取海道返回，说明当时中西海陆交通还是畅通的。

东晋义熙元年（405年），师子国遣使至江南赠送玉像，"像高四尺二寸，玉色洁润，形制殊特，殆非人工。此像历晋、宋世在瓦官寺，寺先有征士戴安道（逵）手制佛像五躯，及顾长康（恺之）维摩画图，世人谓为三绝"⑥。

---

① 《三国志》卷三〇《魏书·乌丸鲜卑东夷传》注引《魏略·西戎传》，第865页。
② 《南齐书》卷四〇《萧子良传》，第698页。
③ 《隋书》卷一三《音乐志上》，第305页。
④ 《梁书》卷五四《诸夷·师子国传》，第800页。
⑤ 〔梁〕释慧皎：《高僧传》卷三《释法显传》，第89页。
⑥ 《梁书》卷五四《诸夷·师子国传》，第800页。

宋文帝元嘉五年(428 年),师子国王刹利摩诃南又遣使至建康献象牙佛像。元嘉七年(430 年),"师子国遣使献方物."十二年(435 年),又复"遣使献方物"①。双方关系日益密切,表文中说:"谨白大宋明主,虽山海殊隔,而音信时通。"②。梁武帝大通元年(527 年),师子国后王伽叶伽罗诃梨邪又遣使到达建康,馈赠方物,在当时的航海条件下,从师子国到中国,往往"或泛海三年,陆行千日"③,是异常艰辛的。但该国使节不畏险阻,长途跋涉,来到长江边上的建康。这种友好的精神与珍贵的友谊,是永远值得我们纪念的。

### 三、与波斯、大秦及西亚诸国的文化交流

波斯与我国的经济文化交流是极其频繁的。梁武帝中大通二年(530 年),波斯国"遣使献佛牙"④。中大通五年(533 年)和大同元年(535 年),又遣使朝贡,到达建康。波斯国王的使节,估计是取海道,经过波斯湾,然后再航海东来,到达我国江南的。

我国考古工作者于 1960 年在广东英德的南齐墓中,曾获得 3 枚波斯萨珊朝卑路斯银币⑤。1973 年,又在广东曲江南华寺的南朝墓中,获得了 9 枚被剪过的萨珊银币⑥。这两批 12 枚萨珊银币,都是当时中国南部与波斯湾之间海路通航的实物证据。在南京东晋墓中出土的直筒形刻纹玻璃杯和嵌有金刚石的金指环等器物⑦,可能也是沿这条航线输入中国的。从考古材料可知,《南史》所记"梁中大通二年,始通江左"是不确切的。《梁书·波斯国传》,就没有"始通江左"这四个字,说明波斯与中国江南的民间交往,当在东晋时就早已进行。

据《梁书》记载,波斯国的都城"周回三十二里。城高四丈,皆有楼观。城内屋宇数百千间,城外佛寺二三百所……国中有优钵昙花,鲜华可爱。出龙驹马。碱池生珊瑚树,长一二尺。亦有琥珀、马脑、真珠、玫珂等,国内不以为珍。市买用金银。婚姻法:下聘讫,女婿将数十人迎妇,婿著金线锦袍,师子锦袴,戴天冠,妇亦如之。妇兄弟便来捉手付度,夫妇之礼,于兹永毕"⑧。由于波斯地处海陆丝绸之路的交通要道,为了发展丝绸贸易,它不断派使节来中国,与南朝、北朝的关系都很密切。

---

① 《宋书》卷五《文帝纪》,第 79、83 页。

② 《宋书》卷九七《夷蛮·师子国传》,第 2384 页。

③ 《梁书》卷五四《诸夷·师子国传》,第 800 页。

④ 《梁书》卷五四《诸夷·波斯国传》,第 815 页。

⑤ 广东省文物管理委员会、华南师范学院历史系:《广东英德、连阳南齐和隋唐古墓的发掘》,载《考古》1961 年第 3 期。

⑥ 《综述中国出土的波斯萨珊朝银币》,载《考古学报》1974 年第 1 期。

⑦ 南京市博物馆:《南京象山 5 号、6 号、7 号墓清理简报》。载《文物》1972 年第 11 期。

⑧ 《梁书》卷五四《诸夷·波斯国传》,第 815 页。

波斯国东与滑国（即嚈哒）相接。滑国乃“车师之别种”，在南北朝时强大起来，它东至塔里木盆地，西接波斯，南含北天竺，北接高车，为当时陆上丝绸之路必经之地。史载梁“天监十五年（516 年），其王厌带夷栗陁姑遣使献方物。普通元年（520 年），又遣使献黄狮子、白貂裘、波斯锦等物。七年（526 年），又奉表贡献……其言语待河南人译然后通”①。

河南人乃指河南国人，即吐谷浑人。“其先出自鲜卑慕容氏。初，慕容奕洛干有二子，庶长曰吐谷浑，嫡曰廆。洛干卒，廆嗣位，吐谷浑避之西徙。廆追留之，而牛马皆西走，不肯还，因遂西上陇，度枹罕，出凉州西南，至赤水而居之。其他则张掖之南，陇西之西，在河（黄河）之南，故以为号。”吐谷浑在梁“天监十三年（514 年），遣使献金装马脑钟二口，又表于益州立九层佛寺”，得到梁武帝的同意。“十五年（516 年）又遣使献赤舞龙驹及方物。其使或岁再三至，或再岁一至。其地与益州邻，常通商贾，民慕其利，多往从之，教其书记，为之辞译”②。

波斯（萨珊王朝）与滑国（嚈哒）使节及商人东来，都要经过新疆，然后回避河西走廊，取道柴达木盆地，以出四川。吐谷浑人便充当他们的翻译与向导。出四川后，再沿江而下，经过荆州，东赴建康。南朝商人也通过这条路，由东向西，前往西域。当时长江流域的中西贸易，大率始于益州，止于扬州。成都、江陵、豫章、建康便成为旅途必经之地。史载梁武陵王萧纪“在蜀十七年，南开宁州，越巂，西通资陵、吐谷浑。内修耕桑盐铁之功，外通商贾远方之利，故能殖其财用，器甲殷积”③。西域商人何妥，“父细脚胡，通商入蜀，遂家郫县。事梁武陵王纪，主知金帛，因致巨富，号为西州大贾”④。梁元帝萧绎“善画……任荆州刺史日，画《蕃客入朝图》，帝（萧衍）极称善。又画《职贡图》并序，盖外国来献之事”⑤。在序中他说：“臣以不佞，推毂上游，夷歌成章，胡人遥集，款关厥角，沿溯荆门，瞻其容貌，诉其风俗，如有来朝京辇，不涉汉南，另加访采，以广见闻。”⑥《职贡图》记载的使节达 30 余国，它是《梁书·诸夷传》的蓝本。梁、陈时期，在长江流域从事商业活动的西域胡商很多，如释道仙，“本康居国人，以游贾为业。梁周之际，往来吴蜀，江海上下，集积珠宝，故其所获赀货，乃满两船。时或计者云，直钱数十万贯”⑦。陈朝僧人释智凯，

---

① 《梁书》卷五四《诸夷·滑国传》，第 812 页。

② 《梁书》卷五四《诸夷·河南王传》，第 810 页。

③ 《南史》卷五三《武陵王纪传》，第 1332 页。

④ 《北史》卷八二《儒林下·何妥传》，中华书局 1974 年版，第 2753 页。下同，略。

⑤ 《太平御览》卷七五一《工艺部八·画下》引《历代名画记》，第 3334 页。

⑥ 金维诺：《职贡图的时代与作者》，载《文物》1960 年第 7 期；陈连庆：《辑本梁元帝〈职贡图〉序》，载《古籍整理研究学刊》1987 年第 3 期。

⑦ 〔唐〕道宣：《续高僧传》卷二六《释道仙传》，《高僧传合集》，第 327 页。

"姓安，江表扬都（即建康）人，家世大富，奴仆甚多"①。他是安国胡商的后裔，其父辈在梁朝时来华。南朝后期，西域人华化的情况很显著。梁朝将领康绚，曾主持修筑浮山堰，其祖先便出自康居。

萧绎《职贡图》（局部）

萧绎《职贡图》（局部）

萧绎《职贡图》（局部）

① 〔唐〕道宣：《续高僧传》卷三一《释智凯传》，《高僧传合集》，第 379 页。

随着海陆丝绸之路的沟通，我国养蚕和丝织技术经由西域传入波斯。波斯的织锦技术在我国原有丝织技术的基础上，又有新的发展。与此同时，波斯的战马、铠甲及石刻雕塑艺术也传入我国长江流域。南朝时，不仅将士身披铠甲，而且战马也披铠甲。如 1965 年在江苏丹阳胡桥南朝大墓出土的“骑马武士”壁画，绘一武士披甲，背弓、佩剑。头戴前低后高的帻。这个武士正骑在一匹披甲的马上，表明铠甲装备已普遍使用。墓前的一对石刻神兽，雕刻非常精美。东首一只，头双角，雌性。西首一只，头独角，雄性。它们均披鳞毛，昂首张牙，气势威武。这种被称为天禄辟邪的石刻艺术，是从波斯传入，并融合了中国雕刻的特点，专作陵墓前的装饰。它们造型匀称，气魄雄伟，线条生动，振翅欲飞①。这种有翼雕像，在六朝陵墓前很普遍，其中以南京宋刘裕陵前的石麒麟、丹阳梁萧衍陵前的石麒麟和南京梁萧秀墓前的石狮最为有名。

大秦，即罗马帝国。中国史书记载它“在安息、条支西大海（即里海和地中海）之西”，“故俗谓之海西”②。又载：“孙权黄武五年（226 年），有大秦贾人字秦论来到交趾，交趾太守吴邈遣送诣权，权问方土谣俗，论具以事对。时诸葛恪讨丹阳，获黝、歙短人，论见之曰：‘大秦希见此人。’权以男女各十人，差吏会稽刘咸送论，咸于道物故，论乃径还本国。”③这是大秦商人来到我国长江流域的吴都建业的最早记录。秦论便是第一个在中国正史中留下姓名的大秦人。但是，这件事首见于《梁书》，在《三国志》中反而没有记录。按：“诸葛恪为丹阳太守，讨山越”，在嘉禾三年（234 年）八月；“平山越事毕，北屯庐江”④，在嘉禾六年（237 年）十月。那么，黄武五年有可能是嘉禾五年（236 年）之误。不过，原交趾太守士燮卒于黄武五年，孙吴政权即于此年派兵进驻交趾，秦论此时东来也算恰逢其会。如果是在黄武五年，则“黝、歙短人”事就可能是误传。

西晋太康二年（281 年）“安南将军广州牧滕侯作镇南方，余时承乏，忝备下僚。俄而大秦国献琛，来经于州，众宝既丽，火布犹奇”⑤。这次大秦使者是从海路来，在广州登陆。滕侯即滕修，仕吴为广州牧，入晋仍为原官，卒于太康九年（288 年），《晋书》卷五七有传。火布即火浣布，是石棉制品，不怕火烧。

玻璃，又称流离、琉璃、颇黎。《魏略·西戎传》载：大秦出“赤、白、黑、绿、黄、青、绀、缥、红、紫十种流离”⑥。《吴历》说：“黄武四年（225 年），扶南诸外国来献琉璃。”⑦晋王嘉

① 南京博物馆：《江苏丹阳胡桥南朝大墓及砖刻壁画》，载《文物》1974 年第 2 期。
② 《三国志》卷三〇《乌丸鲜卑东夷传》注引《魏略·西戎传》，第 865 页。
③ 《梁书》卷五四《诸夷·中天竺国传》，第 798 页。
④ 《三国志》卷四七《吴书·吴主传》，第 1142 页。
⑤ 《艺文类聚》卷八五《布帛部·布》引《奇布赋序》，第 1463 页。
⑥ 《三国志》卷三〇《乌丸鲜卑东夷传》注引，第 865 页。
⑦ 《艺文类聚》卷八四《宝玉部·瑠璃》引，第 1441 页。

《拾遗记》卷八说:“孙亮作琉璃屏风,甚薄而莹澈。”①《玄中记》说:“大秦国有五色颇黎,红色最贵。”②以上记载说明,大秦国所产玻璃,在东吴及东晋时期已传入我国长江流域。

珊瑚与金刚石,也是大秦产物。晋人《玄中记》曰:“珊瑚出大秦西海中,生水中石上,初生白一年、黄三年、赤四年,虫食败。”③《玄中记》又曰:“金钢出天竺大秦国,一名削玉刀。削玉如铁刀削木。大者长尺许,小者如稻米。”吴人万震的《南州异物志》也曰:“金钢,石也。其状如珠,坚利无匹。”④其传入长江流域的时间,亦在东吴及东晋时期。

大秦在中国史籍中又称“拂菻”,别译为“蒲林”,《晋起居注》说:“兴宁元年(363 年)闰月,蒲林王国新开通,前所奉表诣先帝,今遣到其国慰喻。”⑤说明东晋时已与大秦正式通交,其使节已到过建康。按:罗马帝国正式分裂为西罗马帝国与东罗马帝国,是在公元 395 年,即东晋太元二十年。所以“拂菻”或“蒲林”乃是罗马和拜占庭的通称。南北朝时期,长江流域的南朝与拂菻没有直接来往,但北魏都城洛阳有大秦商贾居住。《洛阳伽蓝记》卷三龙华寺条、卷四永明寺条均有记载。

## 四、六朝长江文化对东海诸国的影响

中国古代的所谓“东海诸国”,一般是指朝鲜半岛上的国家,也可以泛指朝鲜和日本。朝鲜半岛上的高句丽、百济、新罗,日本历史上的邪马台国与大和国,在三国两晋南北朝时期与我国长江流域的东吴、东晋、南朝均有交往,经济文化交流不断。长江文化对东海诸国产生了很大的影响。

高句丽是从濊貊部落发展起来的一个国家,初都讫升骨城(今我国辽宁桓仁县西北),三国时移都于丸都(今我国吉林集安县)。丸都城时期的高句丽,其地“南与朝鲜、濊貊,东与沃沮,北与夫余接”“方可二千里,户三万”⑥。魏正始五年(244 年),高句丽趁公孙渊新灭,想掠取辽东,被魏幽州刺史毌丘俭所破,转而将兵锋南下,攻取了平壤。东晋十六国时期,高句丽与前燕慕容氏争夺辽东失败,丸都城被毁后,便迁都平壤。东晋出于战略上的考虑,为了牵制前燕,曾与高句丽建立外交关系。高句丽于晋成帝咸康二年(336 年)二月,遣使贡方物;又于康帝建元元年(343 年)十二月,遣使朝献”,来到建康。东晋曾封冬寿为侯,拜为乐浪、昌黎、玄菟、带方四郡太守,及“使持节都督诸军事、平东将

① 〔晋〕王嘉撰、〔梁〕萧绮录,齐治平校注:《拾遗记》,中华书局 1981 年版,第 190 页。
② 《太平御览》卷八〇八《珍宝部七・颇黎》引,第 3592 页。
③ 《太平御览》卷八〇七《珍宝部六・珊瑚》引,第 3587 页。
④ 《太平御览》卷八一三《珍宝部一二・金钢》引,第 3614 页。
⑤ 《太平御览》卷七八七《四夷部八・蒲林国》引,第 3486 页。
⑥ 《三国志》卷三〇《魏书・高句丽传》,第 843 页。

军、护抚夷校尉”。朝鲜安岳所发现的冬寿墓，壁画中所表现出来的“出行图”的场面和服饰，是中国魏晋时代的式样。冬寿于晋咸康二年（336 年）投奔高句丽，卒于晋穆帝永和十三年（357 年），留在高句丽共 22 年①。值得注意的是，朝鲜安岳发现的冬寿墓壁画中的冬寿像，与我国云南昭通发现的霍承嗣墓壁画中的霍承嗣像，均手执麈尾。安岳与昭通相距万里，身为高级武官的冬、霍二人皆执麈尾，其执法与敦煌、龙门、天龙山等处的维摩诘像及阎立本《历代帝王图卷》中的“吴主孙权”所执者基本一致，可见其一时之好尚②，也反映了魏晋文化对朝鲜的影响。

高句丽迁都平壤后，在朝鲜半岛的几个国家中，国力最为强盛，其与东晋南朝的关系有进一步的发展。东晋义熙九年（413 年），高句丽王高琏“遣长史高翼奉表献赫白马”，来到建康。南朝刘宋景平二年（424 年），高琏又“遣长史马娄等诣阙献方物”，刘宋朝廷派“谒者朱邵伯、副谒者王邵子等”，前去慰劳。高琏几乎“每岁遣使”来建康。元嘉十六年（439 年），宋文帝打算北伐，高琏一次就“献马八百匹”。宋孝武帝孝建二年（455 年），高琏派长史董腾奉表慰国哀再周，并献方物，对宋文帝的被害表示哀悼。大明三年（459 年），“又献肃慎氏楛矢石砮”。宋明帝泰始年间至后废帝元徽年间，依然“贡献不绝”③。

高句丽是接受我国传统文化最早的国家之一。两晋时期，五经（《易》《书》《诗》《礼》《春秋》）、三史（《史记》《汉书》《东观汉记》）及《三国志》《晋阳秋》等，已在高句丽流传开来。东晋简文帝咸安二年（372 年），高句丽模仿中国的教育制度，在丸都城开始设置太学以教育学生。高句丽使用汉字，梁武帝时期，我国的字书《玉篇》《字林》《字统》，以及《昭明文选》等，已深受高句丽文人学士的喜爱。梁朝与高句丽的关系也很密切，梁武帝萧衍称帝后，即封高句丽王高云为“车骑大将军”。天监七年（508 年）、天监十一年（512 年）、十五年（516 年）、十七年（518 年），普通元年（520 年）、七年（526 年），中大通四年（532 年）、六年（534 年），大同元年（535 年）、七年（541 年），太清二年（548 年），都一直有使节往来，“表献方物”④等。在中国传统文化的影响下，高句丽的生活习俗与我国六朝相似。我国的七弦琴，被高句丽人改制为玄琴。高句丽人民喜爱歌舞，其富有民族特色的音乐舞蹈，随着经济文化的交流而传入我国。

① 宿白：《朝鲜安岳所发现的冬寿墓》，载《文物参考资料》1952 年第 1 期；洪晴玉：《关于冬寿墓的发现和研究》，载《考古》1959 年第 1 期。

② 孙机：《羽扇纶巾》，载《文物》1980 年第 3 期。

③ 《宋书》卷九七《夷蛮·高句丽国传》，第 2392—2393 页。

④ 《梁书》卷五四《诸夷·高句丽传》，第 804 页。

百济是朝鲜半岛西南部的古国，东晋以前叫“马韩”①，东晋穆帝永和二年（346 年），马韩 54 个部落之一的百济部落，开始在部落联盟的基础上形成国家。史载“其地界东极新罗，北接高句丽，西南俱限大海。东西四百五十里，南北九百余里……其衣服，男子略同于高丽……妇人衣似袍而袖微大。在室者，编发盘于首，后垂一道为饰；出嫁者，乃分为两道焉。兵有弓箭刀矟。俗重骑射，兼爱文史。其秀异者，颇解属文。又解阴阳五行。用宋《元嘉历》，以建寅月为岁首。亦解医药卜筮占相之术。有投壶、樗蒲等杂戏，然尤尚弈棋。僧尼寺塔甚多，而无道士。赋税以布绢丝麻及米等，量岁丰俭，差等输之……婚娶之礼，略同华俗……五谷杂果菜蔬及酒醴肴馔药品之属，多同于内地”②。这是一个受中国文化影响很深的国家。

东晋南朝时，百济希望借助我国力量以对抗高句丽，故双方往来频繁，关系密切。4 世纪时，百济铸造的“七支刀”，在铭文中已使用东晋“太和四年”（369 年）的年号③。晋安帝义熙十二年（416 年），任命百济王余映为“使持节、都督百济诸军事、镇东将军、百济王”④，进一步确立了两国之间的关系。南朝宋、齐、梁都曾授百济王以官职和封号。如宋武帝刘裕进余映为“镇东大将军”⑤。梁武帝普通二年（521 年），又改赠百济王余隆为“宁东大将军”⑥。百济的使节多次来到东晋、南朝首都建康，从中国引进诗书、史籍和经义。中国的工匠、画师等人也有渡往百济的。宋文帝元嘉二十七年（450 年），百济王余毗“上书献方物”，并上表“求《易林》《式占》、腰弩”⑦，宋文帝刘义隆一一满足了其要求。梁武帝时，百济国多次“遣使献方物，并请《涅槃》等经义，《毛诗》博士，并工匠、画师等”，梁武帝萧衍下令“并给之”⑧。今朝鲜忠清南道公州郡宋山里古坟出土有“梁官瓦为师矣”铭文的莲花纹砖⑨，正说明当时百济引进南朝工匠及其工艺技术的事实。百济国的“鼓角箜篌之乐”在南朝时传入中国。中国的书法艺术也传往百济。史载萧子云“出为东阳太守，百济国使人至建邺求书”，萧子云“乃为停船三日，书三十纸与之，获金货数百万”⑩。由于萧子云的书名远播海外，故其书法作品价值很高。

百济受中国南朝文化影响之深，还可从朝鲜武宁王墓得到有力的说明。武宁王就是

---

① 《晋书》卷九七《东夷·马韩传》，第 2533 页。
② 《周书》卷四九《异域上·百济传》，第 887 页。
③ 〔日〕福山敏男：《石上神宫の七支刀》，载《美术研究》一五八，1951 年。
④ 《宋书》卷九七《夷蛮·百济国传》，第 2392 页。
⑤ 《宋书》卷九七《夷蛮·百济国传》，第 2393 页。
⑥ 《梁书》卷五四《诸夷·百济传》，第 804 页。
⑦ 《宋书》卷九七《夷蛮·百济国传》，第 2394 页。
⑧ 《梁书》卷五四《诸夷·百济传》，第 805 页。
⑨ 〔日〕轻部慈恩：《百济遗迹の研究》，吉川弘文馆 1971 年版，第 61 页。
⑩ 《南史》卷四二《萧子恪传附萧子云传》，第 1075 页。

中国史籍中所记的百济王余隆。据墓志所记，他死于癸卯年，即梁普通四年(523)，葬于乙巳年，即普通六年(525年)。武宁王墓是一座带有甬道的大型单室砖墓，用模印有莲花纹和网纹的砖砌成。在墓室的左、右两壁和后壁，都砌有砖雕的直棂窗，窗的上部都设灯龛，龛内置内盏。在墓的前方，还设有砖砌的下水道。墓的形制、结构，在许多方面都与中国南朝的陵墓相似，说明它是按照中国南朝的墓制营建的①。墓室内所置的石质墓志和买地券，都是用汉字书写的。特别是墓志，从形式到内容都与中国南朝的墓志相似，而且志文中的"宁东大将军"也正与梁朝所赠的官职符合。墓中随葬的瓷器和铜镜，有的也可能是从南朝输入的。石雕的神兽，也是仿效南朝的镇墓兽的形象制作的②。

百济与中国东晋、南朝关系密切，与日本的关系也很密切。日本派使节到中国长江流域来，往往"道径百济，装治船舫"③。中国东晋南朝的典籍、文物，有许多是通过百济传入日本的。如中国的造纸技术，是东晋太元九年(384年)高僧摩罗难陀扬帆至百济，携去大量经书，同时把造纸法传播过去的，然后再由百济传入日本，说明百济具有沟通中日两国交通的中介作用。

新罗是从"辰韩"和"弁韩"发展而来的一个国家，地处朝鲜半岛南部，形成于356年，即东晋穆帝永和十二年。其"风俗、刑政、衣服略与高丽、百济同……服色尚画素，妇人辫发绕颈，以杂彩及珠为饰。婚嫁礼唯酒食而已，轻重随贫富……田甚良沃，水陆兼种。其五谷、果菜、鸟兽、物产，略与华同"④。

东晋时期，新罗曾向前秦进贡。《通鉴》载太元二年(377年)春，新罗曾"遣使入贡于秦"⑤。《晋书》载太元四年(379年)前秦曾遣使者到达过"薛罗"⑥，太元七年(382年)"海东诸国皆遣使贡其方物"⑦。其中当然包括"薛罗"，也就是新罗。由于它对当时中国国内形势的失察，这种入贡没有产生积极的成果。淝水之战后前秦政权土崩瓦解，从此新罗长期不与中国交往。

南朝梁武帝普通二年(521年)，新罗王的使者终于随同百济王的使者来到建康，受到梁朝的欢迎。中国的佛教也从此传入新罗。陈朝建立后，新罗又于陈光大二年(568年)、太建二年(570年)、太建三年(571年)，派遣使节，远涉重洋，到建康访问，并馈赠方物，加

① 〔日〕冈内三真：《百济武宁王陵と南朝墓の比较研究》，载《百济研究》1980年第11期；《武宁王陵》，〔日〕永岛晖臣慎日译本，日本学生社1974。

② 杨泓：《吴、东晋、南朝的文化及其对海东的影响》，载《考古》1984年第6期。

③ 《宋书》卷九七《夷蛮·倭国传》，第2395页。

④ 《北史》卷九四《新罗传》，第3123页。

⑤ 《资治通鉴》卷一〇四，晋孝武帝太元二年，第3281页。

⑥ 《晋书》卷一一三《苻坚载记上》，第2902页

⑦ 《晋书》卷一一四《苻坚载记下》，第2915页。

强了双方的联系。

新罗受中国传统文化及佛教文化影响很深,其境内的寺院都是按照南朝寺院形式建造,佛像雕塑也富有南朝艺术的风格。新罗僧人来我国长江流域学习的人很多。陈天嘉六年(565 年),新罗僧人明观回国,带走的佛经多达 1700 余卷。新罗旧都金城(今庆州)等地曾出土过一批陶罐和瓦当等陶制品,这些陶器上的波纹,与南朝出土文物完全相同。其中有一件镂空花纹铜马镫,亦酷似六朝时流行的工艺品①。

古代日本与我国江南地区的交通,在 3 世纪时就已开始。史载吴黄龙二年(230 年),孙权“遣将军卫温、诸葛直将甲士万人浮海求夷洲及亶洲”。夷洲是今日的台湾,亶洲便是当时日本列岛的一部分。“亶洲在海中……其上人民,时有至会稽货布,会稽东冶县人海行,亦有遭风流移至亶洲者”②。说明当时日本人已来到了吴的会稽郡,会稽郡也有人流移到日本。日本各地古坟出土的许多吴镜,便是这一历史记载的物证。其中山梨县鸟居原古坟出土的“赤乌元年”(238 年)对置式神兽镜和兵库县安仓古坟出土的“赤乌七年”(244 年)对置式神兽镜,当然是中国的吴镜。此外,神户市兵库区梦野町丸山古坟出土的重列式神兽镜,京都府椿井大冢山古坟和熊本县船山古坟出土的画文带对置式神兽镜,京都府八幡市车冢古坟、奈良县新山古坟、熊本县宇土郡国越古坟和香川县绫歌郡蛇冢古坟出土的画文带环状乳神兽镜,以及熊本县船山古坟出土的神人车马画像镜和大阪府茨木市出土的二神二兽镜等,也应该是吴镜。大量吴镜存在于日本各地的古代遗迹中,这正是亶洲人民渡海到吴的会稽郡进行贸易的结果③。

3 至 4 世纪中国吴地所产大量铜镜在日本的出土,正可说明当时日本与中国江南的交通,在民间早已开展起来了。当时,中国吴地工匠东渡日本的人很多,日本出土的大量的三角缘神兽镜,便是东渡的中国工匠在日本制作的④,三角缘神兽镜上的佛像也是东渡的吴地工匠在日本所作的⑤,这说明佛教艺术也是首先从中国江南传入日本的。

我国南方工匠去日本的路线,其中有一条是从当时的会稽郡东冶县(今福州一带)入海,经台湾(夷洲)、琉球,抵九州南部的种子岛(亶洲)而达南九州。继东吴之后,东晋、南朝时期东渡日本的中国南方工匠继续增加。除制镜工匠外,制陶、制瓷、纺织、缝衣、画工等都有。在日本史书《古事记》和《日本书纪》中,仍称东晋、南朝为“吴国”,称其人为“吴人”。来自东晋、南朝的人员和物件,如“吴织”“吴衣缝”“吴服”“吴床”等,都无不冠以

① 罗宏曾:《魏晋南北朝文化史》,四川人民出版社 1989 年版,第 770 页。下同,略。

② 《三国志》卷四七《吴书·吴主传》,第 1136 页。

③ 王仲殊:《日本三角缘神兽镜综论》,载《考古》1984 年第 5 期。

④ 王仲殊:《关于日本三角缘神兽镜的问题》,载《考古》1981 年第 4 期。

⑤ 王仲殊:《关于日本的三角缘佛兽镜——答西田守夫先生》,载《考古》1982 年第 6 期。

"吴"字，甚至东渡的"吴人"在日本的定居地亦称为"吴原"，正说明了 3 世纪时日本和孙吴的民间交往十分密切。日本将"吴"字训读为"Kure"，与"暮"字的读法相同。这是由于中国吴地在日本之西，日本人以为是太阳没落处之故①。

近年日本的考古发现中，关中地区古坟和群马县伊势崎市八寸古坟出土了一些具有我国风格的陶器，在这些古墓周围的埴轮陶俑，其服饰与我国南朝陶俑相同。瓷器烧制技术在六朝时也传到了日本。日本墓葬中普遍发现的随葬品青瓷，胎釉、质地、造型都受到中国瓷的影响，有的则是直接从中国传入的。1984 年在我国安徽马鞍山市发掘的吴国大将朱然墓中的许多随葬品，也能证明六朝时期中日文化的交流。例如日本至今仍在广泛使用的饭盒、木屐、漆凭几和名片，过去一直认为是隋唐以后才从中国传过去的，但朱然墓出土的这些器物，与日本当今使用的更为相似②。考古工作者还发现，日本奈良县新山古坟出土的铜带饰，其形制和花纹，几乎与我国江苏宜兴发现的西晋周处墓中的银带饰和广州大刀山晋墓出土的铜带饰毫无差异。这就说明新山古坟的铜带饰，是从当时中国江南地区输入日本的③。

安徽马鞍山朱然墓博物馆墓地场景

朱然家族墓出土的青瓷镇墓俑

朱然家族墓出土的明器

① 王仲殊：《日本三角缘神兽镜综论》，载《考古》1984 年第 5 期。

② 罗宗真：《六朝时期中国对外文化交流》，载《文史哲》1993 年第 3 期；安徽省文物考古研究所、马鞍山市文化局：《安徽马鞍山东吴朱然墓发掘简报》，载《文物》1986 年第 3 期。

③ 杨泓：《吴、东晋、南朝的文化及其对海东的影响》，载《考古》1984 年第 6 期。

东晋南朝时期，日本进一步与中国建立外交关系，其主要表现是倭五王的不断遣使和上表，中国方面则一再授倭王以封号和官职。从晋安帝义熙九年(413年)到宋顺帝升明二年(478年)，倭五王(赞、珍、济、兴、武)先后约十次遣使，来到东晋和南朝的首都建康。南齐高帝建元元年(479年)、梁武帝天监元年(502年)，中国方面又都授倭王武以封号和官职。倭王武向宋顺帝所上表文全属汉文，且多有引用中国典故之处，当出于当时被称为"归化人"的汉人之手笔。表文全文已收入《宋书》卷九七《夷蛮·倭国传》。

考古工作者曾将《日本书纪》与中国史书相对照，认为中国史籍中的赞、珍、济、兴、武五倭王，即《书纪》中的履中、反正、允恭、安康、雄略五天皇，而倭王武表文中所述的"祖弥"，则可比为仁德天皇。仁德天皇为履中、反正、允恭三天皇之父，允恭天皇为安康、雄略二天皇之父①，这对于弄清《宋书·倭国传》及《梁书·倭传》记载中的歧义，有重要的学术价值。

日本的服饰受中国南朝的影响很深。公元3世纪时，日本"男子皆露紒，以木绵招头。其衣横幅，但结束相连，略无缝。妇人被发屈紒，作衣如单被，穿其中央，贯头衣之。"又因当地气候温暖，男女"皆徒跣"②。其形象与传世《职贡图》中所绘的"倭国使"，上身赤裸，仅被结束相连的横幅，下面赤足无履，基本相同。南朝时期，中国缝衣技术在日本传播，形成了飞鸟衣缝部和伊势衣缝部，促进了日本服装制作业的发展③。5—6世纪时，日本人的服饰已有很大变化。考古发现日本群马县伊势崎市八寸古坟出土的礼装男子埴轮和礼装女子埴轮，其男子已是上着交领衣，下着长袴，在膝下以带结缚，很像当时中国流行的袴褶。妇人所穿已近似中国的长裙，其形象跟中国南京幕府山与河南邓县南朝墓出土陶俑相似④。

中国的儒学文化、佛教文化、音乐与建筑艺术等，对日本也都很有影响。4世纪，百济人王仁曾带《论语》10卷、《千字文》1卷到日本。佛教在东晋时传入百济，6世纪再由百济传入日本。陈文帝天嘉三年(562年)，中国僧人智聪曾携带儒、释方书、明堂图160卷及佛像、乐器到日本。中国六朝建筑中的莲纹瓦当、屋栋鸱尾、云形斗拱等工艺在日本飞鸟时代的建筑中得到广泛应用。这些六朝式的古建筑，已成为今天日本的"文化财"和"国宝"⑤。

① 王仲殊:《东晋南北朝时代中国与海东诸国的关系》，载《考古》1989年第11期。

② 《三国志》卷三〇《魏书·倭人传》，第855页。

③ 张声振:《两晋南北朝时期移居日本的汉族"归化人"及其贡献》，载《社会科学战线》1982年第4期。

④ 杨泓:《吴、东晋、南朝的文化及其对海东的影响》，《考古》1984年第6期。

⑤ 孙宗文:《我国六朝建筑对日本考古学上的影响》，《文博通讯》(江苏)1984年第6期。

# 第五章　隋唐长江文化的勃兴

公元6世纪末至10世纪初，中国历史进入隋唐大一统时代。如流星般的隋朝经过三十余年的辉煌与黯淡后，最终为新兴的唐朝所替代。隋唐国家走向统一，有利于国家政令的施行，南北文化交流亦畅通无阻。科举制度的广泛推行，国家对佛教、道教政策的宽容，因公干、述职等缘故，长江流域的知识人、官吏、僧道人士频繁北上，到达京师长安及东都洛阳，扩大了长江文化的影响。而广运潭大会上长江流域州县物产、风俗、人物的缤纷亮相，显示出长江流域文化已以崭新的姿态争奇斗艳。与此同时，因朝野不同势力争斗等缘故，部分戴罪官员被流贬到南方各地，正常任职长江流域的官员亦大有人在，他们对于长江流域边远地区的开发功不可没，促进了长江文化的飞速发展。到安史之乱之前，长江流域文化已进入高速发展的新阶段。

安史之乱导致北方地区遭受战乱蹂躏，藩镇割据使得唐政府的权威扫地，长江流域因此成为唐朝廷生命的依托。南方地区没有遭受战争的戕害，各项产业持续发展；大量北方百姓移居长江流域，更为这种发展提供了人力智力源泉。而北方各类文化人士流落江南，对于长江流域文化的勃兴提供助力。唐朝经济重心由于这场旷日持久的战乱南移，长江文化的发展也由于经济重心南移突飞猛进。中唐之后，长江流域形成一系列的文化中心城市，带动周边地域文化的发展。唐人喜闻乐见的诗歌，在南方地区独有的自然氛围下，渐渐演化成为“词”；大量书法绘画名家移居成都，以及雕版印刷出现，使书法绘画的光芒成为一道靓丽的风景线。杭州、扬州、苏州、南京等长江流域城市，以及岭南地区的广州等城市的不断发展，使长江文化的勃兴水到渠成。这种发展势头一直延续到五代乃至北宋。另外，由于长江流域地区面向大海，使得长江文化在具备整合性、不平衡性特征之外，还具有外向性特征，而这种外向性特征，在此后的时代发展中发挥出更大的张力，也加快了中国文化重心南移的步伐。

## 第一节　隋代长江经济的发展

经过长达7年的准备之后，589年，隋文帝命晋王杨广统率51万大军进军江南，以期完成全国统一。隋军从长江上游的永安(今四川奉节县)、中游江陵(今湖北江陵县)、下游广陵(今江苏扬州市)等地,对偏安江南一隅的陈朝政权进行军事合围。经过两个月的战斗,陈朝都城建康(今江苏南京市)被隋军攻陷,陈朝政权灭亡。隋朝获"州三十,郡一百,县四百"①。至此,中国大陆历经数百年的分裂割据局面宣告结束,全国重新走向统一发展的轨道。政权南北一统后,文化方面的统合也势在必行。

## 一、隋朝对长江流域地区的统治

### (一)恢复经济

平陈战役之前,陈朝统治者不惜民力,大兴土木,"至天统中,又毁东宫,造修文、偃武,隆其嫔嫱诸院,起玳瑁楼。又于游豫园穿池,周以列馆,中起三山,构台,以象沧海,并大修佛寺,劳役巨万计。财用不给,乃减朝士之禄,断诸曹粮膳及九州军人常赐,以供之"。随后又因旱蝗频仍,皇室赐予无限,"国用转屈"②。虽然陈朝政权采取了加重赋税等聚财措施,但种种努力均难解决入不敷出的难题,军国之用日见其弊。开皇九年(589年)隋讨平陈朝之后,隋文帝为安抚江南百姓,诏令江表"给复十年,自余诸州并免当年租赋"③,以缓和长江流域百姓和隋王朝的矛盾。与此同时,晋王杨广"以其邪佞,有害于民",斩杀了陈湘州(隋改为潭州,治所在今长沙市)刺史施文庆、散骑常侍沈客卿、市令阳慧朗、刑法监徐析、尚书都令史暨慧等人,"以谢三吴"④。尽管如此,开皇十年(590年)十一月,江南贵族仍发动叛乱,隋文帝命晋王杨广为扬州总管,镇守江都(今扬州)。叛乱很快即被平定,而扬州总管每年进京叙职朝觐一次却成为制度,直到开皇二十年(600年)杨广被封为皇太子才告终。

为了加强对长江流域地区的进一步控制,恢复经济,隋政权采取了一系列的措施:其一,开皇九年以后,先后任命黄州总管周法尚为永州(治今湖南永州市)总管⑤,工部尚书

---

① 〔唐〕魏徵:《隋书》卷二《高祖纪下》,中华书局1975年版,第32页。

② 《隋书》卷二四《食货志》,第678—679页。

③ 〔唐〕杜佑:《通典》卷五《食货》,中华书局1988年版,第97页。

④ 〔宋〕司马光:《资治通鉴》卷一七七,隋文帝开皇九年(589年),中华书局1987年版,第5510页。

⑤ 周法尚墓志云:"(开皇)十年,改授松州刺史。其年冬,寻改授澧州刺史,未及之任,其年改授永州总管,总督四州诸军事。降敕书云:'前给公黄州左右三千人者,仍令于彼州分番看;公随身鼓吹乐人,亦听向任。'玄云朱鹭之曲,画棨交蛇之仪,辉映当时,度越前代。前陈定州刺史吕子廓,窃据川洞。爰降敕书,委君专讨。建节二峤,扬鹰百越,燎玄蜂与赤蚁,断封豕及长蛇。一鼓作气,五岭传首。十年,改授桂州总管,总督一十七州诸军事。"参赵振华、徐有钦:《隋左武卫将军周法尚墓志研究》,杜文玉主编《唐史论丛》第13辑,三秦出版社2011年版,第351—371页。

杨异为吴州总管①，淅州（治今贵州习水县西北）刺史杜彦为洪州（治今江西南昌市）总管，王世积为荆州总管，韦洸为江州（治今江西九江市）总管；十二年十一月，任命豫州刺史权武为潭州（治今湖南长沙市）总管；十五年十月，改任韦世康为荆州总管。由于长江流域数百年与北方处于隔阂状态，派往当地的地方官对那里的风俗民情缺乏深入了解，因而文帝下令各地方官相互协作，共同探讨，处理一些较为棘手的问题。如吴州（治今江苏苏州市）总管杨异即受诏，“每岁一与王（晋王杨广，时兼扬州总管）相见，评论得失，规讽疑缺”②。同时，针对长江流域各地普遍出现物重钱轻的情况，开皇十年（590 年），诏令晋王杨广“听于扬州立五炉铸钱”。开皇十八年（598 年），又因这一地区民间流行通用的钱币过少，令晋王杨广“听于鄂州纻山有铜矿处锢铜铸钱”，立十炉铸造；诏蜀王杨秀，“听于益州立五炉铸钱”③，以适应长江流域经济恢复发展的需要，并采取扶持的措施，从而为这一地区日后经济繁荣奠定了坚实的基础。

江西省洪州窑窑址

出土隋代洪州窑青瓷印花钵

**（二）镇压反叛**

六朝时代，江南士族门阀势力把持政权，各个地区发展水平参差不齐，民风各异。全国统一完成后，隋朝派往长江流域的地方官采取教化百姓、移风易俗的措施，但初期效果却适得其反。开皇九年，鉴于江表“自东晋以来刑法疏缓，世族陵驾寒门”，各地官吏想“尽更变之”。邳国公苏威作《五教》，“使民无长幼悉诵之”，从思想文化上加强对江南的控制；加之当时长江流域各地谣传“隋欲徙之入关，远近警骇”。结果，江南士族阶层联合反叛。婺州（治今浙江金华）汪文进、越州（治今浙江绍兴）高智慧、苏州沈玄会率先起兵反隋，自称天子，置署百官；接着，乐安（治今浙江仙居县境）蔡道人、蒋山（治今江苏南京市）李惨、饶州（治今江西鄱阳）吴世华、温州沈孝彻、泉州王国庆、杭州杨宝英、交州李春等皆自称大都督，“攻陷州县，陈之故境，大抵皆反，大者有众数万，小者数千，共相影响，执县令，或抽其肠，或脔其肉而食之，曰：‘更能使侬诵《五教》邪？’”④可见因政治措施实行急骤而引起的文化负面影响之大。这种由于逆反心理导致的长江流域百姓对隋政权的反感一直延续至隋朝灭亡前夕。隋文帝速遣大将越国公杨素为行军总管南下讨伐，将领

① 赵君平：《隋〈杨异墓志〉小识》，《中国书法》2009 年第 11 期。

② 《隋书》卷四六《杨异传》，第 1258 页。

③ 《通典》卷九《食货》，中华书局 1988 年版，第 199 页。

④ 〔宋〕司马光：《资治通鉴》卷一七七，隋文帝开皇十年（590 年），第 5530 页。

来护儿、史万岁等英勇作战，经过3个月的平叛战争，“江南大定”①。

**（三）移风易俗**

长江流域各地的反叛对隋文帝触动很大，用武力征服固然容易，但要把不同文化氛围、不同风尚习俗的百姓重新纳入统一的文化范畴之内，任务十分艰巨。用中国传统文化，采取稳妥的抚慰等治理方式，循序渐进、移风易俗，无疑是至关重要的。文帝在诏书中有“京邑庠序，爰及州县，生徒受业，升进于朝，未有灼然明经高第。此则教训不笃，考课未精，明勒所由，隆兹儒训”，是所谓“正俗调风，莫大于此”②。此后，长江流域各地长官纷纷在辖区内广设学校，用儒家君臣伦理思想广施教化，获得了相当的成就。如刘权任苏州刺史，“于时江南初平，物情尚扰，权抚以恩信，甚得民和”③。乞伏慧任潭、桂二州总管，该地区“其俗轻剽，慧躬行朴素以矫之，风化大洽”④。杨汪为荆、洛二州长史，“每听政之暇，必延生徒讲授，时人称之”⑤。

令狐熙任桂州（治今桂林市）总管，“开设学校，华夷感激，大变其风”⑥。大业初年，鲁州刺史柳旦被授予龙川（今广东惠阳区）太守，当地居民多深居山洞，经常互相攻斗，柳旦到任后，在那里“开设学校”，结果“大变其风”⑦。裴肃为永平郡丞，“甚得夷民心”，卒，“夷獠思之，多立庙于彰江之浦”⑧。同时，开皇十五年（595年）七月，文帝诏令苏威持节巡抚江南各地，“过会稽，逾五岭而还”⑨，了解到许多情况，对于隋王朝从各个层面对长江流域地区实施治理提供了翔实的依据。就这样，在武力征服的前提下，隋朝派往长江流域各地的官吏尊奉隋最高统治者的意旨，依据辖区内的实际状况，吸纳任用当地人参与治理，行之有效⑩，这不仅有利于恢复当地农业生产，而且移风易俗，保持了这些地区社会的相对稳定，终隋开皇（581—600）、仁寿（601—604）之世，长江流域的主要城市，如扬州、江陵、成都等，基本上都已恢复到六朝时代的发展水平；这些地区及更为边远地区的民风也有所改变。对此，《隋书·地理志》载云：“江南之俗，火耕水耨，食鱼与稻，以渔猎为业，虽

① 郑云波：《论杨素在隋平陈战争中的贡献》，《牡丹江师范学院学报（哲学社会科学版）》1998年第2期。

② 《隋书》卷二《高祖纪下》，第33页。

③ 《隋书》卷六三《刘权传》，第1504页。

④ 《隋书》卷五五《乞伏慧传》，1378页。

⑤ 《隋书》卷五六《杨汪传》，第1393页。

⑥ 《隋书》卷五六《令狐熙传》，第1386页。

⑦ 《隋书》卷四七《柳旦传》，第1273页。

⑧ 《隋书》卷六二《裴肃传》，第1487页。

⑨ 《隋书》卷四一《苏威传》，第1187页。

⑩ 王永平：《杨素、杨玄感父子与江左文士之交往：从一个侧面看隋代江南文化的北传》，《南京理工大学学报（社会科学版）》2005年第5期。

无蓄积之资，然而亦无饥馁。其俗信鬼神，好淫祀，父子或异居，此大抵然也。江都、弋阳、淮南、钟离、蕲春、同安、庐江、历阳，人性并躁劲，风气果决，包藏祸害，视死如归，战而贵诈，此则其旧风也”，但全国统一后，“其俗颇变，尚淳质，好俭约，丧纪婚姻，率渐于礼。其俗之敝者，稍愈于古焉”①。

1953 年武昌马坊山
22 号隋墓出土的灰陶炊事俑

1953 年武昌马坊山
22 号隋墓出土的灰陶炊事俑

## 二、隋朝南北大运河的开凿与文化发展

### (一)隋代南北大运河的开凿

隋炀帝即位伊始，即诏令越国公杨素与纳言杨达、将作大匠宇文恺等人营建东都洛阳，以便进一步控制长江下游地区。同时，他还下诏，云：“听采舆颂，谋及庶民，故能审政刑之得失……今将巡历淮、海，观省风俗。”②当时陆路南下，交通不便，而开凿直通南北的大运河，皇帝不仅可从水路直接南下巡视，有利于南方地区的稳定，加快江南地区开发的步伐，而且可将江南地域的农产品等战略物资源源不断输送到洛阳及长安，加快隋朝整体经济的发展及军事力量的增强。同年三月，炀帝诏尚书右丞皇甫议征发河南、淮北诸郡百姓，前后达百万人次，开凿了通济渠，即“自西苑(东都洛阳)引穀、洛水达于河，复自板渚引河历荥泽入汴，又自大梁之东引汴水入泗，达于淮”。不久，又征发淮南百姓 10 余万开邗沟，自山阳至扬子入长江，渠宽 40 步，渠旁修筑御道，栽植柳树，从洛阳可直达江都③。炀帝多次南巡，都是从这条水路上通过的。大业六年(610 年)，炀帝为实现从江都

① 《隋书》卷三一《地理志下》。长江流域其他地区风俗习尚，《隋书·地理志》亦详载。第 886—887 页。

② 《隋书》卷三《炀帝纪上》，第 63 页。

③ 〔宋〕司马光：《资治通鉴》卷一八〇，隋炀帝大业元年(605 年)，第 5618—5619 页。

东巡会稽的设想，开凿了自京口至余杭，沟通长江与钱塘江间航运的江南河，全长 400 余公里，宽 10 多丈，龙舟可畅通无阻。大运河的开凿①，不仅沟通了海河、黄河、淮河、长江、钱塘江五大水系，有利于维护中央集权制封建国家的安全，而且也促进了南北文化、经济的交流与发展，对加速长江流域地区的开发具有重要的意义②。

隋炀帝像

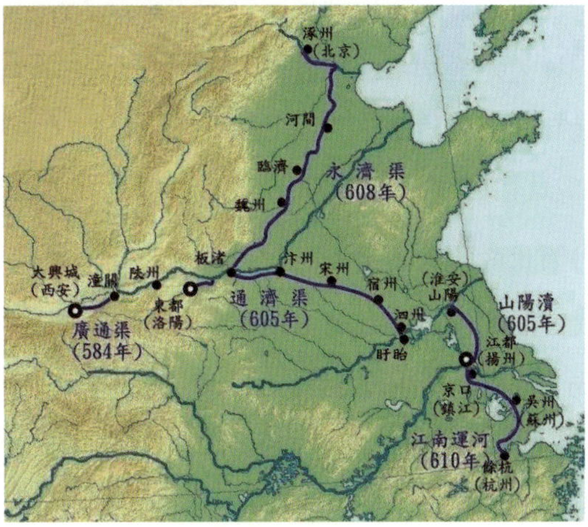


隋唐大运河

**(二)隋朝末年对长江流域地区的掠夺**

大运河的开凿，在隋朝末年所体现出来的直接作用，只是达到了隋炀帝巡游各地享乐的目的。当然，其对于江南物资的北运，以及出兵高句丽也有一定的帮助。人们看到的也只是对长江流域各地百姓永无休止的盘剥掠夺和无尽的劳役。营建洛阳显仁宫，采海内奇禽异兽草木之类，以充实园苑；隋炀帝遣“黄门侍郎王弘，上仪同于士澄，往江南诸州采大木，引至东都。所经州县，递送往返，首尾相属，不绝者千里”③。大业二年(606年)三月，诏吏部尚书牛弘等议定舆服、仪卫制度，开府仪同三司何稠负责营造，于是“课州县送羽毛，民求捕之，网罗被水陆，禽兽有堪氅毦之用者，殆无遗类”④。江南各地官吏奉旨严加督办，历阳郡(治今安徽和县)丞赵元楷，庐江郡(治今安徽合肥市)丞徐仲宗，均“竭百姓之产，以贡于帝”⑤。

① 大业四年(608 年)，隋炀帝征发河北诸郡男女百余万人开凿永济渠，引沁水南通黄河，此为大运河北段。

② 邵金凯：《隋炀帝开凿大运河述论》，《淮阴师范学院学报(哲学社会科学版)》2008 年第 4 期。

③ 《隋书》卷二四《食货志》，第 686 页。

④ 〔宋〕司马光：《资治通鉴》卷一八〇，隋炀帝大业元年，第 5623 页。

⑤ 拜根兴：《试论唐代的献食》，史念海主编《唐史论丛》第 7 辑，陕西人民出版社 1998 年版。

另外，由于隋炀帝亲征高句丽[1]，江南地区亦受到不同程度的冲击。大业七年（611年），“分江淮以南兵众配以骁骑大将军来护儿，别以舟师济沧海，舳舻数百里，并载军粮，期与大军会于平壤”[2]。征发江淮以南水手1万人、弩手3万人、岭南排镩手3万人，同时，诏令河南、淮南、江南造戎车5万乘，送到高阳（今河北高阳东）[3]，供征讨高句丽之用。这种通过大运河对长江流域地区肆意无度的剥削和掠夺，直到大业十四年（618年）隋炀帝在江都被杀才告结束。当然，在统一王朝治下，全国一盘棋，国家对外征伐至关重要。江南地区和全国其他地区一样，在隋炀帝征伐高句丽过程中，均不同程度受到影响，对此，我们应放在当时的历史环境下探讨，以便得出较为客观的结论。

**（三）隋代南北大运河的开通对长江文化的影响**

隋代南北大运河的开通，对长江文化的发展具有极其重大的、积极的意义。

首先，它为中国南北文化的持续广泛交流创造了极其有利的条件。白寿彝在其所著的《中国交通史》一书中引《旧唐书·职官·水部郎中》说：“隋唐底，合能通舟楫与不能通舟楫者，总计之，凡天下水泉，三亿二万三千五百五十九，其在遐荒绝域，迨不可得而知矣。其江河，自西极达于东溟，中国之大川也。其余百三十五水，是为中川。其又千二百五十二水，斯为小川也。若渭、洛、汾、济、漳、淇、淮、汉，皆亘达方域，通济舳舻，从有之无，利于生人者也。”[4]江、河、渭、洛、汾、漳、淇、淮、汉等，都是天然水道，且全是自西而东，不能在南北的沟通上发挥作用，所以运河在水道交通运输上的地位，比江河更为重要。它的开通，不仅利于天下之运输，同样也为南北文化的交流提供了极大的便利。

其次，它有力地促进了沿运河城市的经济文化发展。随着大运河的开通，沿运河的淮安、扬州、苏州、杭州四个城市更加繁荣，时称“四大都市”。杭州在运河开凿前，还是一个新起的小郡城，居民只有15380户；但自大运河开通后，其地位日趋重要，从此一跃成为东南交通的枢纽，一个“川泽沃衍，有海陆之饶，珍异所聚，故商贾并凑”的商业城市。扬州虽然在运河开凿前已是南方重要的经济都会，而大运河的开通更使扬州的地位蒸蒸日上，成为当时首屈一指的全国经济大都会，在唐末获得

① 有关隋炀帝亲征高句丽，参见拜根兴：《墓志所见隋炀帝亲征高句丽：兼论唐初君臣对隋亡事件的诠释》，《陕西师范大学学报》2019年第1期。

② 《通典》卷一〇《食货》，中华书局1988年版，第220页。

③ 〔宋〕司马光：《资治通鉴》卷一八一，隋炀帝大业七年（611年），第5654页。

④ 白寿彝：《中国交通史》，团结出版社2007年版。

了“扬一益二”①的称号，足见大运河的开通对扬州及其周边经济发展的强力推动。不仅如此，到唐中后期，前来扬州交易的域外商旅越来越多，进而也使得扬州成为当时国际贸易的重要城市之一。楚州的淮安和淮阴也自隋代大运河开通后成为南来北往的必经之地，遂发展成运河沿线的重要商业都会。繁忙的夜市给当时的文人骚客和海内外客商留下了深刻的印象：“秋灯点点淮阴市，楚客联樯宿淮水，夜深风起鱼鳖腥，韩信祠堂明月里。”②“夜入楚家烟，烟中人未眠。望来淮岸尽，坐到酒楼前。灯影半临水，筝声多在船。乘流向东去，别此易经年。”③这些都是大运河开通后淮阴、淮安经济发展的写照。而运河沿岸江南的其他都市，如苏州、润州、常州等地，也在原来的基础上获得进一步发展的机遇，从而更加繁荣起来了。

隋骑马女俑

隋双髻女俑

## 第二节　隋代南北文化的融汇与发展

### 一、隋代南北文化的融汇合流

隋代南北的政治统一和大运河的开通等，使魏晋以来中国南北文化半封闭的状态完全被打破，长江文化与黄河文化这两种不同原质与血型的文化在这一时期又进一步汇合起来。这种融汇和合流，在政治制度、宗教思想、音乐、绘画、书法等方面均有充分的反映。

① 《资治通鉴》卷二五九，唐昭宗景福元年(892年)条，第8430—8431页。谢元鲁：《论“扬一益二”》，史念海主编《唐史论丛》第3辑，陕西人民出版社1987年版。

② 〔唐〕彭定求等：《全唐诗》卷三四八《宿淮阴作》，中华书局1985年版，第3896页。

③ 《全唐诗》卷五五四《夜泊淮阴》，第6411—6412页。

### （一）政治制度

史学大师陈寅恪曾对隋唐的政治制度做过开创性的研究，他认为，隋唐制度出自三源："一曰（北）魏、（北）齐，二曰梁、陈，三曰（西）魏、周"，"故在三源之中，此（西）魏、周之源远不如其他二源之重要……"①具体而言，隋朝的舆辇制度就是依南朝梁、陈造作而成的。如"属车之数，晋迁江左为五乘，宋改十二乘，开皇平陈，因以为法令，虽曰依宋，实因平陈之故得以效法。至许善心驳皇后属车之数不应差降，请从宋制为准，则南朝旧臣以其所习为隋代制度之准凭，于此可见。此隋文制礼兼采南朝文物之例证也"②。其他如服饰制度等也大致如此，故陈寅恪在《隋唐制度渊源略论稿》一书中按语云："史言隋高祖平陈，得其器物，衣冠法物，始依礼具，然则南朝后期文物之发展与隋代制度之关系密切如此。故梁、陈旧人若虞世基、许善心、袁朗等尤为制定衣冠不可少之人，此隋制礼兼资梁陈之例证也。""虽在礼无文，而为东晋南朝所习用者，即为典据，盖与北周制法服之泥执周官者不同。此隋制礼迳据江东习俗为典据，而不泥经典旧文以承北周制度之例证也。"③这些观点一直以来都为学界所遵从，也值得我们更加深入地领会。也就是说，虽然李唐王朝定都黄河流域的关中长安，但源于长江流域的礼乐文化在隋朝就逐渐得到体认和奉行；唐奉隋制，例如唐朝舆服制度的多个方面，都有江南长江文化的痕迹和烙印。当然，这些都是当时南北文化交流融汇的成果，也是源于江南的长江文化的贡献。

### （二）宗教

隋代宗教思想南北融汇合流的趋向更为明显。如佛教，虽然隋朝立国时间短暂，前后不过 38 年，但因为隋文帝醉心佛教，自上而下采取了一系列发展佛教的措施，故而佛教在南北朝的基础上，得到了突飞猛进的进步。而在发展进步的总体基准上，南北交流频繁并互通有无。对此，汤用彤有总体把握和总结，云："自陈至隋，我国之佛学，遂大成。三论之学，上承般若研究，陈有兴皇法朗，而隋之吉藏，尤为大师。法相之学，原因南之摄论，北之地论，至隋之昙迁而光大。律宗唐初智首、道宣，实承齐之慧光。禅宗隋唐间之道信、弘忍，上接菩提达摩。而陈末智嚼大弘成实，隋初昙延最精涅槃，尤集数百年来之英华，结为兹果。又净土之昙鸾，天台之智𫖮，华严之智俨，三阶佛法之信行，俱开隋唐之大派别。且自晋以后，南北佛学风格，确有殊异，亦系在陈隋之际，始相综合，因而其后我国佛教势力乃达极度。隋唐佛教，因或可称为极盛时期也。"④作为驰名中外的隋唐佛教

① 陈寅恪：《隋唐制度渊源略论稿·叙论》，中华书局 1974 年香港版。

② 陈寅恪：《隋唐制度渊源略论稿》，第 55—56 页。

③ 陈寅恪：《隋唐制度渊源略论稿》，第 58—59 页。

④ 汤用彤：《隋唐佛教史稿·绪言》，北京大学出版社 2010 年版。

研究大家，汤用彤的总结全面并切中要害，值得推崇。又如隋代道教，从中国道教发展长河看，正处在一个转折点，为唐代道教的兴盛和教理的发展储备能量，堪称道教发展史上的一个短暂而重要的时期。隋炀帝继位后，更加重视道教，其南下巡游江都的船队中，“三楼船一百二十艘，四品官人及四道场，玄坛僧尼、道士坐，给黄衣夫，船别三十人。”①就是说，在巡游江都的过程中，和佛教僧尼一样，道士也是隋炀帝非常重视的重要人群之一。有学者总结隋代道教发展，认为道教上清法已传到北方，南北方各具特色的道教逐渐融汇，形成一种新的特色，茅山宗在隋代得到了长足的发展，不仅巩固了在南方的传统势力范围，而且逐渐占据北方，其中茅山宗领袖人物王远知功不可没。隋代南北道教融汇合流，是以南方茅山宗为主轴，吸收了佛教的某些教义教理，兼采南北道教之特点，为唐代道教的进一步融汇兴盛准备了条件②。

**（三）绘画**

隋代的绘画艺术，同样兼具南北之风格特征。郑午昌在其所著的《中国画学全史》“隋之画学”概况中说：“炀帝大业元年，营显仁宫于洛阳；自长安至江都，置离宫四十余所；四年，又造汾阳宫；土木频兴，其间绘画之饰施，穷极奢侈。加以当时京洛一带寺院道观等之建筑杂起，靡不以绘画为饰，我国壁画之风，盖至是号称极盛。故工匠派之绘画，极巧至精；非工匠派之绘画，亦因炀帝之好，不堕先绪……一时巨匠名上，争起用世，展子虔自江南至，董伯仁自河北至。当董、展之相见也，初存轻视，后则互益。乃知南北朝以来南北异趋之画风，至是因政治区域之统一，君主专制之撮合，遂相调和。”③

**（四）书法**

中国书法在魏晋南北朝时期南北异趣，北方以方严为尚，以朴素遒劲为主；南方以流美为能，以清丽潇洒为主。至隋代，这一现象渐趋消失，出现了文化整合的现象。康有为在《广艺舟双楫·取隋》中说：“隋碑内承周、齐峻整之绪，外收梁、陈绵丽之风。故简要清通，汇成一局。”另有学者总结隋代书法的发展状况，云：概而言之，隋代书法由两晋南北朝书风衍变而来，既有北碑方硬险峻的特点，亦带有帖学精工秀美、平和的一面，往下很大程度地影响并启发着唐代书法，使其逐步趋向规范的新局，即是所谓上承汉魏六朝之余绪，下开唐人楷法之先河，属于南北朝书风向唐代书风过渡的阶段。因此隋朝书法是中国书法史上一个十分重要的时期④。当然，进入 21 世纪之后，大量的隋代墓志石刻出

① 〔唐〕杜宝著、辛德勇辑校：《大业杂记辑校》，三秦出版社 2006 年版，第 19 页。
② 李刚：《试论隋代道教》，《江西社会科学》1992 年第 4 期。
③ 郑午昌：《中国画学全史》“隋之画学”，上海书画出版社 1985 年版，第 90 页。
④ 刘立民：《隋代书法概论》，《广东教育学院学报》2003 年第 3 期。

土面世，墓志类总集不时出现，如韩理洲辑校《全隋文补遗》，王其祎、周晓薇编著《隋代墓志铭汇考》（全6册），罗新、叶炜《新出魏晋南北朝墓志疏证》，刘文《陕西新见隋朝墓志》等，其中王、刘两书编有拓片照片，隋代墓志书法令人赏心悦目。如此，隋代墓志书法在隋代书法中居于何种地位，其对隋代书法发展产生什么样的影响，南北书法在融汇发展过程中相互作用情况如何，这些问题都应当引起研究者重视，故而对隋代墓志石刻书法的研究也应提上议事日程。

智永《真草千字文帖》

**（五）文学**

隋代文学也结束了魏晋南北朝时期中国南北文学风貌各异的现象，而显示了南北文学合流的新气象。程千帆指出："自三国纷争，四海辐裂，不旋踵又有八王、五胡之乱，遂成为南朝之局。其风尚学术俱各不同……隋以北统混一寰宇，时会所趋，隋唐作者遂掩有南北之长矣。"[①]后来，初唐文人正是在这一基础上更加明确地提出南北文学"各去所短，合其所长"的主张，如此才能"文质彬彬，尽善尽美矣"[②]！从而使唐代文学充分体现出南北文化汇流的汪洋浩瀚、蔚为壮观的繁盛局面。

**（六）音乐**

隋代音乐，合南北音乐之长处，出现了融汇合流的趋势。隋平陈之后，所获宋、齐旧乐器，以及江南的乐工，文帝常令在朝堂演奏，并十分推崇赞赏，诏令改作江南乐曲，以便迎宾和祭祀时演奏。同时，设立了专门机构，即在太常寺置清商署主管江南乐曲的改作、演排等。大臣牛弘上奏说："中国旧音多在江左，前克荆州得梁乐，今平蒋州（即南京市）又得陈乐，史传相承，以为合古，请加修缉以备雅乐。"[③]文帝诏令牛弘与许善心、姚察及通直郎虞世基参定雅乐。许善心"幼聪明，有思理，所闻辄能诵记，多闻默识，为当世所称，家有旧书万余卷，皆遍通涉"，开皇八年（588年），仕陈为通直散骑常侍，北上隋朝礼聘，到

① 程千帆：《文论十笺·〈南北文学风格不同论〉笺》，武汉大学出版社2008年版。

② 《隋书》卷七六《文学传序》，第1730页。

③ 〔宋〕司马光：《资治通鉴》卷一七七，隋文帝开皇九年，第5525页。

达长安后，适逢隋文帝发兵讨伐陈朝，结果，“礼成而不获反命……留系宾馆”①，后归附隋朝，任虞部侍郎。

姚察亦陈朝旧臣，“博极坟素，尤善人物，至于姓氏所起，枝叶所分，官职姻娶，兴衰高下，举而论之，无所遗失”②。入隋后授秘书监，文帝曾召入内殿，赐予果菜，对朝臣说：“闻姚察学行当今无比，我平陈唯得此一人”③。虞世基仕陈为尚书左丞，“幼沉静，喜愠不形于色，博学有高才，兼善草隶”④，陈朝的学者名流孔奂、徐陵等人均称其才识出众，入隋后为通直郎。这个由 4 人组成的参定雅乐的班子，其中 3 人是南方人，而牛弘对后魏及北周所用的音乐并无好感，认为其杂有边裔之声，请求宫廷停止这种音乐的演奏。开皇十四年(594 年)三月，经过参定的音乐最后出台，“并撰歌辞三十首，诏并令施用，见行者皆停之。其人间音乐，流僻日久，弃其旧体者，并加禁约，务存其本”⑤。又《旧唐书·音乐志》云：“清乐者，南朝旧乐也……隋平陈，因置清商署，总谓之清乐。遭梁陈之乱，所存盖鲜，隋室以来，日益沦缺。武太后之时，犹有六十三曲。今其辞存者有……《明君》……《长史》……等三十二曲。”向达认为此时流传的《明君变》《长史变》，即为最早的俗讲话本，到唐代中后期即在各地寺院中风行⑥。可见，隋朝继承南朝梁陈的清乐及其歌辞，对唐代中后期俗讲文化的深远影响。炀帝继位后，命裴蕴为太常卿，检括天下周、齐、梁、陈。乐家子弟为乐户，“其六品以下，至于民庶，有善音乐及倡优百戏者，皆直太常”。此后，所谓“异技淫声咸萃乐府，皆置博士弟子，递相教传，增益乐人至三万余”⑦。南朝梁陈音乐文化经过参定，以及大量乐工北上，不仅适应了统一国家制礼作乐的需要，而且显示出经过长江流域地区数百年流传、洗礼锤炼的“华夏正音”极强的生命力。

## 二、隋代长江流域文化人的北上

由于北周诸帝及隋文帝对长江流域知名学者的招引⑧，长江流域士人喜闻乐见的文学体裁享誉隋朝野上下，以至于引起一些出身于北方的士人强烈不满，成为南北文化交流中的小插曲。隋承北周基业，在北周与南朝梁、陈历次交战、往来过程中，长江流域许多知名文人因各种原因逗留北方。著名诗人、文学家庾信、王褒、周弘志等人，均逗留北

① 《隋书》卷五八《许善心传》，第 1424—1425 页。

② 〔唐〕姚思廉撰：《陈书》卷二七《姚察传》，中华书局 1982 年版，第 350—351 页。

③ 〔唐〕李延寿撰：《南史》卷六九《姚察传》，中华书局 1987 年版，第 1689—1692 页。

④ 《隋书》卷六七《虞世基传》，第 1569 页。

⑤ 《隋书》卷一五《音乐志下》，第 359 页。

⑥ 向达：《唐代长安与西域文明》，三联书店 1987 年第 2 版，第 310—311 页。

⑦ 《隋书》卷六七《裴蕴传》，第 1575 页。

⑧ 《隋书》卷六七《裴蕴传》载有“及陈平，上悉阅江南衣冠之士”之语。

方，并受到北周诸帝的信任。南朝盛传的“徐庾体”，即骈文，也随着这些名士北上而传入北方[①]。周明帝、周武帝爱好文学，“信特蒙恩礼。至于赵、滕诸王，周旋款至，有若布衣之交。群公碑志，多相托焉”；隋文帝开皇元年庾信病卒后，“文帝悼之，赠本官，加荆、雍二州刺史”[②]。庾信后半生生活在关中，但常思念故乡，他作的《哀江南赋》即是一篇骈文佳作。开皇初，长江流域好文之风影响整个朝野士庶。四年，大臣李谔“以当时属文，体尚轻薄”，上书隋文帝云：“魏之三祖，更尚文词，忽君人之大道，好雕虫之小艺……江左齐梁，其弊弥甚，贵贱贤愚，唯务吟咏。遂复遗理存异，寻虚逐微，竞一韵之奇，争一字之巧。连篇累牍，不出月露之形，积案盈箱，唯是风云之状。世俗以此相高，朝廷据兹擢士。禄利之路既开，爱尚之情愈笃。于是闾里童昏，贵游总丱角，未窥六甲，先制五言……”[③]即对当时朝野承继南朝诗咏骈文之风甚为不满[④]。

文帝下诏褒奖，以至于泗州刺史司马幼之因“文表华艳”而获罪责。虽则如此，“时俗词藻，犹多淫丽”[⑤]。

平陈之后，晋王杨广任扬州大总管，居江都10年。早在开皇二年，杨广就接受与南朝梁政治联姻的安排，与西梁的第二代皇帝萧岿之女结为夫妻。萧氏年龄大于杨广，其继承了南朝江南文化的传统，具有智慧和教养，杨广因此接受江南文化的熏陶。进驻扬州之后，杨广不仅继续学习吴语，而且“王好文雅，招引才学之士诸葛颖、虞世南、王胄、朱玚等百余人以充学士”[⑥]。杨广本人习文初效法庾信体，后遇见世仕江南、居住在襄阳的南方人士柳䛒后，“文体遂变”[⑦]。杨广即位后，前所招引的学士庾自直（颍川人，仕陈，后入隋）仍受重用。自直“解属文，于五言诗尤善”，“帝有篇章，必先示自直，令其诋诃。自直所难，帝辄改之，或至于再三，俟其称善，然后方出”[⑧]。另外，炀帝还“征天下儒术之士，悉集内史省，相次讲论”[⑨]。“以《三礼》学称于江南”的吴郡人褚辉，“明《尚书》《春秋》”的余杭人顾彪，“撰《毛诗章句义疏》四十二卷”的余杭人鲁世达，均被征招。此外，晋王杨广所招引的文学之士，著名的还有会稽余姚人虞绰，以及仕陈为太子洗马的琅邪临沂人王昚等，杨广频繁参与江南文人学士组织的文学活动，和这里的文人交流互动，其所作诗

① 李林军：《论“徐庾体”的新变》，《辽东学院学报（社会科学版）》2019年第3期。
② 〔唐〕李延寿：《北史》卷八三《庾信传》，中华书局1987年版，第2793—2794页。
③ 《隋书》卷六六《李谔传》，第1544—1545页。
④ 胡政：《李谔〈上书正文体〉的再认识》，《江苏师范大学学报（哲学社会科学版）》2017年第6期。
⑤ 《隋书》卷七六《文学传序》，第1730页。
⑥ 宋冬九、韩隆福：《隋炀帝对江南人才群体形成的影响》，《湖南科技学院学报》2006年第7期。
⑦ 《北史》卷八三《柳䛒传》，第2800页。
⑧ 《隋书》卷七六《文学·庾自直传》，第1742页。
⑨ 《隋书》卷七五《儒学·褚辉传》，第1723页。

歌，将江南诗歌的纤细与北方诗歌的豪迈完美地结合起来，形成一种崭新的诗歌风格，开创了唐代文学的先河①。杨广的哥哥，太子杨勇亦“盛征天下才学士，至于博物洽闻，皆出其下”②，仕居陈朝的明克让、刘臻皆归其门下，秦孝王俊召潘徽为学士③。这些在长江流域素负盛名的文士儒生被征北上，留居藩王幕职，使他们有机会在新的环境下继续从事文学及学术活动，一些人因此颇有建树。如炀帝继立后，虞绰、虞世南、庾自直等奉诏撰《长洲玉镜》④等书 10 余部，虞绰等“常居禁中，以文翰待诏，恩盼隆洽”⑤。诸葛颖其人后“迁著作郎，甚见亲幸。出入卧内，帝每赐之曲宴，辄与皇后嫔御连席共榻”⑥。这些人被征重用，标志着植根于长江流域的六朝文化北上成果空前。隋朝南北文化交流、发展，为唐代中国文化的繁荣提供了可能。

虞世南像

虞世南《孔子庙堂碑》

① 杜晓勤：《试论隋炀帝在南北文化交融过程中的作用》，《北京大学学报》1994 年第 4 期；杜晓勤：《论南北文化交融背景下的隋炀帝诗歌》，《江海学刊》2002 年第 3 期。

② 《北史》卷八三《明克让传》，第 2808 页。

③ 周晓薇、王其祎：《流寓周隋的南朝士人交往图卷：新出隋开皇八年〈朱干墓志〉笺证》，《陕西师范大学学报》2014 年第 4 期。

④ 刘全波：《〈长洲玉镜〉编纂考：兼论中古时期官修类书的因袭与替代》，《华中国学》2019 年第 1 期。

⑤ 《隋书》卷七六《文学·虞绰传》，第 1739 页。

⑥ 《隋书》卷七六《文学·诸葛颖传》，第 1734 页。

## 第三节 唐代中国经济重心的南移

### 一、人口的增多

隋朝末年，全国各地爆发了规模空前的农民起义，长江流域地区也因此受到不同程度的破坏。如萧珗控制长江上游，“东至三峡，南尽交趾，北拒汉川，皆附之，胜兵四十余万”①，直到武德四年(621年)唐朝才予以平定。杜伏威“尽有江东、淮南之地，南接于岭，东至于海”②。军阀朱粲割据长江中游，“所克州县，皆发其藏粟以充实，迁徙无常，去辄焚余赀，毁城郭，又不务稼穑，以劫掠为业。于是百姓大馁，死者如积，人多相应……乃税诸城堡，取小弱男女以益兵粮”，以至于“诸城惧税，皆相携逃散”③。因而，经隋末变乱，长江流域各地虽未如北方那样遭受战争的严重破坏，但人口仍趋于减少。

唐初，长江流域地区人口准确数字史书缺载，但长江下游地区人口增加却是事实。有学者对长江流域五道隋大业户口与唐贞观户口数进行了比较，详见下表④：

**长江流域五道隋大业年间户口与唐贞观户口对比表**

| 地区 | 隋大业户 | 唐贞观户 | 百分比%(隋为100%) |
|---|---|---|---|
| 剑南道 | 360184 | 573754 | 160 |
| 江南道 | 357819 | 404930 | 113.2 |
| 岭南道 | 367365 | 327000 | 89 |
| 山南道 | 727009 | 233183 | 32 |
| 淮南道 | 452976 | 91091 | 20.1 |
| 南方五道小计 | 2265353 | 1629967 | 71.9 |

由此可以看出，长江流域五道中，江南道的人口有了较大程度的增加。另外，武德初年，唐王朝在长江下游新设立了一系列的州县，如武德四年(621年)新设了湖州、台州、处州、楚州、滁州等地方行政机构。新的地方行政机构的设置，表明这些地区有足以具备立州的各种条件，而足够的人口是支撑新的地方行政机构成立的主要因素。再者，贞观(627—649)、开元(713—741)年间，唐政府进行过不同规模的括户，同时也在长江流域新

① 〔五代〕刘昫撰：《旧唐书》卷五六《萧珗传》，中华书局1985年版，第2265页。
② 《旧唐书》卷五六《杜伏威传》，第2268页。
③ 《旧唐书》卷五六《朱粲传》，第2275页。
④ 此表据胡道修：《开皇天宝之间人口的分布与变迁》表四改作，载《中国史研究》1984年第4期。

设了许多县级行政机构。检括逃户户口、新置的州县行政机构，更能说明唐初长江流域人口是增加的①。显庆五年(660 年)、总章元年(668 年)，为维护唐朝构筑的天下秩序，唐高宗派遣大将苏定方、李勣率军出征，联合朝鲜半岛东南部的新罗政权，先后攻灭朝鲜半岛西南方百济、中北部的高句丽两个地方政权，帮助新罗完成朝鲜半岛的统一，唐朝获得半岛百姓数万户。唐廷下令迁徙高句丽人 3 万户，安置于江淮以南、山南、京西、陇右等地②。尽管如此，长江中下游地区的人口密度仍然很小，以致开元初许多地方仍出现猛虎成患之现象。史载淮南地区此时出现"大虫杀人，村野百姓颇费生业，行路之人，常遭死生，州县不以为事，遂令猛兽滋多"③的景况，以至于唐玄宗对此非常重视，派专门人选前往处理。这些地区人口大规模增长要等到安史之乱后才见端倪。

长江上游的剑南道，未受隋末战乱的影响。玄奘法师到达成都，"时天下饥乱，唯蜀中丰静，故四方僧投之者众，讲座之下常数百人，法师理智宏才皆出其右，吴蜀荆楚无不知闻，其想望风徽，亦犹古人之钦李郭矣"④。唐高祖曾命关中饥民"就食剑南诸郡"⑤，其中许多人乐而忘返，定居在该地。因而，剑南道唐初人口在全国首屈一指，呈上升趋势。

## 二、任职长江流域地方官的贡献

贞观初，唐廷任命侍中高士廉为益州大都督府长史。高士廉入蜀后，大力宣传，"随方训诱"，逐渐改变了四川当地"畏鬼而恶疾"之风俗；又疏决都江堰之外的水利工程，"蜀中大获其利"。同时，他还"因暇日汲引辞人，以为文会，兼命儒生讲论经史，勉励后进，蜀中学校粲然复兴"⑥；高氏还对一些隐逸之士进行招抚，在蜀中传为美谈。开元中期，益州长史章仇兼琼在眉州通义郡修通济大、小堰，从新津邛江口引渠南下，行 60 公里入岷江，可灌溉田地 1600 顷；章仇还在蜀州唐安郡修筑了远济堰，灌溉通义、彭山二县的田地；天宝年间(742—755)，章仇氏在成都附近修筑了万岁池堤，积水灌田⑦。

武德三年(620 年)，荆湘道行军总管李孝恭平定了割据江陵地区的萧铣政权，随即在

---

① 韩国磐：《隋唐五代史论集》，三联书店 1979 年版，第 130—131 页。

② 《通典》卷七《食货》，第 148—149 页。另参拜根兴：《唐代高丽百济移民研究：以西安洛阳出土墓志为中心》，中国社会科学出版社 2012 年版。

③ 〔清〕董诰撰：《全唐文》卷二七《命李全确往淮南捕虎法诏》，上海古籍出版社 1990 年版，第 307 页。

④ 〔唐〕慧立、彦悰：《大慈恩寺三藏法师传》卷一，中华书局 2000 年版，第 7 页。

⑤ 〔清〕董诰等：《全唐文》卷一《定户口令》，第 18 页。

⑥ 《旧唐书》卷六五《高士廉传》，第 2442 页。

⑦ 〔宋〕欧阳修、宋祁撰：《新唐书》卷四二《地理志》，中华书局 1985 年版，第 1080—1081 页。

江陵“开置屯田，创立铜冶”①，当地百姓、官府获利不少。武德五年，胡俨为袁州新喻（今江西新余市）县丞，“毗赞一同，政敷百里，惠风嘉咏，远肃迩安”②。

光宅元年（684年），朗州（治今湖南常德市）刺史胡处立在辖区武陵开凿永泰渠，既可通漕，“且为火备”；开元二十七年（739年），刺史李琎又在这里修筑北塔堰，“接古专陂，由黄土堰注白马湖……溉田千余顷”。武陵地区还有圣历初年县令崔嗣业所修的津石陂、槎陂等水利工程③。这些水利工程的兴修，为该地区农业高产丰收提供了保证，有利于长江中游经济的持续发展。

长江下游地区的经济自六朝以来就得到相当程度的开发。到唐初，这一地区更步入了繁荣发展的轨道。各地官吏利用当地独特优越的自然条件，大力兴修水利，发展农业生产，并取得了显著的成果。武德二年，润州丹阳县令对境内的池塘进行了整治疏通，号称南、北二塘，用于灌溉农田。贞观十二年（638年），杭州余杭郡富阳县令郝某在县北开阳陂湖。开元中，明州鄮县令王元纬在县南开小江湖，灌溉田地800顷，当地百姓立生祠表示感激之情；天宝二年（743年），县令陆南金在县东开凿西湖，溉田500顷。泉州莆田县有沥鲟塘、横塘、颉阳塘、国清塘，总灌溉田地达1200余顷，均为贞观年间（627—649）修建。另外，贞观十八年（644年），江南道长史李袭誉在扬州江都县筑勾城塘，溉田800顷。圣历中（698—700），湖州安吉县令钳耳知命引天目山水筑石鼓堰，溉田百顷。楚州盐城县内有白水塘、羡塘，武则天证圣元年（695年）曾在这里开置屯田。开元中，和州（治今安徽和县）历阳县丞韦尹引长江水至县城周围，溉田500顷④。

杭州西湖圣塘闸门刻白居易《钱塘湖石记》

① 《旧唐书》卷六〇《李孝恭传》，第2348页。

② 周绍良主编：《唐代墓志汇编》上册，《大唐故文林郎新喻县丞胡府君墓志铭》，上海古籍出版社1992年版，第26页。

③ 《新唐书》卷四〇《地理志》，第1029页。

④ 《新唐书》卷四一《地理志》，第1053页。

这一时期为预防海潮袭击，增加大运河运输能力，还有以下几项工程：开元二十二年（734 年），为了缩短漕船在长江上的航程，润州刺史齐澣带领当地百姓，在今天的扬子桥到瓜洲镇之间，开凿了一条 12.5 公里长的伊娄河，为江南运河增添了一个新的运口。“岁利百亿，舟不漂溺”。从此以后，“由于瓜洲运河距离江南运河的北口较近，容易渡江，故一直是长江北岸的重要运口”①，有利于当地经济文化的繁荣发展。开元年间，杭州钱塘县有捍海塘堤，长 62 公里，保证了当地农作物免遭海潮袭击。

### 三、唐初长江流域经济的发展

天宝二年（743 年）三月二十六日，唐玄宗登上长安城东新建的望春楼，面对由陕郡太守、水陆转运使韦坚历经两年建造，碧波涟涟的广运潭②，极富历史性地检阅了满载于船舶，来自全国各地的土特产。而长江流域地区各个州县的农产品、手工业品独领风骚，显示了这一地区经济的空前繁荣，获得了玄宗的青睐。据史书所载，长江流域各州郡所贡特产如下：

广陵郡（治今江苏扬州）：锦、铜镜、铜器、海味；

会稽郡（治今浙江绍兴）：铜器、罗、吴绫、绛纱；

丹阳郡（治今江苏镇江）：京口绫衫缎；

晋陵郡（治今江苏常州）：折造官端绫绣；

豫章郡（治今江西南昌）：名瓷、酒器、茶釜、茶铛、茶碗；

宣城郡（治今安徽宣州）：空青石、纸笔、黄连；

始安郡（治今广西桂林）：蕉葛、蚺蛇胆、翡翠；

吴郡（治今江苏苏州）：三破糯米、方丈绫；

南海郡（治今广东广州）：玳瑁、真（珍）珠、象牙、沉香。

上列 9 郡，其中江南道有 7 郡，岭南道 2 郡，故多是长江下游地区。长江流域的土特产云集京城，而驾船者头戴大笠，“宽袖衫，芒履，如吴越之制”③，既体现了长江流域经济发展的突出成绩，当然也是这一地区文化在京师乃至黄河流域的一次大亮相。西京长安士庶从这看似儿戏的场面中，目睹了吴越民俗文化的风景画面，从一个侧面肇启了长江文化勃兴

① 马正林：《唐宋运河述论》，见《运河访古》论文集，上海人民出版社 1986 年版。

② 史载：“自西汉及隋，有运渠自关门西抵长安，以通山东租赋。（韦坚）奏请于咸阳拥渭水作兴成堰，截灞浐水傍渭东注，至关西永丰仓下与渭合。于长安城东九里长乐坡下、浐水之上架苑墙，东面有望春楼，楼下穿广运潭以通舟楫，二年而成。”《旧唐书》卷一〇四《韦坚传》，第 3222 页。另，《新唐书》卷五三《食货志》亦有相类似的叙述，第 1367 页。

③ 《旧唐书》卷一〇五《韦坚传》，第 3222—3223 页。

的瑞兆，同时也表明长江流域经济已发展到足以和北方经济相抗衡的程度。

唐代蟠龙铜镜

隋唐瑞兽铭文带镜

唐代越窑八棱净水瓶

唐宝相花镜

唐海兽葡萄铜镜

唐代越窑生产的青瓷罐

唐代越窑生产的青瓷蟠龙罂

## 四、安史之乱对北方经济的破坏

天宝十四载（755 年）十一月，唐河东、范阳、卢龙三镇节度使安禄山以“清君侧”为名，发动蓄谋已久、旨在推翻唐政权的军事叛乱。数十年的歌舞升平导致唐王朝北方各地军队在叛军的疯狂进攻面前节节败退，唐玄宗在潼关失守后仓皇逃离长安。叛军攻占了洛阳、长安。此后八年(755—762)，唐王朝所辖的朔方、河东诸军与叛军进行了旷日持久的战争。宝应元年(762 年)，唐代宗下诏，“以二凶继乱，郡邑伤残，务在禁暴戢兵……凡为安史诖误者，一切不问”①。这样，长达八年之久的安史之乱，才最终宣告结束。

安史之乱虽被平定，但黄河流域经济发达地区却因战争破坏而人口锐减，遍地哀鸿。郭子仪在其奏疏中明确写道：“夫以东周之地，久陷贼中，宫室焚烧，十不存一。百曹荒废，曾无尺椽，中间畿内，不满千户。井邑榛棘，豺狼所嗥，既乏军储，又鲜人力。东至郑汴，达于徐方，北自覃怀，经于相土，人烟断绝，千里萧条。”②昔日繁荣富足的中原大地已不复存在，唐王朝直面经济的衰退和民心的游离。有学者根据《旧唐书》《新唐书》的“地理志”记载，以及唐宪宗元和年间宰相李吉甫撰写的《元和郡县图志》等史书，统计黄河流域 10 万户以上府州的人户(主要是今河北、河南、山西、陕西等省)都有大幅度的下降。其中京兆府下降 33%，河南府下降 91%，汴州下降 93%，魏州、相州各下降 96%，冀州、沧州均下降 93%，贝州下降 80%，太原府下降 3%，宋州下降 96%③。由于户口减少，加之安史之乱后黄河流域各地大大小小的地方藩镇各自为政，如魏博镇“郡邑官吏，皆自署置，户版不稽于天府，税赋不入于朝廷”④；成德镇李宝臣“与薛嵩、田承嗣、李正己、梁崇义等连结姻娅，互为表里，意在以土地传付子孙，不禀朝旨，自补官吏，不输王赋”⑤。藩镇之间又频起战争，加深了中原各地广大百姓的痛苦，黄河流域的社会生产亦受到再度摧残。作为唐政府粮赋主要来源之一的两河地区优势丧失殆尽，一向号称富庶的关中渭河平原亦因各种原因失去了往日的风采。

在此严峻形势下，唐中央不得不向长江流域各地寻找财赋来源。诗人杜甫对当时“河南、河北贡赋未入，江淮转输异于曩时”的情状十分了解，指出：“惟独剑南，自用兵以来税赋则殷，部领不绝，琼林诸库，仰给最多。蜀之土地膏腴，物产繁富，足以供王命也”⑥。而此前理财名臣第五琦在成都则向唐玄宗建议：“方今之急在兵，兵之弱强在赋，赋之所出，江淮居多。”⑦韩愈《送陆歙州诗序》亦载云：“当今赋出于天下，江南居十九。宣使之所察，歙为富州。宰臣之所荐闻，天子之所选用，其不轻而重也较然矣。如是而赍谘

① 《旧唐书》卷一四一《田承嗣传》，第 3837 页。
② 《旧唐书》卷一二〇《郭子仪传》，第 3457 页。
③ 曹尔琴：《唐代经济重心的转移》，见《历史地理》第 2 辑。
④ 《旧唐书》卷一四一《田承嗣传》，第 3838 页。
⑤ 《旧唐书》卷一四二《李宝臣传》，第 3866 页。
⑥ 〔唐〕杜甫：《为阆州王使君进论巴蜀安危表》，《全唐文》卷三五九，第 3651 页。
⑦ 《旧唐书》卷一二三《第五琦传》，第 3517 页。

涕洟以为不当去者，陆君之道，行乎朝廷，则天下望其赐；刺一州，则专而不能咸。先一州而后天下，岂吾君与吾相之心哉？于是昌黎韩愈道愿留者之心而泄其思，作诗曰：我衣之华兮，我佩之光。陆君之去兮，谁与翱翔。敛此大惠兮，施于一州。今其去矣，胡不为留。我作此诗，歌于逵道。无疾其驱，天子有诏。”①还有，同一时期，唐德宗曾眼巴巴地期盼漕运江南的粮米到达京师长安，并和太子击掌相庆，言道“米已至陕，吾父子得生矣”这样令人感动的话语。虽然杜甫、第五琦、韩愈三人所说内容不同，但都足以说明安史之乱后，唐廷的经济来源大多倚重江南地区，其经济重心已开始转向长江流域。也就是说，中唐以后，唐王朝所需的粮食几乎全部依赖于漕运，长江流域的粮赋经漕运源源不断地经大运河北上，运抵两京。长江流域已完全成为中国经济发展的重心所在。

## 五、安史之乱后长江流域经济的繁荣

正当安史叛军占领东都洛阳，积极南下江淮之时，唐南阳太守鲁炅曾率当地军民艰守南阳一年，后撤至襄阳抵抗，这不仅为唐平叛大军牵制了叛军的有生力量，而且遏止了“贼欲南侵江、汉”的势头，从而使“南夏得以保安”②。因而，长达八年的安史之乱，江南地区基本上未曾受到战争的波及，这里的社会经济得以持续发展，进而也使得江南地区所在的长江流域成为战后唐王朝紧紧依赖的对象。

前已述及，诗人杜甫、韩愈，以及理财家第五琦对长江流域各地的财赋优势均有精辟的见解。建中三年（782 年），计臣赵赞上奏说：“请为两都、江陵、成都、扬、汴、苏、洪等州置常平轻重本钱，上至百万贯，下至十万贯，收贮斛斗匹段丝麻。”③这里所提到的多是长江流域的州郡。贞元（785—804）年间，江淮一带发生水灾，权德舆上疏说：“江东诸州，业在田亩，每一岁善熟，则旁资数道。”④对此，元和年间（806—820）罗让更有较详细的论证：

> 今国家内王畿外诸夏，水陆绵地，四面而远，而输明该之大贵，根本实在于江淮矣。何者？陇右、黔中、山南以还，硗瘠啬薄，货殖所入，力不多也；岭南、闽蛮之中，风俗越异，珍好继至，无大赡也；河南、河北、河东以降，甲兵长积，农厚自任，又不及也；在最急者，江淮之表里天下耳！⑤

元和年间唐宪宗力主平定藩乱，根据当时臣僚们所上奏疏所说：“天宝以后，戎事方

---

① 〔唐〕韩愈著，马其昶校注、马茂元整理：《韩昌黎文集校注》卷四，上海古籍出版社 2014 年版，第 258—259 页。

② 《旧唐书》卷一一四《鲁炅传》，第 3363 页。

③ 《新唐书》卷五三《食货志》，第 1368—1369 页。

④ 《全唐文》卷四八六《论江淮水灾上疏》，第 4962 页。

⑤ 《全唐文》卷五二五《对才识兼茂明于体用策》，第 5335 页。

殷，两河用兵。户赋不入，军国费用，取资江淮。”[①]唐宪宗采纳臣僚之建议，很好地利用江淮地区丰裕的财赋，采取行之有效的措施，积极讨平藩镇，最终实现了“元和中兴”的大业。另外，也就在元和年间，出现了众所周知的“扬一益二”说法。这些都说明，唐政府的财赋来源，大部分依靠长江流域各地，在平定藩镇叛乱的重大军事行动中，粮秣供给也和江南地区密不可分。正因如此，有学者认为中国封建社会时期经济重心的南移，到此时也已完全到位[②]。

**(一)农业**

据笔者统计《新唐书·地理志》记载，安史之乱后至唐末，长江中下游地区共修筑水利工程五十七项，其中有明确记载的灌溉田亩数达3万余顷[③]。太湖地区水稻单位面积产量比原来有很大的提高。据记载，江西余干县有“亩钟之地”，而润州丹阳县则有亩产达“倍钟”的良田。对此，诗人李华述云：“大江、具区惟润州，其薮曰练湖，幅员四十里……厌饫江淮。其旁大族豪家，泄流为田，专利上腴，亩收倍钟，富剧淫衍。”[④]郑学檬先生据此也认为，唐代“湖州及临近的苏、常地区水稻亩产量应在四至六斛(唐制)”[⑤]，这一估价值得重视。而江南的另外一些州县则进行“稻麦轮作”，便于发挥自然优势，挖掘土地潜力，提高单位面积产量。

长江中游的鄱阳湖、赣水流域，在唐中后期发展迅速。白居易说：“江西七郡，列邑数十，土沃人庶，今之奥区，财赋孔殷，国用所系。”[⑥]德宗贞元八年(792年)，山南东道节度使嗣曹王李皋在当地“平塞古堤”，“广良田五千顷，亩收一钟。又规江南废洲为庐舍，架江为二桥。荆俗饮陂泽，乃教人凿井”[⑦]。元和五年(810年)，于季文为洪州武宁县令，“在官清慎，遏强抚弱，顷岁逋逃者复业数千户，政声洋溢”[⑧]。大和七年(833年)，襄州(治今湖北襄阳市襄城区)刺史王起充山南东道节度使，当时“江汉水田，前政挠法，塘堰缺坏”，王起到任伊始，即任命属官李业巡视下辖州郡，专门负责修缮堤坝水利工程事务，并制定了严

① 《全唐文》卷六三《上尊号赦文》，第677页。

② 郑学檬：《唐五代江南经济研究述评》，见《中国唐史学会论文集》第4辑，三秦出版社1991年版；收入郑学檬：《点涛斋史论集：以唐五代经济史为中心》，厦门大学出版社2016年版，第277—284页。

③ 《新唐书》卷四一《地理志》，第1051—1078页。

④ 〔唐〕李华《润州丹阳县复练塘颂(并序)》，《全唐文》卷三一四，上海古籍出版社1991年版，第1411页。

⑤ 郑学檬：《唐五代太湖地区经济试探》，载《学术月刊》1983年第3期。

⑥ 〔唐〕白居易撰，朱金城笺注：《白居易集笺校》卷五五《除裴堪江西观察使制》，上海古籍出版社2003年版，第3175—3176页。

⑦ 《新唐书》卷四〇《地理志》，第1028页。

⑧ 周绍良等主编：《唐代墓志汇编》下册(元和078年)，《唐故洪州都督府武宁县令于府君墓志铭并序》，第2002页。

格的水法，结果“民无凶年”①。另外，朗州境内中唐以后修筑了考功堰、古史堰等水利设施，灌溉田地达5000余顷。如上所述，长江中下游地区的大量粮食物资，这一时期多先集中运抵扬州，然后通过大运河，辗转漕运至洛阳、长安，解决两京的粮食短缺问题。

长江上游的四川地区，据史书记载，安史之乱后这里的人户大幅度减少，有学者研究认为是由于“当地许多地方官隐瞒民户，不如实向中央申报”，“大量土户变成客户”的缘故②。事实上，剑南两川的人口和唐前期比较，明显呈上升趋势；由于这一地区未受大的动荡和战争的摧残破坏，农业生产保持了持续增长的势头。贞元年间（785—804），韦皋任剑南西川节度使，在任二十一年，“务私其民，列州互除租，凡三岁一复”；“绢宁遐夷，兵休边陲，人获富庶”，当地百姓安居乐业。韦皋死后，“蜀人德之，见其遗像必拜，凡刻石著皋名者，皆镵其文尊讳之”③。元和年间，名臣武元衡、王播、李逢吉等先后任职剑南西川并多有建树，促进了剑南西川经济的发展。大和四年（830年），李德裕为剑南西川节度使，任内颇多治绩。到宣宗大中六年（852年），白敏中权领剑南使务之时，这里已有“大中六年四月，诏以丞相……镇蜀，蜀为奥壤，领州十四、县七十一，兵士五万”④的记载，即据此初步计算，其人口应有百万之多。这一地区出产的“麻”可和吴地的盐相媲美，杜甫诗有“蜀麻吴盐自古通，万斛之舟行若风”之句，这既说明了长江流域各地货物往来频繁，同时也显示出蜀麻在四川与其他地域贸易中的重要地位。四川的种茶业也闻名全国。蒙山（今四川雅安境内）的蒙顶茶以及乌觜茶、九华英，在全国享有盛名，许多诗人都有吟咏诗作传世。

唐代筒车和江东犁

① 《旧唐书》卷一六四《王起传》，第4279页。

② 翁俊雄：《唐代“三川”社会经济初探》，见《古代长江上游的经济开发论文集》，西南师大出版社1989年版。

③ 《新唐书》卷一五八《韦皋传》，第4937页。

④ 《全唐文》卷七四四《成都记序》，第7703页。

值得注意的是，长江流域在这一时期还推广使用了一些先进的农业生产工具，如四川的连筒、江东犁等，也有力地推动了当地农业生产的发展。

**(二)手工业**

长江上游剑南道的丝织业发展迅速，史载这里“人多工巧，绫锦雕镂之妙，殆侔于上国”①。蜀郡所出的锦闻名全国，其他郡也主要以锦、绫、罗、绵等丝织物充为贡品。景龙年间(707—710)，剑南道上献给安乐公主的“单丝碧罗裙”即为传世珍品。剑南道的丝织品多批量生产。安史叛军攻陷潼关，玄宗西逃四川，途经扶风(今陕西扶风)，当时禁军将士多不愿南下，情况十分危急。恰在此时，“成都贡春彩十余万匹至扶风，上命悉陈之于庭，召将士入……”②从而避免了兵变的再度发生。这里的能工巧匠自古有名，文宗大和年间(827—835)，李德裕为剑南西川节度使，遣人至南诏，迎回以前被俘的工匠，“得僧道工巧四千余人，复归成都”③。由此可见，当时流落南诏及吐蕃的能工巧匠很多，而剑南西川境内能工巧匠的总人数必然远远超过以上数目。

剑南道出产的麻纸是唐朝廷诏敕、文书、书籍的主要用纸。开元时，“甲乙丙丁四部书各为一库……两京各一本，共十二万五千九百六十卷，皆以益州麻纸写”④。唐中后期，蜀地所造的纸品种增多，史载“蜀之麻面、屑末、滑石、金花、长麻、鱼子、十色笺”⑤，在全国造纸行业中名列前茅。特别是薛涛、谢师厚所制的薛涛笺、谢公笺，更深受当时名流学者推崇。晚唐诗人郑谷《蜀中三首》诗中有“浣花笺纸一溪春”⑥之句；而韦庄《乞彩笺歌》也有“也知价重连城璧，一纸万金尤不惜”⑦，都说明了这种纸质地好，价值高。造纸业的发展，推动了雕版印刷业的兴盛。蜀郡所雕印的日历在唐末可称一绝，开启了中国印刷业的先河。成都是剑南道最大的商业城市，长江水道将蜀地的农产品、手工业产品源源不断地运至长江流域其他地区和广大的北方；陆路交通因新的道路开辟呈现勃勃生机，促进了剑南和其他地区的贸易往来。成都城内有东市、西市等商业交易场所，杜甫诗云：“南市津头有船卖”，说明成都还开辟了经营航运物资的南市。市的开辟和扩大，展现出唐中后期成都商业发展的繁荣景象⑧。

① 《隋书》卷二九《地理志》，第830页。
② 〔宋〕司马光撰：《资治通鉴》卷二一八，唐肃宗至德元载(756年)，第6976—6977页。
③ 《旧唐书》卷一七四《李德裕传》，第4519页。
④ 《旧唐书》卷四七《经籍志》，第2082页。
⑤ 〔唐〕李肇：《唐国史补》卷下，上海古籍出版社1983年版，第60页。
⑥ 《全唐诗》卷六七六《蜀中三首》，第7742—7743页。
⑦ 《全唐诗》卷七〇〇《乞彩笺歌》，第8044页。
⑧ 谢元鲁：《论“扬一益二”》，见《唐史论丛》第3辑，陕西人民出版社1987年版。

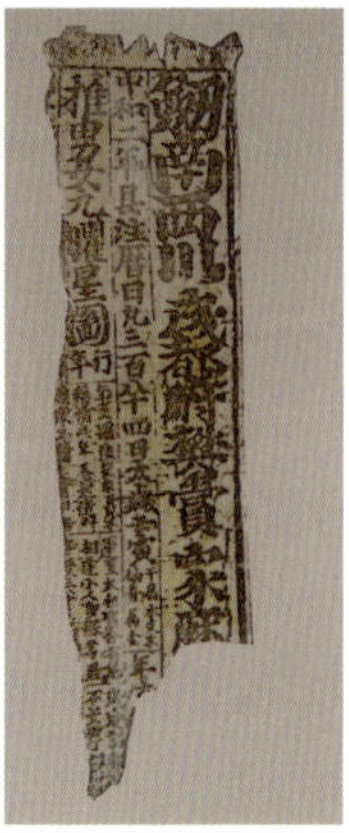

唐中和二年(882年)四川成都府樊赏家刻印的历书

成都杜甫草堂中的杜甫塑像

成都杜甫草堂大门

成都杜甫草堂内景

江南八道(淮南、浙西、浙东、宣歙、鄂岳、江西、湖南、福建)，即长江中下游地区，是唐代中后期封建王朝的经济命脉所在。由于扬州地傍东海，坐落在长江和大运河的交汇处，兼有海运、江运、漕运之便，加之长江流域各地贡赋先运集至扬州，扬州遂成为一个巨大的贡赋转运的集散地，这里的商品经营、对外贸易十分发达。

另外，扬州户口数增长很快。武德年间(618—626)有23160户，94347口；到天宝年间(742—755)，增加到77150户，467857口。人口自然增长固然是重要原因，而商业活动活跃，扬州城内流动人口很多亦不可低估。远道而来的大食、波斯商人的经营活动，使扬州进入国际商业城市的行列。1980年在扬州蜀岗唐代残墓中发掘出的一件绿色彩绘的阿拉伯文"真主至大"陶瓷背水壶即是明证。据文献记载，唐代后期扬州城内的大食、波斯等国商人人数很多。肃宗时，田神功为搜剿刘展叛乱，"为邓景山所引，至扬州，大掠百姓商人资产，郡内比屋发掘略遍，商胡波斯被杀者数千人”①。由此可见，当时在扬州经商的外籍人士数量可观。具体来说，田神功一次就滥杀无辜数千人，而实际在扬州经商的外籍商人人数会更多。扬州出产的铜器非常著名，“扬州旧贡江心镜，五月五日扬子江中所铸也。或言无有百炼者，或至六七十炼则已，易破难成，往往有自鸣者”②，是谓“扬州青铜作明镜，暗中持照不见影”③，成为时人喜爱的手工业产品，也是扬州主要的贡品。

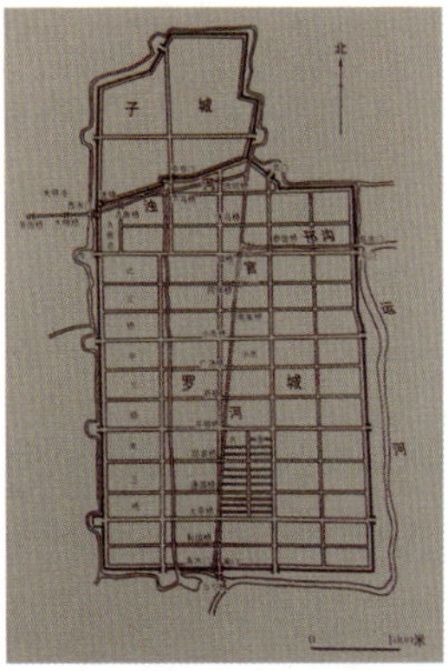


唐代扬州城平面图

唐代扬州城国罗城西门遗址

唐代扬州城遗址出土的黄釉纹胎瓷碗

唐代扬州出产的真子飞霜铜镜

### （三）商业

长江流域地区的商业活动频繁。除白天贸易外，晚上还有夜市。是所谓“君到姑苏见，人家尽枕河。古宫闲地少，水港小桥多。夜市卖菱藕，春船载绮罗。遥知未眠月，相思在渔歌”④。又有“去越从吴过，吴疆与越连。有园多种橘，无水不生莲。夜市桥边火，

① 《旧唐书》卷一二四《田神功传》，第 3533 页。

② 〔唐〕李肇：《唐国史补》卷下，上海古籍出版社 1983 年版，第 67 页。

③ 《全唐诗》卷三八二《白头吟》，第 4286 页。

④ 《全唐诗》卷六九一《送人游吴》，第 7925 页。

春风寺外船……”[1]扬州城“夜市千灯照碧云，高楼红袖客纷纷。如今不似时平日，犹自笙歌彻晓闻”[2]。随着扬州等城市夜市商品交易的活跃，城市的夜生活也日趋丰富，市民文化随之出现。

据文献记载，扬州有一名叫王生的人，时人称其王四舅，“匿迹货殖，厚自奉养”，扬州的富商大贾，质库酒家，“得王四舅一字，悉奔走之”[3]。看来这位善于经营的富商，不仅经营有方，而且还有一定的知识素养和书法技能。当然，唐代善于书艺的人不止从事科举的士子及官员。

各地的庙会、夜市和草市丰富了市民生活，增强了这一区域经济运行的速度，显示出长江文化的独特魅力。如越州观察使皇甫政曾于宝林寺“大设斋，富商来集”，并“大陈伎乐”，“百万之众，鼎沸惊闹”[4]。楚州龙兴寺，“寺前素为郡之戏场。每日中，聚观之徒，通计不下三万人”。同时，市民的节日游宴及季节性的游赏活动次数也增多，城市和乡村生活的差别愈来愈大[5]。长江下游各大城市的娼妓业兴盛，白居易等地方官吏蓄娼在当时已是十分平常的事情[6]，而市井娼楼及从事娼妓业的人文化素养之高都是令人吃惊的。文人与妓女诗酒唱和，并把妓女所唱的歌词（多俚俗之词）按照已有的乐谱加以改作，最早的词由此开始出现、流行。刘禹锡以民间的《竹枝》“伧伫”，给其另填新词就是例证[7]。随着这些有名诗人的参与改作，到晚唐时代，词的文学形式为世人所接受。市民文化，也可以说妓女和诗人的合璧，对词的文学形式的形成功不可没。

除上述的扬州、成都、苏州外，长江流域重要的商业城市还有润州、越州、杭州等。润州（今江苏镇江）位于江南河与长江的交汇处，同样是大运河上一个重要的商品集结地和停泊码头。每当长江风浪骤起，商船多在这里躲避风浪，是谓“秋江欲起白头波，贾客瞻风无渡河，千船火绝寒宵半，独听钟声觉寺多”[8]。杭州位于运河的最南端，有“江南列郡，余杭为大”之誉，它是除广州、扬州之外的又一通商口岸，所谓“水牵卉服，陆控山夷，骈樯二十里，开肆三万室”[9]，即是当时海外贸易发达，城市商业交易空前的明证；另外，还可从

① 《全唐诗》卷六九一《送友游吴越》，第 7926 页。

② 《全唐诗》卷三〇一《夜看扬州市》，第 3430 页。

③ 〔唐〕李肇：《唐国史补》卷中，上海古籍出版社 1983 年版，第 46—47 页。

④ 〔宋〕李昉编：《太平广记》卷四一《黑叟》，中华书局 1961 年版，第 259 页。

⑤ 林立平：《中唐后城市生活的“俗世化”趋向》，见《中国唐史学会论文集》第 4 集。

⑥ 白居易、元稹在任内多狎妓。清人赵翼诗：“风流太守爱魂消，到处春翘有旧游。想见当时疏禁网，尚无官吏宿娼条。”

⑦ 王书奴：《中国娼妓史》，上海三联书店 1988 年版，第 102 页。

⑧ 《全唐诗》卷四六八《夜泊润州江口》，第 5326 页。

⑨ 《全唐文》卷三一六《杭州刺史厅壁记》，第 3206 页。

"东眄巨浸，辏闽粤之舟橹，北倚郭邑，通商旅之宝货"[1]窥其一斑。越州的丝织业发展很快，史载"初，越人不工机杼，薛兼训为江东节制，乃募军中未有室者，厚给货币，密令北地娶织妇以归，岁得数百人。由是越俗大化，竞添花样，绫纱妙称江左矣"[2]。在当时特殊情况下，以此形式延引北方纺织人才，促使北方丝织技术南下，并获得突出成效，实属难能可贵。

长江中游的洪州、潭州、江州、襄州也是有一定影响的城市。出入黄河要津所用的桥船多是"潭、洪二州造送"[3]。襄州人善于制作漆器，"天下取法，号为襄样"[4]，这里每年都有漆器制品上贡，远近闻名。长江中游沿岸码头的草市很多[5]，体现了当地经济发展繁荣的气象。各地的商人还进行远途转运贸易。木材商徐彦成"恒业市木，丁亥岁，往信州（治今江西上饶市）汭口场，无木可市，泊舟久之"，不久，"木材大至，良而价廉"，徐氏将其泊载至秦淮，获得了数十万的利润[6]。宣城郡（治今安徽宣城）鱼商刘成、李晖等人，"尝用巨舫载鱼蟹，鬻于吴越间"[7]。这些商业活动的开展，使长江流域各地的农副产品在转运交易中互相补充，不仅丰富了各个地区百姓的生活，而且有利于长江流域经济都会的增多和繁荣。这样，在北方经济因战乱等原因受到摧残破坏而停滞不前的状况下，长江流域因经济的空前繁荣受到唐王朝的极大重视，进而成为唐王朝的衣食命脉，同时也促进了这一地区经济的进一步兴盛。与此同时，伴随着中原大量知识分子南迁，长江流域文化在经济高度发展的前提下，在地区整体文化素养普遍提高的土壤中，萌发出前所未有的勃勃生机，呈现出勃兴局面。

## 第四节　安史之乱与中华文化

唐代安史之乱，不仅是唐朝由盛转衰的导火线，而且是中国文化史上一件重大事件，中国古代经济重心南移已迈开矫健的步伐。这次事件之后，中国南北文化的布局发生了根本性的变化，黄河文化日趋衰落，长江文化蒸蒸日上，并逐渐确立了中华文化的主导地位。钱穆先生说："唐中叶以前，中国经济文化之支撑点，偏倚在北方（黄河流域）。唐中

① 《全唐文》卷八九五《杭州罗城记》，第 9346—9347 页。
② 〔唐〕李肇：《唐国史补》卷下，第 65 页。
③ 〔唐〕李林甫等：《大唐六典》卷七《尚书工部郎中》，三秦出版社 1991 年版，第 156 页。
④ 〔唐〕李肇：《唐国史补》卷中，第 37 页。
⑤ 牟发松：《唐代长江中游的经济与社会》，武汉大学出版社 1989 年版，第 188—211 页。
⑥ 《太平广记》卷三五四《徐彦成》，第 2806—2807 页。
⑦ 《太平广记》卷四七〇《刘成》，第 3872 页。

叶以后，中国经济文化支撑点，偏倚在南方（长江流域）。这一大转变，以安史之乱为关捩。”①郑学檬先生具体阐述中国经济重心南移的起始点为安史之乱。他研究总结出安史之乱后南方农业经济发展的两大特点，这就是农业经济向广阔的丘陵山区地带深入，构成了当时平原地区和丘陵山区农业经济协调发展的趋势，平原与丘陵山地经济发展的不平衡开始缩小；农业经济虽然还以粮食生产为中心，但已努力朝多种经营方向发展，经济作物的种植普及相当快。南方商品经济发展也呈现农业商品化的扩大，地方性小市场的扩大，海上交通和对外贸易的发展三大特点。②

## 一、安史之乱对黄河文化的影响

安史之乱对黄河文化来说，是一次毁灭性的、极其重大的破坏。在首当其冲的河北地区，“壮者死锋刃，弱者填沟壑”③，呈现“郡为战区，露胔蔽野”④的凄惨悲凉景象。

在中原地区，由于广大区域“久陷贼中”，副元帅郭子仪上表陈奏云：“（东都）宫室焚烧，十不存一。百曹荒废，曾无尺椽；中间畿内，不满千户。井邑榛荆，豺狼所嗥。既乏军器，又鲜人力。”⑤唐代宗时刘晏在给元载的书信中亦提及：“函陕凋残，东周尤甚。过宜阳熊耳至于武牢成皋，五百里中，编户千余而已。”⑥在战争后期，昔日十分繁荣富庶的洛阳周围地区，荒凉至极。“东至郑汴，达于徐方，北自覃怀（今河南武陟县西），经于相土（今河南安阳），人烟断绝，千里萧条。”⑦“洛阳诸郡人相食，城邑榛墟。”⑧又经回纥兵士抢掠，洛阳坊市及郑、汝等州“比屋荡尽，人悉以纸为衣，或有衣经者”⑨。京都长安所在的关内地区，同样是“人烟眇萧瑟”，大批关中人民被“残害为异物”⑩。“关中北至河曲，人户无几”⑪。昔日宏伟壮丽、繁花似锦的唐都长安城，自天宝以后，“日渐衰耗”⑫。

经过这次战争大浩劫，使昔日称盛一时的黄河文化走向衰落，并从此一蹶不振。相反，安史之乱却为南方长江文化的崛起和繁荣提供了千载难逢的机会。

---

① 钱穆：《国史大纲》（修订本）下册，商务印书馆2005年版，第704页。
② 郑学檬：《中国古代经济重心南移和唐宋江南经济研究》，岳麓书社1996年版，第17页。
③ 《新唐书》卷二二五《逆臣传》，第6428页。
④ 《新唐书》卷一三六《李光弼传》，第4584页。
⑤ 《旧唐书》卷一二〇《郭子仪传》，第3457页。
⑥ 《旧唐书》卷一二三《刘晏传》，第3513页。
⑦ 《旧唐书》卷一二〇《郭子仪传》，第3457页。
⑧ 《新唐书》卷二二五《逆臣传》，第6432页。
⑨ 《旧唐书》卷一九五《回纥传》，第5204页。
⑩ 《全唐诗》卷二一七《北征》，第2275—2276页。
⑪ 《旧唐书》卷一二〇《郭子仪传》，第3462页。
⑫ 〔清〕赵翼：《廿二史札记》卷二〇《长安地气》，中国书店1987年版，第276—277页。

## 二、安史之乱对长江文化的影响

### (一)大批北人的南迁

安史之乱爆发后,一些地方官看到时局维艰,难以收拾,纷纷举家南迁躲避战乱。弘农人杨於陵,其父曾任宋州单父(今山东单县)县尉,天宝末年全家居住于河朔地区。安史之乱后,其父死于乱军之中,年仅6岁的杨於陵随家南迁至江南,定居扬州①。衢州(今浙江衢州市)司士参军李涛"会河朔军兴,避地江表……乾元二年(759年)六月十六日寝疾,终于润州"②。

元和时宰相、著名文士权德舆,其父权皋天宝中颇为安禄山看重,被授蓟县节度使掌书记;权皋察觉安禄山将要叛乱,十四载(755年)奉安禄山之命赴京师长安,时"禄山男庆和承恩尚主,皋在京亲礼会毕归本道",途经河阳(今河南孟县南),权皋诈死逃跑,"昼夜南去",渡长江后先居洪州,后定居于润州丹徒县③。诗人卢纶天宝末年举进士,遇乱不第,后奉亲避地鄱阳(今属江西),与郡人吉中孚结为林泉之友④。德宗朝宰相崔祐甫,"属禄山构祸,东周陷没,公提挈百口,间道南迁,讫于贼平,终能保全……"⑤诗人元结,天宝乱后,他率邻里千余家南迁至襄、汉,举义师"宛、叶之间,有婴城扞寇之功"⑥,后又举族南徙江西瑞昌的瀼溪,自号漫叟,在那里写有不少名作佳篇。除以上所列史料之外,见于周绍良、赵超主编的《唐代墓志汇编》下册,南迁的北方人士也不少,现列表如下:

《唐代墓志汇编》所见南迁北方人统计表

| 人　名 | 原居地 | 官职 | 迁居地 | 是否返回 | 资料出处 |
|---|---|---|---|---|---|
| 李氏(陈公/故妇) | | | 终于越州旅第 | 否 | 《唐代墓志汇编》第1742页 |
| 王府君 | 河北易县 | 兵部常□上柱国 | 云林(江苏金坛) | 返 | 《汇编》第1834页 |

① 《旧唐书》卷一六四《杨於陵传》,第4292页。

② 周绍良等主编:《唐代墓志汇编》下册(大历035年),《皇唐五从叔祖故衢州司士参军府君墓志铭并序》,上海古籍出版社1992年版,第1783页。

③ 〔唐〕封演撰,赵贞信校注:《封氏闻见记校注》卷九《诚节》,中华书局2005年版,第85页。

④ 《新唐书》卷二〇三《卢纶传》,第5785页。

⑤ 周绍良主编:《唐代墓志汇编》下册(建中004),《有唐中书侍郎同中书门下平章事常山县开国子赠太傅博陵崔公墓志铭》,上海古籍出版社1992年版,第1823页。

⑥ 〔唐〕李肇:《唐国史补》卷上,第21页。

续表

| 人名 | 原居地 | 官职 | 迁居地 | 是否返回 | 资料出处 |
| --- | --- | --- | --- | --- | --- |
| 崔蕴（窦公/夫人） | 濮州临濮县 | | 终于洪州官舍 | 否 | 《汇编》第 1769 页 |
| 崔俨爱（卢公/夫人） | 魏州冠氏县 | | 终于吉州官舍 | 否 | 《汇编》第 1769 页 |
| 李府君 | 魏州贵乡县 | 县尉 | 云阳（江苏金坛） | 否 | 《汇编》第 1854 页 |
| 李氏（崔公/夫人） | 麟游县 | 县令 | 洪州 | 否 | 《汇编》第 1881 页 |
| 李举 | 魏州元城县 | | 江淮 | 否 | 《汇编》第 1815 页 |
| 崔千里 | 清河东武城 | | 江淮 | 返 | 《汇编》第 1928 页 |
| 李颉 | 邢州 | 司仓参军 | 终于扬州旅舍 | 否 | 《汇编》第 1932 页 |
| 崔倚 | 博陵安平县 | | 潭州 | 否 | 《汇编》第 2054 页 |
| 崔偃 | 同上 | | 湘潭 | 否 | 《汇编》第 2055 页 |

从上表可以看出，所列诸人均出自北方地区，他们最终却多死于江南所在的迁居地。当然，近二十年来新出版的周绍良等主编《唐代墓志汇编续集》，吴钢等主编《全唐文补遗》(1—9)，《全唐文补遗》(千唐志斋新藏墓志)；胡戟、荣新江主编《大唐西市博物馆藏墓志》(全 3 册)；毛阳光、余扶危主编《洛阳流散唐代墓志汇编》(上下)，毛阳光主编《洛阳流散唐代墓志汇编续集》(全 3 册)；齐运通编《洛阳新获七朝墓志》，齐运通、杨建峰编《洛阳新获墓志(2015 年)》；赵力光主编《西安碑林博物馆新藏墓志》(上下)，赵力光主编《西安碑林博物馆新藏墓志续编》(上下)；李明主编《陕西省考古研究院新入藏墓志》等唐代墓志总集中，收集有大量这一时期北方迁居长江流域之人物墓志个案，相信探讨这些唐人墓志史料，了解他们离乡背井迁居南方地域的具体事由和影响，总结其蕴含共通的东西，一定会对这一时期总体状况有所把握和体悟。除此之外，其他史书对这一时期中原人南迁也有记载。“国家当上元之际，中夏多难，衣冠南避，寓于兹土，叁编户之一，由是人俗舛杂，号为难治”①；“自至德后，中原多故，襄邓百姓，两京衣冠，投江、湘，故荆州井邑，十倍其初，乃置荆南节度使”②；“衣冠士庶……家口亦多避地江淮”③。至于唐玄宗入蜀，更是吸引了大批北方人士陆续迁蜀，以致“山南、剑南，道路相望，村坊市肆，与蜀人杂居，其升合斗储，皆求于蜀人矣”，而一些北方人从此就在四川定居下来④。有学者专门探讨唐

① 《全唐文》卷五一九《吴县令厅壁记》，第 5273 页。

② 《旧唐书》卷三九《地理志》，第 1552 页。

③ 〔唐〕姚汝能：《安禄山事迹》卷下，中华书局 2006 年版，第 107 页。

④ 《旧唐书》卷一一一《高适传》，第 3330 页。另参费省：《唐代人口地理》，西北大学出版社 1996 年版。

朝三位皇帝(玄宗、德宗、僖宗)入蜀经纬,其中涉及蜀道交通、剑南道山南道经济文化发展等问题,对学界了解居于长江上游中心地带,被誉为唐朝后院的成都地区这一时期发展状况颇有帮助①。

这种北人南迁的趋势,直至唐末仍未停止。唐朝末年,宰相崔胤招军阀朱全忠入长安,文宗时宰相杨嗣复之孙杨贶"挈家避地湖南"②。后来,宦官刘季述图谋废立,朝官赵光逢回到洛阳,而其弟赵光裔"旅游江表以避难,岭南刘隐深礼之,奏为副使,因家岭外"③。

据周振鹤研究,安史之乱后的南迁浪潮在淮汉以南沉淀下来,形成三道波痕:第一道达湖南、岭南、闽南,第二道集中于长江沿线,第三道在淮南江北、鄂北和川中地区。以移民数量多少而言,则依次为第二、三、一道④。两浙地区的润、常、苏、湖、杭、越、睦等州,均因北方移民的大量迁入而使户口大增。如苏州元和年间(806—820)的户数比天宝时增加 41%。杭州在长庆年间(821—824)有户 10 万,也比天宝时多了 1 万多户。估计这一地区定居的移民要占当地总户数的 1/3。

江西一些州因北方移民所增的户口也相当可观。如洪州,户口数已从天宝时的 55530 户扩大到元和时的 91129 户。吉州也从天宝时的 37752 户扩大到元和时的 41025 户。

宣歙地区在安史之乱期间及其后数年同样因北方移民的大量涌入新置了 5 县,并从宣州新分置了池州。

两湖地区的荆、襄、澧、朗、鄂、沔等州,是北方移民高度集中的地区。其中,荆州户口增加 10 倍,襄州净增 1.2 倍,鄂州增加 1 倍。

其他如四川、淮南、福建等地,也由于大批北方人口的迁入,其户口数呈现出上升的趋势。正由于战祸,元和时北方豫、冀、鲁、晋、陕 5 省的人口比重已从天宝时占全国人口总数的 56.5%下降到 28.6%,仅为总数的四分之一强。而南方 14 省区的人口比重却在元和时达到 59.87%,大大超过了北方⑤。

**(二)北方移民中的文化人**

从文献记载来看,在南迁的北方移民中,有许多是音乐家、画家、文学家诸类的文化人,他们的到来,无疑推动或促进了长江文化的繁荣。

---

① 古怡青:《唐朝皇帝入蜀事件研究:兼论蜀道交通》,(台北)五南图书出版有限公司 2019 年版。

② 《旧唐书》卷一七六《杨嗣复传附》,第 4560 页。

③ 《旧唐书》卷一七八《赵光逢传附》,第 4623 页。

④ 周振鹤:《唐代安史之乱和北方人民的南迁》,见《中华文史论丛》1987 年第 2—3 辑。

⑤ 赵文林、谢淑君:《中国人口史》,人民出版社 1988 年版,第 229 页。

唐代长沙窑中仿北方游牧民族背壶制成的褐绿彩塔纹背壶

李昭道（传）《明皇幸蜀图》

1. 流寓长江流域的艺术家

在唐代安史之乱后，长安宫廷音乐家（太常乐工、梨园弟子）流散民间，而大多数人则流落长江流域各地。白居易在江南遇见一乐叟，有诗云："欢娱未足燕寇至，弓劲马肥胡语喧。豳土人迁避夷狄，鼎湖龙去哭轩辕。从此漂沦落南土，万人死尽一身存。秋风江上浪无限，暮雨舟中酒一尊。"①显然，这个乐叟是因安史之乱而流落到江南的。而在浔阳江头白居易所遇见的商人妇，则"自言本是京城女，家在虾蟆陵下住。十三学得琵琶成，名属教坊第一部。曲罢曾教善才伏，妆成每被秋娘妒"②。可以看出，作为京师著名的琵琶能手，她跌宕起伏的经历，无疑也是大唐王朝由盛变衰的缩影。天宝年间曾享誉京城的歌唱家韦青，吉州永新女歌唱家许和子，"渔阳之乱，六宫星散，永新（许和子）为一士子所得，韦青避地广陵"，后两人在广陵江边相见，"对泣久之"③。天宝时善笛者李謩，"禄山叛，车驾还京，自后俱逢离乱，漂流南海，近四十载"④；另一笛子演奏家李谟，"禄山乱，流落江东，越州刺史皇甫政月夜泛舟镜湖，命谟吹笛，谟为之尽妙"⑤；会昌时宰相李绅有《悲善才》诗，亦说贞元时琵琶演奏家曹善才的弟子流落江南的情形。因为战乱的缘故，这些

① 《全唐诗》卷四三五《江南遇天宝乐叟》，第 4811 页。

② 《全唐诗》卷四三五《琵琶引》，第 4821—4822 页。

③ 《乐府杂录·歌》，《丛书集成初编》本。

④ 《太平广记》卷二〇四《许云封》，第 1555 页。

⑤ 《乐府杂录·笛》，《丛书集成初编》本。

身怀绝技，在当时堪称大师级的音乐艺术家流落长江流域各地，又由于衣食生活的无奈，他们或者依附于当地官宦，可能还教授学生，抑或如上述史料所载，在吞食流浪生活苦果的同时，将高超的技艺传至南方地域民间，并在长江流域陌生的环境下焕发文化艺术的璀璨光芒。这对于长江流域音乐文化的发展，以及让更多的人了解、继承盛唐音乐文化具有重要作用。

安史之乱北方画家流寓南方的也不少，其中主要集中在长江上游的四川。当时许多画家随唐玄宗逃往四川，唐玄宗返回长安之后，这些人并未随之北上，而是定居在剑南道首府成都地区。此后，随着形势的变化，进而形成北方画家入川的高潮①。

2. 隐居长江流域的文化人

隋唐承魏晋南北朝余波，隐居之士颇受时人推崇，而名山大川即成为这些隐士的理想栖息地。长江流域山清水秀，气候宜人，名刹僧寺遍地，隐士们似乎只有在这充满自然情趣的空气中，才可以找到属于他们的心灵空间。一些人不能排除尘氛，不仅自己隐居在这里，而且往往是拖家带口，举族迁居。薛戎原是河中宝鼎（今山西万荣县西）人，“少有学术，不求闻达，居毗陵之阳羡山（今江苏宜兴县），年余四十，不易其操”，后为江西观察使李衡从事，“府罢归山”②。处士窦群，扶风平陵人，其父窦叔向以工诗而称名于时，代宗时官至左拾遗，其兄窦常、窦牟，其弟窦巩，皆登进士第，“唯群独为处士”，南下隐居于毗陵（今江苏常州），以节操称名于时。窦群的兄长窦常，大历十四年（779 年）登进士第，但不乐仕宦，“居广陵之柳杨，结庐种树，不求苟进，以讲学著书为事，凡二十年不出”③。

元和时宰相李藩，“年四十余未仕，读书扬州，困于自给，妻子怨尤之，晏如也”，后在徐州张建封幕府任职，失意后即归扬州，其家当徙居扬州无疑④。曾任江西观察使的并州祁人王仲舒，“少客江南，与梁肃、杨凭游，有文称”⑤，梁、杨二人皆为当时知名文士。天宝时著名文人李华迫于安禄山淫威，被署为凤阁舍人，安史之乱平定之后被贬为杭州司户参军，“华自伤践危乱，不能完节，又不能安亲，欲终养而母亡，遂屏居江南”，“客隐山阳，勒子弟力农，安于穷槁。晚事浮屠法，不甚著书，唯天下士大夫家传、墓版及州县碑颂，时时赍金帛往请，乃强为应”⑥。这些在中原颇具盛名的文人学者，他们虽然隐居长江流域

① 周景濂：《唐代经济中心南移与绘画中心南移》，载《陕西文史研究丛刊》1986 年第 1 期；谢元鲁：《晚唐至宋初蜀中绘画艺术的兴衰》，载《唐史论丛》第 2 辑，陕西人民出版社 1987 年版。

② 《旧唐书》卷一五五《薛戎传》，第 4126 页。

③ 《旧唐书》卷一五五《窦群传》，第 4122 页。

④ 《旧唐书》卷一四八《李藩传》，第 3997 页。

⑤ 《新唐书》卷一六一《王仲舒传》，第 4985 页。

⑥ 《新唐书》卷二〇三《李华传》，第 5776 页。

的原因不尽相同，如薛戎、窦群可能别有政治目的，想以此获得更大的声誉；窦常则不乐仕宦，淡漠官场；李华受儒家思想约束，愧对君亲，好浮屠以求解脱，屏居江南。但是，他们隐居长江流域，将中原文化播撒在这里，给这里带来了强劲独特的文化信息，促进长江文化的主干与多元发展，为长江文化的勃兴做出贡献。与此同时，他们中有些人因各种缘故皈依佛教，又促进了佛教文化在这一地区的广泛传播。

3. 流贬长江流域各地的文士官员

唐代对于犯罪的官员采取流放、贬谪的惩罚措施，而流贬的地区又多是“边恶之州”。唐代后期，流贬到长江流域边荒地区的官员人数众多①。这些官员要么因各种原因不为皇帝所欣赏，要么在朝廷不同势力的政治斗争中落败，要么是其他原因受到惩罚而贬谪。当然，其中品行奸佞、犯有各种罪行的官员亦大有人在。毋庸置疑，由于唐代科举制度的高度发展，这些人中不少是著名的诗人、艺术家，而即使是一般的官员，他们与生俱来浸透的文化血液，对于长江流域来说，也是不可多得的文化发展催化剂，他们的到来，无疑促进了当地文化的蓬勃发展。

他们来到长江流域各地，由于环境所限，要么愤世嫉俗，将自己的苦闷、忧郁，赋予生花般的笔端，抒发“离骚”般的情怀，为时人所崇尚；要么和当地百姓来往，移风易俗，为百姓谋利益，以便等待时机东山再起，实现他们的政治抱负；要么在力所能及的范围内，为当地的文化事业奔波，从另一个侧面扮演了文化使者的角色，使文明的曙光投射于长江流域的一些边荒之地，增强了长江文化勃兴的外在动力。贞元十一年（795年），宰相陆贽遭到户部侍郎、判度支裴延龄诬陷，被贬为忠州（治今四川忠县）别驾。忠州地处瘴疠之地，当地百姓极易患病。为此，陆贽利用闲暇，抄集药方，编集《陆氏集验方》50卷②。这部书首先在当地流传开来，有利于忠州及周围地区百姓医治病患，适应自然。另外，宰相杨炎在贬地著有《南行方》，诗人刘禹锡著有《传信方》，都是造福当地的药书。这些药方在长江流域边远地区流传，扩大了长江文化的辐射范围，产生了极其深远的影响。

曾想在政治上有一番作为的文学家柳宗元、刘禹锡因参与“永贞革新”而被贬。柳宗元在永州（治今湖南永州市）司马任内，独善其身，将全部身心投入到诗文创作之中，以此排遣被贬谪失落的心神，他创作高潮的出现在永州，他的主要作品也在永州完成。他写下层劳动人民的喜怒哀乐，以《捕蛇者说》为代表作。元和十年（815年），柳宗元移官柳州

---

① 陈正祥：《中国历史与文化地理图册》（三联书店1983年版）中《唐代官吏之流贬图》，收录了被贬官员909人，分布在江南、岭南地区的明显多于其他地区。

② 《旧唐书》卷一三九《陆贽传》，第3818页。

任刺史，史载：“江岭间为进士者，不远数千里皆随宗元师法；凡经其门，必为名士”①。柳宗元的书法也为当地后学所钟爱，“就中尤长于章草，为时所宝。湖湘以南，童稚悉学其书，颇有能者”②，“著述之盛”，亦“名动于时，号为柳州云”③，可见柳宗元在当地影响之大。柳宗元歌颂大自然，永州的一草一木、山水曲流、草木虫鱼，在他的咏颂中得以闪光流芳，同时也使他的思想得到升华。《小石潭记》《零陵三亭记》等文，不仅使更多的人了解这个地方，更重要的是对当地的文化发展具有不可替代的启迪和诱发作用。他的至交诗人刘禹锡作《伤愚溪三首并引》云：“故人柳子厚之谪永州，结茅树蔬，得胜地，为沼沚，为台榭，目曰愚溪”④，显示柳氏迫于无奈谪居永州并自得其乐的心态。

刘禹锡被贬为朗州（治今湖南常德）司马，“地居西南夷，土风僻陋，举目殊俗，无可与言者”，因而，刘禹锡“唯以文章吟咏，陶冶情性”。鉴于武陵地区少数民族巫祝所唱歌辞僻俗陈旧，他为其撰写新辞，故“武陵溪洞间夷歌，率多禹锡之辞”⑤。例如《竹枝词》并序云：“四方之歌，异音而同乐。岁正月，余来建平（今四川巫山县），里中儿联歌竹枝，吹短笛击鼓以赴节。歌者扬袂睢舞，以曲多为贤。……昔屈原居沅、湘间，其民迎神，词多鄙陋，乃为作《九歌》，到于今荆楚歌舞之。故余亦作竹枝九篇，俾善歌者飏之……”⑥元和十年，刘禹锡移官连州，担当刺史，在连州亦写有大量的诗文。同时，当地赴京科举的举子多向刘禹锡请教，刘本人亦说“余为连州，诸生以进士书刺者，浩不可纪，独曹生崖然自称为山夫……”⑦为当地考生读书读史提供咨询指导。

刘禹锡像

大文豪韩愈在贞元末年被贬为连州阳山县令，后移为江陵府掾曹。元和初被召回京师长安，官任国子博士。元和十四年（819 年），因谏迎佛骨被贬为潮州（治今广东潮州）刺史。在潮州期间，韩愈请求唐廷在那里重新设置乡校，并挑选当地“沈雅专静，颇通经，有文章，能知先王之道”的秀才赵德，“摄海阳县尉，为衙推官，专勾当州学，以督生徒，兴恺悌之风”，韩愈自己拿出微薄的俸禄“为举本，收其赢

① 《旧唐书》卷一六〇《柳宗元传》，第 4214 页。

② 〔唐〕赵璘：《因话录》卷三，《唐五代笔记小说大观》本，上海古籍出版社 2000 年版，上册，第 847 页。

③ 《旧唐书》卷一六〇《柳宗元传》，第 4214 页。

④ 《全唐诗》卷三六五《伤愚溪三首并引》，第 4119 页。

⑤ 《旧唐书》卷一六〇《刘禹锡传》，第 4210—4213 页。

⑥ 《全唐诗》卷三六五《竹枝词九首并引》，第 4112 页。

⑦ 《全唐诗》卷三六一《送曹璩归越中旧隐诗并引》，第 4084 页。

余，以给学生厨馔”[①]。不久，韩愈移官袁州（治今江西宜春）刺史，曾想同赵德一同北上，但赵“摆头且笑言”，韩愈赋《别赵子》以示[②]。在袁州，“郡人黄颇师愈为文，亦振大名”[③]。韩愈在潮州的诗作，如《初南食贻元十八协律》《答柳柳州食虾蟆》等，为了解当时岭南地区百姓饮食习尚提供了第一手资料，很值得研究者重视。

长江中下游地区由于开发较早，唐中后期这里的经济迅速发展，因此，文化普及的程度要高于长江流域其他地区。这里优美的自然环境，为贬谪到这里的文士官员提供了思维空间和诗文创作素材，促进了长江流域整体文化水平的提高。如刘禹锡认为“潇湘间，无土山，无浊水，民乘是气，往往清慧而文”[④]。元和十年，白居易因越级上奏被贬为江州（治今江西九江市）司马，他不以迁谪为意，在庐山遗爱寺建隐舍，并给友人写信说：“予去年秋始游庐山，到东西二林间香炉峰下，见云木泉石，胜绝第一。爱不能舍，因立草堂。前有乔松十数株，修竹千余竿，青萝为墙援，白石为桥道，流水周于舍下，飞泉落于檐间，红榴白莲，罗生池砌”，白居易每天和遗爱寺的四位禅师“极林泉之幽邃”[⑤]，多有诗作。不仅如此，白居易还常常游历庐山深处，并多有收获。元和十二年（817 年），白居易与友人河南元集虚、范阳张允中、广平宋郁、安定梁必复、范阳张特，东林寺沙门法演、智满等十七人游历庐山，“自遗爱草堂历东西二林，抵化城，息峰顶，登香炉峰，宿大林寺”。就是这个大林寺，因为“穷远，人迹罕到。环寺多清流、苍石、短松、瘦竹，寺中唯板屋木器”，而令人惊叹的是大林寺的僧人全是“海东人”[⑥]。众所周知，唐代新罗人亦称海东人，就是说，这个位居庐山偏僻简陋寺院中的僧人全是新罗僧人。白居易没有说明这些新罗僧侣有多少人，但从“其僧皆海东人”语句看，其不可能只是两三人，似乎应该在五人以上。因为大林寺深处山巅，和山下环境迥然相异，虽然离山门只有半日的路程，但数十年来很少有人光顾。这些新罗僧人如何找到这里？他们在寺院中生活来源怎样，如何生活？我们均无法找出准确的答案。从白居易的叙述中，可以看出这些新罗僧侣在此修行，主要是看中了庐山大林峰下安静自然的环境[⑦]。而白居易一行和这些海东僧是否有过交流，如果交流的话，是笔谈，还是直接对话？在当时东亚文化圈高度发达的背景下，这种交流互动

---

① 《全唐文》卷五五四《潮州请置乡校牒》，第 5612 页。
② 《全唐诗》卷三四一《别赵子》，第 3828 页。
③ 〔五代〕王定保：《唐摭言》卷四，三秦出版社 2011 年版，第 65 页。
④ 《全唐诗》卷三六二《海阳湖别浩初师并引》，第 4086 页。
⑤ 《旧唐书》卷一六六《白居易传》，第 4345 页。
⑥ 〔唐〕白居易著，朱金城笺注：《白居易集笺校》卷四三《游大林寺序》，第 2755—2756 页。
⑦ 拜根兴：《唐朝与新罗关系史论》，中国社会科学出版社 2009 年版，第 176 页。

的文化意涵值得深究①。与此同时，诗人元稹正从江陵府曹移官为通州（今四川达州市）司马，元、白虽相隔千里，但唱和赠奉诗作往来不断，结果“江南人士，传递讽诵，流闻阙下，里巷相传，为之纸贵。观其流离放逐之意，靡不凄婉”。元稹后为浙东观察使，“会稽山水奇秀，稹所辟幕职，皆当时文士，而镜湖、秦望之游，月三、四焉。而讽咏诗什，动盈卷帙。副使窦巩，海内诗名，与稹酬唱最多，至今称兰亭绝唱”②。白居易在《与元九书》中也提及自己的诗作在当时的反响，即元稹到通州“见江馆柱间有题仆诗者”，至于一般妓女，则以是否能诵白居易诗而论价。“又昨过汉南日，适遇主人集众娱乐他宾，诸妓见仆来，指而相顾曰：‘此是《秦中吟》《长恨歌》主耳。’自长安抵江西三四千里，凡乡校、佛寺、逆旅、行舟之中，往往有题仆诗者；士庶、僧徒、孀妇、处女之口，每有咏仆诗者。此诚雕篆之戏，不足为多，然今时俗所重，正在此耳。”③有关唐代流贬官研究，浙江大学人文学院、陕西师范大学历史文化学院分别有博士、硕士论文面世，对此可做进一步了解④。

白居易

4. 因做官而定居长江流域的人士

杜佑于贞元十六年至十九年官拜淮南节度使，移居扬州，他采取措施，稳定原节度使张建封死后辖内的局势，保证了唐王朝江南经济命脉的持续发展⑤。元和时宰相、盐铁转运使王播原是太原人，其父官至扬州仓曹参军，遂定居江都。王播及其弟王起、王炎少年时期都是在江都度过的。王氏兄弟皆有文名⑥。武宗时宰相李绅，其父历官金坛、乌程、晋陵三县令，定居无锡⑦。杨收原为同州冯翊人，其父杨遗直位终濠州（治今安徽凤阳县东）录事参军，其家世代为官，后客居苏州，“讲学为事，因家于吴”，而杨收“十三略通诸经义，善于文咏”⑧，被吴人称为神童。杨收的哥哥杨发、杨严、杨假都进士及第，文称当世。

① 有关东亚文化圈涉及问题，参高明士：《天下秩序与文化圈的探索：以东亚古代的政治与教育为中心》，上海古籍出版社2008年版。

② 《旧唐书》卷一六六《元稹传》，第4336页。

③ 《旧唐书》卷一六六《白居易传》，第4349页。

④ 参梁瑞：《唐代流贬官研究》，浙江大学2010年度博士论文；熊昂琪：《唐代流贬官吏与南方社会经济研究》，陕西师范大学2012年度硕士论文。

⑤ 《旧唐书》卷一四七《杜佑传》，第3978—3979页。

⑥ 《旧唐书》卷一六四《王播传》，第4275—4284页。

⑦ 《旧唐书》卷一七三《李绅传》，第4497页。

⑧ 《旧唐书》卷一七七《杨收传》，第4597—4598页。

李渤，曾与兄李涉隐居庐山、少室山，河南少尹杜兼、洛阳令韩愈均奉命招引出山，后居住洛阳，为朝廷平藩大业建言立策。元和末年唐宪宗欲征其入京，李渤托病谢绝。穆宗长庆元年（821 年）应招官拜考功员外郎，因直言上谏，先被贬为虔州刺史，后迁任江州刺史。敬宗宝历元年又官拜桂州刺史兼御史中丞桂管防御观察使。其在江州刺史任上“治湖水，筑堤七百步，使人不病涉”，有利于当地交通便利和百姓往来。担当桂州刺史之时，李渤仍然关注当地的水利事业。史载：“桂有漓水，出海阳山，世言秦命史禄伐粤，凿为漕，马援讨征侧，复治以通馈；后为江水溃毁，渠遂庡浅，每转饷，役数十户济一艘。渤酾浚旧道，障泄有宜，舟楫利焉。”①就是说，李渤在桂管观察使任上，鉴于秦代凿通连接珠江支流漓江与长江水系湘江的水利工程灵渠已严重堵塞，直接影响当地日常转饷及水上交通，李渤筹集财力，发动当地百姓，采取行之有效的疏通措施，最终使得这项有利于国计民生的运河重新发挥作用。除此之外，到唐懿宗咸通九年（868 年），桂州刺史鱼孟威又主持修通灵渠，“凡用五万三千余工，费钱五百三十余万”。而《岭外代答》一书中，亦有桂管观察使李渤修通灵渠的记载。对此，具体可参考牛来颖最新发表的论文②。

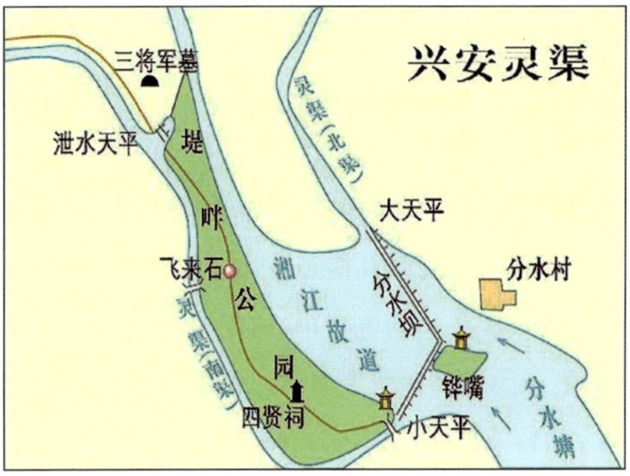


灵渠图

当然，查阅《旧唐书》《新唐书》人物传记，以及其他文献及考古资料记载，这一时期北方人任官长江流域者并非限于上述数人，这些人以他们的聪明智慧，和当地老百姓一起，发掘各种自然及人力资源，为长江文化的发展做出了突出贡献。

① 《新唐书》卷一一八《李渤传》，第 4286 页。对此，〔宋〕乐史《太平寰宇记》卷一六二《岭南道・桂州・兴安县》条有详细记载：唐宝历初，“渠道崩坏，舟楫不通，观察使李渤遂垒石造堤，如铧嘴，辟水分二水，置石斗门一，使制之，在人开闭，开漓水，则全入于桂江，拥桂江，则尽归于湘水。又于湘水凿分水渠三十五步，以便行舟。漓水经县郭中而流”。中华书局 2007 年版，第 3103—3104 页。

② 牛来颖：《灵渠与唐代岭南治理》，中国社会科学院历史研究所编：《隋唐辽宋金元史论丛》第 9 辑，上海古籍出版社 2019 年版，第 86—92 页。

## 第五节　唐后期长江文化的勃兴

### 一、唐后期长江流域总体文化水准的提高

#### (一)各种人才总数已超过北方

唐代后期，由于上述各种原因，长江流域文化蓬勃发展，各种人才层出不穷，其总数已超过北方。香港大学陈正祥教授所著《中国文化地理》一书，对中国古代文化重心转移有十分精辟的论述。他所绘制的唐代前期、后期进士及第图[1]，对长江流域进士及第情况进行了较为详细的统计，如下表所示：

唐前后期进士及第统计表

| 沿江地区 / 年代 | 上游 | 中游 | 下游 | 合计 | 统计结果 | |
|---|---|---|---|---|---|---|
| | | | | | 全国总数 | 所占比例 |
| 唐前期(618—755) | 6 | 20 | 42 | 68 | 275 | 24.72% |
| 唐后期(755—907) | 18 | 86 | 303 | 407 | 713 | 57% |

上表可以看出，安史之乱后，长江流域进士及第人数明显上升，并且超过了北方；长江下游的苏州、杭州、扬州等地进士及第的人数更为突出。

又有学者据1980年上海人民美术出版社出版的《中国美术家人名辞典》与1984年人民音乐出版社出版的《中国音乐家辞典》统计出唐代艺术家(主要是书法家、音乐家、工艺家)籍贯的地理分布[2]。根据该论文所提供的资料信息，唐前期全国艺术家总数为250人，长江流域为49人，占全国总数的19.6%；唐后期全国艺术家共259人，长江流域为74人，占全国总数的28.6%。艺术家人数占比呈上升趋势。

与此同时，另有学者根据《续高僧传》《宋高僧传》《大唐西域求法高僧传》三部史书，对唐代高僧籍贯的地理分布也进行了探讨。共统计出唐前期全国高僧共有353人，其中出自长江流域的有138人，占总数的39.09%；唐后期全国共有高僧202人，其中长江流域各地的127人，占总数的62%，较唐前期提高了22个百分点，而北方所占比例则由51%降至32%[3]。

① 陈正祥：《中国文化地理》，三联书店1983年版，附图7、8。
② 费省：《唐代艺术家籍贯的地理分布》，见《唐史论丛》第4辑，三秦出版社1988年版。
③ 辛德勇：《唐高僧籍贯及驻锡地分布》，见《唐史论丛》第4辑，三秦出版社1988年版。

另外，还有学者还据《新唐书》“儒学”“文艺”两列传，统计出其所记载的人物籍贯。经考察，其认为籍贯可以考得的有 123 人，其中唐前期共 81 人，南方为 27 人，占总数的 33%；唐后期共 42 人，南方为 23 人，占总数的百分比上升到 55%①。笔者亦根据孙映逵《唐才子传校注》一书，对元人辛文房所著《唐才子传》所列的唐代才子的籍贯做了统计：全书共记载才子 278 人，其中 9 人主要生活在五代时期，故不计在内，48 人无确切籍贯。属于唐代有确切籍贯的为 221 人。其中唐代前期 61 人，长江流域 26 人，占总数的 42.62%；唐后期 160 人，长江流域 84 人，占总数 52.5%②。

纵观以上种种统计，虽然所依据史料各异，但都足以说明，唐代后期由于各种客观因素，长江流域地区保持了相对稳定的局面，加之唐王朝对这里的倚重，使得这里经济不断增长，各类人才的大量涌现，促进了长江流域文化的繁荣。

**（二）整体文化素质的提高**

如上所述，流贬到长江流域的文士官员，对这一地区文化的勃兴起到了催化剂作用；同时，在这里任职的官吏的贡献也不可磨灭。诗人韦应物为苏州刺史，“性高洁，所在焚香扫地而坐”③，召当时名士顾况（苏州人）、丘丹（苏州嘉兴人）、刘长卿（河间人）、秦系（会稽人）、皎然（吴人）为宾客，咏颂唱和；他所作《郡斋雨中与诸文士燕集》诗中有“兵卫森画戟，宴寝凝清香。海上风雨至，逍遥池阁凉。烦疴近消散，嘉宾复满堂……吴中盛文史，群彦今汪洋。方知大藩地，岂曰财赋疆”④。可以看出当时文士相聚，嘉宾如云，真正体现了苏州既是财赋收入最多的地区之一，同时也是文化高度发达、人才荟萃之地。

长庆二年（822 年），白居易以中书舍人移官杭州刺史，当时吴兴太守钱徽、吴郡太守李穰，均为文学名士，并且和白居易早有往来，于是诸人邀请当地名士，整日诗酒欢聚；“巧于应对，善歌舞”的官妓高玲珑、谢好好两人参与其中。此后不久，元稹为越州刺史、浙东观察使，“参其酬唱，每以筒竹盛诗来往”⑤，传为佳话。另外，张建封为徐州刺史，“礼贤下士，无贤不肖，游其门者，皆礼遇之，天下名士向风延颈，其往如归”⑥。贞元年间，当时的著名文士韩愈、许孟容等人，皆为其幕僚；张建封本人亦善作诗，他曾得到唐德宗的赐诗，并以诗答谢，颇受德宗推崇。这些地方最高长官频繁地举行诗会，延揽名士，无疑对长江流域形成好文乐道风气，具有积极的促进作用。

① 赵文润主编：《隋唐文化史》，陕西师范大学出版社 1992 年版，第 363 页。
② 〔元〕辛文房著、孙映逵校注：《唐才子传校注》，中国社会科学出版社 1991 年版。
③ 〔唐〕王谠撰、周勋初校证：《唐语林校证》卷二，中华书局 2008 年版，第 181 页。
④ 《全唐诗》卷一八六《郡斋雨中与诸文士燕集》，第 1901 页。
⑤ 〔宋〕王谠著，周勋初校证：《唐语林校证》卷二，第 144—145 页。
⑥ 《旧唐书》卷一四〇《张建封传》，第 3832 页。

南宋梁楷《八高僧故事图卷》中的白居易参见杭州西湖高僧的情景

文人雅士每到一地，都有随地吟咏题诗的习尚。漳州人周匡物出身贫寒，徒步赴长安应举，途经钱塘江，苦于无钱渡江北上，即在旅馆题诗一首，云："万里茫茫天堑遥，秦皇底事不安桥，钱塘江口无钱过，又阻西陵两信潮。"结果，郡牧看到周匡物的题诗，处罚了主管津渡的官吏，"至今天下津渡，尚传此诗"①。吴楚狂士崔涯，"每题诗于倡肆，无不诵之于衢路"②。王轩游西小江，在苎萝川停泊，题诗西施石，结果巧遇浣纱女，欢会而别。"后萧山郭凝素闻王轩之遇，每过浣纱溪，日夕长吟，屡题歌诗于石，寂尔无人，郁怏而返……"③而一些人更是将名家的诗作刻于旅途馆舍。诗人元稹任官于通州，即见江馆柱廊间遍刻白居易的诗。这种潜移默化的作用，提高了长江流域各地百姓的文学素养；同时说明当地富有白居易的粉丝，很多人喜爱这种诗歌，进而倒映出文化勃兴的光芒，组成靓丽的长江文化风景线。史载：衡山有五峰，即紫盖峰、芙蓉峰、祝融峰、天柱峰、石廪峰，"人多文词，至于樵夫往往能言诗"④。诗人李涉途经九江，到皖口，夜遇强盗。强盗问什么人，李涉的随从答曰："李博士。"强盗头目说："若是李涉博士，不用剽夺，久闻诗名，愿题一篇足矣。"李涉随即赠诗云："暮雨萧萧江上村，绿林豪客夜知闻。他时不用逃名姓，世上如今半是君。"⑤可见，李涉其人在江南诗名显赫，以至于得到江南的某些强盗的倾慕爱戴，这也可验证白居易《与元九书》中所说，他的诗流传于士庶、僧徒、孀妇、处女之口。以上史实，不仅说明当时著名诗人及诗作在长江流域民间的巨大影响，也体现了这一地区整体文化素养的提高。

① 《太平广记》卷一九九《周匡物》，第 1494 页。

② 《太平广记》卷二五六《崔涯》，第 1994 页。

③ 《太平广记》卷二五七《朱泽》，第 2002 页。

④ 〔宋〕王谠著、周勋初校证：《唐语林校证》卷二，第 170—171 页。

⑤ 《全唐诗》卷四七七《井栏砂宿遇夜客》，第 5436—5437 页。

### （三）长江流域文化风气的兴起

唐朝建立后，随着科举制的广泛推行，一大批长江流域的文化人纷纷崛起，并对当时的中国文化或黄河文化产生了很大的社会影响。

首先是曾任职隋朝的一大批南方文士得到唐廷任用。如苏州吴人陆德明（德明为字，名元朗，以字行）曾受学于周弘正，武德初秦王李世民辟其为文学馆学士，以经授中山王承乾，后补为太学博士①。扬州江都人曹宪精通文字学，唐太宗屡次派人询问难字②。初唐书法四杰，除了薛稷为蒲州汾阴（今山西万荣）人之外，其余三人均为长江流域人士，而欧阳询书名最高。“询初仿王羲之书，后险劲过之，因自名其体。尺牍所传，人以为法。高丽尝遣使求之，帝叹曰：‘彼观其书，固谓形貌魁梧耶？’”③欧阳询的儿子欧阳通“书亚于询”，当时号为“大、小欧阳体”。这一时期著名的长江流域文化人还很多，现择其要列表如下：

**初唐时代出身长江流域各类人才统计表**

| 名称 | 籍贯 | 特长 | 著作 | 官职 |
| --- | --- | --- | --- | --- |
| 许淹 | 润州句容 | 博学洽闻，精训诂 | 《文选音》10 卷 | |
| 李善 | 扬州江都 | | 《文选注》60 卷 | 秘书郎 |
| 公孙罗 | 江都 | | 《文选音义》10 卷 | 沛王府参军 |
| 朱子奢 | 苏州吴人 | 博观子史，善属文 | | 国子司业 |
| 张后胤 | 苏州昆山 | 有儒学 | | 国子祭酒 |
| 许叔牙 | 润州句容 | 少精于《毛诗》《礼记》，尤善讽咏 | 《毛诗纂义》10 卷 | 太子洗马 |
| 刘伯庄 | 彭城 | | 《史记音义》《史记地名》《汉书音义》 | 国子博士 |
| 秦景通 | 晋陵 | 尤精《汉书》 | 《俳谐集》15 卷 | 太子洗马 |
| 邢文伟 | 滁州全椒 | 博学 | | 太子典膳丞 |
| 高子贡 | 和州历阳 | 尤精《史记》 | | 和州刺史 |
| 王绍宗 | 江都 | 遍览经史，尤工草隶 | | 秘书少监 |
| 胡楚宾 | 宣州秋浦 | 属文敏速 | | 崇贤直学士 |
| 孔绍安 | 越州山阴 | 以文辞知名 | 有文集 5 卷 | 内史舍人 |

① 《新唐书》卷一九八《陆德明传》，第 5640 页。
② 《旧唐书》卷一八九上《曹宪传》，第 4946 页。
③ 《新唐书》卷一九八《欧阳询传》，第 5645—5646 页。

续表

| 名称 | 籍贯 | 特长 | 著作 | 官职 |
|---|---|---|---|---|
| 骆宾王 | 婺州义乌 | 尤妙于五言诗 | 有文集 10 卷 | 长安主簿 |
| 贺德仁 | 越州山阴 | 以词学见称 | 有文集 20 卷 | 东宫学士 |
| 蔡允恭 | 荆州江陵 | 有风采，善缀文 | 《后梁春秋》10 卷 | 太子洗马 |
| 刘胤之 | 徐州彭城 | 有学业 | 撰有国史及实录 | 楚州刺史 |
| 萧德言 | 兰陵 | 明《左氏春秋》 |  | 晋王侍读 |

其次，远在长江流域的一些文士举子也成长了起来，他们不仅在当地声名显赫，到达京城后更是引起轰动。中宗神龙年间，会稽永兴人贺知章“少以文辞知名”，又“善草书”，与越州人贺朝、万齐融，扬州人张若虚、邢巨，湖州（一说润州延陵）人包融，均以江左文士“名扬上京”。又有吴郡人张旭和贺知章交好，亦“善草书而好酒，每醉后号呼狂走，索笔挥洒，变化无穷，若有神助，时人号为‘张颠’”①。这些人在京城，不仅获得了皇帝和士大夫的倾慕，而且在学业上多有长进，“数子人间往往传其文，独知章最贵”。同时，由于他们独特的处世哲学和人格取向，更为时人看重。杜甫《饮中八仙歌》诗，对贺知章、张旭即有描述。而广陵人李邕（李善之孙），“早擅才名，尤长碑颂。虽贬职在外，中朝衣冠及天下寺观，多赍持金帛，往求其文。前后所制，凡数百首，受纳馈遗，亦至巨万”，“邕素负美名……人间素有声称，后进不识，京、洛阡陌聚观，以为古人，或将眉目有异，衣冠望风，寻访门巷。又中使临问，索其新文……”②可见，长江流域文化人以他们各种丰硕的成绩，已在京城朝野产生了相当大的影响。

明代铸张九龄铜像

张旭草书《肚痛帖》

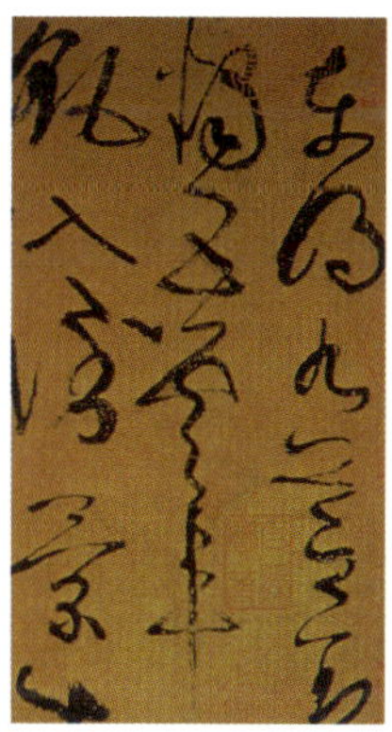

张旭草书《古诗四帖》局部

① 《旧唐书》卷一九〇《贺知章传附张旭传》，第 5034 页。

② 《旧唐书》卷一九〇中《李邕传》，第 5043 页。

### （四）南北文化的碰撞

随着唐代南方文化的兴起，长江文化与黄河文化的碰撞也愈加明显，并在某些方面激化起来。

早在唐朝初年，一些南方士大夫辗转北上出仕唐廷，面对以关陇集团为主的中央体制，就曾试图通过自身的行动施加影响。如贞观、永徽之际，杭州新城人许敬宗、梓州永泰人李义府即是其中重要人物。李义府从四川初至京城，太宗在上林苑召见，并使其以《咏乌》为题赋诗一首，李义府即赋诗云："日裹扬朝彩，琴中伴夜啼。上林多许树，不借一枝栖。"太宗笑着说："朕今以全树借汝。"①后来，李义府和许敬宗联合起来，代表朝廷不断壮大的新兴庶族地主利益，极力支持武则天，反对关陇士族集团势力，终于使武则天荣登皇后宝座，掌握政权，对唐初政治格局的改变起了举足轻重的作用。许、李的思想行动，反映了长江流域文化人北上，要求打破关陇统治集团一统天下，为自己找到一席之地的心态。

开元初期，韶州曲江（今广东韶关市）人张九龄进士及第，"玄宗在东宫，举天下文藻之士，亲加策问，九龄对策高第"。当时知集贤院事的宰相张说推荐张九龄为学士，"（张）说卒后，上思其言，召拜九龄为秘书少监，集贤院学士"②。张说、张九龄的共同之处就是尚文，正因如此，在他们周围团结了一大批来自长江流域或曾在长江流域做过官的官吏，相互唱和，以文辞相尚。如襄阳人席豫、信安（今浙江衢州市）人徐安贞、常州义兴人许景先，或以"文翰见称"，或"相次掌制诰"，均有能名，逐渐形成一股"学士"势力，对开元时期的朝廷政治生活产生了重大影响，并且和当时的权贵们发生了争执。有学者从南方人与北方人不同的生活环境，重文轻资历出发，认为"南方经济虽在整体上亦未超越指令性经济的藩篱，但在社会生活上、市场机制发挥的作用明显较北方突出"，即从商品经济对南方人的影响诸方面，探讨开元中期朝廷党争所表现出的"南北文化碰撞"的事实③。这是对长江流域文化主体研究的深层挖掘，但这种工作还有待于进一步的拓展。而唐代文化鼎盛时期南方文化人北上，南方文化以清新的格调影响北方朝野，并且产生了深远的影响，却是人们所公认的。

贞元二十一年（805年）正月，德宗去世。太子诵继位，是为顺宗。原东宫属官越州山阴人王叔文、杭州人王伾，联合当时的知名人士、19岁前生活于吴地的柳宗元，彭城人刘

① 〔宋〕王谠著、周勋初校证：《唐语林校证》卷三，第275页。

② 《旧唐书》卷九九《张九龄传》，第3099页。

③ 唐森、林立平：《从张九龄"阿党"刍议开元间南北文化之碰撞》，载《学术月刊》1989年第4期。另参顾建国：《张九龄年谱》，中国社会科学出版社2005年版。

禹锡，时人称为“二王刘柳”，发动了旨在夺取宦官把持的权力，减轻长江流域地区百姓负担的“改革”运动。他们还联合杭州富阳人凌准、吴郡人陆质，以及明经及第、曾任扬州海陵主簿的京兆人程异，博闻强记的市人陈谏①、翰林学士韦执谊（京兆长安人）、吕温（师事陆质）、韩泰等实施了一系列有利于惩弊救患的改革措施。虽然这种改革因南方文化人与少许北方士人脆弱的联盟破裂，以及赖以支撑整个局势的患病皇帝权力的丧失而归于失败②，然而，它却充分体现了南方地主阶级企图通过各种渠道步入朝廷重要机关、改革弊政、获得更大权力和利益的进取精神。同时，南方士大夫极强的商品意识在这次改革过程中也十分明显地表现出来。如王叔文“每言钱谷为国大本，将可以盈缩兵赋，可操柄市士”③，掌权之后，任命杜佑为盐铁转运使，他自己为副使，实际掌握财政大权；程异曾为“盐铁转运，扬子院留后”，“晓达钱谷”④。他们的一些施政措施也是针对长江流域商品经济发达地区实际情况，并为那里的地主阶级利益服务的。从此之后，越来越多的南方文化人加入朝廷之中，并施加影响，从而扩大了唐王朝的统治基础。这也是当时客观形势发展及长江流域商品经济发展繁荣的必然结果。同时它也表明，这一时期北方政治文化中的优势地位已逐渐丧失。

必须指出的是，在唐代政治文化中，南北方的政治力量已趋于平衡状态，形成对峙与抗衡。虽然，有唐一代家世可考的370位宰相中，南人仅占39位，为1/10强⑤，未能引起政治格局的巨大变动。但在中下层官僚中，则自唐后期起就出现南盛于北之境况，这从当时的进士科举及第可知梗概⑥。

## 二、唐后期长江流域区域文化中心的涌现

唐代长江流域，大致可以划分为两浙、皖南、淮南、江西、江汉、湖南、四川、云南、广西及福建几个文化区。

### （一）两浙文化区

两浙文化区以太湖流域诸州为中心，包括苏州、湖州、常州、润州、杭州、越州、婺州等地，其中以苏州的文化最为发达，润州、越州、杭州、常州、湖州次之。

① 〔唐〕李肇撰：《唐国史补》卷中，第42页。

② 赵文润、拜根兴：《唐宪宗》，三秦出版社1992年版，第5页。

③ 《旧唐书》卷一三五《王叔文传》，第3734页。

④ 《旧唐书》卷一三五《程异传》，第3738页。

⑤ 笔者据《唐宰相世系表》统计，在唐代370位宰相中，关内道103人、河南道75人、河东道53人、河北道82人、陇右道13人、山南道8人、淮南道7人、江南道22人、剑南道和岭南道各1人。

⑥ 石璋如等编著：《中国文化地理》下册《唐代篇》（严耕望撰），第431页。

1. 苏州

苏州是江南诸州中经济、文化最为发达的地区之一。白居易说："浙右列郡，吴郡为大，地广人庶，旧称难理，多选他部二千石之良者转而迁焉"①；又说："当今国用多出江南。江南诸州，苏最为大，兵数不少，税额至多。土虽沃而尚劳，人徒庶而未富。"②据唐末陆广微所撰的《吴地记》记载，当时苏州占户143261，两税茶盐酒等钱692885.76贯，居江南诸州前列。时有"人稠过扬府，坊闹半长安"③之说。对此，诗人们曾有许多极其生动的描述，韦应物在《登重元寺阁》一诗中写道：

> 始见吴郡大，十里郁苍苍。山川表明丽，湖海吞大荒。合沓臻水陆，骈阗会四方。俗繁节又喧，雨顺物亦康。禽鱼各翔泳，草木遍芬芳。

杜荀鹤《送人游吴》诗道：

> 君到姑苏见，人家尽枕河。古宫闲地少，水港小桥多。夜市卖菱藕，春船载绮罗。遥知未眠月，乡思在演歌。

白居易《九日宴集醉题郡楼兼呈周殷二判官》诗曰：

> 半酣凭槛起四顾，七堰八门六十坊。远近高低寺间出，东西南北桥相望。水道脉分棹鳞次，里闾棋布城册方。人烟树色无隙罅，十里一片青茫茫。

很显然，唐代苏州的文化也呈现出一派欣欣向荣的景象。这里进士及第人数在50人左右，居南方各州之首。《旧唐书》《新唐书》列传人物有顾胤、陆元方、陆象先、陆景倩、陆景融、陆庆余、陆璪、陆南金、陆赵壁、陆德明、朱子奢、董思恭、张旭、张后胤、史德义、陆希声、顾况、于公异、陆长源、归崇敬、归登、归融、沈既济、沈传师、沈询、柳宗元、陆亘、杨收、杨发、杨涉、杨钜、杨鏻、杨注、于公著、陆质、顾少连、顾师邕、陆龟蒙、陆贽、徐岱、张镒等41人。其他各类人才之繁多，也在南方各州之上。苏州在唐代长江流域文化发展过程中所处地位由此可知。

2. 越州

隋唐时期的越州，是江南经济、文化的重地。在手工业方面，丝织业名扬四海，仅贡品就有耀光绫、白编绫、交棱绫、轻调绫、宝花罗、花纹罗、十样绫、花纹绫、轻容纱、生縠纱、花纱等④。丝织品产量也极具规模。唐朝末年，仅浙东观察使每旬所发"越绫万五千

---

① 《白居易集笺校》卷五五《张正甫苏州刺史制词》，第3171页。

② 〔清〕董诰等编：《全唐文》卷六六六《苏州刺史谢上表》，上海古籍出版社1990年版，第3001页。

③ 《白居易集笺校》卷二四《齐云楼晚望偶题十韵兼呈冯侍御、周殷二协律》，第1684页。

④ 〔唐〕冯贽：《南都烟花记》，载《唐人说荟》第13册。

匹，他物称是”①。瓷器业居全国之首，号称极盛。唐代诗人陆龟蒙《咏越窑青瓷》曰：“九秋风露越窑开，夺得千峰翠色来。”而时人陆羽更在《茶经》中评道：“碗，越州上，鼎州次，婺州次，岳州次，寿州、洪州次。或以邢州处越州上，殊为不然。若邢瓷类银，则越瓷类玉。邢不如越，一也。若邢瓷类雪，则越瓷类冰。邢不如越，二也……”其他如商业、交通运输业等也极其繁荣。长庆年间(821—824)在越州任刺史的元稹，曾用多首诗歌赞美这个城市的美好风光及繁荣景象，如：

**以州宅夸于乐天**

州城迴绕拂云堆，镜水稽山满眼来。
四面常时对屏障，一家终日在楼台。
星河似向檐前落，鼓角惊从地底回。
我是玉皇香案吏，谪居犹得住蓬莱。

**重夸州宅旦暮景色兼酬前篇末句**

仙都难画亦难书，暂合登临不合居。
绕郭烟岚新雨后，满山楼阁上灯初。
人声晓动千门辟，湖色宵涵万象虚。
为问西州罗刹岸，涛头冲突近何如？②

浙江省博物馆藏唐代越窑唾壶

唐越窑瓷执壶

自然，越州的精神文化也是相得益彰。据统计，唐代越州有进士 20 人左右。其中《旧唐书》《新唐书》列传的人物有贺朝、万齐融、康子元、贺德仁、虞世南、贺知章、许伯会、徐浩、罗让、秦系、王叔文、孔述睿、孔敏行、吴融等。由于人才辈出，这里的文学、艺术等

① 〔宋〕司马光：《资治通鉴》卷二五九，唐昭宗乾宁元年(894 年)，第 8460 页。
② 〔唐〕元稹：《元稹集》卷二二，中华书局 1982 年版，上册，第 244—245 页。

均称誉于世。诗有贺知章,书法有虞世南、徐浩,画有陈闳、孙位等。

孙位《高逸图》(局部)

孙位《高逸图》(局部)

3. 杭州

杭州崛起于隋唐时期。随着隋代南北运河的开通,杭州迅速兴盛起来,成为“川泽沃衍,有海陆之饶,珍异所聚,故商贾并凑”①的城市。到唐代,杭州已号为东南名郡,极具盛名。李华在《杭州刺史厅壁记》中说杭州“咽喉吴越,势雄江海”,“骈樯二十里,开肆三万室”②。是当时重要的对外贸易港口,“东眄巨浸,辏闽粤之舟橹,北倚郭邑,通商旅之宝货”③,海外如日本、朝鲜、大食、波斯等地的商人往来不绝。杜甫有诗:“商胡离别下扬州,忆上西陵故驿楼。”④杭州呈现出“灯火家家市,笙歌处处楼”的繁荣景象。诗人白居易曾任杭州刺史,造福当地百姓。随着经济繁荣,杭州的精神文化也出现了勃兴。如在《旧唐书》《新唐书》列传所载的褚亮、褚遂良、褚璆、褚无量、许敬宗、许远、王任、董昌等杭州人物中,有许多是隋唐时期显赫一时的政治风云人物。此外,如褚遂良、孙过庭之书法,澄观、良价之佛法,等等,也都深得后人的推崇。

4. 湖州

湖州在隋唐时期也属江南名郡,其经济、文化比较发达。在手工业方面,尤以丝织业名闻于时,贡丝布等物。在农业方面,这里是著名的鱼米之乡,湖州顾渚茶称誉当世,“茶圣”陆羽不仅在这里撰成《茶经》,而且在评价浙西茶叶品质时指出:“浙西,以湖州上,常州次,宣州、杭州、睦州、歙州下,润州、苏州又下。”当时的湖州,人才济济、文化发达。仅《旧唐书》《新唐书》所载的当地名人就有包融、沈伯仪、沈法兴、姚绍之、陈君宾、钱徽、钱可复、钱诩、孟郊、陈京等。在政治方面,姚元崇、沈君谅、姚琇曾担任过唐代宰相;在文学方面,诗有孟郊、钱起,传奇小说有沈亚之,书画艺术有朱审、顾况、高闲等。

---

① 《隋书》卷三一《地理志》,第887页。
② 〔宋〕李昉等:《文苑英华》卷八〇〇;《全唐文》卷三一六《杭州刺史厅壁记》,第3206页。
③ 〔唐〕罗隐:《杭州罗城记》,见《全唐文》卷八九五,第9346—9347页。
④ 《全唐诗》卷二三〇《解闷十二首》,第2517—2518页。

杭州中国茶叶博物馆前的茶圣陆羽塑像

唐代顾渚紫笋贡茶院遗址

5. 婺州

婺州为江南新兴的经济、文化重地。丝织业、陶瓷业比较发达。据李吉甫《元和郡县图志》，以及《新唐书》等文献记载，唐代婺州曾贡绵。唐代婺窑除烧制青瓷、褐瓷和花瓷外，还成功创烧乳浊釉瓷，在中国陶瓷史上别具一格。各种人才也不时涌现，唐代科举进士人数与杭、越等州不相上下，在10人左右。《旧唐书》《新唐书》列传所载的婺州人物有张志和、骆宾王、冯宿、冯定、冯审、舒元舆。骆宾王为“初唐四杰”之一，张志和、舒元舆是负有盛名的诗人。

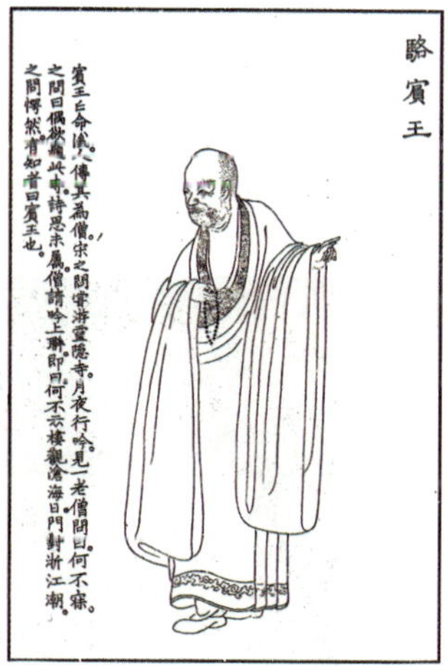


《晚笑堂画传》中的骆宾王像

6. 润州

润州也是江南的经济文化重地之一。据《旧唐书》《新唐书》所载，其列传人物有桓彦范、施敬本、庾抱、王昌龄、许淹、许叔牙、许子儒、权德舆、权璩、权皋、郑光、包佶、刘郕、戴叔伦14人。文学艺术灿然可观。如擅长书法的就有李绅、李虞、许浑、葛蒙、刘三复、冷朝阳、权璩、戴叔伦等人。其他如宗教等，也位居江南诸州之前列。

7. 常州

常州为江南古城，自东晋南朝之后已成为东南经济、文化的重地。据文献记载，隋唐时期常州的文学艺术、宗教等，都位居江南诸州的前列。仅《旧唐书》《新唐书》所载的列传人物，就有徐仁纪、刘胤之、高智周、秦景通、薛铣、萧登、蒋俨、许胤宗、庾准、窦群、薛戎、薛放、萧祐、萧郧、蒋镇、李戡、李绅 17 人。

此外，隋唐时期明州、台州、温州、睦州等地的文化也开始兴起，并产生了一定的影响。

### (二)淮南文化区

淮南文化区包括扬州、楚州、和州、庐州、寿州、光州等地，其中以扬州文化最为发达，当是这一地区政治、经济、文化中心。

首先，这里是长江流域佛教传播中心之一。扬州城内有三四十所佛寺，其中华林寺、慧照寺、孝感寺、龙兴寺、大云寺、西灵塔寺、禅智寺、大明寺、既济寺、崇福寺、白塔寺、法云寺、兴云寺、开元寺、栖灵寺等均见诸记载，并颇有名。大云寺僧鉴真，青年时代曾赴两京"究学三藏"，师从弘景律师受"具足戒"，当时著名律师义威、远智、金修、慧策、大亮、融济的律学讲座，鉴真皆留心听诵，并且融会贯通，集众家之长，形成了自己的独到见解，并很快成长为当时佛教律宗著名律师之一。回到扬州后，"时大和上年满卌六；淮南江左净持戒(律)者，唯大和上独秀无伦，道俗归心，仰为受戒大师。凡前后讲大律并(疏)(四十)遍，讲《律钞》七十遍，讲《轻重(仪)》十遍，讲《羯磨疏》十遍，具修三学，博达五乘、外秉威仪、内求奥理……写《一切经》三部，各一万(一)千卷；前后度人，授戒，略计过四万有余"①。由此可见，鉴真和尚在扬州乃至江南地域的影响之大。鉴真和尚还精通医术。由于他的声名远播，扬州在中唐时代成为佛教律宗的传播中心。

鉴真和尚漆像

江苏扬州鉴真纪念堂

慧照寺僧人省躬，其弟子录其"品藻否臧古今之义"言论，加以润色，成《顺正记》一书共 10 卷。又著《分轻重物议》一书传世。省躬"复高儒学，作碑颂越多，以其曾化邗沟，故

① 〔日〕真人元开：《唐大和上东征传》，中华书局 2000 年版，第 80—81 页。

呼为淮南记主，自号清冷山沙门焉”①。龙兴寺僧法慎，江都人，曾从瑶台成律师受具足戒；诵《金刚般若经》《如意轮》，精通佛法儒典，“与人子言依于孝，与人臣言依于忠，与人上言依于仁，与人下言依于礼。佛教儒行，合而为一”。正因如此，当时的黄门侍郎卢藏用、太子少保陆象先、兵部尚书毕构、少府监陆余庆、吏部侍郎严挺之、河南尹崔希逸、太尉房琯、中书侍郎平章事崔涣、礼部尚书李憕、辞人王昌龄、著作郎綦毋潜等著名文人官员，“佥所瞻奉，愿同洒扫”。天宝七载（748 年）省躬圆寂，“缁素弟子，北距泗、沂，南逾岭徼，望哭者千族，会葬者万人”②。慧照寺的另一僧人崇演，受到淮南节度使李绅的推崇，“特加归信”③。华林寺僧灵坦，李鄘为淮南节度使，“以峻法操下，刚决少恩，一见坦，郑重加礼”④。这些僧人要么将佛儒合而为一，在鼓吹忠孝仁义的同时，宣传佛教经义，要么受到地方官的礼敬，享誉江淮，为扬州成为佛教传播中心作出了贡献。

其次，六朝以来，扬州即成为长江流域人才的重要发源地。从这里走向全国的人才对当时社会产生了十分深远的影响。笔者根据史念海《两〈唐书〉列传人物本贯的地理分布》⑤一文统计，唐前期出自扬州广陵郡的有 14 人，唐后期从这里走出的有 11 人，列表如下：

**唐代扬州广陵郡走出的人才统计表（以两《唐书》记载为据）**

| | 《旧唐书》《新唐书》所载列传人物 |
|---|---|
| 唐前期 | 张若虚、邢钜、萧颖士、王远如、来济、来恒、上官仪、马怀素、曹宪、李善、公孙罗、李邕、工绍宗、石仲览 |
| 唐后期 | 李藩、窦常、王播、王炎、王起、王龟、王荛、王铎、王式、王镣、萧存 |

以上所列，不仅有诗文名家如张若虚、萧颖士、李邕、上官仪等，而且有官至中书令、同中书门下三品的来氏兄弟。唐后期，从扬州走出人士多出将入相。李藩元和初为宰相，跟从唐宪宗左右，“事无不言，上重之，以为无隐”⑥；王播官至朝廷盐铁转运使，“长于吏术，虽案牍鞅掌，剖析如流，黠吏诋欺，无不彰败”⑦。王播的弟弟王起“富于文学”；王播的侄子王铎（王炎之子）亦登进士第，官至宰相。唐中后期著名宰相杜佑、李吉甫、李鄘、王播、李绅先后为淮南节度使，坐镇扬州，对扬州文化事业的发展作出了重大贡献。杜佑

① 〔宋〕赞宁：《宋高僧传》卷一五《唐扬州慧照寺省躬传》，中华书局 1987 年版，第 370 页。
② 《宋高僧传》卷一四《唐扬州龙兴寺法慎传》，第 346—348 页。
③ 《宋高僧传》卷一一《唐扬州慧照寺崇演传》，第 260—262 页。
④ 《宋高僧传》卷一〇《唐扬州华林寺灵坦传》，第 224—226 页。
⑤ 史念海：《河山集》第 5 辑，山西人民出版社 1992 年版。
⑥ 《旧唐书》卷一四八《李藩传》，第 3999 页。
⑦ 《旧唐书》卷一六四《王播传》，第 4276 页。

编撰的大型典章制度通史《通典》一书，即是在扬州完成，并于贞元十七年（801 年）上呈唐德宗。而兴元年间淮南节度使杜亚开竞渡之戏，也使这种习俗得以风行南方各地。

第三，由于扬州独特的地理条件人文氛围，唐代不仅当地盛产诗人，而且也吸引其他地域的诗人来到这里，咏唱这里的佳山胜水、名胜古迹、人文奇观。据李廷先研究，唐朝以诗名世的几百人中，确切到过扬州，或在扬州为官而又有写扬州作品传世的，初步统计有六十余人，诗歌两百余篇，而属于安史之乱之后的约占十之八九。具体来说有骆宾王、孙逖、李颀、王昌龄、孟浩然、崔颢、祖咏、刘眘虚、李白、高适、刘长卿、韦应物、李嘉佑、顾况、卢纶、李益、李端、柳中庸、崔峒、戴叔伦、窦常、张南史、吕温、王建、卢仝、陈羽、权德舆、刘禹锡、白居易、李绅、鲍溶、施肩吾、章孝标、姚合、张友新、徐凝、张祜、崔涯、许浑、李商隐、杜牧、赵嘏、马戴、温庭筠、孟迟、裴虔余、李山甫、皮日休、杜荀鹤、罗隐、吴融、唐彦谦、韦庄、汪遵、江为、翁承赞等①。姚合诗云："广陵寒食天，无雾复无烟。暖日凝花柳，春风散管弦。园林多是宅，车马少于船。莫唤游人住，游人困不眠"；"江北烟光里，淮南胜事多。市鄽持烛入，邻里漾船过。有地皆栽竹，无家不养鹅。春风荡城郭，满耳是笙歌。"②杜牧诗云："青山隐隐水迢迢，秋尽江南草未凋。二十四桥明月夜，玉人何处教吹箫。"③"街垂千步柳，霞映两重城。天碧台阁丽，风凉歌管清……"④李绅诗云："夜桥灯火连星汉，水郭帆樯近斗牛。今日市朝风俗变，不须开口问迷楼。"⑤张祜诗云："十里长街市井连，月明桥上看神仙。人生只合扬州死，禅智山光好墓田。"⑥

扬州优美的自然环境、山水名胜，以及特有的商业文化氛围，吸引了众多游客和商贾来到这里。首先，扬州城内夜生活十分丰富。据载，"扬州胜地也，每重城向夕，倡楼之上，常有绛纱灯万数，辉罗耀列空中，九里三十步，街中珠翠填咽，邈若仙境。"杜牧为淮南节度使掌书记，出入倡楼，成为笑谈⑦。王建诗云："夜市千灯照碧云，高楼红袖客纷纷。"⑧会昌三年（844 年），唐武宗风闻扬州的倡女善作酒令，敕淮南监军选送十余人进京⑨，虽然因受到淮南节度使杜悰巧妙抵制而未能如愿，但由此亦可看出扬州作为东南商业都会所独具的文化特质，即市民文化的兴起。其次，扬州出产著名的吴盐、铜镜。每年

---

① 李廷先：《唐代扬州史考》，江苏古籍出版社 2002 年版，第 528—587 页。

② 《全唐诗》卷四九八《扬州春词三首》，第 5666 页。

③ 《全唐诗》卷五二三《寄扬州韩绰判官》，第 5982 页。

④ 《全唐诗》卷五二二《扬州三首》，第 5963 页。

⑤ 《全唐诗》卷四八一《宿扬州》，第 5470 页。

⑥ 《全唐诗》卷五一一《纵游淮南》，第 5846 页。

⑦ 《太平广记》卷二七三《杜牧》，第 2151 页。

⑧ 《全唐诗》卷三〇一《夜看扬州市》，第 3430 页。

⑨ 〔宋〕司马光：《资治通鉴》卷二四七，唐武宗会昌四年（844 年），第 8001 页。

"煮盐六十万石"①。所出的铜镜驰名中外，并成为扬州首屈一指的贡品。唐中宗曾令扬州造方丈镜，"铸铜为桂树，金花银叶，帝每常骑马自照，人马并在镜内"②。天宝三载(744年)，扬州所造水心镜"纵横九寸，青莹耀日，背有盘龙，长三尺四寸五分，势如生动"③。天宝初广运潭大会，扬州所贡亦以铜镜、铜器为主。鉴真和尚东渡日本，扬州出产的铜器，如大铜盂、大铜盘、中铜盘、小铜盘、铜叠、铜瓶等，都是其采购携带的主要用品。这些艺术品还多被作为陪葬用品，近年来各地考古发掘所得即是明证。

**(三)江西文化区**

唐代江西文化区，其范围大致为当时江西观察使治下的诸州县，包括洪州、饶州、虔州、吉州、江州、袁州、信州、抚州 8 州。

唐代江西已是地广人多、经济发达的地区。粮食、手工业品和矿产品等，都很丰富。以手工业来说，江西的矿业、造船业、陶瓷业、纺织业、造纸业、酿酒业、制茶业等都在全国前列，纸有"临川之滑薄"，酒有"浔阳之湓水"、宜春之"臬酝"，茶有洪州"西山之白露"，瓷有昌南陶窑、霍窑，布有细葛布、白纻布，成为唐朝重要的财赋来源地。

发达的经济为唐代江西地区的文化发展创造了极其有利的条件。洪州、袁州是这一地区的文化中心。

1. 洪州

洪州是唐代江西观察使的驻地，也是江西经济、人文发达之地。初唐诗人王勃在《滕王阁序》中说："南昌故郡，洪都新府，星分翼轸，地接衡庐，襟三江而带五湖，控蛮荆而引瓯越。物华天宝，龙光射牛斗之墟；人杰地灵，徐孺下陈蕃之榻。"在当时，唐高祖李渊的儿子李元婴，曾任洪州都督；宗室李皋也曾任江南西道节度使。此外，曾任宰相的张镐、齐映，以及杜亚、魏少游、路嗣恭、鲍防、严正诲、李兼、韦丹、殷侑、韦宙、杨收、罗让、令狐峘等，都曾担任过江西观察使。此外，如杜佑曾任江西青苗使也在洪州活动过。这些仕宦于江西、活动于洪州的官员，虽不乏贪官污吏、好色之徒，但也有许多人对江西文化的发展作出过贡献。如洪州都督阎公曾在滕王阁举行过一次以文会友的大宴，"胜友如云""高朋满堂"，给后人留下了脍炙人口的王勃

**江西省洪州窑窑址**
**出土唐代洪州窑褐釉辟雍砚**

① 〔唐〕李吉甫：《元和郡县图志·逸文》卷二，中华书局 1995 年版，第 1074 页。
② 《太平广记》卷二三一《唐中宗》，第 1770 页。
③ 《太平广记》卷二三一《李守泰》，第 1771 页。

《滕王阁序》。又如，曾任洪州刺史的钟传，“虽起于商贩，尤好学重士”[1]，“广明后，州县不乡贡，惟传岁荐士，行乡饮酒礼，帅官属临观，资以装斋，故士不远千里走传府”[2]。陶岳《五代史补》卷一《钟传重士》条说：“时江西上流有名第者，多因传荐，四远腾然，谓之曰英明。诸葛浩素有词学，尝为泗州馆驿巡官，仰传之风，因择其所行之事赫赫可称者十条，列于启事以投之，十启，凡五千字，皆文理典赡。传览之惊叹，谓宾佐曰：此启事每一字可以千钱酬之，遂以五千贯赠，仍辟在幕下。其激励如此。”因钟传奖掖士人，故袁州人陈象、润州人汤贺、吉州人陈岳等，皆被其罗致幕中。

2. 袁州

地处长江中游的袁州（治今江西省宜春市），是唐代江西又一重要的文化中心。唐末，诗人韦庄路过袁州，对袁州的情况十分了解，并留下了价值颇高的诗篇。诗云：“家家生计只琴书，一郡清风似鲁儒。山色东南连紫府，水声西北属洪都。烟霞尽入新诗卷，郭邑闲开古画图。正是江村春酒熟，更闻春鸟劝提壶。”[3]《题袁州谢秀才所居》诗则云：“主人年少已能诗，更有松轩挂夕晖。”[4]正因为袁州举郡家家以琴书为计，形成重学问、乐教化的好风气，因而这里科举登第的人很多，据陈正祥教授所绘《唐代后期进士及第图》所示，多达30多人[5]。袁州成为长江中游著名的文化重地。

诗人张乔有诗云：“袁江猿鸟清，曾向此中行。才子登科去，诸侯扫榻迎。山藏明月浦，树绕白云城。远想安亲后，秋风梦不惊。”[6]数年之后，张乔还赋诗赞叹袁州风景秀丽、人才辈出[7]。从这里走向全国的诗人，笔者据《全唐诗》不完全统计有：郑谷、郑启、袁皓、黄颇、伍唐珪、郑史、卢肇、王毂、彭伉、奚贾、湛贲、易重等十数人，其中郑谷、袁皓名驾晚唐，他们用上乘的诗歌，颂扬祖国大好河山和当时民生维艰的现实生活，同时将长江流域文化名城袁州推向全国，使更多的人来到这里，了解这里。另外，袁州人彭蟾著有《凤池本草》《庙堂龟镜》共120卷，可惜在唐僖宗广明年间（880—881）动乱中散佚。

**（四）四川文化区**

四川文化区大致上相当于唐代剑南道的区域，包括益州、梓州、绵州、阆州、泸州等地，是当时重要的经济、文化发达区。初唐陈子昂说：“蜀为西南一都会，国家之宝库，天

---

① 〔宋〕陶岳：《五代史补》卷一《钟传重士》，傅璇琮等主编：《五代史书汇编》，杭州出版社2004年版，第5册，第2480页。

② 《新唐书》卷一九〇《钟传传》，第5487页。

③ 《全唐诗》六九八《袁州作》，第8032页。

④ 《全唐诗》六九八《题袁州谢秀才所居》，第8032页。

⑤ 陈正祥：《中国文化地理》，三联书店1983年版，附图8。

⑥ 《全唐诗》卷六三八《送友人归袁州》，第7316页。

⑦ 《全唐诗》卷六三八《思宜春寄友人》，第7316页。

下珍货，聚出其中，又人富粟多，顺江而下，可以兼济中国。”①又说：“国家富有巴蜀，是天府之藏。自陇右及河西诸州，军国所资，邮驿所给，商旅莫不皆取于蜀。又京师府库，岁月珍贡，尚在其外，此诚蜀国之珍府。”②唐代四川的文化也有着辉煌的成就。在文学上，诗有陈子昂、李白、薛涛。在书画艺术上，宋代李之纯在《大圣慈寺画记》中说：“举天下之言唐画者，莫如成都之多。就成都较之，莫如大圣慈寺之盛。仆昔监市征历二年余，或晚暇与朋僚游所观者才十一二，比将漕七年亦屡造焉，而未及见者犹太半。今来守是邦，俾僧司会寺宇之数，因及绘画，乃得其详。总九十六院，按阁殿塔厅堂、房廊，无虑八千五百二十四间，画诸佛如来一千二百一十五，菩萨一万四百八十八，帝释梵王六十八，罗汉祖僧一千七百八十五，天王、明王、大神将二百六十二，佛会经验变相一百五十八堵，夹纻雕塑者不与焉。像位繁密，金彩华缛，何庄严显饬之如是。昔之画手，或待诏行在，或禄仕两蜀，皆一时绝艺格、入神妙。至于本朝，类多名笔，度所酬赠，必异他工。资费固不可胜计矣。其铸像以铜，刻经以石，又不可概举。此有以见蜀人乐善乡福、不吝财施者，盖自古而然，非独今日之侈。”③在戏曲上，任半塘《唐戏弄》有“蜀戏冠天下”之说，猴戏及水纹地衣戏为蜀中独有。在科学技术上，医学有昝殷《经效产宝》、李洵《海药本草》（又名《南药本草》）、段成式《酉阳杂俎》等。

李白像

成都是唐代四川地区政治、经济和文化中心。在政治上，成都是唐剑南西川节度使治所所在地；在经济上，时有“扬一益二”之说，益州与扬州“俱为重藩，左右皇都”④；在文化上，益州更是名列唐剑南道诸州之首。

成都城内有许多名胜古迹，吸引了各地游人，并成为他们咏颂的主要话题。三国时，诸葛亮辅佐刘备，君臣如鱼得水，促成三国鼎立局面的出现，他们的言行成为历代君臣精诚合作的楷模。岑参诗云：“先主与武侯，相逢云雷际。感通君臣分，义激鱼水契。遗庙空肃然，英灵贯千岁。”⑤张俨诗云：“雄名垂竹帛，荒陵压阡陌。终古更何闻，悲风入松柏。”⑥在剑南任职的官员，多游历、凭吊先主庙、武侯祠。元和二年（807年），宰相武元衡

① 《旧唐书》卷一九〇中《陈子昂传》，第5022—5023页。

② 〔唐〕陈子昂：《上蜀川军事》，见《全唐文》卷二一一，第2133页。

③ 〔宋〕扈仲荣等编：《成都文类》卷四五，文渊阁《四库全书》本。

④ 〔唐〕武元衡：《奉酬淮南中书相公见寄并序》，见《全唐诗》卷三一七，第3564—3565页。

⑤ 〔唐〕岑参：《先主武侯庙》，见《全唐诗》卷一九八，第2043页。

⑥ 《全唐诗》卷四七二《贞元八年十二月谒先主庙绝句三首》，第5355页。

出任剑南西川节度使。裴度为节度使掌书记，“随旌旆而爰止，望祠宇而修谒，有仪可象以赫厥灵，虽徽烈不忘，而碑表未立”。他颇有感慨地说道：“古者或拳拳一善，或师长一城，尚流斯文以示来裔，况如仁之叹，终古不绝，其可缺乎？”因而，刻石立碑，“庶此都之人，存必拜之感”①。大和(827—835)年间，剑南西川节度使杨嗣复曾作《丁巳岁八月祭武侯祠堂因题临淮公旧碑》诗②。临淮公即武元衡，此旧碑很可能就是裴度所立之碑。武元衡的女婿段文昌曾二度为剑南西川节度使，政绩斐然，他作《诸葛武侯庙古柏文》③，颂诸葛之政，示吊唁之情。

同时，游人游历凭吊之余，多有诗篇传世，上述杨嗣复之诗云：“齐庄修祀事，旌旆出郊闉。薙草轩墀狭，涂墙赭垩新。谋猷期作圣，风俗奉为神。酹酒成坳泽，持兵列偶人。非才膺宠任，异代揖芳尘。况是平津客，碑前泪满巾。”另有张仪楼，传说是张仪所筑，历代修葺，岑参诗云：“传是秦时楼，巍巍至今在。楼南两江水，千古长不改。曾闻昔时人，岁月不相待。”④段文昌亦有《晚夏登张仪楼呈院中诸公》诗，以及姚向、温会、李敬伯、姚康诸人的奉和诗传世⑤。司马相如琴台，以及唐代出现的浣花溪、少陵草堂、薛涛井等，都是名盛一时的古迹。剑南道首府成都生产的一种名“烧春”的酒享誉全国。李肇《唐国史补》一书中曾提及，云：“酒则有郢州之富水，乌程之若下，荥阳之土窟春，富平之石冻春，剑南之烧春，河东之乾和葡萄，岭南之灵溪博罗，宜城之九酝，浔阳之湓水。京城之西市腔，虾蟆陵郎官清、阿婆清。又有三勒浆类酒，法出波斯。三勒者谓庵摩勒、毗梨勒、诃黎勒。”有学者经过考证，认为烧春的产地就在成都当地。其他又有云安麹米春、汉州鹅黄酒、郫县郫筒酒、戎州重碧酒、射洪春酒、青城乳酒；有些酒还作为贡酒到都城长安，如现存史料记载中就有“生春酒”“春酒”两种，至于其与“烧春酒”关系如何，仍待做进一步考察。⑥

成都由于地处四川盆地腹地，唐王朝一直将这里作为稳固政权的“后院”治理，特别是中唐以后，在这里任职的节度使多为知书达理的饱学之士，他们对文化事业采取积极扶持的态度，使这里走出了一大批享誉全国的著名人士，同时也吸引了其他地区各类人才前来成都，促进了当地文化事业的蓬勃发展。特别值得一提的是，唐后期这里成为全国有名的绘画之乡。安史之乱后，唐玄宗逃往四川，一大批宫廷御用画家随之入川。著

① 《全唐文》卷五三八《蜀丞相诸葛武侯祠堂碑铭》，第 5464 页。
② 《全唐诗》卷四六四《丁巳岁八月祭武侯祠堂因题临淮公旧碑》，第 5277 页。
③ 《全唐文》卷六一七《诸葛武侯庙古柏文》，第 6234 页。
④ 《全唐诗》卷一九八《张仪楼》，第 2043 页。
⑤ 《全唐诗》卷三三一《晚夏登张仪楼呈院中诸公》，第 3691—3694 页。
⑥ 江玉祥：《唐代剑南道春酒史实考》，《四川大学学报(哲学社会科学版)》1999 年第 4 期。

名画家、会稽人陈闳也来到成都，他以“画人物得名。明皇幸蜀作《金桥图》，人物闳主之”①。吴道子的弟子卢楞伽“尤喜作经变相，入蜀名益著，虽一时名流，莫不敛衽”②，“嘉名高誉，播诸蜀川”③。

长安画家韦偃寓居于蜀，乾元初年在益州大圣慈寺画《行道僧》图，颜真卿题写画名，当时称为“二绝”；他“画高僧、松石、鞍马、人物，可居妙上品，山水人物等居能品”④。杜甫诗赞云：“戏拈秃笔扫骅骝，倏见骐驎出东壁”，并誉为“画无敌”⑤。代宗、德宗之际，政局动荡，皇帝频繁出狩，长安一片混乱，一些画家因避乱奔蜀。成都人王宰先居长安，大历年间来到成都，后受到剑南西川节度使韦皋的礼遇，“画山水树石出于象外”，“山水、松石，并可跻于妙上品”⑥。杜甫赠王宰歌曰：“十日画一松，五日画一石，能事不受相促迫，王宰始肯留真迹。”⑦著名的画家辛澄、赵公祐、张腾、范琼、陆皓、彭坚等人也先后汇集成都，其中赵公祐“天资神用，笔夺化权。应变无涯，罔象莫测。名高当代，时无等伦”⑧，“所作三十二相、八十种好皆具；而慈悲威重，有巍巍天人师之容。笔迹劲细，用色精密，缣素暗腐，而丹青不渝，真可宝也”⑨。范、陆、彭三位画家文宗时来到四川，并一起在成都各大寺院绘制了造型各异、精美绝伦的佛像，是谓“笔端造化至超绝处，则脱落笔墨畦径矣”⑩。唐僖宗出逃四川时，随僖宗入蜀的画家有孙位、张南本、吕峣、竹虔、滕昌祐、张洵等。孙位，会稽人；张南本，吴人；滕昌祐、张洵亦为南方人。“蜀人画山水人物，皆以孙位为师，龙水尤位所长者也。世言孙位画水，张南本画火，水火本无情之物，二公深得其理。常见孙位水宫，鱼龙出没于海涛，神鬼变火于云汉，览之凛凛然，真杰作也。”⑪

① 〔元〕汤垕：《画鉴》，收入于安澜编著《画品丛书》第 2 册，河南大学出版社 2015 年版，第 595 页。

② 《图绘宝鉴》卷二。

③ 〔宋〕黄休复：《益州名画录》卷上《妙格上品七人·卢楞伽》，傅璇琮等主编：《五代史书汇编》，杭州出版社 2004 年版，第 10 册，第 6125 页。

④ 〔唐〕朱景玄：《唐朝名画录》，收入于安澜编著《画品丛书》第 2 册。

⑤ 〔元〕汤垕：《画鉴》，收入于安澜编著《画品丛书》第 2 册，第 593 页。

⑥ 〔唐〕朱景玄：《唐朝名画录·妙品上八人》，见唐张彦远《历代名画记》附，京华出版社 2000 年版，第 308 页。

⑦ 《太平广记》卷二一三《王宰》，第 1630 页。

⑧ 〔宋〕黄休复：《益州名画录》卷上《神格二人·赵公祐》，傅璇琮等主编：《五代史书汇编》，杭州出版社 2004 年版，第 10 册，第 6122 页。

⑨ 〔宋〕李廌：《德隅斋画品》，见于安澜编著《画品丛书》第 1 册。

⑩ 〔宋〕无名氏：《宣和画谱》卷二《范琼》，湖南美术出版社 1999 年版，第 52 页。

⑪ 〔元〕汤垕：《画鉴》，收入于安澜编著《画品丛书》第 2 册，第 598 页。〔宋〕黄休复：《益州名画录》卷上《逸格一人·孙位》《妙格中品十人·张南本》，傅璇琮等主编：《五代史书汇编》，杭州出版社 2004 年版，第 10 册，第 6121、6128 页。

滕昌祐善画花，“常于所居树竹石杞菊，种名花异草木，以资其画”①。结果所画花“皆如生”②。昭宗天复年间(901—904)，军阀朱温与李茂贞在关中展开争夺战，留居长安的一批画家再次逃入四川。长安画家刁光胤、婺州兰溪僧人画家贯休名震蜀中。刁光胤“工画龙水、竹石、花鸟、猫兔”，“尝于大慈寺承天院内窗边小壁四堵上画四时花鸟，体制精绝”③。释贯休诗书画俱佳，他画的罗汉很有名，“时人比诸怀素”④。这些画家因战乱在不同时期来到四川，受到了任职剑南西川节度使的韦皋、武元衡、李德裕等人的支持和奖挹，更因为四川在中唐以后基本上保持了持续安定的局面，从而带动了成都乃至四川当地画家的大量涌现。据有人统计，唐前期成都只出了 2 名画家，而唐后期则上升至 9 名⑤，其中有的画家闻名全国，现列表如下：

**史料所见唐代剑南道画家统计**

| | 画家 |
|---|---|
| 唐前期 | 李宪、梁令瓒 |
| 唐后期 | 赵温奇、赵德齐、高道兴、李洪度、李晔、王宰、梦休、陈若愚、左全 |

由于全国各地的著名画家云集成都，成都本地的画家也愈来愈多，从而使成都在中唐以后，成为全国绘画的中心，为长江文化的勃兴增添了奇异的光彩。

**(五)江汉文化区**

江汉文化区以襄州、荆州为中心，安州、鄂州等次之。

**1956 年武昌钵盂山 320 号唐墓出土的女俑**

**1956 年武昌钵盂山 401 号唐墓出土的陶牛车**

① 〔宋〕黄休复:《益州名画录》卷下《能格中品五人·滕昌祐》，傅璇琮等主编:《五代史书汇编》，杭州出版社 2004 年版，第 10 册，第 6151 页。

② 〔宋〕米芾:《画史》，收入于安澜编著《画品丛书》，上海人民美术出版社 1982 年版。

③ 〔宋〕郭若虚:《图画闻见志》，收入于安澜编著《画品丛书》第 1 册，第 219 页。

④ 〔宋〕周密:《云烟过眼录》，收入于安澜编著《画品丛书》第 2 册。

⑤ 费省:《唐代艺术家籍贯的地理分布》，见《唐史论丛》第 4 辑，三秦出版社 1988 年版。

1. 襄州

襄州治所在襄阳(今湖北襄阳市),辖境相当于今日湖北襄阳、谷城、光化、南漳、宜城等县域,以盛产漆器著名。其文化在当时已很发达,仅《旧唐书》《新唐书》列传人物就有张玮、张柬之、张漪、杜审言、杜易简、孟浩然、柳识、张德譔、赵匡凝、张璟、鲍防、朱朴、柳浑 13 人。杜审言为大诗人杜甫祖父,少与李峤、崔融、苏味道合称"文章四友"。孟浩然、皮日休、张继、杜甫是唐代著名的大诗人。神会是慧能的徒弟、佛教禅宗中南宗学说的代表。

2. 荆州

荆州是长江中游地区最重要的政治、经济、文化中心,是唐南都,全国五大都督府之一。唐人皇甫湜说:"荆山之南,府压上游,置尹视京、河,置使视扬、益,同巴蜀吴越之治。臻自上古,为天下敌,在今为咽腴之地置。荆南之治否,乃天下低昂也!"[①]荆州治江陵,在唐代是文人学士荟萃之地,号称"衣冠薮泽",曾涌现出刘孝孙、蔡允恭、慧颐、道俊、刘洎、岑长倩、岑羲、綦毋潜、薛据、戎昱、刘蜕、李逊、李建、李讷、李方玄、陈儒、段文昌、段成式、俞文俊等知名人物,在文学、艺术、宗教、科技等方面作出过贡献。此外,唐代著名诗人如李白、杜甫、白居易,以及张说、陈子昂、王维、孟浩然、岑参、李商隐、元稹、柳宗元、杜牧、刘禹锡、韩愈、王建、钱起、温庭筠、鱼玄机等,都曾游历或寓居江陵,并写下了许多赞美江陵的瑰丽诗篇,为唐代长江文化增添了光辉。

除襄州、荆州外,安州(治今湖北安陆)、鄂州(治今湖北武昌)也产生了不少人才。如《旧唐书》《新唐书》入传的安州人物有马元规、樊兴、许绍、许力士、许钦明、许智仁、许圉师、许钦寂、郝处俊、郝象贤 10 人,鄂州有杜洪、李鄘、李磎、李柱 4 人。

**(六)湖南文化区**

湖南文化区,大致包括唐代湖南观察使所辖管的潭、衡、永、道、郴、连、邵等 7 州,其中以潭州为中心。

在唐代,湖南地区的农业、手工业、商业等,都有了显著的发展。农业上,水利灌溉事业的发展、垦田面积的扩大,加以耕作技术的进步,使"地称沃壤"的湖南,"所出常倍他州"[②],粮食产量空前增加。天宝年间,李岘任零陵(永州)太守,颇有政绩,时京师米贵,民人"乃相与谣曰:'欲谷贱,追李岘。'"[③]稍后的刘晏则说:"潭、衡、桂阳,必多积谷,关辅汲汲,只缘兵

① 〔唐〕皇甫湜《荆南节度判官厅壁记》,《全唐文》卷六八六,第 7029 页。

② 〔清〕光绪《湖南通志》卷一六一《孟琯传》。

③ 《新唐书》卷一三一《李岘传》,第 4504 页。

粮。漕引潇湘洞庭，万里几日，沦波挂席，西指长安"①在手工业方面，湖南地区的矿冶业、造船业、丝织业、陶瓷业、漆器业也很发达。商业方面，长沙为"湘岭要剧"，永州"商筏逶迤"②，岳州为"百越、巴蜀、荆襄之会"③。湖南由此成为唐后期全国重要的财富之区，时有"国用所资，终赖江湘之人"④"三秦之人，待此而饱；六军之众，待此而强"⑤的说法。

1973 年湖南衡阳出土的唐代青釉贴花舞蹈纹瓷壶

1976 年湖南长沙出土的唐代青瓷武士俑

1983 年湖南望城县长沙窑址出土的唐代青釉狮座诗文瓷枕

唐代湖南经济的进一步开发，有力地促进了该地区文化的发展。以科举为例，据光绪《湖南通志·选举志》所载，开元以前，湖南几无中举士人；而自开元以后，科举及第的士人达 29 人。正史列传人物也比之前大大增加，如《旧唐书》《新唐书》就载有欧阳询、欧阳通、刘瞻、刘助、邓处讷等湖南人物。在艺术上，也出现了大书法家惠融、欧阳询、欧阳通、怀素和名画家易元吉等。

**（七）宣歙文化区**

宣歙文化区在唐代与两浙（浙东、浙西）文化区、江西文化区、湖南文化区、福建文化区同属于江南文化圈，其范围大致包括今皖南地区，在当时主要有宣州、歙州、池州等。唐后期，此三州往往合为一镇，并经常设置观察使，初步形成了一个基本的文化区。

宣、歙、池三州构成一个独立的基本文化区，主要归结于该地政治、经济、地理、民俗等因素，特别是这一地区在唐后期经济的迅速发展。据文献记载，当时人们是将只有三州的宣歙镇和浙东、淮南并视为财力雄富的大镇的。如《旧唐书》卷一二六《陈少游传》就这样说："少游十余年间，三总大藩，皆天下殷厚处也。"至于记载宣州或宣歙镇富有的，更是不胜枚举。如《李白集校注》卷一二《赠宣城宇文太守兼呈崔侍御》诗曰："君从九卿来，

① 《旧唐书》卷一二三《刘晏传》，第 3512 页。
② 〔清〕光绪《湖南通志》卷二六五《艺文志》引唐李谅《湘中纪行》。
③ 〔清〕顾祖禹：《读史方舆纪要》卷七七《岳州府》，中华书局 2005 年版。
④ 〔唐〕李商隐：《上江西周大夫状》，《全唐文》卷七七五，第 8084 页。
⑤ 《旧唐书》卷一二三《刘晏传》，第 3512 页。

水国有丰年。鱼盐满市井，布帛如云烟。”《全唐文》卷四三八，陈简甫《宣州开元以来良吏记》说：“宣州……封方数百里，而铜陵铁冶，繁阜乎其中。”《旧唐书》卷一三六《刘滋传附刘赞传》云：“宣为天下沃饶。”《文苑英华》卷四一二，元稹《授卢萼监察里行宣州判官等制》说：“宣城重地，较缗之数，岁不下百余万。”《全唐文》卷七五五，杜牧《唐故宣州观察使御史大夫韦公墓志铭》说：“韦公……复以御史大夫出为宣歙池等州观察使，赋多口众，最于江南。”《全唐文》卷九九〇，阙名《大唐宣州刺史去思碑》说：“兹惟宣城……百谷年丰；通商鬻货，万货云丛；阐道都会，敦儒泮宫。”《韩昌黎集》卷一九《送陆歙州诗序》说：“歙，大州也……当今赋出于天下，江南居十九。宣使之所察，歙为富州。”从上面这些文献记载中，我们足可想见宣歙地区土广人众，赋税丰饶，农业发达，商业繁荣，人文兴旺的景象①。

宣州的紫毫笔、红线毯，歙州的祁门茶等，都是唐代这一地区的著名特产。大诗人白居易在《新乐府》中就作有《红线毯》《紫毫笔》二诗，倍加推崇赞赏，兹抄录如下：

红线毯：择茧缫丝清水煮，拣丝练线红蓝染。染为红线红于蓝，织作披香殿上毯。披香殿广十丈余，红线织成可殿铺。彩丝茸茸香拂拂，线软花虚不胜物。美人踏上歌舞来，罗袜绣鞋随步没。太原毯涩毳缕硬，蜀都褥薄锦花冷，不如此毯温且柔，年年十月来宣州。宣城太守加样织，自谓为臣能竭力。百夫同担进宫中，线厚丝多卷不得。宣城太守知不知？一丈毯，千两丝，地不知寒人要暖，少夺人衣作地衣！

紫毫笔：尖如锥兮利如刀。江南石上有老兔，吃竹饮泉生紫毫。宣城之人采为笔，千万毛中拣一毫。毫虽轻，功甚重，管勒工名充岁贡，君兮臣兮勿轻用。勿轻用，将何如？愿赐东西府御史，愿颁左右台起居。搦管趋入黄金阙，抽毫立在白玉除。臣有奸邪正衙奏，君有动言直笔书。起居郎，侍御史，尔知紫毫不易致。每岁宣城进笔时，紫毫之价如金贵。慎勿空将弹失仪，慎勿空将录制词！

池州是宣歙镇辖内的支郡。据有的学者研究，首先，唐代池州的水利事业颇有成就，诗人李白曾到过池州，他的诗中先后提到白笴陂、桃花陂等水利工程；会昌年间，池州刺史李方玄在州南修筑翠微堤，其在明清时代仍灌溉田地；还有芒鞋堰等，在当时均起到重要作用。其次，唐代池州山多田少，唐中后期山间小盆地大量开发，有利于农业经济的发展。再者，池州桑蚕种植、茶叶栽培，矿业铸钱、造纸，以及遍布乡野的鱼市、菜市等草市，显示出池州商品经济的飞速发展的盛景。② 这里不仅是文人集会的重要场所，境内九华

① 韩国磐：《唐代宣歙镇之雄富》，《江海学刊》1992 年第 3 期。

② 张宪华：《唐五代池州经济的发展》，《学术界》1993 年第 4 期。

山也成为佛教文化传播圣地，新罗人金觉乔入唐后在此安居，圆寂后被尊奉为地藏菩萨。

在经济发达、财力雄富的基础上，宣歙镇的人才也大量涌现。吴少微、史务滋、胡楚宾、方清、刘太真、罗立言、汪伦、费冠卿、汪遵、许棠、周繇、顾云、张乔、李昭象、杜荀卿、康骈等，都有名于时。

**(八)福建文化区**

唐代福建属江南道，其文化也属江南文化系统。以民风而言，福建不仅和邻近的江西、浙西、皖南等地密不可分，而且和四川也有共同特点，对此唐宋时人已多有指出。例如宋代王得臣在《麈史》卷下《风俗》条中指出："世言闽、蜀同风，孙光宪作《北梦琐言》以谓不同风，略引蜀有不仕之类以为异。孙盖蜀人也，故主其乡风。今读书应举，为浮屠氏，并多于他所。一路虽不同，相逢则曰'乡人'，情好倍密。至于亲在堂，兄弟异爨，民间好蛊毒者，此其所同者，则知古语之传盖不虚耳。"

唐代福建文化在贞元之前默默无闻，素有"闽人未知学"①之说。唐中宗神龙二年(706年)长溪人薛令之进士及第，成为开闽进士。然而此后一直到唐德宗贞元中八十余年之间，福建再也无人中过进士。这种现象到大历七年(772年)唐宗室李锜，以及建中元年(780年)关中昭应人常衮出任福建观察使之后，才有了根本性的改观。《新唐书》卷一五〇《常衮传》曰："始，闽人未知学。衮至，为设乡校，使作为文章，亲加讲导，与为客主钧礼，观游燕飨与焉。由是俗一变，岁贡士与内州等。"在他们的影响下，福建"一年人知敬学，二年学者功倍，三年而生徒祁祁，贤不肖竞劝。家有洙泗，户有邹鲁，儒风济济，被于庶政"②。福建文化因此得到一定程度的发展。

唐福建窑罐

唐福建窑双系螭龙瓶

唐福建窑五角瓶

从衡量一个地区文化水平的重要指标——科举进士及第人数来说，福建进士及第者

① 《新唐书》卷一五〇《常衮传》载："始，闽人未知学，衮至，为设乡校，使作为文章，亲加讲导，与为客主钧礼，观游燕飨与焉，由是俗一变，岁贡士与内州等。"第4810页。

② 〔唐〕独孤及：《毗陵集》卷九《福州都督府新学碑铭》，文渊阁《四库全书》本。

在常衮来闽之后已络绎出现，崭露头角。贞元七、八年(791—792)莆田林藻、晋江欧阳詹相继进士及第，一洗福建"缦胡之缨"①的耻辱。继他们之后，闽县陈通方、陈诩、邵楚苌，晋江许稷等4名闽人也成为德宗朝进士。此后，直至唐末，各朝皆不乏闽中进士，尤其是在昭宗朝有黄滔等10余名闽人进士及第，出现了高潮。唐文宗开成三年(838年)，闽中出现了萧膺等4人同科登第的盛况，于是朝士诗云："几人天上争仙桂，一岁江南折四枝"。福建由此获得了"文儒之乡"②的称号，且大有凌驾北方中州之势。据统计，福建在唐代共有进士及第者75人③，其中福州、泉州两州就达60人以上，其人数之多在南方仅次于苏州，而在北方诸州之上④。时人黄璞在他所作的《王郎中传》中说："盖七闽之地，自欧阳詹、王肇为之倡者，相继登上第，遂盛于时云。"在文学上，福建有欧阳詹、林藻、陈峤、陈鍜、陈诩、许稷、周匡物、欧阳衮、郑诚、王棨、陈黯等。史学有林湑的《闽中记》，黄璞《闽川名士传》《欧阳行周传》等。在书法上，有林披的隶书、草书，陈峤的篆书、隶书等。在宗教上，道教有黄彻的《神占经》，陈逢的《星图》《阴阳书》《天元秘演》等；佛教有释文矩的《博山经》，释叔端的《宗镜边缘》，释慧海的《顿悟入道要门论》，释义存的《真觉语缘》等。

**(九)云南文化区**

唐代云南地区属南诏国辖地，然其文化体系仍属长江文化。据文献记载，南诏统治者曾先后派遣数千人到成都学习汉文化，这对唐代云南文化的发展起了积极的推动作用。

与长江流域其他文化区一样，唐代云南文化区取得了较高的成就。在文学方面出现了郑回、异牟寻、寻阁劝、段义宗、董成、杨奇鲲等一批能诗善文的"高手"。特别是《南诏德化碑》，洋洋3000余言，行文流畅，辞令工巧，文字高洁，跌宕生姿，一气呵成，直追有唐大家。在音乐舞蹈方面，更是丰富多彩。史载，贞元十六年(800年)正月南诏遣使诣西川节度使韦皋，"献夷中歌曲"，并有"天南滇越俗歌四章"。后来，韦皋依此编成《南诏奉圣乐》，气势宏大，场面颇为壮观。在建筑艺术方面，南诏自数万成都工匠掠入云南后，其建筑技术更臻成熟。从文献和考古资料来看，南诏宫殿和城市建筑，宏伟精巧，壮丽辉煌。如丰祐时所建的五华楼，"楼方广五里，高百尺，上可容万人"。在书画艺术方面，作于南诏中兴二年(899年)的《南诏史画卷》，构图精巧，色彩艳丽，形象生动，笔墨自然，为唐代绘画艺术中的杰作。而上述的《南诏德化碑》，其书法也是苍劲秀整，颇有会稽刻石的韵

① 〔唐〕独孤及：《毗陵集》卷九《福州都督府新学碑铭》，文渊阁《四库全书》本。

② 〔清〕郑方坤：《全闽诗话》卷一《唐·萧膺》引《八闽通志》，文渊阁《四库全书》本。

③ 雷丽霞：《唐代福建文化述略》，《福建论坛》1990年第1期；刘海峰：《唐代福建的教育与科举活动》，《福建论坛》1991年第5期。

④ 陈正祥：《中国文化地理》首篇附图，三联出版社1983年版。

味，可与《南诏史画卷》并称为南诏书画艺术中的“双璧”。在雕刻艺术方面，创建于南诏时期的剑川石钟石窟，所雕的众多佛像和南诏王室造像，细腻精致，具有极高的艺术和历史价值。在宗教方面，佛、道及原始巫教均流行于南诏，从一个侧面反映了这一地区历史文化的进程。

**（十）广西文化区**

地处长江上游的广西文化区，在唐代之前素称“蛮夷之地”。然自唐代开始，其文化有了较大程度的发展，取得了多方面的成就，这主要体现在文化教育事业的发展、一批人才的成长、唐诗的兴盛、佛教的传播以及医药、书法、石雕艺术的发展诸方面。首先在文教事业方面，广西在唐代相继建立了岑溪县学、柳州府学、北流县学、桂林府学，并培养出了一批人才，被称为“桂林三才子”的赵观文、曹邺、曹唐就是其中的突出代表。另外，唐代广西在文学、书画艺术、宗教及科学技术等方面，也都取得了一定的成就①。

**（十一）岭南文化区**

岭南罗浮山文化区，是指罗浮山所在地循州，以及邻近的岭南五府经略使治所所在地广州。

广州是岭南文化发展最集中的地区，这里滨临南海，“远国商贩，唯利是求，绥之斯来，扰之则去。广州地当要会，俗号殷繁，交易之徒，素所奔凑”②，自两汉以来就成为历朝对外经济文化交流的重要窗口。同时，这里土著汉人和少数民族杂居，前来经营的外商又很多，因而形成了多种文化并存、开放互通的局面。天宝初年，鉴真和尚到达广州，这里有开元寺一所、大云寺一所、婆罗门寺三所，并为梵僧居住。“江中有婆罗门、波斯、昆仑等舶，不知其数；并载香药、珍宝，积载如山。其舶深六、七丈。师子国、大石国、骨唐国、白蛮、赤蛮等往来居（住），种类极多。州城三重，都督执六纛，一纛一军，威严不异天子；紫绯满城，邑居逼侧”③。可以看出，作为唐朝对外贸易的主要港口之一，广州已具有相当的规模，接纳域外各国商旅前来贸易、居住。而开元二年设置的市舶司，则是专门管理收纳外来商旅各种商税的部门。大历五年（770 年），李勉为岭南节度观察使、广州刺史，“前后西域舶泛海至者岁才四五，勉性廉洁，舶来都不检阅，故末年至者四十余（一说为四千余，应是）”。又，贞元年间，王虔休《进岭南王馆市舶使院图表》曾称：“臣奉宣皇化，临而存之，除供进备物之外，并任蕃商列肆而市，交通夷夏，富庶于人，公私之间，一无

① 覃延欢：《浅谈唐代广西文化的发展》，载《广西社会科学》1986 年第 3 期。

② 〔唐〕陆贽：《陆宣公集》卷一八《论岭南请于安南置市舶使状》，浙江古籍出版社 1988 年版，第 186 页。

③ 〔日〕真人元开：《唐大和上东征传》，汪向荣校注，中华书局 2008 年版。

所缺，车徒相望，城府洞开，于是人人自为，家给户足……”①虽然此后几任岭南节度使利用职务之便中饱私囊②，而且直接影响了中外贸易的健康发展，以致唐文宗大和八年(834年)下诏曰：“南海蕃舶，本以慕化而来，固在接以恩仁，使其感悦。如闻比年长吏，多务征求，嗟怨之声，达于殊俗……其岭南福建及扬州蕃客，宜委节度使观察使，除收舶脚进奉外，任其往来，自为交易，不得重加率税。”③

尽管如此，唐中央对于域外商旅所采取的较为宽松的政策，仍然吸引了众多外商来到广州。据阿拉伯人阿布赛特哈桑记载：黄巢军队攻陷广州时，“杀回教徒、犹太人、基督教徒、袄教徒数达12万至20万”④，这个数字未免夸张，然当年实际居住在这里的外国人很可能大于这个数。

广州华夷杂居，多种文化汇聚，但由于受地理环境的影响，这里的饮食文化具有明显的地方色彩。这里的人多喜欢饮酒，从事酿酒的人非常多，因而出现了一系列具有地方特点的伴酒菜。如煎山橘子叶，可以“和酒饮，亦疗气，神验”⑤；海中的一种小鱼名为跳鲢，“以盐藏鲻鱼儿一斤，不啻千筒生擘，点醋下酒，甚有美味”⑥。又有一海产品叫瓦屋子，亦名蚶子头，其壳中有紫色的肉，“广人尤重之，多烧以荐酒，俗呼为天脔炙”，如过量食此肉，“即拥气，背膊烦疼”⑦。又有名为水蟹的海产，“广人取之，淡煮，吸其咸汁下酒”，另外，红蟹壳可做酒杯，壳上有虎斑的虎蟹壳可做酒器⑧。同时，用于消醉的食物也应时而出。橄榄了刬去两头，“煨过煮之，甚香美”⑨，饮之可以消酒。又有一种名峪的食物，是把牛羊鹿血结成块状，切成小片，调以姜、蒜、韭食用，亦可消酒⑩。

在广州人的饮食中，团油饭是一重要的食目。这种饭食以煎虾、鱼炙、鸡、鹅、猪羊肉、鸡子羹、饼灌肠、蒸肠菜、粉瓷(米饼)、粔敉(馓子)、蕉子、姜、桂、盐豉为主要原料和品样。富足之家每当新产儿三天或满月、周岁列盘喜庆，多做这种饭食延招亲朋，以示欢庆之意⑪。另外，广州人食米饼亦成为风尚，这种米饼“合生熟粉为之，规白可爱，薄而复明，

---

① 《全唐文》卷五一五《进岭南王馆市舶使院图表》，第5235页。

② 《旧唐书》卷一五一《王锷传》云：“西南大海中诸国舶至，则尽没其利，由是锷家财富于公藏。日发十余艇，重以犀象珠贝，称商货而出诸境”，第4060页。同书卷一七七《卢钧传》载：“南海有蛮舶之利，珍货辐辏。旧帅作法兴利以致富，凡为南海者，靡不捆载而还。”第4591—4592页。

③ 〔宋〕宋敏求：《唐大诏令集》卷一〇《太和八年疾愈德音》，《适园丛书》本。

④ 刘希为：《略论唐代海外交通发展的新态势》，见《中国唐史学会论文集》，三秦出版社1993年版。

⑤ 〔唐〕段公路：《北户录》卷三，《丛书集成初编》本。

⑥ 〔唐〕刘恂撰：《岭表录异》卷下，《丛书集成初编》本。

⑦ 〔唐〕刘恂撰：《岭表录异》卷下，《丛书集成初编》本。

⑧ 〔唐〕刘恂撰：《岭表录异》卷下，《丛书集成初编》本。

⑨ 〔唐〕段公路：《北户录》卷三，《丛书集成初编》本。

⑩ 〔唐〕段公路：《北户录》卷二，《丛书集成初编》本。

⑪ 〔唐〕段公路：《北户录》卷二，《丛书集成初编》本。

亦食品中珍物也”[1]。又有蚁子酱、老咸蔺、蛤蠔等饭食。烹食的方法有胚腤煎消法、白煮肫法等。而象鼻炙、鹅毛脡、桄榔炙、水母[2]均为岭南名食。独具地方色彩的饮食文化，使岭南文化的内涵更加丰富。

罗浮山位于循州归善县（今广东惠州市北）西北10公里，“高三百六十丈，周回三百二十七里，峻天之峰，四百三十有二焉”[3]。相传东晋葛洪曾在这里得仙术。“罗浮奇异，高三千丈，有七十石室，七十二长溪。仙人仙禽，玉树朱草生于上，半入海中”[4]，循州人释怀迪“先入法于南楼寺，其山半在海涯，半连陆岸，乃仙圣游居之灵府也”[5]。就是说，虽然罗浮山地居边陲，但由于山势险峻，风景秀丽，加之和岭南政治、经济和文化中心广州近在咫尺，从而成为佛、道之徒游旅居住的理想之地。开元年间，罗浮山石楼寺即以“海隅之地，津济之前，数有梵僧止于此”，即成为梵僧从海道进入内地传播佛教的重要地点。同时，众多的道教修行烧炼隐居之士也被吸引到罗浮山，使这里成为唐代岭南道教传布的中心。李群玉《送隐者归罗浮》诗云：“春山杳杳日迟迟，路入云峰白犬随。两卷素书留贳酒，一柯樵斧坐看棋。蓬莱道士飞霞履，清远仙人寄好诗。自此尘寰音信断，山川风月永相思。”[6]李群玉本人希望赴罗浮山，怀抱瑶琴，实现“纵所适”的梦想[7]。郑丞、刘轲都曾到过罗浮山，学习道家修炼之术；李德裕被贬官崖州司户，似路过罗浮山，并有诗传世[8]。易炼师，王炼师皆居住在罗浮山上，“左挹玉泉液，右搴云芝英”[9]，专心采炼仙人长寿之灵药；羽人王锡回返罗浮山，“石磴倚天行带月，铁桥通海入无尘。龙蛇出洞闲邀雨，犀象眠花不避人。最爱葛洪寻药处，露苗烟蕊满山春”[10]。会昌末年，罗浮山人轩辕集曾从长安被赶出，后因给广州监军使治好脚病，宣宗大中十一年（857年）被招入长安。宣宗问其长生之道，轩辕集说：“撤声色，去滋味，哀乐如一，德施无偏，自然与天地合德，日月齐明，则致尧舜禹汤之道，而长生久视之术，何足难哉！”[11]显然，这个和开元时的张果具有相同传奇色彩的人物二进长安，已变得乖巧，并力图通过回答问话上谏。几个月后，轩辕集坚决要求回山，宣宗只好答应他的请求。轩辕集和当时著名诗人皮日休、陆龟蒙、李洞

---

① 〔唐〕段公路：《北户录》卷二，《丛书集成初编》本。

② 〔唐〕段公路：《北户录》卷二，《丛书集成初编》本。

③ 〔唐〕李吉甫：《元和郡县图志》卷三四，第893页。

④ 《宋高僧传》卷二〇《唐广州罗浮山道行传》，第523页。

⑤ 《宋高僧传》卷三《唐罗浮山石楼寺怀迪传》，第44—45页。

⑥ 《全唐诗》卷五六九《送隐者归罗浮》，第6600—6601页。

⑦ 《全唐诗》卷五六八《将游罗浮登广陵楞迦台别羽客》，第6572页。

⑧ 《全唐诗》卷四七五《罗浮山》，第5412页。

⑨ 《全唐诗》卷四六五《赠罗浮易炼师》，第5284页；卷四九四《赠别王炼师往罗浮》，第5594页。

⑩ 《全唐诗》卷六四〇《送羽人王锡归罗浮》，第7340页。

⑪ 〔唐〕裴廷裕：《东观奏记》卷下，中华书局1994年版，第128页。

均有来往，皮日休诗云："乱峰四百三十二，欲问徵君何处寻。红翠数声瑶室响，真檀一炷石楼深。山都遣负沽来酒，樵客容看化后金。从此谒师知不远，求官先有葛洪心。"①一些官僚还在罗浮山地区建有别业、田园。

唐末，淮南节度副使、知节度事、扬州大都督府长史高骈，"日以神仙为事……于府第别建道院，院有迎仙楼、延和阁，高八十尺，饰以珠玑金钿。侍女数百，皆羽衣霓服，和声度曲，拟之钧天"②，他在罗浮山有别业，曾赋诗云："不将真性染埃尘，为有烟霞伴此身。带日长江好归信，博罗山下碧桃春。"③罗浮山作为道教徒众修炼活动的重要地点，对唐代道教的传播发展产生了十分积极的作用。

## 第六节　丰富多彩的文化风尚

### 一、龙舟竞渡

龙舟竞渡到隋唐时期，已成为长江流域水乡的一项集群众性、竞技性为一体的传统民间娱乐活动。每到端午日，人们就将早已准备好的龙舟施朱重彩，装扮一新，然后齐聚江边，先在招屈亭旁举行盛大的招回屈原亡魂仪式。随后，三声鼓响，精彩的竞渡活动全面展开。刺史县官多在江岸边观看，是谓"刺史临流褰翠帏，揭竿命爵分雄雌"。划龙舟的壮士们高喊"何在""何在"的号子，以示招寻屈原魂灵之意④。岸边围观的百姓组成声势浩大的啦啦队，给各自的龙舟队加油，是谓"雷声冲急波相近，两龙望标目如瞬。江上人呼霹雳声，竿头彩挂虹霓晕"；胜利的一方欢天喜地，而输者则怏怏不快。诗云："前船抢水已得标，后船失势空挥桡。疮眉血首争不定，输岸一朋心似烧。只将标示输赢赏，两岸十舟五来往。"⑤由于这种龙舟竞渡，"连延数十日，作业不复忧。君侯馔良吉，会客陈膳羞。画鹢四来合，大竞长江流。建标明取舍，胜负死生求。一时欢呼罢，三月农事休"⑥。即龙舟竞渡延续时间很长，贻误农时，当地百姓对胜负输赢十分看重，有时竟出现"疮眉血首争不定"的情况。

有鉴于此，一些地方官曾设法予以禁止，但不久即由于当地百姓的请求，重开竞渡。

---

① 《全唐诗》卷六一四《寄题罗浮轩辕先生所居》，第 7081 页。
② 《旧唐书》卷一八二《高骈传》，第 4711 页。
③ 《全唐诗》卷五九八《寄题罗浮别业》，第 6921 页。
④ 《全唐诗》卷三五六《竞渡曲并引》，第 4002 页。
⑤ 《全唐诗》卷五四八《观竞渡》，第 6322 页。
⑥ 《全唐诗》卷三九八《竞舟》，第 4465 页。

如诗人元稹曾担任浙东观察使，从他的诗文中可以看出他对竞渡的弊端多有了解，并且对岳阳刺史禁止竞渡的做法表示理解①。但他也在镜湖（今浙江绍兴市南三里）上建东武亭，“亭至宏敞，春秋为竞渡大设会之所”，可见元稹对龙舟竞渡还是抱有开放态度，可能他对竞渡也颇有兴趣。李绅（润州无锡人）后至浙东任观察使，“增以板槛，延入湖中，足加步廊，以列环卫”②。可见，在浙东观察使辖区内，龙舟竞渡依然流行。元和时宰相王播少时居扬州，当时杜亚为淮南节度使，“端午日，盛为竞渡之戏，诸州征伎乐，两县争胜负，彩楼看棚，照耀江水……扬州之客，无贤不肖，尽得预焉”③。又崔涓任杭州刺史，其俗“端午竞渡，于钱塘弄潮。先数日，于湖滨排列舟舸，结彩为亭槛，东西衮皆高数丈。”崔涓前往巡视，“其夕北风，飘泊南岸。崔涓至湖上，大将惧乏事，涓问‘竞舟凡有几？’令齐往南岸，每一彩舫系以三五小舟，号令齐力鼓棹而引之，倏忽皆至”④。

除此之外，据《角力记》记载，“广陵、鄱阳、荆楚之间，五日盛集，水戏则竞渡，街房则相攒（方言：摔跤）为乐”，即长江中游地区百姓端午日除在江边竞渡外，在陆地上亦盛行角力摔跤运动。如荆州百姓郝惟谅，“性粗率，勇于私斗，会昌二年（842 年）寒食日，与其徒游于郊外，蹴鞠角力”⑤。显然，摔跤也是长江流域地区端午日重要的观赏性竞技节目。

## 二、水戏与百戏

长江流域各地湖泊纵横，河流交叉分布，劳动人民日常生活中由于生计的需要，锻炼出极强的适应水性的能力。这里的“水戏”能人很多，各地还进行“水戏”（即游泳）比赛。如诗人杜牧为宣城佐吏，游历湖州，湖州刺史崔君“张水戏使人毕观”⑥。韶州翁源人麦铁杖，陈亡后为杨素麾下骁将，时江南各地举兵反隋，“铁杖夜泅水过扬子江，为巡逻者所捕，差人防守，送于姑苏。到废亭，遇夜，伺守者寐熟，窃其兵刃，尽杀守者走回，乃口衔二首级，携剑复浮渡大江，深为杨素奖用”⑦。又有洪州优胡曹赞，“善为水戏，百尺樯上不解衣，投身而下，正坐水面，若在茵席。又于水上靴而浮，或令人以囊盛之，系其囊口，浮于江上，自解其系，至于回旋出没，变易千秋，见者目骇神竦，莫能测之”⑧。诗人柳宗元作

① 《全唐诗》卷三九八《竞渡》，第 4463—4464 页。
② 《全唐诗》卷四八一《东武亭》，第 5477 页。
③ 《太平广记》卷二七八《王播》，第 2204 页。
④ 〔宋〕王谠著、周勋初校证：《唐语林校证》卷三，第 315 页。
⑤ 《太平广记》卷三五〇《郝惟谅》，第 2773 页。
⑥ 《全唐诗》卷五二七《怅诗并引》，第 6033 页。
⑦ 《太平广记》卷一九一《麦铁杖》，第 1430 页。
⑧ 〔唐〕赵璘：《因话录》卷六《羽部》，第 111 页。

《哀溺文》云："永之氓咸善游"①。另外，钱塘江入海处，每年秋季海潮上涨，江水倒流，其场面非常壮观，当地人多跳入潮中戏游，号为"弄潮"，亦可见其游泳技能的高超。

魏晋南北朝初期就已出现的"百戏"在长江流域亦极为流行。各地每遇大的节日，则举行"百戏"比赛，热闹非凡。如开元年间，玄宗历次敕赐州县大酺，"嘉兴县以百戏，与监司竞胜精技"，结果，监司以惊险绝伦的绳技而获胜②。章仇兼琼"在蜀日，佛寺大会，百戏在庭，有十岁童儿舞于竿杪"③。又有绵竹王俳优，"每遇府中飨军宴客，先呈百戏，王生腰背一船，船中载十二人，舞河传一曲，略无困乏"④。此大概均为杂技之类节目。

长江流域各地的"水戏""百戏"，丰富了百姓的生活，对于长江娱乐文化的发展具有非常显著的作用。

## 三、饮茶风气的盛行

唐代饮茶风气首先在南方流行起来。史载"茶早采者为茶，晚采者为茗。《本草》云：'止渴，令人不眠。'南人好饮之，北人初不多饮"⑤。到开元中，饮茶之风开始传入北方。唐中叶以后，饮茶之风大盛⑥。

说起饮茶，我们不能不谈到陆羽。陆羽(733—804)，字鸿渐，一名疾，字季疵。复州竟陵(今湖北天门)人，自称"桑苎翁"。活跃于中唐时代，"性嗜茶，始创煎茶法，至今鬻茶之家，陶为其像，置于炀器之间，云宜茶足利"⑦。又，"羽有文学，多意思，耻一物不尽其妙，茶术尤著。巩县陶者多为瓷偶人，号陆鸿渐，买数十茶器得一鸿渐，市人沽茗不利，辄灌注之"⑧。就是说，陆羽最先发明煎茶方法，并使长江流域各地种茶获利，以至于人们将他作为神灵供奉，大大促进了饮茶风气的兴盛。

唐代著名的产茶地以江淮、四川等地为盛。声名显赫的茶叶，"剑南有蒙顶石花，或小方，或散牙，号为第一。湖州有顾渚之紫笋，东川有神泉、小团、昌明、兽目；峡州有碧涧、明月、芳芷、茱萸簝；福州有方山之露牙，夔州有香山，江陵有南木，湖南有衡山，岳州有邕湖之含膏，常州有义兴之紫笋，婺州有东白，睦州有鸠坑，洪州有西山之白露，寿州有

① 〔唐〕柳宗元：《柳河东集》卷一八，文渊阁《四库全书》本。
② 《太平广记》卷一九三《嘉兴绳技》，第1449页。
③ 《太平广记》卷三五六《章仇兼琼》，第2818页。
④ 《太平广记》卷一九二《王俳优》，第1441页。
⑤ 〔唐〕封演著，赵贞信校注：《封氏闻见记校注》卷六《饮茶》，第51页。
⑥ 林正三：《唐代饮茶风气探讨》，载台北"国立编译馆"《国立编译馆馆刊》1984年第2期。
⑦ 〔唐〕赵璘：《因话录》卷三《商部下》，第86页。
⑧ 〔唐〕李肇：《唐国史补》卷中，第34页。

霍山之黄牙，蕲州有蕲门团黄，而浮梁之商货不在焉”①。各地茶叶产量很高，浮梁县（今江西景德镇北）“每年出茶七百万驮，税十五万贯”，合三四百万斤之多②。白居易在浔阳江口所见的商妇，其夫即是茶商，《琵琶行》云“商人重利轻别离，前月浮梁买茶去”，足见浮梁地区茶叶之有名。

元赵原《陆羽烹茶图》

晚唐钱宽墓出土的白瓷瓜棱形腹执壶

晚唐钱宽墓出土的白瓷云龙把杯与杯托

钱宽墓出土唐白瓷执壶

饮茶之风首先从长江流域各地寺院中传开。生活在这一地区的文人官员则将刚刚焙好的茶叶包装密封，寄送给远在北方的亲友同僚，以示问候。后来寄送茶叶渐成为文人间相互交往的高雅举动，从而也给饮茶风气赋予浓郁的文化氛围。白居易有《谢李六郎中寄新蜀茶》《萧员外寄新蜀茶》；李德裕有“剑外九华英，缄题下玉京。开时微月上，碾处乱泉声。半夜招僧至，孤吟对竹烹。碧流霞脚碎，香泛乳花轻。六腑睡神去，数朝诗思清。其余不敢费，留伴肘书行”之诗③。很显然，这些茶都是寄自四川。李群玉《龙山人惠

① 〔唐〕李肇：《唐国史补》卷下，第 60 页。

② 牟发松：《唐代长江中游经济与社会》，武汉大学出版社 1989 年版，第 132 页。

③ 《全唐诗》卷四七五《故人寄茶》，第 5394 页。

石廪方及团茶》诗中的石廪茶产于湖南，“凝澄坐晓灯，病眼如蒙纱。一瓯拂昏寐，襟鬲开烦拏”①。饮茶提神疗病的功效从诗中可以看出。除此之外，杨嗣复、刘禹锡、柳宗元、薛登等文人官员都有答谢诗存世。文人雅士将刚下的新茶包装寄给远方的文友，切磋茶道，并以诗唱和，不仅增加了相互之间的友谊，使文友的品尝、唱和更具趣味与艺术性，而且对长江流域各地的名茶起到了宣传作用。文人官吏对所寄茶各有所好，如诗人白居易就非常喜欢四川的蒙山茶，有“茶中故旧是蒙山”②之句；而唐末诗人薛能则对四川的鸟觜茶情有独钟，吟“此惠敌丹砂”③，以示赞叹之情。

除一人独饮、二人对饮之外，二人以上的茶会风行于江边、僧寺、亭林之中，这种别具一格的品茶宴会，将长江流域饮茶风气推向高潮。武元衡《资圣寺贲法师晚春茶会》④中所描写的茶会即是在佛寺中举行。而白居易《夜闻贾常州、崔湖州茶山境会想羡欢宴因寄此诗》所描写的茶宴则是在盛产名茶的顾渚山上举行的。顾渚山位于常州、湖州两州交界处，每年春二月造制茶叶，两州太守必亲临其地，邀请当地的文人官吏、贤达之士前来品尝新茶，并举行盛大的茶宴。白居易诗云：“遥闻境会茶山夜，珠翠歌钟俱绕身。盘下中分两州界，灯前合作一家春。青娥递舞应争妙，紫笋齐尝各斗新。自叹花时北窗下，蒲黄酒对病眠人。”⑤可以看出，茶宴规模宏大，而且有乐妓舞蹈助兴，但品尝顾渚紫笋茶则是压台的节目。这种集娱乐、品尝、聚会于一体的地区性文化活动，展现出茶文化在长江流域所引起的非同凡响的社会效应。严耕望有《唐人习业山林寺院之风尚》专文，其中涉及唐代长江流域士人在僧寺聚会等事宜，很值得参考⑥。

正是在长江流域僧侣将饮茶引为修禅的必要辅助手段，文人官员寄送唱和往来不断，茶会、茶宴随处可觅的情况下，饮茶也因此被融入眷眷的亲情和暖暖的文化气氛，并很快传遍全国各地。总结茶道的著作也随之出现，陆羽所著的《茶经》3 卷及《茶说》《顾渚山二记》，无疑属开山之作。此后，张又新《煎茶水记》、裴汶《茶述》、毛文锡《茶谱》则记载饮茶方法更为详细，各有所重。唐末诗人皮日休作《茶中杂咏》并序，总茶坞、茶人、茶笋、茶籝、茶舍、茶灶、茶焙、茶鼎、茶瓯、煮茶 10 首诗。另一诗人陆龟蒙作《奉和袭美

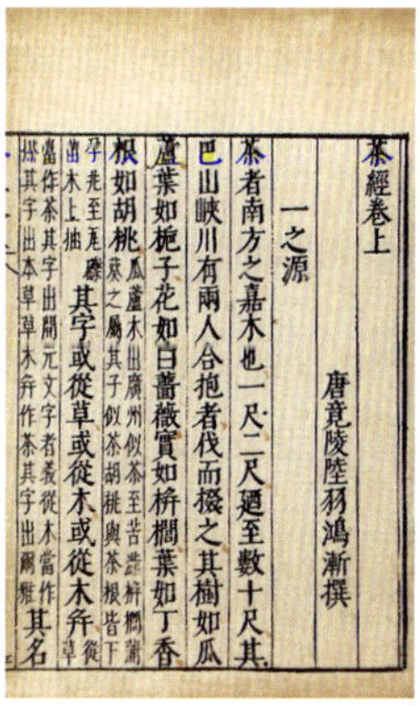
陆羽《茶经》书影

① 《全唐诗》卷五六八《龙山人惠石廪方及团茶》，第 6579 页。

② 《全唐诗》卷四四八《琴茶》，第 5038 页。

③ 《全唐诗》卷五六〇《蜀州郑使君寄鸟觜茶因以赠答八韵》，第 6494 页。

④ 《全唐诗》卷三一六《资圣寺贲法师晚春茶会》，第 3554 页。

⑤ 《全唐诗》卷四四七《夜闻贾常州、崔湖州茶山境会想羡欢宴因寄此诗》，第 5028 页。

⑥ 严耕望：《严耕望史学论文选集》，(台北)联经出版事业公司 1991 年版，第 271—316 页。

茶具十咏》，以诗的形式加以总结，对陆羽所创设的茶道进行全面的咏颂总结，被广传于世。

## 四、“信巫鬼、重淫祀”的习俗

隋朝统一全国后，长江流域“信巫鬼、重淫祀”的习俗虽有所变革，但依然流行。隋朝末年瓦岗军与王世充指挥的隋军交战，王世充就是利用其部下“多楚人，信妖言”①，诈言周公助战，以鼓舞士气，结果，李密领导的瓦岗军在这次战斗中全军覆没。唐朝建立后，这种“重淫祀”的习俗，已成为这一地区人民的沉重负担，也对长江流域社会经济的发展影响重大。如金陵（今南京）东间门西有吴泰伯庙，“每春秋季，市肆皆率其党，合牢礼，祈福于三让王，多图善马彩舆女子以献之，非其月，亦无虚日”②。洪州有千年古树，“远近崇敬，或索妇女，或索猪羊”③。另外一些地区每年十月举行赛神会，齐集神庙，旷日持久，百姓颇受其害④。正因如此，在这一地区任职的地方官对此风俗极力排毁，并产生了移风易俗的功效。垂拱四年（688 年），冬官侍郎狄仁杰任江南巡抚使，针对吴、楚之俗多淫祠，仁杰奏毁 1700 所，唯留夏禹、吴太伯、季札、伍员四祠⑤。贞元年间（785—804），于頔为苏州刺史，“吴俗事鬼”，影响生产，于頔以其多废生业，因而下令“神宇皆撤去，唯吴太伯、伍员等三数庙存焉”⑥。长庆年间（821—824），李德裕为润州刺史，面对江岭间累去不掉的“信巫祝，惑鬼怪”习俗，德裕“欲变其风，择乡人之有识者，谕之以言，绳之以法，数年之间，弊风顿革”。同时，他还对所属郡县内名臣贤后的祠庙，按照方志记载，对前代名臣、贤能君子的祠庙予以保留，其余的一概毁除，结果“四郡之内，除淫祠一千一十所……人乐其政，优诏嘉之”⑦。

然而，另外一些任职长江流域的地方官，由于识见所限，或者别有用意，对这种习俗尊之奉之，任其流传蔓延，视而不见。如李翱为庐州刺史，对于巫祝之事即尊信不疑⑧。韩愈被贬官潮州，郡西湫水有鳄鱼“食民畜产将尽，以是民贫”，韩愈命判官秦济“炮一豚一羊，投之湫水”，并撰祝文祭祀，结果“数日，湫水尽涸”⑨。尽管如此，唐代长江流域的

① 〔宋〕司马光：《资治通鉴》卷一八六，唐高祖武德元年（618 年），第 5809 页。

② 《太平广记》卷二八〇《刘景复》，第 2235 页。

③ 《太平广记》卷三一五《豫章树》，第 2495 页。

④ 《全唐诗》卷三九八《赛神》，第 4465 页。

⑤ 《旧唐书》卷八九《狄仁杰传》，第 2887 页。

⑥ 《旧唐书》卷一五六《于頔传》，第 4129 页。

⑦ 《旧唐书》卷一七四《李德裕传》，第 4511 页。

⑧ 〔唐〕高彦休：《唐阙史》卷上，《丛书集成初编》本。

⑨ 《旧唐书》卷一六〇《韩愈传》，第 4202 页。

"信巫鬼、重淫祠"习俗，由于时代的发展和朝廷移风易俗的需要，在长江流域经济发达地区已得到相当的控制，在一些少数民族居住区也以一种健康的形式发展流传。

## 第七节　硕果累累的唐代长江文化

### 一、宗教

#### (一)佛教的传播与长江流域的士大夫

佛教到唐代已基本完成了中国化进程。表现为佛教寺院遍布全国各地，寺院经济得到发展，佛教宗派大量出现。由印度人菩提达摩创立的佛教宗派禅宗在长江流域传布最广。禅宗五传至弘忍大师(居于黄梅东山寺)，他的两个弟子神秀(河南尉氏人)、慧能(广东新兴人)对禅宗教义的理解发生分歧。后慧能南归，先居广州性法寺，后住韶州曹溪山，被称为禅宗南派。南北宗的划分，主要以顿、渐为区别。南北竞争的结果，南派最终战胜北派，慧能被称为禅宗六祖，他的学说首先在长江流域广为传播。慧能主张"顿悟说"，所谓"菩提本无树，明镜亦非台，佛性常清净，何处有尘埃"；"菩提本无树，明镜亦非台，本来无一物，何处惹尘埃"，即是其具体主张。禅宗只为下层人民说法，不轨于哲理，同时，"禅"的本意是"静虚"，和中国儒家所倡导的格物、致知、诚意、正心观念有共同之处，因而容易为一般士大夫所接受①。这样，经过中国士大夫知识阶层的诠释，禅宗首先为他们所接受，并且很快广为传播，遍及全国；唐宪宗时曾谥慧能为大鉴禅师。会昌灭佛以后，禅宗南派分为五支，即沩仰宗、临济宗、曹洞宗、玄门宗、法眼宗，它们重整旗鼓，继续发展。与此同时，佛教的其他宗派，如密宗、律宗也在长江流域有一定的势力。

天台国清寺山门

天台国清寺罗汉群像

① 黄新亚：《长安文化》，陕西师范大学出版社1987年版，第255页。

正因如此，当时满腹经纶、能诗会画，善于和士大夫知识阶层来往的高僧大德遍及长江流域各地，上文所引《唐高僧籍贯及驻锡地分布》所统计的数字、比例即是明证。史载："江南多名僧，贞元、元和已来，越州有清江、清昼，婺州有乾俊、乾辅。时谓之会稽二清，东阳二乾。"①而楚僧灵一（广陵人，俗姓吴）"律行高洁而能为诗"，居住于余杭宜丰寺，和当时诗人朱放、张继、皇甫曾为"尘外友"；吴僧皎然，居湖州杼山，"工篇什，著《诗评》三卷"，文士颜真卿、韦应物多和其往来，皎然圆寂后，唐德宗"遣使取其遗文，中世文僧，二人首出"②。长沙僧怀素，俗姓钱，"好草书，自言得草圣三昧，弃笔堆积，埋于山下，号为笔冢"③。

上元（今南京）瓦官寺僧守亮，"通《周易》，性若狂易"，李德裕为浙西观察使，曾为僧在府衙设讲席，"命从事以下，皆横经听之，逾年方毕"④。身怀绝艺的僧人更是随处可见。苏州重元阁一角突然下坠，"计其扶荐之功，当用钱数千贯"，恰有一游僧路过，施展绝艺。用数十个木楔"执柯登阁，敲椓其间"，不足一旬，"阁柱悉正"⑤。当时寓居长江流域及当地的一流学者官员和那里的僧徒亦频相往来。江西观察使韦丹和东林寺僧灵彻为"忘形之契，篇什唱和，月四五焉"⑥。刘禹锡在连州等地，和那里的僧人文约（荆州人）、鸿举（荆、郢间人）、深法师、元晓上人、君素上人、方及、维良上人、浩初（长沙人）、义舟法师、景玄法师（庐山僧）、慧则法师（衡湘间人）、元暠（江苏丹阳人）多有交往，并有酬唱诗传世。元稹、杜牧、柳宗元等诗人都有和僧徒交往送别赠答的诗文。而有的文士干脆就住在寺院之中。白居易被贬江州司马，曾在庐山遗爱寺建一隐舍，整日和寺内的四位禅师交游。一些隐士也涉足寺院，以此作为栖息地，修身养性。

由于以上种种因素，长江流域各地的寺院往往成为长江文化发展传播的重要场所。在寺院，不仅可以听到一般百姓祈求平安的诵经声，而且士大夫和佛教僧徒频相来往，似同一体。在这里，儒佛相融，在吟咏唱和的气氛中，儒中有佛，佛中有儒，儒佛得到了深层次的统一。刘禹锡有诗云："禅客学禅兼学文，出山初似无心云。从风卷舒来何处，缭绕巴山不得去。山川古寺好闲居，读尽龙王宫里书……庐山雾开见瀑布，西江月净闻渔歌。钟陵八郡多名寺，半是西方社中友。与师相见便谈空，想得高声狮子吼。"⑦即能说明诗人与僧徒之间互通有无的深情厚谊。在长江流域生活过的大多数诗人官员，如刘禹锡、白

---

① 〔宋〕王谠著、周勋初校注：《唐语林校注》卷四《栖逸》，第 397 页。
② 〔唐〕李肇：《唐国史补》卷下，第 55 页。
③ 〔唐〕李肇：《唐国史补》卷中，第 38 页。
④ 〔宋〕王谠著、周勋初校证：《唐语林校证》卷二《政事下》，第 152 页。
⑤ 《太平广记》卷二二七《苏州游僧》，第 1745 页。
⑥ 《太平广记》卷二五六《僧灵彻》，第 1992 页。
⑦ 《全唐诗》卷三五六《送鸿举游江西(南)并引》，第 4006—4007 页。

居易等，都对佛学产生兴趣，并成为忠实的佛教信徒。禅宗为中国知识分子最终接受，使佛家思想“化为中国思想的物质化力量”①，佛教中国化历程才最终完成。

**（二）道教名山及道教的发展**

唐初，高祖李渊即“以李氏出自老君”，故定道教为国教②。此后，高宗、中宗、玄宗、宪宗、穆宗、武宗、宣宗等皇帝，都对道教大加提倡。长江流域的天台山、茅山、衡山、庐山、青城山，以及岭南的罗浮山等，均成为道教活动和道徒修行的场所，并推动了唐代道教的发展。

天台山位于浙江天台县北，为仙霞岭山脉的东支，形势高大，西南接括苍山、雁荡山，西北接四明山、金华山，蜿蜒东海之滨，自古号为神仙居地。河内温县人司马承祯，“少好学，薄于为吏，遂为道士”，师从道教名流体玄先生潘师正，并“传其符箓及辟谷导引服饵之术”，后遍游名山，于是栖居于天台山。景云二年（711 年），睿宗令其兄承祎至天台山，招承祯入京，“问以阴阳术数之事”，甚得睿宗礼敬，后承祯要求归山，睿宗“赐宝琴一张及霞纹帔而遣之，朝中词人赠诗者百余人”。开元九年（721 年），玄宗遣使迎司马承祯至长安，并“亲受法箓”。十五年玄宗又招承祯入京，以篆隶三体写《老子》，刊正文字，“定著五千三百八十言为真本以奏上之”。在王屋山置阳台观，使司马承祯移居于此；又于五岳各修置真君祠一所，“其形象制度，皆令承祯推按道经，创意为之”。同年，司马承祯卒于王屋山。玄宗下诏褒奖，并赐号为真一先生③。

又，天台山国清寺僧陈惠虚曾至天台罗汉寺寻罗汉，“戏过石桥，水峻苔滑，悬流万仞，下不见底”，终至“金庭不死之乡，养真之灵境”。后陈惠虚慕道好丹石，“闻有炉火方术之士，不远而诣之，丹石所费，固已多矣”④。著名隐士寒山子曾隐居天台翠屏山，作有大量诗篇。而一些好道之士亦多涉足于此，“采掇灵药，搜访仙经”⑤。元和末年，宰相皇甫镈向宪宗推荐方士柳泌，柳泌随之入宫烧炼丹药。柳泌上奏云：“天台山多灵草，群仙所会，臣尝知之，而力不能致，愿为天台长吏，因以求之。”宪宗希冀长寿，即任柳泌为台州刺史，但一年过后，柳泌一无所获，而宪宗对其仍信任如初，终于因服食柳泌等方士烧炼的丹药而躁怒无常，为宦官阴谋杀害，成为唐代皇帝服食仙丹断命又一人。

茅山位于江苏句容县东南，原名句曲山。当时著名的道士王远知曾在此师从梁朝隐士陶弘景，“传其道法”；贞观九年（635 年），太宗敕令润州官员在茅山置太受观，并度道士

① 黄新亚：《长安文化》，陕西师范大学出版社 1989 年版，第 255 页。

② 〔唐〕封演著、赵贞信校注：《封氏闻见记校注》卷一，第 2 页。

③ 《旧唐书》卷一九二《司马承祯传》，第 5127—5129 页。

④ 《太平广记》卷四九《陈惠虚》，第 306 页。

⑤ 《全唐文》卷三七六《送虔上人归会稽觐省便游天台山序》，第 3823 页。

27人，降玺书云："先生操履夷简，德业冲粹……食芝饵术，念众妙于三清之表，返华发于百龄之外，道迈前烈，声高自古。非夫得秘诀于金坛，受幽文于玉笈者，其孰能与此乎！……"特加存问。同年，卒于茅山，时年126岁。武则天天授二年(691年)，改谥"升玄先生"①。

开元年间，鲁中儒士吴筠得王远知徒弟潘师正"传正一之法，苦心钻仰，乃尽通其术"，他南游金陵，访道茅山；天宝末年，吴筠从长安回到茅山，后往来于天台山、茅山之间，著《玄纲》3篇、《神仙可学论》等，"为达识之士所称"②。开元中期，广陵道士李含光多次被召入宫，颇得玄宗宠敬。天宝六年(747年)，鉴于"茅山灵迹蔚焉将坠，真经秘箓亦多散落"，玄宗诏令李含光赴茅山，"于杨许旧居紫阳以宅之"，并赐予绢帛法衣等物。同时，诏令江南东道采访使、晋陵郡太守董琬，"自今以后，茅山中令断采捕及渔猎，四远百姓有吃荤血者，不须令入，如有事式申祈祷，当以香药珍羞……"③同年秋，李含光到达茅山，针对"初，山中有上清真人许长史、杨君陶隐居，自写经法，历代传宝，时遭丧乱，散逸无遗"的状况，他"捧诏搜求，悉备其迹而进上之"。玄宗赐李含光号元靖先生，并令于华阳洞宫刻石以记其事。天宝七载五月，为纪念汉元帝时隐居茅山的茅氏三兄弟，玄宗"特于山之西偏制置祠宇，度道士三人以修时醮，列在祀典"④。另外，茅山道派是唐代道教的重要流派，据载："初，隐居先生(陶弘景)以三洞真法传升玄先生(王远知)，升玄付体玄先生(潘师正)，体玄付真一先生(司马承祯)，真一付先生(李含光)。自先生距于隐居凡五叶矣，皆总袭妙门，大正真法，所以茅山为天下道学之所宗矣。"当时人评述李含光云："先生能于阴阳术数之道，而不以艺业为能，极于转炼服食之事，而不以寿养为极，但冥怀素朴，妙味元津，非夫博大之至人，孰能尽于此。"⑤大历四年(769年)十一月，李含光卒于茅山，时年87岁。可以看出，由于受到最高统治者的青睐、支持，茅山紫阳观道派到元靖先生李含光时，已发展到顶峰，并成为唐朝道教发展的主流。此后，又有茅山黄尊师，"法箓甚高"，在茅山侧修天尊殿，平日讲说教化，"日有数千人"听讲⑥。

衡山，五岳之一，位于长江中游潭州、衡州之间。元和初年，衡山道士田良逸、蒋含弘道业精湛，远近闻名。田良逸在所居道观内建有黄箓坛场，并和当时湖南观察使杨凭、潭州刺史吕温父子多有来往，"以虚无为心，和煦待物，不事浮饰，而天格清峻，人见者褊悕

① 《旧唐书》卷一九二《王远知传》，第5125—5126页。
② 《旧唐书》卷一九二《吴筠传》，第5129—5130页
③ 《全唐文》卷三六《禁茅山采捕渔猎敕》，第400页。
④ 《全唐文》卷三七七《茅山白鹤庙记》，第3828页。
⑤ 《全唐文》卷三四〇《有唐茅山元靖先生广陵李君碑铭》，第3446页。
⑥ 《太平广记》卷七二《骡鞭客》，第452页；卷四五《瞿道士》，第281—282页。

尽去”；蒋含弘“有操尚”。又有欧阳平、周混沌，都是衡山著名道士。周自幼入道，善科法，亦为南岳之冠①。另一道士秦保言“勤于焚修”②；而栖居衡山西原的道士则技高如仙，使观者如睹仙人③。同时，来衡山求道的人也很多。居于含山郡的房建，“性尚奇，好玄元之教，常从道士授六甲符及九章真箓，积二十年”，后游衡山④，获得真传。

除以上所述天台山、茅山、衡山之外，长江流域的青城山、庐山、四明山也是道教徒活动的主要地区，并有一定的影响。

**（三）江南地域文士群体的形成**

郑学檬认为唐代江南地域形成了大大小小的文士群体。这些人在当时是有某种名望的专门家，身怀绝技，为人们所崇仰，他们以文会友，以书相知、赋诗酬唱、以酒助兴，造成某种学术、思想影响，成为全国思潮风尚形成的基础。他仔细探讨当时长江流域不同地域文士活动的异同，将其分为：贺知章与越州文士群体；李嘉佑、刘长卿和江南文士群体；韦应物和江南文士群体；元稹、白居易和江南文士群体；张祜和江南文士群体；杜牧和江南文士群体；睦州籍文士群体；陆龟蒙、“三罗”和江南文士群体等⑤。应当说明的是，上述文士群体的一些人并非出身江南，如白居易、韦应物、元稹等，但他们均不同程度地在江南地域任职，入乡随俗，和长江流域在籍文士酬唱往来，发掘当地潜在的文化元素，并将其发扬光大，唱响长江流域文化的最强音，为长江文化的勃兴建功立业，这一点确实难能可贵。

## 二、经学

魏晋南北朝时期，经学有“南学”“北学”之分。唐统一全国后，汇集长安的儒学师尊各述己说，难以统一，显然，这和唐王朝统一宇内、力求思想文化趋同如一的国策是相违背的。鉴于此，唐太宗敕令祖居江南的名儒颜师古作《五经定本》，贞观七年（633 年）颁行全国。贞观十一年，太宗又以儒学多门、章句繁杂为由，诏令国子祭酒孔颖达等人撰定《五经正义》，高宗永徽四年（653 年）始颁行全国。唐王朝采取行政手段统一学术思想，不仅有利于科举制的发展成熟，而且对于改变魏晋南北朝经学南北异途、互相攻击的状况，

① 《太平广记》卷七六《田良逸蒋含弘》，第 482—483 页。

② 《太平广记》卷四〇《南岳真君》，第 256 页。

③ 《太平广记》卷八四《衡岳道人》，第 544 页。

④ 《太平广记》卷四四《房建》，第 276 页。

⑤ 郑学檬：《唐代江南文士群体初探（上）》，朱雷主编：《唐代的历史与社会》，武汉大学出版社 1997 年版；郑学檬：《唐代江南文士群体初探（下）：兼论文士对专制主义中央集权的依附与叛逆》，载韩国唐史论丛编委会编《春史卞麟熙教授还历纪念唐史论丛》，1995 年。两文最终收入郑学檬：《点涛斋史论集：以唐五代经济史为中心》，厦门大学出版社 2016 年版，第 343—364 页。

使经学走向全面发展提供了可能。但这样做，又在某种程度上禁锢了人们的思想。

安史之乱后，唐王朝一步步走向衰落。贞观、永徽年间颁行的经学范本（《五经正义》《五经定本》）已不再为学者们所重视，一些治经的学者鉴于时局独辟蹊径，对以往儒家经典重作诠释疏证，发表自己的独到见解，开一代学风。当时最具代表性的是《春秋》之学大盛。著名学者为啖助、赵匡、陆质。啖助，字叔佐，天水（今甘肃省天水市）人，流寓丹阳（今江苏省丹阳市），大历初年在丹阳病逝。啖助“考核三传，舍短取长，又集前贤注释，亦以愚裨补缺漏，商榷得失，研精宣畅，期于浃洽尼父之志”①，就是说，他抛弃了此前治经学者注重注家臆解，故步自封的作法，而是舍传求经，独立地发挥自己的见解。啖助的学生赵匡曾在浙东、宣歙、扬州幕府任职长达十余年，著有《春秋阐微纂类义统》10卷。吴郡人陆质，“有经学，尤深于《春秋》，少师事赵匡，匡师啖助，助、匡皆为异儒，颇传其学，由是知名”②。陆质著有《集注春秋》20卷、《类礼》20卷、《君臣图翼》25卷、《春秋集传纂例》10卷、《春秋微指》3卷、《春秋集传辨疑》10卷。淮南节度使陈少游仰慕陆质的才华，招其为幕僚，后陆质入朝为国子博士，历任信、台二州刺史。陆质发展了啖、赵二人的学说，极力攻伐三传（《春秋左氏传》《谷梁传》《公羊传》）的短长过失，以孔子笔削本意为辞发挥自己的见解，从而影响了整个朝野学界。陆质的学生多为当时的名流士子。吕温从陆质治《春秋》，并言“某以弱龄，获谒于公。旷代之见，一言而同”③。柳宗元师从陆质引以为荣。陆质亦曾做过唐宪宗的老师。此后，研治《春秋》的学者撰著多沿袭陆氏的见解。如卢仝所撰《春秋指微》一书，即解经不用传，韩愈赠卢仝诗云：“春秋三传束高阁，独抱遗经究始终。”这种情况反映了一些学人在唐中央政权日益衰落的形势下，力图通过研习《春秋》微言大义，“诛讨乱贼以戒后世”，“改立法制以致太平”④，主张加强中央集权，反对藩镇割据的思想。如吕温即认为“所曰《春秋》者，非战争攻伐之事，聘享盟会之仪也”，“必可以尊天子，讨诸侯，正华夷，绳乱贼者，某愿学焉”⑤。

另外，吴人施士匄在研治《诗经》之学的同时，“兼善《左氏春秋》，以二经教授……秩满当去，诸生封疏乞留，凡十九年”；蜀人仲子陵“通后苍、大小戴《礼》”⑥。泉州莆田（今福建莆田市）人林蕴“世通经”，常以《春秋》微言大义约束言行。

从长江流域走出，或者长期任职于这里的啖助、陆质等经学家，他们顺时应势，以他

① 〔唐〕陆质：《春秋集传纂例》卷一《啖氏集传义第三》，文渊阁《四库全书》本。

② 《旧唐书》卷一八九《陆质传》，第4977—4978页。

③ 《全唐文》卷六三一《祭陆给事文》，第6370页。

④ 〔清〕皮锡瑞：《经学通论》四《春秋》，中华书局1954年版。

⑤ 《全唐文》卷六二七《与族兄皋请学春秋书》，第6333页。

⑥ 《新唐书》卷二〇〇《儒学下》，第5707页。

们精辟的学说和撰著，将经学的研究升华到一个新的高度。

## 三、史学

### （一）《汉书》《史记》之学

早在南北朝时期，对《史记》《汉书》的研究就已开始。隋朝著名学者有兰陵人萧该、东海人包恺。萧该“性笃学，《诗》《书》《春秋》《礼记》并通大义，尤精《汉书》，甚为贵游所礼”，撰有《文选音义》一书。包恺从王仲通受《史记》《汉书》，多有心得。曾“聚徒教授，著录者数千人”①。唐初，吴兴武康（今浙江省杭州市西北）人姚思廉，其父姚察旅居关中，撰成《汉书训纂》，“思廉少受《汉书》于察，尽传其业”。姚思廉的孙子姚珽看到曾祖姚察所著《汉书训纂》多为当世注《汉书》的学者抄袭而难为世人共知，因而据姚察原著，立意发挥，著成《汉书绍训》40 卷传世②。由于以上诸人的身体力行和大力提倡，高宗永徽之后，逐渐形成一种专门学问，即“汉书学”。治汉书学的多为南方人，以彭城人刘伯庄，晋陵人秦景通、秦纬兄弟最为著名。刘伯庄撰《汉书音义》20 卷，其子之宏传其父业，后为著作郎兼修国史③。秦氏兄弟“尤精《汉书》，当时习《汉书》者皆宗师之，常称景通为大秦君，纬为小秦君，若不经其兄弟指授，则谓之‘不经师匠，无足采也’”④。另外，乾封年间（666—668）都水监主簿刘纳言，亦精《汉书》，给沛王（即章怀太子李贤）讲授，后沛王为皇太子。安州安陆（今湖北省安陆市）人郝处俊“好读《汉书》，略能暗诵”⑤；吴人顾胤“撰《汉书古今集》20 卷，行于代”⑥；开元时人殷践猷，史称其“明班史”。

研治《史记》的学者也很多。杭州盐官人褚无量“尤精《礼》、司马《史记》”⑦，和州历阳（今安徽省和县）人高子贡“弱冠游太学，遍涉《六经》，尤精《史记》”⑧。

彭城人刘伯庄撰《史记音义》《史记地名》各 20 卷，从不同角度研究《史记》。武周长寿年间（692—694），润州句容（今江苏省句容县）人许子儒，“其所注《史记》，竟未就而终”⑨，实为

---

① 《隋书》卷七五《儒林传》，第 1715 页。另参周晓薇、王其祎：《礼遇与怀柔：江南士人流寓隋朝的文教和事功——以新出隋大业十三年“包恺墓志”为中心》，《陕西师范大学学报》（哲学社会科学版）2017 年第 2 期。

② 《旧唐书》卷八九《姚珽传》，第 2907 页。

③ 《旧唐书》卷一八九上《刘伯庄传》，第 4955 页。

④ 《新唐书》卷一八九上《秦景通传》，第 4955—4956 页。

⑤ 《旧唐书》卷八四《郝处俊传》，第 2797 页。

⑥ 《旧唐书》卷七三《顾胤传》，第 2600 页。

⑦ 《新唐书》卷二〇〇《褚无量传》，第 5687 页。

⑧ 《旧唐书》卷一八九下《高子贡传》，第 4960—4961 页。

⑨ 《旧唐书》卷一八九上《许子儒传》，第 4953—4954 页。

憾事。这一时期研治《史记》的集大成者，为任润州司马的河内郡人司马贞所撰《史记索隐》30卷，司马贞“探求异闻，采摭典故，解其所未解，申其所未申者，释文演注，又重为《述赞》……”①撰成此书。同时代人张守节经三十年潜心钻研，撰成《史记正义》一书。此两书不仅是治《史记》的高水平之作，而且为后代进一步研究《史记》提供了详确完整的资料。

正因如此，长庆二年（822年），谏议大夫殷侑上奏，请依国朝故事，重设史科。即“凡史科，每史问大义百条、策三道，义通七、策通二以上为第。能通一史者，白身视五经、三传，有出身及前资官视学究一经；三史皆通者，奖擢之”②。就是说，由于以上学者对《史记》《汉书》的独到研究，最终使唐王朝将“三史”（《史记》《汉书》，以及《后汉书》或《三国志》，时称为“三史”）作为贡举的重要科目之一③。

**（二）编撰《实录》与史学专著、稗史**

唐朝之前中国历代封建王朝都设有史官，所谓“君举必书，书法不隐，所以慎言行，示劝戒也”④。史馆的得名起自北齐，唐朝因袭隋制，置史馆隶属秘书省著作局，设郎二人，佐郎四人。贞观三年（629年）闰十二月，移史馆至门下省北，宰相监修国史。唐初撰修了八部史书，其中祖籍吴兴武康的姚思廉，采撷谢炅诸家所撰梁史，完成其父姚察未竟的梁史的撰修；又推究陈朝事迹，删益此前傅縡、顾野王所修的旧史，撰成《梁书》50卷、《陈书》30卷。《晋书》130卷，题唐太宗御撰。杭州钱塘人褚遂良、杭州新城人许敬宗参与主持修撰，撰修者多人，其中来济（扬州江都人）、刘子翼（常州晋陵人）、刘胤之（徐州彭城人）、李义府（梓州永泰人）等来自长江流域。

下面以表的形式，对这一时期长江流域文化人参与国家撰修及撰写国史、实录及其他史学著作的情况予以统计：

**长江流域人士参与编撰国史实录统计表**

| 姓名 | 籍贯 | 职掌 | 撰修的史学著作 |
|---|---|---|---|
| 褚遂良 | 杭州钱塘 | 监修国史 | 监修《晋书》 |
| 许敬宗 | 杭州新城 | 兼修国史 | 参与撰写《隋书》，监修《晋书》，撰《高宗实录》30卷，《西域图志》60卷 |

① 《全唐文》卷四〇二《史记索隐序》，第4108页。

② 〔宋〕王溥：《唐会要》卷七六，上海古籍出版社1991年版，第1655页；《新唐书》卷四四《选举志上》，中华书局1975年版，第4册，第1166页。

③ 有关唐代“三史”及“三史科”关联问题，可参考雷闻《唐代的“三史”与“三史科”》，《史学史研究》2001年第1期。

④ 〔宋〕王钦若撰：《册府元龟》卷五五四，中华书局1985年影印版。

续表

| 姓名 | 籍贯 | 职掌 | 撰修的史学著作 |
| --- | --- | --- | --- |
| 来济 | 扬州江都 | 撰修 | 参与撰修《晋书》 |
| 上官仪 | 扬州江都 | 弘文馆直学士 | 参与撰修《晋书》 |
| 刘知几 | 彭城 | 兼修国史 | 撰《太上皇(睿宗)实录》10卷,参与撰修《高宗实录》30卷,撰《史通》20卷 |
| 李义府 | 梓州永泰 | 监修国史 | 参与撰修《晋书》 |
| 刘胤之 | 彭城 | 著作郎、弘文馆学士 | 撰国史及实录 |
| 顾胤 | 苏州吴人 | 兼修国史 | 撰《太宗实录》20卷及武德、贞观两朝国史80卷 |
| 刘贶 | 彭城 | 修国史 | 撰《六经外传》37卷、《续说苑》10卷 |
| 刘餗 | 彭城 | 修国史 | 撰《史例》3卷、《传记》3卷 |
| 刘秩 | 彭城 | 国子祭酒 | 撰《政典》35卷、《止戈记》7卷 |
| 徐坚 | 湖州长城 | 崇文学士、修史 | 参与撰修《则天实录》20卷,撰文集120卷 |
| 归崇敬 | 苏州吴郡 | 史馆修撰 | 参与撰修《通志》,撰《礼仪志》 |
| 蒋乂 | 常州义兴 | 史馆修撰 | 参与撰修《德宗实录》50卷、《大唐宰辅录》70卷、《凌烟阁功臣》《秦府十八学士》《忠臣等传》40卷 |
| 蒋系 | 常州义兴 | 史馆修撰 | 参与撰修《宪宗实录》 |
| 蒋伸 | 常州义兴 | 史馆修撰 | |
| 蒋偕 | 常州义兴 | 史馆修撰 | 编撰《李相国论事集》,参与撰修《文宗实录》 |
| 沈既济 | 吴人 | 史馆修撰 | 参与撰修《顺宗实录》《宪宗实录》 |
| 沈传师 | 吴人 | 史馆修撰 | 撰《建中实录》10卷,《元和辨谤录》10卷 |
| 吴汝纳 | 澧州 | 以史才值史馆 | 撰《十三代史驳议》20卷 |
| 李绅 | 润州无锡 | 监修国史 | 监修《宪宗实录》 |

从上表可以看出,来自长江流域的史学家多具有家学渊源,而且是子承父业,供职史馆。刘知几曾三任史官,并对当时官方控制修史的弊端多所了解,认为:史馆"每欲记一事,载一言,皆搁笔相视,含毫不断。故首白可期,而汗青无日",而且"顷史官注记,多取禀监修,杨令公则云'必须直词',宗尚书则云'宜多隐恶'。十羊九牧,其事难行;一国三公,适从焉在"①,这种情况很难使史官发挥修史的志趣。刘知几"郁怏孤愤,无以寄怀"②,因而私撰《史通》20卷,这是我国历史上第一部史评体著作。太子右庶子徐坚十分

① 《旧唐书》卷一〇二《刘子玄传》,第3169—3170页。
② 〔唐〕刘知几:《史通》卷一〇《自叙》,中华书局1961年影印版。

推崇此书，曾说“居史职者，宜置此书于座右”①。

刘知几死后，他的儿子刘贶、刘悚先后为史官，撰著颇丰；刘知几的另一儿子刘秩虽未职从史馆，但他所撰《政典》35卷，却成为此后杜佑编撰大型典章制度史《通典》200卷的蓝本和契机。中唐时史官蒋乂，其外祖父是开元初著名的史学家吴兢；蒋氏父子参与了撰修《德宗实录》《宪宗实录》《文宗实录》，成为唐代颇负盛名的史学世家。《新唐书》本传云：“三世踵修国史，世称良笔，咸云：‘蒋氏日历’，天下多藏焉。”②

中唐以后，稗史笔记、小说之作成为文人抒发情怀、激扬时事的重要创作体裁。这些体裁虽不能和正史记载的可靠性相提并论，但对当时重大事件和社会风习的记载，却弥补了正史在选材上的缺陷和不足，成为了解、研究唐代文化、社会生活不可缺少的珍贵资料。由于长江流域经济、文化的飞速发展，出自这片热土，或在这里做官、游历的文化人之手的稗史、笔记之作，丰富了唐代史学的内容，从一个侧面反映了长江流域文化人的史学成就，以及这一地区社会文化的发展规模、历程。

彭城人刘悚著《隋唐嘉话》3卷。此书本名《传记》，宋代又名《刘悚小说》《国史纂异》；又因书的开头记载隋朝史事，故改题为《隋唐嘉话》。刘悚虽自题为小说，但他任职史馆，参与修史，因而所载史事颇具价值，其中大多为《旧唐书》《新唐书》及《资治通鉴》所采用，一些未被采用的条目，仍然有利于认识、研究当时历史。

咸通年间职任江州刺史、家住荆州的段成式，“以荫入官，为秘书省校书郎。研精苦学，秘阁藏书，披阅皆遍”，其“家多书史，用以自娱，尤深于佛书，所著《酉阳杂俎》传于时”③。今本《酉阳杂俎》20卷，续集10卷，其自叙中有“饱食之暇，偶录记忆，号《酉阳杂俎》，凡三十篇，为二十卷”。《四库全书总目提要》云：“其书多诡怪不经之谈，荒渺无稽之物，而遗文秘籍，亦往往错出其中，故论者虽病其浮夸，而不能不相征引。自唐以来称为小说之翘楚，莫或废也。”④此书对唐代饮食、各地物产分布、风土人情的记载，是研究唐代社会生活史的最基本材料。

段成式之子段安节编集《乐府杂录》2卷，据《乐府杂录·序》称：“洎从离乱，礼寺隳颓，簨虡既移，警鼓莫辨。梨园弟子，半已奔亡，乐府歌章，咸皆丧坠。安节以幼少即好音律，故得粗晓宫商，亦以闻见数多，稍能记忆……”此书是记载唐代礼乐制度、音乐、舞蹈、百戏的专门著作。

---

① 《旧唐书》卷一〇二《刘子玄传》，第3171页。

② 《新唐书》卷一三二《蒋乂传》，第4531页。

③ 《旧唐书》卷一六七《段文昌传附段成式传》，第4369页。

④ 〔清〕纪昀等：《钦定四库全书总目（整理本）》卷一四二《子部五十三·小说家类存目一》，中华书局1997年版，下册，第1886页。

段安节的弟弟段公路，咸通辛卯年(871年)仕于岭南，著成《北户录》3卷。即“间者以事南游五岭间，尝采其民风土俗，饮食衣制，歌谣哀乐有异于中夏者，录而志之；至于草木果蔬虫鱼羽毛之类，有瑰形诡状者，亦莫不毕载”。同时，作者还对一些容易混淆的名物，征引其他史书加以辨析，从而使该书成为记载两广、云南等地物产习俗的最原始的材料之一。

池阳(今安徽省贵池市)人康骈著《剧谈录》2卷。《剧谈录·序》云：“及寇犯天邑，挈归渔樵，属江表乱离，亡逸都尽。景福、乾宁之际，耦耕于池阳山中，闭关云林，罕植三益……耕耨之余，粗成前志。所记亦多遗漏，非详悉者不复叙焉。”此书成于昭宗乾宁二年(895年)，书中多记载唐末懿宗咸通年间(860—874)、僖宗乾符年间(874—879)琐事，保存了大量遗闻轶事，可补正史记载之不足。

文宗时鄂岳观察使高锴从孙高彦休，当黄巢起义军进入长安后，他“旅泊江表，问安之暇，出所记述”，经过多次删繁就简，撰成《唐阙史》一书，共51篇，分上下卷。此书记载大历至乾符年间(766—880)史事，多属可信。

南卓著《羯鼓录》1卷。《云溪友议》卷八载南卓曾“吴楚游学十余年”；《四库全书总目提要》考诸史书，知南卓曾任洛阳令，大中年间(847—860)为黔南观察使，《羯鼓录》即撰于黔南观察使任内，“其书分前后二录，前录成于大中二年(848年)，后录成于四年(850年)”，对唐代音乐、艺术及宫廷生活多有记载。

刘恂，昭宗时曾职任广州司马，后定居南海，撰《岭表录异》3卷。该书记载岭南异物奇闻，特别是对岭南各地人的食物载录颇详，对食物如何烹制也不厌其烦地加以记载。此书是了解、研究唐代岭南人饮食的最原始史料。

## 四、文学

### (一)唐诗

清人编集《全唐诗》900卷，共收唐诗48900余首，作者2200余人。1982年中华书局出版《全唐诗外编》一书，将20世纪初敦煌石窟中所见唐诗，以及见诸别本此前未收的唐诗共3000余首全部辑出。浩繁的5万余首唐诗，其中出自长江流域诗人之手的诗作占有很大比例(参见下表)①。

---

① 陶懋炳：《论我国古代文化重心南移成于五代》，《湖南师大学报(哲学社会科学版)》1987年第4期。

表一　　《全唐诗》作者地理分布表

| 地域人数 | | 初唐 | 盛唐 | 中唐 | 晚唐 | 合计 |
| --- | --- | --- | --- | --- | --- | --- |
| | 河南 | 34 | 37 | 42 | 31 | 144 |
| 北方 | 河北 | 36 | 17 | 47 | 29 | 129 |
| | 陕西 | 29 | 23 | 39 | 19 | 110 |
| | 山西 | 15 | 14 | 38 | 19 | 86 |
| | 山东 | 9 | 8 | 13 | 18 | 48 |
| | 江苏 | 11 | 30 | 32 | 39 | 112 |
| 南方 | 浙江 | 12 | 8 | 30 | 44 | 94 |
| | 江西 | 0 | 5 | 8 | 42 | 55 |
| | 四川 | 3 | 5 | 15 | 25 | 48 |
| | 福建 | 1 | 1 | 11 | 27 | 40 |

说明：本表的作者为《全唐诗》中存诗一首以上且又有籍贯记录者；《全唐诗》含今人补缀之《外编》。

表二　　《全唐诗》《全唐文》南北方比例表

| 类别 | 诗 | | | | 文 | | | |
| --- | --- | --- | --- | --- | --- | --- | --- | --- |
| 人数及百分率时期 | 著录者 | 南人及所占百分比 | 著录一卷以上者 | 南人及所占百分比 | 著录者 | 南人及所占百分比 | 著录一卷以上者 | 南人及所占百分比 |
| 唐前期（安史之乱前） | 507 | 55（10.8%） | 76 | 10（13.2%） | 1009 | 72（7.1%） | 41 | 7（17.1%） |
| 唐后期（唐亡之前） | 1023 | 205（20%） | 141 | 58（41.1%） | 1113 | 92（8.3%） | 71 | 12（16.9%） |

从上面两表中，我们可以清楚地看到，南方文学的发展已表现出一股不可遏止的迅猛势头，特别是在中唐以后，其存诗一卷以上的作者人数已达 273 人，与北方 295 人之数非常接近，这正是唐代中国文化重心南移的一个重要迹象。有鉴于此，盛如梓在《庶斋老学丛谈》中说：南方“汉唐盛时，文章之秀，甲于中原”。又云“唐诗人江南为多”。明代著名学者胡应麟在《诗薮》外编卷三《唐上》中也说：“唐诗人千数，而吾越不能百人。初唐虞永兴（世南）、骆临海（宾王），中唐钱起、秦系、严维、顾况，晚唐孟郊、项斯、罗隐、李频辈，今俱有集行世。一时巨擘，概得十二三，似不在他方下。”

初唐四杰之一的骆宾王，浙江义乌人，7 岁即赋一首《鹅》诗，名振诗坛。他擅长五言诗，《帝京篇》《于易水送人》两诗最为著名。其中后者云：“此地别燕丹，壮士发冲冠。昔时人已没，今日水犹寒。”显然，作者以咏史为引，表现离别悲壮激烈的情感。骆宾王所作

《代李敬业传檄天下文》(即《讨武曌檄》)①亦为传世之作。

上官仪,本陕州陕县人,从其父上官弘始定居江都。上官仪精通佛典,并涉猎经史,精于文章,高宗龙朔二年(662 年)位居三品,“本以词采自达,工于五言诗,好以绮错婉媚为本”②,并逐渐形成独具特色的诗歌体裁,时人纷纷仿效,称为“上官体”。他的代表作为《入朝洛堤步月》,云:“脉脉广川流,驱马历长洲。鹊飞山月曙,蝉噪野风秋。”“上官体”注重词采,并受生活圈狭小的局限,因而风靡一时却昙花一现。

陈子昂,梓州射洪(今四川省射洪县)人。武周时任右拾遗,提倡诗的改革,力图摆脱齐梁时代偶对之风习,并对律诗多有创设,为唐诗的繁荣作出了不可磨灭的贡献。他的代表作为《感遇诗》38 首,其中写到家乡和江南的诗如下所引:“朝发宜都渚,浩然思故乡。故乡何所见,路隔巫山阳。巫山彩云没,高邱正微茫。伫立望已久,涕泪沾衣裳。岂滋越乡感,忆昔楚襄王。朝云无处所,荆国亦沦亡。”(第 27 首)“浩然坐何慕,吾蜀有峨眉。念与楚狂子,悠悠白云期。时哉悲不会,涕泣久涟洏。梦登绥山穴,南采巫山芝。探元观群化,遗世从云螭。婉娈时永矣,感悟不见之。”(第 36 首)另外,他的《登幽州台歌》诗云“前不见古人,后不见来者。念天地之悠悠,独怆然而涕下”,影响深远。

张九龄,韶州曲江(今广东韶关市曲江区)人,开元年间著名宰相,同时他亦是杰出的诗人,他的代表作有《巫山高》《杂诗》等。

盛唐时代长江流域著名诗人有襄阳人孟浩然,他的“春眠不觉晓,处处闻啼鸟,夜来风雨声,花落知多少”一诗,成为后人传唱咏颂的启蒙佳作。《扬子津望京日》《早寒江上有怀》等诗也很有名。祖籍陇西成纪、后流寓四川的“诗仙”李白,流寓襄阳的“诗圣”杜甫,是唐代诗界的两面旗帜,他们的名字随着他们的伟大作品千年不朽,广为传扬。会稽永兴(今浙江萧山)人贺知章的《回乡偶书二首》,奠定了他在盛唐诗坛的地位。除以上诗人之外,吴郡人崔国辅的诗也很出名。

中唐时代,大历十才子中,有三人来自南方,即吴兴人钱起、荆南人戎昱、鄱阳(今属江西)人吉中孚。另外,诗人卢纶天宝乱后避乱鄱阳,他的青年时代即在南方度过。武昌人元结,天宝乱后南下至江西瀼溪,自号漫叟、聱叟,编《箧中集》,其诗文俱称名于时。苏州人顾况、越州山阴人严维、润州金坛人戴叔伦、和州人张籍、睦州人徐凝、越州人朱庆余、湖州武康(浙江德清县)人孟郊、洪州人施肩吾、桐庐人章孝标、彭城人刘禹锡,以及原籍河北清河、后寓居苏州的张祜与润州无锡人李绅,还有贬官南下的著名诗人韩愈、柳宗

① 〔唐〕骆宾王著、〔清〕陈熙晋笺注:《骆临海集笺注》卷一〇,上海古籍出版社 1985 年版,第 329—338 页。

② 《旧唐书》卷八〇《上官仪传》,第 2743 页。

元、元稹、白居易等。他们或出自长江流域，或因各种原因来到这里，在中唐动乱年代，他们用豪壮、委婉的诗篇抒发人生的多艰与忧国忧民的情怀，反映劳动人民的贫困生活，而且各具特点，将一个时代的悲欢、衰落用诗的形式描绘记载下来，在唐诗发展历程中具有重要的地位。

晚唐时期，长江流域著名的诗人有澧州人李群玉、丹阳人许浑、睦州寿昌（浙江省淳安县南）人李频、苏州人陆龟蒙、池州人杜荀鹤与张乔、宜春人郑谷、越州山阴人吴融、寓居江东的温庭筠、襄阳人皮日休等。著名诗人杜牧长期任职江南各地，在这里写有大量的诗篇。

**（二）传奇**

宋人赵彦卫《云麓漫钞》卷八云："唐之举人，先藉当世显人，以姓名达之主司，然后以所业投献，逾数日又投，谓之'温卷'，如幽怪录、传奇等皆是也。盖此等文备众体，可以见史才、诗笔、议论。"可见，传奇之作，是"唐人乃作意好奇，假小说以寄笔端"的一种创作题材。初唐传奇之作者多为北方士人。开元、天宝以后，传奇作品层出不穷，出自长江流域作家的作品开始大量出现。大历年间史官、吴人沈既济撰《枕中记》《任氏传》，鲁迅先生认为"既济文笔简练，又多规诲之意，故事虽不经，尚为当时推重"；讥讽时世，劝人行善是沈既济创作的主要意图。又有吴兴人沈亚之，他曾师从文学家韩愈，李贺称赞沈诗"工为情语，有窈窕之思"，《全唐文》卷七三四至七三八录其文若干，其中传奇作品《湘中怨解》《异梦记》《元和士人》《秦梦记》《冯燕传》，"皆以华艳之笔，叙恍忽之情，而好言仙鬼复死，尤与同时文人异趣"①。沈亚之的作品题材多为狐、仙、鬼怪之类，作者让它们参与常人的生活，并分享尘世的悲欢及天伦之乐，从而在亦梦亦幻中给时人以劝戒。常州义兴人蒋防，生于德宗贞元（785—805）前期，《霍小玉传》是其代表作。作者成功地塑造了男女主人公的形象，其中男主人公陇西李益，史有其人，"少痴而忌刻，防闲妻妾苛严，世谓妒痴为'李益疾'"，作者即以此为素材。汪辟疆云："小说多喜附会，复举薄幸事以实之，而十郎（李益）薄行之名，永垂千古矣。"②另外，作品将小说与诗文融汇一体，其中一些诗即是李益原作，这样，不仅使人可以领略欣赏创作立意之精湛，而且具有真实可信的感觉。明人胡应麟云："唐人小说记闺阁事，绰有情致。此篇尤为唐人最精彩动人之传奇，故传诵弗衰。"③

其他一些北方传奇作家的作品，其中许多是以长江流域事件为立意素材的，如李公佑撰《南柯太守传》，主人公"东平淳于棼"，即是吴楚游侠之士，家住广陵郡东十里。《谢小娥

① 上引均见鲁迅：《中国小说史略》，人民文学出版社 1973 年版，第 58、59 页。

② 汪辟疆：《唐人小说》，上海古籍出版社 1978 年版，第 99 页。

③ 汪辟疆：《唐人小说》，上海古籍出版社 1978 年版，第 98 页。

传》中的谢小娥，豫章人，8岁丧母，后嫁于历阳侠士段居贞。《庐江冯媪传》中的冯媪，“庐江里中啬夫之妇”。无名氏所作《冥音录》《郑德璘》等，也是以南方的人和事为创作题材。

长江流域传奇作家的作品，壮大了唐代传奇作品的阵容，其中一些作品成为宋代说话的话本素材。明代戏剧家汤显祖即根据蒋防的《霍小玉传》，改编创作了著名的传奇剧本《紫箫记》和《紫钗记》。

## 五、艺术

长江流域文化的蓬勃发展，还体现在这一地区出现了许多技艺精湛的艺术家，他们以其艺术实践和艺术造诣，在中国文化史上写下了辉煌的篇章。

### (一)书法

初唐书法四杰，除了排名最后的薛稷为蒲州汾阴(今山西万荣)人之外，其余三人均为长江流域人士。越州余姚(今属浙江)人虞世南，师从同郡僧人、善于摹写“书圣”王羲之书法的智永和尚(王羲之后裔)，结果“妙得其体，由是声名籍甚”①，唐太宗曾称虞世南有五绝，即忠说、友悌、博闻、辞藻、书翰。世南晚年书名益高，“遂与王羲之相后先，当时与欧阳询皆以书称，议者以谓欧之与虞，智均力敌”②。

杭州钱塘人褚遂良，“博涉文史，尤工隶书……太宗尝谓侍中魏征曰：‘虞世南死，无人可以论书。’征曰：‘褚遂良下笔遒劲，甚得王逸少体。’太宗即日召令侍书。太宗尝出御府金帛购求王羲之书迹，天下争赍古书诣阙以献，当时莫能辨其真伪，遂良备论所出，一无舛误”③。他的传世作品有《伊阙佛龛碑》《孟法师碑》《雁塔圣教序》等。

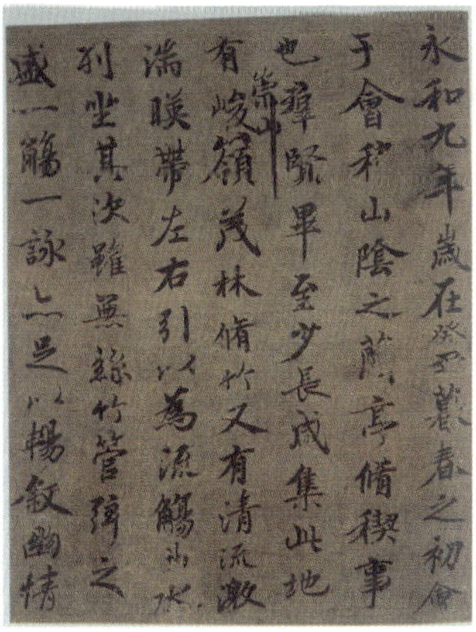

褚遂良《临兰亭序》局部

褚遂良《同州三藏圣教序碑》局部

① 《旧唐书》卷七二《虞世南传》，第2565页。

② 〔宋〕不著撰人：《宣和书谱》，湖南美术出版社2004年版，第163页。

③ 《旧唐书》卷八〇《褚遂良传》，第2729页。

潭州临湘（今湖南长沙市）人欧阳询书名最高，“询初仿王羲之书，后险劲过之，因自名其体。尺牍所传，人以为法。高丽尝遣使求之，帝叹曰：‘彼观其书，固谓形貌魁梧耶？’”①欧阳询的儿子欧阳通“书亚于询”，当时号为大、小欧阳体。欧阳询“晚年笔力并刚劲……或比之草里蛇惊，云间电发。至其笔画工巧，意态精密、俊逸处，而人复比之孤峰崛起，四面削成，论者皆非虚语也”②。现存欧阳询的作品有《九成宫醴泉铭》《温彦博碑》《皇甫诞碑》《法度寺邕禅师塔铭》等。

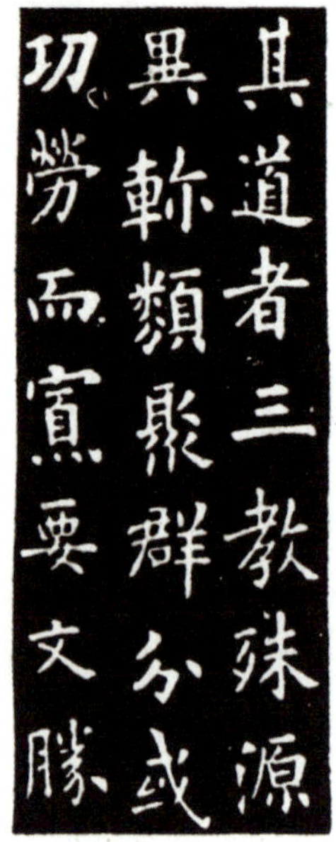


唐书法家

欧阳询楷书手迹

此后，善书者又有广陵江都（今江苏扬州市）人李邕。李邕文章写得好，朝野上下不仅请他作碑志，而且又由于他书法精湛，也请他写碑志。“当时奉金帛而求邕书，前后所受巨万余，自古未有如是之盛者”③。《宣和书谱》评李邕书法曰：“行草之名尤著，初学右军行法，既得其妙，复乃摆脱旧习，笔力一新”，说明李邕不囿成规，富于创新。李邕的代表作为《云麾将军李思训碑》《岳麓寺碑》《法华寺碑》等。

另有吴郡张旭，“善草书而好酒，每醉后号呼狂走，索笔挥洒，变化无穷，若有神功，时人号为张颠”④。他的代表作是《古诗四帖》。《太平广记》卷二〇八记载了一老父酷爱张旭书法的故事，而唐文宗则把李白的诗、斐旻的剑舞、张旭的草书并称为“三绝”。

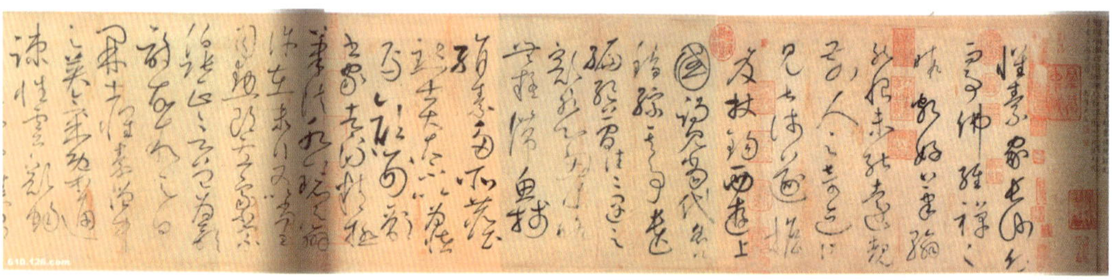

唐怀素和尚的“醉仙书法”

另一草书名家为长沙人怀素。怀素自己作《草书歌》，云：“含毫势若斩蛟蛇（龙），挫骨还同断犀象。兴来索笔纵横扫，满座词人皆道好。一点二笔（峰）巨石悬，长画万岁枯

① 《新唐书》卷一九八《欧阳询传》，第 5645—5646 页。

② 〔宋〕不著撰人：《宣和书谱》，湖南美术出版社 2004 年版，第 166 页。

③ 王仲荦：《隋唐五代史》下册，上海人民出版社 1990 年版，第 1353 页。

④ 《旧唐书》卷一九〇《贺知章传附张旭传》，第 5034 页。

松倒。叫啖忙忙礼不拘，万字千行意转殊。壁间飕飕风雨飞，行间屹屹龙蛇动。”①

张旭、怀素的草书对此后的书法发展影响很大，同时也得到时人的一致好评，李白作《草书歌行》，赞叹怀素“草书天下称独步”②。中唐时人李肇慨然评述唐代书法名家，云：“后辈言笔札者，欧、虞、褚、陆皆有异论，至旭，无非短者。”③晚唐著名僧人学者贯休作《观怀素草书歌》，云：“张颠颠后颠非颠，直至怀素之颠始是颠，师不谈经不说禅，筋力唯于草书朽(妙)……”④对张旭、怀素的草书予以评说。

中唐时代，越州(今浙江绍兴)人徐浩“父峤之善书，以法授浩，益工。尝书四十二幅屏，八体皆备，草隶尤工，世状其法曰‘怒猊抉石，渴骥奔泉’云”⑤。贺知章(会稽永兴人)“善草隶书，好事者供其笺翰，每纸不过数十字，共传宝之”⑥。苏州吴人沈传师“工书，有楷法”⑦。

除以上所列唐代长江流域著名书法家之外，当时工于书法的南方人士还有 80 余人⑧。长江流域书法家的精湛艺术，提高了唐代书法艺术的整体水平，也使唐代成为中国书法发展史上最为辉煌的时期。

**(二)音乐**

唐代乐舞十分兴盛。唐初诸帝都喜欢音乐，唐玄宗更堪称音乐专家。史载“玄宗于听政之暇，教太常乐工子弟三百人为丝竹之戏。音响齐发，有一声误，玄宗必觉而正之，号为皇帝弟子”；又“梨园子弟以置院近于禁苑之梨园，太常又有别教院供奉新曲。太常每凌晨鼓笛乱发于太乐别署，教院廪食常千人”⑨。当时的臣僚宗室多通音律，如宁王善箫笛，汝阳王进，大臣宋璟、杜鸿渐等各通一器⑩。安史之乱后，一些太常乐工、梨园弟子等宫廷音乐家流散民间，而大多数人则流落长江流域各地。白居易在江南遇见一乐叟。天宝年间享誉

唐“彩凤鸣岐”七弦琴

① 阴法鲁、许树安主编:《中国古代文化史》第 2 辑，北京大学出版社 1991 年版，第 313 页。
② 《全唐诗》卷一六七《草书歌行》，第 1729 页。
③ 〔唐〕李肇:《唐国史补》卷上，第 17 页。
④ 《全唐诗》卷八二八《观怀素草书歌》，第 9335 页。
⑤ 《新唐书》卷一六〇《徐浩传》，第 4966 页。
⑥ 《旧唐书》卷一九〇《贺知章传》，第 5034 页。
⑦ 《新唐书》卷一三二《沈传师传》，第 4540—4541 页。
⑧ 费省:《唐代艺术家籍贯的地理分布》，收入史念海主编《唐史论丛》第 4 辑，三秦出版社 1988 年版。
⑨ 《旧唐书》卷二八《音乐志》，第 1051—1052 页。
⑩ 《太平广记》卷二〇五《宋璟》，第 1561 页；同书同卷《杜鸿渐》，第 1563—1564 页。

京城的歌唱家韦青，吉州永新（今属江西）女歌唱家许和子，皆流落江南。会昌时宰相李绅有《悲善才》诗，亦说贞元时琵琶演奏家曹善才的弟子流落江南的情形。此后，长江流域出现了一些很有造诣的音乐家。名臣韦皋贞元年间（785—805）为剑南西川节度使，“进奉圣乐曲，兼与舞人曲谱同进，到京于留邸按阅”①。韦皋的幕僚裴说善鼓琴，技艺精绝；四川有人名叫马给，“尤能大小间弦”，享誉当地。而吴人阳子儒，以弹奏悲戚欲绝的琴声闻名②。歌唱家李衮生活在江外，其名远闻京城，刺史崔昭入朝，秘密地将李衮带至京师，没有人知道。到达京城后，崔昭邀请京城倡优名家聚会，说有表弟亦能唱歌并想当场献丑。李衮穿着破烂的衣服走了出来，众人纷纷嘲笑，然而“及啭喉一发，乐人皆大惊曰：‘此必李八郎（即李衮）也。’遂罗拜阶下”③。李衮以超群的技艺，获得了京城长安的倡优艺术家的尊服。可见，单从歌唱来讲，长江流域本土的艺术家的技艺已属当时一流水平。同时，长江流域各地还有众多的业余音乐艺术家。

1956 年武昌何家垄出土的唐伎乐女俑

1976 年湖南长沙出土的唐代青瓷奏乐俑

洞庭湖地区的商人吕乡筠，“以货殖贩江西杂货，逐什一之利……善吹笛，每遇好山水，无不维舟探讨，吹笛而去”④。蜀将皇甫直，“别音律，击陶器，能知时月，好弹琵琶”⑤。蜀人双流县丞李琬亦深谙羯鼓⑥。业余音乐人才的增多，说明长江流域百姓整体音乐艺术修养已提高到一定程度，显示了长江文化所孕育的丰富的内涵。

剑南西川节度使治所在成都，安史之乱后，玄宗从成都返回长安，随同南下的一些画家因各种原因未能北返，此后又有许多画家移居成都，成都本地的画家也层出不穷。因

① 《太平广记》卷二〇四《韦皋》，第 1545 页。
② 〔宋〕钱易：《南部新书》卷壬，中华书局 2002 年版，第 140 页。
③ 〔唐〕李肇：《唐国史补》卷下，第 59 页。
④ 《太平广记》卷二〇四《吕乡筠》，第 1555 页。
⑤ 《太平广记》卷二〇五《皇甫直》，第 1567 页。
⑥ 《太平广记》卷二〇五《李琬》，第 1562 页。

而，唐后期四川成都成为唐代中国绘画的中心所在，这在前面有详细论述，此不赘言。

## 六、科学技术

### （一）陶瓷

唐代长江流域制作精美的陶制品，其工艺已达到了相当高的水平，成为这一时期人们普遍使用的日用器皿，并且大量运销海内外。

长江上游四川境内邛州大邑县所产的白瓷，质量上乘，杜甫有诗云："大邑烧瓷轻且坚，扣如哀玉锦城传。君家白碗胜霜雪，急送茅斋也可怜。"[①]另外，近年在江西景德镇胜梅亭发现的唐代白瓷器，其制作工艺水平已接近现代陶瓷的各项指标。

晚唐钱宽墓出土的白瓷海棠杯盏

青瓷主要产地在越窑，位于浙江余姚上林湖滨海地区（今浙江省慈溪市内）。另外，浙江东北部地区也分布着大大小小以生产青瓷为主的窑场。对于唐代各地陶瓷制作工艺水平，唐人自有评论。"茶圣"陆羽认为：瓷碗"越州上，鼎州次、婺州次、岳州次、寿州次、洪州次。或以邢州处越州上，殊不为然。邢瓷类银，越瓷类玉，邢不如越，一也；邢瓷类雪，越瓷类冰，邢不如越，二也，邢瓷白而茶色丹，越瓷青而茶色绿，邢不如越，三也。"[②]显然，从饮茶角度来看，陆羽对越瓷是十分看重的。陆龟蒙诗云："九秋风露越窑开，夺得千峰翠色来。好向中宵盛沆瀣，共嵇中散斗遗杯。"[③]李群玉《答友人寄新茗》诗有"满火芳香碾麴尘，吴瓯湘水绿花新"[④]。徐寅《贡余秘色茶盏》诗云："捩翠融青瑞色新，陶成先得贡吾君。巧剜明月染春水，轻旋薄冰盛绿云。古镜破苔当席上，嫩荷涵露别江濆。"[⑤]顾况作《茶赋》，内有"越泥似玉之瓯"之句。

① 《全唐诗》卷二二六《又于韦处乞大邑瓷碗》，第 2448 页。

② 王仲荦：《隋唐五代史》上册，上海人民出版社 1988 年版，第 400 页。

③ 《全唐诗》卷六二九《秘色越器》，第 7216 页。

④ 《全唐诗》卷五七〇《答友人寄新茗》，第 6611 页。

⑤ 《全唐诗》卷七一〇《贡余秘色茶盏》，第 8174 页。

晚唐水邱氏墓
出土的青瓷褐彩云纹盖罂

晚唐水邱氏墓
出土的青瓷褐彩云纹熏炉

1957 年湖南长沙
出土的唐代褐釉高足瓷杯

1964 年湖南望城县
长沙窑址出土的唐代白釉红绿彩瓷壶

唐代长沙窑褐
绿彩山峦形纹瓷壶

1983 年湖南望城县长沙
窑址出土的唐代褐绿彩飞凤瓷壶

1987 年陕西省扶风法门寺塔地宫出土了 16 件青瓷，其中青瓷盘釉色“青中泛黄，镶有银口，外壁平脱金银团花”。据学者研究认为，此即是文献记载的金银装饰的“秘色瓷”①。

同越窑名气相仿佛的还有长江中游的岳州窑。陆羽《茶经》中有云：“越州瓷、岳州瓷皆青，青则益茶。”其窑址分布在湖南湘阴周围地区，这里烧造的瓷器有半黄、红棕、定青三色。刘言史诗云：“湘瓷泛轻花，涤尽昏渴神。”②据学者研究认为，中国诸瓷窑中最早使用匣钵的是岳州窑。匣钵是一种耐火的容器，将陶瓷生坯装入其中，烧制时可避免火焰

① 李正中、朱裕平：《中国古瓷汇考》，天津人民出版社 1991 年版，第 14 页。
② 《全唐诗》卷四六八《与孟郊洛北野泉上煎茶》，第 5321 页。

直接作用和烟尘玷污。“岳州窑在唐代已经大量使用了匣钵”①，这对于提高瓷器烧造工艺意义重大。另外，相传早在汉代饶州即有瓷窑。唐武德初，饶州新平镇百姓陶玉载瓷入关中，时人称之为假玉器，其制作工艺水平当属上乘。柳宗元在元和八年(813 年)作饶州《代人进瓷器状》，其文曰：“右件瓷器等，并艺精埏埴，制合规模。禀至德之陶蒸，自无苦窳；合大和以融结，克保坚贞。且无瓦釜之鸣，是称土铏之德。器惭瑚琏，贡异砮丹。既尚质而为先，亦当无而有用……”②饶州窑到宋代即发展为著名的景德镇窑。

这些出产各具特色瓷器的瓷窑，犹如一颗颗明珠，镶嵌于长江流域各地，是这一时期长江文化勃兴的突出表现之一。自开元以后，饮茶在南方蔚为风气，讲究茶道成为士大夫阶层、僧侣刻意追求的时尚。茶道的一个重要方面则是要求有精美的茶具以作陪衬，这就对提高瓷器制作规模、工艺水平提出了相当高的要求。为满足皇室贵族、文人士大夫的使用规格与欣赏雅兴，越州所烧青瓷上往往还浅刻各种小花、莲荷、仙山及历史故事画，有的瓷制品还用金彩修饰，口沿用金边包裹。长沙铜官窑(窑址在今湖南长沙市望城区铜官镇及石渚湖一带)所出的青瓷上亦有动物、花草、人物等图案，而其中的题诗，以及各种类型的铭文颇具特色③。这些绘刻在陶胎上经过烧制的光彩夺目的图案，以及各种华贵的金银装饰，不仅提高了瓷器制品的艺术欣赏价值，而且也显示了当时瓷器制作的高超水平。《开元天宝遗事》曾载：“内库有一酒杯，青色而有纹如乱丝，其薄如纸，于杯足有缕金字，名曰‘自暖杯’。”④而马侍中“尝宝一玉精碗，夏蝇不近，盛水经月，不腐不耗……”⑤

与此同时，为适应当时饮茶、饮酒广泛普及的需要，一些专为平民阶层制作日常生活器皿的窑场也开辟出来了。如上所述，江苏宜兴的龙窑即是生产民间日常用品的窑。瓷碗、瓷杯已在民间普及。豫章逆旅梅氏“颇济惠行旅，僧道投止，皆不求直”，后来曾一次借给一道士“新瓷碗二十事及七箸”⑥。江淮士人亦以瓷碗喝茶⑦，习以为常。另外，唐中后期，随着长江流域社会经济的繁荣，扬州、成都、广州等城市成为当时世界有名的商埠，中外经济文化的交流是这一时期长江文化发展的外在动力；中国和阿拉伯、日本、朝鲜等

① 阴法鲁、许树安：《中国古代文化史》，北京大学出版社 1991 年版，第 405 页。

② 〔唐〕柳宗元：《柳河东集》卷三九《代人进瓷器状》，文渊阁《四库全书》本。

③ 李正中、朱裕平：《中国古瓷铭文》。长沙铜官窑出土瓷器铭文很多，反映商贸经营活动的题诗如“买人心惆怅，卖人心不安，题诗安瓶上，将于买人看”；另外还有反映边塞征战、歌楼妓馆、游子旅人等方面的题诗。广告铭文、纪年铭文也占一定比例。天津人民出版社 1991 年版，第 48—52 页。

④ 〔五代〕王仁裕：《开元天宝遗事》卷上，《丛书集成初编》本。

⑤ 〔唐〕段成式撰、许逸民校笺：《酉阳杂俎校笺》卷九，中华书局 2015 年版，第 699 页。

⑥ 《太平广记》卷五一《陈师》，第 316 页。

⑦ 〔唐〕段成式撰、许逸民校笺：《酉阳杂俎校笺》卷一〇，第 790—791 页。

国家进行贸易，瓷器出口即是大宗。“巴格达城的码头，有好几英里长……有中国的大船，也有本地的羊皮筏子”，“市场上有从中国运来的磁(瓷)器、丝绸和麝香”[①]。唐鉴真和尚东渡日本，同时带去大量物品，瓷器即是其中重要物品之一[②]。这也是促使唐代长江流域瓷器制作工艺提高、生产规模扩大的重要原因。正是由于唐代饮茶、饮酒风习的普及，中外经济文化交流的发展，才促进了唐代长江流域烧造瓷器技术的提高，为宋代以后中国瓷器制作水平的进一步飞跃奠定了基础。

**(二)造船**

早在隋朝建立之初，隋文帝即命大将杨素驻军永安(今四川奉节县)，建造名为“五牙”的大船。这种战舰高百余尺，左右前后设置六个拍竿，均高 50 尺，可容纳 800 名将卒；另有一种可容纳百名将卒的战舰名“黄龙”。“自余平乘、舴艋等各有差”[③]，这些舰只在平陈战斗中发挥了举足轻重的作用。

吴越地区民间船场很多，为了进一步控制江南，镇压人民的反抗斗争，隋文帝曾下诏：“吴越之人，往承弊俗，所在之处，私造大船，因相聚结，致有侵害。其江南诸州，人间有船长三丈以上，悉括入官。”[④]隋炀帝巡游江都，他所乘龙舟依皇宫的式样建造，高四层达 45 尺，宽 50 尺，长 200 尺，“二重，有一百六十房，皆饰以丹粉，装以金碧珠翠，雕镂奇丽，加以流苏羽葆，朱丝网络……”皇后所乘的名翔螭舟，制作规模亦壮观宏大[⑤]。杨玄感叛乱，“龙舟水殿皆为所焚”，炀帝诏令江都重新建造，“凡数千艘，制度仍大于旧者”[⑥]。半年以后，江都所造龙舟即送达东都洛阳。可见，隋朝时江南各地，特别是江都，已可在短时间内制造出运行于内河、具有较高工艺水平的平底船，其船场规模当不会小。

唐朝初年即在中央都水监内专设水部郎中，“凡舟楫溉灌之利，咸总而举之”[⑦]，此时全国大型的造船基地全在南方。贞观十八年(644 年)，唐太宗亲征高句丽，诏令将作大监阎立德等赴洪、饶、江三州，造船 400 艘，以备装运军粮之用。贞观二十一年，太宗诏令宋州刺史王波利等“发江南十二州(即宣、润、常、苏、湖、杭、越、台、婺、括、江、洪)工人造大

① 〔美〕希提于其著、马坚译：《阿拉伯通史》第 24 章，转引宋岘《唐代扬州的大食商人》，见《中华文史论丛》1987 年第 1 期。

② 〔日〕真人元开：《唐大和上东征传》，汪向荣校注，中华书局 2000 年版。

③ 《隋书》卷四八《杨素传》，第 1283 页。

④ 《隋书》卷二《高祖纪下》，第 43 页。

⑤ 〔唐〕杜宝撰、辛德勇辑校：《大业杂记辑校》，三秦出版社 2006 年版，第 18—19 页。

⑥ 〔宋〕司马光：《资治通鉴》卷一八二，隋炀帝大业十一年(615 年)，第 5700 页。

⑦ 《大唐六典》卷七《尚书工部》，三秦出版社年 1990 版。

船数百艘，欲以征高丽”[①]；次年，又“敕越州都督府及婺、洪等州造船及双舫千一百艘”[②]。上述贞观年间三次大规模的造船，都是为从海道进击高句丽之缘故，南方诸州担当建造船只之任务。

要适应海洋作战的需要，所造船只必须坚固，即要经受住海洋风浪的冲击，因而需要很高的技术水平。同时，一次造船少则百艘，多则上千艘，这说明南方造船作坊是相当大的。天宝初年，鉴真大师东渡日本前夕，派“僧法进及二近事，将轻货往福州买船，具办粮用”[③]，说明福建所造的海船已进入市场买卖领域。广州所造一种船“不用铁钉，只使桄榔须系缚，以橄榄糖泥之，糖干甚坚，入水如漆也”[④]，这种船便于航海，经久耐用，已广泛使用于远洋航行之中。又据记载：“乘舶，海中大船也。累枋木为之，板薄不禁大波浪。以椰之索连之，不用铁钉，恐相摩火出。千人共驾，长百丈，大船也。”[⑤]显然，这是生产于南方沿海的一种真正适用于远洋贸易的海船，和广州所制造的海船相仿佛。

内河、内江航运的船只多是江西、湖南两地制造，这里是唐朝造船中心之一，扬州的造船亦多见各种史书。史载，出入于黄河要津河阳所用的桥、船多是潭、洪二州造送。贞观二十二年(648 年)，太宗以隋末四川“独无寇盗”，百姓富庶，诏令左右府长史强伟赴剑南督领伐木制造舟船，规定长可百尺，宽五十尺，“蜀人苦造船之役，或乞输直雇潭州人造船”，后因蜀人不能支付造船所需的大宗财物，“剑外骚然”[⑥]，唐朝廷只好官给造船费用，令潭州备办造船事宜。对此，这次事件的直接责任人在他的墓志中，却只提到强伟辅助阎立德、唐逊、王波利三人在江南造船，没有涉及其在剑南道因造船引起民乱之事，可能和墓志铭隐讳墓主的过失有关[⑦]。这一时期唐廷还在扬州专门设立“造船大使”官职，负责对高句丽战争的打造战船任务，2015 年新公布的《唐故虞部员外郎朝散大夫简州长史唐君墓志铭并序》提供了这方面新的史料。

> 廿一年，迁授虞部员外郎，张灯画省，题柱宸闱。起草为工，谒明光而伏奏；握兰斯美，趋建礼而含香。摽日下之无双，掩江东之第一。于时圣皇问罪，有事辽川，将申庙堂之策，先急楼船之务。乃命君为扬州道造船大使，由是水路二

---

① 〔宋〕司马光：《资治通鉴》卷一九八，唐太宗贞观二十一年(647 年)，第 6249 页。

② 《资治通鉴》卷一九九，唐太宗贞观二十二年(648 年)，第 6261 页。

③ 〔日〕真人元开：《唐大和上东征传》，汪向荣校注，中华书局 2000 年版，第 58 页。

④ 〔唐〕刘恂：《岭表录异》卷上，《丛书集成初编》本，第 4 页。

⑤ 〔唐〕玄应、慧琳：《一切经音义》卷九三，民国元年上海频伽精舍印行本。

⑥ 《资治通鉴》卷一九九，太宗贞观二十二年(648 年)，第 6261—6262 页。

⑦ 《(上阙)轻车都尉强君伟墓志铭并序》载曰：“至十八年，将作大匠阎立德江南造船，招为判佐。廿一年，副虞候员外郎唐逊造海舫一千艘。其年，敕差副宋州刺史王波利更造海船，事毕副兵部员外郎裴明礼运粮辽碣。君才思明敏，沉毅好断。解纷理剧，机决如流……”吴钢等编：《全唐文补遗》第 4 辑，三秦出版社 1997 年版，第 360—361 页。

轨，舳舻千计，大人凭于利楫，汝济巨川；将军美于造舟，我浮于海。永徽二年左迁简州长史，王休征之别驾，实赖宁邦；陈仲举之题舆，俄闻就职。山川所畏，期敛迹于邛崃；寒暑弥留，遂沉婴于漳浦。浩然之气，独友烟霞，终焉之心，愿贞林壑。尧德被于巢许，汉名全于严郑。显庆年中，乃降恩旨，加朝散大夫。……

就是说，唐朝为了应对水陆两路征伐高句丽的需要，除有文献资料记载的三次大规模造船之外，还曾经在扬州设立专门的造船机构，建造大量的船只①。只是这个机构可能只是战时临时差遣设立，征伐战争结束之后，其是否还有保存，因史料所限，难以说明！虽则如此，初唐时代扬州所在的造船业在长江流域应该占有一席之地。大历年间，刘晏任盐铁转运使，他在淮南扬子县（今江苏省扬州市）设置 10 个造船工场，“专知官十人，竞自营办”，可制造装运 1000 石、500 石的船只②，从而将聚集于扬州的财赋，通过大运河源源不断地运抵长安。又据《唐国史补》记载，大历、贞元年间，有俞大娘所有的船最大，“居者养生送死嫁娶悉在其间。开巷为圃，操驾之工数百，南至江西，北至淮南，岁一往来，其利甚溥。此则不啻载万也”。江西、湖南等地“水居颇多，与邑殆相半。凡大船必为富商所有，奏商声乐，从婢仆，以据柂楼之下，其间大隐，亦可知也”③。长江流域地区大船这么多，显然是和这里造船业高度发达、造船技术普遍提高分不开的。

另外，史载：山南东道节度使、襄州刺史李皋，总结历代造船工艺技术得失，精心设计，“为战舰，挟二轮蹈之，翔风鼓浪，疾若挂帆席，所造省易而久固”④。显然，用轮车击水为动力，可提高船舰航行速度，而且较人力摇橹楫明显省力。宋代杨幺领导的农民起义军所制造的轮船，很可能源自这种脚踏的双轮船。无疑，这也是我国造船技术发展的一次新飞跃。

长江中下游成为唐代远近闻名的造船中心，这是和唐代中外经济文化交流发展、海外贸易高度发达分不开的。远洋贸易需要有坚固耐用的高水平海舶，唐代沿海各地所制大型海船即应时而出，满足了航海的需要。内河航运对船只的要求虽不如航海船舶那么严格，但长江流域经济的繁荣，及“凡东南郡邑无不通水，故天下货利，舟楫居多”的地理条件，也需要有大量能够适应长江航运的船只制造出来。如上所述，长江中游的潭、洪两州可以大量生产航海、内河航运的各类船舶，首先是和这里所特具的森林资源分不开的。“豫章诸县尽出良材，求利者采之，将至广陵，利者数倍”⑤，扬州造船所需的木材原料，很

① 参马志祥、张安兴：《新见唐〈唐逊墓志〉考释》，《文博》2015 年第 1 期。

② 〔宋〕王谠著、周勋初校证：《唐语林校证》卷一《政事上》，第 60—61 页。

③ 〔唐〕李肇：《唐国史补》卷下，第 62—63 页。

④ 《旧唐书》卷一三一《李皋传》，第 3640 页。

⑤ 《太平广记》卷三三一《杨溥》，第 2632 页。

可能就是从江西等地采运的。又“豫章、江夏、长沙诸郡，地产环材，且凭江湖，将刳木为舟，以漕国储”①。就是说，这些地方盛产木材，是促成这里成为唐代重要造船基地的先决条件。往来于西亚、非洲、南海各国的中国海船，将中国人民的友谊种子撒向这些地区，成为唐代中外文化交流的历史见证，使长江文化勃兴更富风采。活跃于长江、黄河上的商船游舟，它们鼓起风帆，扬起飞轮，使长江文化在经济高度繁荣的凯歌声中走向兴旺。

**(三)造纸**

唐初，长江流域纸的生产遍及各地。《大唐六典》记载了开元时全国的贡纸，“益州之大小黄白麻纸……杭(今浙江省杭州市)、婺(今浙江省金华市)、衢(今浙江省衢州市)、越(今浙江省绍兴市)等州之上细黄白状纸，均州(今湖北省丹江口市)之大模纸，宣(今安徽省宣州区)、衢等州之案纸、次纸，蒲州(今山西省永济市西)之百日油细薄白纸”②。可以看出，唐初贡纸多来自南方，北方除蒲州之外，再也看不到其他地区把纸作为贡品了。

中唐时人李肇记载了当时全国各地所出的名纸，云：“越之剡藤、苔笺，蜀之麻面、屑末、滑石、金花、长麻、鱼子、十色笺，扬之六合笺，韶之竹笺，蒲之白薄、重抄，临川之滑薄。又宋亳间有织成界道绢素，谓之乌丝栏、朱丝栏，又有茧纸。”③同样，这些名贵纸仍然以南方为主要产地。剡纸出自剡溪，即今浙江嵊州市，又名藤纸。顾况诗云：“云门路上山阴雪，中有玉人持玉节。宛委山里禹余粮，石中黄子黄金屑。剡溪剡纸生剡藤，喷水捣后为蕉叶。欲写金人金口经，寄与山阴山里僧。手把山中紫罗笔，思量点画龙蛇出。政是垂头蹋翼时，不免向君求此物。”④显然，剡纸是绘画佳品，各地文人以此为贵，索求不断。

一些文人收到远方寄来的剡纸，引以为宝。有诗云：“百幅轻明雪未融，薛家凡纸漫深红。不应点染闲言语，留记将军盖世功。”⑤唐人舒元舆曾作《悲剡藤文》云：“异日过数十百郡，洎东洛西雍，历见言书文者，皆以剡纸相夸。”由于制作剡纸利润大，社会上供不应求，当地人漫无计划地大量采伐剡藤，以至于生产剡纸必不可少的原料——剡藤越来越稀少，直接影响了剡纸的生产。舒元舆曾不无沉痛地说：“乃悟曩见剡藤之死，职正由此。”⑥

益州的造纸业在全国占据重要地位。开元年间，“皇帝制书除拜宰相用四川省的黄麻纸，故称拜相为宣麻。制诏由学士草制，不自中书出则用白麻纸”，玄宗“创集贤书院，

① 《全唐文》卷六九〇《钟陵夏中送裴判官归浙西序》，第 7073 页。
② 《大唐六典》卷二〇《太府寺》，三秦出版社 1991 年版，第 388—389 页。
③ 〔唐〕李肇撰：《唐国史补》卷下，第 60 页。
④ 《全唐诗》卷二六五《剡纸歌》，第 2950 页。
⑤ 《全唐诗》卷七一四《谢朱常侍寄贶蜀茶剡纸二首》，第 8210 页。
⑥ 《全唐文》卷七二七《悲剡溪古藤文》，第 7495 页。

学士通籍出入。既而太府月给蜀郡麻纸五千番”①。益州最有名的当为“薛涛笺”。这种纸非常名贵，当时文人以获得此纸为荣，女诗人薛涛亦因此声名更显。据载：“薛涛以浣花潭水造纸，故佳。其(锦)江旁，凿臼为碓，上下相接，凡造纸之物，必杵之使烂，涤之使洁，然后随其广狭长短之制以造。研则为布纹，为绫绮，为人物花木，为虫鸟，为鼎彝，虽多变，亦因时之宜。”②这种纸多以深红为色，韦庄曾有诗云：“浣花溪上如花客，绿暗红藏人不识。留得溪头瑟瑟波，泼成纸上猩猩色。手把金刀擘彩云，有时翦破秋天碧。不使红霓段段飞，一时驱上丹霞壁……也知价重连城璧，一纸万金犹不惜。”③

还有一种鱼子笺，时人称其为“白苹”，是蜀笺中质量最好的一种。诗人皮日休曾将鱼子笺寄予另一诗人陆龟蒙，诗云：“轻如隐起腻如饴，除却鲛工解制稀。欲写恐成河伯诏，试裁疑是水仙衣。毫端白獭脂犹湿，指下冰蚕子欲飞。若用莫将闲处去，好题春思赠江妃。”④从诗中可知，此纸薄轻滑腻，晶莹雪白，以至于使人不忍心写字和裁剪。陆龟蒙诗云：“捣成霜粒细鳞鳞，知作愁吟喜见分。向日乍惊新茧色，临风时辨白萍文。好将花下承金粉，堪送天边咏碧云。见倚小窗亲襞染，尽图春色寄夫君。”⑤谢公创制的“十色笺”更具特色。这种纸有深红、粉红、杏红、明黄、深青、浅青、深绿、浅绿、铜绿、浅云十色，故名“十色笺”。诗人韩浦《蜀笺》诗云：“十样蛮笺出益州，寄来新至浣溪头。”⑥显然，“十色笺”又名“蛮笺”。又据《南部新书》载：“临安出纸，纸径短而色黄，状如牙版，字误，可以舌舐而不污，近亦绝有。盖取多工尠而价卑也。”⑦

造纸业在长江流域的进一步发展，使长江文化有了质的飞跃。一些文士将各地所造的纸寄予远方的朋友，他们诗咏奉酬，不仅使这些纸作为一种艺术品美名远扬，它们的特点见诸诗篇，增加了无限的艺术魅力，而且促进了这一地区文化事业的繁荣。也有文人官吏自己制作各种纸⑧，并大量赠送朋友。如段成式在九江造云蓝纸，虽然自谦他所造的纸“既乏左伯之法，全无张永之功”⑨，但他随即送给好友诗人温庭筠 50 版。以纸这种高雅的文化用品作为礼品的文人交往活动，呈现出唐代长江流域特有的文化气氛。

### (四)印刷术

雕版印刷术何时出现，学者们各抒己见。向达先生据无名氏《爱日斋丛钞》所载“大

---

① 《新唐书》卷五七《艺文志一》，第 1422 页。
② 〔元〕费著：《蜀笺谱》，见王云五主编《丛书集成简编》本。
③ 《全唐诗》卷七〇〇《乞彩笺歌》，第 8044 页。
④ 《全唐诗》卷六一三《奉酬鲁望见答鱼笺之什》，第 7074 页。
⑤ 《全唐诗》卷六二四《袭美以鱼笺见寄因谢成篇》，第 7178 页。
⑥ 〔明〕何宇度：《益部谈资》卷中，文渊阁《四库全书》本。
⑦ 〔宋〕钱易：《南部新书》卷壬，中华书局 2001 年版，第 155 页。
⑧ 《全唐诗》卷七一〇《尚书新造花笺》，第 8176 页。
⑨ 《全唐诗》卷五八四《寄温飞卿笺纸》，第 6767 页。

概唐末渐有印书，特未能盛行，遂始于蜀也”，与《唐国史补》载“唐末益州始有墨版，多术数小学字画”以及朱翌《猗觉寮杂记》载“雕印文字唐以前无之，唐末益州始有墨版，后唐方镂《九经》”等史料，认为雕版印刷术当出现在唐懿宗咸通或其后不远之际，可总称之曰“咸通时代”①。又据史载：大和九年（835 年），东川节度使冯宿曾奏报：“准敕，禁断印历日版，剑南西川及淮南道，皆以版印日历鬻于市，每岁司天台未奏颁下新历，其印历已满天下，有乖敬授之道。”②故命禁之。由此可见最早的雕版当始自剑南西川的益州，后传至长江中下游各地及北方。柳玭中和三年（883 年）在益州“旬休，阅书于重城之东南，其书多阴阳杂记、占梦、相宅、九宫、五纬之流，又有字书、小学，率雕版印纸，浸染不可尽晓”③，可见，此时雕版印书已经出现。

雕版印刷术首先在剑南西川的益州出现，这与当地造纸业的繁荣，以及长江流域佛教的广泛传播有密切关系。现存世界上最早的印刷品基本上出自四川。1954 年 4 月在成都望江楼附近的一座唐代墓中出土了唐代的印刷品《陀罗尼经咒》，首行刻款有“成都府成都县龙池坊卞家印卖咒本”。因成都府始设于唐至德二年（757 年），而墓葬年代又不晚于唐大中四年（850 年）。此经时代定为公元 757—850 年。④ 过去认为世界上现存最早的印刷品是咸通九年（868 年）四月十五日王玠为二亲敬造所印、普施的《金刚般若波罗蜜经》，这件成熟、精美的早期印刷品发现于敦煌藏经洞。此经全长 16 尺，高 1 尺，首尾完整无缺，卷首还有释迦牟尼坐在莲花座上，对长老须菩提说法的扉画。1907 年这件国宝被英国考古学家斯坦因从敦煌莫高窟千佛洞发现并劫掠至国外，今藏大英博物馆。⑤ 雕版印刷术的出现，为中国文化的普及、传播和进一步发展奠定了基础。当然，自 20 世纪 70 年代韩国庆州佛国寺石塔中发现雕版《无垢净光大陀罗尼经》一卷，刻印皆佳，时代确定在公元 704—751 年之间。中韩两国相关学者针对无垢净光大陀罗尼经的出自问题展开旷日持久的争

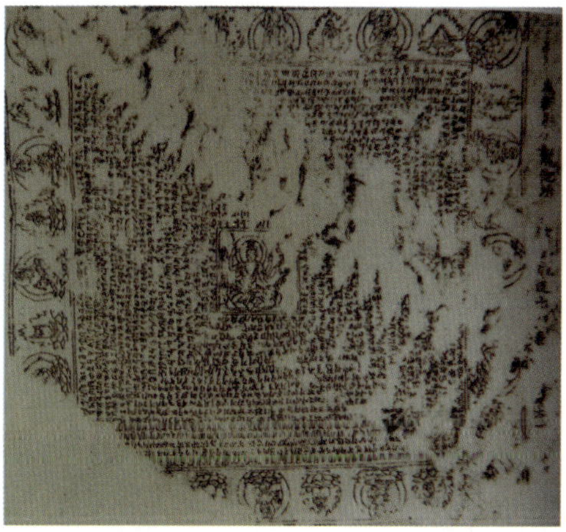

四川成都出土的唐代梵文《陀罗尼经》

① 向达：《唐代长安与西域文明》，北京三联书店 1987 年版，第 124 页。

② 〔宋〕王钦若等撰：《册府元龟》卷一六〇，中华书局 1985 年影印，第 2 册，第 1932 页。

③ 〔唐〕柳玭：《柳氏家训序》，参见〔宋〕佚名：《爱日斋丛抄》卷一，文渊阁《四库全书》本。

④ 李致忠：《历代刻书考述》，巴蜀书社，1990 年，第 12—13 页。

⑤ 张秀民：《中国印刷术的发明及其影响》，人民出版社，1958 年，第 44 页。

论，此经是在中国刻印后运往朝鲜并被保存在该石塔内的。[①] 对此，辛德勇先生有专文探讨[②]，在此不赘。其实，韩国文化财委员会当时并没有完全公布石塔舍利函中存放的高丽时代（1024年）墨书"重修记"纸片，故而对判断无垢净光大陀罗尼经的印刷时间造成困惑，对此，仍需做进一步考察[③]。

**（五）医药**

隋唐时期，朝廷设立有专门的医疗机构尚药局、药藏局和太医署，其中太医署是国家级的医学教育研究部门。太医署下有严密的科目分工，设有专门的医学校。开元十一年（723年）七月，唐廷诏令"天下诸州，各置职事医学博士一员……每州《本草》及《百一集验方》，与经史同贮"。开元二十七年二月，唐廷又下敕曰："十万户以上州置医生二十人，十万户以下置十二人，各于当界巡疗。"天宝五载（746年），唐玄宗敕曰"朕所撰《广济方》，宜令郡县长官选其切要者，录于大版上，就坊村要路榜示，仍委采访使勾当，无令脱错"[④]，以备"单贫之家未能缮写，闾阎之内，或有不知。倘医疗失时，因致横夭，性命之际，宁忘恻隐"[⑤]？贞元十二年（796年）二月，唐德宗又亲制《贞元集要广利方》5卷，下令颁于州县。唐廷在地方上配备医生，颁布医书，为各地百姓治疗疾病提供了方便，有利于唐代整体医疗技术水平的提高。这一时期唐与新罗关系相当微妙，新罗使者朴如言所带使团在唐京不便要求赐予《贞元广利方》之事，在离开唐朝的最后一站扬州，朴如言竟然向淮南节度使杜佑提出要求，希望传写这部医方带回新罗。杜佑不敢独断其事，上表唐德宗谈及，其表文言新罗贺正使朴如言回国途经扬州，要求将新颁布的药方抄写一部，带回新罗，请求皇帝恩准。其实该奏状并非杜佑本人所写，其代笔者为刘禹锡。刘氏贞元十六年（800年）入杜佑幕府任掌书记，参与讨伐徐州乱军之行动，后因参与所谓"永贞革新"被贬连州，元和以后享誉文坛。然而，此时的刘禹锡只不过是杜佑门下一介幕僚而已。奏状文如下：

> 淮南节度观察处置等使，敕赐《贞元广利方》五卷，右，臣得新罗贺正使朴如言状，称请前件方一部，将归本国者。伏以纂集神效，出自圣衷，药必易求，疾无隐状。搜方技之秘要，拯生灵之夭瘥。坐此华胥，咸跻仁寿，遂令绝域，逖听风

① 胡道静：《世界上现存最早印刷品的发现》，载《书林》1979年第2期。张秀民：《南朝鲜发现的佛经为唐朝印本说》，载浙江省《图书馆研究与工作》1981年第4期。钱存训：《现存最早的印刷品和雕版实物考》，载《中国印刷》第28期。

② 辛德勇：《中国印刷史研究》，生活、读书、新知三联书店2016年版。

③ 〔韩〕郭丞勋：《释迦塔发现〈无垢净光大陀罗尼经〉的制作时期》，新罗史学会编：《新罗史学报》第9辑，2007年。

④ 〔宋〕王溥：《唐会要》卷八二《医术》，上海古籍出版社1992年版，第1805页。

⑤ 《全唐文》卷三二《刊广济方诏》，第359页。

声，美兹丰功，爰有诚请。臣以其久称藩附，素混车书，航海献琛，既已通于华礼，释痾蠲疠，岂独隔于外区，正当四海为家，冀者见十全之效。臣即欲写付，未敢自专，谨录奏闻。

查阅现存唐史史料，没有看到唐朝廷的诏敕答复文字，故难能知晓唐廷最终的态度，但药方抄写事件显示出当时唐朝与新罗关系真实状况①。

唐代长江流域出现了许多闻名全国的医生。常州义兴人许胤宗，早在仕陈时，就用熏蒸法，即"造黄耆防风汤数十斛，置于床下，气如烟雾"，治好了陈朝柳太后"病风不能言"病症。武德年间关中流行一种"骨蒸病"，如同瘟疫，相互传染，"得之必死"。当地医生对此均无计可施。许胤宗探得此病的根源之后，对症下药，经他治过的病人很快就脱离危险。另外，许胤宗还对医生辨别病人脉络，准确诊断病情有自己的独到见解②。

常州义兴（今江苏省宜兴市）唐初又有蒋氏医官家族存在。新公布的《唐故殿中侍御医上护军蒋府君（少卿）墓志》《唐故朝议郎行尚药侍御医上护军蒋府君夫人陇西郡太君墓志铭并序》，道出出身常州的蒋氏医官家族事迹。其实，孙思邈《备急千金要方》卷 20、《外台秘要》卷 8、《新修本草》等唐代医书中均提及任职唐朝医疗机构的蒋氏家族医官名讳。特别是《新修本草》中具体提到多位蒋氏医官，即尚药奉御蒋孝璋、太子药藏监蒋孝瑜、太医令蒋孝琬、太医丞蒋元昌、太子药藏局丞蒋义方等③。唐太宗写给百济王扶余义慈的诏书中，也提到义慈想请担当太医丞的唐名医蒋元昌前往百济为其治病，但唐太宗婉言谢绝，言蒋元昌已被派往四川，难以赴百济行医等④。四川名医昝殷用传统的阴阳五行法对人做梦作出了较为可信的解释，认为"阴多则数梦，阳壮则少梦，梦亦不复记"⑤；又据史载，昝殷曾为韦皋解除病树的疑虑⑥，足见这位"善医者"医道之高明和见识之广博。复州（治今湖北天门市）医人王超精于针灸，"病无不差"⑦。又有武陵（今湖南常德市西）医工梁新，遇一富商暴亡，经诊断为中毒所致。梁新了解到此人好食竹鸡，而竹鸡则以半夏为食，天长日久，半夏毒发而致死。他"命捣姜捩汁折齿灌之"，商人不久即苏醒。襄州

---

① 拜根兴：《唐与新罗使者往来关联问题的新探索：以九世纪双方往来为中心》，《中国边疆史地研究》2008 年第 1 期。

② 《旧唐书》卷一九一《许胤宗传》，第 5091 页。

③ 参杨军凯、陈昊：《新出蒋少卿夫妇墓志与唐前期的蒋氏医官家族》，荣新江主编《唐研究》第 17 卷，北京大学出版社 2011 年版，第 251—270 页。

④ 〔唐〕许敬宗编、罗国威整理：《日藏弘文本文馆词林校注》，中华书局 2001 年版。

⑤ 〔唐〕段成式撰、许逸民校笺：《酉阳杂俎校笺》卷八，第 676 页。

⑥ 唐代段公路《北户录》卷一载："韦中丞镇西蜀时，有黄甘一树方熟，忽数夕，从实皆落，唯树杪一蒂独存……有善医者昝殷侍立曰：'凡木实未过时蒂落者，乃实之病也……'昝殷引针刺之……血溅盈袖，韦令大惊，因命破之，乃两头蛇也。"《丛书集成初编》本。

⑦ 〔唐〕段成式撰、许逸民校笺：《酉阳杂俎校笺》续集卷一，第 1478—1479 页。

刺史崔铉听到这个消息，召梁新入州，大加奖掖，并“致书于朝士，声名大振，仕至尚医奉御”①。荆州道士王彦伯“天性善医，尤别脉，断人生死寿夭，百不差”②。

此外，民间医生也很多。江西饶州的饶江“其南导自闽，颇通商，外夷波斯安息之货”，当地人多进行转输贸易。有一商人“病且亟，历请他医，莫能治”。饶州以行医为业的医士郭常“以值德信”，前去诊视，“先以针火杂治导其血关，然后辅以奇药”，经月余商人病愈，并要以50万钱酬谢，郭常分文不取，在当地传为美谈。吴兴人沈亚之专为郭常立传以旌表③。荆州百姓张七政，“善治伤折”，有一军卒胫部损裂，求张七政医治；张先让其多饮药酒，然后刺破胫肉，从中取出碎骨一片，大小如两指。随后给其胫上涂以药膏，几天后，这个军卒即病愈如初④。显然，这位民间医生能够使用麻醉办法，成功地为病人实施胫部手术，一千余年前的一位民间医生医术如此高明，说明长江流域科技发展的迅速。

任职南方的官员，因环境和自身境遇所促使，他们多采撰医方，编集医书，造福当地。贞元时宰相、苏州嘉兴(今浙江省嘉兴市)人陆贽，贞元十一年被贬为忠州别驾。陆贽在忠州10年，闭门闲居，休笔静处以免遭谤言。但由于忠州地处瘴疠之地，百姓极易患病。陆贽因此集全力抄集药方，编成《陆氏集验方》50卷⑤。宰相杨炎未入相前，曾被贬为道州(今湖南省道县)司马，著药书《南行方》。诗人刘禹锡元和初被贬为朗州司马，后历任连州刺史、夔州刺史，在连州任内，他在江华令薛景晦所著《古今集验方》的基础上，增加了大量新收集的药方，即“遂于箧中得已试者五十余方”⑥，并易书名为《传信方》，书成之后流传于南方各地。这些药方书籍今天虽不能看到，但从《本草纲目》中还可窥其点滴，然而在当时，却成为长江流域边荒地区社会文化发展的福音⑦。另外，吴人茹子颜以明经为双流(今四川双流区)尉，颇有才识治能，“善医方”⑧；剑南西川节度使杜鸿渐的父亲杜鹏举曾受医业于兰陵萧亮⑨，看来这位萧先生一定也是一位名医。此外，扬州等地还有定期的药市，不仅促进了药材的贸易，也有利于药物知识的传播。

**(六)酿酒**

唐代长江流域酿酒业十分发达。

---

① 《太平广记》卷二一九《梁新赴鄂》，第1678页。

② 〔唐〕段成式撰、许逸民校笺：《酉阳杂俎校笺》卷七，第616页。

③ 《全唐文》卷七三八《表医者郭常》，第7624—7625页。

④ 〔唐〕段成式撰、许逸民校笺：《酉阳杂俎校笺》卷五，第510页。

⑤ 《旧唐书》卷一三九《陆贽传》，第3818页。

⑥ 《全唐文》卷六〇七《传信方述》，第6137页。

⑦ 杨西娟、万芳：《唐代亡佚医书〈传信方〉佚文考释》，《中国中医药图书情报杂志》2018年第6期。

⑧ 《太平广记》卷三三二《茹子颜》，第2639页。

⑨ 《新唐书》卷一二六《杜鸿渐传》，第4422页。

唐初，郢州（治长寿，今湖北省钟祥市）生产的酒即作为贡品上贡，“今内有郢州春酒，本因其州出美酒。初，张去奢为刺史，进其法，今则取郢州人为酒匠，以供御及燕赐”①。就是说，从郢州北上的酿酒工匠，用他们绝妙的技术，担负起为皇宫酿造这种名酒的重任。而唐朝皇帝喜欢喝酒的确实也大有人在。

中唐以后，南方各地酿酒技术得到发展和普及，一些酒以其浓郁的地方特色和酿造工艺，获得了人们的喜爱和认可。当时负有盛名的南方酒如“郢州之富水，乌程之若下……剑南之烧春……岭南之灵溪、博罗，宜城之九酝，浔阳之湓水……”②主要产自今四川、湖北、江西等地。除此之外，据《元和郡县图志》记载，湖南衡阳的酃酒、郴州的程乡酒亦很有名。对此，王赛时在《唐代饮食》一书中均有一定的论述③，在此不赘。

南方各地酿酒普遍采用酒曲。据记载，先“杵米为粉，以众草叶、胡蔓草汁溲，大如卵，置蓬蒿中荫蔽，经月而成，用此合糯为酒。故剧饮之后，既醒，犹头热涔涔，有毒草故也”④。这样，一年酿酒只需几个鸡蛋大小的小酒曲就够了，从而将中国酿酒技术向前推进了一步。岭南各地酿酒的方法更趋简易。

> 南中酝酒，即先用诸药，别淘漉秔米晒干，旋入药和米捣熟，即绿粉矣。热水溲而团之，形如餢飳，以指中心刺作一窍，布放簟席上，以枸杞叶攒罨之，其体候好弱，一如造曲法。既而以藤篾贯之，悬于烟火之上，每酝，一年用几个饼子，固有恒准矣。南中地暖，春冬七日熟，秋夏五日熟。既熟，贮以瓦瓮，用粪扫火烧之。⑤

比较简单的酿酒法，使人容易掌握，由此南方各地酿酒成风，饮酒的人很多。广州人喜欢饮酒，“晚市散，男儿女人倒栽者，日有三二十辈生。酒行即两面罗列，皆是女人招呼，鄙夫先令尝酒盎上白瓷瓯，谓之‘舐刮’，一舐三文，不持一钱来去尝酒致醉者，当垆妪但笑弄而已。盖酒贱之故也”⑥。尽管当时酒价格便宜，但由于百姓普遍饮酒，因而从事酿酒利润十分可观，这样，长江流域各地乃至岭南诸州从事酿酒的人非常多。酒成为人们喜庆欢乐必不可少的助兴饮品。“南人有女数岁，即大酿酒。既漉，候冬陂池水竭时，置酒瓮，密固其上，埋于陂中，至春涨水满，不复发矣。候女将嫁，因决陂水，取供贺客，南人谓之‘女酒’。味绝美，居常不可致也。”⑦

---

① 《大唐六典》卷一五《光禄寺》。

② 〔唐〕李肇：《唐国史补》卷下，第 60 页。

③ 王赛时：《唐代饮食》，齐鲁书社 2003 年版，第 163—171 页。

④ 《太平广记》卷二三三《南方酒》，第 1786 页。

⑤ 〔唐〕刘恂：《岭表录异》卷上，《丛书集成初编》本，第 5—6 页。

⑥ 《太平御览》卷二三三称录自《岭表录异》。查《丛书集成初编》本《岭表录异》，无此条。

⑦ 《太平广记》卷二三三《南方酒》，第 1786 页。

唐德宗建中三年(782 年)，唐朝廷制定了非常严格的酒法，并对酒实行国家专卖，这样酒价提高了，酒的质量反而不如私人作坊酿造得好，从而导致私酿的大量出现。唐朝廷采取严厉的压制手段，南方许多私酿户因此犯法，或者被杀，或者被没收全部家产。韦庄诗云："谁氏园林一簇烟，路人遥指尽长叹。桑田稻泽今无主，新犯香醪没入官"，以讽喻时风。结果，浙西地方官"遂改酒法，不入财产"①。江西"榷酒利多它州十八，民私酿，岁抵死不绝，谷数斛易斗酒"，江西观察使王仲舒改行酒法，罢免酤钱 90 万，"焚簿书，脱械不问"②。朝廷内部一些官员也纷纷上奏，"请停官沽，任自酝造"③，"伏望许令百姓自酤，取登旧额，仍许入两税，随贯均出，依旧例折纳"④。唐武宗会昌六年(846 年)下令："从今以后，如有人私酤酒及置私曲者，但许罪止一身，并所由容纵，任据罪处分。乡井之内，如不知情，并不得追扰。其所犯之人，任用重典，兼不得没入家产"⑤。这种较为宽松的政策，有利于唐代酿酒业的继续发展。⑥

如上文所述，私酿禁而不止，是因为有丰厚的利润，而时人乐于饮酒是获利的源泉。当时一些著名诗人、官吏都有饮酒的嗜好，并纷纷作诗文赞颂饮酒的好处。贺知章、张旭为酒中八仙，四海闻名，贺以金龟换酒，张则乘醉泼墨挥毫。李白曾在金陵以紫绮裘换金陵酒⑦。说明金陵所酿酒有独到之处。白居易历官江州、忠州、杭州、苏州等地，而琴、茶、酒是其必带之物，白氏自己亦能酿酒⑧。人们送迎亲友故旧，多饮酒以表示友谊亲情永存。皮日休认为酒可以"融肌柔神，消沮迷丧"，作《酒中十咏》并序⑨、《酒箴》并序⑩；陆龟蒙亦咏诗奉和。虽然随着饮茶风气的普遍，加之唐政府实行严格的禁酒措施，使长江流域酿酒业受到一定影响，但这种饮酒习尚却一直延续下来，并且在一些地区具有非常广泛的市场。

① 《全唐诗》卷六九七《官庄》，第 8019 页。

② 《新唐书》卷一六一《王仲舒传》，第 4985 页。

③ 〔清〕陆心源：《唐文拾遗》卷三〇《请任百姓自酝奏》，《全唐文》第 11 册，第 10712 页。

④ 〔清〕陆心源：《唐文拾遗》卷二六《请许百姓自酤奏》，《全唐文》第 11 册，第 10658—10659 页。

⑤ 《旧唐书》卷四九《食货》。另《全唐文》卷八一将《宽私酤禁敕》定在"宣宗"时，今从《旧唐书》。

⑥ 关于唐代长江流域禁酒等问题，可参考张健彬：《唐代的禁酒、税酒、榷酒及"榷酒钱"》，《聊城师范学院学报》(哲学社会科学版)1999 年第 3 期。

⑦ 〔唐〕白居易：《金陵江上遇蓬池隐者》，《全唐诗》卷一八二，第 1855—1856 页。

⑧ 〔唐〕白居易著、朱金城笺注：《白居易集笺校》卷二六《泳家酿十韵》，第 1839 页。

⑨ 《全唐诗》卷六一一《酒中十咏并序》，第 7049 页。

⑩ 《全唐文》卷七九七《酒箴》，第 8362 页。

## 第八节　隋唐长江文化的发展特征及其历史地位

### 一、隋唐长江文化的发展特征

隋唐两朝是长江文化发展史上一个非常重要的时期。在长达三百余年的漫长历程中，长江文化的发展令人瞩目、进步神速，在许多方面具有里程碑之效应，并为此后长江文化的繁荣奠定了基础。源远流长的长江文化正是在经历了这一阶段之后，迎来了它的黄金时代。因此，隋唐两代在长江文化史上具有不容忽视的地位。

作为这一时代的历史产物，隋唐长江文化的发展也留下了该时代的特征，这主要表现在以下两个方面：

#### （一）不平衡性

隋唐时代，长江文化在发展过程中，由于这一地区自然环境、开发程度的不同，加之各种人为因素的影响，导致经济、文化发展程度极不平衡。长江下游一带，水网密布，土地肥沃，自六朝以来就是全国有名的鱼米之乡。大运河的开凿，更使这里的经济如虎添翼。中唐以后，长江下游地区有“衣食半天下”的美誉。商品经济和海外贸易的发展，使扬州、杭州、苏州、越州、润州等成为国际性商业城市，市民阶层和市民文化在商品市场经济中已经出现。从这里走出的诗人等文化人遍布全国各地，而来往于此的名流学者更为这些长江流域文化勃兴的重点区增添了风采。然而，长江中游地区，由于开发较晚，除襄州、潭州、江州、袁州、洪州、衡州等地区经济文化有较大的发展之外，其他部分地区，特别是边远的少数民族聚居地区，仍然处于十分落后的状态。刘禹锡被贬的连州、柳宗元被贬的永州就属这一层次。长江上游成都平原，经济、文化高度发达。长江流域其他地区虽有不同程度的开发，但和扬州、成都等商业、文化名城相比，无论是经济，还是百姓的整体文化素养都处在比较落后的水平。长江流域南部边缘岭南地区，除沿海的广州、福州、泉州等中小型对外贸易港口之外，一些山区直到唐王朝灭亡前夕，依然是流放官吏的瘴疠之地。这种文化发展的不平衡性，反映了长江文化自身发展过程中难以弥补的缺陷，当然，这种情况在同时期的其他地域也是存在的。

#### （二）整合性

隋唐时代长江流域文化的勃兴，是中国文化持续发展的结果。中国文化重心南移，既是源于北方黄河流域文化人大量南迁，长江流域经济、文化成为中国社会发展的主体，又标志着南北文化交融并寻求新的发展契机时刻的到来。在这里，因各种原因南迁的不同地域文化人，他们要么祖籍北方，因各种缘故（谪官、战乱、经商等）流落到这里，只能对着滔滔江水抒发思乡怀古的幽思；要么籍贯长江流域，但经过赴京科举，重新回到这里，盛唐灿烂的文化记忆犹新，他们融会贯通，成为发展当地文化的主力军；而土生土长并活跃于这一地区的处士文人，他们仍然是受中国儒家文化熏陶，只不过是带有明显的地方色彩罢了。毫无疑问，他们都是中国传统文化的继承者，只是在中晚唐特殊的社会背景下，以他们各具特色的文化成就及文化人身份，融入不息的长江文化之洪流，推动着整体中国文化的继续发展。长江文化就是综合了他们智慧的结晶，最后才走向勃兴发展繁荣的。

## 二、隋唐长江文化对后世的影响

### （一）唐代经学的影响

安史之乱后，唐王朝开始走向衰落。贞观、永徽年间颁行的经学范本（《五经正义》《五经定本》）已不再为学者们所重视，一些治经的学者在新的政治形势下，对儒经重作诠释疏证，发表自己的独到见解，开一代学风，最具代表性的是《春秋》之学大盛。当时的主要人物为啖助、赵匡、陆质。啖助“考核三传，舍短取长，又集前贤注释，亦以愚裨补缺漏……其于浃洽尼父之志”①。即抛弃了此前治经者注重注家臆解的治学方式，而是舍传求经，独立地发挥自己的见解。啖助的学生陆质，吴郡人，“有经学，尤深于《春秋》，少师事赵匡，匡师啖助，助、匡皆为异儒，颇传其学，由是知名”②。陆质发展了啖、赵二人的学说，极力攻伐三传的短长过失，以孔子笔削本意为辞发挥己说，影响整个朝野学界。

此后学者撰著多沿袭陆氏的见解，如卢仝所撰《春秋指微》一书，解经即不用传。韩愈赠卢仝诗云：“春秋三传束高阁，独抱遗经究始终。”这种情况反映了一些学人在唐中央政权日益衰落的形势下，力图通过研习《春秋》微言大义，“诛讨乱贼以戒后世”，“改立法制以致太平”，主张加强中央集权，反对藩镇割据的思想。从长江流域走出的陆质等经学家，顺时应势，“名治《春秋》，摭诎三家，不本所承，自用名学，凭私臆决”③，开宋儒附会臆断治学风气之先河。北宋学者欧阳修、刘敞、王安石等人继承了这种学风，完全凭自己的见解，对儒经进行疏证。陆质集啖、赵学说之大成，对《春秋》的研究及对汉学到宋学的转变有首开之功，显示了长江文化在中国文化史上的重要地位。

---

① 〔唐〕陆淳：《春秋集传纂例》卷一《啖氏集传注义第三》，文渊阁《四库全书》本。

② 《旧唐书》卷一八九《陆质传》，第4977页。

③ 《新唐书》卷二〇〇《儒学传下》，第5708页。

**(二)词的出现**

唐代中叶,长江流域的一些民间诗人将民间的歌谣吸收到他们的诗作之中,从而打破了唐诗五言、七言的窠臼。另外,由于音乐的发达,市民俗文化开始兴盛。一些颇有名望的诗人、官吏在狎妓的同时,看到这些妓女所唱的曲词多鄙陋不堪,因而抽去原词,依曲填写新词供其传唱。这种词因出自名流之手,故传扬很广,于是最早的"词"出现了。"诗豪"刘禹锡在朗州为当地百姓作《竹枝词九首》,后又作《潇湘词》如下:

湘水流,湘水流,九嶷云物至今愁。君问二妃何处所?零陵香草露中秋。

斑竹枝,斑竹枝,泪痕点点寄相思。楚客欲闻瑶瑟怨,潇湘深夜月明时。

可以看出,最初的词虽较宋词逊色,但读起来朗朗上口,让妓女、乐人歌唱,就更为委婉动听。中唐时代,白居易、张志和等人的词也很有名。晚唐时最著名的词人则为温庭筠、韦庄二人。这种文学体裁在五代时得到突出的发展,出现了像李煜那样的词家。而两宋时代的词则更加成熟,并走向兴盛。但唐人的词则"启其端"①,而最初的词作者多为长江流域本地人或是寓居长江流域在当地做官的文人官吏,如最早的李白,中唐的张志和(婺州金华人)、元结、韦应物、刘禹锡、白居易、刘长卿等人,晚唐的杜牧等。词的内容亦多反映长江流域的江水溪流、文人妓女的缠绵情思。这也是长江文化对中国文化发展的重要贡献之一。

**(二)雕版印刷术的出现**

关于雕版印刷术何时出现,学者们各抒己见。向达认为"李唐一代在刊书史上之变迁若何,俱以文献不足,难征其全,唯就所得诸家之言,考其时代,则大都在唐懿宗咸通或其后不远之际……今总称之曰咸通时代"②。而最早的雕版如上引史料则始自剑南西川的益州,后传至长江下游及北方各地。雕版印刷术首先在剑南西川出现,这与当地造纸业的飞速发展以及长江流域佛教的广泛传播有着密切的关系。现存最早的印刷品,即咸通九年(868年)四月十五日所印的《金刚经》卷子就是出自四川,后传至敦煌。唐末雕版印刷的出现,既反映了唐代长江流域社会经济文化发展的繁荣,也是中华民族智慧的结晶。北宋时,布衣毕昇总结此前雕版印刷的得失,在雕版印刷的基础上创设了活字印刷术,从而为中国文化的普及和进一步发展奠定了基础。

## 三、隋唐长江文化与海外文化的交流

隋唐时期,长江文化与海外文化的交流也掀起了新的高潮。

---

① 吕思勉:《隋唐五代史》下册,上海古籍出版社1984年版,第1336页。

② 向达:《唐代长安与西域文明》,三联书店1987年版,第124页。

在这一时期，“海上丝绸之路”比以前有所扩展，往来也更加频繁。东海航线已直接开辟了越海直接东渡日本的南线，崛起了扬州、楚州、苏州、明州等一批重要的港口城市。南海线已从广州经南海抵达波斯湾的巴士拉港，把长江文化与东南亚、南亚及西亚阿拉伯地区紧密地联系在一起。顺着这条“海上丝绸之路”，陶瓷跟丝绸一样，也从长江流域源源不断地输入东亚、东南亚、南亚及西亚阿拉伯地区，并到达欧洲、非洲地区，赢得海外人士的倾慕和向往。

**（一）长江文化与日本文化**

唐初，日本派往大唐的遣唐使、留学生很多，一些人因此长期居住于长安，并和当时著名的诗人学者交往。8 世纪初以前，日本遣唐使来唐多从筑紫（福冈）越朝鲜海峡，再经朝鲜沿海越黄海，入渤海，从今山东半岛靠岸。后来新罗与日本关系破裂，即“新罗梗海道，（故）更由明、越州朝贡”①，遣唐使改走途经东海风险较大的南路，也就是从日本出发后，横越中国东海，南下至明州、越州，即今浙江沿海登陆，溯钱塘江或由浙东运河经越州而至杭州，过大运河至扬州，从而密切了长江流域与日本文化之交流。

鉴真和尚，扬州人，生于则天垂拱四年（688 年），对佛教律宗（天台宗）经律造诣很深，8 世纪中叶，日本圣武天皇邀请鉴真东渡传教，鉴真师徒排除艰难，六渡大海，最终从扬州出发，历经艰难险阻到达日本，此时他已是双目失明的衰朽老人了。天宝十四载（755 年），鉴真在日本奈良东大寺设戒坛，主持讲座。此后 10 年，不仅为日本的律宗发展奠定了基础，而且他带去的许多徒弟将中国的建筑、医学等方面的技术传到日本；他亲自规划营建的招提寺，现仍保存完好，被认为“今日所存天平时代（729—758）佛殿之最完备者，其构造装饰，足以代表当时最发达之式样手法”②。鉴真曾给日本皇太后治愈了长年的疑难病症，并著有《鉴真上人秘方》一书。从长江流域走出国门的鉴真大师，将中国灿烂的建筑、医药及中国化的佛教文化传至日本，为中日两国文化交流作出了卓越的贡献。

另外，中唐以后长江流域各地兴起的饮茶风气也传到日本。唐德宗贞元二十年（804 年），日本高僧最澄到佛教律宗圣地浙江天台山国清寺学习经论，第二年回国时即携带了一些茶籽试种在比睿山麓的近江湖畔。后来，日本天皇在国内广泛推行中国的制茶、饮茶方法，日本的茶道即是在唐朝的影响下发展起来并一直流传到今天的。中国的雕版印刷品咸通初年也传到日本。咸通三年（862 年），日本僧人宗叡与贤真、忠全、安展、禅念、惠池、善寂、原懿、猷继等人随真如法亲王入唐。咸通六年十一月归国时，携带雕版印刷

① 《新唐书》卷二二〇《日本传》，第 6209 页。

② 牛致功：《隋唐时期中国在世界上的地位》，见史念海主编《唐史论丛》第 3 辑，陕西人民出版社 1987 年版。

的经卷 134 部，共 143 卷，剑南西川所刊印的《唐韵》《玉篇》也随之传至日本，日本成为中国雕版印刷品传入最早的国家。

再者，大运河的重要枢纽、中唐以后海外贸易的最大港口之一扬州，既是日本遣唐使、留学生、商人来华的第一大站，又是中国僧人、商人东渡日本的出发点，鉴真和尚即是从扬州出发，历经磨难才到达日本的。中国的书法艺术此时传入日本，平安时代的“三笔”：空海、橘逸势、嵯峨天皇，其中前二人来过中国，并从扬州归国。橘逸势在唐时曾向柳宗元问过书法，嵯峨天皇则学习欧阳询字体，而且颇得其法。

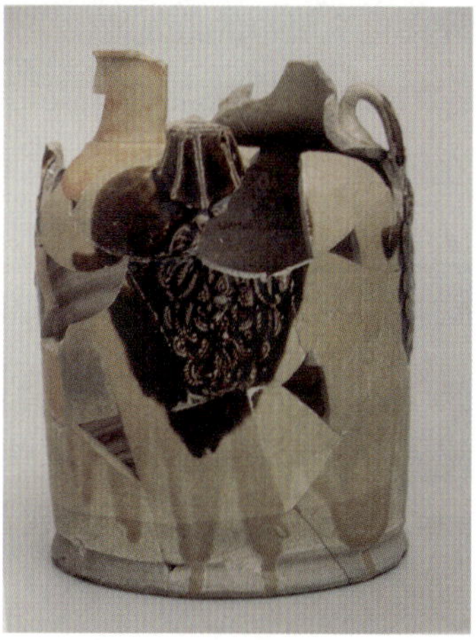

日本石川县出土的
唐朝黄釉褐彩葡萄纹水注

### (二)长江文化与朝鲜文化

唐初，朝鲜半岛上的新罗国即派大量的留学生来长安，学习唐朝先进的制度文化。

唐朝金州(今陕西安康市)有一座新罗寺，相传该寺建造于贞观年间。贞观十年(636年)，新罗僧人慈藏与门人僧实等十余人入唐[①]。入唐后慈藏在终南山修行，僧实则偕使者随从来到金州，看到汉江眷恋不舍，因请立寺以遣乡思。贞观十三年(639 年)，金州刺史段志玄在汉江边建成一座寺院，并题其额为“新罗寺”[②]。如上文所述，贞观十七年(643 年)慈藏返回新罗，按照一般情况，僧实应该随慈藏返回，但他也有可能并未返回，而是长期居住于此，这样才有新罗寺的繁荣和驰名于世，因为中韩现存史书中并未记载僧实其人返回新罗。另外，从新罗寺遗址考古发现得知，寺院残留的“两个石赑屃当为新罗寺大殿正门两侧的碑座，二者距离基本未变，大约 8.5 米左右，由此可以推知新罗寺正殿大门石台阶的宽度。据碑座的位置可知新罗寺大殿的方向是坐西南朝东北，即朝着新罗方向”。韩国庆州的四天王寺遗址南端，也有两个残赑屃存在，与此相联系，金州新罗寺的建造是否夹杂新罗寺院建造方式，抑或因为有新罗僧侣参与才如此？因没有文献史料佐证，实在难以作出准确论述。汉江岸边的这座新罗寺院，在初唐时代唐与新罗文化交流中的地位显而易见。

新罗僧人慧超少小离家到达广州，稍做停留后乘海商船只从海路前往当时的印度求法巡礼，数年后又从陆路艰难跋涉回到唐京师长安，撰写了著名的《往五天竺国传》，该书

① 〔唐〕释道宣《续高僧传》卷二四载，慈藏于贞观十二年，“将领门人僧实等十有余人，东辞至京。胜光别院厚礼殊供”。慈藏在终南山至相寺修行三年，门人僧实等人南下金州也是可能的。

② 参李启良：《唐代金州新罗寺》，《考古与文物》2003 年第 6 期。

残卷在敦煌石室中被发现，成为继玄奘《大唐西域记》、义净《唐西域求法高僧传》之外，探讨唐代丝绸之路的又一部重要史料。慧超搭乘海船从海路前往印度，足证当时广州在中外文化交流中的重要地位。后慧超并未返回新罗，而是以八十余岁高龄圆寂于五台山①。

唐朝中后期，由于天灾，大量新罗人到达唐朝并定居于山东登州一带，日本僧侣圆仁在《入唐求法巡礼行记》一书中详细记载了他们的事迹②。这些新罗人的足迹遍及长江流域的楚州（今江苏淮安），现在江苏、浙江、江西等地，从事货物贩运等经济活动，这些地方也有新罗坊、新罗馆（新罗人侨居地区）存在。唐廷还在这些坊、馆设置总管加以管理，并置有译语（翻译）等人。入唐求法巡礼的新罗僧人也前往浙江所在的天台山、衡山、九华山等地求法巡礼，有的学成返回新罗，有的竟定居并终生在这里生活。

如金地藏为新罗王之族人③，入唐到达池州九华山，“乃径造其峰，得谷中之地，面阳而宽平。其土黑壤，其泉滑甘，岩栖涧汲，趣而度日。”他整日苦苦修行，至德初被人在石室中发现，当地百姓在原地为他建造伽蓝；地方官闻风前来，奏请在其地成立寺院。地藏的声名从此传扬天下，“本国闻之，率以渡海相寻，其徒且多，无以资岁”④。贞元十年（794 年）夏在寺中圆寂，享年九十九岁。此后，金地藏作为九华山地藏道场的开山祖师，成为中国佛教信仰体系中著名的菩萨，九华山也在历代僧俗的巡礼瞻拜中享誉世界。

八世纪中叶的新罗入唐僧侣无相，以及随后的无漏法师，受到唐玄宗、唐肃宗父子的厚爱。无相到达唐都长安后，受到唐玄宗的召见，并被安置于禅定寺。后无相辗转来到四川成都保唐寺，传承了从弘忍到智诜、处寂的禅学衣钵。无相每年“十二月、正月，与四众百千万人受（授）缘，严设道场，处高座说法。先教引声念佛，尽一气绝，声停念讫。”在禅法上突出“无忆、无念、莫忘（妄）、（无）（妄）”⑤，此三句学说与三学，即戒、定、慧相配合，形成著名的“三句用心”的禅法传授仪式，产生了重大的影响。天宝十五载，安史之乱爆发，唐玄宗仓皇逃亡剑南道首府成都，在成都又一次见到无相。此时无相声名显赫，唐

① 拜根兴：《入唐求法：铸造新罗僧侣佛教人生的辉煌》，《陕西师范大学学报》（哲学社会科学版）2007 年第 3 期。

② 〔日〕圆仁著，白化文等校注：《入唐求法巡礼行记校注》，百花文艺出版社 1992 年版。另参拜根兴：《九世纪张保皋的海洋活动研究的现状》，杜文玉主编《唐史论丛》第 11 辑，三秦出版社 2010 年版。

③ 关于金地藏的身世，学界根据现有中国史料，有的认为他是新罗圣德王长子金守忠，也有认为是次子金重庆，但这些在韩国史书中均难以得到证实。参谢澍田：《试论新罗僧金地藏入唐求法修道的思想和实践》，《安庆师范学院学报》1995 年第 1 期；金勋：《中国的地藏信仰与金觉乔法师》，（韩）《佛教研究》第 25 辑，2006 年。

④ 〔宋〕赞宁：《宋高僧传》卷二〇《唐池州九华山化城寺地藏传》，中华书局 1987 年版，下册，第 516 页。

⑤ 引自《历代法宝记》，但标点有所不同。见《英藏敦煌社会历史文献释录》第 2 卷，社科文献出版社 2003 年版。又参陈景富：《中韩佛教关系一千年》，宗教文化出版社 1999 年版，第 246 页。

玄宗以礼相待，在当时传为佳话。无相临终前将衣钵传与无住和尚，其传承更具传奇色彩，成为佛教衣钵传承的典范。就是说，无相入唐后经过进一步的修行，成为佛教界声名显赫的人物之一，受到唐玄宗的器重；他不仅传承了自弘忍、智诜以来的修佛仪式，而且有所创新，对于佛教禅宗的发扬光大做出了重大的贡献。

唐昭宗景福二年（892 年）入唐，前往天台山平田寺的道育终老死于唐。据载：道育“慈爱接物，然终不舍岛夷言音。恒持一钵受食，食讫，略经行而常坐，胁不著席。日中洒扫殿廊，料理常住，得残羹之食，虽色恶气变，收贮于器，斋时自食。与僧供湢浴煎茶，遇薪木中蠢蠢，乃置之远地，护生偏切。……凡对晤宾客，止云伊伊二字，殊不通华语。然其会认人意，且无差脱。”①从上述记载可以看出：其一，此僧入唐求法，但不学唐朝语言，确实令人费解，此为特例？还是具有代表性？不得而知。其二，道育可能是修头陀苦行僧，能吃苦耐劳，而且很注意保护生灵，常常在夏日以身饲蚊虫。其三，或许是在中土时间很久的缘故，虽然他只能发出“伊伊”两声唐音，但能够懂得对方的意思，很少出现差错，也就是说，他对华语的听力已经达到一定程度。道育的经历，显示出众多的新罗僧侣入唐，僧侣中文化构成、家庭背景、入唐的具体原因等呈多样化，相信和道育有相似或相近经历，名字没有传下来者当不会少。②

来华学习的宾贡进士、僧侣和长江流域的诗人关系密切。笔者曾从《全唐诗》中辑出有关唐朝诗人所写的送别新罗僧侣、宾贡进士、商人等诗 50 余首，其作者大多是长江流域人。其中诗人张乔（池州人）多达 8 首，苏州吴人张籍亦有 3 首。另外，章孝标、顾非熊、许彬、张蠙、林宽、贯休等诗人都有赠别诗作传世。值得一提的是晚唐咸通年间新罗人崔致远来唐后，曾任溧水县尉、淮南节度使从事等职，并且著述颇丰，其中《桂苑笔耕集》20 卷传至今天，弥足珍贵。新罗人信奉佛教，入唐求法的僧人很多，见于《全唐诗》的就有雅觉、弘惠上人等十数人。828 年，新罗使者将中国的茶种带回国，从此，朝鲜半岛也开始了茶叶种植。

**（三）长江文化与阿拉伯文化**

隋炀帝大业末年，为招徕海外商人，炀帝在江都举办龙舟盛会，特请外商上龙舟游玩，提高了扬州的国际地位。

安史之乱后，丝绸之路中断，来自西亚大食、波斯的商人只有从海上来华进行贸易。来到广州的商人，据阿拉伯文史书《苏莱曼东游记》《黄金牧地》记载，已达到 12 万人。他

① 〔宋〕赞宁：《宋高僧传》卷二三《晋天台山平田寺道育传》，中华书局 1987 年版，下册，第 593—594 页。

② 拜根兴：《唐朝与新罗关系史论》，中国社会科学出版社 2009 年版。

们主要经营珠宝、药材。而扬州的大食、波斯商人也很多。肃宗时，将军田神功为搜捕叛贼，一次就杀了数千商胡波斯人。可见，在扬州的阿拉伯人总数肯定大大多于以上数字。这些外国商人，有的因各种原因终生未能回国，而回去的则将中国沿海的扬州、广州等地的风土人情、文化习俗予以介绍，并在他们的著作中加以反映。也正是由于他们的宣传，阿拉伯历史、地理学家才对中国这个东方文明古国增加了了解。阿拉伯地理学家伊本·胡尔达兹比所著《道里邦国志》一书，即对广州、扬州的情况做过如下记载：

从广州至杭州为 8 天程，杭州港物产与广州相同。从杭州至江都为 20 天程。江都的物产与广州、杭州两地相同。中国的这几个港口各临一条大河，海船可在其中航行。这几条河均有潮汐现象，在江都所临的大河里，可看到鹅、鸭、鸡。①

海上丝绸之路的接通，中国的丝绸、瓷器等手工业产品被运到西亚各国。使长江文化走向海外，加强了唐朝与这些国家的经济、文化交流。

① 宋岘：《唐代扬州的大食商人》，刊《中华文史论丛》1987 年第 1 期。

# 第六章　五代中国南北文化地位的逆转

## 第一节　五代长江文化崛起的文化背景

五代十国时期，北方中原一带相继出现了后梁、后唐、后晋、后汉、后周五个朝代，更换了八姓十三君。在当时，中原王朝的统治者虽以正统自居，但与其他割据政权统治者一样，总是力图扩张自己的势力，彼此之间争夺政权，互相兼并，正是“天子宁有种邪？兵强马壮者为之尔”①！军阀之间连年作战，加以沙陀族的残暴统治，导致北方人民遭受的苦难异常严重。暴君独夫，横行无忌；贪官酷吏，欺压人民，无所不用其极。原来繁华的长安已是“荆棘满城，狐兔纵横”②。洛阳、扬州也都曾化为废墟。后晋石敬瑭，不惜勾结契丹，割让燕云十六州，造成了“自涿州至幽州百里，人迹断绝”③。同时，契丹贵族侵入中原，到处劫掠，因此，黄河流域社会经济的发展遭到严重的破坏，受到了很大的阻碍。这种连续不断的人祸天灾，使一度先进的黄河文化趋于崩溃。时有“礼乐崩坏，文献俱亡”④之叹。宋人刘敞说：“齐鲁虽皆称贵文学、尚礼义之国”，然自“五代之乱，儒术废绝”⑤。相反，几个割据南方的封建政权都采取了“保境息民”的国策，采取一些有利于社会经济发展的措施，如劝课农桑、兴修水利、招徕客商，使南方各地的经济无论在深度和广度上都获得了长足的发展，并远远超过了北方，马端临评价云：“宋兴而吴、蜀、江南、荆湖、南粤皆号富强。”⑥从而为五代长江文化的崛起及中国文化重心南移的正式确立，创造了极其重要的条件。

① 〔宋〕欧阳修：《新五代史》卷五一《安重荣传》，中华书局 1974 年版，第 2 册，第 583 页。

② 〔宋〕司马光：《资治通鉴》卷二五六《唐纪七二》，中华书局 1956 年版，第 18 册，第 8320 页。

③ 〔宋〕欧阳修：《新五代史》卷七二《四夷附录第一》，中华书局 1974 年版，第 3 册，第 892 页。

④ 〔宋〕马令：《南唐书》卷一三《儒者传上》，傅璇琮等主编：《五代史书汇编》，杭州出版社 2004 年版，第 9 册，第 5347 页。

⑤ 〔宋〕刘敞：《王沂公祠堂记》，见吕祖谦编《宋文鉴》卷七九，中华书局 1992 年版，中册，第 1133 页。

⑥ 〔元〕马端临：《文献通考》卷二四《国用考二・历代国用》，中华书局 2011 年版，第 699 页。

## 一、南方各国的政权兴亡

在干戈扰攘的五代十国时期，南方地区先后分布着前蜀、后蜀、荆南（即南平）、楚、吴、南唐、吴越、闽、南汉九个割据政权。这九个小国都在秦岭、淮河以南，沿长江由西而东，分成巴蜀、两湖、江淮江南，沿海自北而南，分成两浙、福建、岭南，共计六个地区。

### （一）巴蜀地区

巴蜀地区先有前蜀政权，它是由唐西川节度使王建建立的，首府成都，传二主。高祖王建于后梁开平元年（907 年）称帝，在位 12 年；后主王衍在位 7 年，亡于后唐；共 19 年。如从唐大顺二年（891 年）王建任西川节度使算起，共 35 年（891—925）。辖境 46 州，包括今四川盆地全部、甘肃东南部、陕西南部和湖北西部。后蜀政权是由后唐剑南西川节度使孟知祥建立的，首府仍为成都，传二主。高祖孟知祥于公元 934 年初称帝，在位仅半年即病死，由其子孟昶继位，史称后蜀后主，在位 31 年，亡于宋。后蜀共 32 年。如从后唐同光三年（925 年）孟知祥入蜀算起，共 41 年（925—965）。辖境和前蜀相同，一度因秦、凤、成、阶 4 州归附，有所扩大。

王建墓中的王建石像

王建墓内景

### （二）两湖地区

两湖地区的荆南（即南平），是由后梁荆南节度使高季兴建立的，首府江陵，传五主。武信王高季兴在位 22 年，文献王高从诲在位 20 年，贞懿王高保融在位 12 年，高保勖在位 2 年，高继冲在位 1 年，亡于宋，共 57 年（907—963）。辖境仅荆（今湖北江陵）、归（今湖北秭归）、峡（今湖北宜昌）3 州。

楚是唐武安军节度使马殷建立的，首府潭州（长沙），传六主。武穆王马殷开平元年梁封为楚王,在位 23 年,衡阳王马希声在位 3 年,文昭王马希范在位 15 年,废王马希广在位 3 年,恭孝王马希萼和马希崇在位 2 年,亡于南唐,共 45 年。如从唐乾宁三年(896 年)马殷开始控制潭州算起,共 56 年(896—951)。辖境 10 州,包括今湖南全省、广西东北部、贵州东部。

**(三)江淮江南地区**

江淮江南地区,先有唐淮南节度使杨行密开创的吴国,首府扬州,传四主。太祖杨行密自唐昭宗景福元年(892 年)据扬州,唐天复二年(902 年)封为吴王,在位 14 年;烈祖杨渥在位 3 年;高祖杨隆演在位 12 年;睿帝杨溥在位 17 年;亡于南唐,共计 46 年(892—937)。辖境 29 州,包括淮南 14 州、江南 15 州,相当于今安徽淮河以南全境、苏北大部、苏南一部、江西全部、湖北东部。

李昪像

南唐是吴太尉、中书令、齐王徐知诰建立的,首府金陵(今江苏南京)。后期以洪州为南都,置南昌府。徐知诰称帝后,改姓名为李昪,自称唐朝后裔,传三主。烈祖李昪在位 6 年,元宗李璟在位 18 年,后主李煜在位 15 年,亡于宋,共 39 年(937—975)。辖境 35 州,比吴时增 6 州(建、剑、汀、漳、泉、筠),后周平淮南后,南唐仅有江南 21 州。据《旧五代史》称,南唐在强盛时期"东暨衢、婺,南及五岭,西至湖湘,北据长淮。凡三十余州,广袤数千里,尽为其所有,近僭伪之地最为强盛"①。

**(四)两浙地区**

钱镠像

两浙地区的吴越国,是由唐镇海、镇东节度使钱镠建立的,首府杭州,传五主。武肃王钱镠于开平元年(907 年)被后梁封为吴越王,在位 25 年;文穆王钱元瓘在位 9 年;忠献王钱弘佐在位 6 年;忠逊王钱弘倧在位仅数月;忠懿王钱弘俶在位近 32 年;亡于宋。共 72 年。如从唐景福二年(893 年)钱镠为镇海军节度使算起,共 86 年(893—978)。辖境 13 州,包括今浙江全部以及江苏、福建一部分。

**(五)福建地区**

五代福建地区有闽国。闽国自王潮据福建、升威武军节度使开始。潮死,其弟王审知继位,仍为节度使。开平元年(907 年),唐封为琅玡王。开平

① 〔宋〕薛居正等撰:《旧五代史》卷一三四《李璟传》,中华书局 1976 年版,第 6 册,第 1787 页。

三年（909年），梁封为闽王。在位28年。嗣王王延翰在位不足1年，惠宗王延钧（王鏻）在位10年，康宗王昶在位3年，景宗王延羲（王曦）在位6年，天德帝王延政在位3年，为南唐所灭。传七主，共53年（893—945）。首府福州，辖境5州，包括今福建全省。

**（六）岭南地区**

岭南地区的南汉，是唐清海军节度使刘隐建立的。首府兴王府（广州），传五主。烈祖刘隐，开平元年（907年），梁封为大彭王，后改南平王，在位7年；高祖刘龑在位31年，殇帝刘玢在位1年；中宗刘晟在位15年，后主刘鋹在位13年，亡于宋。共67年（905—971）。辖境47州，包括今广东全省和广西东部。

## 二、长江流域各地区经济的进一步发展

五代十国时期，北方地区由于封建割据势力的混战以及沙陀族残暴的统治，经济发展遭到了严重的阻滞，生产力久久未能恢复。而南方由于战争较少，各割据小国又推行"保境息民"政策，奖励农桑，招徕商旅，所以经济发展和发达程度都远远超过了北方黄河流域，长江流域地区的经济得到了更加深入的开发。

**（一）巴蜀地区**

五代时期，巴蜀经济发展较快。王建立国后，在武成三年（910年）六月颁布了劝农桑令："爰念烝民久罹干戈之苦，而不暇力于农桑之业。今国家渐宁，民用休息，其郡守县令，务在惠绥，无侵无扰，使吾赤子，乐于南亩，而有《豳风·七月》之咏焉。"①前蜀统治者实施休养生息、劝课农桑的政策，促进了农业经济的恢复与发展，"仓廪充溢"②。后蜀孟知祥继续执行前蜀政策，"蠲除横赋，安集流散，下宽大之令，与民更始"③。其子孟昶于明德元年（934年）十二月也颁布劝农桑诏："刺史县令，其务出入阡陌，劳来三农，望杏敦耕，瞻蒲劝穑。春鹁始啭，便具笼筐；蟋蟀载吟，即鸣机杼。"④广政四年（941年）五月又著《官箴》，戒官吏"无令侵削，无使疮痍。下民易虐，上天难欺。赋舆是切，军国是资"⑤。从而使经济得到持续发展，有"府库之积，无一丝一粒入于中原，所以财币充实"之说⑥，"富有

① 〔宋〕张唐英：《蜀梼杌》卷上，傅璇琮等主编：《五代史书汇编》，杭州出版社2004年版，第10册，第6074—6075页。

② 〔宋〕佚名：《五国故事》，中华书局1991年版，第87页。

③ 〔宋〕司马光：《资治通鉴》卷二七四《后唐纪三》，中华书局1956年版，第19册，第8966页。

④ 〔清〕吴任臣：《十国春秋》卷四九《后蜀·后主本传》，中华书局1983年版，第707页。

⑤ 〔清〕吴任臣：《十国春秋》卷四九《后蜀二·后主本传》，中华书局1983年版，第712页。

⑥ 〔宋〕张唐英：《蜀梼杌》卷下，傅璇琮等主编：《五代史书汇编》，杭州出版社2004年版，第10册，第6095页。

天下”①。具体表现在以下几个方面：

1. 农业

在农业生产方面，粮食产量有了大幅度增加，以致孟昶在位时出现了“蜀中久安，斗米三钱”②的情况。

2. 手工业

五代四川的手工业以纺织业最为发达。据文献记载，北宋乾德五年(967年)十月丙辰朔，以灭后蜀所得锦工六百人在东京昭庆坊置绫绫院，命常参官监领。③ 又，前蜀灭亡时，仅其官府所存的纹、锦、绫、罗等纺织品就达50万匹。其时所织的长安竹、天下乐、雕团、宜男、宝界地、方胜、狮、象眼、八答晕、铁梗襄荷等图案的织锦，合称为“十样锦”，扬名于时。另外，前蜀后主王衍还喜欢在每春三月的成都蚕市上显耀蜀中的织锦，结彩楼山，用“缯彩数万段”；又作锦障，从宫内直伸至街市④。每秋，成都“四十里尽铺锦绣，高下相照”⑤；游“成都山上清宫，随驾宫人皆衣画云霞道服”⑥，等等。这些都从一个方面反映了蜀中丝织业发达的盛况。此外，蜀中的印刷业、制茶业、制盐业、制瓷业等，都著名于时。以印刷业为例，后蜀宰相毋昭裔于后蜀广政十六年(953年)，“出私财百万营学馆，且请镂版印九经，以颁郡县，从之”⑦，此为私刻之滥觞。陶瓷业同样如此，北宋米芾曾述及前蜀王衍时四川地区生产的一种陶砚：“陈文惠(陈尧佐)丞相家，收一蜀王衍时皇太子陶砚，连盖，盖上有凤坐一台，余雕杂花草，涅之以金泥红漆，有字曰‘凤凰台’，此制方直，上狭，笋在砚上，中甚平也。”⑧这种制作精美的陶砚，就是成都东门外的琉璃厂窑制造的。

3. 商业

五代蜀中商业之盛，商人势力之大，在南方九国中位居前列。如成都三月间的蚕市，

---

① 〔宋〕欧阳修：《新五代史》卷二四《郭崇韬传》，中华书局1974年版，第1册，第248页。

② 〔清〕吴任臣：《十国春秋》卷四九《后蜀·后主本传》，中华书局1983年版，第719页。

③ 〔宋〕李焘：《续资治通鉴长编》卷八，太祖乾德五年十月丙辰朔，第1册，第75页，上海古籍出版社1986年版。

④ 〔宋〕佚名：《五国故事》卷上，傅璇琮等主编：《五代史书汇编》，杭州出版社2004年版，第6册，第3186页。

⑤ 〔清〕郑方坤：《五代诗话》卷四《张立》，傅璇琮等主编：《五代史书汇编》，杭州出版社2004年版，第5册，第2807页。

⑥ 〔宋〕佚名：《五国故事》卷上，傅璇琮等主编：《五代史书汇编》，杭州出版社2004年版，第6册，第3178页。

⑦ 〔宋〕薛居正等：《旧五代史》卷四三《唐书十九·明宗纪》，中华书局1976年版，第588页。

⑧ 〔宋〕米芾：《砚史·样品》，文渊阁《四库全书》本。

"货易毕集，阛阓填委，蜀人称其繁盛"①。市内"歌乐掀天，珠翠填咽，贵门公子乘彩舫，游百花潭，穷奢极丽。诸王、功臣已下，皆置林亭，异果、名花，小类神仙之境"②。秋季，"城上尽种芙蓉，九月间盛开，望之皆如锦绣……"③由于经商获利巨大，以致前蜀后主徐太后姊妹竟于"通都大邑起邸店，以夺民利"④。后蜀宰相李昊"秉利权，资货岁入巨万"⑤。当时蜀粤商路繁华，蜀中珠玉香药甚多。前蜀灭亡之时，后唐得"珠玉犀象二万"⑥。

由于巴蜀地区富饶，所以"赋役俱省，斗米三钱，城中之人，子弟不识稻麦之苗，以笋芋俱生于林木之上。盖未尝出至郊外也。村落闾巷之间，弦管歌诵，合筵社会，昼夜相接。府库之积，无一丝一粒入于中原，所以财币充实"⑦。"人物秀丽，土产繁华"⑧。有学者指出："综观五代十国各地情形，成都当为全中国最繁荣之第一大都市，长安、扬州已衰，五代都城之开封、洛阳，南方盛国之金陵、钱塘殆更非其比矣。"⑨

**（二）两湖地区**

两湖地区的经济，经唐末战乱，遭到了严重破坏。郭禹（成汭）于唐僖宗文德元年（888年）任荆南留后，"励精为治，抚集凋残，通商务农"⑩，着手恢复经济。开平元年（907年）高季昌出任荆南节度使，也"安集流散"，使"民皆复业"⑪，从事耕作。高从诲时，"省刑薄赋，境内以安"⑫。荆南高氏都执行休养生息、轻徭薄赋的政策，因此荆南的社会经济不断发展。

马殷治楚，也推行"退兵修农"政策，创造了湖南农业发展的良好条件。

---

① 〔宋〕佚名：《五国故事》卷上，傅璇琮等主编：《五代史书汇编》，杭州出版社2004年版，第6册，第3186页。

② 〔宋〕耿焕：《野人闲话·颁令箴》，傅璇琮等主编：《五代史书汇编》，杭州出版社2004年版，第10册，第5991页。

③ 〔宋〕张唐英：《蜀梼杌》卷下，傅璇琮等主编：《五代史书汇编》，杭州出版社2004年版，第10册，第6095页。

④ 〔宋〕欧阳修：《新五代史》卷六三《前蜀世家第三》，中华书局1974年版，第3册，第791页。

⑤ 〔元〕脱脱：《宋史》卷四七九《世家二·西蜀孟氏》，中华书局1977年版，第40册，第13892页；吴任臣：《十国春秋》卷五二《后蜀五·李昊传》，中华书局1983年版，第2册，第774页。

⑥ 〔宋〕薛居正等撰：《旧五代史》卷三三《唐书九·庄宗纪第七》，中华书局1976年版，第460页。

⑦ 〔宋〕张唐英：《蜀梼杌》卷下，傅璇琮等主编：《五代史书汇编》，杭州出版社2004年版，第10册，第6095页。

⑧ 〔五代〕何光远：《鉴戒录》卷七《陪臣谏》，傅璇琮等主编：《五代史书汇编》，杭州出版社2004年版，第10册，第5921页。

⑨ 严耕望：《唐五代时期之成都》，《严耕望史学论文选集》，中华书局2006年版，第179页。

⑩ 〔宋〕司马光：《资治通鉴》卷二五七《唐纪七三》，中华书局1956年版，第18册，第8378页。

⑪ 〔宋〕司马光：《资治通鉴》卷二六六《后梁纪一》，中华书局1956年版，第18册，第8680页；《十国春秋》卷一〇〇《荆南一·武信王世家》作"招辑抚绥，民皆复业"。中华书局1983年版，第1428页。

⑫ 〔清〕吴任臣：《十国春秋》卷一〇二《梁震传》，中华书局1983年版，第1462页。

在他们的精心治理下，两湖地区的经济有了较大的发展。在农业上，不仅粮食连年丰产，而且桑、麻、茶叶、水果、药材等经济作物的生产也很发达。在手工业方面，纺织业得到了空前的发展。湖南马殷政权奖励蚕桑，使“民间机杼大盛”①。纺织品有丝、麻两种。其中潭州产丝布、葛布、纻布；道州、郴州产白纻布；永州产细葛；澧州产龟甲绫、五纹绫、纻练纱、光明纱，数量也颇大②。如楚贡中原的纺织品就有“土绢、土绝、吉贝布共三千匹”；“细绢六千匹、白罗一百匹、筒卷白罗十匹、锦绮缛面十床、锦绮背十合(盒)”③。荆南贡品也有“御衣缎罗绫绢一百五十匹”，“异纹绮锦法锦三百匹、筒卷白罗二百匹、白花罗一百匹、绒毛暖座二枚”，“细锦五十匹、绣锦六铢五十段、罗二百匹”④。在矿冶业方面，湖南产铅铁丹砂等。如潭州“涌出丹砂，委积如丘陵”。马希范造宫殿，使用丹砂涂壁，“凡用数十万斤石”⑤。在制瓷业方面，湖南有岳州窑、长沙窑。在制茶业方面，产量极大。马殷定湖南，每年向中原王朝贡茶 25 万斤⑥。其“于中原卖茶之利，岁百万计”⑦。由于两湖地区农业和手工业发达，促进了商业的繁荣。文献载：“楚地多产金银，茶利尤厚，由是财货丰殖。”⑧以致马殷“能以境内所余之物易天下百货，国以富饶”⑨。同时，两湖地区据长江中游，是东西南北交通之枢纽，“东通于吴，西通于蜀，皆利其供军财货而已”⑩。

**（三）江淮江南地区**

江淮江南地区，是吴和南唐统治的长江下游地区。杨行密在取得淮南以后，“招合遗散，与民休息，政事宽简，百姓便之”⑪。从此结束了唐末混战的局面，淮南的农业生产开始恢复。杨行密为了促进农业生产，还轻徭薄敛。因此“未及数年，公私富庶，几复承平

---

① 〔宋〕司马光：《资治通鉴》卷二七四《后唐纪三》，中华书局 1956 年版，第 19 册，第 8953 页。

② 〔宋〕乐史：《太平寰宇记》卷一一三《江南西道十一》、卷一一四《江南西道十二》，中华书局 2007 年版，第 2299、2317 页。

③ 〔清〕吴任臣：《十国春秋》卷六八《楚二·文昭王世家》，中华书局 1983 年版，第 957 页。

④ 〔清〕吴任臣：《十国春秋》卷一〇一《荆南二·文献王世家》，中华书局 1983 年版，第 1442、1444、1445 页。

⑤ 〔宋〕陶岳：《五代史补》卷三《马希范奢侈》，傅璇琮等主编：《五代史书汇编》，杭州出版社 2004 年版，第 5 册，第 2500 页。

⑥ 〔宋〕司马光：《资治通鉴》卷二六六《后梁纪一》，中华书局 1956 年版，第 18 册，第 8702 页。

⑦ 〔宋〕薛居正等：《旧五代史》卷一三三《马殷传》，中华书局 1976 年版，第 6 册，第 1757 页。

⑧ 〔宋〕司马光：《资治通鉴》卷二八三《后晋纪四》，中华书局 1956 年版，第 19 册，第 9258 页。

⑨ 〔宋〕司马光：《资治通鉴》卷二七四《后唐纪三》，中华书局 1956 年版，第 19 册，第 8953 页。

⑩ 〔宋〕薛居正等：《旧五代史》卷一三三《高从诲传》，中华书局 1976 年版，第 6 册，第 1753 页。

⑪ 〔宋〕薛居正等：《旧五代史》卷一三四《杨行密传》，中华书局 1976 年版，第 6 册，第 1781 页。

之旧”①。首府扬州更是“广陵殷盛，士庶骈阗”②。重现出一片繁华景象。

徐温执政以后，仍厉行保境息民政策，结束了与吴越的长期战争，“自是吴国休兵息民，三十余州民乐业者二十余年”③。其子徐知诰（后改名李昪）建南唐代吴，他也反对战争，在位 6 年，兵不妄动，说：“百姓皆父母所生，安用争城广地，使之肝脑异处，膏涂草野?”④此外，还均定田租，限制力役，招徕归附人户，授之土田；免其租税三年，鼓励垦荒等一系列发展农业的政策，因此境内“旷土尽辟，桑柘满野，国以富强”⑤。

首先在农业上，南唐自立国后，就全面地整治陂塘堰闸，“命州县陂塘堙废者，修复之”⑥，特别是修复了“岁旱靡俟雩，河源不患竭”的练湖水利工程⑦。由此，“自是不十年间，野无闲田，桑无隙地”⑧，公私富庶。在这一时期，南唐北苑茶更加精细化。南唐于后晋开运二年（945 年）吞并闽国，占领建州，随后马上派人接管北苑。到南唐接收北苑时，潘承祐将王延政兼并的民地全部归还给百姓。明嘉靖《建宁府志》卷二〇《古迹》载：“南唐潘承祐判本道征税事，岁收近焙茶为献；以外焙地还民而税之。”不过，北苑茶的生产规模依然很大，民间税负很重。《东溪试茶录》就载：“旧记建安郡官焙三十有八，自南唐岁率六县民采造，大为民间所苦。”六县即指建安郡的六县：建安、浦城、松溪、邵武、建阳、将乐。从需调动六县民夫的记载看，可知当时北苑茶的规模不小。宋熊蕃《宣和北苑贡茶录》：“五代之季，建安属南唐，岁率诸县民采茶北苑。初造研膏，继造蜡面，既又制其佳者，号曰京挺。”明嘉靖《建宁府志》卷二〇《古迹》载南唐在接手北苑之后的第二年春，马上令北苑制作贡茶，茶名有“京铤”（亦作京挺）“的乳”“骨子”等团茶，比早期的研膏、腊面等团茶制作更加精细，质量也越来越好，使北苑茶闻名于世。另据毛文锡《茶谱》记载，南

① 〔宋〕司马光：《资治通鉴》卷二五九《唐纪七五》，中华书局 1956 年版，第 18 册，第 8435 页。

② 〔宋〕史温：《钓矶立谈》，傅璇琮等主编：《五代史书汇编》，杭州出版社 2004 年版，第 9 册，第 5004 页。

③ 〔宋〕司马光：《资治通鉴》卷二七〇《后梁纪五》，中华书局 1956 年版，第 19 册，第 8849 页。

④ 〔宋〕史温：《钓矶立谈》，傅璇琮等主编：《五代史书汇编》，杭州出版社 2004 年版，第 9 册，第 5007 页。

⑤ 〔宋〕司马光：《资治通鉴》卷二七〇《后梁纪五》，中华书局 1956 年版，第 19 册，第 8832 页。

⑥ 〔宋〕马令：《南唐书》卷三《嗣主书》，傅璇琮等主编：《五代史书汇编》，杭州出版社 2004 年版，第 9 册，第 5278 页。

⑦ 〔清〕董诰等编：《全唐文》卷八七一《练湖碑铭》《复练塘奏状》，上海古籍出版社 1990 年，第 4041—4042 页。

⑧ 〔清〕吴任臣：《十国春秋》卷三《吴三·睿帝本纪》，中华书局 1983 年版，第 59 页。又吴任臣按《通鉴》：“天祐十五年，知诰以宋齐邱为谋主。先是，吴有丁口钱，又计亩输钱，致钱重物轻，民甚苦之。齐邱以为钱非耕桑所得，使民输钱，是教之弃本逐末也。请蠲丁口钱，自余税悉输谷帛，紬绢匹直千钱者当税三千。知诰从之。由是江、淮间旷土尽辟，桑柘满野，国以富强。今从许载《吴唐拾遗录》，采入顺义年中。”

唐时期北苑除生产贡茶之外，还生产紫笋茶。“紫笋”一名由陆羽《茶经》“紫者上，笋者上”而得名。宋熊蕃的《北苑贡茶录》载：“是时，伪蜀词臣毛文锡作《茶谱》，亦第言建有紫笋。”毛文锡为五代蜀国人，他对建州茶做出评价，说明是喝过紫笋茶的。南唐大臣曾写诗赞美紫笋茶：“暖吹入春园，新芽竞灿然。才教鹰嘴拆，未放雪花妍。荷杖青林下，携筐旭景前。孕灵资雨露，钟秀自山川。”“碾后香弥远，烹来色更鲜，名随土地贵，味逐水泉迁。力藉流黄暖，形模紫笋圆。正当钻柳火，遥想涌金泉。”“任道时新物，须依古法煎。轻瓯浮绿乳，孤灶散余烟。甘荠非予匹，宫槐让我先。竹孤空冉冉，荷弱谩田田。”“解渴消残酒，清神减夜眠。十浆何足馈，百榼尽堪捎。采撷唯忧晚，营求不计钱。任公因焙显，陆氏有经传。”“爱甚真成僻，尝多合得仙。亭台虚静处，风月艳阳天。自可临泉石，何妨杂管弦。东山似蒙顶，愿得从诸贤。”①这一组诗说明当时的文士已爱茶成癖，围绕建茶的茶文化也悄悄地发展起来，建茶在人们心中的地位已非同一般。②

其次，在手工业上，江淮地区纺织品之精美，品种、数量之多，闻名于世。据文献记载，仅吴进贡中原王朝的纺织品就有“罗锦一千二百匹”“龙凤丝鞋一百事”“锦、绮、罗一千二百匹”③。南唐后主李煜还暴殄天物以遣忧郁之情，“于宫中以销金红罗幂其壁，以白银钉瑇玳瑁而押之。又以绿钿刷隔眼，中糊以红罗”，“每七夕延巧，必命红白罗百匹以为月宫天河之状”④。这从一个侧面反映了南唐纺织业的发达。江淮地区的制茶业也很发达，南唐江淮茶著名于时。据文献记载，南唐境内有官焙（茶）38 处，官私制茶 1336 处。冶炼业也非常兴盛，出产有铜、铁、铅等多种金属，产量居全国前列。制盐业为其重要手工业，吴和南唐立国多赖于此。其他如造纸、造船及文具业等，也都驰名南北。

再次，在商业上，吴都广陵、南唐金陵都是商业繁盛之地。扬州在唐代“富庶甲天下”，时有“扬一益二”之称。但经唐末兵燹之后，残破不堪，后经多年恢复，再呈昔日繁华景象，“广陵殷盛，士庶骈阗”⑤。金陵经南唐大力经营，也“制度壮丽”⑥，甚为繁荣。

在经济发展的推动下，吴和南唐的文化也出现了繁荣的局面。“文物彬焕，渐有中朝

① 〔宋〕徐铉：《徐文公集》卷四《和门下殷侍郎新茶二十韵》，《四部丛书》本。

② 以上参见刘祖陛：《唐五代闽地茶叶生产初探》，《福建史志》2017 年第 5 期。

③ 〔清〕吴任臣：《十国春秋》卷三《吴三·睿帝本纪》，中华书局 1983 年版，第 59、60 页。

④ 〔宋〕佚名：《五国故事》卷上，傅璇琮等主编：《五代史书汇编》，杭州出版社 2004 年版，第 6 册，第 3185 页。

⑤ 〔清〕吴任臣：《十国春秋》卷三《吴三·睿帝本纪》，中华书局 1983 年版，第 167 页。

⑥ 〔宋〕陆游：《南唐书》卷一《烈祖本纪》，傅璇琮等主编：《五代史书汇编》，杭州出版社 2004 年版，第 9 册，第 5464 页。

之风采”①。

**（四）两浙地区**

两浙地区，也是长江下游经济发达的地区。五代时吴越国虽地域狭小，极盛时不过十三州，但是一个重要的农业区。太湖附近田土膏腴。钱镠认识到“吴越立国于干戈扰攘之际，方欲富境强兵，必以农为先务”②，由此他实行“保境息民”政策，“偃息兵戈，四境粗安耕织”③。后人称颂“钱氏百年间，岁多丰稔”④。

1. 水利建设

在吴越国建国之初，统治者决心要通过发展农田水利推动农业发展，来巩固执政根基。《三吴水利录》称：“天下之利，莫大于水田；水田之完，无过于浙右。五代之末，吴越钱王占居东南，专擅此利。经营修治国家之资，实基于此。”⑤即注意发展农业生产，如兴筑捍海石塘，保障了沿江农田不受海潮侵蚀。

针对洪涝干旱灾害日益严重的情况，吴越国大力建设太湖流域水网系统，疏浚西湖和太湖，组织“撩浅军”，《十国春秋》云：

> （天宝八年）冬十一月乙丑，梁改元贞明。是时，（吴越王钱镠）置都水营田使以主水事，募卒为都，号曰“撩浅军”，亦谓“撩清”。命于太湖旁置撩“清水卒”四部，凡七八千人，常为田事，治河筑堤。一路径下吴淞江；一路自急水港下淀山湖入海。⑥

《宋史》亦云：

> 案钱氏有国时故事，起长安堰至盐官，彻清水浦入于海；开无锡莲蓉河，武进庙堂港，常熟疏泾、梅里（李）入大江；又开昆山七耳、茜泾、下张诸浦，东北道吴江；开大盈、顾汇、柘湖，下金山小官浦以入海。自是水不为患。⑦

这些措施对太湖流域农业生产的发展起了很大的作用。吴越国还疏浚了许多河堤湖塘，广置堰闸，使蓄泄有时，旱涝有备，对农业生产也都有好处。宋代郏亶之子郏侨即说：“浙西……自唐至钱氏时，其水源去委，悉有堤防、堰闸之制。旁分其支脉之流，不使溢聚，以为腹内畎亩之患。是以钱氏百年，岁多丰稔。”又说：“钱氏循汉唐法，自吴江县松

① 〔宋〕史温：《钓矶立谈》，傅璇琮等主编：《五代史书汇编》，杭州出版社2004年版，第9册，第5007页。

② 诸葛计、银玉珍：《吴越史事编年》，浙江古籍出版社1989年版，第151页。

③ 〔清〕吴任臣：《十国春秋》卷七八《吴越二·武肃王世家下》，中华书局1983年版，第1104页。

④ 〔宋〕范成大：《吴郡志》卷一九《水利下》，江苏古籍出版社1986年版，第281页。

⑤ 〔明〕归有光：《三吴水利录》卷三《周文英书》，中华书局1985年版，第39页。

⑥ 〔清〕吴任臣：《十国春秋》卷七八《吴越二·武肃王世家下》，中华书局1983年版，第1090页。

⑦ 〔元〕脱脱等：《宋史》卷三四八《毛渐传》，中华书局1977年版，第32册，第11040页。

江而东至于海，又沿海而北至于扬子江，又沿江而西至于常州、江阴界，一河一浦，皆有堰闸，所以贼水不入，久无患者。”①又修造圩田，使之保产丰收。

其他如嘉兴境内，有柘湖、淀山湖、当湖、陈湖，支港相贯，堰塘堤坝众多，可以蓄水泄水，对农业生产有利。湖州的乌程、长兴两县，沿太湖的平原，池塘港汊众多，农业发达。苏州的水利更是闻名于史。浙东的越州、明州，平原沃野，并有许多湖泊，如越州会稽的镜湖（鉴湖），明州的南湖，鄞县的广德湖、东钱湖、它山堰等，也都是历史悠久的水利工程。台州黄岩的天赐湖，岁能灌田千顷。温州、婺州、衢州等地也都有农田水利工程的设施。

吴越国还设立都水使者、开江营等专职机构和专职队伍，负责水利。《琴川志》卷五《水利》云：

> 钱氏有国时，创开江营，置都水使者，以主水事。募卒为都，号曰撩浅。宋朝因之，有卒千人，为两指挥，第一在常熟，第二在昆山，专职修浚。

宋范成大《吴郡志》亦云：

> 古人治田，高下既皆有法。方是时也，田各成圩，圩必有长。每一年或二年，率逐圩之人，修筑堤防，浚治浦港。故低田之堤防常固，旱田之浦港常通也。至钱氏有国，而尚有撩清指挥之名者，此其遗法也。②

后人誉称曰：“五代钱氏，不废汉唐治水之法，自今之嘉兴松江，沿海而东，至于太仓、常熟、江阴、武进，凡一河一浦，皆有堰闸，使蓄泄以时。”③毫无疑义，水利工程的大规模兴修，有力地促进了吴越国农业生产的发展。明代徐光启说：“钱氏有国……田连阡陌，位位相承，悉为膏腴之产。”④《十国春秋·附录》也称：“吴越时开垦田土，修理水利，米一石不过钱数十文。”⑤

2. 手工业

吴越国的手工业非常发达，这突出表现在纺织、印刷、造纸、制茶、造船、酿酒等方面。

以纺织业为例，官营织造十分发达。据《吴越备史》卷二所载，唐天复二年（902 年），钱镠部将徐绾叛，当时“城中有锦工二百余人，皆润人也”。钱镠子元瑛虑其为变，乃命曰：“王令百工悉免今日工作。”遂放出城，而发悬门。钱镠入城，闻其事颇为嘉奖。从这

① 〔宋〕范成大：《吴郡志》卷一九《水利下》，江苏古籍出版社 1986 年版，第 278、282 页。

② 〔宋〕范成大：《吴郡志》卷一九《水利上》引郏亶《水利书》，江苏古籍出版社 1986 年版，第 268 页。

③ 〔清〕钱泳：《履园丛话》，上海古籍出版社 2012 年版，第 64 页。

④ 〔明〕徐光启撰、石声汉校注：《农政全书校注》卷一三《东南水利上》，上海古籍出版社 1979 年版，上册，第 321 页。

⑤ 〔清〕吴任臣：《十国春秋》卷八一《吴越五·忠懿王世家》，中华书局 1983 年版，第 1150 页。

条史料中我们可以看出，杭州城中仅锦工就达 200 余人，且已能生产技术含量极高的锦了。丝织品质量上佳，数量庞大，并出产有很多著名产品。从种类来说，吴越的丝织品门类齐全，绫有越绫、吴绫、异文绫；锦有盘龙凤锦、红地龙凤锦等；罗有越罗，縠有越縠，纱有金条纱，绢有越绢、印花绢，此外尚有绮、绵、织成等。其产量也十分惊人，这从钱氏大量进贡中原王朝和奢耗的情况中可以推知。根据记载，吴越国从 907 年钱镠受封为吴越国王开始，到公元 978 年钱俶“纳土”归宋，前后 70 余年当中，向中原王朝进贡丝织品的有 21 个年份，有的一年之中几次进贡。后周显德五年（958 年）的一年时间里，有数字可查的，钱俶就向周世宗进贡了绫 2 万匹、绢 5 万匹、细衣缎 2000 匹及白金等物[①]。钱俶还有一次仅上贡给宋太祖的丝绸织物就有“绫罗锦绮二十八万余匹，色绢七十九万七千余匹”[②]。到宋太平兴国三年（978 年），即纳土前两个月，钱弘俶还进贡“白金五万两，钱万万，绢十万匹，绫二万匹，绵十万屯（六两为一屯）”[③]。其数量之大举世无匹。贡品有绫、绵、绢、缎等丝织品，以及龙凤衣、丝鞋、履子，盘龙凤锦织成线罗縠袍、袄、衫、御衣，红地龙凤锦被等丝织成品。这些丝织品以及成品衣衫，充分反映了吴越国杭州丝织业的发达以及丝织成衣制作技术的精良。此外，钱氏对丝绸的奢耗也十分惊人。如光化四年（901 年）二月，钱镠有一次功成还乡，大摆酒宴，盛宴父老乡亲，当时“山林树木，皆覆以锦幄，号其幼所常戏大木曰‘衣锦将军’”以“表衣锦之荣也”[④]。由此可见，当时的丝织业当以吴越国最为发达。

吴越国瓷器业也称雄于世，越州窑生产的秘色瓷扬名海内外。杭州市玉皇山南武肃王钱镠第七子钱元瓘墓中出土有几件越窑青瓷器，包括方盘、划花执壶、四系二龙戏珠瓶、器盖等。其中的四系二龙戏珠瓶口颈部已残，造型之浑厚犹存，肩腹浮雕双龙，龙头之间饰有一珠，呈二龙戏珠之势。龙身附着金饰片，显得雍容华贵，当数越窑秘色瓷器中有代表性的成品。划花执壶，球腹、曲流、双股鋬，腹壁划四组花草纹，线条娴熟纤细，配以端巧的造型，显得谐调得体；方盘为平底、敞口，盘壁自口至底内向斜收，口外装方座，式样别致。这些精美的瓷器，都是瓷中珍品。

---

① 〔清〕吴任臣：《十国春秋》卷八一《吴越五·忠懿王世家》，中华书局 1983 年版，第 1150、1151、1156、1157、1158 页。

② 〔宋〕佚名：《吴越备史补遗》，傅璇琮等主编：《五代史书汇编》，杭州出版社 2004 年版，第 10 册，第 6277—6278 页。

③ 〔元〕脱脱：《宋史》卷四八〇《吴越钱氏》，中华书局 1977 年版，第 40 册，第 13901 页。

④ 〔清〕吴任臣：《十国春秋》卷七七《吴越一·武肃王世家上》，中华书局 1983 年版，第 1068 页。又见〔宋〕钱俨：《吴越备史》卷一《武肃王》，《五代史书汇编》第 10 册，第 6193 页。

吴越国文穆王
钱元瓘墓出土青瓷四系二龙戏珠瓶

五代钱宽水邱氏
墓出土青瓷褐彩云纹熏炉

吴越国的造船业同样非常发达。当时钱塘江边舟楫辐辏，望之不见首尾。在北宋开国至吴越国国王钱俶纳土称臣的短短十九年里，吴越国就向宋王朝进献了银装花舫、画舫、龙舟计二百艘。其造船技术也非常高超，据北宋科学家、钱塘（今浙江杭州）人沈括《梦溪笔谈·补笔谈》载："国初，两浙献龙船，长二十余丈，上为宫室层楼，设御榻，以备游幸。"①

金银器的加工工艺不同凡响。钱镠母亲水邱氏墓出土的银高足杯，口径 8.5 厘米，底径 7.9 厘米，高 9.7 厘米，杯体纹以缠枝牡丹和涡纹，杯把纹以荷叶纹并錾刻 5 只展翅鸳鸯，刻工细腻，形象逼真。另一件银盖罐，高 14.2 厘米，平面略方，四角圆转，平底下设 4 个对称的叶形圆柱足，盖沿与器肩两侧分别铆焊铰链、搭襻，可以落锁，通体鎏金，饰以卷云纹和莲瓣纹，四面中间开光内分别錾刻双龙、双狮及乐舞百戏。献给中原王朝的贡品中，有金银饰龙凤船、银装器械、银装花榈橱子、金银饰陶瓷器、连金花食器、金排方盘龙带御衣、戏龙金带、佛头螺子青、山螺子、金饰玳瑁器等，举不胜举，不乏稀世之宝。

① 〔宋〕沈括：《梦溪笔谈·补笔谈》卷二《权智》，胡道静：《新校正梦溪笔谈》，中华书局香港分局 1975 年版，第 313 页。

晚唐水邱氏墓出土的鎏金银盖

晚唐水邱氏墓出土的鎏金银盖罐

晚唐水邱氏墓出土的鎏金银高足杯

晚唐水邱氏墓出土的铜镜

晚唐水邱氏墓出土的箱奁鎏金银构件——鋬

浙江金华出土吴越国铜龙

吴越国还用铜、铁等铸造一种“宝箧印经塔”，由于外表涂金，俗称“金涂塔”。《佛祖统纪》卷四三曰：

> 吴越王钱俶，天性敬佛，慕阿育王造塔之事，用金铜精钢造四万八千塔，中藏宝箧印心咒经，布散部内，凡十年而讫功。

目前，各地发现的“金涂塔”已达数十座之多。所有这些金、银器及金涂塔，充分反映了吴越国金属加工工艺技术的高超。而所有这些金银器及金涂塔，可能主要出自吴越国首府杭州，然后通过运河及其他交通道路分施各地。

### 3. 商业

吴越国的商业也空前繁荣。北通中原，南通闽、粤，又有海路与国外通商。“东眄巨浸，辏闽、粤之舟橹；北倚郭邑，通商旅之宝货”①，并与日本、朝鲜、伊朗等国建立了频繁的海外贸易关系。

由于各国之间战争频繁，南北交通经常受阻。五代初期，后梁与杨吴对峙，道路阻塞，中原使人要去吴越，往往取道湖湘。《旧五代史·司马邺传》：“时淮路不通，乘驲者迂回万里，陆行则出荆、襄、潭、桂入岭，自番禺泛海至闽中，达于杭、越。”②由吴越国北上中原地区贸易，一般由吴淞江口傍海北上山东蓬莱等地，然后进入中原地区。《旧五代史》卷一〇七《刘铢传》云：

> 滨海郡邑，皆有两浙回易务，厚取民利，（如有所负，回易吏）自置刑禁，追摄王民，前后长吏利其厚赂，不能禁止。

可见贸易发达之一斑。又，《十国春秋》卷八九《吴越十三》载：

> 僧契盈，闽人，通内外学。常遇仙教，以绝三彭之法。三彭者，三尸也。广顺中来居杭之龙华寺，赐号广辨周智禅师。契盈性尤敏速。一日，侍忠懿王游碧波亭。时潮水初满，舟楫辐辏，望之不见其首尾。王曰：“吴越去京师三千里，谁知一水之利如此邪！”契盈答曰：“可谓三千里外一条水，十二时中两度潮。”时人称为骈切。时江南未通，两浙贡赋率由海达青州，故云。

吴越国与契丹亦曾多次“沿海溯河”，贡纳往来。其时吴越国输往契丹的主要是绢、罗、纨、绮等丝织品及茶、药酒、瓷器等日常用品，还有犀角、珊瑚、宝器、珍玩等。由契丹输入的主要是马、羊、皮毛等北方特产。

吴越国的海外贸易继承唐代后期，以明州、澉浦为主要海港，并通过江南运河、浙东运河沟通杭州。主要贸易伙伴为朝鲜半岛和日本。吴越国输出海外的货物主要有丝织品、瓷器等物，从海外输入的主要有朝鲜的马匹、药材，日本的沙金、木材等。杭州有叫“椤木桥”“椤木营”的地名，前者是因为原桥是用日本输入的椤木建造的，所以以椤木名桥；后者地处钱塘江岸，是当年堆放航海而来的椤木的地方。除了朝鲜、日本以外，吴越国与其他海外国家也有贸易往来，如吴越国从大食输入过火油。宋代钱俨《吴越备史》载，钱镠天宝十三年（920 年），其子钱元瓘在狼山江（今江苏南通东南狼山附近段长江）与

① 〔宋〕佚名：《宣和书谱》卷一九，《丛书集成初编》本。

② 〔宋〕薛居正等撰：《旧五代史》卷一三四《王审知传》，中华书局 1976 年版，第 1 册，第 270 页。

吴国彭彦章水战，元瓘“纵火油焚之”，大败吴军，作者注云：“火油得之海南大食国。”①

吴越国航海贸易获得丰厚的利润。《旧五代史》卷一三三《钱佐传》说吴越国“航海所入，岁贡百万”。

由于商业繁盛，杭城不断“临街盖店”以扩大市场，以致形成“开肆三万室”的商业大都会②。

**（五）福建地区**

五代时期，王潮、王审知兄弟据闽，经数十年积极经营，采取了一系列措施，对内实行“选任良吏，省刑惜费，轻徭薄敛，与民休息”③的政策，发展农业生产，兴修水利，鼓励工商，促进了当地经济的发达。

在农业方面，“公私富实，境内以安”④。以种茶业为例，闽国在王延政时，北苑茶园规模扩大了。“王延政悉并近民地入官焙，岁率诸县民丁采之，而尽收其利”⑤。当时，王延政南征北战，军费开支浩繁，故敲榨民髓不遗余力。北苑茶园在其时扩大到最大的规模。⑥ 在闽国的贡物单里，多次出现茶叶的名字。如王延钧贡茶；王继鹏贡大茶八十斤，生黄茶万斤，还有蜡面茶；王延羲贡茶五千斤，大茶五千斤，蜡面茶二百斤。这些茶品中的多数应产于北苑。吴任臣《十国春秋》卷九一《康宗本纪》记载：“是时（后晋天福二年，公元937年），国人贡建州茶膏，制以异味，胶以金缕，名曰‘耐重儿’，凡八枚。”制茶业非常发达，建州所产的“京铤茶”（又称“的乳茶”）已超过和取代了江淮地区的珍品茶“阳羡茶”。徐寅有两首与建茶有关的诗，其一《尚书惠蜡面茶》云：“武夷春暖月初圆，采摘新芽献地仙。飞鹊印成香蜡片，啼猿溪走木兰船。金槽和碾沉香末，冰碗轻涵翠缕烟。分赠恩深知最异，晚铛宜煮北山泉。”

在手工业方面，闽国的纺织业有了一定的发展，造船业、陶瓷业等也很发达。

在商业上，闽国相当繁荣。福州、泉州是闽国最为兴盛的两座贸易城市。在广州蕃商被黄巢大批屠杀导致海外贸易断绝的情况下，王审知等大力招徕，“雍容下士，招徕蛮裔商贾，敛不加暴，而国用日以富饶”⑦。当时，“招来海中蛮夷商贾。海上黄崎，波涛为

① 〔宋〕钱俨：《吴越备史》卷二《文穆王》，傅璇琮等主编：《五代史书汇编》，杭州出版社2004年版，第10册，第6223页。

② 〔唐〕李华：《杭州刺史厅壁记》，见〔清〕董诰等编：《全唐文》卷三一六，上海古籍出版社1990年版，第2册，第1417页。

③ 〔宋〕薛居正等撰：《旧五代史》卷一三四《王审知传》，中华书局1976年版，第6册，第1792页。

④ 〔清〕吴任臣：《十国春秋》卷九〇《闽一·太祖世家》，中华书局1983年版，第1310页。

⑤ 〔明〕嘉靖《建宁府志》卷二〇《古迹》，上海古籍书店1982年影印“天一阁”本。

⑥ 刘祖陛：《唐五代闽地茶叶生产初探》，《福建史志》2017年第5期。

⑦ 〔清〕吴任臣：《十国春秋》卷九五《闽六·张睦传》，中华书局1983年版，第1377页。

阻，一夕风雨雷电震击，开以为港，闽人以为审知德政所致，号为甘棠港”①。甘棠港的位置应在福州马尾琅岐岛②。“蛮舶至福州城下”③。王审知的侄儿王延彬在泉州30年，“每发蛮舶，无失坠者，人因谓之‘招宝侍郎’”④。毫无疑问，这些成果的取得，都依赖于王延嗣的大力推动。范祖禹评价王审知在位期间“招来蕃舶，绥怀海上诸蛮，贸易交通，闽俗康阜”；“皆君有以启之”⑤。王审知德政碑也总结说：“尽去繁苛，纵其交易，开讥廛市……闽越之境，江海通津，帆樯荡漾以随波……佛齐之国，绥之以德……关讥不税，水陆无滞，遐迩怀来，商旅相继……保千万艘。”⑥

福建福州五代闽国刘华墓出土的青釉陶瓶

福建福州五代闽国刘华墓出土的孔雀蓝釉陶瓶

### （六）岭南地区

南汉自刘隐以后，占有“南越之地，五十年来，岭表无事，师之耳目，不识旗鼓”⑦，这就为南汉经济的发展创造了极其有利的条件。王夫之《宋论》称其“坐拥百粤，闭关自擅，而

① 〔宋〕欧阳修：《新五代史》卷六八《闽世家第八·王审知》，中华书局1974年版，第3册，第846页。

② 欧潭生：《唐末甘棠港究竟在何方》，《福建日报》2016年10月11日第11版。

③ 〔宋〕梁克家：《淳熙三山志》，《宋元珍稀地方志丛刊》甲编（第5册），四川大学出版社2007年版，第157页。

④ 〔宋〕佚名：《五国故事》卷下，傅璇琮等主编：《五代史书汇编》，杭州出版社2004年版，第6册，第3197页。吴任臣：《十国春秋》卷九四《闽五·王延彬传》，中华书局1983年版，第1363页。

⑤ 〔宋〕范祖禹：《范太史集》，文渊阁《四库全书》第1100册，台北“商务印书馆”1983年版，第404页。

⑥ 张海瀛：《中华族谱集成》第6册《王氏谱卷》，巴蜀书社1995年版，第527页。

⑦ 〔宋〕路振：《九国志》卷九《邵廷琄》，傅璇琮等主编：《五代史书汇编》，杭州出版社2004年版，第6册，第3332页。

不毒民”①。故当时号为“小南强”。

从文献和考古资料来看，南汉的农业有了一定的发展。南汉统治者“重商”，因此商业发达。陶懋炳《五代史略》就评论说：“南汉立国，倚南海商利为收入之大宗。”②如所谓“珠贝犀象，瑇瑁翠羽，积于内府，岁久而不可较”③。刘陟“广聚南海珠玑，西通黔、蜀，得其珍玩，穷奢极侈，娱僭一方……起玉堂珠殿，饰以金碧翠羽。岭北行商，或至其国，皆召而示之，夸其壮丽”④。至刘龑时，积聚“珍珠至美者，凡四十有六瓮”⑤。手工业继续发展，而尤以冶铸、采珠、造船最为发达，其他如造纸（如广州所产谷纸）、陶瓷等手工业也有了一定程度的发展。

广州出土的
南汉宫内使用的铁花盆

由于南汉手工业发达，南汉诸主竞用金银珠宝，穷奢极丽。如刘龑“作昭阳诸殿、秀华诸宫，皆极瑰丽。昭阳殿以金为仰阳，银为地面，檐楹榱桷亦皆饰之以银”⑥。刘龑“立万政殿，一柱之饰，费白金三千锭，以银为殿衣”⑦。此外，刘氏自己所居宫殿都曾以珠、玳瑁饰之，还用珍珠铺垫宫殿水渠。⑧

## 第二节　五代长江文化的成就

五代是唐末藩镇割据形成的混乱时代，北方兵连祸结，社会经济遭到严重破坏，各统治者又不重文治，所以北方文化不及南方兴盛。南方地区尤其是西蜀与江南一带，自唐末以来，少受战争的影响，经济富庶，社会安定，所以文化也呈现出一片繁荣景象。

---

① 〔清〕王夫之：《宋论》，商务印书馆 1936 年版，第 10 页。

② 陶懋炳：《五代史略》，人民出版社 1985 年，第 362 页。

③ 〔宋〕路振：《九国志》卷九《邵廷琄》，傅璇琮等主编：《五代史书汇编》，杭州出版社 2004 年版，第 6 册，第 3332 页。

④ 〔宋〕薛居正等：《旧五代史》卷一三五《刘陟传》，中华书局 1976 年版，第 6 册，第 1808 页。参见《新五代史》卷六五《南汉世家》，第 3 册，第 811 页。

⑤ 〔宋〕佚名：《五国故事》卷下，傅璇琮等主编：《五代史书汇编》，杭州出版社 2004 年版，第 6 册，第 3194 页。

⑥ 〔宋〕佚名：《五国故事》卷下，傅璇琮等主编：《五代史书汇编》，杭州出版社 2004 年版，第 6 册，第 3192—3193 页。

⑦ 〔清〕梁廷枏：《南汉书》卷六《后主纪二》，傅璇琮等主编：《五代史书汇编》，杭州出版社 2004 年版，第 10 册，第 6413 页。

⑧ 〔清〕吴任臣：《十国春秋》卷六〇《南汉三·后主本纪》，中华书局 1983 年版，第 864 页。

## 一、前蜀、后蜀的文化成就

五代时期，前后蜀的统治者对文化非常重视，“以文为事”①。故史称“是时唐之衣冠之族多避难在蜀，蜀主礼而用之，使修举政事，故其典章文物有唐之遗风”②。前蜀后主王衍“尤酷好靡丽之辞，常集艳体诗二百篇，号曰《烟花集》”③。后蜀后主孟昶喜好文学，“能文章，好博览，知兴亡，有诗才”④。他抑武事而扬文教，其提倡儒学，主张以文教礼乐治民，主要体现在三个层面：第一，刻经修史。冯道在后唐长兴三年(932 年)上呈后唐明宗的奏章中陈述：“汉时崇儒，有《三字石经》，唐朝亦于国学刊刻。今朝廷日不暇给，无能别有刊立……如经典校定，雕摹流行，深益于文教矣。”⑤孟昶“绍汉庙学”⑥，篆刻石经。后蜀石经肇刻于广政初年。宋曾宏父《石刻铺叙》言：“益郡石经，肇于孟蜀广政。悉选士大夫善书者模丹入石。”⑦后蜀宰相毋昭裔曾“按雍都旧本九经，命张德昭书之，刻石于成都学宫”⑧。蜀石经有经有注，为历代石经所罕见。清人杨宝臣言：“蜀石经悉遵太和本，为唐代传写之遗，开成仅刻经文，孟氏并镌各注，故可宝贵。”后蜀重修史，设有史官史馆，修史制度比较健全。中原的五代修史仅是后代纂集前代在位帝王的实录，无后代修纂前代纪传史之举。而十国中的后蜀，既纂集本朝皇帝实录，又修撰前朝纪传史，是五代十国时期完整继承唐代修史制度的政权。后蜀李昊主持修纂四十卷《前蜀书》，又主持修《后蜀高祖实录》三十卷，《后蜀后主实录》八十卷。且有《蜀祖经纬略》一百卷，《枢机集》二十卷，合编当时朝廷的制诰奏议。孟蜀注重修史，其意不仅在借鉴前代兴亡，更在加强政治认同，乃是“文治”的一个组成部分。第二，兴办学校。蜀土自唐末以来，学校废绝，教化的推行失去了基本的场所。于是，前蜀高祖王建在开国不久，即发布《郊天改元赦文》，明确指出：

> 国之教化，庠序为先；民之威仪，礼乐为本。废之则道替，崇之则化行。其国子监直令有司约故事速具修之。兼诸州应有旧文宣王庙，各仰崇饰，以时释奠，应是前朝旧制。⑨

---

① 〔宋〕张俞：《华阳县学馆记》，见〔宋〕袁说友《成都文类》卷三一，文渊阁《四库全书》本。

② 〔宋〕司马光：《资治通鉴》卷二六六，后梁太祖开平元年九月己亥，第 18 册，第 8684 页。

③ 〔清〕吴任臣：《十国春秋》卷三七《前蜀三·后主本纪》，中华书局 1983 年版，第 531 页。

④ 〔宋〕王明清：《挥麈录·余话》卷一，中华书局 1961 年版，第 292 页。

⑤ 〔宋〕王钦若等：《册府元龟》卷六〇八《学校部》，中华书局 1960 年版，第 7305 页。

⑥ 〔宋〕张俞：《华阳县学馆记》，见袁说友《成都文类》卷三一，文渊阁《四库全书》本。

⑦ 〔宋〕曾宏父：《石刻铺叙》，中华书局 1985 年版，第 3 页。

⑧ 〔清〕吴任臣：《十国春秋》卷五二《毋昭裔传》，中华书局 1983 年版，第 768—769 页。

⑨ 〔宋〕勾延庆：《锦里耆旧传》卷一，〔宋〕张唐英撰，王文才、王炎校笺：《蜀梼杌校笺》附录四，巴蜀书社 1999 年版，第 504 页。

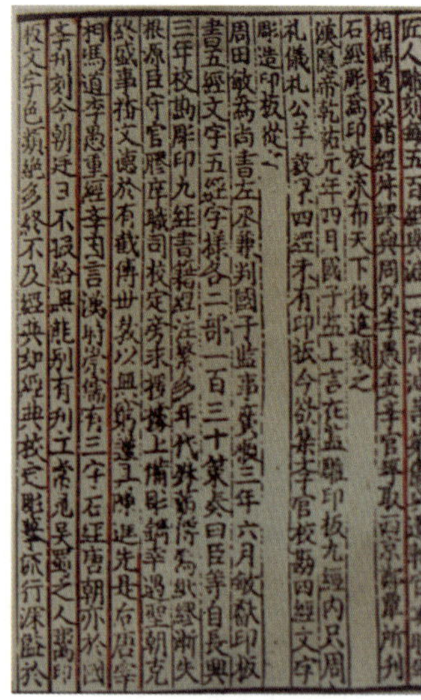

《册府元龟》中有关

冯道主持刻印《九经》的记载

据此可知，前蜀从开国之时起，就下令在成都建立国子监，并且按照唐朝旧制把成都和各州的学校与孔庙加以恢复。此后，孟昶“作都内二县学馆，置师弟子讲习，以儒远人”①。宰相毋昭裔亦出私财营学宫，立黉舍。② 司马光《资治通鉴》曾载：“自唐末以来，所在学校废绝，蜀毋昭裔出私财百万营学馆，且请刻板印《九经》，蜀主从之。由是蜀中文学复盛。”③此皆为培养人才，施行教化，维护统治。欧阳炯之忘年交景焕曾言孟昶“承祖纂业，性多明敏，以孝慈仁义，在位三纪已来，尊儒尚道，贵农贱商”④，其“戒王衍荒淫骄佚之失，孜孜求治，与民休息，虽刑罚稍峻，而不至酷虐，人颇安之”⑤，又“开献纳院，创贡举场，不十余年，山西潭隐者俱起，肃肃多士，赳赳武夫，亦一方之盛事”⑥。第三，镂印书籍。后蜀镌刻石经的同时亦刻印经书以推广教化。四川在唐末已有很多书坊，但其刻印的书籍多是阴阳杂记、字书小学等。始至后蜀，毋昭裔“请刻板印《九经》，蜀主从之。自是始用木板摹刻《六经》”⑦。自毋昭裔雕《九经》及诸史，两蜀文字由此大兴，文学复盛。⑧ 加上四川地区经济发达，社会稳定，吸收大量中原地区知识分子的入蜀避乱，这些移民带来了大量书籍，促使成都地区藏书、印书和教育之风盛行。史载：“蜀因二帝驻跸，昭宗迁幸，自京入蜀者，将到图书名画，散落人间，固亦多矣。杜天师（按指杜光庭）在蜀集道经三千卷，儒书八千卷。（赵）德玄将到梁、隋及唐百本画，或自模拓，或是粉本，或是墨迹，无非秘府散逸者。本相传在蜀，信后学之幸也。”⑨从而使这里的文化迅速发展，成为当时中国文化最发达的地区之一。美籍华人学者刘子健就认为：“四川承受唐代文化的沿流很多，再加上经济的富庶，五代时没遭到很多战争，

① 〔宋〕张俞：《华阳县学馆记》，见袁说友《成都文类》卷三一，第 348 页。

② 〔清〕吴任臣：《十国春秋》卷五二《毋昭裔传》，中华书局 1983 年版，第 769 页。

③ 〔宋〕司马光：《资治通鉴》卷二九一，后周太祖广顺三年，第 20 册，第 9495 页。

④ 〔宋〕王明清：《挥麈录》，中华书局 1961 年版，第 291 页。

⑤ 〔宋〕张唐英：《蜀梼杌》，傅璇琮主编：《五代史书汇编》，杭州出版社 2004 年版，第 10 册，第 6100 页。

⑥ 〔宋〕王明清：《挥麈录》，中华书局 1961 年版，第 291 页。

⑦ 〔清〕叶德辉：《书林清话》，中华书局 1957 年版，第 19 页。

⑧ 以上参见李博昊：《论后蜀的文治政策与〈花间集〉的编纂原则》，《学术研究》2018 年第 5 期。

⑨ 〔宋〕黄休复：《益州名画录》卷上《妙格中品十人·赵德玄》，傅璇琮等主编：《五代史书汇编》，杭州出版社 2004 年版，第 10 册，第 6130 页。

所以文化水准一直很高。”①

**(一)词**

蜀地，安史之乱时，唐玄宗避乱入蜀；其后黄巢起义，僖宗又逃入蜀。当时长安文艺之士多随之而来，其中词人特多，后蜀赵崇祚所编撰的《花间集》十八位作者中，除温庭筠、皇甫松、和凝三人之外，其余作家均与西蜀直接相关，足以可见当地词风之盛。著名的有：

韦庄(836—916)，字端己，原长安杜陵(今陕西西安)人，唐昭宗乾宁元年(894 年)进士。天复元年(901 年)奉唐昭宗之命“宣谕两川，遂留蜀，同冯涓并掌书记”②，后官至前蜀宰相。他在前蜀词人中成就最大，与温庭筠齐名，时称“温韦”。其词多反映上层社会的享乐生活。善于创作情感缠绵、风格清丽之词，而不同于温词的秾艳细腻，绵密隐约，堪称花间词中的别调。因曾居成都浣花溪畔的杜甫旧地，名其词曰《浣花集》。《唐才子传》卷一〇言韦庄“早尝寇乱，间关顿踬，携家来越中，弟妹散居诸郡。江西、湖南，所在曾游，举目有山河之异。故于流离漂泛，寓目缘情，子期怀旧之辞，王粲伤时之制，或离群轸虑，或反袂兴悲，四愁九怨之文，一咏一觞之作，俱能感动人也”③。

李珣(约公元 855—930 年)，字德润，也是花间派的重要词人之一。先世是波斯(今伊朗)人，人称他“李波斯”。以秀才而贡丁京师，为蜀十王衍所赏识。他的词雕饰较少，感情深沉，风格清婉，语言隽秀，著有《琼瑶集》(已佚)。李珣出身商贸世家，从事香料贸易，自身兼有文人、商人的二重身份，可以往来诸国之间，故能够创作出大量的南粤风土之作。如其《南乡子》词：“渔市散，渡船稀。越南云树望中微。行客待潮天欲暮。送春浦。愁听猩猩啼瘴雨。”李珣《南乡子》组词中就曾经多次写到采珠的景象，如：“新月上，远烟开。惯随潮水采珠来。棹穿花过归溪口。酤春酒。小艇缆牵垂岸柳。”歌词描写采珠人的生活，历历如绘，“惯随”二字点出采珠活动之频繁与艰辛，给读者留下深刻的印象。岭南的纺织品也是重要的商品之一，主要用葛、麻、蕉等植物纤维做衣料，驰名于世。李珣《南乡子》词对此也有描绘：“云髻重，葛衣轻。见人微笑亦多情。拾翠采珠能几许。来还去。争及村居织机女。”将采珠人和纺织女相互比较其经济收益，视角独特④。

尹鹗，成都人。工诗词，与李珣友善。也是花间派词人之一，王衍时累官至翰林校书。

---

① 刘子健：《〈宋代蜀文辑存〉重印小引》，载该书前。

② 〔清〕吴任臣：《十国春秋》卷四〇《韦庄传》，中华书局 1983 年版，第 592 页。

③ 傅旋琮主编：《唐才子传校笺》，中华书局 1990 年版，第 4 册，第 328 页。

④ 李定广：《“花间别调”与晚唐五代蜀粤商贸活动》，《文学遗产》2018 年第 3 期；严维哲：《晚唐五代蜀粤商贸活动与南粤风土词的产生》，《华侨大学学报(哲学社会科学版)》2018 年第 1 期。

牛峤，字松卿，一字延峰，陇西（今甘肃陇西）人。唐乾符五年（878 年）进士。为花间派词人，博学工词，风格接近温庭筠。

鹿虔扆，成都人，后蜀花间派重要作者。他的词或写国家残破的悲凉感情，或写水乡篷舍的素淡生活，在花间派中具有较开阔的内容。艺术上也描写细腻，刻画入微，有独到之处。

欧阳炯，华阳（今成都）人，也是花间派的主要作者。他的词在艺术上有独特的风格和较强的感染力，曾为《花间集》作序。如欧阳炯《南乡子》其五写岭南女子大胆直率的个性："耳坠金镮穿瑟瑟。霞衣窄，笑倚江头招远客。"词中所写女子的服饰、姿态、个性与传统中原地区迥异，却又让读者如见其人，如闻其声。

顾复，前蜀时官刺史，后事孟知祥，官至太尉。为花间派词人，作品多写艳情，但在艺术上技巧较高。

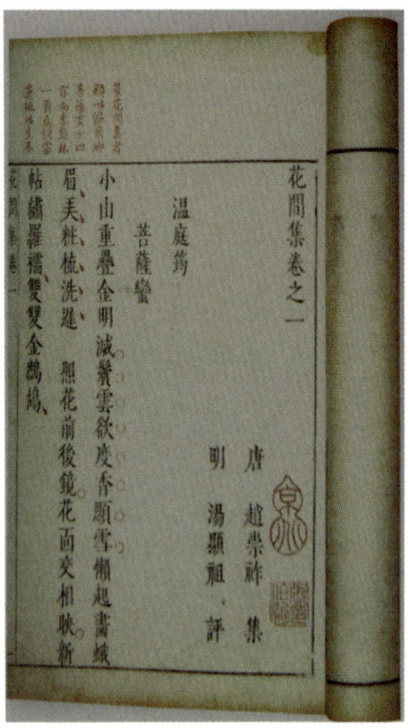

花間集卷之一
唐 趙崇祚 集
明 湯顯祖 評
温庭筠
菩薩蠻
小山重叠金明滅鬢雲欲度香顋雪懶起畫蛾眉弄粧梳洗遲 照花前後鏡花面交相映新帖繡羅襦雙雙金鷓鴣
花間集卷一

后蜀赵崇祚辑、明汤显祖评

《花间集》，明万历四十三年朱墨套印本

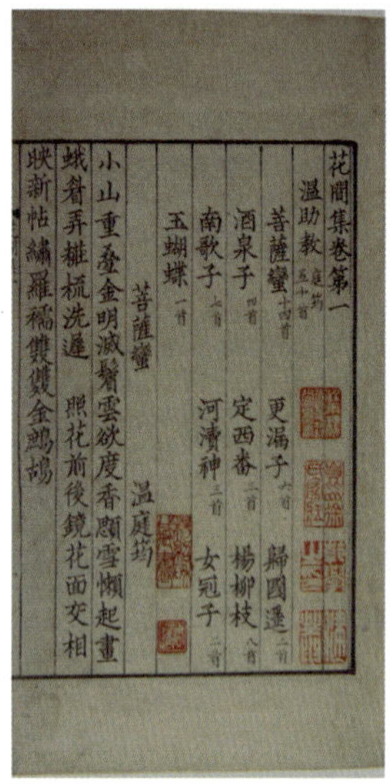

花間集卷第一
温助教 五十首
菩薩蠻 十四首　更漏子 六首
酒泉子 四首　定西番 三首　歸國遥 二首
南歌子 七首　河瀆神 三首　楊柳枝 八首
玉蝴蝶 一首　女冠子 二首
菩薩蠻　温庭筠
小山重叠金明滅鬢雲欲度香顋雪懶起畫蛾眉弄粧梳洗遲 照花前後鏡花面交相映新帖繡羅襦雙雙金鷓鴣

宋刻递修公文纸印本

后蜀赵崇祚辑《花间集》

此外，前蜀后主王衍、后蜀后主孟昶也都善作词。

**（二）诗**

前蜀诗人，主要有以下几位。

韦庄，他的诗不及词数量多。内容多怀恋承平时的繁华生活，而最著名的《秦妇吟》，则揭露唐军的暴行，有史料价值。

卢延让，字子善，光化三年（900 年）进士，前蜀诗人，以诗才得王建赏识。以苦吟著称，自言“吟安一个字，捻断数茎须”①。其诗多用浅近俗语，不竞纤巧，自成一家。

张玭，字象文，清河（今河北清河）人。前蜀诗人。生而颖秀，性喜为诗。童年有“白日地中出，黄河天上来”之句，盛为当世所称。唐懿宗咸通中，与张乔、许棠、喻坦之、剧燕、任涛、吴宰、周繇、郑谷、李栖远、温宪、李昌符合称“咸通十哲”。昭宗乾宁二年（895年）进士，历任校书郎、栎阳县尉，迁犀浦令。后避乱入蜀，为蜀主赏识，拜膳部员外郎，出为金堂令。早年曾游塞外，写过不少边塞诗；晚年居蜀，诗风趋于纤巧。奉太后游大慈寺，见壁间题句云：“墙头细雨垂纤草，水面回风聚落花。”太后深加欣赏，顾问寺僧，僧以玭对，乃赐霞光笺五百幅，令写所业诗以进。玭捃箧中藏得诗二百章，献给太后，深得太后和后主好评。

黄崇嘏，临邛（今成都市邛崃市）人，是前蜀一位富有才华的女诗人。工诗，雅善琴弈，妙书画。《全唐诗》辑录有她作的一首七言绝句《下狱贡诗》，流传后世。诗曰：“偶离幽隐住临邛，行止坚贞比涧松。何事政清如水镜，绊他野鹤向深笼。”又有一首诗曰：“一辞拾翠碧江湄，贫守蓬茅但赋诗。自服蓝衫居板椽，永抛鸾镜画蛾眉。立身卓尔青松操，挺志铿然白璧姿。幕府若容为坦腹，愿天速变作男儿。”

花蕊夫人，青城（今四川灌县）人。后蜀主孟昶赐为慧妃。因为她诗词清逸，姿色雅丽，深为孟昶所宠爱。孟昶特用前蜀主王建爱妃徐氏花蕊夫人的名号封她，也称花蕊夫人。是一位富有才华的女子。蜀亡后，又得到宋太祖的宠幸。

西蜀诗僧较多，他们与文士常有往来，互相唱酬。同时蜀主对他们优礼有加，所以诗风甚盛。著名前蜀诗僧如昙域，贯休的弟子，工诗，号慧光大师，有《龙华集》（已佚）。后蜀诗僧可朋，自号醉髡，丹棱（今四川丹棱）人，与方干、齐己、欧阳炯友善，著有《玉垒集》（已佚）。

**（三）绘画**

西蜀是五代十国中绘画艺术最发达的地区。唐代安史之乱和黄巢起义时，有许多画家避难到四川，著名的有孙位、张南本、常粲、滕昌祐、刁光胤等。后蜀明德二年（935年），孟昶设立了翰林图画院，成为宫廷绘画的专门机构，集中了各地著名画家。由此以成都为中心的四川地区画坛遂出现了前所未有的繁荣，与南唐并列为当时全国两大绘画艺术中心。宋人李畋《益州名画录序》就说：“益都多名画，富视他郡。谓唐二帝播越及诸侯作镇之秋，是时画艺之杰者，游从而来，故其标格楷模，无处不有。圣朝伐蜀之日，若升堂

① 〔宋〕计有功：《唐诗纪事》卷六五《卢延让》，文渊阁《四库全书》本。

邑。彼廨宇寺观前辈名画，纤悉无圮者。"①文同也说："蜀自唐二帝西幸，当时随驾以画待诏者皆奇工，故成都诸郡寺宇所存诸佛、菩萨、罗汉等像之处，虽天下能号为古迹多者，尽无如此地所有矣。后历二伪，至国初，其渊源未甚远，故称绘事之精者犹班班可见。"②这时的四川"虽僻远，而画手独多于四方"③。《蜀名画记》载："蜀多画工，而盛于王、孟僭伪之时。盖其割据一方，耽玩图画以自娱，故工聚焉。"④

滕昌祐，字胜华，先本吴人，随僖宗入蜀。性高洁，不肯趋时，不婚不仕，专注于文学、书画。擅长绘虫鱼图、蝉蝶图、生菜图、折枝花图、折枝果子图等等。杂竹样造夹纻，果子随类傅色。并拟诸生攻书，时呼"滕书"。当时大圣慈寺文殊阁、普贤阁、萧相院、方丈院、多利心院、药师院天花瑞像数额，均为昌祐所作。⑤

滕昌祐历前后蜀，年八十余卒。他在所居之处遍置竹石杞菊、名花异草，通过对自然界的观察，写生技巧日臻成熟。他的画有唐人风格，所画蝉、蝶、草、虫，手法与唐代陆果、刘褒相类，称为"点画"；所画折枝花，"下笔轻利，用色鲜妍"，与唐代边鸾手法相似。又以画鹅出名。长期流传的名画有《虫鱼图》《蝉蝶图》《生菜图》《折枝花图》《折枝果子图》《杂竹样》等。⑥

黄筌《勘书图》

刁光胤，本雍京人，天复（901—903）初入蜀，攻画湖石、花竹、猫兔鸟雀，性情高洁，交游不杂。入蜀之后，前辈有攻花雀者，顿时减价。成都人黄筌、孔嵩皆师事之，议者谓"孔类升堂，黄得入室"。居蜀三十余年，笔无闲暇，非病不休，非老不息。成都僧寺多其遗笔，豪贵之家及好事者收得其画，以为家传之宝。⑦

黄筌（约 903—965 年），成都人。17 岁与师同事王衍，后又事孟知祥及孟昶。32 岁时便官授翰林待诏，权翰林院事，赐

---

① 〔宋〕黄休复：《益州名画录》，傅璇琮等主编：《五代史书汇编》，杭州出版社 2004 年版，第 10 册，第 6117 页。

② 〔宋〕文同：《丹渊集》卷二二《彭州张氏画记》，文渊阁《四库全书》本。

③ 〔宋〕邓椿：《画继》卷九《杂说　论远》，湖南美术出版社 2000 年版，第 411 页。

④ 〔宋〕费著：《蜀名画记》，《全蜀艺文志》卷四二，第 1268 页。

⑤ 〔宋〕黄休复：《益州名画录》卷下《能格中品五人・滕昌祐》，傅璇琮等主编：《五代史书汇编》，杭州出版社 2004 年版，第 10 册，第 6151 页。

⑥ 〔宋〕黄休复：《益州名画录》卷下《能格中品五人・滕昌祐》，傅璇琮等主编：《五代史书汇编》，杭州出版社 2004 年版，第 10 册，第 6151—6152 页。

⑦ 〔宋〕黄休复：《益州名画录》卷中《妙格下品十一人・刁光胤》，傅璇琮等主编：《五代史书汇编》，杭州出版社 2004 年版，第 10 册，第 6136—6137 页。

紫金鱼袋。后来又被累加如京副史、检校户部尚书兼御史大夫。他是前后蜀花鸟画家中成就最大的一位，又善画山水，在孟蜀时期，曾与其子合画《青城山图》《峨眉山图》《春山图》《秋山图》，作为礼物送给南唐。他曾替孟昶画六鹤于偏殿，姿态各不相同，栩栩如生，甚至引生鹤立于画侧。孟昶很喜欢，便把偏殿称为六鹤殿，可见黄筌绘画水平之高。他在画法上创造了一种“勾勒法”，人称“黄体”。他的画从题材到风格都具有宫廷色彩，又称“黄家富贵”。其子居宝、居寀绘画也很有名。父子事前、后蜀共40余年，蜀宫墙壁屏障、装饰花竹鸟雀，多出其手。后蜀翰林学士徐光溥在《秋山图歌》中极尽赞美，歌咏道：“天与黄筌艺奇绝，笔精迴感重瞳悦，运思潜通造化工，挥毫定得神仙诀。”①北宋郭若虚《图画见闻志》卷二中对黄筌的画艺评价很高，说他“善画花竹翎毛，兼工佛道人物、山川龙水，全该六法，远过三师”。他的人物画在北宋末的《宣和画谱》中列有20件，绝大部分属于宗教人物题材作品；山水画作品包括《勘书图》在内有45件。②

徐熙也擅长花鸟画，但与黄筌的绘画风格不同。徐熙作画，水墨淡彩，“落墨为格，杂彩副之，迹与色不相隐映”③，有野逸之气。而黄筌作画时，先用淡墨勾画轮廓，再傅以浓艳色彩，有浓厚的宫廷富贵气息。故此，后人有“徐、黄异体”之说，认为“黄家富贵，徐熙野逸”④。

西蜀的宫廷绘画很盛行，这与统治阶级奢侈享乐的风气是分不开的。宫廷画师除黄筌父子外，阮知诲与阮惟德也比较著名。阮知诲，成都人，“攻画女郎，笔踪妍丽，及善写真”“多写皇姑帝戚”⑤；所作仕女，“皆画当时宫苑、亭台花木、皇妃帝后富贵之事，精妙颇甚”⑥。曾在成都大慈寺为王衍、孟知祥画像，又入宫为孟氏福庆公主、玉清公主画像，授翰林待诏。他的儿子阮惟德，“袭承父艺，美继前踪”，善画当时宫苑亭台花木、皇妃帝后富贵之事，“精妙颇甚”。也与父亲同时入内供奉，为翰林待诏，一时其家荣耀无比。父子俩的名声达于境外，江浙、荆湖等地的商人专门来成都收购他的画作，史载：“蜀广政初，荆湖商贾入蜀，竞请惟德画‘川样’美人卷簇，将归本道，以为奇物。”⑦

---

① 〔宋〕黄休复：《益州名画录》卷中《妙格下品十一人·黄居寀》，傅璇琮等主编：《五代史书汇编》，杭州出版社2004年版，第10册，第6140页。

② 〔宋〕无名氏：《宣和画谱》卷一六《黄筌》，湖南美术出版社1999年版，第330—333页。

③ 〔宋〕郭若虚：《图画见闻志》卷四《纪艺下》，湖南美术出版社2000年版，第152页。

④ 〔宋〕郭若虚：《图画见闻志》卷一《论黄徐体异》，湖南美术出版社2000年版，第45页。

⑤ 〔宋〕黄休复：《益州名画录》卷中《妙格下品十一人·阮知诲》，傅璇琮等主编：《五代史书汇编》，杭州出版社2004年版，第10册，第6141页。

⑥ 〔宋〕黄休复：《益州名画录》卷中《能格上品十五人·阮惟德》，傅璇琮等主编：《五代史书汇编》，杭州出版社2004年版，第10册，第6147页。

⑦ 〔宋〕黄休复：《益州名画录》卷中《能格上品十五人·阮惟德》，傅璇琮等主编：《五代史书汇编》，杭州出版社2004年版，第10册，第6147页。

西蜀其他著名画家还有高道兴、高从遇、高文进、宋艺、蒲师训、蒲延昌、赵德齐、房从真、赵忠义、杜齯龟、李文才、张玫、杜敬安、夏侯延祐等，他们擅长宗教画、肖像画和罗汉画，都有很高的技艺。据《益州名画录》卷中载，杜齯龟，“少能博学，涉猎经史”，学养深厚，师从常粲写真杂画，而“妙于佛像、罗汉”。曾受命在成都上清宫四壁绘过唐代二十一帝御容。又写王建貌及太后、太妃真于青城山金华宫，又写道教天师杜光庭像于君平观，佑圣天师光业像于大圣慈寺。① 他的地位较贯休要高，有“蜀人绘像者，以齯龟称首”②的说法。房从真，成都人，擅长甲马、人物、鬼神，“冠绝当时”。前蜀时官翰林待诏。曾于宫中版障上画《诸葛武侯引兵渡泸水图》，人马甲胄，生动如神。王建每过此，总要驻足凝视，大声赞美道：“壮哉甲马！”他还兼善“泼笔鬼神”，并为很多寺院创作壁画。③ 宋艺，蜀州人，工写真，前蜀后主时官翰林写貌待诏，曾写唐朝二十一帝圣容及道士叶法善、禅僧一行、沙门海会、内臣高力士等像于大慈寺。④ 翰林待诏李文才，华阳人，工画人物、屋木、山水。其名声仅次于唐代著名人物画家周昉，有“周昉之亚”的誉称。后蜀广政末，蜀主置真堂于大慈寺华严阁，命文才画诸亲王、文武臣僚等肖像。张玫，成都人，“尤精写貌及画妇人，铅华姿态，绰有余妍”。曾为后蜀文武臣僚写真，著有《自汉至唐治蜀君臣像》3卷。⑤ 人们将他与唐代著名人物画家张萱相提并论。

在画家中，许多是父子相传，或世代画家，这与家学渊源有密切的关系。如高道兴，四世都是画家。父子画家的更多，有黄筌、黄居寀；阮知海、阮惟德；杜子瑰、杜敬安；蒲师训、蒲延昌；常粲、常重胤；赵德玄、赵忠义等。也有祖孙三代画家的如赵公佑、赵温其、赵德齐。

赵德齐、高道兴都是成都人。赵德齐的画艺承自家传，祖父赵公祐和父亲赵温奇都长于画佛道鬼神，由此他“袭二世之精艺，奇纵逸笔，时辈咸推伏之”⑥。高道兴在前蜀时期为内图画库使，“攻杂画，触类皆长，尤善佛像高僧”。其子高从遇在后蜀时期为翰林待

① 〔宋〕黄休复：《益州名画录》卷中《妙格下品十一人·杜齯龟》，傅璇琮等主编：《五代史书汇编》，杭州出版社2004年版，第10册，第6136页。

② 〔清〕吴任臣：《十国春秋》卷四四《杜齯龟传》，中华书局1983年版，第652页。

③ 〔宋〕黄休复：《益州名画录》卷上《妙格中品十人·房从真》，傅璇琮等主编：《五代史书汇编》，杭州出版社2004年版，第10册，第6129页；〔宋〕郭若虚：《图画见闻志》卷二《纪艺上》，湖南美术出版社2000年版，第80页。

④ 〔宋〕黄休复：《益州名画录》卷下《能格下品七人·宋艺》，傅璇琮等主编：《五代史书汇编》，杭州出版社2004年版，第10册，第6154页。

⑤ 〔宋〕黄休复：《益州名画录》卷中《妙格下品十一人·张玫》，傅璇琮等主编：《五代史书汇编》，杭州出版社2004年版，第10册，第6142页；郭若虚《图画见闻志》将“阮知诲”写作“阮知晦”。

⑥ 〔宋〕郭若虚：《图画见闻志》卷二《纪艺上》，湖南美术出版社2000年版，第54页。

诏，曾在宫中大安楼下画《天王对佛图》，“甚奇”①。孙子高文进更为突出，“工画佛道”。后蜀灭亡后归宋，太宗皇帝时授翰林待诏，并受命在相国寺仿高益旧本画西庑变相及太乙宫、寿宁观、启圣院、开宝塔下诸画壁，“画院学者皆宗之”②。赵、高二人曾联手作画。如光化、天复年间(898—903)，王建建生祠，令赵德齐与高道兴同画“西平王仪仗、旗纛、旌麾、车辂、法物及朝真殿上皇姑、帝戚、后妃、嫔御百堵”。王建死后，二人又联手画“陵庙鬼神人马及车辂仪仗、宫寝嫔御一百余堵”③。

此外，民间也有不少优秀画家。如张玄，善画罗汉，人称“张罗汉”，属吴道子画派。道士张素卿，专画道教神像。石恪善画风俗及道教神像。周行道善画人物、鬼神等。成都周元裕是一个专以卖画为生的画家，他专“攻写貌”，然所绘之像“富室则不类，贫家则酷似”，以致“母老供给不迨”。后来他提高了技艺，“求请真容者，日盈其门，自此所获供侍周赡”④。

**(四)雕塑**

五代十国时期，四川地区的雕塑艺术也取得了一定的成就。从前蜀高祖王建的永陵来看，前蜀的雕塑家已表现出较高的艺术造诣。后室中所雕的王建石坐像，全高 96.5 厘米。从坐像面部看，王建浓眉大眼，额头饱满、薄唇大耳，看上去非常庄严、生动。全身比例匀称，衣纹线条十分流畅自然，为一写实之作。另，王建棺椁两端所雕的 12 个身穿盔甲的武士神，同样表现出较高的艺术造诣。永陵地宫中室棺床的东、西两侧各 6 尊，均为半身圆雕，像高约 50～60 厘米，造型雄健浑厚。石像只刻上半身，股以下埋于地中，双手插入须弥座棺床之下，作抬扶棺床状。石像均披胸甲、背甲，头饰有束发和戴胄两种各六尊，甲、胄及束发的样式各不相同。⑤ 从整体布局上看，十二神均采用半身圆雕，既能显示出棺椁和棺床的高贵与厚重，也可表现武士即使下半身已因重压陷入土中，仍能保持旺盛精神，因此能尽护卫职守之抽象意义。武士神情勇猛，象征着驱除凶邪、护卫帝陵的天将。这些表现方式，充分体现了古代雕刻家们独具匠心的艺术处理能力和审美情趣，使得这组群像与棺床四周的二十四乐伎交相辉映，互为衬托，构成一部恢宏的动态化的场景。⑥

① 〔宋〕郭若虚：《图画见闻志》卷二《纪艺上》，湖南美术出版社 2000 年版，第 80—81、84 页。

② 〔宋〕郭若虚：《图画见闻志》卷三《纪艺中》，湖南美术出版社 2000 年版，第 126 页。

③ 〔宋〕黄休复：《益州名画录》卷上《妙格上品六人·赵德齐》，傅璇琮等主编：《五代史书汇编》，杭州出版社 2004 年版，第 10 册，第 6124—6125 页。

④ 〔宋〕黄休复：《茅亭客话》，《宋元笔记小说大观》，上海古籍出版社 2007 年版，第 418—419 页。

⑤ 冯汉骥：《前蜀王建墓发掘报告》，文物出版社 2002 年版，第 36 页。

⑥ 参见曾如实：《石雕十二神》，谭良啸编《走进永陵》，天地出版社 2002 年版，第 190—191 页。

除王建墓的石雕艺术外，1976 年 3 月考古工作者又在王建墓前约 200 米处挖出石刻翁仲一具，高 3 米多，造型生动，线条古朴粗犷，系雕刻艺术之佳作。1971 年在成都清理的后蜀孟知祥墓，棺座上有精美的浮雕。1978 年在成都发现的后蜀张虔钊墓，其石棺床和石棺的浮雕也很精致。1984 年清理的后蜀孙汉韶墓，在中室棺床上刻有力士、狮、马、羊、麒麟、貘、獬豸、虎等动物雕像，也是五代的雕刻精品。

**（五）音乐歌舞**

前后蜀时，史载“蜀中久安，赋役俱省，斗米三钱。城中之人，子弟不识稻麦之苗，以笋芋俱生于林木之上，盖未尝出至郊外也。林落闾巷之间，弦管歌声，合筵社会，昼夜相接。府库之积，无一丝一粒入于中原，所以财币充实”①。从而在朝野上下滋生了崇尚享乐奢靡的社会风气，“君臣务为奢侈以自娱”②。

在音乐舞蹈方面，许多原为唐朝宫廷的音乐家和舞蹈家来到四川后，将北方的一些宫廷乐舞随着移民入蜀而传入前后蜀宫内，极大地改变了当地的音乐舞蹈之风。

在王建墓棺床四周，除了雕凿守尸十二神之外，尚有极为精美的一套伎乐图像浮雕伎乐内容。据考古发掘报告所述，王建石棺床的东、西、南三面雕有 24 幅石刻画，内容是 24 名乐伎弹跳吹击演奏伴舞的形象，展现的乐器有 20 种，共 23 件。其中，南面刻有舞蹈者 2 幅，弹琵琶、拍板各 1 副；东面刻击正鼓、齐鼓、和鼓、羯鼓、鞉牢、鸡娄鼓、答腊鼓、毛员鼓、吹笛、吹觱篥 10 幅，西面刻吹篪、吹排箫、弹筝、吹小觱、弹箜篌、吹叶、吹笙、吹贝、击铜钹、击羯鼓 10 幅。2 个舞伎作对称站立舞蹈表演状，长袖飘拂，相向翩翩起舞，举足踏节，婀娜多姿。22 个乐伎均以坐姿演奏乐器，吹、弹、抚、击……各种丰富灵动的演奏姿态，栩栩如生，呼之欲出。特别是弦乐队中弹筝伎的神态尤为生动，风姿绰约，面孔丰腴圆润，两目凝神，侧耳静思，纤指微屈，轻按弦线，其表情动作十分优美协调。以唐代宫廷乐队的形制看，它属于宫廷小型乐队一类。有学者认为，这个时期宫廷乐舞伎的组合形制以表演的方式分为两大类：坐部伎和立部伎，其规模形制前者小，后者大。24 女伎乐演奏、表演的艺术符号价值，既展现五代时期前蜀宫廷坐部伎小型乐队的演出实景，也是唐、五代时燕乐风格的宫廷乐队的缩影——大型宫廷乐队的象征。它象征着宫廷乐舞盛大的演出场面。③ 冯汉骥教授所撰《前蜀王建墓内石刻伎乐考》一文，对此有精辟的论说。把这一套伎乐和守尸十二神相配刻在一起，其所表达的意义指向已经不是一般的凡乐，

① 〔宋〕张唐英撰，王文才、王炎校笺：《蜀梼杌笺注》卷四，巴蜀书社 1999 年版，第 381 页。

② 〔清〕彭元瑞：《五代史记注》卷六四《后蜀世家》，《续修四库全书》本。

③ 罗明：《永陵棺床石刻浮雕伎乐乐队形制的符号象征》，《美育学刊》2018 年第 3 期。

而是日后王建尸解随尸体一起冉冉升天的道教仙乐。① 成都前蜀王建"永陵"地宫中至今保存有二十四幅女乐石刻画像，乐伎中有21人手中各持一件乐器，分别是琵琶、拍板、正鼓、齐鼓、和鼓、笛、大觱篥、拍板、羯鼓、答腊鼓、毛员鼓、篪、排箫、筝、小觱篥、竖箜篌、叶、笙、贝、铜钹、羯鼓。另有一人手持两件乐器：鞉牢鼓和鸡娄鼓。乐器共为20种23件，这两支乐队很有可能是龟兹乐乐队。据专家考证，这些石刻表现的正是演奏《霓裳羽衣曲》的场景②，从中可以看出西域文化对长江文化的影响。

王建墓石刻歌伎

王建墓石刻歌伎

王建墓石刻歌伎

王建墓石刻歌伎

王建墓石刻歌伎

王建墓石刻歌伎

① 冯汉骥：《前蜀王建墓发掘报告》，文物出版社2002年版，第67页。

② 秦方瑜：《试论王建墓乐舞石刻的艺术史价值》，《社会科学研究》1994年第2期。

### （六）道教

前蜀两代皇帝重用道教大师杜光庭，在后者主导下大力发展川蜀地区的道教。“（永平三年）六月丙子，以道士杜光庭为金紫光禄大夫、左谏议大夫，封蔡国公，进号广成先生。”①“（乾德五年八月）帝受道箓于苑中，以杜光庭为传真天师、崇真馆大学士，起上清宫，塑王子晋像，尊为圣祖至道玉宸皇帝，又塑高祖及帝像侍立于左右。又于正殿塑玄元皇帝及唐诸帝，备法驾朝之。”②

杜光庭（850—933），字宾圣（一云宾至），号东瀛子，处州缙云（今属浙江省）人（一曰括苍人，一曰长安人）。是唐末五代著名道士和道教学者。少年习儒，喜读经史，“博极群书，志趣超迈”，工于词章翰墨，为当时名儒。他为人性简而气清，量宽而识远。方干见之，谓曰：“此宗庙中宝王大圭也。”唐咸通中，曾赴京都长安参加“九经举”，不第。科举失利后，他愤然弃儒皈道，赴天台山拜应夷节为师，成为唐代著名的上清派宗师司马承祯的五传弟子。受天台道风的影响，杜光庭对当时各派道法进行了深入研究。黄巢农民大起义爆发后，唐僖宗急于挽救唐王朝的颓势，乃求助于圣祖老子，崇奉道教，多次下诏赐封道士。据《历世真仙体道通鉴》记载，杜光庭就是由礼部尚书集贤殿大学士郑畋推荐进京的，“郑畋荐其文于朝，僖宗召见，赐以紫服象简，充麟德殿文章应制，为道门领袖”。907年，西川节度使王建在成都称帝，建立前蜀。后五年，杜光庭为太子元膺师。此后尊崇有加，官爵曾至金紫光禄大夫、左谏议大夫，封蔡国公，进号“广成先生”，后又除户部侍郎。王建赞曰：“昔汉有四皓，不如吾一先生足矣。”

杜光庭辅佐王氏父子两代忠心耿耿，他虽然支持王衍推行道教，但对王衍的荒淫生活和前蜀后期的政治黑暗却“不乐”，不愿与之同流合污，遂辞官，隐居于青城山白云溪，号登瀛子（或作东瀛子），修身养性。他在青城山积极从事道教宫观的建设与修缮，建飨和阁，奉行上清紫虚吞日月气法。并对道教义理进行了系统研究。临死前，还创建真宫，据说“真宫成时，后唐庄宗长兴四年癸巳十一月，光庭八十四岁，一旦披法服作礼，辞天升堂，趺坐而化”。葬于清都观后。③

杜光庭一生致力于道教神话、理论、方术、斋醮科仪的研究以及道经的搜集和编修。他常说：“道法科教，自汉天师暨陆修静撰集以来，岁月绵邈，几将废坠，遂考真伪，条列始

① 〔清〕吴任臣：《十国春秋》卷三六《前蜀二·高祖本纪下》，中华书局1983年版，第519页。

② 〔清〕吴任臣：《十国春秋》卷三七《前蜀三·后主本纪》，中华书局1983年版，第539页。

③ 以上内容主要据：〔清〕吴任臣：《十国春秋》卷四七《杜光庭传》，中华书局1983年版，第674页；〔元〕赵道一：《历世真仙体道通鉴》卷四〇，《道藏》第5册，文物出版社、上海书店、天津古籍出版社1988年版，第330、331页。

末，故天下羽属永远受其赐。”①为了重振道教声势以劝化时俗，杜光庭对科律仪轨再次进行全面系统的整理。他所整理删定的科律，属陆修静灵宝法一系。陈国符断定，杜光庭在道书经唐末五代战火摧毁之后于蜀中重建《道藏》②。日本学者洼德忠也肯定，由于杜光庭同几位道士的努力收集，才有北宋真宗时代“称为《道藏》的道教的一切经典”③。

青城山建福宫杜天师像

杜光庭一生著作宏富。据宋代张唐英《蜀梼杌》记载，曾“有文千余卷，皆本无为之旨”④。存世著作多达30余种，250余卷。其中仅收入《道藏》的著作就有27种，《全唐文》收有他的文章302篇。据学者考证，杜光庭在蜀中（主要是在成都地区）的著述，主要有《广成集》《王氏神仙传》《洞天福地岳渎名山记》《历代崇道记》《墉城集仙录》《道教灵验记》《道德真经广圣义》《录异记》《神仙感遇传》《毛仙翁赠行诗》《青城山记》《续成都记》（已佚）等12部。诗文方面，能确证其在蜀中所写的诗有《题仙居观》《题鸿都观》《题都庆观》《题鹤鸣山》《题北平沼》《题半盖沼》《题本竹观》《题福唐观二首》《题莫公台》《读书台》《题剑门》《题龙鹄山》《景福中作》等。文章除《洞天福地岳渎名山记序》《录异记序》等外，还有《太上洞元灵宝素灵真符序》《道德真经元德纂序》《墉城集仙录序》《修青城山诸观功德记》《无上黄箓大斋后述》等。另有一些石刻碑记，如青城《冲妙观记》、资中《醮坛山北帝院记》、金堂《功德记》、泸州《刘真人碑记》等。这些碑记已全部亡佚，仅存碑目而已。⑤

在唐末五代的动荡时期，杜光庭的大量著作，不仅反映了他所处时代的道教面貌，“也为道教在北宋的再度复兴准备了一定条件”⑥，成为道教发展史上一位承前启后、卓有影响的重要人物。总之，“杜光庭可以说是唐末道教重要的代表人物，他继承与总结了唐代崇道风尚下庞大的道教文化，为之画上了完美的句号”⑦。

① 〔元〕赵道一：《历世真仙体道通鉴》卷四〇，《道藏》第5册，文物出版社、上海书店、天津古籍出版社1988年版，第330页。

② 陈国符：《道藏源流考》，中华书局1963年版，第131—135页。

③ 〔日〕洼德忠：《道教史》，萧坤华译，上海译文出版社1987年版，第179—181页。

④ 〔宋〕张唐英撰，王文才、王炎校笺：《蜀梼杌校笺》卷二，巴蜀书社1999年版，第172页。

⑤ 参见王瑛：《杜光庭蜀中著述考略》，《成都大学学报（社科版）》1993年第3期。

⑥ 卿希泰：《中国道教》第1册，知识出版社1994年版，第287页。

⑦ 郑志明：《杜光庭〈道德真经广圣义〉的神人观》，《道家与道教——第二届国际学术研讨会论文集》，广东人民出版社2001年版，第223页。

玉局观、青城山丈人观、上清宫、常道观、金华宫等等皆是蜀中道教名观。前蜀时期道教代表著作，现存著作有《墉城集仙录》六卷、《神仙感遇传》五卷、《道教灵验记》十五卷、《历代崇道记》一卷、《录异记》八卷、《天坛王屋山圣迹记》一卷、《名山洞天福地记》一卷、《青城山记》一卷、《修青城山诸观功德记》一卷、《玉函经》一卷、《道德真经广圣义》五十卷、《太上老君说常清静经注》一卷、《广成集》十七卷、《毛仙翁赠行诗》一卷、《道门科范大全集》八十七卷、《太上宣慈助化章》五卷、《金箓斋启坛仪》一卷、《金箓斋忏方仪》一卷、《太上黄箓斋仪》五十八卷、《太上灵宝玉匮明真斋忏方仪》一卷、《太上灵宝玉匮明真大斋忏方仪》一卷、《太上灵宝玉匮明真大斋言功仪》一卷、《太上洞渊三昧神咒斋忏谢仪》一卷、《太上洞渊三昧神咒斋清旦行道仪》一卷、《太上润渊三昧神咒斋十方忏仪》一卷、《太上三五正一盟威阅箓醮仪》一卷、《太上正一阅箓仪》一卷、《洞神三皇七十二君斋方忏仪》一卷、《太上洞神太元河图三元仰谢仪》一卷、《太上三洞传授道德经紫虚箓拜表仪》一卷、《道德真泽玄德纂疏》二十卷等。已佚的著作有：《王氏神仙传》《仙传拾遗》《道教降代传授年载记》一卷、《混元图》十卷、《老君宝箓》一卷、《老君二十四化诗》《集仙传》二卷、《阴符经注》一卷、《圣祖历代应见图》三卷、《玄门枢要》一卷、《武夷山记》一卷、《东瀛子》一卷、《续成都记》一卷、《兼明书》十二卷、《规书》一卷、《古今类聚年谱图》一卷、《安镇城邑宫阙仪》一卷、《太上黄箓斋坛文玉诀仪》一卷、《醒章奏仪》十八卷、《灵宝安宅斋仪》一卷、《帝王年代小解》一卷、《帝王年代州郡长历》二卷、《壶中集》三卷、《三教论》一卷、《大宝论》一卷。① 上述五十余种前蜀时期的道教著作或留存或佚失，均为杜光庭编撰或者主持编撰，可想而知杜光庭对前蜀道教的贡献和影响力是多么大。②

**（七）科学技术**

科学技术方面的成就，主要是雕版印刷。唐末，蜀中已有人印书出售，大多是佛经、历书、字书以及占梦、相宅一类的书籍。五代时蜀中的印书事业继续发展。前蜀任知玄，自出俸钱，雇赁良工，开雕杜光庭的《道德经广圣义》30 卷，5 年内雕成 460 余版，藏在龙兴观。前蜀乾德四年（922 年）昙域和尚收集贯休诗稿，刻印《禅月集》。后蜀宰相毋昭裔出私财百万，镂版印九经，“由是蜀中文学复盛”③，又叫他的学生句中正、孙逢吉写《文选》《初学记》《白氏六帖》，雇工刻版印之。当时蜀本雕刻精美，开宋版之先河。

西蜀石经也闻名于世，是雕印九经之所本。据文献记载，后蜀广政七年（944 年），后

---

① 张亚平：《前后蜀道家著述总录》，成都王建墓博物馆编《前后蜀的历史与文化》，巴蜀书社 1993 年版，第 71—83 页。

② 杨勤艺：《前蜀道教文化浅谈》，《文史杂志》2019 年第 3 期。

③ 〔宋〕司马光：《资治通鉴》卷二九一，太祖广顺三年五月，中华书局 1956 年版，第 20 册，第 9495 页。

蜀宰相毋昭裔按《唐石经》命张德钊、张韶文、孙逢吉等人书写，历经8年，先后刻成《孝经》《论语》《尔雅》《毛诗》《礼记》《仪礼》《尚书》《周易》《周礼》九经，立于益州州学，亦即文翁石室旧址，后世称为《孟蜀石经》或《后蜀石经》。西蜀石经在书写和刊刻方面均优于唐代开成石经，受到了历代学者的高度评价和推重。

此外，五代四川还出现了一些知名的科技人物和科技著作。如在化学方面，有后蜀永康(治今四川崇州市)人彭晓。他曾任后蜀祠部员外郎，"善修炼养生之道"，对我国古代炼丹术很有研究，曾对有"丹经"之称的魏伯阳所著的《周易参同契》重新进行了注释，撰有《周易参同契分章通义》3卷、《周易参同契鼎器歌明镜图》1卷。其论点在社会上颇为流行，《四库全书总目》将他与陈显微、朱熹、俞琰四家注本同列为注释《周易参同契》的权威著作。另外，后蜀人马鉴所著的《续事始》也是一部重要的科技史著作。该书的内容，比《事始》更加广泛，更加丰富；前者载有358项内容，而后者只有335项，要少23项。它除介绍生产、生活、科学仪器外，还大量记载了军事武器的创造发明及其在战争中的运用。生产上涉及农田、水利、手工业、建筑、交通运输等方面的内容，生活上则记载了人们日常生活中有关吃、穿、用、玩等的内容，如油布雨衣、有色纸、骰、茶托子等。这些内容对我们今天研究中国科学技术史，具有一定的参考价值。在医学方面，五代后蜀官吏韩保升等人所著的《蜀本草》20卷，在唐代《新修本草》的基础上进一步发展了中国古代的医药学。此书对每味药品的名称、产地、形状、特征、功能等，都详加考察，做了比较准确的解释和叙述，并"别为图经"，成为北宋《嘉祐补注神农本草》和《重修政和证类本草》的主要蓝本之一。

## 二、荆南、楚的文化成就

长江中游的楚文化，在五代时期虽不及巴蜀和江南之盛，但在文学方面，人才辈出。开平四年(910年)六月，梁封马殷为天策上将军，当时天策府有十八学士，如刘昭禹、廖光图等，都是工于诗文的著名楚国文人。刘昭禹，字休明，原为婺州(治今浙江金华)人，在湖南累为县令。少师林宽，刻苦为诗，《风雪》诗自言"句向夜深得，心从天外归"①。曾与人论诗，谓"五言如四十个贤人，著一字如屠沽不得"②。《宋史·艺文志》著录有诗集1卷，已佚。廖匡图，因后来避宋太祖赵匡胤讳改名"图""正图""光图"，字赞禹，虔州虔化(今江西赣县)人。后梁时，举家入湘，楚王马殷时任行军司马。文学博赡，尤工诗，为时辈所推许。与齐己、刘昭禹、沈彬等互相唱和，《宋史·艺文志》著录其诗集2卷，今佚。

① 《唐诗纪事》卷四六《刘昭禹》。

② 〔宋〕计有功：《唐诗纪事》卷四六《刘昭禹》，文渊阁《四库全书》本。

徐仲雅，长沙诗人，为天策府十八学士之一。王元，字文元，桂林（今广西象州）人，隐居不仕，终生贫病，与廖融友善，工诗，作品多佚。廖融，字元素，衡阳（今湖南衡阳）人，耽于山水，隐居衡山，与隐士任鹄、凌蟾、王正己、王元等友善，又与翁宏、潘若冲等唱和。《宋史·艺文志》著录有诗集 4 卷，已佚。

翁宏，字大举，桂岭（今广西贺州）人。隐居不仕，与廖融友善。工诗，尤善写闺怨，如《宫词》“落花人独立，微雨燕双飞”①，向称名句。孙光宪，字孟文，自号葆光子，陵州贵平（今四川仁寿）人。其家世代务农，惟光宪少好学。后唐时为陵州判官，天成初（926 年），避地江陵，得高季兴赏识，入掌书记。高从诲立，更加受到重用。事南平三世，累官至检校秘书监兼御史大夫。他博通经史，聚书数千卷，抄写校勘，孜孜不倦，老而不废。著述甚多，据《宋史》卷四八三《孙光宪传》，撰有《荆台集》30 卷、《巩湖编玩》3 卷、《笔佣集》3 卷、《橘斋集》2 卷、《北梦琐言》30 卷、《蚕书》2 卷及《续通历》等。今独存《北梦琐言》20 卷，该书记载唐五代士大夫言行及遗闻轶事。其词主要搜录在《花间集》中，比起其他“花间派”词人来，题材广阔些，内容有的写田舍风光，或边塞生活，脱去了“花间派”的浮华香艳格调，显得清新明朗，雄健豪壮，在当时“花间派”词风盛行时，是难能可贵的，对北宋词的开拓也起了一定的积极作用。

此外，诗僧齐己，本姓胡，名得生，益阳（今湖南益阳）人②。幼孤，剃发为僧，云游江海，遍历名山。曾居南岳，自号衡岳沙门。后梁龙德元年（921 年），荆州节度使高季兴召至江陵，居龙兴寺，命为僧正。性放逸，乐爱山水，与贯休、方干、孙光宪、刘蜕、曹松、李洞、沈彬等友善，与郑谷唱酬尤多。其诗有反映当时人民的疾苦和对贫苦农民的同情，在诗僧中较为突出。有《白莲集》10 卷。僧虚中，宜春（今江西宜春）人，或作袁州人。少年出家，居玉笥山 20 年，后游潇湘，与齐己、尚颜、栖蟾为诗友。住湘西粟（或作宗）城寺。

司空图告老归隐，虚中寄诗 2 首，图得诗，大喜云：“十年华岳山前住，只得虚中两首诗。”③对他非常器重。著有《碧云诗》1 卷。他如湘南僧文喜、僧乾康，也以诗闻名于世。

## 三、吴、南唐的文化成就

吴、南唐时期，江西一带经济富庶，社会安定，成为饱经战乱的北方文人学士理想的栖身之所。尤其是南唐统治者，重视人才，史载李昪“于其所居第旁，创为延宾亭，以待四

① 〔宋〕阮阅：《诗话总龟》卷一一《雅什门》，《四部丛刊》本。

② 〔元〕辛文房：《唐才子传》卷九《齐己》作长沙人，傅旋琮主编：《唐才子传校笺》，中华书局 1990 年版，第 4 册，第 173 页。

③ 《唐诗纪事》卷七五；《唐才子传》卷八《僧虚中》作袁州人。按袁州治宜春。见傅旋琮主编：《唐才子传校笺》，中华书局 1990 年版，第 3 册，第 530 页。

方之士。遣人司守关徼，物色北来衣冠，凡形状奇伟者，必使引见，语有可采，随即升用”①。当时北方士人，“闻风至者无虚日”②。南唐的文化事业因此迅速发展，涌现出大批文人、学者、艺术家以及各方面的人才，被誉为“文物最盛”“有元和之风”。

南唐文化事业发达的又一个重要原因，就是教育和藏书极其发达。马令《南唐书》云：“南唐跨有江淮，鸠集典坟，特置学官，滨秦淮，开国子监，复有庐山国学，其徒各不下数百，所统州县，往往有学。方是时，废君如吴越，弑主如南汉，叛亲如闽、楚，乱臣贼子，无国无之。唯南唐兄弟辑睦，君臣奠位，监于他国，最为无事。此亦好儒之效也。皇朝初离五代之后，诏学官训校九经，而祭酒孔维、检讨杜镐苦于讹舛。及得金陵藏书十余万卷，分布三馆及学士舍人院。其书多雠校精审，编秩完具，与诸国本不类。昔韩宣子适鲁，而知周礼之所在。且周之典礼，固非鲁可存而鲁果能存其礼，亦为近于道矣。南唐之藏书，何以异此?”③于南唐昇元四年(940 年)开办的白鹿国学是我国早期的高等学府，有一套办学和教学的经验。杨亿则说：“江州庐山白鹿洞，李公择尝聚书籍，以招徕四方之学者。有膳田数十顷给之。选大学中庸者，授以他官领洞事，以职教授。自江南北，为学者争凑焉，常数百人，厨廪置给。”④胡珰建于奉新华林的华林书院，聚书万卷，大设厨廪以延四方游学之士。各地书院林立，为培养各方面人才提供了良好的条件。洪迈说：“七闽、二浙与江之西东，冠带诗书，翕然大肆，人才之盛，遂甲于天下。”⑤

**(一)文学**

南唐文化的突出成就是文学和艺术。文学中词人以南唐二主李璟、李煜最有名。中主李璟的词，能脱去花间派的习气，语言明快，意境较高，其代表作《摊破浣溪沙》，历代传诵不绝。后主李煜，多才艺，善书画，知音律，能诗文，尤工于词。作品在南唐亡国前，多写豪华腐朽的宫廷生活。亡国被俘后，词风大变，一洗香泽绮罗之态，而充满着亡国之痛和故国之思，带有浓厚的感伤情调。冯煦《四印斋刻本阳春集序》说：“南唐起于江左，祖尚音律。二主倡于上，翕和于下，遂为词家渊丛。”⑥王国维说：“词至李后主而眼界始大，

① 〔宋〕史温：《钓矶立谈》，傅璇琮等主编：《五代史书汇编》，杭州出版社 2004 年版，第 9 册，第 5005 页。

② 〔清〕吴任臣：《十国春秋》卷一五《南唐一·烈祖本纪》，中华书局 1983 年版，第 186 页。

③ 〔宋〕马令：《南唐书》卷二三《归明传下》，傅璇琮等主编：《五代史书汇编》，杭州出版社 2004 年版，第 9 册，第 5406—5407 页。

④ 〔宋〕江少虞：《宋朝事实类苑》卷六一《风俗杂志·白鹿洞藏书》，上海古籍出版社 1981 年版，下册，第 816 页。

⑤ 〔宋〕洪迈：《容斋随笔·四笔》卷五《饶州风俗》，上海古籍出版社 1978 年版，下册，第 665—666 页。

⑥ 金启华：《唐宋词集序跋汇编》，江苏教育出版社 1990 年版，第 8 页。

感慨遂深，遂变伶工之词而为士大夫之词。”①

冯延巳，一名延嗣，字正中，广陵（今扬州）人。南唐中主李璟时曾任宰相。他“以文雅称，白衣见列祖，起家授秘书郎”，而且“工诗，虽贵且老不废。如‘宫瓦数行，晓日龙旗，百尺春风’，识者谓有元和词人气格。尤喜为乐府词”②，是南唐作品较多、影响较大的词人。他的词尤善使用重叠回环的空间视角加强词作中的景深，把温庭筠以来婉约的词风更推进了一步。冯延巳极其喜欢以楼阁、庭院入词，体现出“忠爱缠绵，宛然《骚》《辩》之义”③。这种“忠爱缠绵”正是透过词人在空间截取上反复回旋实现的。他的《鹊踏枝》十四阕就是典型例子。如这一阕：“梅落繁枝千万片，犹自多情，学雪随风转。昨夜笙歌容易散，酒醒添得愁无限。楼上春山寒四面，过尽征鸿，暮景烟深浅。一晌凭栏人不见，鲛绡掩泪思量遍。”④有《阳春集》传世。冯延巳的词对北宋词人晏殊、欧阳修颇有影响。

吴时有殷文圭，字表儒，池州青阳（今安徽青阳）人，乾宁五年（898 年）进士，吴武义元年（919 年）杨隆演称帝，为翰林学士，工诗，作品甚多，以七律见长。元代辛文房说：“唐末文体浇漓，才调荒秽……文圭稍入风度，间见奇崛。”⑤徐铉，字鼎臣，原籍会稽（今浙江绍兴），徙居广陵。初仕吴，为校书郎，南唐李璟时，试知书命，李煜时任翰林学士、吏部尚书等职。工诗能文，才名冠于一时。“其诗流易有余而深警不足”⑥。其弟徐锴，字楚金，南唐李璟时，初为秘书郎。李煜即位，擢为屯田郎中，知制诰，也工诗文，早负才名，与铉合称“大小二徐”。韩熙载，字叔言，潍州北海（今山东潍坊）人。后唐同光中进士，南唐李昪时为秘书郎。李璟时为史馆修撰、中书舍人。李煜重其才，官中书侍郎，光政殿学士承旨。工于文辞，名重江东。时人载金帛以求铭志碑记者络绎不绝，史称其“书命典雅，有元和之风”⑦。

刘洞，庐陵（今江西吉安）人，学诗于陈贶，精思不懈。南唐李煜时，至金陵，献诗百篇，不得后主召见，遂还庐陵。及宋兵围金陵，官僚缙绅纷纷逃跑或投降，刘洞愤然赋诗

---

① 〔清末民初〕王国维：《人间词话》卷上，江苏文艺出版社 2007 年版，第 7 页。

② 〔宋〕陆游：《南唐书》卷一一《冯延巳传》，傅璇琮等主编：《五代史书汇编》，杭州出版社 2004 年版，第 9 册，第 5550 页。

③ 陈廷焯：《白雨斋词话》，清光绪二十年（1894 年）刻本，第 3 页。

④ 〔五代〕冯延巳撰、谷玉校订：《阳春集》，上海古籍出版社 1988 年版，第 1 页。

⑤ 〔元〕辛文房：《唐才子传》卷一〇《殷文圭》，见傅旋琮主编：《唐才子传校笺》，中华书局 1990 年版，第 4 册，第 369 页。

⑥ 〔清〕纪昀等：《钦定四库全书总目（整理本）》卷一五二《集部・别集类五》“骑省集三十卷”条，中华书局 1997 年版，下册，第 2032 页。

⑦ 〔清〕吴任臣：《十国春秋》卷二八《南唐・韩熙载传》，中华书局 1983 年版，第 397—400 页。傅璇琮等主编：《五代史书汇编》，杭州出版社 2004 年版，第 9 册，第 5347—5349 页。

云："千里长江皆渡马，十年养士得何人？"①南唐灭亡后，他过金陵故宫，徘徊赋诗，多感慨悲怆。其诗颇受贾岛影响，是一位爱国诗人。长于五言律诗，自号"五言金城"。伍乔，庐江（今安徽庐江）人，入庐山国学，苦节自砺，南唐李璟时进士第一。工诗，皆七律，多赠寄送别、游览题咏之作。邵拙，字拙之，宣城（今安徽宣城市）人，孤峭不挠，工诗能文，有《庐岳集》，时人评之："迈古文章金鸑鷟，出群行止玉麒麟。"今仅存断句："万国未得雨，孤云犹在山。"②人称此两句为其苦学能文而名位不显的写照。李建勋，字致尧，广陵（今江苏扬州）人，李昪出镇金陵，任为副使，帮助李昪灭吴称帝，创建南唐，任宰相，监修国史。李璟即位，出为抚州节度使，后以司空、司徒致仕，赐号钟山公。工诗，琢炼颇工，今存诗 90 多首，多为游览题咏、风花雪月之作。史虚白，字畏名，号隐君子，齐鲁人，隐居嵩山。唐、晋间，中原丧乱，他与韩熙载同投南唐，他才华出众，南唐李昪用为校书郎，后辞官，居九江落星湾，以诗酒自娱。李璟时，仍赐粟帛，死后追号"冲靖先生"。孙晟，本名凤，又名忌，密州（今山东诸城）人，有文才，尤长于诗，少为道士，居庐山简寂观，后改儒服，唐庄宗时授著作佐郎。李昪辅吴时，招四方之士，晟往投奔。李昪称帝后，官至中书舍人、翰林学士、中书侍郎。李璟时，升任左仆射，与冯延巳同为宰相，事李昪父子 20 余年。钟谟，字仲益，祖籍会稽，侨居建康（今江苏南京），李璟时累迁吏部郎中，翰林学士。博学能文，工诗，尤好古碑。陈贶，南闽（今福建）人，不求仕进，隐居庐山 40 年，以诗闻名，每得佳句，虽未成篇已四处流传，李璟欲授之官，固辞不受，遂赐以粟帛，遣还庐山。孟宾于，字国仪，连州人。初仕楚，为零陵从事。楚亡，归南唐，知丰城县、淦阳令、水部郎中，后退隐于玉笥山，自号"群玉峰叟"。南唐亡，归老连州。有《金鳌诗集》2 卷，已佚。康仁杰，泉州（今福建泉州）人，少断发为僧，喜儒学，后还俗，至金陵，李后主授鄂州文学，又补溧阳簿，官至汾阳令。性素俭，门无私谒，终日吟咏，从不懈怠。曾以诗召嘉禾峰僧云："只在此山宁有意，向来求佛本无心。"时人称善。李中，字有中，九江（今江西九江）人。李璟时曾任下蔡县令。后主李煜时，历任吉水县尉，晋陵、新喻、淦阳县令，官终水部郎中。其诗集名《碧云集》。孟宾于有序称其"缘情入妙，丽则可知"。夏宝松，庐陵吉阳（今江西吉水）人，与诗人刘洞齐名。刘诗以《夜坐》最为警策，夏诗以《宿江城》最著名。故有"建水旧传刘夜坐，螺川新有夏江城"之语。张泌，一作佖，字子澄，淮南（今安徽寿县）人。仕南唐，初为句容县尉，后擢为监察御史、考功员外郎、内史舍人。工诗，作品内容多写伤春之情和羁旅之思。"多情只有春庭月，犹为离人照落花"，更是脍炙人口的名句。成彦雄、沈彬、

① 〔宋〕马令：《南唐书》卷一四《刘洞传》，傅璇琮等主编：《五代史书汇编》，杭州出版社 2004 年版，第 9 册，第 5353 页。

② 〔宋〕马令：《南唐书》卷二二《邵拙传》，傅璇琮等主编：《五代史书汇编》，杭州出版社 2004 年版，第 9 册，第 5401 页。

孟贯诸人也善诗。

此外，以文名家的，如蒯鳌，宣城人，善作文章，有才思。江南自唐末以来，文体纤丽之风流行。鳌独不事华藻，而以理趣为本。他说："夫文章者，所以达道德之本，发才智之蕴，使旨胜于辞，理过于文，为得之矣。"反对"摘裂章句，钩校属耦，绮丽悦目，清新沃耳"① 的文风。

**（二）史学**

在史学方面，南唐史学家如尉迟偓，为南唐史官，参修国史，撰有《中朝故事》。该书多记唐宣宗、懿宗、昭宗、哀宗四朝旧闻，凡2卷。郭昭庆，著《唐春秋》30卷，《治书》50篇，其中《禁绝》3篇，多天文、孙吴之术及经国论等，皆行于世。章僚，李煜时奉使高丽，撰《海外使程广记》3卷，地志家多称其书为博洽。刘崇远，撰《金华子》，论唐宣宗以后朝野故事，多足与正史相参证，司马光修《资治通鉴》，多予采录。

**（三）书画艺术**

南唐诸王都爱好文艺，李璟时已设立画院，一时名画家辈出，使绘画成为南唐艺术成就较大的一个部分。

山水画家以董源、巨然为代表。董源，字叔达，李煜时曾任北苑副使，人称董北苑。擅画山水、人物、走兽、花鸟，尤以山水的成就最为杰出。他的山水画，米芾在《画史》中说："峰峦出没，云雾显晦，不装巧趣，皆得天真，岚色郁苍，枝干劲挺，咸有生意，溪桥渔浦，洲渚掩映，一片江南也。"并称其画为"近世神品，格高无比也"②。他的画富有真实的自然美感，被推为江南画的开山始祖。他的学生巨然也擅长画江南山水，他们的"披麻皴"画法，一直为元明以来山水画家所模仿，影响深远。后人评论山水画，无不对董、巨推崇备至。后人评论董、巨的画："江南中主时，有北苑使董源善画，尤工秋岚远景，多写江南真山，不为奇峭之笔。其后建业僧巨然，祖述源法，皆臻妙理。大抵源及巨然画笔，皆宜远观。其用笔甚草草，近视之几不类物象，远观则景物粲然，幽情远思，如睹异境。如源画《落照图》，近视无功，远观村落杳然深远，悉是晚景，远峰之顶，宛有返照之色，此妙处也。"③明人王世贞则在《艺苑卮言》中论述山水画的发展演变时说："山水至大小李一变也，荆、关、董、巨又一变也。"大小李指李思训、李昭道父子。甚至有人评论说："董源、巨

① 以上见〔清〕吴任臣：《十国春秋》卷二八《南唐·蒯鳌传》，中华书局1983年版，第408页。

② 〔宋〕米芾：《画史·唐画五代国朝附》，文渊阁《四库全书》本。

③ 〔宋〕沈括：《梦溪笔谈》卷一七《书画》，胡道静：《新校正梦溪笔谈》，中华书局香港分局1975年版，第176页；毛先舒：《南唐拾遗记》，傅璇琮等主编：《五代史书汇编》，杭州出版社2004年版，第9册，第5790页。

然创造的江南山水画派，前无古人，后有来者，在中国山水画发展史上，开拓了一个新的里程碑，具有划时代的意义。”①这些评论是十分恰当的。当然，董源的艺术才能是多方面的，他的人物画，表现题材十分丰富。他曾画过《夷光像》《孔子哭虞丘子》《袁安卧雪》《牧牛图》《采菱图》《弄虎人物》《渔父图》《钟馗图》等。夏文彦在《图绘宝鉴》里说董源的画“人物多用青红衣，人面亦用粉素”。

在南唐众多画家中，隐遁避世的荆浩是营造山水画“高远”格局的名家。荆浩曾于太行山隐居，对山峰的起伏、烟霞的变幻可谓了若指掌，其画作将吴道子之笔、项容之墨共冶一炉，有《匡庐图》传世。此图现存于中国台北“故宫博物院”，是采用“高远”透视法完成画作的全景山水画代表，主峰突兀，群峰环伺，只用水墨渲染，浑然天成，将云雾缭绕、风姿摇曳的庐山呈现在读者的眼前，有“神品”之称。荆浩所著《笔法记》在北宋被奉为学画秘诀，后有人将之藏入秘阁，可见对其重视程度。它作为我国第一部纯山水的画论，完全摆脱了人物画论的影响，成为一部创造性的作品，所以后至宋徽宗时，院召韩拙将其重新校译，又略加解释，编著成《山水纯全集》②。五代入宋画家范宽之《溪山行旅图》、董源之《寒林重汀图》皆脱胎于此，受其影响甚深。③

荆浩《匡庐图》

花鸟画则推徐熙，他是江南花鸟画的大师，与黄筌齐名。所谓“黄筌富贵，徐熙野逸”就是对此二人艺术风格的高度概括。汤垕《画鉴》载：“徐熙画花果，多在澄心纸上。”④李煜把他的画挂在宫中，誉为“铺殿花”。他善于观察事物，常常浏览园圃，观察花鸟虫鱼的细致情状。他的画“骨气过人，风神潇洒”，人称“徐体”。受到了后世士大夫的追捧，“开创和树立了绘画史上明清写意花鸟画的高峰”⑤。其孙徐崇嗣，画花全不用墨笔，而直接以彩色染成，称为“没骨法”。

人物画方面，名画家有顾闳中，画院翰林待诏。他画的《韩熙载夜宴图》，是一幅杰出的作品，它用图像记录了五代文士韩熙载筹办家庭宴会的生活情境，其夜宴场景随着一

① 周积寅：《绘画大师董源》，《南京艺术学院学报》1984年第1期。

② 张宗建、邢习娇：《开图论千里：五代宋初北方山水画的形式特征及其影响》，《国画家》2018年第6期。

③ 谢健：《五代江南山水画空间意识与南唐“士大夫之词”艺术风格的形成》，《兰台世界》2017年第22期。

④ 〔元〕汤垕：《画鉴》，马采标点注译、邓以蛰校阅，人民美术出版社1963年版，第23页。

⑤ 马蓉：《徐熙画派的绘画艺术风格特点及影响》，《大众文艺》2014年第12期。

种叙事化情节展开，由听乐、观舞、暂歇、清吹、散宴酬宾五部分组成，而这些场景间又由山水屏风或绘有山水屏风的床榻巧妙相隔且相互衔接成一幅长卷。高太冲，江南人，也是画院翰林待诏，工肖像画，所画南唐中主李璟像，得其神似①。周文矩，翰林待诏，著名仕女画家，继承了唐代画家周昉的画风，又有自己的独创性，行笔上用瘦劲挺拔的"战笔"去表现衣纹，不重设色，而重装饰。郭若虚的《图画见闻志》中载有《贵戚游春》《捣衣》《熨帛》《绣女》《写李季兰真》《钟馗氏小妹图》等图。② 现存于美国克里夫兰艺术博物馆，哈佛大学福格博物馆及大都会艺术博物馆的宋代摹本长卷《宫中图》，传为周文矩所作，全卷被分割成三段，描绘宫中妇女的日常生活，有的奏乐、有的梳妆、有的闲聊、有的扑蝶……画中有妇女和儿童等大大小小人物达 80 人。画家着重刻画人物的神情，表现出儿童的活泼天真；画面人物组合井然有序，或三五成群、或六七一组，真实生动地表现出古代宫廷妇女闲适的生活，人物神态自然；画家着重表现出仕女的气质和神韵，可见对宫中生活观察得细致入微，真实客观地再现宫中妇女的生活。另外，周文矩的《重屏会棋图》也是一幅写实性的图卷，描绘五代南唐中主李璟兄弟四人会棋时的情景。作者采用中心式构图，主体突出，形象逼真地刻画出人物的面貌和气质，同时也真实地描绘了当时的生活用具。画面背景本身就是一个屏风，在屏风当中又绘有一屏风，因此得名"重屏"。南唐中主李璟和后主李煜都善弈棋，以此为题材的绘画反映了当时宫廷中的生活。

顾闳中《韩熙载夜宴图》

顾闳中《韩熙载夜宴图》局部

顾闳中《韩熙载夜宴图》局部

① 〔宋〕郭若虚：《图画见闻志》卷三《纪艺中》，湖南美术出版社 2000 年版，第 138 页。
② 〔宋〕郭若虚：《图画见闻志》卷三《纪艺中》，湖南美术出版社 2000 年版，第 123 页。

顾闳中《韩熙载夜宴图》局部

顾闳中《韩熙载夜宴图》局部

周文矩《宫中图》局部

周文矩《宫中图》局部

周文矩《宫中图》局部

周文矩《宫中图》局部

周文矩《宫中图》局部

周文矩《宫中图》局部

周文矩《宫中图》局部

周文矩《宫中图》局部

周文矩《宫中图》局部

此外，其他画家还有赵忠义、曹仲玄、朱澄、陶守立、顾德谦、厉昭庆、卫贤、梅行思、竹梦松、王齐翰、董羽、韩干、蔡润、解处中等，都是有成就的画家。其中，赵忠义是南唐少有的精通佛道、鬼神题材绘画的界画画家；朱澄则名噪一时，“工画屋木，时称绝手”；卫贤则被《宣和画谱》称为“唐人罕及”①的界画名家。《高士图》是卫贤的界画代表作，现藏于北京故宫博物院，绢本，尺寸 134.5 厘米×52.5 厘米，描绘汉代著名隐士梁鸿与妻子孟光“举案齐眉”的典故。《高士图》是纵向卷轴画，上半部分为俊秀的山峰，云蒸霞蔚；下半部分为奇石竹篱，悠然随意。梁鸿的居舍是一个歇山式风格的敞开型空间，下筑台基，位于画面中心。从整体布局来看，画家对“高洁之士”这一主题的表达可谓匠心独运。②

① 〔宋〕无名氏：《宣和画谱》卷八《卫贤》，湖南美术出版社 1999 年版，第 175 页。张涵、张中秋：《国学举要·艺卷》，湖北教育出版社 2002 年版，第 175 页。

② 谢健：《五代江南山水画空间意识与南唐“士大夫之词”艺术风格的形成》，《兰台世界》2017 年第 22 期。

五代周文矩《重屏会棋图》

五代南唐王齐翰《勘书图》

书法方面，南唐二主都善书法。李璟学羊欣，李煜学柳公权。内府购藏钟王以来的墨帖很多。李煜作书行笔“作颤笔樛曲之状，遒劲如寒松霜竹，谓之金错刀”①。“作大字不用笔，卷帛而书之，皆能如意，世谓‘撮襟书’。”②又喜作行书，“落笔瘦硬而风神溢出，然殊乏姿媚”③。此外，他对书法理论也颇有研究，所著《书述》，总结记载了古代书法家的作书执笔法。韩熙载，善八分书。应用，善写细字，微如毛发，能在一个铜钱上写《心经》一篇，又能在一粒芝麻上写“国泰民安”四字。王文秉，善小篆，有《紫阳石磬铭》《千字文》传世。徐铉，好李斯小篆，隶书亦工。其篆籀气质高古，沉着刚劲，风采照人。宋人朱长文《续书断》评价说：“盖自（李）阳冰之后，篆法中绝，而骑省于危乱之中，能存其法。”清代刘熙载亦称赞“徐鼎臣之篆正而纯”。据《宣和书谱》卷二记载，宋内府收藏有他的小篆《大道不器赋》《蝉赋》《千字文》等作品 7 件。其中他所书的《千字文》，行笔点画皆精，严有法度，是玉箸篆书法的典型作品之一，达到了“炉火纯青”的境地，宋代大书法家黄庭坚称其

---

① 〔宋〕佚名：《宣和画谱》卷一七《李煜》，湖南美术出版社 1999 年版，第 349 页。

② 〔宋〕佚名：《宣和书谱》卷一二，《丛书集成初编》本。

③ 〔宋〕佚名：《宣和书谱》卷一二，《丛书集成初编》本。

可与“斯翁而后，直至小生”的唐代著名篆书家李阳冰相媲美。他还主持编刻了一套四卷的书法丛帖，定名为《升元帖》，这是中国历史上最早出现的一部丛帖。它比起号称“法帖之祖”的《淳化阁帖》还早几十年问世，并对其产生过不小的影响。徐铉的弟弟徐锴，也是一位知名书法家，善八分小篆，成就与兄徐铉不分上下，书史美称“大小二徐”，同时播名当世。

**（四）雕塑**

五代南唐的雕塑艺术，代表了当时江南地区的成就和水平。20 世纪 50 年代初发掘的南京市郊祖堂山南唐先主李昪及其妻宋氏的钦陵，发现有精美的石刻浮雕。钦陵墓门和 3 个室的壁面上砌凿出柱、枋和斗拱，其上彩绘牡丹、宝相、莲花、海石榴和云气图案。后室顶部绘天象，地面雕刻象征地理的河川。石棺座侧还雕有三爪龙和各种花纹。进门处上方横刻“双龙戏珠”，其下两侧各有一个披甲持剑足踏祥云的武士雕像，雕像表面原有涂金彩绘。

江苏江宁县南唐钦陵剖视图

江苏江宁五代南唐钦陵中室

江苏江宁五代南唐顺陵内景

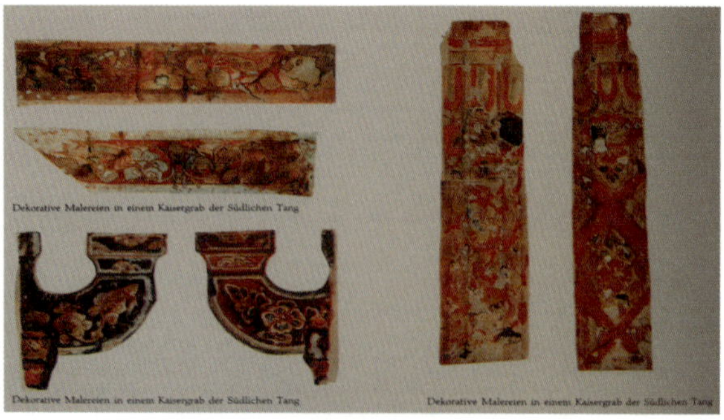


南唐李昪墓内饰

另外，南唐两陵中出土的陶俑，神情各异，也是研究那一时代雕塑艺术的宝贵资料。如在女俑中，既有梳着高髻、穿对襟外衣、披云肩和“华袂”的内宫嫔妃，还有扬袖起舞的歌舞伎。陶俑中，人首鱼身俑、人首蛇身俑和人首龙身俑最引人注意，这些怪异的神兽，造型生动，线条流畅，是南唐时期造型艺术的杰作。

除陵墓雕塑外，南唐佛教寺庙中的雕塑艺术也有很高的价值。例如南唐重建的栖霞寺舍利塔，其所刻浮雕为当时杰作。

南唐二陵出土的陶男舞俑

南唐二陵出土的陶女舞俑

南唐重建的栖霞寺舍利塔

南唐重建的栖霞寺舍利塔细部

### （五）科学技术

五代南唐的科学技术，以造纸和文具制造技术最为著名。

因南唐二主留意翰墨，故所用的纸张、文具都极为考究。为了造出高质量的好纸，曾聘请蜀中纸工，在六合（今属江苏）找到与蜀中性质相同的水，造出一种质量极高的纸，叫“澄心堂纸”。其制作经过冷水浸楮、取脂、烘焙等工序，纸品制成后坚滑如玉，质量上乘，因而价值极高。北宋苏易简评论说："南唐有澄心堂纸，细薄光润，为一时之甲。"[①]北宋梅尧臣亦称赞澄心堂纸"滑如春冰密如茧"[②]。在当时，一幅澄心堂纸售价在百金以上，是不可多得的佳纸。其纸除了供君主使用外，也"供名人书画"。大画家徐熙就"多在澄心(堂)纸上"画花果[③]。"澄心堂纸"不仅为南唐文人所喜爱，亦为后世文人所钟爱。北宋苏轼咏"澄心堂纸"云："诗老囊空一不留，百番曾作百金收。"[④]刘敞曾从宫中得澄心堂纸百枚，欣喜异常，情不自禁地赋诗道："六朝文物江南多，江南君臣玉树歌。擘笺弄翰春风里，斲冰析玉作宫纸。当时百金售一幅，澄心堂中千万轴。摛辞欲卷东海波，乘兴未尽南山竹。楼船夜济降幡出，龙骧将军数军实。舳舻衔尾献天子，流落人间万无一。我从故府得百枚，忆昔繁丽今尘埃。秘藏箧笥自矜玩，亦恐岁久空成灰。后人闻名宁复得，就令得之当不识。君能赋此哀江南，写示千秋永无极。"[⑤]后来，他将10枚澄心堂纸赠送给欧阳修，欧阳修得此纸后和诗云："君家虽有澄心纸，有敢下笔知谁哉？……君从何处得此纸？纯坚莹腻卷百枚。"[⑥]并转赠给梅尧臣2枚。梅将此纸视若珍宝，诗云："往年公赠两大轴，于今爱惜不辄开……文高墨妙公第一，宜用此纸传将来。"[⑦]其可贵如此。

南唐境内的制墨工艺也非常先进。唐末北方墨工奚超与其子廷珪，从唐代制墨中心易水(今河北易县)南迁歙州，在当地重操制墨旧业。以歙州古松为原料烧制优质松烟，创制出"丰肌腻理、光泽如漆"的佳墨，具有"拈来轻，嗅来馨，磨来清"[⑧]的优点。苏易简《文房四谱》卷五赞其"其坚如玉，其纹如犀，写逾数十幅，不耗一二分也"。南唐后主李煜"宠其能"，聘为墨官，赐姓李氏，以李氏世代掌之。李超被封为水部员外郎，其子廷珪也被委任为墨务官。

---

① 〔宋〕苏易简：《文房四谱·纸谱》，转见明顾起元《说略》卷二二《工考上》，文渊阁《四库全书》本。

② 〔宋〕梅尧臣：《宛陵集》卷七《永叔寄澄心堂纸二幅》，文渊阁《四库全书》本。吴之振编：《宋诗钞》卷八。

③ 〔元〕汤垕：《古今画鉴》，《丛书集成初编》，上海商务印书馆1937年版，第7页。

④ 〔宋〕苏轼：《苏轼诗集》卷二九《次韵宋肇惠澄心纸二首(其一)》，中华书局1982年版，第1539页。

⑤ 〔宋〕刘敞：《公是集》卷一七《去年得澄心堂纸，甚惜之，辄为一轴，邀永叔诸君各赋一篇，仍各自书藏以为玩，故先以七言题其首》，文渊阁《四库全书》本。

⑥ 〔宋〕欧阳修：《居士集》卷五《和刘原甫澄心纸》，李之亮：《欧阳修集编年笺注》，巴蜀书社2007年版，第1册，第219页。

⑦ 〔宋〕梅尧臣：《宛陵集》卷三五《依韵和永叔澄心堂纸答刘原甫》，文渊阁《四库全书》本。

⑧ 以上参见〔宋〕罗愿：《新安志》卷一〇《杂艺·墨》，见萧建新、杨国宜校著：《新安志整理与研究》，黄山书社2008年版，第335—336页。

《天工开物》松烟制墨法，取流松液及在棚尾扫取清烟

李氏造墨，讲究物料，重视配方，工序紧凑，而尤以调胶和制最为独到精绝。宋代何薳《春渚纪闻》卷八载："李氏渡江，始用对胶，而秘不传，为可恨……因晤对胶法，每视烟料而煎胶，胶成和煤，无一滴多寡也。"陆友《墨史》卷中也载："李廷珪真墨坚如角石。斜斫，薄处可以刻纸。或云：廷珪佳煤一斤可受胶一斤，入手坚重，研不滞笔，此所以独贵于世也。"此外，它还有入水不坏、久藏不败的优良品质。宋人蔡襄誉廷珪墨为"天下第一品"①。

除李氏外，易水墨工张谷在五代时也迁居到歙州，在黄山一带制墨，名望仅次于李氏。与李廷珪同时的制墨工匠、歙州人朱逢，也曾创有佳墨。陶穀《清异录》卷四云："韩熙载留心翰墨，四方胶煤，名不合意，延歙匠朱逢于书馆旁，烧墨供用，命其所曰化松堂，墨又曰玄中子，又自名麝香月，匣而宝之。"歙州墨工耿氏家族，也精于制墨。宣州盛氏一家，也能制造"依歙样香墨"。

南唐的制砚技术也冠绝于时。《渑水燕谈录》卷八云："南唐后主留心笔札，所用澄心堂纸、李廷珪墨、龙尾石砚三物，为天下之冠。"南唐时，歙州砚工汪少微选用当地龙尾山晶莹圆净、纹理缜密美丽的石料制成"龙尾砚"，深得时人珍爱。歙州太守把此砚呈献给李璟，并向他推荐了砚工汪少微。李璟对汪少微的精湛技艺颇为赞赏，于是诏令在歙州设置砚务，委任汪少微为砚务官，专司制砚事宜。从此，歙砚进入了辉煌的时代。

在后主时期，南唐还流行一种叫"天水碧"的印染品，相传这种技术是由后主李煜的宫人偶然发明的："南唐将亡前数年，宫人擦蔷薇水染生帛，一夕，忘收，为浓露所渍，色倍鲜

① 〔元〕陆友：《墨史》卷上，文渊阁《四库全书》本。

翠……因令染坊染碧必经宿露之，号为天水碧。”[①]后来这种印染技术传到民间而成为一种时尚，“建康市中染肆之榜，多题曰‘天水碧’”，天水碧成为染织品店主们吸引顾客的招牌[②]。

当然，南唐在科学技术上的成就远不止上述这些内容。其医学、造船、航海、水利等方面的科技成就，也在五代时位居中国前列。如在医学上，南唐陪戎副都尉剑州陈士良所著的《食性本草》一书，就颇具科学价值。与唐代孟诜的《食疗本草》、明代汪颖的《食物本草》一起，并称为中国古代“食物中药”的三大名著。该书共 10 卷，内容载有各类食用动植药物及制品，同时配上食治诸方及五时调养脏腑之术，颇多创见。它对北宋《重修政和证类本草》一书的编纂，起到了重要的参考作用。

**（六）城市建设**

金陵为南唐国都，是全国重要的政治、经济和文化中心，是当时相当繁华的城市。金陵城周围长达二十五里多（有说三十里），东达今日大中桥，西临长江，即抵今水西门和汉中门，南到长干里，即今中华门，北至今北门桥、竺桥，秦淮河和石头城都包括在内，相当于明代应天府城的西南部分。城四周有城墙，高两丈五尺，共有八门，即龙门、栅寨门、上水门、下水门和东、南、西、北等门。子城（宫城）位于金陵城中偏北，周围长达四里，除北面无门外，其余东、南、西面各有一门。其范围南临今内桥，北尽小虹桥，东到升平桥，西至大市桥（羊市桥），御街由宫城南门一直延伸到今中华路。

金陵商业贸易相当繁盛，酒店、酒肆都相当普遍。这里出现了层楼开设的酒店[③]。金陵沿秦淮河两岸临街设置的商肆与手工业作坊共同形成行业街市，传统的封闭型商肆格局被打破。城南出现专为居民日常生活服务的市集[④]。《南唐近事》所载的“鸡行”，即处于闹市区。又，《庆元建康续志》载：“戚氏〈续志〉银行，今金陵坊银行街，物货所集。花行，今层楼街，又呼花行街，有造花者，诸市但名存，不市其物。”这里所指花行，为制作装饰用花之处；银行则为金银器物加工场所，反映出“坊”成为手工业的集中地[⑤]。商旅很多，金陵城破时豪民富商被越兵烧死于瓦棺阁者甚众[⑥]。大量贵族、官僚的定居，使得奢

① 〔宋〕周应合：《景定建康志》，《南京稀见文献丛刊》，南京出版社 2009 年版，第 2169 页。

② 〔宋〕佚名：《五国故事》，中华书局 1991 年版，第 241 页。

③ 〔清〕吴任臣：《十国春秋》卷一二《钱亮传》，中华书局 1983 年版，第 158 页。

④ 吴松弟：《唐后期五代江南地区的北方移民》，《中国历史地理论丛》1996 年第 3 期。

⑤ 何剑明：《南唐时期江苏区域经济与社会发展论要》，《江苏行政学院学报》2004 年第 3 期；姚亦锋：《南唐金陵城格局追溯》，《现代城市研究》2006 年第 8 期。

⑥ 〔宋〕马令：《南唐书》卷五《后主书第五》载：“升元寺阁崇构，因山为基，高可十丈。平旦阁影半江。梁时为瓦棺阁，至南唐，民俗犹因其名，士大夫暨豪民富商之家、美女少妇避难于其上，迨数百人。越兵举火焚之，哭声动天，一旦而烬。”傅璇琮等主编：《五代史书汇编》，杭州出版社 2004 年版，第 9 册，第 5295 页。

侈品消费出现很多商机。宋代吴淑《江淮异人录》载：“南海尝贡奇物，有蔷薇水、龙脑浆。蔷薇水清洮郁烈，龙脑浆补益男子。上常宝惜之，每以龙脑浆调酒服之，香气连日，不绝于口。亦以赐近臣。”①王贞白《娼楼行》诗：“龙脑香调水，教人染退红。”②显示产自大食的龙脑油数量可观，并于娼楼中随处可见。尤其是到了唐末五代，外商人数可能更多，金陵城内外经营奢侈品的外商到处留下了他们的足迹。③ 商业的繁荣，也造就了金陵城庞大的富商阶层。南唐开国元老周宗，“既阜于家财而贩易，每自淮上通商，以市中国羊马”，集政客与富商于一身。其交易规模巨大，闻于中原④。类似情况在金陵城内较为普遍。城内官员及其家属、军队、部分商贾、城市手工业者，经营盐、茶暴发的富豪，北方南下的士大夫、文人墨客以及妓女等成为金陵及其周边中心城市新的消费阶层，对金陵的城市经济繁荣起到了积极作用。⑤

南唐江宁府图

① 〔宋〕吴淑：《江淮异人录》卷下《耿先生》，文渊阁《四库全书》本。

② 童养年：《全唐诗续补遗》，《全唐诗补编》第 3 编，中华书局 1992 年版，第 44 页。

③ 张剑光：《唐五代江南的外商》，《史林》2006 年第 3 期。

④ 〔宋〕佚名：《五国故事》，中华书局 1991 年版，第 154 页。

⑤ 以上参见冯兵、杨兵：《五代十国时期南北城市发展趋势与基本面貌》，《南都学坛（人文社会科学学报）》2018 年 7 月第 38 卷第 4 期。

金陵城中还有众多的园林建筑，时人云："有唐再造，俗厚政和，人多暇豫，物亦茂遂，名园胜概，隐辚相望。至于东田之馆，西州之墅，娄湖张侯之宅，东山谢公之游，青溪赋诗之曲，白杨饮酒之路，风流人物，高视昔贤。京城坤隅，爰有别馆，百亩之地，芳华一新。"① 司徒徐价的园苑就非常出名："亭榭跨池塘，泓澄入座凉。扶疏皆竹柏，冷淡似潇湘。萍嫩铺波面，苔深锁岸傍。朝回游不厌，僧到赏难忘。"园中亭榭等建筑、水面很广的池塘、繁茂的竹子和树木，给人幽静淡雅的感觉②。

## 四、吴越国的文化成就

吴越国在五代时期是文化发达的地区。其主要原因是吴越国的统治者在政治上实行了一系列"保境安民"的政策，人民免受战争之苦。欧阳修说："独钱塘自五代时知尊中国，效臣顺，及其亡也，顿首请命，不烦干戈，今其民幸富完安乐。"③苏轼也说："吴越地方千里，带甲十万，铸山煮海，象犀珠玉之富，甲于天下，然终不失臣节，贡献相望于道。"④社会安定，经济繁荣，促进了文化的大发展。史载吴越国时，"浙右富庶登丰之久，上下无事，惟以文艺相高"⑤。因此其文化水平，在当时南方诸国中名列前茅。

### （一）城市建设

唐大顺元年（890 年）闰九月，钱镠建造罗城，但不称罗城而名新夹城，这是因为依附旧城的缘故。"镠命筑新城，环包氏山，洎秦望山而回，凡五十余里，皆穿林驾险而版筑焉"⑥。唐末景福二年（893 年），钱镠为镇海节度使，开始在杭州一带拥兵割据。是年七月，钱镠发动十三都兵士和民夫 20 余万人，新筑罗城，自秦望山由夹城东亘江干，接近钱塘湖（西湖）、霍山（今少年宫后）、范浦（今艮山门外），周围七十里。罗城的修筑工程十分

---

① 〔五代〕徐铉：《毗陵郡公南原亭馆记》，〔清〕董诰：《全唐文》卷八八三，上海古籍出版社 1990 年版，第 4090 页。

② 张天启、张剑光、邹国慰：《唐五代江南城市的园林建设及其特点探析》，《江西社会科学》2014 年第 4 期。

③ 〔宋〕欧阳修：《居士集》卷四〇《有美堂记》，李之亮：《欧阳修集编年笺注》，巴蜀书社 2007 年版，第 3 册，第 107—108 页。

④ 〔宋〕苏轼：《苏轼文集》卷一七《表忠观碑》，中华书局 1986 年版，第 2 册，第 499—501 页。参见〔宋〕李焘：《续资治通鉴长编》卷二八五，第 20 册，第 6976 页。

⑤ 〔五代〕罗隐：《杭州罗城记》，〔清〕董诰等编：《全唐文》卷八九五，中华书局 1990 年版，第 4 册，第 4144 页。

⑥ 〔清〕吴任臣：《十国春秋》卷七七《吴越一・武肃王世家上》，中华书局 1983 年版，第 1053 页。

艰巨，由于“江涛势激，版筑不能就”，待后来“沙涨一十五里，余功乃成”①。这次筑城共开城门10个：朝天门（在吴山下，今镇海楼）、龙山门（在六和塔西）、竹车门（在望仙桥东南）、新门（在炭桥东）、南土门（在荐桥门外）、北土门（在旧菜市门外）、盐桥门（在旧盐桥西）、西关门（在雷峰塔下）、北关门（在夹城巷）、宝德门（在艮山门外，无星桥）。② 城门的建造十分讲究，如朝天门，据明田汝成《西湖游览志》载：

> 规石为门，上架危楼。楼基叠石，高四仞有四尺，东西五十六步，南北半之。中为通道，横架交梁，承以藻井，牙柱壁立三十有四，东西阅门对辟，名曰武台，夷敞可容兵士百许。武台左右北转，登石级两曲，达于楼上。楼之高，六仞有四尺，连基而会，十有一仞，贮鼓钟以司漏刻。③

对此次筑城，钱镠十分重视，其《罗城记》说：“千百年后，知我者以此城，罪我者亦以此城，苟得之于人而损之己者，吾无愧与！”④

乾宁五年（898年），钱镠请移镇海军治于杭州获准。光化三年（900年），吴越国国王钱镠在唐州治的基础上建造镇海军使院，作为节度使与杭州大都督府的办公地点。据罗隐《镇海军使院记》载：“镇海军旧治京口，大丞相以钱塘之众，东戡汉宏，西歼逆朗。天子不欲易其土，故自符竹四命，然后移军于钱塘。生物以宜，租赋以便，斥去旧址，广以新规，廊开闬闳，拔起阶级，俾幢节之气色，貔武之出入，得以周旋焉。庚申年，加辟大厅之西南隅，以为宾从晏息之所，左界飞楼，右劘严城，地耸势峻，面约背敞，肥楹巨栋，间架相称，雕奂之下，朱紫苒苒，非若越之今而润之旧也。”⑤当时这里是军事、行政、外交的办公地点，已具一定的宫室规模。后来吴越国的国治，就建在镇海军使院的基础上。方圆九里，有握发等殿，都会、八会、阅礼、功臣、天宠、仙居、天册、思政、武功、大庆等堂，瑶台、义和等院，天长、垒雪、青史等楼；亦不乏假山莲池，曲水亭阁之胜。

后梁开平元年（907年），钱镠被后梁太祖朱晃晋封为吴越王。第二年（908年），钱镠改元天宝。天宝三年（910年）三月，钱镠命其子钱元瓘修筑杭州子城。子城在凤凰山下，南有通越门（在凤凰山右），东北有双门（一作霍门，约在今瑞石山一带）。城门皆铺以铁

① 〔宋〕钱俨：《吴越备史》卷一《武肃王》，傅璇琮等主编：《五代史书汇编》，杭州出版社2004年版，第10册，第6189页。

② 〔明〕郎瑛：《七修类稿》卷六《天地类·钱氏杭城门名》，上海书店出版社2009年版，第68页。

③ 〔明〕田汝成：《西湖游览志》卷一三《南山分脉城内胜迹·镇海楼》，上海古籍出版社1980年版，第175—176页。

④ 〔五代〕钱镠：《罗城记》，〔清〕董诰等编：《全唐文》卷一三〇，上海古籍出版社1990年版，第1册，第572页。

⑤ 〔五代〕罗隐：《镇海军使院记》，〔清〕董诰等编：《全唐文》卷八九五，上海古籍出版社1990年版，第4册，第4143页。

叶，坚固厚重。因为钱镠其时已为吴越王，所以子城实际上也就是吴越国王城。同年八月，钱镠又一次扩建杭州城。《资治通鉴》记载云："吴越王镠筑捍海石塘，广杭州城，大修台馆。由是钱塘富庶盛于东南。"①钱镠诗说"传语龙王并水府，钱塘借与筑钱城"②，即指此。

天宝五年（912年），钱镠又"广辟牙城"③。《资治通鉴》卷二四一胡三省注云："凡大城谓之罗城，小城谓之子城。又有第三重城以卫节度使居宅，谓之牙城。"子城、牙城，亦即其后钱镠"所居曰宫殿，府署曰朝廷"④之所在。

钱镠拓展后的杭州城，南起钱塘江滨，北至泛洋湖畔，东傍钱塘江，西依西湖及西湖群山。⑤ 盐桥河（大运河，即今中河）贯穿南北。城区内南为吴越国王宫，北为钱塘县署，其间为市坊民居。王宫依凤凰山东麓而建，居高临下，俯视市坊民居。市坊主干道（主街道）与盐桥河平行，又以河道及支干道（支街巷）与其相交。杭州自隋朝建城以来，到了钱氏吴越国，遂形成以城南凤凰山为制高点，以贯穿南北的盐桥河及与之平行的主干道为中轴线，控揽（钱塘）江、（西）湖，"南宫北城""前朝后市"的运河走廊型城市格局。从而奠定了古代杭州城市的基本规制，也为提升杭州作为浙东、浙西的政治、经济、文化和交通中心地位奠定了基础。

龙德三年（923年），钱镠又被封为吴越国王。于是，他就此建立吴越国，定都杭州，加名为"西府"，亦称"西都"，正式开始对这个城市的擘画经营，为今后杭州城市的进一步发展奠定坚固的基础。宋代王明清《玉照新志》就说："杭州在唐，繁雄不及姑苏、会稽二郡，因钱氏建国始盛。"⑥钱镠时的杭州"悉起台榭，广郡郭周三十里，邑屋之繁会，江山之雕丽，实江南之胜概也"⑦。

园林建设，见诸记载的主要建有瑞萼园、西园、钱惟演别墅、望湖楼等。钱镠有《百花

---

① 〔宋〕司马光：《资治通鉴》卷二六七《后梁纪二·太祖开平四年》，中华书局1956年版，第18册，第8726页。

② 〔清〕彭定求编：《全唐诗》卷八，中华书局1960年版，第1册，第79页。

③ 〔民国〕钱文选编：《钱氏家乘》卷五《年表·武肃王》，王国平总主编《杭州文献集成》，浙江古籍出版社2017年版，第32册，第565页。

④ 〔宋〕司马光：《资治通鉴》卷二四一《唐纪五十七》、卷二七二《后唐纪一》，中华书局1956年版，第17册，第7764页；第19册，第8880页。

⑤ 〔五代〕钱镠：《建广润龙王庙碑》，〔清〕董诰等编：《全唐文》卷一三〇，上海古籍出版社1990年版，第1册，第575页。

⑥ 〔宋〕王明清：《玉照新志》卷五，《宋元笔记小说大观》，上海古籍出版社2001年版，第4册，第3968页。

⑦ 〔宋〕薛居正等撰：《旧五代史》卷一三三《钱镠传》，中华书局1976年版，第6册，第1771页。

亭梅题二道》云："秾华园里万株梅，含蕊经霜待雪催。莫讶玉颜无粉态，百花中最我先开。""吴山越岫种寒梅，玉律含芳待候催。为应阳和呈雪貌，游蜂唯觉我先开。"①瑞萼园，在嘉会门外，本为忠献王钱弘佐园林。宋潜说友《咸淳临安志》卷七七《寺观三》载开运二年(945 年)吴越王钱弘佐舍瑞萼内园为龙华宝乘院，造有傅大士塔及拍板门槌。苏轼有大士像赞："善慧执板，南泉作舞。借我门槌，为君打鼓。"院旁有瑶华洞、千官塔、闻经台、法华池、落日崖、四顾坪、望海松、片云石、麒麟洞、白龙洞等十景。西园，在清波门外，原为钱镠园林，后舍为灵芝寺。因园内长有灵芝，故名。其地远望岚山，近视湖波，风景如画。南宋诗人董嗣杲诗云："尘凝黼座忆垂衣，今古湖波锦四围。灵毓紫芝三秀远，光开绿玉片金辉。松窗自掩空莲社，石榻相朝卧柳枝。半卷珠帘看落景，鼓箫长送画船归。"②钱塘门外有钱弘俶次子钱惟演别墅，内有白莲、绿野等堂，碧玉、四观，披灏等轩，南漪、迎薰、澄心、涵碧、玉壶、雪氍毹等亭。北宋太平兴国(976—984)合为菩提寺。后并入昭庆寺。望湖楼，一名看经楼，又名先得楼，在西湖北岸，北依宝石山。北宋乾德三年(965 年)钱弘俶建。钱氏园(南果园)，在西湖之南，月轮峰旁。北宋开宝三年(970 年)，钱弘俶舍园，由智觉禅师为镇钱江潮而建寿宁院，造六和塔。

**(二)佛教文化**

唐末五代，随着文化中心的逐步南移，佛教也在南方广泛流传。吴越国王大力提倡佛教，使这一地区成为佛教的一大中心。钱镠晚年深信佛教，钱元瓘、钱弘俶也都奉佛甚笃，因此，吴越国的佛教文化特别盛行，被誉为"东南佛国"。具体表现在大兴佛寺、雕刻佛经、建造佛塔、石窟造像等方面。

1. 大兴佛寺

吴越国境内，寺院林立。按《咸淳临安志》，"九厢四壁，诸县境中，一王所建，已盈八十八所，合一十四州悉数之，且不能举其目矣"③。尤其是国都杭州，"内外及湖山之间，唐以前为三百六十寺，及钱氏立国，宋朝南渡，增为四百八十，

五代吴越国鎏金铜释迦牟尼佛说法像

① 童养年:《全唐诗续补遗》卷一二，陈尚君辑校《全唐诗补编》，第 478 页。

② 〔宋〕董嗣杲:《西湖百咏》卷下《依光堂》，杭州出版社 2017 年版，第 35—36 页。

③ 郑方坤:《五代诗话》卷一《吴越王钱镠》，傅璇琮等主编:《五代史书汇编》，杭州出版社 2004 年版，第 5 册，第 2646 页。

海内都会，未有加于此者也”①。据《咸淳临安志》初步统计，吴越国在杭州创建和扩建的寺院约有150余所。以西湖为例，这里是道教、佛教的主要场所。尤其是佛教寺院，吴越国钱氏三代五王除钱弘倧（在位仅几个月）外，其余几位在寺院建设方面都颇有建树。仅新建的寺院就有钱镠创建的五百罗汉院（钱镠于下天竺翻经院旧址建），惠因寺（后唐天成二年建，位于太子湾西赤山，北宋时因与高丽僧人交往密切，改名高丽寺），垂云院（后唐天成二年建，位于葛岭下，宋改额宝严院），瑞龙寺（后唐天成三年建，位于太子湾西）等。钱元瓘创建的菩提院（后晋天福元年建，位于宝石山东麓，宋赐额大昭庆律寺），清涟寺（后晋天福三年建，位于仙姑山西青芝坞，又名净空院，因有玉泉而通称玉泉寺），法相寺（后晋天福四年建，位于南山赤山埠颖秀坞）等。钱弘佐创建的观音看经院（后晋天福四年建，位于上天竺白云山，清乾隆赐名法喜寺），圆兴院（后晋天福四年建，位于杨梅坞东下满觉，宋改额满觉院），玛瑙寺（后晋开运三年建，位于孤山玛瑙坡，南宋高宗在此建四圣延祥观，玛瑙寺迁北山葛岭东），释迦院（后晋天福年间建，位于吴山，宋改名宝成寺）等。钱弘俶创建的：烟霞寺（后周广顺三年建，位于南高峰西麓），慧日永明院（后周显德元年建，位于南山慧日峰下，宋高宗改名净慈报恩光孝神寺），资庆寺（后周显德五年建，位于大麦岭，宋大中祥符初改名法空寺）等。创建于东晋的灵隐寺，到五代吴越国时期发展到顶峰。后晋天福十二年（947年），钱弘俶接国土位，立即着手扩建整修灵隐寺。后周显德七年（即宋建隆元年，960年），钱弘俶见灵隐寺倾圮颓败，从奉化雪窦寺迎请延寿禅师来灵隐寺主持扩建整修工作。正殿为觉皇旧殿，后为千佛阁，最后为法堂。东建百尺弥勒阁，西有祇园（即紫竹林），在大雄宝殿前月台置有石塔两座，同时扩建僧舍，廊庑回曲，自山门左右连接方丈。扩建后的灵隐寺更名为灵隐新寺，全寺共有九楼、十八阁、七十二殿堂，先后共建殿宇房舍1300余间，住寺和挂单僧人多时达3000余。五代后梁至北宋间律宗高僧、佛教史学家赞宁（919—1001年）就曾住灵隐寺。五代诗僧贯休曾题咏：“元是西天住，飞来莫去休。未是仙佛国，好是帝王州。”今大殿前东西两石幢，八角九层，有佛像浮雕，就是吴越国时的遗物。

法喜寺，又称上天竺寺，位于天竺路338号，背依白云峰。五代后晋天福四年（939年），有僧人道翊在天竺白云峰下结庐修行。一天夜晚，见山涧里有祥光发出，走过去一看，得一奇木，遂请名匠孔仁谦雕刻成观音像。天福十二年，吴越国王钱弘俶即位，据说曾梦见白衣大士请求其修建住所，于是遍访湖山诸寺，而认定上天竺神木观音感梦，遂在上天竺开路筑基，建“观音看经院”，门刻《佛顶尊胜陀罗尼经》，并建幢记事，末行正书“吴

① 〔明〕田汝成：《西湖游览志余》卷一四《方外玄踪》，上海古籍出版社1998年版，第210—211页。

越国王造”。这是上天竺寺院最早的名称。为此，后人将道翊称为“白云开山祖师”。后汉乾祐年间（948—950 年），僧人从勋自洛阳奉佛舍利至此，将其安放在观音雕像上，“妙相庄严，端正持好，昼放白光，士民崇教”。上天竺观音香火由此而盛。

净慈禅寺，五代后周显德元年（954 年）吴越国王钱俶建，赐名“慧日永明院”，迎衢州道潜禅师入寺，开坛说菩萨戒。因此，道潜为净慈寺的开山祖师。道潜圆寂后，钱弘俶又从灵隐寺请延寿法师主持寺院，成为净慈寺第一位住持。北宋太平兴国二年（977 年），宋太宗赐慧日永明院为“寿宁禅院”，并加以修葺。翌年，吴越国国王钱弘俶听从延寿禅师遗嘱，“上表归宋，尽献十三州之地”。

昭庆寺坐落于杭州宝石山东麓，面向西湖。始建于五代后晋天福元年（936 年），由吴越国国王钱元瓘创建，初名菩提院。相传当时各寺僧人为建白莲社，诵经放生，行香礼佛，以昭示钱王护教利生的功德，故改名为昭庆寺。北宋乾德二年（964 年）重修后，由灵芝大师建坛传戒，盛极一时，遂成江南著名律宗道场。

至于其他各州县所建的也复不少，此不一一赘述。

2. 雕刻佛经

五代十国时期，雕版印刷术已逐渐流行，成为蒸蒸日上的新兴事业。

吴越国统治者崇奉佛教，雕版印刷术大都用于印行佛经。仅钱弘俶时期所印的宝箧印经，一次就达 84000 卷，有图有文，字墨隽秀，具有较高的水平。杭州雷峰塔出土的开宝八年（975 年）的《陀罗尼经》卷，全长 2.11 米，高 7.3 厘米，卷首刻礼佛图，次为经文，经文首行 11 字，余每行均为 10 字，全卷 271 行，共 2700 余字，经纸分白绵纸和竹纸 2 种，卷端题有“天下兵马大元帅吴越国王钱俶造此经八万四千卷，舍入西关砖塔，永充供奉，乙亥八月日记”等字。此外，还发现了雕版印刷的塔图，也称塔卷，长 1 米许，每层画一塔，四塔相叠，上画讲经故事，雕刻精细，印刷清晰。

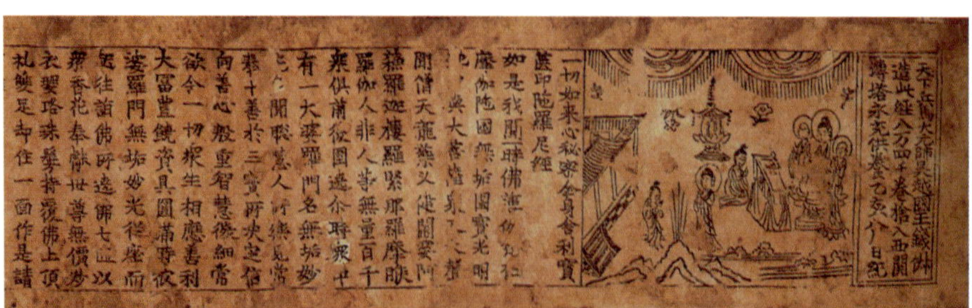

钱弘俶刻印的《宝箧经》

1917 年浙江湖州市天宁寺经幢拆毁，也发现吴越王钱弘俶时刻的经卷，卷首题：“天下都元帅吴越国王钱弘俶印宝箧印经八万四千卷,在宝塔内供养。显德三年丙辰岁记。”这比雷峰塔经卷还早20年。据王国维《两浙古刊本》卷上载:“卷高工部营造尺二寸五分,板心高一寸九分半,每行八字或九字,经文共三百三十八行,题宝箧印陀罗尼经,并前后题共计三百四十二行,经前有画作人礼塔像,广二寸□分”,这是浙江已发现的最早的有纪年的雕版印刷品。

1971年,浙江绍兴发现钱弘俶乙丑年铸造的金涂塔一座,塔内藏雕版印经1卷,首题:“吴越国王钱俶敬造宝箧印经八万四千卷,永充供养,时乙丑岁记。”乙丑即宋乾德三年(965年),接着为礼佛图,后面是经文,经卷字体细小精美,印刷清晰。

五代吴越国雕刻佛经的数量是相当多的,据张秀民考证:“钱弘俶与延寿禅师所印佛教经像、咒语,有数字可考者,共计六十八万二千卷(或本),数量之巨,在我国印刷史上可说是空前的,后来也是少见的。”①

3. 建造佛塔

塔是佛教的产物,据文献记载,吴越国武肃王时,吴越寺塔之多,“倍于九国”②。据文献记载,吴越国主要的寺塔有:

功臣塔,位于今杭州功臣山(原名大官山)上,因钱镠镇压黄巢起义,又讨平了董昌叛乱,唐昭宗以钱镠有功于唐,下诏改大官山为功臣山。梁乾化五年(915年)钱镠亲巡衣锦军,舍功臣堂为功臣寺,建功臣塔大概就在这一年。功臣塔为砖体结构5层,高25.12米,塔内空心,上下直通,塔顶装置覆钵、宝匣、宝瓶、刹杆,均为生铁铸造,1984年重修。

宝石塔,在杭州宝石山上,又名应天塔、宝所塔、保俶塔。据1933年赵志游《重修宝石塔记》考证,应作“宝石塔”。初建于钱弘俶为王之后、宋朝建立之前,即948—960年,后改称保俶塔。据传说宋太祖召吴越国王钱弘俶进京,其母舅吴延爽建塔保佑钱弘俶平安归来,故称保俶塔。塔原高9级,宋以后改为7级,塔旁原有崇寿寺。

白塔,在钱塘江北岸闸口的白塔岭上,建于吴越国末期,塔身上刻有“乾德三年(965年)乙丑岁六月庚子朔十五日甲寅日天下大元帅吴越王钱俶建”29字,白塔用白石砌叠,仿木构楼阁式,八面九层,造型秀丽,雕刻精细,这种八边形楼阁式型肇始于吴越,在当时北方是很少见到的,塔旁原有白塔寺。

六和塔,位于钱塘江岸月轮山南侧。此地原为吴越国王的南果园,有仁王院。梁开

① 张秀民:《中国印刷术的发明及其影响》,人民出版社1958年版。

② 〔清〕郑方坤:《五代诗话》卷一《吴越王钱镠》,傅璇琮等主编:《五代史书汇编》,杭州出版社2004年版,第5册,第2646页。

平五年（911 年）钱王于仁王废院掘地得大钱，以为瑞应，因建大钱寺，设宝幢二座于寺门。北宋开宝三年（970 年）钱弘俶命智觉禅师在园址造塔。“六和”一词是从佛经里来的，所谓“身和同住，口和无争，意和同悦，戒和同修，见和同解，利和同均”，又名“六合塔”，六合是指天、地、东、南、西、北的意思。塔“高九级，五十余丈，撑空兀突，跨陆俯川，海船夜航者，以塔灯为指南焉”，“塔下为龙山渡、鱼山渡，隔岸剡中诸山，历历可数”①。相传以镇江潮。吴越国时期，钱塘江上交通频繁，塔上明灯高照，成为夜航的“灯塔”。每年八月中秋，钱塘江潮水澎湃，六和塔也是观潮的好地方。

浙江杭州闸口白塔（老照片）

浙江杭州六和塔

南塔，其地有寺，称南塔寺②。在杭州城南柳浦以西凤凰山东麓。南塔之建，与吴越国著名造塔匠师喻皓有关。宋沈括《梦溪笔谈》云：“钱氏据两浙时，于杭州梵天寺建一木塔。方两三级，钱帅登之，患其塔动。匠师云：‘未布瓦，上轻，故如此。’方以瓦布之，而动如初。无可奈何，密使其妻见喻皓之妻，贿以金钗，问塔动之因。皓笑曰：‘此易耳！但逐层布板讫，便实钉之，则不动矣。’匠师如其言，塔遂定。盖钉板上下弥束，六幕相联如胠箧，人履其板，六幕相持，自不能动。人皆服其精练。”③这就是喻皓著名的“六幕相持”论。

梵天寺塔大约创建于梁贞明二年（916 年）。宋钱俨《吴越备史》载：梁贞明二年十二月，钱镠命恩州防御使钱铧，率官吏、僧众，诣明州鄮县阿育王寺，迎释迦舍利塔，归于府

① 〔宋〕潜说友：《咸淳临安志》卷八二《佛塔·六和塔》，载《宋元方志丛刊》，中华书局 1990 年版，第 4 册，第 4118—4119 页；〔明〕田汝成：《西湖游览志》卷二四《浙江胜迹·六和塔》，上海古籍出版社 1980 年版，第 295—297 页。

② 北宋治平间改寺名为梵天寺，塔亦因此名为梵天寺塔。

③ 〔宋〕沈括：《梦溪笔谈》卷一八《技艺》，胡道静：《新校正梦溪笔谈》，中华书局香港分局 1975 年版，第 186—187 页。

城。乃建浮图于城南以致之。浮图为木结构，凡九层八面，高三百七十尺，中外皆通旋绕，其制度形势皆出于王之心匠焉。① 周显德五年(958 年)，毁于城南火灾。北宋乾德三年(965 年)钱弘俶重建，并建经幢两座。经幢碑文开首云："窃以奉空王之大教，尊阿育王之灵纵，崇雁塔于九层"，末署"乾德三年乙丑六月庚子十五日立，天下大元帅吴越国王钱俶建"。碑文"空王"乃佛之异名，《园觉经》有云："佛为万法之王，又曰空王。"元代元统年间(1333—1334)塔毁，仅梵天寺及两梵天寺经幢至今犹存。

与南塔相呼应，五代吴越国于后唐天成四年(929 年)在杭州城北还建造了北塔，"一如城南之制"②。

雷峰塔，在南屏山雷峰上，据《咸淳临安志》卷八二记载，"郡人雷氏居焉"，因而得名。但经卷题记有"舍入西关砖塔"，可见本名为西关砖塔(西关在今长桥附近)。宋开宝八年(975 年)吴越王钱弘俶的妃子黄氏建，所以又称黄妃塔。因其地植黄皮木，后人又叫"黄皮塔"。据《吴越王钱俶记》载此塔"始以千尺十三层为率，爰以事力未充，姑从七级"③。以砖石为心，外建木构楼廊。明嘉靖间，倭寇入侵，雷峰塔被毁，民国十三年(1924 年)9 月 25 日下午 1 时 40 分雷峰塔突然倒塌。2000—2001 年，为配合雷峰塔重建工程，浙江省文物考古研究所对雷峰塔遗址进行两次考古发掘，揭露面积达 4000 平方米。雷峰塔的塔身建在原塔基上。塔基主体为八角形生土台基，每边置方形石础 4 个，外缘包砖砌石，对径近 43 米，高出地面 1.2～2.5 米。东侧的塔基基座为双重石砌须弥座，石面上雕刻象征佛教"九山八海"的须弥山、海涛和摩羯等图案。西侧因地势较高，为单层须弥座。塔基的东、西两侧居中位置设有踏步以登副阶。地宫居于塔心室中央，掩埋在地坪下 2.6 米深处。为方形竖穴式，边长 0.6 米、深 0.72 米，四壁及底部用砖砌成，外表涂石灰。地宫口用边长 0.92 米、厚 0.13 米的方形石灰岩盖板封顶，在上面覆盖 0.3 米厚的堆土和边长 1 米、厚 0.3 米的顶石，顶石上面再覆盖回填土及夯土，整个地宫密封程度良好。地宫内出土文物共 51 件(组)，铁函居中，它的下面及与砖壁的空隙处堆放大量铜钱和多种质料的供养品。紧贴西北壁放置一尊高大的鎏金铜坐佛，其余三壁粘贴鎏金小铜佛、毗沙门天王像。其他出土物还有鎏金银腰带、银臂钏、铜镜、漆镯、贴金木座以及玉、玛瑙、琉璃等象征"七宝"的小件装饰品。铜钱共有 3000 多枚，近 30 个品种，最早的为西汉"半

① 〔宋〕钱俨：《吴越备史》卷一《武肃王》，傅璇琮等主编：《五代史书汇编》，杭州出版社 2004 年版，第 10 册，第 6208—6209 页。

② 〔宋〕钱俨：《吴越备史》卷一《武肃王》，傅璇琮等主编：《五代史书汇编》，杭州出版社 2004 年版，第 10 册，第 6216 页。

③ 〔宋〕潜说友：《咸淳临安志》卷八二《佛塔·雷峰塔》，载《宋元方志丛刊》，中华书局 1990 年版，第 4 册，第 4118—4119 页。

两”，最晚者为“宋元通宝”，以“开元通宝”居多，有鎏金、鎏银的，还发现一枚玉质“开元通宝”。铁函内放置鎏金镂空银垫、盒、阿育王塔、腰带等金银器及玻璃瓶、方形铜镜等。此外，地宫内还发现许多经卷、丝织品等残片，在西北壁砖缝间还发现鎏金银钗和“开元通宝”等。发掘中见到，有的塔砖上模印有“辛未”“壬申”等纪年文字。由它们的出土状况推断，雷峰塔的始建年代在壬申年（972 年）或稍后，即宋太祖开宝五年。地宫的营建时间也不会晚于 972 年，上限为辛未年（971 年）。雷峰塔遗址及地宫的考古发掘，为研究五代时期佛塔形制、地宫构造、寺院布局，了解吴越国末期的历史背景、佛教文化、工艺水平等提供了不可多得的第一手资料。尤其是雷峰塔地宫的发掘，弥补了五代十国时期佛塔地宫考古的空白，对研究唐宋时期地宫及舍利埋藏制度的演变、南北方地宫形态结构的差异等问题具有重要价值。

雷峰塔地宫出土的五代纯银鎏金阿育王塔

雷峰塔地宫出土的五代玉善财童子

此外，今日苏州虎丘山上的云岩寺塔，义乌双林东铁塔，安吉县灵芝塔，上海龙华寺塔，都是吴越国时期建造的。

4. 石窟造像

我国的石窟艺术，由北魏发展到唐代，盛极一时。南方石窟虽不及云冈、龙门，但吴越国的石窟艺术却有独特的风格。吴越国王三代尊奉佛教，造像之风甚盛，尤其在国治凤凰山附近较多，因为这一带寺宇林立，比较著名的如南塔寺（后改梵天寺）、圣果寺、天龙寺、资延寺等，所以石窟造像也大多分布在这里。

慈云岭石窟造像，即慈云岭南坡资延寺石窟造像，是五代吴越国杭州最著名的造像之一。应该是建寺时雕造的。据《咸淳临安志》卷八二载：“上石龙永寿寺，在慈云岭下，天福七年（942 年）吴越王建，旧名资贤，大中祥符元年（1008 年）改今额。”阮元在《两浙金石志》中认为“贤”字是“延”字之误。慈云岭造像是吴越国石窟造像规模较大的一处，佛像造型丰满，衣纹流畅，继承了晚唐的艺术风格。造像龛高 5.8 米，宽 10 米，顶部呈弧拱状。正面佛像一龛，龛内造像 7 尊，阿弥陀佛居中，高 2.45 米，高肉髻，螺发，额广平正，两肩圆满，身体正直，仪态端严，两耳垂肩。身披袈裟，半袒右胸。右手置于左手上，拇指相接，抑于脐下，作“禅定印”。左侧为观世音菩萨像，冠上饰化佛，两侧宝缯垂肩，右手执柳枝，左手置脐前。右侧为大势至菩萨像，宝冠高髻，面相温和，笑容可掬。三尊像都作全跏趺坐式，坐莲座上。莲座花瓣饱满。下有须弥座，背光均作宝珠形，中间浮雕缠枝宝相花。边缘饰火焰纹。“弥陀三尊”两侧为菩萨和金刚力士立像。菩萨像高 2.72 米，披薄纱，着长裙，挂璎珞，手戴钏，宝缯乘肩，帛带飘绕，跣足露趾。金刚力士像高 2.92 米，戴盔穿甲，着武士靴，腰系革带，右手执长杆钺，左手臂上曲，竖掌指，作无畏手印。龛内上部左右浮雕飞天和伽陵傧伽(好声鸟)，作向中间飞舞状。龛楣上刻毗婆尸佛、尸弃佛、毗舍浮佛、拘留孙佛、拘那含牟尼佛、迦叶佛等释迦牟尼以前六代佛，连同释迦牟尼，合称“七佛”。龛楣两端，左边浮雕文殊菩萨骑狮，旁有拂菻；右边浮雕普贤菩萨，骑象，旁有獠蛮。主龛北侧另有一小龛。龛高 3.90 米(含龛楣)，阔 2.38 米，顶呈弧拱状，中间雕地藏像，像高 1.96 米，光头大耳，面相圆润，深沉恬静。外披通肩袈裟，袒胸露腹，胸挂璎珞．左手摊放腿上，右手直举胸前。左足下垂，踏莲花上，右腿盘曲，为游戏坐式。台座上半部为宽大的袈裟所覆盖。地藏像两边立供养人，男相，一为长者，一人年纪较轻，均束发，上着交领衫，外罩右衽短衫，下着长裙。左侧一人双手执物，右侧一人拱手至胸前。

浙江杭州慈云岭五代佛教造像

慈云岭西面天龙寺有石窟造像两龛，前一龛一尊，后一龛七尊。一为无量佛造像，一为弥勒佛造像。乾德三年(965 年)吴越国王钱弘俶建寺，这两龛造像，应是建寺时所造。规模不及慈云岭造像，但雕刻很精。无量佛(即阿弥陀佛)造像龛高 2.11 米，宽 1.73 米，无量佛作全跏趺坐式，闭目禅定。莲花座子。身后、头顶各有圈光一道，上饰火焰纹。由此西下数十步，为弥勒佛造像。龛高 2.71 米，宽 6.20 米。弥勒造像居中，高 1.76 米，额部已残，方面大耳，着敞胸通肩袈裟。全跏趺坐式，端坐须弥座上，双脚下垂踏于莲花上。身后有火焰纹头光和身光。弥勒两侧为无著（左）和世亲（右），身披袈裟，竖合指掌于胸前，作僧人模样。再两侧为法花林菩萨（左）和大妙相菩萨（右），又再两侧为力士像。龛楣上浮雕两尊飞天，体型修长，上身昂起，下身平舒。

杭州城南凤凰山东侧山腰圣果寺有三石佛（弥陀、观音、势至）及十八罗汉像，均系吴越国王钱弘俶时造。宋潜说友《咸淳临安志》记载作于梁开平四年（910 年）①。明田汝成《西湖游览志》说："吴越王镌弥陀、观音、势至三佛，及十八罗汉像于石壁。"②两者或作于同时，唯罗汉今仅存十六。十六罗汉造像西北一高台岩壁为阿弥陀佛、观世音和大势至三尊大型造像，其上原有殿宇覆盖，早年已毁。阿弥陀佛高 6.20 米，坐于高 2.50 米的须弥座上。造像大部已毁，但从残存的衣饰帛带及须弥座上，仍可看到线条流畅、雕刻精美的纹饰。

南高峰西翁家山南烟霞洞，后周广顺三年（953 年）吴越国王在此建寺，洞内造像主要是十六罗汉。造像旁原有"吴延爽舍三十千造此罗汉"的题记。据《咸淳临安志》卷九载有"吴越王钱氏，忽梦僧告云：'吾有兄弟一十八人，今方有六，王可聚之。'梦觉，访得烟霞洞有六罗汉，遂别刻一十二尊，以符所梦"的传说。吴延爽是吴越王钱元瓘的妻弟，可证这些罗汉是吴越时造的。

石屋洞造像：石屋洞原名石屋院，始建于五代开运年间（944—946），为吴越国国王所建。后晋开运元年（944 年），洞内开凿石刻造像。据《咸淳临安志》记载："周回镌罗汉五百十六尊，中间凿释迦佛诸菩萨像。"③元永隆和尚重新造像记中说：此洞在石晋天福年中开山建院，洞中正面七尊大像同上面飞天，可能都是这时候的雕刻。其余小造像，每个都有供养人题记，其中有年月可凭的，从石晋天福年间，到北宋开宝年间④。可知都是吴越国时期雕造的。

① 〔宋〕潜说友：《咸淳临安志》卷七六《寺观二·圣果寺》，载《宋元方志丛刊》，中华书局 1990 年版，第 4 册，第 4044 页。

② 〔明〕田汝成：《西湖游览志》卷七《南山胜迹》，上海古籍出版社 1980 年版，第 82 页。

③ 〔宋〕潜说友：《咸淳临安志》卷二九《山川八·洞》，载《宋元方志丛刊》，中华书局 1990 年版，第 4 册，第 3632 页。

④ 浙江省文物管理委员会：《西湖石窟艺术》，浙江人民出版社 1956 年版。

石屋洞吴越国罗汉造像(民国初年摄)

飞来峰造像,位于飞来峰青林洞、玉乳洞和龙泓洞等天然溶洞内外以及冷泉溪沿岸的崖壁上。始凿于五代后周广顺元年(951 年),历经两宋,盛于元代,明代有少量增凿。现存造像 115 龛、390 余尊和大量摩崖题刻,其中较为完整的造像有 345 尊。青林洞内后周广顺元年雕凿的"西方三圣",为飞来峰现存有题记的造像中年代最早的一龛。宋代罗汉造像成为飞来峰数量最多的造像题材,其中大多为北宋的小罗汉,而位于沿溪崖壁南宋风格的布袋弥勒像则是飞来峰造像中最大者和代表。

### (三)文学艺术

吴越王钱镠对文化建设非常重视,文臣如罗隐、林鼎、沈崧、皮光业等都得到重用。其中以罗隐在文学上最负盛名。隐本名横,字昭谏,新城(今浙江富阳)人,因十举进士不第,乃改名隐。黄巢起义时,避乱归乡里,依附镇海节度使钱镠。镠爱其才,光启三年(887 年)表奏为钱塘令,迁著作郎。天祐三年(906 年)充节度判官。后梁开平二年(908 年)授给事中。次年,迁盐铁发运使。擅长杂文,笔锋犀利。所著《谗书》,据《四库未收书目提要》所云,"皆愤闷不平言,不遇于当世而无所以泄其怒之所作"。其诗抒泄感情,平淡自然,篇篇皆有喜怒哀乐,是一位讽刺诗人,为读者所喜爱。与天台罗虬,同县罗邺,世称"三罗"。罗隐曾有"吟诗罢征鱼"的逸事流传湖上。据说钱镠爱吃西湖鱼,渔民每天都要送鱼给他,名"使宅鱼",渔民颇以为苦。一日,钱镠请罗隐为一幅画姜子牙垂钓的《磻溪垂钓图》题诗,罗隐便在画上题诗道:"吕望当年展庙谟,直钩钓国更谁如?若教生长西湖上,也是须供使宅鱼。"①这首诗歌开西湖讽喻诗的先河。也由于罗隐这一巧妙的规劝进谏,钱镠随即下令停止送鱼。

罗隐像

① 〔五代〕罗隐:《罗昭谏集》卷四《题磻溪垂钓图》;《十国春秋》卷八四《吴越八・罗隐传》注,中华书局 1983 年版,第 1219 页。

由于吴越国统治者重视文化，社会上也出现了不少有文学素养的僧人。他们交结权贵和文人学士，酬答唱和，形成风气。钱镠对这些高僧礼遇备至。诗僧贯休，本姓姜，字德隐，婺州兰溪人，号禅月大师。居灵隐寺，以诗闻名，诗多警句，脍炙人口。吴融称其诗“多以理胜，复能创新意，其语往往得景物于混茫自然之际，然其旨归必合于道”①。作品内容比较广泛，史载他曾献给吴越国开国国君钱镠《献钱尚父》诗：“贵逼人来不自由，龙骧凤翥势难收。满堂花醉三千客，一剑霜寒十四州。鼓角揭天嘉气冷，风涛动地海山秋。东南永作金天柱，谁羡当时万户侯?”这首诗，钱镠却仍意有不足，希望他能将“十四州”改成“四十州”。贯休回答说：“州亦难添，诗亦难改。余孤云野鹤，何天不可飞耶?”即日便“一瓶一钵垂垂老，千水千山得得来”②，离杭去往蜀地，只留下他所画的《十六罗汉像》在灵隐。他还有《秋过钱塘江》诗，其中也有部分能反映现实。如《酷吏词》，控诉唐末统治者的苛酷。《少年行》《富贵曲》等鞭挞统治者的骄奢淫逸，都较有社会意义。著有《禅月集》。

在艺术方面，杭州作为一国首都，书画名家荟萃。

画家著名的有贯休，他善画罗汉，“画罗汉十六帧，庞眉大目者，朵颐隆鼻者，倚松石者，坐山水者，胡貌梵相，曲尽其态”③。他自己说是梦中所见，醒后画之，因称“应梦罗汉”。所画造型生动逼真，用笔遒劲，线条紧密自如，在造型上富有艺术的夸张意趣。据说贯休在杭州时，曾受众安桥强氏药肆之请，画出罗汉一堂，谓：“每画一尊，必祈梦得应真貌，方成之。”“当时卿相，皆有歌诗”。宋太平兴国初，宋太宗搜访古画，程羽将贯休罗汉16帧进呈，欧阳炯作《禅月大师应梦罗汉歌》：“西岳高僧名贯休，高情峭拔陵清秋，天教水墨画罗汉，魁岸古容生笔头……若将此画比量看，最是人间为第一。”④他的罗汉画，是古代佛教绘画史上的名作，可惜真迹传世绝少，多数是宋代摹本，还有不少是后人伪托。有的流传日本，有的刻本分散各地。杭州孔庙内尚存有他画的罗汉刻石十六方，刻石原在西湖圣因寺内。清乾隆南巡，看到此碑，赞不绝口，并亲笔修改名号，题写赞词。

---

① 〔五代〕贯休：《禅月集序》，《四部丛刊》本。

② 〔清〕彭定求编：《全唐诗》卷八三七，中华书局1960年版，第23册，第9436页。《唐诗纪事》卷七五所载的文字与此多有差异：“贵逼身来不自由，几年勤苦蹈林丘。满堂花醉三千客，一剑霜寒十四州。莱子衣裳宫锦窄，谢公篇咏绮霞羞。他年名上凌烟阁，岂羡当时万户侯?”

③ 〔宋〕黄休复：《益州名画录》卷下《能格下品七人·禅月大师》，傅璇琮等主编：《五代史书汇编》，杭州出版社2004年版，第10册，第6153页。

④ 〔宋〕黄休复：《益州名画录》卷下《能格下品七人·禅月大师》，傅璇琮等主编：《五代史书汇编》，杭州出版社2004年版，第10册，第6153—6154页。

五代贯休《十六罗汉图》石刻

贯休《十六罗汉图》之一

此外，吴越国的画家还有王耕，善画牡丹。钟隐，天台人，因长期隐于钟山，故名。善画花竹禽鸟，山水人物。罗塞翁，以画羊著名。蕴能，是一位画僧，浙江人，善画佛像，也能画山水、花卉。

吴越国统治者钱镠，也爱好书画。他有时也作书或画墨竹。① 他的后裔，也有不少善画的。当时北方的画家入吴越的，如山东的王道求、高唐的李群、河北的张质等，这与钱镠重视书画艺术，喜召远方画家有一定的关系。

至于书法，钱镠"能书写，甚得体要"②。他"喜作正书"，作品"刚劲结密，似非出用武手"③。忠懿王钱俶"善草书"，宋太宗曾命其书写上进，诏书褒美。④ 而在民间，当以贯休最为著名，他擅长书法，独创一体，作字奇崛，草书尤胜，人号为"姜体"。《宋高僧传》称其"篆文雄健"。钱镠初据两浙时，正想树堂立碑，大封功臣，要贯休题诗刊于碑阴。贯休遂向钱镠献诗一首。罗隐虽不以书法显名，但所作行书"尚有唐人典刑，无季世衰弱之习"⑤。

---

① 〔元〕夏文彦：《图绘宝鉴》卷二，《丛书集成初编》本。
② 〔宋〕薛居正监修：《旧五代史》卷一三三《钱镠传》，中华书局 1976 年版，第 6 册，第 177 页。
③ 〔宋〕佚名：《宣和书谱》卷五，《丛书集成初编》本。
④ 〔元〕脱脱等：《宋史》卷四八〇《吴越世家》，中华书局 1977 年版，第 40 册，第 13907—13908 页。
⑤ 〔元〕陶宗仪：《书史会要》卷五《五代》，文渊阁《四库全书》本。

## （四）科学技术

### 1. 天文学

吴越国的科学，以天文学而言，已达到当时世界上一流水平。1965 年在杭州玉皇山下吴越国王钱元瓘墓中发现了一块石刻星图。这石刻星图是盖在墓顶上，系用红砂石刻成。星图以北极为中心，画有三个同心圈，分别代表北极常显圈、赤道和南极恒隐圈。现存星数 182（有作 183）颗，所刻星象位置，逼真准确，并刻有基本坐标线，这是目前已发现的世界上最早的一块石刻星象图，是研究我国天文学史的珍贵文物资料，具有很高的科学价值。现藏杭州碑林内。

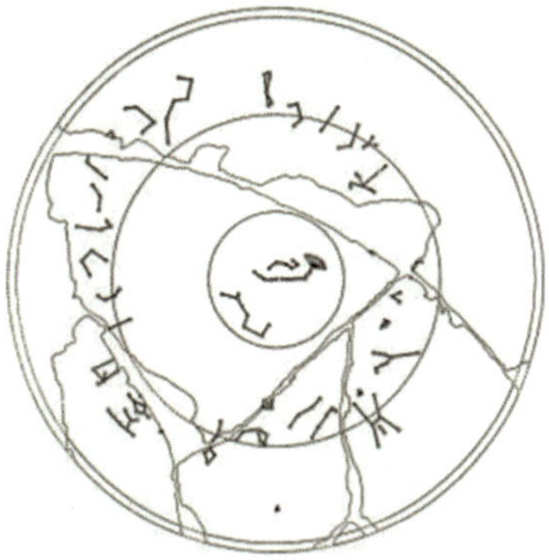

吴越国文穆王钱元瓘墓石刻星象图

### 2. 建筑技术

吴越国的建筑技术突出体现在钱镠所筑的捍海塘上。唐末五代之初，杭州湾钱塘江“江挟海潮为杭人患，其来已久”①，“堤岸冲啮殆尽。自秦望山东南十八堡数千万亩田地，悉成江面，民不堪命”。针对这一地理形势，钱镠于吴越国天宝三年（910 年）八月，发动 20 万民工，在候潮、通江门之外开始兴工修建“捍海石塘”②。

“钱氏捍海塘”亦称“钱氏石塘”。此次修建海塘，开始用版筑之法。但是因为杭州钱塘江岸属软弱型地基，又受杭州湾强潮昼夜冲击，大浪淘沙激烈，所以版筑不成。既而潮水东击西陵，于是改用“石囤木桩法”修塘，即“以大竹破之为笼，长数十丈，中实巨石，取罗山大木长数丈植之横为塘，依匠人为防之制，又以木立于水际，去岸二九尺立九木，作六重，像《易・既未济》卦。由是潮不能攻，沙土渐渍，岸益固也”③，终于建成了海塘。整个工程从八月开始，共花了两个月时间即告完成。海塘自六和塔至艮山门堤长 338593 丈，用钱 10944 缗，世称“钱氏捍海塘”或“钱氏石塘”。有人并将其与万里长城、大运河一

---

① 〔宋〕潜说友：《咸淳临安志》卷三一《山川十・捍海塘》，载《宋元方志丛刊》，中华书局 1990 年版，第 4 册，第 3645 页。

② 〔民国〕钱文选编：《钱氏家乘》卷一〇《古迹・筑钱塘》，王国平总主编《杭州文献集成》，浙江古籍出版社 2017 年版，第 32 册，第 637 页；〔五代〕皮光业：《吴越国武肃王庙碑铭》，〔清〕董诰等编：《全唐文》卷八九八，上海古籍出版社 1990 年版，第 4 册，第 4155—4158 页。

③ 〔清〕吴任臣：《十国春秋》卷七八《武肃王世家下》引《昭勋录》，中华书局 1983 年版，第 1085—1086 页。

起号称为中国古代的三大建筑工程。同时，在石塘西部，形成了一条“重濠累堑，通衢广陌”①、平行于石塘的壕沟，其北段为后世所称的菜市河，即今东河，南段为龙山河，即今中河南段。“堤岸既成，久之乃为城邑聚落，凡今之平陆，皆昔时江也。”②由此可见，“钱氏海塘”的修筑不仅保障了杭州城的安全，而且保障了杭州运河的安全。

杭州江城路吴越国捍海塘考古发掘现场

塘基础内侧护基木桩

五代吴越国捍海塘遗址出土的木桩

1983 年兴建杭州江城路立交桥时发现了其中一段“钱氏捍海塘”遗址，与记载基本相符。推测其施工工序，大致先在塘基外线打下大木桩作为基桩；再在基桩内侧垒上竹笼，装进巨石，辅之以土，筑成土石塘；再在离塘基二丈九尺以外的淤沙中打下六排平面呈梅花形布局的木桩作为“榥桩”，以保护海塘。用“石囤木桩法”修建的海塘，其抗御潮击的能力远远超过之前的泥塘，堪称当时世界上最先进的海塘施工法。

钱镠在修建“钱氏捍海塘”的同时，又在运河入江（钱塘江）口修建了龙山、浙江两闸，

① 〔宋〕钱俨：《吴越备史》卷一《武肃王》，傅璇琮等主编：《五代史书汇编》，杭州出版社 2004 年版，第 10 册，第 6205 页。

② 〔宋〕潜说友：《咸淳临安志》卷三一《山川十·捍海塘》，载《宋元方志丛刊》，中华书局 1990 年版，第 4 册，第 3645 页。

可随时控制涨涨落落的江潮，以防江潮泥沙进入运河。明代田汝成《西湖游览志》曾如此赞誉龙山、浙江两闸：

五代已前，江潮直入运河，无复遮捍。钱氏有国，乃置龙山、浙江两闸，启闭以时，故泥水不入。①

龙山闸在今杭州闸口白塔岭下龙山河口，浙江闸在今南星桥三廊庙一带，这也是杭州白塔岭至三廊庙一段运河命名龙山河的由来。其时鉴于钱塘江潮含沙量较大，所以钱镠于运河入(钱塘)江口如复式船闸那样建上下两闸，钱塘江潮汛时开上闸关下闸放江潮入龙山河，潮汛过后关上闸，待泥沙沉淀以后，开下闸放水进入下一段运河即今中河，以延缓运河的淤塞，保障运河通航。钱镠采用复式船闸的形式以缓解钱塘江泥沙对运河的淤塞，也不失为一大创造，是较早沟通运河与钱塘江的浚治工程。塘成，堰就，遏制了江潮倒灌，使杭州城内的河道摆脱了潮汐的干扰，保证了运河的顺利通航；百姓逐渐从“盐卤之苦”中解脱出来；土地淡化，提高了农田的产量。179 年以后苏轼在杭州运河上建浑水、清水两闸，实师法于钱镠龙山、浙江两闸之制。

此外，吴越国曾涌现出不少技术高超的建筑匠师，但留名至今的，只有喻皓一人。他是浙东人，精于木工，尤以建造木塔闻名，成为工程的主持人——都料匠，人称“喻都料”。他曾参加杭州梵天寺塔和开封开宝寺塔的建造。② 他著的《木经》3 卷(已佚)，是当时建筑技术的理论总结，沈括《梦溪笔谈》中有片段记载。③ 喻皓是一位既有丰富的实践经验，又有建筑学理论的杰出建筑科学家，对我国古代建筑技术的发展，作出了卓越的贡献。

3. 制瓷技术

吴越国的制瓷技术相当高超，以秘色瓷著称于世。所谓秘色瓷，是越窑中的皇家用品。这种秘色瓷，考古工作者在陕西法门寺和五代吴越国王及其亲属的墓葬中多有发现，主要出产于浙江慈溪一带。2015 年以来浙江省文物考古研究所等在浙江省慈溪市桥头镇上林湖中部的西岸边发现的后司岙窑址，编号为 Y66，这里是上林湖越窑遗址的最核心位置。出土了一批秘色瓷及瓷质匣钵，发现了 30 种“秘色瓷”，被确定为晚唐五代时期“秘色瓷”的最主要烧造地。从历年调查的情况来看，产品中秘色瓷比例高、质量精、种类丰富，是晚唐五代时期秘色瓷的最主要烧造地。发掘面积近 2000 平方米。揭露包括龙窑炉、房址、贮泥池、釉料缸等在内的丰富作坊遗迹，清理了厚达 5 米多的废品堆积，出

① 〔明〕田汝成：《西湖游览志》卷一《西湖总叙》，上海古籍出版社 1980 年版，第 6 页。

② 〔清〕吴任臣：《十国春秋》卷八八《吴越十二·喻皓传》，中华书局 1983 年版，第 1272 页。

③ 〔宋〕沈括：《梦溪笔谈》卷一八《技艺》，胡道静：《新校正梦溪笔谈》，中华书局香港分局 1975 年版，第 177—178、186—187 页。

土包括秘色瓷在内的大量晚唐五代时期越窑青瓷精品。此次发掘基本理清了以后司岙窑址为代表的晚唐五代时期秘色瓷的基本面貌与生产工艺、秘色瓷窑场基本格局、唐代法门寺地宫与五代吴越国钱氏家族墓出土秘色瓷的产地问题。这里出土晚唐五代秘色瓷的产品种类相当丰富，以碗、盘、钵、盏、盏托、盒等为主，亦有执壶、瓶、罐、碟、炉、盂、枕、扁壶、八棱净瓶、圆腹净瓶等，每一种器物又有多种不同的造型。许多器物为首次出土，不见于公私博物馆馆藏与历年来的考古出土品中。① 钱元瓘墓中出土的青瓷，有肩腹上浮雕双龙的大瓶、划花壶、方形盘等，晶莹滋润，华丽异常。又如临安县钱宽夫人水邱氏墓中出土的青瓷熏炉，形制端丽，通体绘褐彩云纹，安装虎头兽足，这种制作精致的青瓷即使在唐代越瓷中也是少见的。足见吴越国制瓷技术的高超，已达到了当时青瓷制造的最高水平。

经统计，吴越国向中原上贡秘色瓷器的次数为 6 次，分别被记载为“金棱秘色甆器”“金棱秘色磁器”“金银棱甆器”“秘色甆器”以及“秘色甆器”，虽然表述不一致，但可知吴越国用于上贡中原的瓷器基本为秘色瓷，且部分秘色瓷还镶嵌金银。

**(五)藏书与刻书**

吴越国国王钱镠子孙，颇多雅爱儒术、性喜藏书之辈，出现钱氏家族藏书盛况。如钱镠第三子钱传瑛，天性英敏，颇敦儒学，工草隶，聚书数千卷。

在这一时期，杭州寺院藏书首推西湖凤凰山南麓的梵天禅寺。据清瞿灏《湖山便览》卷一〇《南山路》引前人著作述之甚明：“宋乾德二年，钱王宏(弘)俶建，名南宝塔寺。三年，建经幢于寺门，铸武肃、文穆、忠献三王铜容供寺，见《吴越备史》。又建一木塔，钱王登之，患其动，匠人秘赂浙东匠师喻皓，问其因，皓令逐层布板实钉之，塔遂不动，见《梦溪笔谈》。又造《大藏经》五千四十八卷藏寺中，碧纸银书，书佛号则以金书。牙签玉轴，制甚庄严，见《临安志》。”据此，梵天寺《大藏经》当为传写本。其次是雷峰塔藏宝箧印经。民国 13 年(1924 年)9 月 25 日杭州西湖雷峰塔倾圮，塔砖孔中发现此经。经卷框高 5.7 厘米，长 200.5 厘米，经首镌刻“天下兵马大元帅吴越国王钱俶　造此经八万四千卷舍入西关　砖塔永充供养乙亥八月日记”三行文字，竖写并排三行(空格为直行结束处，西关砖塔即雷峰塔)。文左镌刻佛说法图，再左为经卷全文。据经首文字称，藏塔《宝箧印经》有 84000 卷。

五代时，杭州雕版印刷刊刻大量佛经，例如其时高僧延寿和尚，应吴越国国王钱俶之请，曾刻印大量经文、佛图等。据载，延寿曾亲手印过《弥陀塔图》14 万本。

① 郑建明:《秘色瓷的发现历史》,《东方收藏》2018 年第 1 期。

### （六）社会生活

随着五代吴越国经济的发展，人们对吃喝、游览和娱乐有着较高的追求，反映出这一时期社会经济的富足状况。

杭州菜已经发展到了较高的水平，尤其以水产菜闻名于世。文献载杭州“地产鱼虾海物，四方所无”；“水族，浙地之产为多。……须鳞壳甲，种类差殊，荐醴登盘，皆可于口”①。钱镠时，“应西湖之捕鱼者必日纳数斤，谓之使宅鱼。有终日不及其数者，必市为供之，民颇怨叹”。钱镠喜欢吃鱼，因而在西湖捕鱼的渔民每天一定要送几斤到宫内，成了变相的渔税。陶穀《清异录》卷上谈道：“水族加恩簿：吴越功德判官毛胜，多雅戏，以地产鱼虾海物，四方所无，因造水族加恩簿，品叙精奇。”他将各种水产品全部给一个官位，虽是游戏笑谈，但列出了众多时人食用的淡水和海产品名单。这些水产品，按书中的先后次序有：江瑶、章举、车螯、蚶菜、虾魁、蠘、蝤蛑、蟹、彭越、蛤蛎、文、鲈、鲥、鲚、鼋、鳖、鲎、石首、石决明、乌贼、龟、水母、真珠、玳瑁、牡蛎、梵响、砑光螺、珂、螺蛳、蛙、鲢鳙、江豚、鳜、鲤、鲫、白鱼、鳊、鲟鳇、鳝、葱管、东崇、崇连、河豚、鳆、蚬。② 这么多的水产品，说明人们对鱼类的食用数量在增加，在认识上对鱼的分类更加细化。孙承祐在家中曾经宴请客人，他指着桌上丰盛的菜肴自傲地说：“今日坐中，南之蝤蛑，北之红羊，东之虾鱼，西之粟，无不毕备，可谓富有小四海矣。”其中，杭城中最为名贵的当推“玲珑牡丹鲊”，“以鱼叶斗成牡丹状，既熟，出盎中，微红如初开牡丹”③。

蟹的鲜味为人称颂，所以不少人特别爱吃蟹。不过一直到唐代末年，“杭俗鄙食蟹，时有农夫田彦升者，家于半道红，幼性至孝。其母嗜蟹，彦升虑邻比窥笑，常远市于苏、湖间，熟之，以布囊负归”④。从这条史料看，苏、湖一带是食蟹成风，但杭州食用者还不是特别多。钱昆少卿家世代居住在余杭，“杭人嗜蟹，尝求外补。或问欲何郡，昆曰：‘但得有螃蟹无通判处可矣。’闻者以为笑”⑤。

当时，吴越人食用牛肉比较常见。胡进思年轻时以屠牛为业，后“民有杀牛者，吏按之，引人所市肉千斤”。忠逊王问胡进思一般大牛杀后可得多少肉，进思说：“不过三百

① 苏耆：《闲谈录》，陶宗仪：《说郛》卷一四，《说郛三种》，上海古籍出版社 2012 年版，第 272 页。

② 〔宋〕陶穀：《清异录》卷上《水族加恩簿》，载《宋元笔记小说大观》，上海古籍出版社 2001 年版，第 1 册，第 72 页。

③ 〔宋〕陶穀：《清异录》卷下《小四海》《玲珑牡丹鲊》，载《宋元笔记小说大观》，第 1 册，第 129、123 页。

④ 〔清〕雍正：《浙江通志》卷一八三《人物七・孝友》，中华书局 2001 年版，第 10 册，第 5165 页。

⑤ 〔宋〕陈善：《扪虱新话》卷一一《国朝始置通判》，《全宋笔记》第五编第 10 册，大象出版社 2012 年，第 90 页。

斤。"当然，杭州杀牛者不会只有胡进思一人，市场里牛肉的消费量应是挺大的。①

面食在杭城已经出现，《清异录》载："道忠行化余杭，一钱不遗，专供灵隐海众，月设一斋，延僧广备蒸作。人人喜曰：'来日赴忠道者蒸雪会。'忠之化人，惟曰买面，故称'面忠'。"②

饮酒、饮茶之风盛行。吴越王钱镠衣锦还乡，在临安设牛酒大陈乡饮，"别张蜀锦为广幄，以饮乡妇"。喝得兴起，他"执爵于席，自唱还乡歌以娱宾曰：'三节还乡兮挂锦衣，吴越一王驷马归。临安道上列旌旗，碧天明明兮爱日辉。父老远近来相随，家山乡眷兮会时稀，斗牛光起兮天无欺。'时父老虽闻歌进酒，都不知晓，武肃觉其欢意不甚浃洽。再酌酒，高揭吴喉唱山歌以见意，词曰：'你辈见侬底欢喜，别是一般滋味子，永在我侬心子里。"国王这样放开一唱，众乡亲当然十分高兴，"叫笑振席，欢感闾里"。饮茶同样如此，吴越国出产茶叶。据《册府元龟》卷一六九《帝王部·纳贡献》记载，吴越国在五代时向北方政权贡茶共 12 次，其中 3 次没有具体数量，另 9 次有具体数字的，共贡茶 343800 斤。曾任吴越国宰相的皮光业，特别喜爱喝茶，某天中表请他去尝新柑，"筵具殊丰，簪绂丛集"。但皮光业一到中表家里，不顾席上丰盛的菜肴，却是"呼茶甚急。径进一巨瓯，题诗曰：'未见甘心氏，先迎苦口师。'"③这说明他对饮茶有特别的爱好。

同时，权贵们还追求歌舞。吴越国帝王不但建起了宫廷乐部，而且常常与大臣一起欣赏乐曲。文穆王钱元瓘仁惠夫人许氏，"雅善音律，文穆王后庭乐部悉命夫人掌焉"④。钱元瓘的恭懿夫人吴氏"善鼓琴"⑤，说明这种技能是在宫里是比较受欢迎的。钱元瓘第十一子钱弘仪，"晓音律，能造新声，尤工琵琶，妙绝当世。忠懿王常宴集兄弟，欲使仪弹，而难于面命，乃别设一榻，置七宝琵琶于上，覆以黄锦，酒酣，仪果白王曰：'此非忽雷乎？愿奏一曲为王寿。'时王叔元珰亦知音，王命之拍，曲终，王大悦，赐仪北绫五千段"⑥。

节日娱乐活动，丰富多彩。罗隐《寒食日早出城东》反映了寒食节人们争相踏青放风筝的情景："青门欲曙天，车马已喧阗。禁柳疏风雨，墙花拆露鲜。向谁夸丽景，只是叹流年。不得高飞便，回头望纸鸢。"⑦除夕夜，全家老少相聚守岁，畅饮美酒，辞旧迎新。罗隐《岁除夜》云："官历行将尽，村醪强自倾。厌寒思暖律，畏老惜残更。岁月已如此，寇戎犹

① 〔清〕吴任臣：《十国春秋》卷八八《胡进思传》，中华书局 1983 年版，第 1277—1278 页。
② 〔宋〕陶穀：《清异录》卷上《释族》"面忠"，载《宋元笔记小说大观》，第 1 册，第 28 页。
③ 〔宋〕陶穀：《清异录》卷下《茗荈门》"苦口师"，载《宋元笔记小说大观》，第 1 册，第 122 页。
④ 〔清〕吴任臣：《十国春秋》卷八三《仁惠夫人许氏传》，中华书局 1983 年版，第 1190 页。
⑤ 〔清〕吴任臣：《十国春秋》卷八三《恭懿夫人吴氏传》，中华书局 1983 年版，第 1189 页。
⑥ 〔清〕吴任臣：《十国春秋》卷八三《钱弘仪传》，中华书局 1983 年版，第 1206 页。
⑦ 〔清〕彭定求编：《全唐诗》卷六五九，中华书局 1960 年版，第 19 册，第 7567 页。

未平。儿童不谙事，歌吹待天明。”①击鞠，亦就是击球，是城市达官贵人、文人学士中十分流行的一项体育活动。这种活动是人骑在马上持杖击球，以将球击进对方球门为胜，有许多具体的规则。这项活动传到了吴越地区，钱镠就特别喜欢。后梁开平二年(908年)，钱镠遣王景仁前去大梁。朱温问曰：“钱王平生有所好乎?”对曰：“好玉带、名马。”朱温就以玉带一匣，打球御马10匹赐钱镠。② 钱镠孙子钱文奉也喜欢打球，击鞠技艺“冠绝一时”③。新城人杜建徽在吴越国历仕四王，官至丞相兼中书令，“至老不废骑射，常击球广场”④。说明击鞠活动至少在社会上层中是十分流行的。⑤

## 五、闽的文化成就

福建地区在唐中期以前，一直被人们认为是蛮貊之邦。随着当地经济的发展，社会的安定，统治者对文化事业的重视，五代时的福建“俊造相望，廉秀特盛”，成为“雅道靡靡，儒风优优”⑥的礼仪之邦，并奠定了宋代福建文化繁荣的基础。

福建福州五代闽国
刘华墓出土的陶老人俑

福建福州五代闽国
刘华墓出土的陶女俑

① 〔清〕彭定求编：《全唐诗》卷六五九，中华书局1960年版，第19册，第7570页。

② 〔清〕吴任臣：《十国春秋》卷七八《武肃王世家下》，中华书局1983年版，第1081页。

③ 〔清〕吴任臣：《十国春秋》卷八三《钱文奉传》，中华书局1983年版，第1197页。

④ 〔清〕吴任臣：《十国春秋》卷八四《杜建徽传》，中华书局1983年版，第1229页。

⑤ 以上参见张剑光：《唐五代时期杭州的吃喝玩乐》，《浙江学刊》2016年第1期。

⑥ 〔清〕吴任臣：《十国春秋》卷九〇《闽一·太祖世家》，中华书局1983年版，第1306页；唐侍郎于竞所撰《琅邪王德政碑》，此碑收入冯登府《闽中金石志》。又，欧阳修《新五代史》卷六八《闽世家第八·王审知》载：“审知虽起盗贼，而为人俭约，好礼下士。王淡唐，相溥之子；杨沂，唐相涉从弟；徐寅，唐时知名进士；皆依审知仕宦；又建学四门，以教闽士之秀者。”中华书局1974年版，第3册，第956页。

**(一)文学的渐昌**

五代闽国的文坛,颇为活跃,出现了一批知名的文人。《五代诗话》例言云:“十国文物,首推南唐、西蜀,闽则韩、黄、翁、徐诸君子,连茵接轸。”

韩偓为唐末诗人,字致尧(一作致光),京兆万年(今陕西西安)人。仕至翰林学士、兵部侍郎。以触忌于朱温,险些丢命,乃挈族避难入闽。他工诗,“无句不工,为唐季之冠也”。

黄滔,莆田人,工诗。南宋大诗人杨万里在叙述《黄御史集》时说:“诗至唐而盛,至晚唐而工。御史黄公之诗尤奇,如《闻雁》:‘一声初触梦,半白已侵头’……如《游东林寺》:‘寺寒三伏雨,松偃数朝枝’;如《退居》:‘青山寒带雨,古木夜啼猿。’此与韩致光、吴融辈并游,未知何人徐行后长也。”①

翁承赞,其先京兆人,唐末避乱入闽。工诗。王审知时用为相。他曾向王审知建议设立四门学,以教闽中秀士。

徐寅,字昭梦,莆田人。唐乾宁元年(894 年)进士。后为闽王王审知幕僚。工诗善赋,曾与罗隐、司空图、黄滔等唱酬。所作《斩蛇剑》《御水沟》《人生几何》三赋,远传至渤海国,“家家皆以金书,列为屏障”②。著有《探龙集》1 卷、《雅道机要》并诗 8 卷,也称《钓矶集》。

除上述四人外,尚有剑浦陈陶、闽士黄璞等,也均工诗文。如陈陶有《陈嵩伯诗集》,列入《唐诗百名家全集》。宋初徐铉等纂修的《文苑英华》收录有他的诗作 68 首。又,王审知之侄王延彬,也工诗,自称“也解为诗也为政,侬家何似谢宣城”③。仙游人郑良士,也“博学、善属文”,昭宗景福二年“授国子四门学士”。

**(二)遗书的搜集**

为了搜集唐末战乱后散佚的书籍,王审知于天祐元年(904 年)下令收集境内各州的遗书,其中收得佛经 45432 套,存于开元寺、鼓山寺等 9 大寺院内。次年四月,他又“藏佛经于寿山,凡五百四十一函,总五千四十八卷”,保存了大量的佛教典籍。为此,于竞在《琅邪王德政碑》中称赞说:“自燎炽西秦,烟飞东观,鲁壁之遗编莫捄,周陵之坠简宁存?亟命访寻,精于缮写。远贡刘歆之阁,不假陈农之求。次第签题,森罗卷轴。”

**(三)佛教的兴盛**

《重纂福建通志》卷八八《王审知传》云王审知“好崇奉释教。厥后寺观之盛,几遍闽

① 〔元〕马端临:《文献通考》卷二四三《经籍考七十》,中华书局 1986 年版,下册,第 1926 页。

② 〔清〕吴任臣:《十国春秋》卷九五《闽六·徐寅传》,中华书局 1983 年版,第 1375 页。

③ 〔宋〕佚名:《五国故事》卷下,傅璇琮等主编:《五代史书汇编》,杭州出版社 2004 年版,第 6 册,第 3197 页。

中，实自审知启之”。

在当时，王审知为了讨好义存、师备、神晏等宗教界名流，倍加尊礼，造寺写经，饭僧铸像，花去了无数的金银。据文献记载，王审知共增建佛寺20多座、塔数座，并缮写佛经五藏，度僧更是不可胜记。在他的推动下，福建成为五代时佛教最为兴盛的地区之一。

## 六、南汉的文化成就

五代时期，中原军阀混战，南汉统治者重用南下的中朝士人。欧阳修《新五代史》就载：“（刘）隐复好贤士。是时，天下已乱，中朝士人以岭外最远，可以避地，多游焉。唐世名臣谪死南方者往往有子孙，或当时仕宦遭乱不得还者，皆客岭表。王定保、倪曙、刘濬、李衡、周杰、杨洞潜、赵光裔之徒，隐皆招礼之。”①吴任臣《十国春秋》卷五八《世宗世家》也有刘氏对中原人士“俱辟置莫府待以宾客”的记载。由于南汉经济的发展，社会的安定，加上一些中原士人的南迁和统治者对文化事业的重视，设学校，开贡举，使当地的文化也取得了一定的成就，出现了一些知名的文艺人士。

南汉文学家有钟允章，原籍邕州（今广西南宁市南），后迁居番禺（今广东广州市南）。博学能文，南汉刘龑时登进士第，累迁至中书舍人，刘晟时为工部郎中、知制诰。刘龑时升任尚书左丞参知政事。有“倚马才”之誉，作品多散佚不传。

诗人张瀛，仕南汉，官至曹郎。辛文房称其“为诗尚气而不怒号，语新意卓，人所不思者，辄能道之，绰绰然见乃父风也”②。

王定保，南昌人，唐昭宗时进士，官至南汉（刘龑）中书侍郎、同平章事。著有《唐摭言》。他在该书《散序》中说：“以乐闻科第之美，尝咨访于前达间……时蒙言及京华故事，靡不录之于心，退则编之于简策。”全书共15卷，103门，约10万字，比较详细地记载了唐代的科举制度、科场风习以及文人轶事和诗文等，具有一定的史料价值。

胡宾王，曲江人，在南汉刘氏政权中曾官至中书舍人、知制诰。撰有《南汉国史》12卷。

陈用拙，连州人，唐昭宗时进士，南汉刘龑执政时仕至吏部郎中、知制诰。工于诗，有诗集8卷，知名于时。又精通音律，撰有《大唐正声琴籍》10卷、《补新征音谱》若干卷，为研究中国古代音乐史的重要史料。

---

① 〔宋〕欧阳修：《新五代史》卷六五《南汉世家第五·刘隐》，中华书局1974年版，第810页。

② 〔元〕辛文房：《唐才子传》卷一〇《张瀛》，见傅璇琮主编：《唐才子传校笺》，中华书局1990年版，第4册，第445页。

## 第三节 五代长江文化的时代风貌

凡是文化发达的地区，必定为经济富庶之区，这是社会发展的一般规律。五代十国时期北方黄河流域因战乱破坏比较严重，社会经济的发展不可避免地受到影响。人民处于十分困苦之中，文化艺术自然很不景气。而长江流域，尤其是巴蜀、江南、两浙一带，土地肥沃，特产丰富，农业、手工业发达，都市商品经济进一步发展。如西蜀的锦城（今成都），文化昌盛，文人萃集，诗人骚客行乐览胜，吟咏不绝。南唐的金陵，文化的兴盛也不亚于西蜀，陈世修在《阳春集》序中说："金陵盛时，内外无事，朋僚亲旧，或当燕集，多运藻思，为乐府新词，俾歌者倚丝竹而歌之，所以娱宾而遣兴也。"①吴越国的都城杭州，也是"邑屋之繁会，江山之雕丽，实江南之胜概"②。文物日益昌盛，成为东南名郡，陶穀《清异录》称赞杭州说："轻清秀丽，东南为甲。富兼华夷，余杭又为甲。百事繁庶，地上天宫也。"③加以"浙右富庶登丰之久，上下无事，惟以文艺相高"④，所以人才荟萃，文化也很发达。

五代十国时期，长江文化的精神风貌（或者说特色），主要体现在以下四个方面：

### 一、佛教的盛行

唐末五代，随着中国文化的逐步南移，佛教也在南方呈现出一派繁荣兴旺的景象。这是由于纷乱之世，宗教易于流行。史学家陈垣说"五季乱而五宗盛"，正是当时情况的真实反映。

五代长江流域流行的佛教，有禅宗、天台宗和律宗。禅宗在五代时已分化为临济、沩仰、曹洞、云门、法眼五宗。除临济宗创立于北方外，其余四宗都在南方，而临济宗的后继者，不久也渡江南下，这标志着佛教中心已向南移。天台宗经唐武宗和后周世宗两次灭佛之后，典籍散失，后继乏人。吴越王钱弘俶乃遣使到高丽、日本等国，取回天台宗教籍，从此，天台宗得以中兴。律宗在吴越国时也流行颇广，有一定的影响。

长江流域各国统治者都信奉佛教，并利用佛教麻醉人民，以维持其统治秩序。湖南楚王马殷听说洞山良价的再传弟子献蕴来楚国，曾出城延请，问如何是祖师西来大道，并

① 〔五代〕冯延巳撰、谷玉校订：《阳春集》序，上海古籍出版社 1988 年版。

② 〔宋〕薛居正等：《旧五代史》卷一三三《钱镠传》，中华书局 1976 年版，第 6 册，第 1771 页。

③ 〔宋〕陶穀：《清异录》卷上《地理》"地上天宫"，载《宋元笔记小说大观》，第 1 册，第 11 页。

④ 〔宋〕佚名：《宣和书谱》卷一九，《丛书集成初编》本。

请入府供养①。其子马希范延僧洪道住持报慈寺，待以国师之礼。希范弟希广，也深信佛教，当其兄希萼来攻，被困潭州（今长沙）时，犹身披缁衣，召集众僧念佛，妄想赖以退敌。城陷，仍诵佛经不辍②。周行逢也信奉佛教，“常设大会斋，缁徒毕集。行逢遍拜之，捧匜执帨，亲侍盥洗，因谓左右曰：‘吾杀人多矣，不假佛力，何以解其冤报乎！’”③他还召群僧于府中讲唱，而自己执炉焚香以听，凡三尺童子，都抢地伏拜。“虽梁武笃好，未之加也”④。

南平高季兴以僧齐己为僧正，给其月俸，礼待于龙兴寺。五女都出家为尼，各居一寺。其子从诲迎弥勒像于万寿寺，又建立僧伽妙应塔。

南唐李昪、李璟、李煜也是酷好佛教。李昪升元元年（937年）改兴教寺为清凉寺，延悟空居之。二年（938年）又改瓦官寺为升元寺。保大元年（943年）悟空卒，李璟延文益居清凉寺。保大九年（951年）请隐微居龙光禅院。李璟迁都南昌，隐微随之住大宁精舍。李煜奉佛尤甚，造塔建寺，帑藏空虚。围城之日，后主还在听沙门讲《楞严》《圆觉》经。

前蜀王建对诗僧贯休优礼有加，赐号禅月大师，尊崇备至。后蜀二主也常至大慈寺避暑，后主于诞节至佛寺散香，厚礼诗僧可朋，赐钱帛有加。

至于吴越诸王，更是热心奉佛护法，厚礼僧人。从武肃王钱镠执政开始时已经高僧云集，吴越国的佛教因此非常兴盛。尤其到了忠懿王钱弘俶，更是大兴寺塔，招揽佛教精英，如德韶、羲寂、延寿等。德韶是法眼宗创立者文益的法嗣，当钱弘俶早年镇台州时，便已延请问道。嗣王位后，遣使迎之，申弟子礼，尊为国师。羲寂是天台宗的著名僧侣，钱弘俶特在天台山螺溪建定慧院，赐号净光大师。延寿更是深受钱弘俶优礼，受聘住持重修的灵隐寺，后又住持永明寺（即今净慈寺），封智觉禅师。他编纂的《宗镜录》，以“举一心为宗，照万法如镜”之意为名，协调了有唐以来三教互争长短的纠葛，对开创宋代三教合一说有重要意义。

## 二、文学的离乱

在唐末五代的战乱中，许多文人学士流散四方，尤其是中原人士，他们历尽沧桑，饱

① 〔宋〕释道原：《景德传灯录》卷二〇，顾宏义《景德传灯录译注》，上海书店出版社2009年版。

② 〔宋〕周羽翀：《三楚新录》卷一，傅璇琮等主编：《五代史书汇编》，杭州出版社2004年版，第10册，第6319页。

③ 〔宋〕路振：《九国志》卷一一《周行逢传》，傅璇琮等主编：《五代史书汇编》，杭州出版社2004年版，第6册，第3363—3364页。

④ 〔宋〕周羽翀：《三楚新录》卷二，傅璇琮等主编：《五代史书汇编》，杭州出版社2004年版，第10册，第6325页。

经忧患，纷纷避难来到长江流域的巴蜀或江南。他们吟诗作文，无不透露出沉痛的气息。如唐末从关中流亡入蜀的文学家韦庄，他的诗和词都有较高的成就。《秦妇吟》是一篇著名的史诗，暴露了唐朝统治阶级的腐朽和官军残害人民的罪恶。由于他平生流离漂泊，晚年虽安居成都却乡愁不断。《菩萨蛮》四章中“未老莫还乡，还乡须断肠”；“洛阳城里春光好，洛阳才子他乡老”等句，写的都是离情乡愁，感情真挚深切。他所作的诗词，内容多以伤时、怀古、离情、感旧为主题，充满了感伤的情调。

韩偓，字致尧，京兆万年（今陕西西安）人。年轻时很有才华，李商隐称赞他是“雏凤清于老凤声”。因不阿附朱温，被贬为濮州（今山东濮县）司马。后又流亡到福建，依靠王审知，度过了寂寞的晚年。他虽写了许多艳情诗，是“香奁体”的专家，但也有一些感时伤乱，慨叹身世之作，这是他屡经播迁，颠沛流离生活的写照。

罗隐早年也不得志，屡试不第，浪迹江湖，与人龃龉不合，落落寡合，所以他的诗文也有许多伤时愤世的作品。

杜荀鹤，在唐末五代的动荡社会中深深体会到乱世人民之苦，他的《山中寡妇》《乱后逢村叟》等诗篇，反映了唐末赋税繁重，民不聊生，对当时社会深表不满。

此外，还有诗僧贯休的《酷吏词》《少年行》《富贵曲》《题某公宅》等，都是感时之作。诗僧齐己的《耕叟》《西山叟》等篇，反映了当时人民的疾苦和对贫苦农民的同情；诗僧可朋的《耘田鼓》则是对官僚腐败的控诉，都有较大的社会意义。

总之，这时期文学家所写的诗词，其内容大多反映了唐末五代时期离乱的痛苦和政治的腐败。作者饱经忧患，所以在文学上多伤时感慨之作，这是五代文学史上的一个特征。

### 三、画苑的新姿

五代十国时期，绘画艺术在长江流域的巴蜀、江南一带达到了新的水平。绘画的重心，也由中原转移到长江流域。西蜀和南唐为了搜罗绘画人才，都创立了画院，因此，宫廷绘画盛极一时。画院的画家，主要任务是图绘帝王贵族的肖像和生活，所以人物画方面的特点是肖像画的普遍化，及反映宫廷贵族形形色色的豪华生活。花鸟画主要是描写与贵族生活有联系的花卉禽鸟，这与当时花间派词风的流行有一定的影响。山水画方面，这时期也取得了重大发展，在绘画艺术中有一定的地位，并起到承先启后的作用。总之，五代时期长江流域的绘画艺术在唐代的基础上，形成了新的特色。

王齐翰《勘书图》局部

阮郜《阆苑女仙图》局部

阮郜《阆苑女仙图》

此外，这时期长江流域的绘画艺术成为一种技艺行业，虽仍有中古手工业的一些特点，但随着商业的发达已渐渐走向商品化，这也是长江流域绘画艺术的一个特征。

## 四、刻书的勃兴

五代南方长江流域的印刷技术有突出的成就，对后世影响巨大。宋代文化所以特别发达，居于当时世界的领先地位，与五代时雕版印刷的盛行有着重要的关系。我国书籍从写本到印本的转变，就产生在这个时期。当时以北方而言，后唐明宗长兴三年(932 年)宰相冯道、李愚等奏请雕印九经，以唐开成石经为依据，命国子监主持其事。历后唐、后晋、后汉、后周四朝，共 22 年才全部完成。这是五代一次规模宏大的印刷事业，在书籍印刷史上有着重要的意义。

至于长江流域，如四川在唐末已是出版业中心。江南地区的印刷事业也很发达。南唐在江宁刻的江南本已闻名遐迩。吴越国雕刻的《陀罗尼经》数量很多，印刷水平也很高。还刻印了名家诗文集，流传民间，有的还远销日本、高丽等国。

两蜀、南唐、吴越印刷术发达，出版了大量书籍，因此国家和私人的藏书也很丰富。

北宋平定诸国，得蜀书23000卷，江南书30000卷。南唐“宫中图籍万卷，尤多钟、王墨迹”①，惜城陷时，全部被烧掉。五代时长江流域文化之所以特别发达，与国家和地方藏书之多有密切关系，这也是长江流域文化上的一个特征。

## 第四节　南重北轻的五代中国文化

五代十国时期，中国文化出现了南重于北的局面，并正式确立了重心南移的势态。严耕望先生说：五代十国时期“北方经济文化继续坠落，南方经济文化继续增高，迄五代之末，悬殊极巨，经济文化中心之南移，遂积重难返，成为定局。此则研究五代史重要意义之所在也”②。下面就此问题作一系统的阐述。

### 一、南盛北衰的五代文学

五代十国时期的文学，南北呈悬殊之势，诗、词、文均以南方为盛(见下表)③。

| 类别 \ 人数及百分比 \ 地区 | | 总数 | 中朝(北汉附) | 九国 | 无法确定者 |
|---|---|---|---|---|---|
| 文 | 著录者 | 325 | 212(65.2%) | 109(33.5%) | 4(1.3%) |
| | 一卷以上者 | 11 | 2(18.2%) | 9(81.8%) | |
| 诗 | 著录者 | 221 | 53(24%) | 168(76%) | |
| | 一卷以上者 | 43 | 4(9.3%) | 39(90.7%) | |
| 词 | 著录者 | 29 | 3(10.3%) | 26(89.7%) | |
| | 首数 | 672(首) | 77(11.4%) | 595(88.6%) | |

五代文学的代表，莫过于词。而五代之词，以南唐、西蜀为最盛。如赵崇祚汇编的《花间集》，著录有词人18位，绝大多数为蜀人。南唐词风之盛当不在西蜀之下，李煜、冯延巳等君臣，是最先“以词传世”的专业作者，已达到了“清致缠绵，吐音清华”的艺术境界。尤其是后主李煜的词作成就，更是举世无匹，光耀百代。他的词一洗温庭筠、韦庄等人“红香翠软”的艳俗主题，大大强化了词的抒情功能，从而变伶工之词为士大夫之词，提

① 〔宋〕马令：《南唐书》卷五《后主书》，傅璇琮等主编：《五代史书汇编》，杭州出版社2004年版，第9册，第5295页。

② 石璋如等：《中国文化地理》下册《五代十国篇》(严耕望撰)，中国文化大学出版部1984年印行。

③ 陶懋炳：《论我国古代文化重心南移成于五代》，《湖南师范大学学报》1987年第4期。

高了词的层次，使之可与诗并驾齐驱，达到殊途同归的目的，并成为宋词之前驱。陆游对五代之词极为推崇，他说："诗至晚唐五季，气格卑下，千人一律，而长短句独精巧高丽，后世莫及。"于此可见，五代南方之词，在中国文学史上占有崇高的地位。

五代文学中的诗，也是南盛于北。《五代诗话》例言云："十国文物，首推南唐西蜀，闽则韩（偓）、黄（滔）、翁（承赞）、徐（寅）诸君子连茵接轸，美秀而文……楚风不竞，而天策十八学士炳炳琅琅亦拔戟自成一队。吴越似稍亚，然有罗江东一人便大为浙水吴山生色。孙光宪之于荆南也，亦然。"又云："中原多故，风流歇绝，固不若割据诸邦犹能以文学显。"据严耕望先生对诗话补本各地区诗人（王室及女子、僧道除外）之统计，中朝 65，南唐 73，西蜀 51，楚 39，闽 17，吴越 13，荆南 4，南汉 3，北汉则无，共 265 人。"中朝地理面积与南方诸国之总面积略等，而人数不及南方诸国三之一，女子僧道亦大多数在南方，则中朝诗风不及南方明矣"①。另外，还应指出的是，南方诗僧贯休、可朋等人以诗言性理，也成为宋诗之先驱。

## 二、南方人天下的五代艺术

五代十国时期，南方为中国艺术重心之所在。以书画艺术而论，几为南方人天下。俞剑华《中国绘画史》说："大抵绘事尤须社会安定生活优裕然后能工，中原兵戈扰攘，篡夺相寻，此一高尚艺术自难发展。惟梁直承唐代遗风，画风虽衰而未息，故有相当表现。其要者为承唐以来之释道人物，唐代本已发达，自晚唐以来政教失坠，高尚之士乃隐居不仕，日与山水为伍，遂促成山水画之发展，为中国绘画由救世主义之礼教化变为超世主义之文学化之一大关键。就中最著名者为河南荆浩与长安关仝。盖山水画自李思训之刻画工整，一变为王维之水墨清淡，再变为王洽之泼墨淋漓，绝去笔墨蹊径，狂放之极，近于怪诞。至荆、关二人秉北方纯厚之气，遂一变而为高古雄深，可谓能变前古之成规，开后世之基业，大有影响于画坛者。后唐以后画坛殊为零落。十国中之南唐、前后蜀与吴越绘画之盛，画家之多，不但较中原五朝为优，即与唐代相较亦无愧色。盖政治社会既安定，君主又嗜好提倡之，如南唐置画院，以画家为翰林待诏，蜀亦设官分职广事罗致，故本国画家及外来画家群集于南唐之建业，与蜀之成都，隐然为五代十国时代绘画艺术之东西两大重镇。大抵其时释道人物虽占优越之地位（南唐画院中多此派），终苦无特殊之发展，而花鸟画乃大有后来居上，由附庸蔚为大国而执艺坛牛耳焉。于是绘画更由政教化一变而为纯美化，实为中国画史上一大进步。其时最擅长者，有钟陵徐熙与成都黄筌两

① 石璋如等：《中国文化地理》下册《五代十国篇》（严耕望撰），中国文化大学出版部 1984 年印行。

大派争鸣于南唐、西蜀，同为后世花鸟画之祖。当时谚云：'黄家富贵，徐熙野逸。'盖生活环境不同，耳目所习，各得于心应于手也。山水方面，南唐有董源蓄意澹远，盖绍王维水墨山水，复兴南宗，巍然为宋以后南宗山水之祖。吴越画家甚多，然不及南唐、西蜀之伟大，在当时画坛仅列于附庸之地位，对以后画家亦少影响。至于闽、楚、南平、南北汉则无闻焉。五代之书法似无大胜处，而《宣和书谱》盛称江南李后主卷帛而书之妙，又云江南释巩光潜心草书，名重一时，蜀僧贯休作字尤奇崛。《梦溪笔谈》盛称江南徐铉小篆之笔法。是书之佳者亦在南方，盖以南唐、西蜀为盛欤?"

浙江杭州五代吴越国吴汉月墓墓室浮雕青龙

浙江杭州五代吴越国吴汉月墓墓门浮雕倚门侍女

据学者研究，五代十国南北方的绘画发生了较大的变化，其中最为明显的是画家人数。据统计，五代时期的画家就其籍贯分布而言，大致如下：蜀地画家 29 人、江南画家 15 人、关中画家 10 人、河南画家 4 人、33 人籍贯不详，可见当时的绘画创作大多在蜀地、江南和中原地区进行。西蜀的绘画创作活动主要是唐代从北方流入大批画家之后发展起来的，其绘画风格多承晚唐艺术风貌。江东路江宁府在南唐时，聚集了许多优秀画家，如徐熙、周文矩、董羽、董源、王齐翰、卫贤、钟隐、顾闳中、赵午、巨然、徐崇嗣等等，盛极一时。西蜀和南唐起着承上启下的空间功能，西蜀的成都、南唐的金陵聚集着大批画家，分别形成了绘画的两个中心。① 其中南唐画释道、人物者 32 人，山水、花鸟、禽兽等其他种类 57 人，比例分别是 36%、64%；在前后蜀画家中，前一类共 62 人，后一类 48 人，比例分别是 56.4%、43.6%。可以明显地看出，南方的画家人数明显多于中原地区。② 而中原地区画家画释道者 18 人、鬼神 4 人、人物 11 人、仕女 3 人、写真 2 人、大像 2 人，共计 40

① 张慨：《隋唐五代绘画的历史地理学考察》，《艺术百家》2019 年第 1 期。
② 杜文玉、赵水静：《社会变革与五代十国时期绘画的嬗变》，《江汉论坛》2019 年第 5 期。

人，占46.5%；山水树石、花鸟竹禽、虫鱼草木、走兽家禽等其他类别的画家，共计46人，占53.5%。①

## 三、南北倾斜的五代佛教

五代哲学思想的主流为佛学而非儒学，所以五代佛教之地理分布也足以反映当时各地文化之盛衰。

五代是佛教盛行的时期。近代史学大师陈垣说："五季乱而五宗盛。"然而在禅宗临济、沩仰、曹洞、法眼、云门五宗中，除临济宗盛行于北方外，其余都盛行于南方。此外，以南方为根据地的净土宗、天台宗也分别获得了程度不同的发展。因此，南方佛教之盛、僧侣影响之广，北方远远莫及。

## 四、南北悬殊的五代科技

五代十国时期的科学技术，当以南方水平为高。如五代时的印刷业，以成都、杭州为最盛。南方吴、南唐和吴越的海盐生产技术及前后蜀的井盐生产技术，北方不能望其项背。在建筑学方面，南方有杰出的建筑匠师喻皓。其他如历算学、造船技术、造纸技术、航海技术、酿酒技术等，南方均在北方之上。

此外，五代十国时期的书院也同样说明了这一点。据学者统计，唐代全国能明确院址的书院有50所，其中长江以北的有14所，剩余36所都位于南方，南方书院的数量占全国总书院数量的72%。五代十国时期的书院数量比较少，仅为13所，其中有1所是重修的唐朝书院。这13所书院的地域分布为：长江以北的有3所（北京1所、河南2所）、南方有10所（江西8所、福建1所、广东1所），南方书院的数量占全国总书院数量的77%，大大超过北方。②

由上可见，自中唐"安史之乱"而出现的中国文化重心南移，至五代十国时期已成定局。到宋代，长江文化更呈现出全面繁荣的景象，中国南北文化更成悬殊之势，这种状况历元、明、清三代，直至近代仍未改变。

① 统计据《五代名画补遗》《宋代名画评》《宣和画谱》《图画见闻志》《图绘宝鉴》等画史文献的记载所辑。需要说明的是，在分类中因有些画家擅长多种题材，故统计人员有所重复。统计虽可能仍不免有所疏漏，但基本能反映五代十国时期中原地区绘画的变化趋势。

② 张俊飞：《唐五代时期书院的地理分布及转型》，《南昌师范学院学报（社会科学）》2019年4月第40卷第2期。

## 第五节　五代十国的南北文化交流

五代十国时期，虽然南北政权在政治、军事上互为对峙，但双方之间的文化往来仍在频繁进行，具体体现在以下几个方面：

### 一、政治往来

五代时期，南方诸国因畏惧北方中原王朝之强大以及其他原因，大多遵奉中原王朝的正朔，称臣纳贡，“奉事中国”。如吴越国地狭国弱，三面受敌，一面临海。钱镠“度德量力，而识时务”，认识到北事中原王朝以牵制西北面的劲敌吴、南唐，对吴越国政权的存在和发展最为有利，所以他确定了“子孙善事中国，勿以易姓废事大之礼”的立国方针①。根据文献记载，自后梁开平三年（909年）至宋太平兴国三年（978年），吴越国朝贡中原王朝有68次之多。贡品主要有金银工艺品、丝绸、秘色瓷、茶叶等，数量浩大，“岁贡百万”。例如钱弘俶上贡宋太祖的礼品，仅一次就使“有国以来，所积一空矣”②。袁褧《枫窗小牍》对此次所贡物品有详细的记载：

> 余邸寓于钱氏之旧乡，苍山碧树，想见衣锦风烟。因念余昔家京邑，每遇南宫城太学左方礼贤宅，未尝不钦仰忠懿之贤。虽乔木垂杨，朱门雕砌，宛若犹在。于时子姓贫寒，至有衣食不周者，尝读《两朝供奉录》，太祖、太宗虽所赐金器六万四千七百余两，银器四千万八千八百余两，玉石器皿一万七千事，宝玉带四十二条，锦绮一千六万六千三百余匹。然忠懿入贡，如赭黄犀、龙凤龟鱼、仙人鳌山、宝树等通犀带凡七十余条，皆希世之宝也。玉带二十四，紫金狮子带一，金九万五千余两，银一百一十万二十余两，锦绮二十八万余匹，色绢七十九万七十余匹，金饰玳瑁器一千五百余事，水晶玛瑙玉器凡四千余事，珊瑚十万，三尺五寸，金银饰陶器一千四万余事，金银饰龙凤船舫二百艘，银妆器械七十万事，白龙脑二百余斤。及归国之初，举朝文武阉寺皆有馈遗，盖有国已来，所积一空矣。③

① 〔清〕吴任臣：《十国春秋》卷七八《吴越二·武肃王世家》，中华书局1983年版，第1106页。〔宋〕司马光：《资治通鉴》卷二七七《后唐纪六》，中华书局1976年版，第19册，第9066页。

② 〔宋〕袁褧：《枫窗小牍》卷上，载《宋元笔记小说大观》，第5册，第4771页。

③ 〔宋〕佚名：《吴越备史补遗》，傅璇琮等主编：《五代史书汇编》，杭州出版社2004年版，第10册，第6277—6278页。

从开平二年(908 年)至太平兴国三年(978 年),中原王朝赏赐吴越国也有 57 次。“镠之入贡,利于市易”①。钱氏不但得到了名分上的封号,而且也获得了许多物质上的赏赐。如后周显德五年(958 年)三月,赐吴越犒军帛三万匹,及羊、马、橐驼等。同年八月,又赐骑军钢甲二百,步军甲五千及其他兵器、旗帜等。九月,又赐羊五千口,马二百匹,橐驼二十头等。但文献记载显然有欠完整。如后周以前仅梁开平二年(908 年)朱全忠赐钱镠玉带一匣、打球马十匹一则记载。直到后周以后,记载才多了起来。“据不完全统计,计有犀玉带及宝玉金器 11000 余件,涂金银香笼等器皿上万件,金银器 15 万两,银 70 万两,香药 30 万斤,犀牛牙 1000 余株,茶叶 35 万斤,酒 1000 瓶,绢 40 万匹,绫 32000 匹,衣缎 5100 匹,瓷器 61500 件,苏木 4 万斤,铜钱 15000 贯,绵 346 万两,䌷 2 万匹,干姜 25 万斤,翠毛 1800 斤等。吴越国归宋时,从杭州港始发的大船就有 1200 余艘,满载着金银财宝,浩浩荡荡地驶往汴京。”②

**五代吴越国金书铁券**

楚国也奉事中原王朝。马殷定湖南,受唐廷任为武安军节度使。后梁开平元年(907 年)受封为楚王。后梁末帝加守太师兼中书令衔。后梁亡,马殷又向后唐称臣纳贡,得授尚书令衔。后唐天成二年(927 年),马殷受封为楚国王,乃立国建宫。此后,楚不时向中原王朝进贡纺织品、茶叶等物。荆南、吴、南唐、前蜀、后蜀诸国与中原王朝都有政治往来,双方关系较好时,这些南方国家也曾进贡丝绸、茶叶等物品。此外,割据岭南的刘氏南汉政权和僻在东南沿海一隅的闽国,也皆奉中原王朝的正朔。王审知向中原王朝进贡,因受阻于淮南,不得不走海路。“每岁自福州洋过温州洋,取台州洋,过天门山,入明

① 〔宋〕司马光:《资治通鉴》卷二六九《后梁纪四》,中华书局 1956 年版,第 19 册,第 8803 页。
② 吴振华编著:《杭州古港史》,人民交通出版社 1989 年版,第 77 页。

州象山洋，过涝江，掠洌港，直东北度大洋，抵登莱岸。”[①]曾“贡玳瑁、琉璃、犀象器，并珍玩、香药、奇品、海味，色类良多，价累千万”[②]。王延钧等继位统治者为争取封赠，多次向后唐、后晋贡犀牙、象牙、玳瑁、真(珍)珠、龙脑、香药、乳香、沉香、饼香、煎香、胡椒、肉豆蔻等舶来之物，最多的一次就有真(珍)珠20斤、犀30株、象牙20株、香药1万斤。[③] 陈洪进不停向宋贡各类海外物品，如《宋史·陈洪进列传》载：“建隆四年(963年)遣使朝贡。是冬，又贡白金万两，乳香、茶、药万斤……洪进每岁以修贡朝廷……及江南平，吴越王来朝，洪进不自安。遣其子文颢入贡乳香万斤、象牙三千斤、龙脑香五斤。”[④]开宝九年(976年)有瓶香1万斤、象牙2000斤、白龙脑5斤；太平兴国二年(977年)，四月贡香2000斤、龙脑(数量不详)，八月贡香6000斤、牙7000斤、乳香4.4万斤、犀20株重40斤、苏木5万斤、白檀香1万斤、白龙脑20斤、木香1000斤、石膏脂900斤、阿魏200斤、麒麟竭200斤、没药200斤、胡椒500斤、通犀带1条，通牯犀1株、牯犀4株、真(珍)珠5斤、玳瑁5斤、水晶棋子5副，九月贡乳香3万斤、牙2000斤；十一月贡乳香5000斤、象牙1000斤。[⑤] 南汉政权也设法与中原王朝保持关系[⑥]，并曾向中原王朝多次进献。如开平元年(907年)，向后梁进献过“龙形通犀腰带、金托里含棱玳瑁器百余副，香药珍巧甚多”等等[⑦]。开平四年(910年)，贡犀、玉、蔷薇水。[⑧] 乾化元年(911年)，“贡犀象奇珍及金银等，其估数十万”[⑨]。乾化二年(912年)，贡犀角、象牙、杂宝货、名香，价数十万[⑩]。地处长江上游的南诏，因阻于两蜀，不能直接与中原王朝相通，但也千方百计与中原王朝进行联系，乃至结为婚姻。天成元年(926年)，南诏使赵和“于大渡河南起舍一间，留信物十五笼并杂笺诗一卷”，由西川送往后唐都城洛阳。居今贵州思南县一带的牂牁族，曾在后唐天成二年(927年)由牂牁、清州8郡刺史宋朝化率领150人至洛阳朝贡，献上草豆谷2万颗、朱砂500两、黄蜡200斤……这些政治活动，无疑有利于推动当时中国南北地区的文

① 〔清〕顾祖禹：《读史方舆纪要》，中华书局2005年版，第4364页。

② 〔宋〕薛居正等撰：《旧五代史》卷四《梁书第四·太祖纪四》，中华书局1976年版，第1册，第73页。

③ 〔清〕吴任臣：《十国春秋》卷七八《吴越二·武肃王世家》，中华书局1983年版，第1323页。

④ 《十国春秋》卷九三《闽四·陈洪进列传》《宋史》卷一《太祖本纪第一》均载：“(十二月)己亥，泉州陈洪进遣使贡白金千两，乳香、茶、药皆万计。”

⑤ 〔清〕徐松：《宋会要辑稿》，上海古籍出版社2014年版，第9936页。

⑥ 〔宋〕薛居正：《旧五代史》卷一三五《刘陟传》载：“(刘岩)广聚南海珠玑，西通黔、蜀，得其珍玩，穷奢极侈，娱僭一方，与岭北诸藩岁时交聘。”中华书局1976年版，第6册，第1808页。

⑦ 〔宋〕薛居正：《旧五代史》卷三《梁书第三·太祖纪三》，中华书局1976年版，第1册，第55页。

⑧ 郑麟趾：《高丽史》，人民出版社2014年，第96页。

⑨ 〔宋〕薛居正：《旧五代史》卷六《梁书第六·太祖纪六》，中华书局1976年版，第1册，第100页。

⑩ 〔清〕吴任臣：《十国春秋》卷五八《南汉一·高祖本纪》，中华书局1983年版，第840页。

化交流和发展。

南方诸国在政治上不仅以“奉事中国”为立国之策，而且还纷纷延揽中原人士参与政权管理。王建自定西川，便对“避乱在蜀”的中原衣冠人士多加礼用①。如任用知名的文学家、原长安杜陵人韦庄为宰相，手定“开国制度、号令、刑政、礼乐”，使前蜀“典章文物，有唐之遗风”。后蜀时，文武大臣也多为入川的北方人。同样，闽国的王审知也多方延揽避地福建的北方衣冠人士。《新五代史·闽世家第八·王审知传》云：审知“好礼下士。王淡，唐相溥之子；杨沂，唐相涉从弟；徐寅，唐时知名进士。皆依审知仕宦”。当时，中原人士如杨承休、郑璘、韩偓、归传懿、杨赞图、郑戩等皆避乱入闽②。闽王弟审邦之子延彬筑招贤院款待他们③。“又建学四门，以教闽士之秀者”④。此后，福建人才辈出，至宋代成为南方诸区域文化中的佼佼者。南汉刘隐也致力于中原士人的延揽，《新五代史·南汉世家》云：“是时，天下已乱，中朝士人以岭外最远，可以避地，多游焉。唐世名臣谪死南方者往往有子孙，或当时仕宦遭乱不得还者，皆客岭表。”⑤刘隐礼贤下士，招揽了一些来自中原王朝的官吏和士大夫，如赵光裔、李殷衡、王定保、刘浚、杨洞潜、倪曙、李衡、周杰等都被留置幕府。这些中原人士，有的是刘隐礼聘而至，有的则是奉使到南汉而被刘隐竭诚留下的。他们对南汉文化的发展作出了重要贡献。据文献记载，南汉建国，“吉凶礼法，为国制度，略有次序，皆用此数人焉”⑥。刘隐死后，继位的刘龑仍承袭其兄成法，礼遇中原士人，并先后以杨洞潜、倪曙、赵光裔为宰相。

此外，还应提出的是，五代时期南方诸国的一些统治者本来就是北方人。如前蜀政权的开创者王建，为河南舞阳人；后蜀孟知祥，为邢州龙冈人；楚国马殷，为许州鄢陵人。他们在南方的建国和北方中原士大夫的参政，无疑使五代时期的长江文化，带染上了浓厚的黄河文化色彩。在这个南北文化的大整合过程中，五代开始了中国封建社会时期文化重心的南移，正式奠定了中华文化南重于北的格局，并对此后中华文化的发展产生了极其深远的影响。

---

① 〔清〕吴任臣：《十国春秋》卷三五《前蜀·高祖本纪》，中华书局1983年版，第488、501页。

② 〔清〕彭定求编：《全唐诗》卷七六三《王延彬》，中华书局1960年版，第22册，第8665—8666页。

③ 〔清〕吴任臣：《十国春秋》卷九四《闽五·王审邦传》，中华书局1983年版，第1363页。

④ 〔宋〕欧阳修：《新五代史》卷六八《闽世家第八·王审知传》，中华书局1974年版，第3册，第846页。

⑤ 〔宋〕欧阳修：《新五代史》卷六五《南汉世家第五·刘隐传》，中华书局1974年版，第3册，第810页。

⑥ 〔宋〕欧阳修：《新五代史》卷六五《南汉世家第五·刘隐传》，中华书局1974年版，第3册，第810页。

## 二、经济互市

五代时期，南方诸国与中原王朝在经济上皆通商互市，有着频繁的商业往来。

吴越国与中原王朝的经济关系十分密切。据文献记载，吴越国向中原王朝进贡是和商业贸易紧密联系在一起的，《新五代史》卷三〇《汉臣传·刘铢传》云“是时，江淮不通，吴越钱镠使者常泛海以至中国。而滨海诸州皆置博易务，与民贸易”。吴越商人去中原经商的也极多，他们运去本地所产的丝织品、茶叶、陶瓷及印刷品等，贩回马匹等物，以赚取巨额利润。中原地区的商人也常来两浙地区经商，运来当地的土产。

楚与中原王朝也通商互市，“以境内所余之物易天下百货，国以富饶”①。如马殷以茶叶与中原贸易，获利百万，“遂致一方富盛”②。

荆南与北方中原王朝的商业关系更为密切。当时北方商贾到荆南经商者相当多，周世宗柴荣即曾与大商人“颉跌氏货殖荆南”③，以致高氏政权财赋的首要来源为与北方贸易的商税。假若北方商旅不至，荆南政权的财政便会发生严重困难。高从诲时，曾一度与后汉断绝关系，“北方商旅不至”，导致“境内贫乏，乃遣使上表谢罪，乞修职贡”④。

吴、南唐不仅与中原贸易，以茶帛换取羊马，而且与远至东北的契丹进行商品贸易，以茶、丝、药品等物换取当地的羊马。南唐升元二年（938年），契丹东丹王遣使至南唐，“以羊马入贡，别持羊三万口、马二百匹来鬻，以其价市罗纨、茶、药”⑤。

此外，前蜀、后蜀均同中原王朝发展贸易关系，号称繁盛。

五代长江流域诸国与中原王朝等的商品贸易，绝不是一种单纯的经济关系，而是更多地带有文化交流的性质，这是由于双方交换的商品绝大多数为物质文化的产物。从南北双方商品交换的情况来看，南方多为制作精美的手工制品和文化用品，而北方却是羊马等土产，这种现象的出现，当是五代中国文化南移的结果。

## 三、南北文化的相互影响

如前所述，可见五代时的黄河文化曾对长江文化的勃兴产生过深远的影响，如徽墨的崛起等，此不赘述。与此同时，随着长江文化的崛起，其文化辐射力也相应增强，并对

① 〔宋〕司马光：《资治通鉴》卷二七四《后唐纪三》，中华书局1956年版，第19册，第8953页。

② 〔宋〕薛居正等：《旧五代史》卷一三三《马殷传》，中华书局1976年版，第6册，第1757页。

③ 〔清〕吴任臣：《十国春秋》卷一〇三《荆南四·王处士传》，中华书局1983年版，第1470页。

④ 〔宋〕司马光：《资治通鉴》卷二八八《后汉纪三》，中华书局1956年版，第20册，第9394页。

⑤ 〔宋〕陆游：《南唐书》卷一八《契丹传》，傅璇琮等主编：《五代史书汇编》，杭州出版社2004年版，第9册，第5605页。

黄河文化产生了极其重大的影响。

以建筑技术为例，长江文化就对黄河文化产生过深远的影响。太平兴国六年（981年），吴越杰出的建塔匠师喻皓被征召到北宋都城开封承造开宝寺塔，再次显示了他的高超技术。《杨文公谈苑》云："帝（宋太宗）初造塔得浙东匠人喻皓。皓性绝巧，乃先作塔式以献。每建一级，外设帷帘，但闻椎凿之声，凡一月而一级成。其有梁柱龃龉未安者，皓周旋视之，持巨棰撞击数十，即皆牢整。自云：'此可七百年无倾动。'人或问其北面稍高，皓曰：'京师多北风，而此数十步乃大河，润气津浃，经一百年则北隅微垫而塔正矣。'皓素不茹荤，塔成而皓求度为僧，数月死，世颇疑其异。"又，欧阳修《归田录》卷一云："开宝寺塔，在京师诸塔中最高，而制度甚精，都料匠预浩（即喻皓）所造也。塔初成，望之不正而势倾西北，人怪而问之。浩曰：'京师地平无山，而多西北风，吹之不百年，当正也。'其用心之精盖如此，国朝以来木工，一人而已。至今木工皆以预都料为法，有《木经》三卷行于世。"明代李濂《汴京遗迹志》载：开宝寺塔"极其伟丽……八角十三层，高三百六十尺，其土木之宏壮，金碧之炳耀，自佛法入中国未之有也。"由此可见，喻皓的建筑技术曾推广到北方各地。

吴越秘色瓷的生产技术也对北方中原王朝的瓷器生产产生过较大影响。据文献记载，吴越国曾多次向中原王朝进贡秘色瓷。如钱镠于宝大元年（924年）九月，遣使钱询向后唐朝廷进贡，其中就有秘色瓷；后唐清泰二年（935年），钱元瓘向后唐进贡的物品中有"金棱秘色瓷二百事"；钱弘俶贡奉北宋朝廷的秘色瓷，数量也极其巨大。在吴越国秘色瓷源源不断地贡入中原王朝的同时，其生产技术也传入了北方。当时后周郑州的柴窑就已能生产秘色瓷。相传，当时负责柴窑瓷器生产的官员曾向世宗请示御用瓷器的色彩，周世宗批其状曰："雨过天青云破处，者般颜色作将来。"于是这"雨过天青"四个字便成为柴窑之专称。其所出产的瓷器，"青如天，明如镜，薄如纸，声如磬，滋润细媚，有细纹，制精，色异，为古来诸窑之冠"①。

猛火油（石油）的使用方法也从长江流域传入北方。天宝十年（917年），吴国使者航海到契丹，把从大食国输入的猛火油运去给阿保机，并教他使用的方法，说攻城时可以用来烧敌人的楼橹，如敌人用水浇，则火势更旺②。无疑，这猛火油的使用方法也同时传到了中原。

其他，如南方先进的纺织、造纸、雕版印刷、酿酒、造船、金属冶炼、制茶等技术以及文

① 〔清〕蓝浦、郑廷桂：《景德镇陶录》卷七《柴窑》，浙江人民美术出版社2019年版，第104页。
② 〔宋〕司马光：《资治通鉴》卷二六九《后梁纪四》，中华书局1956年版，第19册，第8814页。

学、书画、艺术、宗教等文化层面，也对黄河文化产生过或多或少的影响。

## 第六节　五代长江文化对海外的影响

五代十国时期，中外文化交流处于低潮，不能与兴盛时代的隋唐同日而语。但以地区而言，南方长江文化与海外诸国的文化交流远比北方黄河文化要活跃得多、主动得多，体现了长江文化蓬勃向上的新景象。这种现象的出现，是与唐末五代中国文化重心的逐渐南移密切联系在一起的。

### 一、五代长江文化对日本的影响

自唐昭宗乾宁元年（894 年）日本停派遣唐使以后，五代时期日本与中国虽无通聘之事，但商贾和僧侣的来往，仍甚频繁。地居长江流域下游的吴越国，即为对日本交往之孔道，明州（今浙江宁波）又为中日交通的港口。据《日本纪略》《本朝文粹》《扶桑略记》《本朝世纪》等典籍记载，吴越国和日本，从后梁开平三年（909 年）到后周显德六年（959 年），50 年间双方商人使臣僧侣等来往多达 15 次。日本学者木宫泰彦在他的《日中文化交流史》中曾对五代时双方的交往做过两个统计表——《五代时期中日间船舶往来一览表》和《五代时入华僧一览表》。记录在 909—959 年短短 51 年内，来往于中日之间的商船仅文献记载着的就达 24 次之多。最早为后唐清泰二年（935 年）九月即日本朱雀天皇承平五年，吴越蒋承勋赴日本，献羊数头，同年回国。清泰三年（936 年）七月，蒋承勋、季盈张又赴日本，八月日本左大臣藤原忠平致书吴越王钱元瓘。天福三年（938 年）七月，蒋承勋出使日本，向太宰府献羊二头，太宰府以布赐蒋承勋。天福五年（940 年）蒋承勋出使日本，带回日本左大臣藤原仲平致钱元瓘书。开运二年（945 年）七月，吴越国商客蒋衮、俞仁秀、张文过等乘 3000 料船，载 100 人出航赴日本，在肥前松浦郡柏岛上岸，此次是否纯系通商，或带吴越王的使命，不得而知。天福十二年（947 年）蒋衮使日，带去吴越王书和土宜等，闰七月底，日本左大臣藤原实赖托蒋衮带回沙金 200 两，和致吴越王弘佐书。后周广顺三年（953 年）吴越国蒋承勋又出使日本，随带吴越王书和锦绮等礼品。七月，蒋承勋回国，带回右大臣藤原师辅致吴越王弘俶书。以上来往文书，均系日本左右大臣覆吴越王书，而吴越带去之书，也是给日本左右大臣的，而非正式国书，由此可知两国之间并无正式国交。这是由于日本藤原氏对外采取保守政策的缘故。① 中村新太郎认为，一般从

① 〔日〕木宫泰彦：《日中文化交流史》，胡锡年译，商务印书馆 1980 年版，第 225 页。

中国南部的杭州出发，横越东中国海，经过肥前松浦郡值嘉岛，到博多港靠岸。航行大多是利用季风，夏季起航，9月返航。①

吴越国文化影响日本最大的，要算佛教。因吴越国王信奉佛教，当时首都杭州，有“东南佛国”之称。日本僧人来华，也多来吴越，尤其天台山，为日僧向往之地。天台山自隋智顗开山以后，天台宗颇盛，为佛教的名山。天福三年（938年）日僧日延，为日本肥前延历寺僧来华，遍游吴越各地，参拜天台山。乾祐元年（948年），日延又携吴越王钱弘俶颁发的“宝箧印塔”，内藏《宝箧印陀罗尼经》自杭州回国。显德三年（956年），又带回宝箧印塔一座。

五代吴越国鎏金纯银阿育王塔

显德六年正月，吴越国钱弘俶时因天台宗教籍散毁，派持礼使盛德言赴日本，海舶载黄金500两，求取佛经。《宋朝事实类苑》载：

> 吴越钱氏，多因海舶通信。天台智者教五百余卷，有录而多阙。贾人言日本有之。钱俶致书于其国王，奉黄金五百两求写其本，尽得之，迄今天台教大布江左。②

又《释门正统》卷二《羲寂传》云：

> 初，智者所说教迹，自安史挺乱以来，会昌籍没之后，当时硕德，但握半珠，隐而不曜。所有法藏，多流海东。师痛念本折技摧，力网罗之。先于金华古藏中，仅得净名一疏而已。后以钱忠懿王览内典，昧于教相，请叩韶国师（天台德昭国师）。韶称师（羲寂），洞明台道，王召师建讲，遣使抵日本求其遗逸，仍为造寺，赐号净光，追谥九祖尊者。台道郁而复兴，师之力也。

从上所举史料，可知天台宗的经籍，经唐末的战乱，已多残缺，吴越王钱弘俶曾派人到日本抄录或重金购回。日延携500卷佚书抵达临安，钱弘俶欣喜万分，显德四年（957年）许其携带典籍1000余卷归国。建隆元年（960年）钱弘俶遣使赴高丽、日本求书，次年高丽谛观携佚书而来。自此，中国佚存日本、高丽的天台教典，大多回归中国。为五代、

① 〔日〕中村新太郎：《日中两千年——人物往来与文化交流》，张柏霞译，吉林人民出版社1980年版，第161页。

② 〔宋〕江少虞：《宋朝事实类苑》卷七八《日本》。此事又见显德四年（日本天德元年），未知是两事，或一事两载。上海古籍出版社1981年版，下册，第1023页。

北宋天台宗的中兴起了十分重要的作用。① 同时，日本僧人来吴越国参学和朝山的也不少，如商然和成算、嘉因等6人于宋太平兴国八年(983年)来台州，次年入京进献方物，太宗存抚甚厚。

此外，吴越国刻印的名家诗文集、历书、经卷、佛画、佛像等也大批流入日本，很受日人欢迎。其他如香药、锦绮织物、越窑瓷器以及工艺品等也有输往日本，根据日本平安时期贵族藤原明衡在《新猿乐记》中的记载，当时吴越国商人赴日贸易所携带的商品大致如下：

> 沈麝香、衣比、丁子、甘松、薰陆、青木、龙脑、牛头、鸡舌、白檀、赤木、紫檀、苏芳、陶砂、红雪、金益丹、银益丹、紫金膏、巴豆、雄黄、可梨勒、槟榔子、铜黄、绿青、燕脂、空青、丹、朱砂、胡粉、豹虎皮、藤茶碗、笼子、犀牛角、水牛如意、玛瑙带、琉璃壶、绫、绵、罗、縠、吴竹、甘竹、吹玉等。②

毫无疑问，这些商品对日本文化的发展起了一定的影响。日本的鸿胪馆遗址，出土过大量越窑青瓷，其中也有五代的器物。

同时，日本的菅原道真、纪长谷雄、橘广相、都良香等诗集，以及小野道风的行草书，也流布中国，促进了两国之间的文化交流。

杭州雷峰塔地宫
发现日本古钱"饶益神宝"

另据考古资料所载，在杭州雷峰塔出土3300枚古钱币中，有一枚极为罕见的日本"饶益神宝"钱。这是继1970年西安出土日本"和同开珎"钱后，在中国发现的最重要的日本钱币，此前，仅知中国历史博物馆藏有一枚。发现的这枚"饶益神宝"钱，为日本"皇朝十二钱"之一。始铸于清和天皇贞观元年(859年)，相当于唐宣宗大中十三年。材质有铜、铅小平钱两种，均十分罕见。钱文楷书，旋读。字文宽阔，笔意带南北朝书风。在日本皇朝十二钱中，最为罕见。"饶益"二字取佛教语言，意为"使受到利益"。该钱拓片刊于"发掘简报"图四一第23号。原大。直径1.9厘米，孔0.7厘米。③ "饶益神宝"钱在雷峰塔地宫出现，当与吴越时期中日两国佛教文化交流有关。

当时，浙江与日本的交通，主要是从杭州港出发，横渡东海，经过九州肥前松浦郡的值嘉岛，进入博多港。与唐代去日本的南路相同。多春夏去日本，秋冬归国。

---

① 王勇：《吴越国海外求书缘起考》，载《中日"书籍之路"研究》，北京图书馆出版社2003年版。

② 〔日〕榎本淳一：《国風文化と中国文化—文化移入における朝貢貿易》，吉川弘文館，1992。

③ 黎毓馨：《杭州雷峰塔五代地宫发掘简报》，《文物》2002年第5期。

## 二、五代长江文化对高丽、新罗、百济的影响

五代时期，朝鲜半岛上的高丽、新罗、百济三国与南方诸国往来频繁。后梁贞明四年(918年)冬十一月，百济王甄萱派使臣泛海来杭州，向吴越国贡马，吴越王钱镠授甄萱中大夫之阶。后唐同光三年(925年)，吴越国王钱镠派遣使臣到新罗，册封新罗王。后唐天成二年(927年)高丽与百济构兵，两国遣使来吴越国首都杭州，请求调解。十一月，吴越国派使者到高丽、百济两国，调解矛盾，平息战火。后唐长兴三年(932年)三月吴越王钱镠死，四年(933年)四月，百济国派太仆卿李仁旭泛海来杭州吊祭钱王①。后唐清泰二年(935年)，四明僧子麟在高丽、百济等国传授天台宗，由高丽使者李仁日陪送下，浮海返回明州，吴越国王特在明州建寺院安顿僧人。后晋天福二年(937年)高丽使张训泛海来杭州吴越国，通和修好。

钱弘俶于宋建隆元年(960年)也遣使往高丽求取佛经，高丽王遣国僧谛观报聘，并送回失传佛经。他拜羲寂为师，留居天台螺溪10年，后在此圆寂。钱弘俶又求佛经善本于新罗，传写而还。②

杭州高僧延寿，撰有《宗镜录》100卷，“声被异国，高丽王常投书问道，执弟子礼”③。高丽高僧灵照，居中国多年，先在福建受教于雪峰禅师，后居杭州龙华寺，卒于虎跑寺后的大慈山④。天福年间，高丽僧人义通到天台山，从天台宗十五祖羲寂受学天台教规，精通天台教理，并成为该宗第十六祖。乾祐元年(948年)，高丽派36名高僧来杭州净慈寺求法。到北宋开宝元年(968年)，高丽僧人宝云义通，应明州知州钱惟治邀请，在鄞县传教20年，圆寂后葬于阿育王山，对浙东佛教影响很大，为中朝文化交流作出了贡献。

吴越国时，杭州(樟亭港、西兴港)、明州(镇海港)和温州(永嘉港)成为浙江对外关系的三大沿海港口，浙江出产的越窑瓷器、杭州丝绸，以及佛经等由此运往高丽、百济、新罗等国。越窑的制瓷技术也传到了全罗南道泉津和全罗北道扶安等地。

此外，吴越国文士投高丽的，后梁贞明五年(919年)有酋彦规；后梁龙德三年(923年)有朴岩；后晋开运二年(945年)有周伫。

---

① 〔宋〕钱俨:《吴越备史》卷二《文穆王传》,傅璇琮等主编:《五代史书汇编》,杭州出版社2004年版,第10册,第6225页。

② 〔清〕吴任臣:《十国春秋》卷八九《僧羲寂传》,中华书局1983年版,第1286页。

③ 〔清〕吴任臣:《十国春秋》卷八九《僧延寿传》,中华书局1983年版,第1286—1287页。

④ 〔清〕吴任臣:《十国春秋》卷八九《僧灵照传》,中华书局1983年版,第1284页。

## 三、五代长江文化与印度、大食、南海诸地的文化交流

五代时吴越国和印度友好往来。《西湖游览志》载："钱氏时，有西竺僧转智者，附海舶归。"[①]在印度勃拉名纳巴特，考古工作者在该处发现有越州上林湖烧制的青瓷器片[②]。可以证明唐末五代时，吴越国与印度已有僧侣和贸易往来。

吴越国与大食(今伊朗)也有贸易关系。《吴越备史》载："火油得之海南大食国，以铁筒发之，水沃其焰弥盛。"[③]南唐招徕海南商贾，取得香料、珠宝，数量甚多，又从南海诸国输入龙涎香。

闽国与海外各国，如阿拉伯、波斯、日本、新罗及南亚、东南亚诸国都有文化往来。王曦时，新罗"遣使来聘，且献宝剑"[④]。与东南亚诸国往来，尤为频繁，当时泉州是对外交通的重要口岸，来此贸易者多为阿拉伯人。桑原骘藏《蒲寿庚考》中说："自八世纪至十五世纪末，欧人来东洋之前，凡八百年间，执世界通商之牛耳者，厥为阿拉伯人。"他们贩运到闽的大多是珍玩珠宝等奢侈物品。由于海外交通的频繁，除各国商人外，外国僧侣也不少，南安县福清寺住持僧元衲，就是高丽人[⑤]。王氏在闽时，佛教盛极一时，泉州还保存了一些五代时期的石雕艺术作品，造型优美，雕刻精工，这些宗教建筑和石刻，受到印度文化艺术的影响，说明五代时泉州与亚洲各国往来的频繁。

南汉时的广州也是海上贸易和官方朝贡的重要港口，阿拉伯、波斯湾、南亚及南海诸国的使者由海道至广州者络绎不绝。在入贡国家中，以林邑、真腊及南海诸国最为频繁。刘隐时，佛哲国、诃陵国、罗越国使臣来广州，贡香药。据介绍，沉没于爪哇北岸井里汶海域的东南亚商船"井里汶号"，为10世纪沉船，满载中国货品。其中，装载数量最大的是越窑青瓷，"所载的货物数量庞大，种类丰富，来源地广泛。货物主要是涵盖了近20万件五代末或宋初的越窑秘色瓷和青瓷、邢窑或定窑的白瓷、大量的南汉铅铸币……越窑秘色瓷是井里汶号的大宗货物，占船货的75%，主要有碗(8万余件)、盘(3000余件)、壶(400余件)、罐(2000余件)、盒(600余件)"[⑥]，船上应该有丝绸类货物，但因其易损，很难

① 〔明〕田汝成：《西湖游览志》卷六《南山胜迹·胜相寺》，上海古籍出版社1958年版，第65页。

② 王士伦：《余姚窑瓷器探讨》，《文物参考资料》第38期；金祖明：《浙江余姚青瓷窑址调查报告》，《考古学报》1959年第3期。

③ 〔宋〕钱俨：《吴越备史》卷二《文穆王传》，傅璇琮等主编：《五代史书汇编》，杭州出版社2004年版，第10册，第6223页。

④ 〔清〕吴任臣：《十国春秋》卷九六《闽七·王倓传》，中华书局1983年版，第1385页。

⑤ 〔清〕吴任臣：《十国春秋》卷九九《闽十·僧元衲传》，中华书局1983年版，第1419页。

⑥ 孙欣：《"井里汶号"沉船文物考察纪实》，《东方收藏》2013年第9期。

找到证据。同时，船上还有大约7000枚南汉的“乾亨重宝”（918年铸造），据观察者说厚薄不一、文字畸斜、铸工不佳。① 同时该船还有25万件铜或铅铸造的中国带年款钱币。② 在出水瓷器中，有一件越窑刻花莲瓣纹碗上刻了“戊辰徐记烧”，918年为戊寅年，之后第1个“戊辰”年即开宝元年（968年），南汉亡于开宝四年（971年）。这样考虑，该船应在北宋初、南汉末到达过广州。沉没于雅加达以北的印坦油田附近的“印坦号”，载运物品数量极为庞大，相关报告图录似亦未出版，出水文物亦未对公众开放。据杜希德、思鉴的分析，“印坦号”及大部分船上物品出于920—960年间，或许更晚一点，其中有爪哇铜件、中国陶瓷、中国铅币、中国银锭等4大类物品。③ 一次性出水的银锭即重达5000两，按该文估计，价值大约是向宋代官府交纳的2个月采矿税，甚至能占北宋996年全年纯银收入的1.15%。除此之外，船上还有乾亨通宝铅币，爪哇的金器金币、东南亚一带的铜块锡块，唐铜镜、爪哇铜镜，来自东南亚的铜佛像、陶瓷约7000件，东南亚的细陶军持、中东玻璃器、香料、象牙等等，还可能有大量的丝绸制品。④

---

① 李雯：《十世纪爪哇海上的世界舞台：对井里汶沉船上金属物资的观察》，《故宫博物院院刊》2007年第6期。

② 林亦秋：《印尼爪哇井里汶沉船的越窑青瓷》，《艺术市场》2006年第11期。

③ 杜希德、思鉴：《沉船遗宝：一艘十世纪沉船上的中国银锭》，荣新江主编：《唐研究》第10卷，北京大学出版社2014年版。

④ 耿元骊：《五代十国时期南方沿海五城的海上丝绸之路贸易》，《陕西师范大学学报（哲学社会科学版）》2018年7月第47卷第4期。